CW00967993

SOURATE AL FATIHA

سورة الفاتحة

بِسْمِ اللّهِ الرَّحْمَنِ الرَّحِيمِ (١) الْحَمْدُ للّهِ رَبِّ الْعَالَمِينَ (٢) الرَّحْمنِ الرَّحِيمِ (٣)
مَلِكِ يَوْمِ الدِّينِ (٤) إِيَّاكَ نَعْبُدُ وإِيَّاكَ نَسْتَعِينُ (٥) اهدِنَا الصِّرَاطَ المُستَقِيمَ (٦)
صِرَاطَ الَّذِينَ أَنعَمتَ عَلَيهِمْ غَيرِ المَغضُوبِ عَلَيهِمْ وَلاَ الضَّالِّينَ (٧

SOURATE AL BAQARA

سورة البقرة

الم (١) ذَلِكَ الْكِتَابُ لاَ رَيْبَ فِيهِ هُدًى لِّلْمُتَّقِينَ (٢) الَّذِينَ يُؤْمِنُونَ بِالْغَيْبِ
وَيُقِيمُونَ الصَّلاةَ وَمِمَّا رَزَقْنَاهُمْ يُنفِقُونَ (٣) والَّذِينَ يُؤْمِنُونَ بِمَا أُنزِلَ إِلَيْكَ وَمَا
أُنزِلَ مِن قَبْلِكَ وَبِالآخِرَةِ هُمْ يُوقِنُونَ (٤) أُوْلَئِكَ عَلَى هُدًى مِّن رَّبِّهِمْ وَأُوْلَئِكَ هُمُ
الْمُفْلِحُونَ (٥) إِنَّ الَّذِينَ كَفَرُواْ سَوَاءٌ عَلَيْهِمْ أَأَنذَرْتَهُمْ أَمْ لَمْ تُنذِرْهُمْ لاَ يُؤْمِنُونَ
(٦) خَتَمَ اللّهُ عَلَى قُلُوبِهمْ وَعَلَى سَمْعِهِمْ وَعَلَى أَبْصَارِهِمْ غِشَاوَةٌ وَلَهُمْ عَذَابٌ
عظِيمٌ (٧) وَمِنَ النَّاسِ مَن يَقُولُ آمَنَّا بِاللّهِ وَبِالْيَوْمِ الآخِرِ وَمَا هُم بِمُؤْمِنِينَ (٨)
يُخَادِعُونَ اللّهَ وَالَّذِينَ آمَنُوا وَمَا يَخْدَعُونَ إِلاَّ أَنفُسَهُم وَمَا يَشْعُرُونَ (٩) فِي قُلُوبِهِم
مَّرَضٌ فَزَادَهُمُ اللّهُ مَرَضاً وَلَهُم عَذَابٌ أَلِيمٌ بِمَا كَانُوا يَكْذِبُونَ (١٠) وَإِذَا قِيلَ لَهُمْ
لاَ تُفْسِدُواْ فِي الأَرْضِ قَالُواْ إِنَّمَا نَحْنُ مُصْلِحُونَ (١١) ألا إِنَّهُمْ هُمُ الْمُفْسِدُونَ
وَلَكِن لاَّ يَشْعُرُونَ (١٢) وَإِذَا قِيلَ لَهُمْ آمِنُواْ كَمَا آمَنَ النَّاسُ قَالُواْ أَنُؤْمِنُ كَمَا آمَنَ
السُّفَهَاء أَلا إِنَّهُمْ هُمُ السُّفَهَاء وَلَكِن لاَّ يَعْلَمُونَ (١٣) وَإِذَا لَقُواْ الَّذِينَ آمَنُواْ قَالُواْ
آمَنَّا وَإِذَا خَلَوْاْ إِلَى شَيَاطِينِهِمْ قَالُواْ إِنَّا مَعَكْمْ إِنَّمَا نَحْنُ مُسْتَهْزِؤُونَ (١٤) اللّهُ
يَسْتَهْزِئُ بِهِمْ وَيَمُدُّهُمْ فِي طُغْيَانِهِمْ يَعْمَهُونَ (١٥) أُوْلَئِكَ الَّذِينَ اشْتَرُوُاْ الضَّلاَلَةَ
بِالْهُدَى فَمَا رَبِحَت تِّجَارَتُهُمْ وَمَا كَانُواْ مُهْتَدِينَ (١٦) مَثَلُهُمْ كَمَثَلِ الَّذِي اسْتَوْقَدَ
نَاراً فَلَمَّا أَضَاءتْ مَا حَوْلَهُ ذَهَبَ اللّهُ بِنُورِهِمْ وَتَرَكَهُمْ فِي ظُلُمَاتٍ لاَّ يُبْصِرُونَ
(١٧) صُمٌّ بُكْمٌ عُمْيٌ فَهُمْ لاَ يَرْجِعُونَ (١٨) أَوْ كَصَيِّبٍ مِّنَ السَّمَاءِ فِيهِ ظُلُمَاتٌ
وَرَعْدٌ وَبَرْقٌ يَجْعَلُونَ أَصْابِعَهُمْ فِي آذَانِهِم مِّنَ الصَّوَاعِقِ حَذَرَ الْمَوْتِ واللّهُ مُحِيطٌ
بِالْكافِرِينَ (١٩) يَكَادُ الْبَرْقُ يَخْطَفُ أَبْصَارَهُمْ كُلَّمَا أَضَاء لَهُم مَّشَوْاْ فِيهِ وَإِذَا
أَظْلَمَ عَلَيْهِمْ قَامُواْ وَلَوْ شَاء اللّهُ لَذَهَبَ بِسَمْعِهِمْ وَأَبْصَارِهِمْ إِنَّ اللَّه عَلَى كُلِّ شَيْءٍ
قَدِيرٌ (٢٠) يَا أَيُّهَا النَّاسُ اعْبُدُواْ رَبَّكُمُ الَّذِي خَلَقَكُمْ وَالَّذِينَ مِن قَبْلِكُمْ لَعَلَّكُمْ تَتَّقُونَ
(٢١) الَّذِي جَعَلَ لَكُمُ الأَرْضَ فِرَاشاً وَالسَّمَاء بِنَاء وَأَنزَلَ مِنَ السَّمَاءِ مَاء فَأَخْرَجَ
بِهِ مِنَ الثَّمَرَاتِ رِزْقاً لَّكُمْ فَلاَ تَجْعَلُواْ لِلّهِ أَندَاداً وَأَنتُمْ تَعْلَمُونَ (٢٢) وَإِن كُنتُمْ فِي

رَيْبٍ مِّمَّا نَزَّلْنَا عَلَى عَبْدِنَا فَأْتُواْ بِسُورَةٍ مِّن مِّثْلِهِ وَادْعُواْ شُهَدَاءكُم مِّن دُونِ اللّهِ
إِنْ كُنْتُمْ صَادِقِينَ (٢٣) فَإِن لَّمْ تَفْعَلُواْ وَلَن تَفْعَلُواْ فَاتَّقُواْ النَّارَ الَّتِي وَقُودُهَا النَّاسُ
وَالْحِجَارَةُ أُعِدَّتْ لِلْكَافِرِينَ (٢٤) وَبَشِّرِ الَّذِين آمَنُواْ وَعَمِلُواْ الصَّالِحَاتِ أَنَّ لَهُمْ
جَنَّاتٍ تَجْرِي مِن تَحْتِهَا الأَنْهَارُ كُلَّمَا رُزِقُواْ مِنْهَا مِن ثَمَرَةٍ رِّزْقاً قَالُواْ هَذَا الَّذِي
رُزِقْنَا مِن قَبْلُ وَأُتُواْ بِهِ مُتَشَابِهاً وَلَهُمْ فِيهَا أَزْوَاجٌ مُّطَهَّرَةٌ وَهُمْ فِيهَا خَالِدُونَ
(٢٥) إِنَّ اللَّهَ لاَ يَسْتَحْيِي أَن يَضْرِبَ مَثَلاً مَّا بَعُوضَةً فَمَا فَوْقَهَا فَأَمَّا الَّذِينَ آمَنُواْ
فَيَعْلَمُونَ أَنَّهُ الْحَقُّ مِن رَّبِّهِمْ وَأَمَّا الَّذِينَ كَفَرُواْ فَيَقُولُونَ مَاذَا أَرَادَ اللَّهُ بِهَذَا مَثَلاً
يُضِلُّ بِهِ كَثِيراً وَيَهْدِي بِهِ كَثِيراً وَمَا يُضِلُّ بِهِ إِلاَّ الْفَاسِقِينَ (٢٦) الَّذِينَ يَنقُضُونَ
عَهْدَ اللَّهِ مِن بَعْدِ مِيثَاقِهِ وَيَقْطَعُونَ مَا أَمَرَ اللَّهُ بِهِ أَن يُوصَلَ وَيُفْسِدُونَ فِي الأَرْضِ
أُولَئِكَ هُمُ الْخَاسِرُونَ (٢٧) كَيْفَ تَكْفُرُونَ بِاللَّهِ وَكُنتُمْ أَمْوَاتاً فَأَحْيَاكُمْ ثُمَّ يُمِيتُكُمْ ثُمَّ
يُحْيِيكُمْ ثُمَّ إِلَيْهِ تُرْجَعُونَ (٢٨) هُوَ الَّذِي خَلَقَ لَكُم مَّا فِي الأَرْضِ جَمِيعاً ثُمَّ
اسْتَوَى إِلَى السَّمَاء فَسَوَّاهُنَّ سَبْعَ سَمَاوَاتٍ وَهُوَ بِكُلِّ شَيْءٍ عَلِيمٌ (٢٩) وَإِذْ قَالَ
رَبُّكَ لِلْمَلاَئِكَةِ إِنِّي جَاعِلٌ فِي الأَرْضِ خَلِيفَةً قَالُواْ أَتَجْعَلُ فِيهَا مَن يُفْسِدُ فِيهَا
وَيَسْفِكُ الدِّمَاء وَنَحْنُ نُسَبِّحُ بِحَمْدِكَ وَنُقَدِّسُ لَكَ قَالَ إِنِّي أَعْلَمُ مَا لاَ تَعْلَمُونَ (٣٠)
وَعَلَّمَ آدَمَ الأَسْمَاء كُلَّهَا ثُمَّ عَرَضَهُمْ عَلَى الْمَلاَئِكَةِ فَقَالَ أَنبِئُونِي بِأَسْمَاء هَؤُلاء إِن
كُنتُمْ صَادِقِينَ (٣١) قَالُواْ سُبْحَانَكَ لاَ عِلْمَ لَنَا إِلاَّ مَا عَلَّمْتَنَا إِنَّكَ أَنتَ الْعَلِيمُ الْحَكِيمُ
(٣٢) قَالَ يَا آدَمُ أَنبِئْهُم بِأَسْمَآئِهِمْ فَلَمَّا أَنبَأَهُمْ بِأَسْمَآئِهِمْ قَالَ أَلَمْ أَقُل لَّكُمْ إِنِّي أَعْلَمُ
غَيْبَ السَّمَاوَاتِ وَالأَرْضِ وَأَعْلَمُ مَا تُبْدُونَ وَمَا كُنتُمْ تَكْتُمُونَ (٣٣) وَإِذْ قُلْنَا
لِلْمَلاَئِكَةِ اسْجُدُواْ لآدَمَ فَسَجَدُواْ إِلاَّ إِبْلِيسَ أَبَى وَاسْتَكْبَرَ وَكَانَ مِنَ الْكَافِرِينَ (٣٤)
وَقُلْنَا يَا آدَمُ اسْكُنْ أَنتَ وَزَوْجُكَ الْجَنَّةَ وَكُلاَ مِنْهَا رَغَداً حَيْثُ شِئْتُمَا وَلاَ تَقْرَبَا هَذِهِ
الشَّجَرَةَ فَتَكُونَا مِنَ الْظَّالِمِينَ (٣٥) فَأَزَلَّهُمَا الشَّيْطَانُ عَنْهَا فَأَخْرَجَهُمَا مِمَّا كَانَا
فِيهِ وَقُلْنَا اهْبِطُواْ بَعْضُكُمْ لِبَعْضٍ عَدُوٌّ وَلَكُمْ فِي الأَرْضِ مُسْتَقَرٌّ وَمَتَاعٌ إِلَى حِينٍ
(٣٦) فَتَلَقَّى آدَمُ مِن رَّبِّهِ كَلِمَاتٍ فَتَابَ عَلَيْهِ إِنَّهُ هُوَ التَّوَّابُ الرَّحِيمُ (٣٧) قُلْنَا
اهْبِطُواْ مِنْهَا جَمِيعاً فَإِمَّا يَأْتِيَنَّكُم مِّنِّي هُدًى فَمَن تَبِعَ هُدَايَ فَلاَ خَوْفٌ عَلَيْهِمْ وَلاَ
هُمْ يَحْزَنُونَ (٣٨) وَالَّذِينَ كَفَرواْ وَكَذَّبُواْ بِآيَاتِنَا أُولَئِكَ أَصْحَابُ النَّارِ هُمْ فِيهَا
خَالِدُونَ (٣٩) يَا بَنِي إِسْرَائِيلَ اذْكُرُواْ نِعْمَتِيَ الَّتِي أَنْعَمْتُ عَلَيْكُمْ وَأَوْفُواْ بِعَهْدِي
أُوفِ بِعَهْدِكُمْ وَإِيَّايَ فَارْهَبُونِ (٤٠) وَآمِنُواْ بِمَا أَنزَلْتُ مُصَدِّقاً لِّمَا مَعَكُمْ وَلاَ
تَكُونُواْ أَوَّلَ كَافِرٍ بِهِ وَلاَ تَشْتَرُواْ بِآيَاتِي ثَمَناً قَلِيلاً وَإِيَّايَ فَاتَّقُونِ (٤١) وَلاَ تَلْبِسُواْ
الْحَقَّ بِالْبَاطِلِ وَتَكْتُمُواْ الْحَقَّ وَأَنتُمْ تَعْلَمُونَ (٤٢) وَأَقِيمُواْ الصَّلاَةَ وَآتُواْ الزَّكَاةَ
وَارْكَعُواْ مَعَ الرَّاكِعِينَ (٤٣) أَتَأْمُرُونَ النَّاسَ بِالْبِرِّ وَتَنسَوْنَ أَنفُسَكُمْ وَأَنتُمْ تَتْلُونَ
الْكِتَابَ أَفَلاَ تَعْقِلُونَ (٤٤) وَاسْتَعِينُواْ بِالصَّبْرِ وَالصَّلاَةِ وَإِنَّهَا لَكَبِيرَةٌ إِلاَّ عَلَى

الْخَاشِعِينَ (٤٥) الَّذِينَ يَظُنُّونَ أَنَّهُم مُّلاَقُو رَبِّهِمْ وَأَنَّهُمْ إِلَيْهِ رَاجِعُونَ (٤٦) يَا بَنِي
إِسْرَائِيلَ اذْكُرُواْ نِعْمَتِيَ الَّتِي أَنْعَمْتُ عَلَيْكُمْ وَأَنِّي فَضَّلْتُكُمْ عَلَى الْعَالَمِينَ (٤٧)
وَاتَّقُواْ يَوْماً لاَّ تَجْزِي نَفْسٌ عَن نَّفْسٍ شَيْئاً وَلاَ يُقْبَلُ مِنْهَا شَفَاعَةٌ وَلاَ يُؤْخَذُ مِنْهَا
عَدْلٌ وَلاَ هُمْ يُنصَرُونَ (٤٨) وَإِذْ نَجَّيْنَاكُم مِّنْ آلِ فِرْعَوْنَ يَسُومُونَكُمْ سُوَءَ
الْعَذَابِ يُذَبِّحُونَ أَبْنَاءكُمْ وَيَسْتَحْيُونَ نِسَاءكُمْ وَفِي ذَلِكُم بَلاءٌ مِّن رَّبِّكُمْ عَظِيمٌ
(٤٩) وَإِذْ فَرَقْنَا بِكُمُ الْبَحْرَ فَأَنجَيْنَاكُمْ وَأَغْرَقْنَا آلَ فِرْعَوْنَ وَأَنتُمْ تَنظُرُونَ (٥٠)
وَإِذْ وَاعَدْنَا مُوسَى أَرْبَعِينَ لَيْلَةً ثُمَّ اتَّخَذْتُمُ الْعِجْلَ مِن بَعْدِهِ وَأَنتُمْ ظَالِمُونَ (٥١) ثُمَّ
عَفَوْنَا عَنكُمِ مِّن بَعْدِ ذَلِكَ لَعَلَّكُمْ تَشْكُرُونَ (٥٢) وَإِذْ آتَيْنَا مُوسَى الْكِتَابَ وَالْفُرْقَانَ
لَعَلَّكُمْ تَهْتَدُونَ (٥٣) وَإِذْ قَالَ مُوسَى لِقَوْمِهِ يَا قَوْمِ إِنَّكُمْ ظَلَمْتُمْ أَنفُسَكُمْ بِاتِّخَاذِكُمُ
الْعِجْلَ فَتُوبُواْ إِلَى بَارِئِكُمْ فَاقْتُلُواْ أَنفُسَكُمْ ذَلِكُمْ خَيْرٌ لَّكُمْ عِندَ بَارِئِكُمْ فَتَابَ عَلَيْكُمْ
إِنَّهُ هُوَ التَّوَّابُ الرَّحِيمُ (٥٤) وَإِذْ قُلْتُمْ يَا مُوسَى لَن نُّؤْمِنَ لَكَ حَتَّى نَرَى اللَّهَ جَهْرَةً
فَأَخَذَتْكُمُ الصَّاعِقَةُ وَأَنتُمْ تَنظُرُونَ (٥٥) ثُمَّ بَعَثْنَاكُم مِّن بَعْدِ مَوْتِكُمْ لَعَلَّكُمْ تَشْكُرُونَ
(٥٦) وَظَلَّلْنَا عَلَيْكُمُ الْغَمَامَ وَأَنزَلْنَا عَلَيْكُمُ الْمَنَّ وَالسَّلْوَى كُلُواْ مِن طَيِّبَاتِ مَا
رَزَقْنَاكُمْ وَمَا ظَلَمُونَا وَلَكِن كَانُواْ أَنفُسَهُمْ يَظْلِمُونَ (٥٧) وَإِذْ قُلْنَا ادْخُلُواْ هَذِهِ
الْقَرْيَةَ فَكُلُواْ مِنْهَا حَيْثُ شِئْتُمْ رَغَداً وَادْخُلُواْ الْبَابَ سُجَّداً وَقُولُواْ حِطَّةٌ نَّغْفِرْ لَكُمْ
خَطَايَاكُمْ وَسَنَزِيدُ الْمُحْسِنِينَ (٥٨) فَبَدَّلَ الَّذِينَ ظَلَمُواْ قَوْلاً غَيْرَ الَّذِي قِيلَ لَهُمْ
فَأَنزَلْنَا عَلَى الَّذِينَ ظَلَمُواْ رِجْزاً مِّنَ السَّمَاء بِمَا كَانُواْ يَفْسُقُونَ (٥٩) وَإِذِ اسْتَسْقَى
مُوسَى لِقَوْمِهِ فَقُلْنَا اضْرِب بِّعَصَاكَ الْحَجَرَ فَانفَجَرَتْ مِنْهُ اثْنَتَا عَشْرَةَ عَيْناً قَدْ عَلِمَ
كُلُّ أُنَاسٍ مَّشْرَبَهُمْ كُلُواْ وَاشْرَبُواْ مِن رِّزْقِ اللَّهِ وَلاَ تَعْثَوْاْ فِي الأَرْضِ مُفْسِدِينَ
(٦٠) وَإِذْ قُلْتُمْ يَا مُوسَى لَن نَّصْبِرَ عَلَىَ طَعَامٍ وَاحِدٍ فَادْعُ لَنَا رَبَّكَ يُخْرِجْ لَنَا مِمَّا
تُنبِتُ الأَرْضُ مِن بَقْلِهَا وَقِثَّآئِهَا وَفُومِهَا وَعَدَسِهَا وَبَصَلِهَا قَالَ أَتَسْتَبْدِلُونَ الَّذِي هُوَ
أَدْنَى بِالَّذِي هُوَ خَيْرٌ اهْبِطُواْ مِصْراً فَإِنَّ لَكُم مَّا سَأَلْتُمْ وَضُرِبَتْ عَلَيْهِمُ الذِّلَّةُ
وَالْمَسْكَنَةُ وَبَآؤُوْاْ بِغَضَبٍ مِّنَ اللَّهِ ذَلِكَ بِأَنَّهُمْ كَانُواْ يَكْفُرُونَ بِآيَاتِ اللَّهِ وَيَقْتُلُونَ
النَّبِيِّينَ بِغَيْرِ الْحَقِّ ذَلِكَ بِمَا عَصَواْ وَّكَانُواْ يَعْتَدُونَ (٦١) إِنَّ الَّذِينَ آمَنُواْ وَالَّذِينَ
هَادُواْ وَالنَّصَارَى وَالصَّابِئِينَ مَنْ آمَنَ بِاللَّهِ وَالْيَوْمِ الآخِرِ وَعَمِلَ صَالِحاً فَلَهُمْ
أَجْرُهُمْ عِندَ رَبِّهِمْ وَلاَ خَوْفٌ عَلَيْهِمْ وَلاَ هُمْ يَحْزَنُونَ (٦٢) وَإِذْ أَخَذْنَا مِيثَاقَكُمْ
وَرَفَعْنَا فَوْقَكُمُ الطُّورَ خُذُواْ مَا آتَيْنَاكُم بِقُوَّةٍ وَاذْكُرُواْ مَا فِيهِ لَعَلَّكُمْ تَتَّقُونَ (٦٣) ثُمَّ
تَوَلَّيْتُم مِّن بَعْدِ ذَلِكَ فَلَوْلاَ فَضْلُ اللَّهِ عَلَيْكُمْ وَرَحْمَتُهُ لَكُنتُم مِّنَ الْخَاسِرِينَ (٦٤)
وَلَقَدْ عَلِمْتُمُ الَّذِينَ اعْتَدَواْ مِنكُمْ فِي السَّبْتِ فَقُلْنَا لَهُمْ كُونُواْ قِرَدَةً خَاسِئِينَ (٦٥)
فَجَعَلْنَاهَا نَكَالاً لِّمَا بَيْنَ يَدَيْهَا وَمَا خَلْفَهَا وَمَوْعِظَةً لِّلْمُتَّقِينَ (٦٦) وَإِذْ قَالَ مُوسَى
لِقَوْمِهِ إِنَّ اللَّهَ يَأْمُرُكُمْ أَنْ تَذْبَحُواْ بَقَرَةً قَالُواْ أَتَتَّخِذُنَا هُزُواً قَالَ أَعُوذُ بِاللَّهِ أَنْ أَكُونَ

مِنَ الْجَاهِلِينَ (٦٧) قَالُواْ ادْعُ لَنَا رَبَّكَ يُبَيِّن لّنَا مَا هِيَ قَالَ إِنَّهُ يَقُولُ إِنَّهَا بَقَرَةٌ لاَّ
فَارِضٌ وَلاَ بِكْرٌ عَوَانٌ بَيْنَ ذَلِكَ فَافْعَلُواْ مَا تُؤْمَرونَ (٦٨) قَالُواْ ادْعُ لَنَا رَبَّكَ يُبَيِّن
لَّنَا مَا لَوْنُهَا قَالَ إِنَّهُ يَقُولُ إِنّهَا بَقَرَةٌ صَفْرَاء فَاقِعٌ لَّوْنُهَا تَسُرُّ النَّاظِرِينَ (٦٩) قَالُواْ
ادْعُ لَنَا رَبَّكَ يُبَيِّن لَّنَا مَا هِيَ إِنَّ البَقَرَ تَشَابَهَ عَلَيْنَا وَإِنَّآ إِن شَاء اللَّهُ لَمُهْتَدُونَ (٧٠)
قَالَ إِنَّهُ يَقُولُ إِنَّهَا بَقَرَةٌ لاَّ ذَلُولٌ تُثِيرُ الأَرْضَ وَلاَ تَسْقِي الْحَرْثَ مُسَلَّمَةٌ لاَّ شِيَةَ
فِيهَا قَالُواْ الآنَ جِئْتَ بِالْحَقِّ فَذَبَحُوهَا وَمَا كَادُواْ يَفْعَلُونَ (٧١) وَإِذْ قَتَلْتُمْ نَفْساً
فَادَّارَأْتُمْ فِيهَا وَاللَّهُ مُخْرِجٌ مَّا كُنتُمْ تَكْتُمُونَ (٧٢) فَقُلْنَا اضْرِبُوهُ بِبَعْضِهَا كَذَلِكَ
يُحْيِي اللَّهُ الْمَوْتَى وَيُرِيكُمْ آيَاتِهِ لَعَلَّكُمْ تَعْقِلُونَ (٧٣) ثُمَّ قَسَتْ قُلُوبُكُم مِّن بَعْدِ ذَلِكَ
فَهِيَ كَالْحِجَارَةِ أَوْ أَشَدُّ قَسْوَةً وَإِنَّ مِنَ الْحِجَارَةِ لَمَا يَتَفَجَّرُ مِنْهُ الأَنْهَارُ وَإِنَّ مِنْهَا
لَمَا يَشَّقَّقُ فَيَخْرُجُ مِنْهُ الْمَاء وَإِنَّ مِنْهَا لَمَا يَهْبِطُ مِنْ خَشْيَةِ اللَّهِ وَمَا اللَّهُ بِغَافِلٍ عَمَّا
تَعْمَلُونَ (٧٤) أَفَتَطْمَعُونَ أَن يُؤْمِنُواْ لَكُمْ وَقَدْ كَانَ فَرِيقٌ مِّنْهُمْ يَسْمَعُونَ كَلاَمَ اللَّهِ
ثُمَّ يُحَرِّفُونَهُ مِن بَعْدِ مَا عَقَلُوهُ وَهُمْ يَعْلَمُونَ (٧٥) وَإِذَا لَقُواْ الَّذِينَ آمَنُواْ قَالُواْ آمَنَّا
وَإِذَا خَلاَ بَعْضُهُمْ إِلَىَ بَعْضٍ قَالُواْ أَتُحَدِّثُونَهُم بِمَا فَتَحَ اللَّهُ عَلَيْكُمْ لِيُحَآجُّوكُم بِهِ عِندَ
رَبِّكُمْ أَفَلاَ تَعْقِلُونَ (٧٦) أَوَلاَ يَعْلَمُونَ أَنَّ اللَّهَ يَعْلَمُ مَا يُسِرُّونَ وَمَا يُعْلِنُونَ (٧٧)
وَمِنْهُمْ أُمِّيُّونَ لاَ يَعْلَمُونَ الْكِتَابَ إِلاَّ أَمَانِيَّ وَإِنْ هُمْ إِلاَّ يَظُنُّونَ (٧٨) فَوَيْلٌ لِّلَّذِينَ
يَكْتُبُونَ الْكِتَابَ بِأَيْدِيهِمْ ثُمَّ يَقُولُونَ هَذَا مِنْ عِندِ اللَّهِ لِيَشْتَرُواْ بِهِ ثَمَناً قَلِيلاً فَوَيْلٌ لَّهُم
مِّمَّا كَتَبَتْ أَيْدِيهِمْ وَوَيْلٌ لَّهُمْ مِّمَّا يَكْسِبُونَ (٧٩) وَقَالُواْ لَن تَمَسَّنَا النَّارُ إِلاَّ أَيَّاماً
مَّعْدُودَةً قُلْ أَتَّخَذْتُمْ عِندَ اللَّهِ عَهْداً فَلَن يُخْلِفَ اللَّهُ عَهْدَهُ أَمْ تَقُولُونَ عَلَى اللَّهِ مَا لاَ
تَعْلَمُونَ (٨٠) بَلَى مَن كَسَبَ سَيِّئَةً وَأَحَاطَتْ بِهِ خَطِيئَتُهُ فَأُوْلَئِكَ أَصْحَابُ النَّارِ هُمْ
فِيهَا خَالِدُونَ (٨١) وَالَّذِينَ آمَنُواْ وَعَمِلُواْ الصَّالِحَاتِ أُولَئِكَ أَصْحَابُ الْجَنَّةِ هُمْ
فِيهَا خَالِدُونَ (٨٢) وَإِذْ أَخَذْنَا مِيثَاقَ بَنِي إِسْرَائِيلَ لاَ تَعْبُدُونَ إِلاَّ اللَّهَ وَبِالْوَالِدَيْنِ
إِحْسَاناً وَذِي الْقُرْبَى وَالْيَتَامَى وَالْمَسَاكِينِ وَقُولُواْ لِلنَّاسِ حُسْناً وَأَقِيمُواْ الصَّلاَةَ
وَآتُواْ الزَّكَاةَ ثُمَّ تَوَلَّيْتُمْ إِلاَّ قَلِيلاً مِّنكُمْ وَأَنتُم مِّعْرِضُونَ (٨٣) وَإِذْ أَخَذْنَا مِيثَاقَكُمْ لاَ
تَسْفِكُونَ دِمَاءكُمْ وَلاَ تُخْرِجُونَ أَنفُسَكُم مِّن دِيَارِكُمْ ثُمَّ أَقْرَرْتُمْ وَأَنتُمْ تَشْهَدُونَ
(٨٤) ثُمَّ أَنتُمْ هَؤُلاء تَقْتُلُونَ أَنفُسَكُمْ وَتُخْرِجُونَ فَرِيقاً مِّنكُم مِّن دِيَارِهِمْ تَظَاهَرُونَ
عَلَيْهِم بِالإِثْمِ وَالْعُدْوَانِ وَإِن يَأتُوكُمْ أُسَارَى تُفَادُوهُمْ وَهُوَ مُحَرَّمٌ عَلَيْكُمْ إِخْرَاجُهُمْ
أَفَتُؤْمِنُونَ بِبَعْضِ الْكِتَابِ وَتَكْفُرُونَ بِبَعْضٍ فَمَا جَزَاء مَن يَفْعَلُ ذَلِكَ مِنكُمْ إِلاَّ
خِزْيٌ فِي الْحَيَاةِ الدُّنْيَا وَيَوْمَ الْقِيَامَةِ يُرَدُّونَ إِلَى أَشَدِّ الْعَذَابِ وَمَا اللَّهُ بِغَافِلٍ عَمَّا
تَعْمَلُونَ (٨٥) أُولَئِكَ الَّذِينَ اشْتَرُواْ الْحَيَاةَ الدُّنْيَا بِالآَخِرَةِ فَلاَ يُخَفَّفُ عَنْهُمُ الْعَذَابُ
وَلاَ هُمْ يُنصَرُونَ (٨٦) وَلَقَدْ آتَيْنَا مُوسَى الْكِتَابَ وَقَفَّيْنَا مِن بَعْدِهِ بِالرُّسُلِ وَآتَيْنَا
عِيسَى ابْنَ مَرْيَمَ الْبَيِّنَاتِ وَأَيَّدْنَاهُ بِرُوحِ الْقُدُسِ أَفَكُلَّمَا جَاءكُمْ رَسُولٌ بِمَا لاَ تَهْوَى

أَنفُسُكُمُ اسْتَكْبَرْتُمْ فَفَرِيقاً كَذَّبْتُمْ وَفَرِيقاً تَقْتُلُونَ (٨٧) وَقَالُواْ قُلُوبُنَا غُلْفٌ بَل لَّعَنَهُمُ
اللَّه بِكُفْرِهِمْ فَقَلِيلاً مَّا يُؤْمِنُونَ (٨٨) وَلَمَّا جَاءهُمْ كِتَابٌ مِّنْ عِندِ اللّهِ مُصَدِّقٌ لِّمَا
مَعَهُمْ وَكَانُواْ مِن قَبْلُ يَسْتَفْتِحُونَ عَلَى الَّذِينَ كَفَرُواْ فَلَمَّا جَاءهُم مَّا عَرَفُواْ كَفَرُواْ
بِهِ فَلَعْنَةُ اللَّه عَلَى الْكَافِرِينَ (٨٩) بِئْسَمَا اشْتَرَوْاْ بِهِ أَنفُسَهُمْ أَن يَكْفُرُواْ بِمَا أنَزَلَ
اللّهُ بَغْياً أَن يُنَزِّلُ اللّهُ مِن فَضْلِهِ عَلَى مَن يَشَاءُ مِنْ عِبَادِهِ فَبَآؤُواْ بِغَضَبٍ عَلَى
غَضَبٍ وَلِلْكَافِرِينَ عَذَابٌ مُّهِينٌ (٩٠) وَإِذَا قِيلَ لَهُمْ آمِنُواْ بِمَا أَنزَلَ اللّهُ قَالُواْ نُؤْمِنُ
بِمَآ أُنزِلَ عَلَيْنَا وَيَكْفُرونَ بِمَا وَرَاءهُ وَهُوَ الْحَقُّ مُصَدِّقاً لِّمَا مَعَهُمْ قُلْ فَلِمَ تَقْتُلُونَ
أَنبِيَاءَ اللّهِ مِن قَبْلُ إِن كُنتُم مُّؤْمِنِينَ (٩١) وَلَقَدْ جَاءكُم مُّوسَى بِالْبَيِّنَاتِ ثُمَّ اتَّخَذْتُمُ
الْعِجْلَ مِن بَعْدِهِ وَأَنتُمْ ظَالِمُونَ (٩٢) وَإِذْ أَخَذْنَا مِيثَاقَكُمْ وَرَفَعْنَا فَوْقَكُمُ الطُّورَ
خُذُواْ مَا آتَيْنَاكُم بِقُوَّةٍ وَاسْمَعُواْ قَالُواْ سَمِعْنَا وَعَصَيْنَا وَأُشْرِبُواْ فِي قُلُوبِهِمُ الْعِجْلَ
بِكُفْرِهِمْ قُلْ بِئْسَمَا يَأْمُرُكُمْ بِهِ إِيمَانُكُمْ إِن كُنتُمْ مُّؤْمِنِينَ (٩٣) قُلْ إِن كَانَتْ لَكُمُ
الدَّارُ الآَخِرَةُ عِندَ اللّهِ خَالِصَةً مِّن دُونِ النَّاسِ فَتَمَنَّوُاْ الْمَوْتَ إِن كُنتُمْ صَادِقِينَ
(٩٤) وَلَن يَتَمَنَّوْهُ أَبَدًا بِمَا قَدَّمَتْ أَيْدِيهِمْ وَاللّهُ عَلِيمٌ بِالظَّالِمينَ (٩٥) وَلَتَجِدَنَّهُمْ
أَحْرَصَ النَّاسِ عَلَى حَيَاةٍ وَمِنَ الَّذِينَ أَشْرَكُواْ يَوَدُّ أَحَدُهُمْ لَوْ يُعَمَّرُ أَلْفَ سَنَةٍ وَمَا
هُوَ بِمُزَحْزِحِهِ مِنَ الْعَذَابِ أَن يُعَمَّرَ وَاللّهُ بَصِيرٌ بِمَا يَعْمَلُونَ (٩٦) قُلْ مَن كَانَ
عَدُوًّا لِّجِبْرِيلَ فَإِنَّهُ نَزَّلَهُ عَلَى قَلْبِكَ بِإِذْنِ اللّهِ مُصَدِّقاً لِّمَا بَيْنَ يَدَيْهِ وَهُدًى وَبُشْرَى
لِلْمُؤْمِنِينَ (٩٧) مَن كَانَ عَدُوًّا لِّلّهِ وَمَلآئِكَتِهِ وَرُسُلِهِ وَجِبْرِيلَ وَمِيكَالَ فَإِنَّ اللّهَ عَدُوٌّ
لِّلْكَافِرِينَ (٩٨) وَلَقَدْ أَنزَلْنَآ إِلَيْكَ آيَاتٍ بَيِّنَاتٍ وَمَا يَكْفُرُ بِهَا إِلاَّ الْفَاسِقُونَ (٩٩)
أَوَكُلَّمَا عَاهَدُواْ عَهْداً نَّبَذَهُ فَرِيقٌ مِّنْهُم بَلْ أَكْثَرُهُمْ لاَ يُؤْمِنُونَ (١٠٠) وَلَمَّا جَاءهُمْ
رَسُولٌ مِّنْ عِندِ اللّهِ مُصَدِّقٌ لِّمَا مَعَهُمْ نَبَذَ فَرِيقٌ مِّنَ الَّذِينَ أُوتُواْ الْكِتَابَ كِتَابَ اللّهِ
وَرَاء ظُهُورِهِمْ كَأَنَّهُمْ لاَ يَعْلَمُونَ (١٠١) وَاتَّبَعُواْ مَا تَتْلُواْ الشَّيَاطِينُ عَلَى مُلْكِ
سُلَيْمَانَ وَمَا كَفَرَ سُلَيْمَانُ وَلَكِنَّ الشَّيْاطِينَ كَفَرُواْ يُعَلِّمُونَ النَّاسَ السِّحْرَ وَمَا أُنزِلَ
عَلَى الْمَلَكَيْنِ بِبَابِلَ هَارُوتَ وَمَارُوتَ وَمَا يُعَلِّمَانِ مِنْ أَحَدٍ حَتَّى يَقُولاَ إِنَّمَا نَحْنُ
فِتْنَةٌ فَلاَ تَكْفُرْ فَيَتَعَلَّمُونَ مِنْهُمَا مَا يُفَرِّقُونَ بِهِ بَيْنَ الْمَرْءِ وَزَوْجِهِ وَمَا هُم بِضَآرِّينَ
بِهِ مِنْ أَحَدٍ إِلاَّ بِإِذْنِ اللّهِ وَيَتَعَلَّمُونَ مَا يَضُرُّهُمْ وَلاَ يَنفَعُهُمْ وَلَقَدْ عَلِمُواْ لَمَنِ اشْتَرَاهُ
مَا لَهُ فِي الآخِرَةِ مِنْ خَلاَقٍ وَلَبِئْسَ مَا شَرَوْاْ بِهِ أَنفُسَهُمْ لَوْ كَانُواْ يَعْلَمُونَ (١٠٢)
وَلَوْ أَنَّهُمْ آمَنُواْ واتَّقَوْا لَمَثُوبَةٌ مِّنْ عِندِ اللَّه خَيْرٌ لَّوْ كَانُواْ يَعْلَمُونَ (١٠٣) يَا أَيُّهَا
الَّذِينَ آمَنُواْ لاَ تَقُولُواْ رَاعِنَا وَقُولُواْ انظُرْنَا وَاسْمَعُواْ وَلِلكَافِرِينَ عَذَابٌ أَلِيمٌ
(١٠٤) مَّا يَوَدُّ الَّذِينَ كَفَرُواْ مِنْ أَهْلِ الْكِتَابِ وَلاَ الْمُشْرِكِينَ أَن يُنَزَّلَ عَلَيْكُم مِّنْ
خَيْرٍ مِّن رَّبِّكُمْ وَاللّهُ يَخْتَصُّ بِرَحْمَتِهِ مَن يَشَاءُ وَاللّهُ ذُو الْفَضْلِ الْعَظِيمِ (١٠٥) مَا
نَنسَخْ مِنْ آيَةٍ أَوْ نُنسِهَا نَأْتِ بِخَيْرٍ مِّنْهَا أَوْ مِثْلِهَا أَلَمْ تَعْلَمْ أَنَّ اللّهَ عَلَىَ كُلِّ شَيْءٍ

قَدِيرٌ (١٠٦) أَلَمْ تَعْلَمْ أَنَّ اللّهَ لَهُ مُلْكُ السَّمَاوَاتِ وَالأَرْضِ وَمَا لَكُم مِّن دُونِ اللّهِ
مِن وَلِيٍّ وَلاَ نَصِيرٍ (١٠٧) أَمْ تُرِيدُونَ أَن تَسْأَلُواْ رَسُولَكُمْ كَمَا سُئِلَ مُوسَى مِن
قَبْلُ وَمَن يَتَبَدَّلِ الْكُفْرَ بِالإِيمَانِ فَقَدْ ضَلَّ سَوَاء السَّبِيلِ (١٠٨) وَدَّ كَثِيرٌ مِّنْ أَهْلِ
الْكِتَابِ لَوْ يَرُدُّونَكُم مِّن بَعْدِ إِيمَانِكُمْ كُفَّاراً حَسَدًا مِّنْ عِندِ أَنفُسِهِم مِّن بَعْدِ مَا تَبَيَّنَ
لَهُمُ الْحَقُّ فَاعْفُواْ وَاصْفَحُواْ حَتَّى يَأْتِيَ اللّهُ بِأَمْرِهِ إِنَّ اللّهَ عَلَى كُلِّ شَيْءٍ قَدِيرٌ
(١٠٩) وَأَقِيمُواْ الصَّلاَةَ وَآتُواْ الزَّكَاةَ وَمَا تُقَدِّمُواْ لأَنفُسِكُم مِّنْ خَيْرٍ تَجِدُوهُ عِندَ اللّهِ
إِنَّ اللّهَ بِمَا تَعْمَلُونَ بَصِيرٌ (١١٠) وَقَالُواْ لَن يَدْخُلَ الْجَنَّةَ إِلاَّ مَن كَانَ هُوداً أَوْ
نَصَارَى تِلْكَ أَمَانِيُّهُمْ قُلْ هَاتُواْ بُرْهَانَكُمْ إِن كُنتُمْ صَادِقِينَ (١١١) بَلَى مَنْ أَسْلَمَ
وَجْهَهُ لِلّهِ وَهُوَ مُحْسِنٌ فَلَهُ أَجْرُهُ عِندَ رَبِّهِ وَلاَ خَوْفٌ عَلَيْهِمْ وَلاَ هُمْ يَحْزَنُونَ
(١١٢) وَقَالَتِ الْيَهُودُ لَيْسَتِ النَّصَارَى عَلَى شَيْءٍ وَقَالَتِ النَّصَارَى لَيْسَتِ الْيَهُودُ
عَلَى شَيْءٍ وَهُمْ يَتْلُونَ الْكِتَابَ كَذَلِكَ قَالَ الَّذِينَ لاَ يَعْلَمُونَ مِثْلَ قَوْلِهِمْ فَاللّهُ يَحْكُمُ
بَيْنَهُمْ يَوْمَ الْقِيَامَةِ فِيمَا كَانُواْ فِيهِ يَخْتَلِفُونَ (١١٣) وَمَنْ أَظْلَمُ مِمَّن مَّنَعَ مَسَاجِدَ اللّهِ
أَن يُذْكَرَ فِيهَا اسْمُهُ وَسَعَى فِي خَرَابِهَا أُوْلَئِكَ مَا كَانَ لَهُمْ أَن يَدْخُلُوهَا إِلاَّ خَآئِفِينَ
لَهُمْ فِي الدُّنْيَا خِزْيٌ وَلَهُمْ فِي الآخِرَةِ عَذَابٌ عَظِيمٌ (١١٤) وَلِلّهِ الْمَشْرِقُ
وَالْمَغْرِبُ فَأَيْنَمَا تُوَلُّواْ فَثَمَّ وَجْهُ اللّهِ إِنَّ اللّهَ وَاسِعٌ عَلِيمٌ (١١٥) وَقَالُواْ اتَّخَذَ اللّهُ
وَلَدًا سُبْحَانَهُ بَل لَّهُ مَا فِي السَّمَاوَاتِ وَالأَرْضِ كُلٌّ لَّهُ قَانِتُونَ (١١٦) بَدِيعُ
السَّمَاوَاتِ وَالأَرْضِ وَإِذَا قَضَى أَمْراً فَإِنَّمَا يَقُولُ لَهُ كُن فَيَكُونُ (١١٧) وَقَالَ
الَّذِينَ لاَ يَعْلَمُونَ لَوْلاَ يُكَلِّمُنَا اللّهُ أَوْ تَأْتِينَا آيَةٌ كَذَلِكَ قَالَ الَّذِينَ مِن قَبْلِهِم مِّثْلَ قَوْلِهِمْ
تَشَابَهَتْ قُلُوبُهُمْ قَدْ بَيَّنَّا الآيَاتِ لِقَوْمٍ يُوقِنُونَ (١١٨) إِنَّا أَرْسَلْنَاكَ بِالْحَقِّ بَشِيرًا
وَنَذِيرًا وَلاَ تُسْأَلُ عَنْ أَصْحَابِ الْجَحِيمِ (١١٩) وَلَن تَرْضَى عَنكَ الْيَهُودُ وَلاَ
النَّصَارَى حَتَّى تَتَّبِعَ مِلَّتَهُمْ قُلْ إِنَّ هُدَى اللّهِ هُوَ الْهُدَى وَلَئِنِ اتَّبَعْتَ أَهْوَاءهُم بَعْدَ
الَّذِي جَاءكَ مِنَ الْعِلْمِ مَا لَكَ مِنَ اللّهِ مِن وَلِيٍّ وَلاَ نَصِيرٍ (١٢٠) الَّذِينَ آتَيْنَاهُمُ
الْكِتَابَ يَتْلُونَهُ حَقَّ تِلاَوَتِهِ أُوْلَئِكَ يُؤْمِنُونَ بِهِ وَمن يَكْفُرْ بِهِ فَأُوْلَئِكَ هُمُ الْخَاسِرُونَ
(١٢١) يَا بَنِي إِسْرَائِيلَ اذْكُرُواْ نِعْمَتِيَ الَّتِي أَنْعَمْتُ عَلَيْكُمْ وَأَنِّي فَضَّلْتُكُمْ عَلَى
الْعَالَمِينَ (١٢٢) وَاتَّقُواْ يَوْماً لاَّ تَجْزِي نَفْسٌ عَن نَّفْسٍ شَيْئاً وَلاَ يُقْبَلُ مِنْهَا عَدْلٌ
وَلاَ تَنفَعُهَا شَفَاعَةٌ وَلاَ هُمْ يُنصَرُونَ (١٢٣) وَإِذِ ابْتَلَى إِبْرَاهِيمَ رَبُّهُ بِكَلِمَاتٍ
فَأَتَمَّهُنَّ قَالَ إِنِّي جَاعِلُكَ لِلنَّاسِ إِمَامًا قَالَ وَمِن ذُرِّيَّتِي قَالَ لاَ يَنَالُ عَهْدِي
الظَّالِمِينَ (١٢٤) وَإِذْ جَعَلْنَا الْبَيْتَ مَثَابَةً لِّلنَّاسِ وَأَمْناً وَاتَّخِذُواْ مِن مَّقَامِ إِبْرَاهِيمَ
مُصَلًّى وَعَهِدْنَا إِلَى إِبْرَاهِيمَ وَإِسْمَاعِيلَ أَن طَهِّرَا بَيْتِيَ لِلطَّائِفِينَ وَالْعَاكِفِينَ
وَالرُّكَّعِ السُّجُودِ (١٢٥) وَإِذْ قَالَ إِبْرَاهِيمُ رَبِّ اجْعَلْ هَذَا بَلَدًا آمِنًا وَارْزُقْ أَهْلَهُ
مِنَ الثَّمَرَاتِ مَنْ آمَنَ مِنْهُم بِاللّهِ وَالْيَوْمِ الآخِرِ قَالَ وَمَن كَفَرَ فَأُمَتِّعُهُ قَلِيلاً ثُمَّ

أَضْطَرُّهُ إِلَى عَذَابِ النَّارِ وَبِئْسَ الْمَصِيرُ (١٢٦) وَإِذْ يَرْفَعُ إِبْرَاهِيمُ الْقَوَاعِدَ مِنَ
الْبَيْتِ وَإِسْمَاعِيلُ رَبَّنَا تَقَبَّلْ مِنَّا إِنَّكَ أَنتَ السَّمِيعُ الْعَلِيمُ (١٢٧) رَبَّنَا وَاجْعَلْنَا
مُسْلِمَيْنِ لَكَ وَمِن ذُرِّيَّتِنَا أُمَّةً مُّسْلِمَةً لَّكَ وَأَرِنَا مَنَاسِكَنَا وَتُبْ عَلَيْنَآ إِنَّكَ أَنتَ
التَّوَّابُ الرَّحِيمُ (١٢٨) رَبَّنَا وَابْعَثْ فِيهِمْ رَسُولاً مِّنْهُمْ يَتْلُو عَلَيْهِمْ آيَاتِكَ وَيُعَلِّمُهُمُ
الْكِتَابَ وَالْحِكْمَةَ وَيُزَكِّيهِمْ إِنَّكَ أَنتَ العَزِيزُ الحَكِيمُ (١٢٩) وَمَن يَرْغَبُ عَن مِّلَّةِ
إِبْرَاهِيمَ إِلاَّ مَن سَفِهَ نَفْسَهُ وَلَقَدِ اصْطَفَيْنَاهُ فِي الدُّنْيَا وَإِنَّهُ فِي الآخِرَةِ لَمِنَ
الصَّالِحِينَ (١٣٠) إِذْ قَالَ لَهُ رَبُّهُ أَسْلِمْ قَالَ أَسْلَمْتُ لِرَبِّ الْعَالَمِينَ (١٣١)
وَوَصَّى بِهَا إِبْرَاهِيمُ بَنِيهِ وَيَعْقُوبُ يَا بَنِيَّ إِنَّ اللّهَ اصْطَفَى لَكُمُ الدِّينَ فَلاَ تَمُوتُنَّ إَلاَّ
وَأَنتُم مُّسْلِمُونَ (١٣٢) أَمْ كُنتُمْ شُهَدَاء إِذْ حَضَرَ يَعْقُوبَ الْمَوْتُ إِذْ قَالَ لِبَنِيهِ مَا
تَعْبُدُونَ مِن بَعْدِي قَالُواْ نَعْبُدُ إِلَـهَكَ وَإِلَـهَ آبَائِكَ إِبْرَاهِيمَ وَإِسْمَاعِيلَ وَإِسْحَقَ إِلَـهًا
وَاحِدًا وَنَحْنُ لَهُ مُسْلِمُونَ (١٣٣) تِلْكَ أُمَّةٌ قَدْ خَلَتْ لَهَا مَا كَسَبَتْ وَلَكُم مَّا كَسَبْتُمْ
وَلاَ تُسْأَلُونَ عَمَّا كَانُوا يَعْمَلُونَ (١٣٤) وَقَالُواْ كُونُواْ هُودًا أَوْ نَصَارَى تَهْتَدُواْ قُلْ
بَلْ مِلَّةَ إِبْرَاهِيمَ حَنِيفًا وَمَا كَانَ مِنَ الْمُشْرِكِينَ (١٣٥) قُولُواْ آمَنَّا بِاللّهِ وَمَآ أُنزِلَ
إِلَيْنَا وَمَا أُنزِلَ إِلَى إِبْرَاهِيمَ وَإِسْمَاعِيلَ وَإِسْحَقَ وَيَعْقُوبَ وَالأسْبَاطِ وَمَا أُوتِيَ
مُوسَى وَعِيسَى وَمَا أُوتِيَ النَّبِيُّونَ مِن رَّبِّهِمْ لاَ نُفَرِّقُ بَيْنَ أَحَدٍ مِّنْهُمْ وَنَحْنُ لَهُ
مُسْلِمُونَ (١٣٦) فَإِنْ آمَنُواْ بِمِثْلِ مَا آمَنتُم بِهِ فَقَدِ اهْتَدَواْ وَّإِن تَوَلَّوْاْ فَإِنَّمَا هُمْ فِي
شِقَاقٍ فَسَيَكْفِيكَهُمُ اللّهُ وَهُوَ السَّمِيعُ الْعَلِيمُ (١٣٧) صِبْغَةَ اللّهِ وَمَنْ أَحْسَنُ مِنَ اللّهِ
صِبْغَةً وَنَحْنُ لَهُ عَابِدونَ (١٣٨) قُلْ أَتُحَآجُّونَنَا فِي اللّهِ وَهُوَ رَبُّنَا وَرَبُّكُمْ وَلَنَا
أَعْمَالُنَا وَلَكُمْ أَعْمَالُكُمْ وَنَحْنُ لَهُ مُخْلِصُونَ (١٣٩) أَمْ تَقُولُونَ إِنَّ إِبْرَاهِيمَ
وَإِسْمَاعِيلَ وَإِسْحَقَ وَيَعْقُوبَ وَالأسْبَاطَ كَانُواْ هُودًا أَوْ نَصَارَى قُلْ أَأَنتُمْ أَعْلَمُ أَمِ
اللّهُ وَمَنْ أَظْلَمُ مِمَّن كَتَمَ شَهَادَةً عِندَهُ مِنَ اللّهِ وَمَا اللّهُ بِغَافِلٍ عَمَّا تَعْمَلُونَ (١٤٠)
تِلْكَ أُمَّةٌ قَدْ خَلَتْ لَهَا مَا كَسَبَتْ وَلَكُم مَّا كَسَبْتُمْ وَلاَ تُسْأَلُونَ عَمَّا كَانُواْ يَعْمَلُونَ
(١٤١) سَيَقُولُ السُّفَهَاء مِنَ النَّاسِ مَا وَلاَّهُمْ عَن قِبْلَتِهِمُ الَّتِي كَانُواْ عَلَيْهَا قُل لِّلّهِ
الْمَشْرِقُ وَالْمَغْرِبُ يَهْدِي مَن يَشَاء إِلَى صِرَاطٍ مُّسْتَقِيمٍ (١٤٢) وَكَذَلِكَ جَعَلْنَاكُمْ
أُمَّةً وَسَطًا لِّتَكُونُواْ شُهَدَاء عَلَى النَّاسِ وَيَكُونَ الرَّسُولُ عَلَيْكُمْ شَهِيدًا وَمَا جَعَلْنَا
الْقِبْلَةَ الَّتِي كُنتَ عَلَيْهَا إِلاَّ لِنَعْلَمَ مَن يَتَّبِعُ الرَّسُولَ مِمَّن يَنقَلِبُ عَلَى عَقِبَيْهِ وَإِن
كَانَتْ لَكَبِيرَةً إِلاَّ عَلَى الَّذِينَ هَدَى اللّهُ وَمَا كَانَ اللّهُ لِيُضِيعَ إِيمَانَكُمْ إِنَّ اللّهَ بِالنَّاسِ
لَرَؤُوفٌ رَّحِيمٌ (١٤٣) قَدْ نَرَى تَقَلُّبَ وَجْهِكَ فِي السَّمَاء فَلَنُوَلِّيَنَّكَ قِبْلَةً تَرْضَاهَا
فَوَلِّ وَجْهَكَ شَطْرَ الْمَسْجِدِ الْحَرَامِ وَحَيْثُ مَا كُنتُمْ فَوَلُّواْ وُجُوِهَكُمْ شَطْرَهُ وَإِنَّ
الَّذِينَ أُوْتُواْ الْكِتَابَ لَيَعْلَمُونَ أَنَّهُ الْحَقُّ مِن رَّبِّهِمْ وَمَا اللّهُ بِغَافِلٍ عَمَّا يَعْمَلُونَ
(١٤٤) وَلَئِنْ أَتَيْتَ الَّذِينَ أُوْتُواْ الْكِتَابَ بِكُلِّ آيَةٍ مَّا تَبِعُواْ قِبْلَتَكَ وَمَا أَنتَ بِتَابِعٍ

قِبْلَتَهُمْ وَمَا بَعْضُهُم بِتَابِعٍ قِبْلَةَ بَعْضٍ وَلَئِنِ اتَّبَعْتَ أَهْوَاءهُم مِّن بَعْدِ مَا جَاءكَ مِنَ الْعِلْمِ إِنَّكَ إِذَاً لَّمِنَ الظَّالِمِينَ (١٤٥) الَّذِينَ آتَيْنَاهُمُ الْكِتَابَ يَعْرِفُونَهُ كَمَا يَعْرِفُونَ أَبْنَاءهُمْ وَإِنَّ فَرِيقاً مِّنْهُمْ لَيَكْتُمُونَ الْحَقَّ وَهُمْ يَعْلَمُونَ (١٤٦) الْحَقُّ مِن رَّبِّكَ فَلاَ تَكُونَنَّ مِنَ الْمُمْتَرِينَ (١٤٧) وَلِكُلٍّ وِجْهَةٌ هُوَ مُوَلِّيهَا فَاسْتَبِقُواْ الْخَيْرَاتِ أَيْنَ مَا تَكُونُواْ يَأْتِ بِكُمُ اللّهُ جَمِيعًا إِنَّ اللّهَ عَلَى كُلِّ شَيْءٍ قَدِيرٌ (١٤٨) وَمِنْ حَيْثُ خَرَجْتَ فَوَلِّ وَجْهَكَ شَطْرَ الْمَسْجِدِ الْحَرَامِ وَإِنَّهُ لَلْحَقُّ مِن رَّبِّكَ وَمَا اللّهُ بِغَافِلٍ عَمَّا تَعْمَلُونَ (١٤٩) وَمِنْ حَيْثُ خَرَجْتَ فَوَلِّ وَجْهَكَ شَطْرَ الْمَسْجِدِ الْحَرَامِ وَحَيْثُ مَا كُنتُمْ فَوَلُّواْ وُجُوهَكُمْ شَطْرَهُ لِئَلاَّ يَكُونَ لِلنَّاسِ عَلَيْكُمْ حُجَّةٌ إِلاَّ الَّذِينَ ظَلَمُواْ مِنْهُمْ فَلاَ تَخْشَوْهُمْ وَاخْشَوْنِي وَلأُتِمَّ نِعْمَتِي عَلَيْكُمْ وَلَعَلَّكُمْ تَهْتَدُونَ (١٥٠) كَمَا أَرْسَلْنَا فِيكُمْ رَسُولاً مِّنكُمْ يَتْلُو عَلَيْكُمْ آيَاتِنَا وَيُزَكِّيكُمْ وَيُعَلِّمُكُمُ الْكِتَابَ وَالْحِكْمَةَ وَيُعَلِّمُكُم مَّا لَمْ تَكُونُواْ تَعْلَمُونَ (١٥١) فَاذْكُرُونِي أَذْكُرْكُمْ وَاشْكُرُواْ لِي وَلاَ تَكْفُرُونِ (١٥٢) يَا أَيُّهَا الَّذِينَ آمَنُواْ اسْتَعِينُواْ بِالصَّبْرِ وَالصَّلاَةِ إِنَّ اللّهَ مَعَ الصَّابِرِينَ (١٥٣) وَلاَ تَقُولُواْ لِمَنْ يُقْتَلُ فِي سَبيلِ اللّهِ أَمْوَاتٌ بَلْ أَحْيَاء وَلَكِن لاَّ تَشْعُرُونَ (١٥٤) وَلَنَبْلُوَنَّكُمْ بِشَيْءٍ مِّنَ الْخَوفْ وَالْجُوعِ وَنَقْصٍ مِّنَ الأَمَوَالِ وَالأنفُسِ وَالثَّمَرَاتِ وَبَشِّرِ الصَّابِرِينَ (١٥٥) الَّذِينَ إِذَا أَصَابَتْهُم مُّصِيبَةٌ قَالُواْ إِنَّا لِلّهِ وَإِنَّا إِلَيْهِ رَاجِعونَ (١٥٦) أُولَئِكَ عَلَيْهِمْ صَلَوَاتٌ مِّن رَّبِّهِمْ وَرَحْمَةٌ وَأُولَئِكَ هُمُ الْمُهْتَدُونَ (١٥٧) إِنَّ الصَّفَا وَالْمَرْوَةَ مِن شَعَآئِرِ اللّهِ فَمَنْ حَجَّ الْبَيْتَ أَوِ اعْتَمَرَ فَلاَ جُنَاحَ عَلَيْهِ أَن يَطَّوَّفَ بِهِمَا وَمَن تَطَوَّعَ خَيْرًا فَإِنَّ اللّهَ شَاكِرٌ عَلِيمٌ (١٥٨) إِنَّ الَّذِينَ يَكْتُمُونَ مَا أَنزَلْنَا مِنَ الْبَيِّنَاتِ وَالْهُدَى مِن بَعْدِ مَا بَيَّنَّاهُ لِلنَّاسِ فِي الْكِتَابِ أُولَئِكَ يَلعَنُهُمُ اللّهُ وَيَلْعَنُهُمُ اللَّاعِنُونَ (١٥٩) إِلاَّ الَّذِينَ تَابُواْ وَأَصْلَحُواْ وَبَيَّنُواْ فَأُوْلَئِكَ أَتُوبُ عَلَيْهِمْ وَأَنَا التَّوَّابُ الرَّحِيمُ (١٦٠) إِنَّ الَّذِينَ كَفَرُوا وَمَاتُوا وَهُمْ كُفَّارٌ أُولَئِكَ عَلَيْهِمْ لَعْنَةُ اللّهِ وَالْمَلآئِكَةِ وَالنَّاسِ أَجْمَعِينَ (١٦١) خَالِدِينَ فِيهَا لاَ يُخَفَّفُ عَنْهُمُ الْعَذَابُ وَلاَ هُمْ يُنظَرُونَ (١٦٢) وَإِلَهُكُمْ إِلَهٌ وَاحِدٌ لاَّ إِلَهَ إِلاَّ هُوَ الرَّحْمَنُ الرَّحِيمُ (١٦٣) إِنَّ فِي خَلْقِ السَّمَاوَاتِ وَالأَرْضِ وَاخْتِلاَفِ اللَّيْلِ وَالنَّهَارِ وَالْفُلْكِ الَّتِي تَجْرِي فِي الْبَحْرِ بِمَا يَنفَعُ النَّاسَ وَمَا أَنزَلَ اللّهُ مِنَ السَّمَاءِ مِن مَّاء فَأَحْيَا بِهِ الأرْضَ بَعْدَ مَوْتِهَا وَبَثَّ فِيهَا مِن كُلِّ دَآبَّةٍ وَتَصْرِيفِ الرِّيَاحِ وَالسَّحَابِ الْمُسَخِّرِ بَيْنَ السَّمَاء وَالأَرْضِ لآيَاتٍ لِّقَوْمٍ يَعْقِلُونَ (١٦٤) وَمِنَ النَّاسِ مَن يَتَّخِذُ مِن دُونِ اللّهِ أَندَاداً يُحِبُّونَهُمْ كَحُبِّ اللّهِ وَالَّذِينَ آمَنُواْ أَشَدُّ حُبًّا لِّلّهِ وَلَوْ يَرَى الَّذِينَ ظَلَمُواْ إِذْ يَرَوْنَ الْعَذَابَ أَنَّ الْقُوَّةَ لِلّهِ جَمِيعاً وَأَنَّ اللّهَ شَدِيدُ الْعَذَابِ (١٦٥) إِذْ تَبَرَّأَ الَّذِينَ اتُّبِعُواْ مِنَ الَّذِينَ اتَّبَعُواْ وَرَأَوُاْ الْعَذَابَ وَتَقَطَّعَتْ بِهِمُ الأَسْبَابُ (١٦٦) وَقَالَ الَّذِينَ اتَّبَعُواْ لَوْ أَنَّ لَنَا كَرَّةً فَنَتَبَرَّأَ مِنْهُمْ كَمَا تَبَرَّؤُواْ مِنَّا كَذَلِكَ يُرِيهِمُ اللّهُ أَعْمَالَهُمْ

حَسَرَاتٍ عَلَيْهِمْ وَمَا هُم بِخَارِجِينَ مِنَ النَّارِ (١٦٧) يَا أَيُّهَا النَّاسُ كُلُواْ مِمَّا فِي
الأَرْضِ حَلاَلاً طَيِّباً وَلاَ تَتَّبِعُواْ خُطُوَاتِ الشَّيْطَانِ إِنَّهُ لَكُمْ عَدُوٌّ مُّبِينٌ (١٦٨) إِنَّمَا
يَأْمُرُكُمْ بِالسُّوءِ وَالْفَحْشَاء وَأَن تَقُولُواْ عَلَى اللّهِ مَا لاَ تَعْلَمُونَ (١٦٩) وَإِذَا قِيلَ لَهُمُ
اتَّبِعُوا مَا أَنزَلَ اللّهُ قَالُواْ بَلْ نَتَّبِعُ مَا أَلْفَيْنَا عَلَيْهِ آبَاءنَا أَوَلَوْ كَانَ آبَاؤُهُمْ لاَ يَعْقِلُونَ
شَيْئاً وَلاَ يَهْتَدُونَ (١٧٠) وَمَثَلُ الَّذِينَ كَفَرُواْ كَمَثَلِ الَّذِي يَنْعِقُ بِمَا لاَ يَسْمَعُ إِلاَّ
دُعَاء وَنِدَاء صُمٌّ بُكْمٌ عُمْيٌ فَهُمْ لاَ يَعْقِلُونَ (١٧١) يَا أَيُّهَا الَّذِينَ آمَنُواْ كُلُواْ مِن
طَيِّبَاتِ مَا رَزَقْنَاكُمْ وَاشْكُرُواْ لِلّهِ إِن كُنتُمْ إِيَّاهُ تَعْبُدُونَ (١٧٢) إِنَّمَا حَرَّمَ عَلَيْكُمُ
الْمَيْتَةَ وَالدَّمَ وَلَحْمَ الْخِنزِيرِ وَمَا أُهِلَّ بِهِ لِغَيْرِ اللّهِ فَمَنِ اضْطُرَّ غَيْرَ بَاغٍ وَلاَ عَادٍ
فَلا إِثْمَ عَلَيْهِ إِنَّ اللّهَ غَفُورٌ رَّحِيمٌ (١٧٣) إِنَّ الَّذِينَ يَكْتُمُونَ مَا أَنزَلَ اللّهُ مِنَ الْكِتَابِ
وَيَشْتَرُونَ بِهِ ثَمَناً قَلِيلاً أُولَئِكَ مَا يَأْكُلُونَ فِي بُطُونِهِمْ إِلاَّ النَّارَ وَلاَ يُكَلِّمُهُمُ اللّهُ يَوْمَ
الْقِيَامَةِ وَلاَ يُزَكِّيهِمْ وَلَهُمْ عَذَابٌ أَلِيمٌ (١٧٤) أُولَئِكَ الَّذِينَ اشْتَرَوُاْ الضَّلاَلَةَ بِالْهُدَى
وَالْعَذَابَ بِالْمَغْفِرَةِ فَمَآ أَصْبَرَهُمْ عَلَى النَّارِ (١٧٥) ذَلِكَ بِأَنَّ اللّهَ نَزَّلَ الْكِتَابَ
بِالْحَقِّ وَإِنَّ الَّذِينَ اخْتَلَفُواْ فِي الْكِتَابِ لَفِي شِقَاقٍ بَعِيدٍ (١٧٦) لَّيْسَ الْبِرَّ أَن تُوَلُّواْ
وُجُوهَكُمْ قِبَلَ الْمَشْرِقِ وَالْمَغْرِبِ وَلَكِنَّ الْبِرَّ مَنْ آمَنَ بِاللّهِ وَالْيَوْمِ الآخِرِ وَالْمَلآئِكَةِ
وَالْكِتَابِ وَالنَّبِيِّينَ وَآتَى الْمَالَ عَلَى حُبِّهِ ذَوِي الْقُرْبَى وَالْيَتَامَى وَالْمَسَاكِينَ وَابْنَ
السَّبِيلِ وَالسَّآئِلِينَ وَفِي الرِّقَابِ وَأَقَامَ الصَّلاةَ وَآتَى الزَّكَاةَ وَالْمُوفُونَ بِعَهْدِهِمْ إِذَا
عَاهَدُواْ وَالصَّابِرِينَ فِي الْبَأْسَاء والضَّرَّاء وَحِينَ الْبَأْسِ أُولَئِكَ الَّذِينَ صَدَقُوا
وَأُولَئِكَ هُمُ الْمُتَّقُونَ (١٧٧) يَا أَيُّهَا الَّذِينَ آمَنُواْ كُتِبَ عَلَيْكُمُ الْقِصَاصُ فِي الْقَتْلَى
الْحُرُّ بِالْحُرِّ وَالْعَبْدُ بِالْعَبْدِ وَالأُنثَى بِالأُنثَى فَمَنْ عُفِيَ لَهُ مِنْ أَخِيهِ شَيْءٌ فَاتِّبَاعٌ
بِالْمَعْرُوفِ وَأَدَاء إِلَيْهِ بِإِحْسَانٍ ذَلِكَ تَخْفِيفٌ مِّن رَّبِّكُمْ وَرَحْمَةٌ فَمَنِ اعْتَدَى بَعْدَ
ذَلِكَ فَلَهُ عَذَابٌ أَلِيمٌ (١٧٨) وَلَكُمْ فِي الْقِصَاصِ حَيَاةٌ يَاْ أُولِيْ الأَلْبَابِ لَعَلَّكُمْ تَتَّقُونَ
(١٧٩) كُتِبَ عَلَيْكُمْ إِذَا حَضَرَ أَحَدَكُمُ الْمَوْتُ إِن تَرَكَ خَيْراً الْوَصِيَّةُ لِلْوَالِدَيْنِ
وَالأقْرَبِينَ بِالْمَعْرُوفِ حَقّاً عَلَى الْمُتَّقِينَ (١٨٠) فَمَن بَدَّلَهُ بَعْدَمَا سَمِعَهُ فَإِنَّمَا إِثْمُهُ
عَلَى الَّذِينَ يُبَدِّلُونَهُ إِنَّ اللّهَ سَمِيعٌ عَلِيمٌ (١٨١) فَمَنْ خَافَ مِن مُّوصٍ جَنَفاً أَوْ إِثْماً
فَأَصْلَحَ بَيْنَهُمْ فَلاَ إِثْمَ عَلَيْهِ إِنَّ اللّهَ غَفُورٌ رَّحِيمٌ (١٨٢) يَا أَيُّهَا الَّذِينَ آمَنُواْ كُتِبَ
عَلَيْكُمُ الصِّيَامُ كَمَا كُتِبَ عَلَى الَّذِينَ مِن قَبْلِكُمْ لَعَلَّكُمْ تَتَّقُونَ (١٨٣) أَيَّاماً مَّعْدُودَاتٍ
فَمَن كَانَ مِنكُم مَّرِيضاً أَوْ عَلَى سَفَرٍ فَعِدَّةٌ مِّنْ أَيَّامٍ أُخَرَ وَعَلَى الَّذِينَ يُطِيقُونَهُ فِدْيَةٌ
طَعَامُ مِسْكِينٍ فَمَن تَطَوَّعَ خَيْراً فَهُوَ خَيْرٌ لَّهُ وَأَن تَصُومُواْ خَيْرٌ لَّكُمْ إِن كُنتُمْ
تَعْلَمُونَ (١٨٤) شَهْرُ رَمَضَانَ الَّذِيَ أُنزِلَ فِيهِ الْقُرْآنُ هُدًى لِّلنَّاسِ وَبَيِّنَاتٍ مِّنَ
الْهُدَى وَالْفُرْقَانِ فَمَن شَهِدَ مِنكُمُ الشَّهْرَ فَلْيَصُمْهُ وَمَن كَانَ مَرِيضاً أَوْ عَلَى سَفَرٍ
فَعِدَّةٌ مِّنْ أَيَّامٍ أُخَرَ يُرِيدُ اللّهُ بِكُمُ الْيُسْرَ وَلاَ يُرِيدُ بِكُمُ الْعُسْرَ وَلِتُكْمِلُواْ الْعِدَّةَ

وَلِتُكَبِّرُواْ اللّهَ عَلَى مَا هَدَاكُمْ وَلَعَلَّكُمْ تَشْكُرُونَ (١٨٥) وَإِذَا سَأَلَكَ عِبَادِي عَنِّي
فَإِنِّي قَرِيبٌ أُجِيبُ دَعْوَةَ الدَّاعِ إِذَا دَعَانِ فَلْيَسْتَجِيبُواْ لِي وَلْيُؤْمِنُواْ بِي لَعَلَّهُمْ
يَرْشُدُونَ (١٨٦) أُحِلَّ لَكُمْ لَيْلَةَ الصِّيَامِ الرَّفَثُ إِلَى نِسَآئِكُمْ هُنَّ لِبَاسٌ لَّكُمْ وَأَنتُمْ
لِبَاسٌ لَّهُنَّ عَلِمَ اللّهُ أَنَّكُمْ كُنتُمْ تَخْتانُونَ أَنفُسَكُمْ فَتَابَ عَلَيْكُمْ وَعَفَا عَنكُمْ فَالآنَ
بَاشِرُوهُنَّ وَابْتَغُواْ مَا كَتَبَ اللّهُ لَكُمْ وَكُلُواْ وَاشْرَبُواْ حَتَّى يَتَبَيَّنَ لَكُمُ الْخَيْطُ الأَبْيَضُ
مِنَ الْخَيْطِ الأَسْوَدِ مِنَ الْفَجْرِ ثُمَّ أَتِمُّواْ الصِّيَامَ إِلَى الَّليْلِ وَلاَ تُبَاشِرُوهُنَّ وَأَنتُمْ
عَاكِفُونَ فِي الْمَسَاجِدِ تِلْكَ حُدُودُ اللّهِ فَلاَ تَقْرَبُوهَا كَذَلِكَ يُبَيِّنُ اللّهُ آيَاتِهِ لِلنَّاسِ لَعَلَّهُمْ
يَتَّقُونَ (١٨٧) وَلاَ تَأْكُلُواْ أَمْوَالَكُم بَيْنَكُم بِالْبَاطِلِ وَتُدْلُواْ بِهَا إِلَى الْحُكَّامِ لِتَأْكُلُواْ
فَرِيقًا مِّنْ أَمْوَالِ النَّاسِ بِالإِثْمِ وَأَنتُمْ تَعْلَمُونَ (١٨٨) يَسْأَلُونَكَ عَنِ الأهِلَّةِ قُلْ هِيَ
مَوَاقِيتُ لِلنَّاسِ وَالْحَجِّ وَلَيْسَ الْبِرُّ بِأَنْ تَأْتُوْاْ الْبُيُوتَ مِن ظُهُورِهَا وَلَكِنَّ الْبِرَّ مَنِ
اتَّقَى وَأْتُواْ الْبُيُوتَ مِنْ أَبْوَابِهَا وَاتَّقُواْ اللّهَ لَعَلَّكُمْ تُفْلِحُونَ (١٨٩) وَقَاتِلُواْ فِي سَبِيلِ
اللّهِ الَّذِينَ يُقَاتِلُونَكُمْ وَلاَ تَعْتَدُواْ إِنَّ اللّهَ لاَ يُحِبِّ الْمُعْتَدِينَ (١٩٠) وَاقْتُلُوهُمْ حَيْثُ
ثَقِفْتُمُوهُمْ وَأَخْرِجُوهُم مِّنْ حَيْثُ أَخْرَجُوكُمْ وَالْفِتْنَةُ أَشَدُّ مِنَ الْقَتْلِ وَلاَ تُقَاتِلُوهُمْ عِندَ
الْمَسْجِدِ الْحَرَامِ حَتَّى يُقَاتِلُوكُمْ فِيهِ فَإِن قَاتَلُوكُمْ فَاقْتُلُوهُمْ كَذَلِكَ جَزَاء الْكَافِرِينَ
(١٩١) فَإِنِ انتَهَوْاْ فَإِنَّ اللّهَ غَفُورٌ رَّحِيمٌ (١٩٢) وَقَاتِلُوهُمْ حَتَّى لاَ تَكُونَ فِتْنَةٌ
وَيَكُونَ الدِّينُ لِلّهِ فَإِنِ انتَهَواْ فَلاَ عُدْوَانَ إِلاَّ عَلَى الظَّالِمِينَ (١٩٣) الشَّهْرُ الْحَرَامُ
بِالشَّهْرِ الْحَرَامِ وَالْحُرُمَاتُ قِصَاصٌ فَمَنِ اعْتَدَى عَلَيْكُمْ فَاعْتَدُواْ عَلَيْهِ بِمِثْلِ مَا
اعْتَدَى عَلَيْكُمْ وَاتَّقُواْ اللّهَ وَاعْلَمُواْ أَنَّ اللّهَ مَعَ الْمُتَّقِينَ (١٩٤) وَأَنفِقُواْ فِي سَبِيلِ اللّهِ
وَلاَ تُلْقُواْ بِأَيْدِيكُمْ إِلَى التَّهْلُكَةِ وَأَحْسِنُوَاْ إِنَّ اللّهَ يُحِبُّ الْمُحْسِنِينَ (١٩٥) وَأَتِمُّواْ
الْحَجَّ وَالْعُمْرَةَ لِلّهِ فَإِنْ أُحْصِرْتُمْ فَمَا اسْتَيْسَرَ مِنَ الْهَدْيِ وَلاَ تَحْلِقُواْ رُؤُوسَكُمْ حَتَّى
يَبْلُغَ الْهَدْيُ مَحِلَّهُ فَمَن كَانَ مِنكُم مَّرِيضاً أَوْ بِهِ أَذًى مِّن رَّأْسِهِ فَفِدْيَةٌ مِّن صِيَامٍ أَوْ
صَدَقَةٍ أَوْ نُسُكٍ فَإِذَا أَمِنتُمْ فَمَن تَمَتَّعَ بِالْعُمْرَةِ إِلَى الْحَجِّ فَمَا اسْتَيْسَرَ مِنَ الْهَدْيِ فَمَن
لَّمْ يَجِدْ فَصِيَامُ ثَلاثَةِ أَيَّامٍ فِي الْحَجِّ وَسَبْعَةٍ إِذَا رَجَعْتُمْ تِلْكَ عَشَرَةٌ كَامِلَةٌ ذَلِكَ لِمَن
لَّمْ يَكُنْ أَهْلُهُ حَاضِرِي الْمَسْجِدِ الْحَرَامِ وَاتَّقُواْ اللّهَ وَاعْلَمُواْ أَنَّ اللّهَ شَدِيدُ الْعِقَابِ
(١٩٦) الْحَجُّ أَشْهُرٌ مَّعْلُومَاتٌ فَمَن فَرَضَ فِيهِنَّ الْحَجَّ فَلاَ رَفَثَ وَلاَ فُسُوقَ وَلاَ
جِدَالَ فِي الْحَجِّ وَمَا تَفْعَلُواْ مِنْ خَيْرٍ يَعْلَمْهُ اللّهُ وَتَزَوَّدُواْ فَإِنَّ خَيْرَ الزَّادِ التَّقْوَى
وَاتَّقُونِ يَا أُوْلِي الأَلْبَابِ (١٩٧) لَيْسَ عَلَيْكُمْ جُنَاحٌ أَن تَبْتَغُواْ فَضْلاً مِّن رَّبِّكُمْ فَإِذَا
أَفَضْتُم مِّنْ عَرَفَاتٍ فَاذْكُرُواْ اللّهَ عِندَ الْمَشْعَرِ الْحَرَامِ وَاذْكُرُوهُ كَمَا هَدَاكُمْ وَإِن
كُنتُم مِّن قَبْلِهِ لَمِنَ الضَّآلِّينَ (١٩٨) ثُمَّ أَفِيضُواْ مِنْ حَيْثُ أَفَاضَ النَّاسُ وَاسْتَغْفِرُواْ
اللّهَ إِنَّ اللّهَ غَفُورٌ رَّحِيمٌ (١٩٩) فَإِذَا قَضَيْتُم مَّنَاسِكَكُمْ فَاذْكُرُواْ اللّهَ كَذِكْرِكُمْ آبَاءكُمْ
أَوْ أَشَدَّ ذِكْرًا فَمِنَ النَّاسِ مَن يَقُولُ رَبَّنَا آتِنَا فِي الدُّنْيَا وَمَا لَهُ فِي الآخِرَةِ مِنْ خَلاَقٍ

(٢٠٠) وِمِنْهُم مَّن يَقُولُ رَبَّنَا آتِنَا فِي الدُّنْيَا حَسَنَةً وَفِي الآخِرَةِ حَسَنَةً وَقِنَا عَذَابَ
النَّارِ (٢٠١) أُولَئِكَ لَهُمْ نَصِيبٌ مِّمَّا كَسَبُواْ وَاللّهُ سَرِيعُ الْحِسَابِ (٢٠٢) وَاذْكُرُواْ
اللّهَ فِي أَيَّامٍ مَّعْدُودَاتٍ فَمَن تَعَجَّلَ فِي يَوْمَيْنِ فَلاَ إِثْمَ عَلَيْهِ وَمَن تَأَخَّرَ فَلا إِثْمَ عَلَيْهِ
لِمَنِ اتَّقَى وَاتَّقُواْ اللّهَ وَاعْلَمُوا أَنَّكُمْ إِلَيْهِ تُحْشَرُونَ (٢٠٣) وَمِنَ النَّاسِ مَن يُعْجِبُكَ
قَوْلُهُ فِي الْحَيَاةِ الدُّنْيَا وَيُشْهِدُ اللّهَ عَلَى مَا فِي قَلْبِهِ وَهُوَ أَلَدُّ الْخِصَامِ (٢٠٤) وَإِذَا
تَوَلَّى سَعَى فِي الأَرْضِ لِيُفْسِدَ فِيِهَا وَيُهْلِكَ الْحَرْثَ وَالنَّسْلَ وَاللّهُ لاَ يُحِبُّ الفَسَادَ
(٢٠٥) وَإِذَا قِيلَ لَهُ اتَّقِ اللّهَ أَخَذَتْهُ الْعِزَّةُ بِالإِثْمِ فَحَسْبُهُ جَهَنَّمُ وَلَبِئْسَ الْمِهَادُ
(٢٠٦) وَمِنَ النَّاسِ مَن يَشْرِي نَفْسَهُ ابْتِغَاء مَرْضَاتِ اللّهِ وَاللّهُ رَؤُوفٌ بِالْعِبَادِ
(٢٠٧) يَا أَيُّهَا الَّذِينَ آمَنُواْ ادْخُلُواْ فِي السِّلْمِ كَآفَّةً وَلاَ تَتَّبِعُواْ خُطُوَاتِ الشَّيْطَانِ
إِنَّهُ لَكُمْ عَدُوٌّ مُّبِينٌ (٢٠٨) فَإِن زَلَلْتُمْ مِّن بَعْدِ مَا جَاءتْكُمُ الْبَيِّنَاتُ فَاعْلَمُواْ أَنَّ اللّهَ
عَزِيزٌ حَكِيمٌ (٢٠٩) هَلْ يَنظُرُونَ إِلاَّ أَن يَأْتِيَهُمُ اللّهُ فِي ظُلَلٍ مِّنَ الْغَمَامِ وَالْمَلآئِكَةُ
وَقُضِيَ الأَمْرُ وَإِلَى اللّهِ تُرْجَعُ الأمُورُ (٢١٠) سَلْ بَنِي إِسْرَائِيلَ كَمْ آتَيْنَاهُم مِّنْ
آيَةٍ بَيِّنَةٍ وَمَن يُبَدِّلْ نِعْمَةَ اللّهِ مِن بَعْدِ مَا جَاءتْهُ فَإِنَّ اللّهَ شَدِيدُ الْعِقَابِ (٢١١) زُيِّنَ
لِلَّذِينَ كَفَرُواْ الْحَيَاةُ الدُّنْيَا وَيَسْخَرُونَ مِنَ الَّذِينَ آمَنُواْ وَالَّذِينَ اتَّقَواْ فَوْقَهُمْ يَوْمَ
الْقِيَامَةِ وَاللّهُ يَرْزُقُ مَن يَشَاء بِغَيْرِ حِسَابٍ (٢١٢) كَانَ النَّاسُ أُمَّةً وَاحِدَةً فَبَعَثَ
اللّهُ النَّبِيِّينَ مُبَشِّرِينَ وَمُنذِرِينَ وَأَنزَلَ مَعَهُمُ الْكِتَابَ بِالْحَقِّ لِيَحْكُمَ بَيْنَ النَّاسِ فِيمَا
اخْتَلَفُواْ فِيهِ وَمَا اخْتَلَفَ فِيهِ إِلاَّ الَّذِينَ أُوتُوهُ مِن بَعْدِ مَا جَاءتْهُمُ الْبَيِّنَاتُ بَغْيًا بَيْنَهُمْ
فَهَدَى اللّهُ الَّذِينَ آمَنُواْ لِمَا اخْتَلَفُواْ فِيهِ مِنَ الْحَقِّ بِإِذْنِهِ وَاللّهُ يَهْدِي مَن يَشَاء إِلَى
صِرَاطٍ مُّسْتَقِيمٍ (٢١٣) أَمْ حَسِبْتُمْ أَن تَدْخُلُواْ الْجَنَّةَ وَلَمَّا يَأْتِكُم مَّثَلُ الَّذِينَ خَلَوْاْ مِن
قَبْلِكُم مَّسَّتْهُمُ الْبَأْسَاء وَالضَّرَّاء وَزُلْزِلُواْ حَتَّى يَقُولَ الرَّسُولُ وَالَّذِينَ آمَنُواْ مَعَهُ
مَتَى نَصْرُ اللّهِ أَلا إِنَّ نَصْرَ اللّهِ قَرِيبٌ (٢١٤) يَسْأَلُونَكَ مَاذَا يُنفِقُونَ قُلْ مَا أَنفَقْتُم
مِّنْ خَيْرٍ فَلِلْوَالِدَيْنِ وَالأَقْرَبِينَ وَالْيَتَامَى وَالْمَسَاكِينِ وَابْنِ السَّبِيلِ وَمَا تَفْعَلُواْ مِنْ
خَيْرٍ فَإِنَّ اللّهَ بِهِ عَلِيمٌ (٢١٥) كُتِبَ عَلَيْكُمُ الْقِتَالُ وَهُوَ كُرْهٌ لَّكُمْ وَعَسَى أَن تَكْرَهُواْ
شَيْئًا وَهُوَ خَيْرٌ لَّكُمْ وَعَسَى أَن تُحِبُّواْ شَيْئًا وَهُوَ شَرٌّ لَّكُمْ وَاللّهُ يَعْلَمُ وَأَنتُمْ لاَ
تَعْلَمُونَ (٢١٦) يَسْأَلُونَكَ عَنِ الشَّهْرِ الْحَرَامِ قِتَالٍ فِيهِ قُلْ قِتَالٌ فِيهِ كَبِيرٌ وَصَدٌّ عَن
سَبِيلِ اللّهِ وَكُفْرٌ بِهِ وَالْمَسْجِدِ الْحَرَامِ وَإِخْرَاجُ أَهْلِهِ مِنْهُ أَكْبَرُ عِندَ اللّهِ وَالْفِتْنَةُ أَكْبَرُ
مِنَ الْقَتْلِ وَلاَ يَزَالُونَ يُقَاتِلُونَكُمْ حَتَّى يَرُدُّوكُمْ عَن دِينِكُمْ إِنِ اسْتَطَاعُواْ وَمَن يَرْتَدِدْ
مِنكُمْ عَن دِينِهِ فَيَمُتْ وَهُوَ كَافِرٌ فَأُوْلَئِكَ حَبِطَتْ أَعْمَالُهُمْ فِي الدُّنْيَا وَالآخِرَةِ
وَأُوْلَئِكَ أَصْحَابُ النَّارِ هُمْ فِيهَا خَالِدُونَ (٢١٧) إِنَّ الَّذِينَ آمَنُواْ وَالَّذِينَ هَاجَرُواْ
وَجَاهَدُواْ فِي سَبِيلِ اللّهِ أُوْلَئِكَ يَرْجُونَ رَحْمَتَ اللّهِ وَاللّهُ غَفُورٌ رَّحِيمٌ (٢١٨)
يَسْأَلُونَكَ عَنِ الْخَمْرِ وَالْمَيْسِرِ قُلْ فِيهِمَا إِثْمٌ كَبِيرٌ وَمَنَافِعُ لِلنَّاسِ وَإِثْمُهُمَآ أَكْبَرُ مِن

نَّفْعِهِمَا وَيَسْأَلُونَكَ مَاذَا يُنفِقُونَ قُلِ الْعَفْوَ كَذَلِكَ يُبيِّنُ اللّهُ لَكُمُ الآيَاتِ لَعَلَّكُمْ تَتَفَكَّرُونَ
(٢١٩) فِي الدُّنْيَا وَالآخِرَةِ وَيَسْأَلُونَكَ عَنِ الْيَتَامَى قُلْ إِصْلاَحٌ لَّهُمْ خَيْرٌ وَإِنْ
تُخَالِطُوهُمْ فَإِخْوَانُكُمْ وَاللّهُ يَعْلَمُ الْمُفْسِدَ مِنَ الْمُصْلِحِ وَلَوْ شَاء اللّهُ لأعْنَتَكُمْ إِنَّ اللّهَ
عَزِيزٌ حَكِيمٌ (٢٢٠) وَلاَ تَنكِحُواْ الْمُشْرِكَاتِ حَتَّى يُؤْمِنَّ وَلأَمَةٌ مُّؤْمِنَةٌ خَيْرٌ مِّن
مُّشْرِكَةٍ وَلَوْ أَعْجَبَتْكُمْ وَلاَ تُنكِحُواْ الْمُشِرِكِينَ حَتَّى يُؤْمِنُواْ وَلَعَبْدٌ مُّؤْمِنٌ خَيْرٌ مِّن
مُّشْرِكٍ وَلَوْ أَعْجَبَكُمْ أُوْلَئِكَ يَدْعُونَ إِلَى النَّارِ وَاللّهُ يَدْعُوَ إِلَى الْجَنَّةِ وَالْمَغْفِرَةِ بِإِذْنِهِ
وَيُبَيِّنُ آيَاتِهِ لِلنَّاسِ لَعَلَّهُمْ يَتَذَكَّرُونَ (٢٢١) وَيَسْأَلُونَكَ عَنِ الْمَحِيضِ قُلْ هُوَ أَذًى
فَاعْتَزِلُواْ النِّسَاء فِي الْمَحِيضِ وَلاَ تَقْرَبُوهُنَّ حَتَّىَ يَطْهُرْنَ فَإِذَا تَطَهَّرْنَ فَأْتُوهُنَّ
مِنْ حَيْثُ أَمَرَكُمُ اللّهُ إِنَّ اللّهَ يُحِبُّ التَّوَّابِينَ وَيُحِبُّ الْمُتَطَهِّرِينَ (٢٢٢) نِسَآؤُكُمْ
حَرْثٌ لَّكُمْ فَأْتُواْ حَرْثَكُمْ أَنَّى شِئْتُمْ وَقَدِّمُواْ لأَنفُسِكُمْ وَاتَّقُواْ اللّهَ وَاعْلَمُواْ أَنَّكُم مُّلاَقُوهُ
وَبَشِّرِ الْمُؤْمِنِينَ (٢٢٣) وَلاَ تَجْعَلُواْ اللّهَ عُرْضَةً لِّأَيْمَانِكُمْ أَن تَبَرُّواْ وَتَتَّقُواْ
وَتُصْلِحُواْ بَيْنَ النَّاسِ وَاللّهُ سَمِيعٌ عَلِيمٌ (٢٢٤) لاَّ يُؤَاخِذُكُمُ اللّهُ بِاللَّغْوِ فِيَ أَيْمَانِكُمْ
وَلَكِن يُؤَاخِذُكُم بِمَا كَسَبَتْ قُلُوبُكُمْ وَاللّهُ غَفُورٌ حَلِيمٌ (٢٢٥) لِّلَّذِينَ يُؤْلُونَ مِن
نِّسَآئِهِمْ تَرَبُّصُ أَرْبَعَةِ أَشْهُرٍ فَإِنْ فَآؤُوا فَإِنَّ اللّهَ غَفُورٌ رَّحِيمٌ (٢٢٦) وَإِنْ عَزَمُواْ
الطَّلاَقَ فَإِنَّ اللّهَ سَمِيعٌ عَلِيمٌ (٢٢٧) وَالْمُطَلَّقَاتُ يَتَرَبَّصْنَ بِأَنفُسِهِنَّ ثَلاَثَةَ قُرُوَءٍ
وَلاَ يَحِلُّ لَهُنَّ أَن يَكْتُمْنَ مَا خَلَقَ اللّهُ فِي أَرْحَامِهِنَّ إِن كُنَّ يُؤْمِنَّ بِاللّهِ وَالْيَوْمِ الآخِرِ
وَبُعُولَتُهُنَّ أَحَقُّ بِرَدِّهِنَّ فِي ذَلِكَ إِنْ أَرَادُواْ إِصْلاَحًا وَلَهُنَّ مِثْلُ الَّذِي عَلَيْهِنَّ
بِالْمَعْرُوفِ وَلِلرِّجَالِ عَلَيْهِنَّ دَرَجَةٌ وَاللّهُ عَزِيزٌ حَكُيمٌ (٢٢٨) الطَّلاَقُ مَرَّتَانِ
فَإِمْسَاكٌ بِمَعْرُوفٍ أَوْ تَسْرِيحٌ بِإِحْسَانٍ وَلاَ يَحِلُّ لَكُمْ أَن تَأْخُذُواْ مِمَّا آتَيْتُمُوهُنَّ شَيْئًا
إِلاَّ أَن يَخَافَا أَلاَّ يُقِيمَا حُدُودَ اللّهِ فَإِنْ خِفْتُمْ أَلاَّ يُقِيمَا حُدُودَ اللّهِ فَلاَ جُنَاحَ عَلَيْهِمَا فِيمَا
افْتَدَتْ بِهِ تِلْكَ حُدُودُ اللّهِ فَلاَ تَعْتَدُوهَا وَمَن يَتَعَدَّ حُدُودَ اللّهِ فَأُوْلَئِكَ هُمُ الظَّالِمُونَ
(٢٢٩) فَإِن طَلَّقَهَا فَلاَ تَحِلُّ لَهُ مِن بَعْدُ حَتَّىَ تَنكِحَ زَوْجًا غَيْرَهُ فَإِن طَلَّقَهَا فَلاَ
جُنَاحَ عَلَيْهِمَا أَن يَتَرَاجَعَا إِن ظَنَّا أَن يُقِيمَا حُدُودَ اللّهِ وَتِلْكَ حُدُودُ اللّهِ يُبَيِّنُهَا لِقَوْمٍ
يَعْلَمُونَ (٢٣٠) وَإِذَا طَلَّقْتُمُ النَّسَاء فَبَلَغْنَ أَجَلَهُنَّ فَأَمْسِكُوهُنَّ بِمَعْرُوفٍ أَوْ
سَرِّحُوهُنَّ بِمَعْرُوفٍ وَلاَ تُمْسِكُوهُنَّ ضِرَارًا لَّتَعْتَدُواْ وَمَن يَفْعَلْ ذَلِكَ فَقَدْ ظَلَمَ نَفْسَهُ
وَلاَ تَتَّخِذُوَاْ آيَاتِ اللّهِ هُزُوًا وَاذْكُرُواْ نِعْمَتَ اللّهِ عَلَيْكُمْ وَمَا أَنزَلَ عَلَيْكُمْ مِّنَ الْكِتَابِ
وَالْحِكْمَةِ يَعِظُكُم بِهِ وَاتَّقُواْ اللّهَ وَاعْلَمُواْ أَنَّ اللّهَ بِكُلِّ شَيْءٍ عَلِيمٌ (٢٣١) وَإِذَا طَلَّقْتُمُ
النِّسَاء فَبَلَغْنَ أَجَلَهُنَّ فَلاَ تَعْضُلُوهُنَّ أَن يَنكِحْنَ أَزْوَاجَهُنَّ إِذَا تَرَاضَوْاْ بَيْنَهُم
بِالْمَعْرُوفِ ذَلِكَ يُوعَظُ بِهِ مَن كَانَ مِنكُمْ يُؤْمِنُ بِاللّهِ وَالْيَوْمِ الآخِرِ ذَلِكُمْ أَزْكَى لَكُمْ
وَأَطْهَرُ وَاللّهُ يَعْلَمُ وَأَنتُمْ لاَ تَعْلَمُونَ (٢٣٢) وَالْوَالِدَاتُ يُرْضِعْنَ أَوْلاَدَهُنَّ حَوْلَيْنِ
كَامِلَيْنِ لِمَنْ أَرَادَ أَن يُتِمَّ الرَّضَاعَةَ وَعلَى الْمَوْلُودِ لَهُ رِزْقُهُنَّ وَكِسْوَتُهُنَّ

بِالْمَعْرُوفِ لاَ تُكَلَّفُ نَفْسٌ إِلاَّ وُسْعَهَا لاَ تُضَآرَّ وَالِدَةٌ بِوَلَدِهَا وَلاَ مَوْلُودٌ لَّهُ بِوَلَدِهِ
وَعَلَى الْوَارِثِ مِثْلُ ذَلِكَ فَإِنْ أَرَادَا فِصَالاً عَن تَرَاضٍ مِّنْهُمَا وَتَشَاوُرٍ فَلاَ جُنَاحَ
عَلَيْهِمَا وَإِنْ أَرَدتُّمْ أَن تَسْتَرْضِعُواْ أَوْلاَدَكُمْ فَلاَ جُنَاحَ عَلَيْكُمْ إِذَا سَلَّمْتُم مَّآ آتَيْتُم
بِالْمَعْرُوفِ وَاتَّقُواْ اللّهَ وَاعْلَمُواْ أَنَّ اللّهَ بِمَا تَعْمَلُونَ بَصِيرٌ (٢٣٣) وَالَّذِينَ يُتَوَفَّوْنَ
مِنكُمْ وَيَذَرُونَ أَزْوَاجًا يَتَرَبَّصْنَ بِأَنفُسِهِنَّ أَرْبَعَةَ أَشْهُرٍ وَعَشْرًا فَإِذَا بَلَغْنَ أَجَلَهُنَّ
فَلاَ جُنَاحَ عَلَيْكُمْ فِيمَا فَعَلْنَ فِي أَنفُسِهِنَّ بِالْمَعْرُوفِ وَاللّهُ بِمَا تَعْمَلُونَ خَبِيرٌ (٢٣٤)
وَلاَ جُنَاحَ عَلَيْكُمْ فِيمَا عَرَّضْتُم بِهِ مِنْ خِطْبَةِ النِّسَاء أَوْ أَكْنَنتُمْ فِي أَنفُسِكُمْ عَلِمَ اللّهُ
أَنَّكُمْ سَتَذْكُرُونَهُنَّ وَلَكِن لاَّ تُوَاعِدُوهُنَّ سِرًّا إِلاَّ أَن تَقُولُواْ قَوْلاً مَّعْرُوفًا وَلاَ
تَعْزِمُواْ عُقْدَةَ النِّكَاحِ حَتَّىَ يَبْلُغَ الْكِتَابُ أَجَلَهُ وَاعْلَمُواْ أَنَّ اللّهَ يَعْلَمُ مَا فِي أَنفُسِكُمْ
فَاحْذَرُوهُ وَاعْلَمُواْ أَنَّ اللّهَ غَفُورٌ حَلِيمٌ (٢٣٥) لاَّ جُنَاحَ عَلَيْكُمْ إِن طَلَّقْتُمُ النِّسَاء مَا
لَمْ تَمَسُّوهُنَّ أَوْ تَفْرِضُواْ لَهُنَّ فَرِيضَةً وَمَتِّعُوهُنَّ عَلَى الْمُوسِعِ قَدَرُهُ وَعَلَى الْمُقْتِرِ
قَدْرُهُ مَتَاعًا بِالْمَعْرُوفِ حَقًّا عَلَى الْمُحْسِنِينَ (٢٣٦) وَإِن طَلَّقْتُمُوهُنَّ مِن قَبْلِ أَن
تَمَسُّوهُنَّ وَقَدْ فَرَضْتُمْ لَهُنَّ فَرِيضَةً فَنِصْفُ مَا فَرَضْتُمْ إَلاَّ أَن يَعْفُونَ أَوْ يَعْفُوَ الَّذِي
بِيَدِهِ عُقْدَةُ النِّكَاحِ وَأَن تَعْفُواْ أَقْرَبُ لِلتَّقْوَى وَلاَ تَنسَوُاْ الْفَضْلَ بَيْنَكُمْ إِنَّ اللّهَ بِمَا
تَعْمَلُونَ بَصِيرٌ (٢٣٧) حَافِظُواْ عَلَى الصَّلَوَاتِ والصَّلاَةِ الْوُسْطَى وَقُومُواْ لِلّهِ
قَانِتِينَ (٢٣٨) فَإنْ خِفْتُمْ فَرِجَالاً أَوْ رُكْبَانًا فَإِذَا أَمِنتُمْ فَاذْكُرُواْ اللّهَ كَمَا عَلَّمَكُم مَّا لَمْ
تَكُونُواْ تَعْلَمُونَ (٢٣٩) وَالَّذِينَ يُتَوَفَّوْنَ مِنكُمْ وَيَذَرُونَ أَزْوَاجًا وَصِيَّةً لِّأَزْوَاجِهِم
مَّتَاعًا إِلَى الْحَوْلِ غَيْرَ إِخْرَاجٍ فَإِنْ خَرَجْنَ فَلاَ جُنَاحَ عَلَيْكُمْ فِي مَا فَعَلْنَ فِيَ
أَنفُسِهِنَّ مِن مَّعْرُوفٍ وَاللّهُ عَزِيزٌ حَكِيمٌ (٢٤٠) وَلِلْمُطَلَّقَاتِ مَتَاعٌ بِالْمَعْرُوفِ حَقًّا
عَلَى الْمُتَّقِينَ (٢٤١) كَذَلِكَ يُبَيِّنُ اللّهُ لَكُمْ آيَاتِهِ لَعَلَّكُمْ تَعْقِلُونَ (٢٤٢) أَلَمْ تَرَ إِلَى
الَّذِينَ خَرَجُواْ مِن دِيَارِهِمْ وَهُمْ أُلُوفٌ حَذَرَ الْمَوْتِ فَقَالَ لَهُمُ اللّهُ مُوتُواْ ثُمَّ أَحْيَاهُمْ
إِنَّ اللّهَ لَذُو فَضْلٍ عَلَى النَّاسِ وَلَكِنَّ أَكْثَرَ النَّاسِ لاَ يَشْكُرُونَ (٢٤٣) وَقَاتِلُواْ فِي
سَبِيلِ اللّهِ وَاعْلَمُواْ أَنَّ اللّهَ سَمِيعٌ عَلِيمٌ (٢٤٤) مَّن ذَا الَّذِي يُقْرِضُ اللّهَ قَرْضًا حَسَنًا
فَيُضَاعِفَهُ لَهُ أَضْعَافًا كَثِيرَةً وَاللّهُ يَقْبِضُ وَيَبْسُطُ وَإِلَيْهِ تُرْجَعُونَ (٢٤٥) أَلَمْ تَرَ إِلَى
الْمَلإِ مِن بَنِي إِسْرَائِيلَ مِن بَعْدِ مُوسَى إِذْ قَالُواْ لِنَبِيٍّ لَّهُمُ ابْعَثْ لَنَا مَلِكًا نُّقَاتِلْ فِي
سَبِيلِ اللّهِ قَالَ هَلْ عَسَيْتُمْ إِن كُتِبَ عَلَيْكُمُ الْقِتَالُ أَلاَّ تُقَاتِلُواْ قَالُواْ وَمَا لَنَا أَلاَّ نُقَاتِلَ
فِي سَبِيلِ اللّهِ وَقَدْ أُخْرِجْنَا مِن دِيَارِنَا وَأَبْنَآئِنَا فَلَمَّا كُتِبَ عَلَيْهِمُ الْقِتَالُ تَوَلَّوْاْ إِلاَّ
قَلِيلاً مِّنْهُمْ وَاللّهُ عَلِيمٌ بِالظَّالِمِينَ (٢٤٦) وَقَالَ لَهُمْ نَبِيُّهُمْ إِنَّ اللّهَ قَدْ بَعَثَ لَكُمْ
طَالُوتَ مَلِكًا قَالُوَاْ أَنَّى يَكُونُ لَهُ الْمُلْكُ عَلَيْنَا وَنَحْنُ أَحَقُّ بِالْمُلْكِ مِنْهُ وَلَمْ يُؤْتَ
سَعَةً مِّنَ الْمَالِ قَالَ إِنَّ اللّهَ اصْطَفَاهُ عَلَيْكُمْ وَزَادَهُ بَسْطَةً فِي الْعِلْمِ وَالْجِسْمِ وَاللّهُ
يُؤْتِي مُلْكَهُ مَن يَشَاء وَاللّهُ وَاسِعٌ عَلِيمٌ (٢٤٧) وَقَالَ لَهُمْ نِبِيُّهُمْ إِنَّ آيَةَ مُلْكِهِ أَن

يَأْتِيَكُمُ التَّابُوتُ فِيهِ سَكِينَةٌ مِّن رَّبِّكُمْ وَبَقِيَّةٌ مِّمَّا تَرَكَ آلُ مُوسَى وَآلُ هَارُونَ تَحْمِلُهُ
الْمَلآئِكَةُ إِنَّ فِي ذَلِكَ لآيَةً لَّكُمْ إِن كُنتُم مُّؤْمِنِينَ (٢٤٨) فَلَمَّا فَصَلَ طَالُوتُ بِالْجُنُودِ
قَالَ إِنَّ اللّهَ مُبْتَلِيكُم بِنَهَرٍ فَمَن شَرِبَ مِنْهُ فَلَيْسَ مِنِّي وَمَن لَّمْ يَطْعَمْهُ فَإِنَّهُ مِنِّي إِلاَّ
مَنِ اغْتَرَفَ غُرْفَةً بِيَدِهِ فَشَرِبُواْ مِنْهُ إِلاَّ قَلِيلاً مِّنْهُمْ فَلَمَّا جَاوَزَهُ هُوَ وَالَّذِينَ آمَنُواْ
مَعَهُ قَالُواْ لاَ طَاقَةَ لَنَا الْيَوْمَ بِجَالُوتَ وَجُنودِهِ قَالَ الَّذِينَ يَظُنُّونَ أَنَّهُم مُّلاَقُو اللّهِ كَم
مِّن فِئَةٍ قَلِيلَةٍ غَلَبَتْ فِئَةً كَثِيرَةً بِإِذْنِ اللّهِ وَاللّهُ مَعَ الصَّابِرِينَ (٢٤٩) وَلَمَّا بَرَزُواْ
لِجَالُوتَ وَجُنُودِهِ قَالُواْ رَبَّنَا أَفْرِغْ عَلَيْنَا صَبْرًا وَثَبِّتْ أَقْدَامَنَا وَانصُرْنَا عَلَى الْقَوْمِ
الْكَافِرِينَ (٢٥٠) فَهَزَمُوهُم بِإِذْنِ اللّهِ وَقَتَلَ دَاوُودُ جَالُوتَ وَآتَاهُ اللّهُ الْمُلْكَ وَالْحِكْمَةَ
وَعَلَّمَهُ مِمَّا يَشَاءُ وَلَوْلاَ دَفْعُ اللّهِ النَّاسَ بَعْضَهُمْ بِبَعْضٍ لَّفَسَدَتِ الأَرْضُ وَلَكِنَّ اللّهَ
ذُو فَضْلٍ عَلَى الْعَالَمِينَ (٢٥١) تِلْكَ آيَاتُ اللّهِ نَتْلُوهَا عَلَيْكَ بِالْحَقِّ وَإِنَّكَ لَمِنَ
الْمُرْسَلِينَ (٢٥٢) تِلْكَ الرُّسُلُ فَضَّلْنَا بَعْضَهُمْ عَلَى بَعْضٍ مِّنْهُم مَّن كَلَّمَ اللّهُ وَرَفَعَ
بَعْضَهُمْ دَرَجَاتٍ وَآتَيْنَا عِيسَى ابْنَ مَرْيَمَ الْبَيِّنَاتِ وَأَيَّدْنَاهُ بِرُوحِ الْقُدُسِ وَلَوْ شَاء
اللّهُ مَا اقْتَتَلَ الَّذِينَ مِن بَعْدِهِم مِّن بَعْدِ مَا جَاءتْهُمُ الْبَيِّنَاتُ وَلَكِنِ اخْتَلَفُواْ فَمِنْهُم مَّنْ
آمَنَ وَمِنْهُم مَّن كَفَرَ وَلَوْ شَاء اللّهُ مَا اقْتَتَلُواْ وَلَكِنَّ اللّهَ يَفْعَلُ مَا يُرِيدُ (٢٥٣) يَا أَيُّهَا
الَّذِينَ آمَنُواْ أَنفِقُواْ مِمَّا رَزَقْنَاكُم مِّن قَبْلِ أَن يَأْتِيَ يَوْمٌ لاَّ بَيْعٌ فِيهِ وَلاَ خُلَّةٌ وَلاَ
شَفَاعَةٌ وَالْكَافِرُونَ هُمُ الظَّالِمُونَ (٢٥٤) اللّهُ لاَ إِلَهَ إِلاَّ هُوَ الْحَيُّ الْقَيُّومُ لاَ تَأْخُذُهُ
سِنَةٌ وَلاَ نَوْمٌ لَّهُ مَا فِي السَّمَاوَاتِ وَمَا فِي الأَرْضِ مَن ذَا الَّذِي يَشْفَعُ عِنْدَهُ إِلاَّ
بِإِذْنِهِ يَعْلَمُ مَا بَيْنَ أَيْدِيهِمْ وَمَا خَلْفَهُمْ وَلاَ يُحِيطُونَ بِشَيْءٍ مِّنْ عِلْمِهِ إِلاَّ بِمَا شَاء
وَسِعَ كُرْسِيُّهُ السَّمَاوَاتِ وَالأَرْضَ وَلاَ يَؤُودُهُ حِفْظُهُمَا وَهُوَ الْعَلِيُّ الْعَظِيمُ (٢٥٥)
لاَ إِكْرَاهَ فِي الدِّينِ قَد تَّبَيَّنَ الرُّشْدُ مِنَ الْغَيِّ فَمَنْ يَكْفُرْ بِالطَّاغُوتِ وَيُؤْمِن بِاللّهِ فَقَدِ
اسْتَمْسَكَ بِالْعُرْوَةِ الْوُثْقَىَ لاَ انفِصَامَ لَهَا وَاللّهُ سَمِيعٌ عَلِيمٌ (٢٥٦) اللّهُ وَلِيُّ الَّذِينَ
آمَنُواْ يُخْرِجُهُم مِّنَ الظُّلُمَاتِ إِلَى النُّوُرِ وَالَّذِينَ كَفَرُواْ أَوْلِيَآؤُهُمُ الطَّاغُوتُ
يُخْرِجُونَهُم مِّنَ النُّورِ إِلَى الظُّلُمَاتِ أُوْلَئِكَ أَصْحَابُ النَّارِ هُمْ فِيهَا خَالِدُونَ (٢٥٧)
أَلَمْ تَرَ إِلَى الَّذِي حَآجَّ إِبْرَاهِيمَ فِي رِبِّهِ أَنْ آتَاهُ اللّهُ الْمُلْكَ إِذْ قَالَ إِبْرَاهِيمُ رَبِّيَ الَّذِي
يُحْيِي وَيُمِيتُ قَالَ أَنَا أُحْيِي وَأُمِيتُ قَالَ إِبْرَاهِيمُ فَإِنَّ اللّهَ يَأْتِي بِالشَّمْسِ مِنَ
الْمَشْرِقِ فَأْتِ بِهَا مِنَ الْمَغْرِبِ فَبُهِتَ الَّذِي كَفَرَ وَاللّهُ لاَ يَهْدِي الْقَوْمَ الظَّالِمِينَ
(٢٥٨) أَوْ كَالَّذِي مَرَّ عَلَى قَرْيَةٍ وَهِيَ خَاوِيَةٌ عَلَى عُرُوشِهَا قَالَ أَنَّىَ يُحْيِي هَذِهِ
اللّهُ بَعْدَ مَوْتِهَا فَأَمَاتَهُ اللّهُ مِئَةَ عَامٍ ثُمَّ بَعَثَهُ قَالَ كَمْ لَبِثْتَ قَالَ لَبِثْتُ يَوْمًا أَوْ بَعْضَ
يَوْمٍ قَالَ بَل لَّبِثْتَ مِئَةَ عَامٍ فَانظُرْ إِلَى طَعَامِكَ وَشَرَابِكَ لَمْ يَتَسَنَّهْ وَانظُرْ إِلَى
حِمَارِكَ وَلِنَجْعَلَكَ آيَةً لِّلنَّاسِ وَانظُرْ إِلَى العِظَامِ كَيْفَ نُنشِزُهَا ثُمَّ نَكْسُوهَا لَحْمًا
فَلَمَّا تَبَيَّنَ لَهُ قَالَ أَعْلَمُ أَنَّ اللّهَ عَلَى كُلِّ شَيْءٍ قَدِيرٌ (٢٥٩) وَإِذْ قَالَ إِبْرَاهِيمُ رَبِّ

أَرِنِي كَيْفَ تُحْيِي الْمَوْتَى قَالَ أَوَلَمْ تُؤْمِن قَالَ بَلَى وَلَكِن لِّيَطْمَئِنَّ قَلْبِي قَالَ فَخُذْ
أَرْبَعَةً مِّنَ الطَّيْرِ فَصُرْهُنَّ إِلَيْكَ ثُمَّ اجْعَلْ عَلَى كُلِّ جَبَلٍ مِّنْهُنَّ جُزْءًا ثُمَّ ادْعُهُنَّ
يَأْتِينَكَ سَعْيًا وَاعْلَمْ أَنَّ اللّهَ عَزِيزٌ حَكِيمٌ (٢٦٠) مَّثَلُ الَّذِينَ يُنفِقُونَ أَمْوَالَهُمْ فِي
سَبِيلِ اللّهِ كَمَثَلِ حَبَّةٍ أَنبَتَتْ سَبْعَ سَنَابِلَ فِي كُلِّ سُنبُلَةٍ مِّئَةُ حَبَّةٍ وَاللّهُ يُضَاعِفُ لِمَن
يَشَاءُ وَاللّهُ وَاسِعٌ عَلِيمٌ (٢٦١) الَّذِينَ يُنفِقُونَ أَمْوَالَهُمْ فِي سَبِيلِ اللّهِ ثُمَّ لاَ يُتْبِعُونَ مَا
أَنفَقُواُ مَنًّا وَلاَ أَذًى لَّهُمْ أَجْرُهُمْ عِندَ رَبِّهِمْ وَلاَ خَوْفٌ عَلَيْهِمْ وَلاَ هُمْ يَحْزَنُونَ
(٢٦٢) قَوْلٌ مَّعْرُوفٌ وَمَغْفِرَةٌ خَيْرٌ مِّن صَدَقَةٍ يَتْبَعُهَا أَذًى وَاللّهُ غَنِيٌّ حَلِيمٌ
(٢٦٣) يَا أَيُّهَا الَّذِينَ آمَنُواْ لاَ تُبْطِلُواْ صَدَقَاتِكُم بِالْمَنِّ وَالأذَى كَالَّذِي يُنفِقُ مَالَهُ
رِئَاءَ النَّاسِ وَلاَ يُؤْمِنُ بِاللّهِ وَالْيَوْمِ الآخِرِ فَمَثَلُهُ كَمَثَلِ صَفْوَانٍ عَلَيْهِ تُرَابٌ فَأَصَابَهُ
وَابِلٌ فَتَرَكَهُ صَلْدًا لاَّ يَقْدِرُونَ عَلَى شَيْءٍ مِّمَّا كَسَبُواْ وَاللّهُ لاَ يَهْدِي الْقَوْمَ الْكَافِرِينَ
(٢٦٤) وَمَثَلُ الَّذِينَ يُنفِقُونَ أَمْوَالَهُمُ ابْتِغَاء مَرْضَاتِ اللّهِ وَتَثْبِيتًا مِّنْ أَنفُسِهِمْ كَمَثَلِ
جَنَّةٍ بِرَبْوَةٍ أَصَابَهَا وَابِلٌ فَآتَتْ أُكُلَهَا ضِعْفَيْنِ فَإِن لَّمْ يُصِبْهَا وَابِلٌ فَطَلٌّ وَاللّهُ بِمَا
تَعْمَلُونَ بَصِيرٌ (٢٦٥) أَيَوَدُّ أَحَدُكُمْ أَن تَكُونَ لَهُ جَنَّةٌ مِّن نَّخِيلٍ وَأَعْنَابٍ تَجْرِي
مِن تَحْتِهَا الأَنْهَارُ لَهُ فِيهَا مِن كُلِّ الثَّمَرَاتِ وَأَصَابَهُ الْكِبَرُ وَلَهُ ذُرِّيَّةٌ ضُعَفَاء
فَأَصَابَهَا إِعْصَارٌ فِيهِ نَارٌ فَاحْتَرَقَتْ كَذَلِكَ يُبَيِّنُ اللّهُ لَكُمُ الآيَاتِ لَعَلَّكُمْ تَتَفَكَّرُونَ
(٢٦٦) يَا أَيُّهَا الَّذِينَ آمَنُواْ أَنفِقُواْ مِن طَيِّبَاتِ مَا كَسَبْتُمْ وَمِمَّا أَخْرَجْنَا لَكُم مِّنَ
الأَرْضِ وَلاَ تَيَمَّمُواْ الْخَبِيثَ مِنْهُ تُنفِقُونَ وَلَسْتُم بِآخِذِيهِ إِلاَّ أَن تُغْمِضُواْ فِيهِ
وَاعْلَمُواْ أَنَّ اللّهَ غَنِيٌّ حَمِيدٌ (٢٦٧) الشَّيْطَانُ يَعِدُكُمُ الْفَقْرَ وَيَأْمُرُكُم بِالْفَحْشَاء وَاللّهُ
يَعِدُكُم مَّغْفِرَةً مِّنْهُ وَفَضْلاً وَاللّهُ وَاسِعٌ عَلِيمٌ (٢٦٨) يُؤتِي الْحِكْمَةَ مَن يَشَاءُ وَمَن
يُؤْتَ الْحِكْمَةَ فَقَدْ أُوتِيَ خَيْرًا كَثِيرًا وَمَا يَذَّكَّرُ إِلاَّ أُوْلُواْ الأَلْبَابِ (٢٦٩) وَمَا أَنفَقْتُم
مِّن نَّفَقَةٍ أَوْ نَذَرْتُم مِّن نَّذْرٍ فَإِنَّ اللّهَ يَعْلَمُهُ وَمَا لِلظَّالِمِينَ مِنْ أَنصَارٍ (٢٧٠) إِن
تُبْدُواْ الصَّدَقَاتِ فَنِعِمَّا هِيَ وَإِن تُخْفُوهَا وَتُؤْتُوهَا الْفُقَرَاء فَهُوَ خَيْرٌ لُّكُمْ وَيُكَفِّرُ
عَنكُم مِّن سَيِّئَاتِكُمْ وَاللّهُ بِمَا تَعْمَلُونَ خَبِيرٌ (٢٧١) لَّيْسَ عَلَيْكَ هُدَاهُمْ وَلَكِنَّ اللّهَ
يَهْدِي مَن يَشَاءُ وَمَا تُنفِقُواْ مِنْ خَيْرٍ فَلأنفُسِكُمْ وَمَا تُنفِقُونَ إِلاَّ ابْتِغَاء وَجْهِ اللّهِ وَمَا
تُنفِقُواْ مِنْ خَيْرٍ يُوَفَّ إِلَيْكُمْ وَأَنتُمْ لاَ تُظْلَمُونَ (٢٧٢) لِلْفُقَرَاء الَّذِينَ أُحصِرُواْ فِي
سَبِيلِ اللّهِ لاَ يَسْتَطِيعُونَ ضَرْبًا فِي الأَرْضِ يَحْسَبُهُمُ الْجَاهِلُ أَغْنِيَاء مِنَ التَّعَفُّفِ
تَعْرِفُهُم بِسِيمَاهُمْ لاَ يَسْأَلُونَ النَّاسَ إِلْحَافًا وَمَا تُنفِقُواْ مِنْ خَيْرٍ فَإِنَّ اللّهَ بِهِ عَلِيمٌ
(٢٧٣) الَّذِينَ يُنفِقُونَ أَمْوَالَهُم بِاللَّيْلِ وَالنَّهَارِ سِرًّا وَعَلاَنِيَةً فَلَهُمْ أَجْرُهُمْ عِندَ رَبِّهِمْ
وَلاَ خَوْفٌ عَلَيْهِمْ وَلاَ هُمْ يَحْزَنُونَ (٢٧٤) الَّذِينَ يَأْكُلُونَ الرِّبَا لاَ يَقُومُونَ إِلاَّ كَمَا
يَقُومُ الَّذِي يَتَخَبَّطُهُ الشَّيْطَانُ مِنَ الْمَسِّ ذَلِكَ بِأَنَّهُمْ قَالُواْ إِنَّمَا الْبَيْعُ مِثْلُ الرِّبَا وَأَحَلَّ
اللّهُ الْبَيْعَ وَحَرَّمَ الرِّبَا فَمَن جَاءهُ مَوْعِظَةٌ مِّن رَّبِّهِ فَانتَهَىَ فَلَهُ مَا سَلَفَ وَأَمْرُهُ إِلَى

اللّهِ وَمَنْ عَادَ فَأُوْلَـئِكَ أَصْحَابُ النَّارِ هُمْ فِيهَا خَالِدُونَ (٢٧٥) يَمْحَقُ اللّهُ الْرِّبَا
وَيُرْبِي الصَّدَقَاتِ وَاللّهُ لاَ يُحِبُّ كُلَّ كَفَّارٍ أَثِيمٍ (٢٧٦) إِنَّ الَّذِينَ آمَنُواْ وَعَمِلُواْ
الصَّالِحَاتِ وَأَقَامُواْ الصَّلاَةَ وَآتَوُاْ الزَّكَاةَ لَهُمْ أَجْرُهُمْ عِندَ رَبِّهِمْ وَلاَ خَوْفٌ عَلَيْهِمْ
وَلاَ هُمْ يَحْزَنُونَ (٢٧٧) يَا أَيُّهَا الَّذِينَ آمَنُواْ اتَّقُواْ اللّهَ وَذَرُواْ مَا بَقِيَ مِنَ الرِّبَا إِن
كُنتُم مُّؤْمِنِينَ (٢٧٨) فَإِن لَّمْ تَفْعَلُواْ فَأْذَنُواْ بِحَرْبٍ مِّنَ اللّهِ وَرَسُولِهِ وَإِن تُبْتُمْ فَلَكُمْ
رُؤُوسُ أَمْوَالِكُمْ لاَ تَظْلِمُونَ وَلاَ تُظْلَمُونَ (٢٧٩) وَإِن كَانَ ذُو عُسْرَةٍ فَنَظِرَةٌ إِلَى
مَيْسَرَةٍ وَأَن تَصَدَّقُواْ خَيْرٌ لَّكُمْ إِن كُنتُمْ تَعْلَمُونَ (٢٨٠) وَاتَّقُواْ يَوْمًا تُرْجَعُونَ فِيهِ
إِلَى اللّهِ ثُمَّ تُوَفَّى كُلُّ نَفْسٍ مَّا كَسَبَتْ وَهُمْ لاَ يُظْلَمُونَ (٢٨١) يَا أَيُّهَا الَّذِينَ آمَنُواْ
إِذَا تَدَايَنتُم بِدَيْنٍ إِلَى أَجَلٍ مُّسَمًّى فَاكْتُبُوهُ وَلْيَكْتُب بَّيْنَكُمْ كَاتِبٌ بِالْعَدْلِ وَلاَ يَأْبَ
كَاتِبٌ أَنْ يَكْتُبَ كَمَا عَلَّمَهُ اللّهُ فَلْيَكْتُبْ وَلْيُمْلِلِ الَّذِي عَلَيْهِ الْحَقُّ وَلْيَتَّقِ اللّهَ رَبَّهُ وَلاَ
يَبْخَسْ مِنْهُ شَيْئًا فَإن كَانَ الَّذِي عَلَيْهِ الْحَقُّ سَفِيهًا أَوْ ضَعِيفًا أَوْ لاَ يَسْتَطِيعُ أَن يُمِلَّ
هُوَ فَلْيُمْلِلْ وَلِيُّهُ بِالْعَدْلِ وَاسْتَشْهِدُواْ شَهِيدَيْنِ من رِّجَالِكُمْ فَإِن لَّمْ يَكُونَا رَجُلَيْنِ
فَرَجُلٌ وَامْرَأَتَانِ مِمَّن تَرْضَوْنَ مِنَ الشُّهَدَاء أَن تَضِلَّ إْحْدَاهُمَا فَتُذَكِّرَ إِحْدَاهُمَا
الأُخْرَى وَلاَ يَأْبَ الشُّهَدَاء إِذَا مَا دُعُواْ وَلاَ تَسْأَمُوْاْ أَن تَكْتُبُوْهُ صَغِيرًا أَو كَبِيرًا
إِلَى أَجَلِهِ ذَلِكُمْ أَقْسَطُ عِندَ اللّهِ وَأَقْومُ لِلشَّهَادَةِ وَأَدْنَى أَلاَّ تَرْتَابُواْ إِلاَّ أَن تَكُونَ تِجَارَةً
حَاضِرَةً تُدِيرُونَهَا بَيْنَكُمْ فَلَيْسَ عَلَيْكُمْ جُنَاحٌ أَلاَّ تَكْتُبُوهَا وَأَشْهِدُوْاْ إِذَا تَبَايَعْتُمْ وَلاَ
يُضَآرَّ كَاتِبٌ وَلاَ شَهِيدٌ وَإِن تَفْعَلُواْ فَإِنَّهُ فُسُوقٌ بِكُمْ وَاتَّقُواْ اللّهَ وَيُعَلِّمُكُمُ اللّهُ وَاللّهُ
بِكُلِّ شَيْءٍ عَلِيمٌ (٢٨٢) وَإِن كُنتُمْ عَلَى سَفَرٍ وَلَمْ تَجِدُواْ كَاتِبًا فَرِهَانٌ مَّقْبُوضَةٌ فَإِنْ
أَمِنَ بَعْضُكُم بَعْضًا فَلْيُؤَدِّ الَّذِي اؤْتُمِنَ أَمَانَتَهُ وَلْيَتَّقِ اللّهَ رَبَّهُ وَلاَ تَكْتُمُواْ الشَّهَادَةَ
وَمَن يَكْتُمْهَا فَإِنَّهُ آثِمٌ قَلْبُهُ وَاللّهُ بِمَا تَعْمَلُونَ عَلِيمٌ (٢٨٣) لِّلَّهِ ما فِي السَّمَاوَاتِ وَمَا
فِي الأَرْضِ وَإِن تُبْدُواْ مَا فِي أَنفُسِكُمْ أَوْ تُخْفُوهُ يُحَاسِبْكُم بِهِ اللّهُ فَيَغْفِرُ لِمَن يَشَاء
وَيُعَذِّبُ مَن يَشَاء وَاللّهُ عَلَى كُلِّ شَيْءٍ قَدِيرٌ (٢٨٤) آمَنَ الرَّسُولُ بِمَا أُنزِلَ إِلَيْهِ
مِن رَّبِّهِ وَالْمُؤْمِنُونَ كُلٌّ آمَنَ بِاللّهِ وَمَلآئِكَتِهِ وَكُتُبِهِ وَرُسُلِهِ لاَ نُفَرِّقُ بَيْنَ أَحَدٍ مِّن
رُّسُلِهِ وَقَالُواْ سَمِعْنَا وَأَطَعْنَا غُفْرَانَكَ رَبَّنَا وَإِلَيْكَ الْمَصِيرُ (٢٨٥) لاَ يُكَلِّفُ اللّهُ
نَفْسًا إِلاَّ وُسْعَهَا لَهَا مَا كَسَبَتْ وَعَلَيْهَا مَا اكْتَسَبَتْ رَبَّنَا لاَ تُؤَاخِذْنَا إِن نَّسِينَا أَوْ
أَخْطَأْنَا رَبَّنَا وَلاَ تَحْمِلْ عَلَيْنَا إِصْرًا كَمَا حَمَلْتَهُ عَلَى الَّذِينَ مِن قَبْلِنَا رَبَّنَا وَلاَ
تُحَمِّلْنَا مَا لاَ طَاقَةَ لَنَا بِهِ وَاعْفُ عَنَّا وَاغْفِرْ لَنَا وَارْحَمْنَآ أَنتَ مَوْلاَنَا فَانصُرْنَا
عَلَى الْقَوْمِ الْكَافِرِينَ (٢٨٦

الم (١) اللّهُ لا إِلَـهَ إِلاَّ هُوَ الْحَيُّ الْقَيُّومُ (٢) نَزَّلَ عَلَيْكَ الْكِتَابَ بِالْحَقِّ مُصَدِّقاً لِّمَا بَيْنَ يَدَيْهِ وَأَنزَلَ التَّوْرَاةَ وَالإِنجِيلَ (٣) مِن قَبْلُ هُدًى لِّلنَّاسِ وَأَنزَلَ الْفُرْقَانَ إِنَّ الَّذِينَ كَفَرُواْ بِآيَاتِ اللّهِ لَهُمْ عَذَابٌ شَدِيدٌ وَاللّهُ عَزِيزٌ ذُو انتِقَامٍ (٤) إِنَّ اللّهَ لاَ يَخْفَى عَلَيْهِ شَيْءٌ فِي الأَرْضِ وَلاَ فِي السَّمَاء (٥) هُوَ الَّذِي يُصَوِّرُكُمْ فِي الأَرْحَامِ كَيْفَ يَشَاء لاَ إِلَـهَ إِلاَّ هُوَ الْعَزِيزُ الْحَكِيمُ (٦) هُوَ الَّذِيَ أَنزَلَ عَلَيْكَ الْكِتَابَ مِنْهُ آيَاتٌ مُّحْكَمَاتٌ هُنَّ أُمُّ الْكِتَابِ وَأُخَرُ مُتَشَابِهَاتٌ فَأَمَّا الَّذِينَ في قُلُوبِهِمْ زَيْغٌ فَيَتَّبِعُونَ مَا تَشَابَهَ مِنْهُ ابْتِغَاء الْفِتْنَةِ وَابْتِغَاء تَأْوِيلِهِ وَمَا يَعْلَمُ تَأْوِيلَهُ إِلاَّ اللّهُ وَالرَّاسِخُونَ فِي الْعِلْمِ يَقُولُونَ آمَنَّا بِهِ كُلٌّ مِّنْ عِندِ رَبِّنَا وَمَا يَذَّكَّرُ إِلاَّ أُوْلُواْ الألْبَابِ (٧) رَبَّنَا لاَ تُزِغْ قُلُوبَنَا بَعْدَ إِذْ هَدَيْتَنَا وَهَبْ لَنَا مِن لَّدُنكَ رَحْمَةً إِنَّكَ أَنتَ الْوَهَّابُ (٨) رَبَّنَا إِنَّكَ جَامِعُ النَّاسِ لِيَوْمٍ لاَّ رَيْبَ فِيهِ إِنَّ اللّهَ لاَ يُخْلِفُ الْمِيعَادَ (٩) إِنَّ الَّذِينَ كَفَرُواْ لَن تُغْنِيَ عَنْهُمْ أَمْوَالُهُمْ وَلاَ أَوْلاَدُهُم مِّنَ اللّهِ شَيْئًا وَأُولَـئِكَ هُمْ وَقُودُ النَّارِ (١٠) كَدَأْبِ آلِ فِرْعَوْنَ وَالَّذِينَ مِن قَبْلِهِمْ كَذَّبُواْ بِآيَاتِنَا فَأَخَذَهُمُ اللّهُ بِذُنُوبِهِمْ وَاللّهُ شَدِيدُ الْعِقَابِ (١١) قُل لِّلَّذِينَ كَفَرُواْ سَتُغْلَبُونَ وَتُحْشَرُونَ إِلَى جَهَنَّمَ وَبِئْسَ الْمِهَادُ (١٢) قَدْ كَانَ لَكُمْ آيَةٌ فِي فِئَتَيْنِ الْتَقَتَا فِئَةٌ تُقَاتِلُ فِي سَبِيلِ اللّهِ وَأُخْرَى كَافِرَةٌ يَرَوْنَهُم مِّثْلَيْهِمْ رَأْيَ الْعَيْنِ وَاللّهُ يُؤَيِّدُ بِنَصْرِهِ مَن يَشَاء إِنَّ فِي ذَلِكَ لَعِبْرَةً لَّأُوْلِي الأَبْصَارِ (١٣) زُيِّنَ لِلنَّاسِ حُبُّ الشَّهَوَاتِ مِنَ النِّسَاء وَالْبَنِينَ وَالْقَنَاطِيرِ الْمُقَنطَرَةِ مِنَ الذَّهَبِ وَالْفِضَّةِ وَالْخَيْلِ الْمُسَوَّمَةِ وَالأَنْعَامِ وَالْحَرْثِ ذَلِكَ مَتَاعُ الْحَيَاةِ الدُّنْيَا وَاللّهُ عِندَهُ حُسْنُ الْمَآبِ (١٤) قُلْ أَؤُنَبِّئُكُم بِخَيْرٍ مِّن ذَلِكُمْ لِلَّذِينَ اتَّقَوْا عِندَ رَبِّهِمْ جَنَّاتٌ تَجْرِي مِن تَحْتِهَا الأَنْهَارُ خَالِدِينَ فِيهَا وَأَزْوَاجٌ مُّطَهَّرَةٌ وَرِضْوَانٌ مِّنَ اللّهِ وَاللّهُ بَصِيرٌ بِالْعِبَادِ (١٥) الَّذِينَ يَقُولُونَ رَبَّنَا إِنَّنَا آمَنَّا فَاغْفِرْ لَنَا ذُنُوبَنَا وَقِنَا عَذَابَ النَّارِ (١٦) الصَّابِرِينَ وَالصَّادِقِينَ وَالْقَانِتِينَ وَالْمُنفِقِينَ وَالْمُسْتَغْفِرِينَ بِالأَسْحَارِ (١٧) شَهِدَ اللّهُ أَنَّهُ لاَ إِلَـهَ إِلاَّ هُوَ وَالْمَلاَئِكَةُ وَأُوْلُواْ الْعِلْمِ قَآئِمَاً بِالْقِسْطِ لاَ إِلَـهَ إِلاَّ هُوَ الْعَزِيزُ الْحَكِيمُ (١٨) إِنَّ الدِّينَ عِندَ اللّهِ الإِسْلاَمُ وَمَا اخْتَلَفَ الَّذِينَ أُوْتُواْ الْكِتَابَ إِلاَّ مِن بَعْدِ مَا جَاءهُمُ الْعِلْمُ بَغْيًا بَيْنَهُمْ وَمَن يَكْفُرْ بِآيَاتِ اللّهِ فَإِنَّ اللّهِ سَرِيعُ الْحِسَابِ (١٩) فَإنْ حَآجُّوكَ فَقُلْ أَسْلَمْتُ وَجْهِيَ لِلّهِ وَمَنِ اتَّبَعَنِ وَقُل لِّلَّذِينَ أُوْتُواْ الْكِتَابَ وَالأُمِّيِّينَ أَأَسْلَمْتُمْ فَإِنْ أَسْلَمُواْ فَقَدِ اهْتَدَواْ وَّإِن تَوَلَّوْاْ فَإِنَّمَا عَلَيْكَ الْبَلاَغُ وَاللّهُ بَصِيرٌ بِالْعِبَادِ (٢٠) إِنَّ الَّذِينَ يَكْفُرُونَ بِآيَاتِ اللّهِ وَيَقْتُلُونَ النَّبِيِّينَ بِغَيْرِ حَقٍّ وَيَقْتُلُونَ الِّذِينَ يَأْمُرُونَ بِالْقِسْطِ مِنَ النَّاسِ فَبَشِّرْهُم بِعَذَابٍ أَلِيمٍ (٢١) أُولَـئِكَ الَّذِينَ حَبِطَتْ أَعْمَالُهُمْ فِي الدُّنْيَا وَالآخِرَةِ وَمَا لَهُم مِّن نَّاصِرِينَ (٢٢) أَلَمْ تَرَ إِلَى الَّذِينَ أُوْتُواْ نَصِيبًا مِّنَ الْكِتَابِ يُدْعَوْنَ إِلَى كِتَابِ اللّهِ لِيَحْكُمَ بَيْنَهُمْ ثُمَّ يَتَوَلَّى فَرِيقٌ مِّنْهُمْ

وَهُم مُّعْرِضُونَ (٢٣) ذَلِكَ بِأَنَّهُمْ قَالُواْ لَن تَمَسَّنَا النَّارُ إِلاَّ أَيَّامًا مَّعْدُودَاتٍ وَغَرَّهُمْ
فِي دِينِهِم مَّا كَانُواْ يَفْتَرُونَ (٢٤) فَكَيْفَ إِذَا جَمَعْنَاهُمْ لِيَوْمٍ لاَّ رَيْبَ فِيهِ وَوُفِّيَتْ كُلُّ
نَفْسٍ مَّا كَسَبَتْ وَهُمْ لاَ يُظْلَمُونَ (٢٥) قُلِ اللَّهُمَّ مَالِكَ الْمُلْكِ تُؤْتِي الْمُلْكَ مَن تَشَاء
وَتَنزِعُ الْمُلْكَ مِمَّن تَشَاء وَتُعِزُّ مَن تَشَاء وَتُذِلُّ مَن تَشَاء بِيَدِكَ الْخَيْرُ إِنَّكَ عَلَىَ كُلِّ
شَيْءٍ قَدِيرٌ (٢٦) تُولِجُ اللَّيْلَ فِي الْنَّهَارِ وَتُولِجُ النَّهَارَ فِي اللَّيْلِ وَتُخْرِجُ الْحَيَّ مِنَ
الْمَيِّتِ وَتُخْرِجُ الَمَيَّتَ مِنَ الْحَيِّ وَتَرْزُقُ مَن تَشَاء بِغَيْرِ حِسَابٍ (٢٧) لاَّ يَتَّخِذِ
الْمُؤْمِنُونَ الْكَافِرِينَ أَوْلِيَاء مِن دُوْنِ الْمُؤْمِنِينَ وَمَن يَفْعَلْ ذَلِكَ فَلَيْسَ مِنَ اللّهِ فِي
شَيْءٍ إِلاَّ أَن تَتَّقُواْ مِنْهُمْ تُقَاةً وَيُحَذِّرُكُمُ اللّهُ نَفْسَهُ وَإِلَى اللّهِ الْمَصِيرُ (٢٨) قُلْ إِن
تُخْفُواْ مَا فِي صُدُورِكُمْ أَوْ تُبْدُوهُ يَعْلَمْهُ اللّهُ وَيَعْلَمُ مَا فِي السَّمَاوَاتِ وَمَا فِي
الأَرْضِ وَاللّهُ عَلَى كُلِّ شَيْءٍ قَدِيرٌ (٢٩) يَوْمَ تَجِدُ كُلُّ نَفْسٍ مَّا عَمِلَتْ مِنْ خَيْرٍ
مُّحْضَرًا وَمَا عَمِلَتْ مِن سُوَءٍ تَوَدُّ لَوْ أَنَّ بَيْنَهَا وَبَيْنَهُ أَمَدًا بَعِيدًا وَيُحَذِّرُكُمُ اللّهُ نَفْسَهُ
وَاللّهُ رَؤُوفٌ بِالْعِبَادِ (٣٠) قُلْ إِن كُنتُمْ تُحِبُّونَ اللّهَ فَاتَّبِعُونِي يُحْبِبْكُمُ اللّهُ وَيَغْفِرْ لَكُمْ
ذُنُوبَكُمْ وَاللّهُ غَفُورٌ رَّحِيمٌ (٣١) قُلْ أَطِيعُواْ اللّهَ وَالرَّسُولَ فإِن تَوَلَّوْاْ فَإِنَّ اللّهَ لاَ
يُحِبُّ الْكَافِرِينَ (٣٢) إِنَّ اللّهَ اصْطَفَى آدَمَ وَنُوحًا وَآلَ إِبْرَاهِيمَ وَآلَ عِمْرَانَ عَلَى
الْعَالَمِينَ (٣٣) ذُرِّيَّةً بَعْضُهَا مِن بَعْضٍ وَاللّهُ سَمِيعٌ عَلِيمٌ (٣٤) إِذْ قَالَتِ امْرَأَةُ
عِمْرَانَ رَبِّ إِنِّي نَذَرْتُ لَكَ مَا فِي بَطْنِي مُحَرَّرًا فَتَقَبَّلْ مِنِّي إِنَّكَ أَنتَ السَّمِيعُ
الْعَلِيمُ (٣٥) فَلَمَّا وَضَعَتْهَا قَالَتْ رَبِّ إِنِّي وَضَعْتُهَا أُنثَى وَاللّهُ أَعْلَمُ بِمَا وَضَعَتْ
وَلَيْسَ الذَّكَرُ كَالأُنثَى وَإِنِّي سَمَّيْتُهَا مَرْيَمَ وِإِنِّي أُعِيذُهَا بِكَ وَذُرِّيَّتَهَا مِنَ الشَّيْطَانِ
الرَّجِيمِ (٣٦) فَتَقَبَّلَهَا رَبُّهَا بِقَبُولٍ حَسَنٍ وَأَنبَتَهَا نَبَاتًا حَسَنًا وَكَفَّلَهَا زَكَرِيَّا كُلَّمَا
دَخَلَ عَلَيْهَا زَكَرِيَّا الْمِحْرَابَ وَجَدَ عِندَهَا رِزْقاً قَالَ يَا مَرْيَمُ أَنَّى لَكِ هَذَا قَالَتْ هُوَ
مِنْ عِندِ اللّهِ إنَّ اللّهَ يَرْزُقُ مَن يَشَاء بِغَيْرِ حِسَابٍ (٣٧) هُنَالِكَ دَعَا زَكَرِيَّا رَبَّهُ قَالَ
رَبِّ هَبْ لِي مِن لَّدُنْكَ ذُرِّيَّةً طَيِّبَةً إِنَّكَ سَمِيعُ الدُّعَاء (٣٨) فَنَادَتْهُ الْمَلآئِكَةُ وَهُوَ
قَائِمٌ يُصَلِّي فِي الْمِحْرَابِ أَنَّ اللّهَ يُبَشِّرُكَ بِيَحْيَى مُصَدِّقًا بِكَلِمَةٍ مِّنَ اللّهِ وَسَيِّدًا
وَحَصُورًا وَنَبِيًّا مِّنَ الصَّالِحِينَ (٣٩) قَالَ رَبِّ أَنَّى يَكُونُ لِي غُلاَمٌ وَقَدْ بَلَغَنِيَ
الْكِبَرُ وَامْرَأَتِي عَاقِرٌ قَالَ كَذَلِكَ اللّهُ يَفْعَلُ مَا يَشَاء (٤٠) قَالَ رَبِّ اجْعَل لِّيَ آيَةً
قَالَ آيَتُكَ أَلاَّ تُكَلِّمَ النَّاسَ ثَلاَثَةَ أَيَّامٍ إِلاَّ رَمْزًا وَاذْكُر رَّبَّكَ كَثِيرًا وَسَبِّحْ بِالْعَشِيِّ
وَالإِبْكَارِ (٤١) وَإِذْ قَالَتِ الْمَلاَئِكَةُ يَا مَرْيَمُ إِنَّ اللّهَ اصْطَفَاكِ وَطَهَّرَكِ وَاصْطَفَاكِ
عَلَى نِسَاء الْعَالَمِينَ (٤٢) يَا مَرْيَمُ اقْنُتِي لِرَبِّكِ وَاسْجُدِي وَارْكَعِي مَعَ
الرَّاكِعِينَ (٤٣) ذَلِكَ مِنْ أَنبَاء الْغَيْبِ نُوحِيهِ إِلَيكَ وَمَا كُنتَ لَدَيْهِمْ إِذْ يُلْقُون
أَقْلاَمَهُمْ أَيُّهُمْ يَكْفُلُ مَرْيَمَ وَمَا كُنتَ لَدَيْهِمْ إِذْ يَخْتَصِمُونَ (٤٤) إِذْ قَالَتِ الْمَلآئِكَةُ يَا
مَرْيَمُ إِنَّ اللّهَ يُبَشِّرُكِ بِكَلِمَةٍ مِّنْهُ اسْمُهُ الْمَسِيحُ عِيسَى ابْنُ مَرْيَمَ وَجِيهًا فِي الدُّنْيَا

وَالآخِرَةِ وَمِنَ الْمُقَرَّبِينَ (٤٥) وَيُكَلِّمُ النَّاسَ فِي الْمَهْدِ وَكَهْلاً وَمِنَ
الصَّالِحِينَ (٤٦) قَالَتْ رَبِّ أَنَّى يَكُونُ لِي وَلَدٌ وَلَمْ يَمْسَسْنِي بَشَرٌ قَالَ كَذَلِكِ اللّهُ
يَخْلُقُ مَا يَشَاء إِذَا قَضَى أَمْرًا فَإِنَّمَا يَقُولُ لَهُ كُن فَيَكُونُ (٤٧) وَيُعَلِّمُهُ الْكِتَابَ
وَالْحِكْمَةَ وَالتَّوْرَاةَ وَالإِنجِيلَ (٤٨) وَرَسُولاً إِلَى بَنِي إِسْرَائِيلَ أَنِّي قَدْ جِئْتُكُم بِآيَةٍ
مِّن رَّبِّكُمْ أَنِّي أَخْلُقُ لَكُم مِّنَ الطِّينِ كَهَيْئَةِ الطَّيْرِ فَأَنفُخُ فِيهِ فَيَكُونُ طَيْرًا بِإِذْنِ اللّهِ
وَأُبْرِئُ الأكْمَهَ والأَبْرَصَ وَأُحْيِي الْمَوْتَى بِإِذْنِ اللّهِ وَأُنَبِّئُكُم بِمَا تَأْكُلُونَ وَمَا
تَدَّخِرُونَ فِي بُيُوتِكُمْ إِنَّ فِي ذَلِكَ لآيَةً لَّكُمْ إِن كُنتُم مُّؤْمِنِينَ (٤٩) وَمُصَدِّقًا لِّمَا بَيْنَ
يَدَيَّ مِنَ التَّوْرَاةِ وَلِأُحِلَّ لَكُم بَعْضَ الَّذِي حُرِّمَ عَلَيْكُمْ وَجِئْتُكُم بِآيَةٍ مِّن رَّبِّكُمْ فَاتَّقُواْ
اللّهَ وَأَطِيعُونِ (٥٠) إِنَّ اللّهَ رَبِّي وَرَبُّكُمْ فَاعْبُدُوهُ هَذَا صِرَاطٌ مُّسْتَقِيمٌ (٥١) فَلَمَّا
أَحَسَّ عِيسَى مِنْهُمُ الْكُفْرَ قَالَ مَنْ أَنصَارِي إِلَى اللّهِ قَالَ الْحَوَارِيُّونَ نَحْنُ أَنصَارُ
اللّهِ آمَنَّا بِاللّهِ وَاشْهَدْ بِأَنَّا مُسْلِمُونَ (٥٢) رَبَّنَا آمَنَّا بِمَا أَنزَلَتْ وَاتَّبَعْنَا الرَّسُولَ
فَاكْتُبْنَا مَعَ الشَّاهِدِينَ (٥٣) وَمَكَرُواْ وَمَكَرَ اللّهُ وَاللّهُ خَيْرُ الْمَاكِرِينَ (٥٤) إِذْ قَالَ
اللّهُ يَا عِيسَى إِنِّي مُتَوَفِّيكَ وَرَافِعُكَ إِلَيَّ وَمُطَهِّرُكَ مِنَ الَّذِينَ كَفَرُواْ وَجَاعِلُ الَّذِينَ
اتَّبَعُوكَ فَوْقَ الَّذِينَ كَفَرُواْ إِلَى يَوْمِ الْقِيَامَةِ ثُمَّ إِلَيَّ مَرْجِعُكُمْ فَأَحْكُمُ بَيْنَكُمْ فِيمَا كُنتُمْ
فِيهِ تَخْتَلِفُونَ (٥٥) فَأَمَّا الَّذِينَ كَفَرُواْ فَأُعَذِّبُهُمْ عَذَابًا شَدِيدًا فِي الدُّنْيَا وَالآخِرَةِ وَمَا
لَهُم مِّن نَّاصِرِينَ (٥٦) وَأَمَّا الَّذِينَ آمَنُوا وَعَمِلُواْ الصَّالِحَاتِ فَيُوَفِّيهِمْ أُجُورَهُمْ
وَاللّهُ لاَ يُحِبُّ الظَّالِمِينَ (٥٧) ذَلِكَ نَتْلُوهُ عَلَيْكَ مِنَ الآيَاتِ وَالذِّكْرِ
الْحَكِيمِ (٥٨) إِنَّ مَثَلَ عِيسَى عِندَ اللّهِ كَمَثَلِ آدَمَ خَلَقَهُ مِن تُرَابٍ ثُمَّ قَالَ لَهُ كُن
فَيَكُونُ (٥٩) الْحَقُّ مِن رَّبِّكَ فَلاَ تَكُن مِّن الْمُمْتَرِينَ (٦٠) فَمَنْ حَآجَّكَ فِيهِ مِن بَعْدِ
مَا جَاءكَ مِنَ الْعِلْمِ فَقُلْ تَعَالَوْاْ نَدْعُ أَبْنَاءنَا وَأَبْنَاءكُمْ وَنِسَاءنَا وَنِسَاءكُمْ وَأَنفُسَنَا
وأَنفُسَكُمْ ثُمَّ نَبْتَهِلْ فَنَجْعَل لَّعْنَةُ اللّهِ عَلَى الْكَاذِبِينَ (٦١) إِنَّ هَذَا لَهُوَ الْقَصَصُ
الْحَقُّ وَمَا مِنْ إِلَهٍ إِلاَّ اللّهُ وَإِنَّ اللّهَ لَهُوَ الْعَزِيزُ الْحَكِيمُ (٦٢) فَإِن تَوَلَّوْاْ فَإِنَّ اللّهَ
عَلِيمٌ بِالْمُفْسِدِينَ (٦٣) قُلْ يَا أَهْلَ الْكِتَابِ تَعَالَوْاْ إِلَى كَلَمَةٍ سَوَاء بَيْنَنَا وَبَيْنَكُمْ أَلاَّ
نَعْبُدَ إِلاَّ اللّهَ وَلاَ نُشْرِكَ بِهِ شَيْئًا وَلاَ يَتَّخِذَ بَعْضُنَا بَعْضاً أَرْبَابًا مِّن دُونِ اللّهِ فَإِن
تَوَلَّوْاْ فَقُولُواْ اشْهَدُواْ بِأَنَّا مُسْلِمُونَ (٦٤) يَا أَهْلَ الْكِتَابِ لِمَ تُحَآجُّونَ فِي إِبْرَاهِيمَ
وَمَا أُنزِلَتِ التَّورَاةُ وَالإنجِيلُ إِلاَّ مِن بَعْدِهِ أَفَلاَ تَعْقِلُونَ (٦٥) هَاأَنتُمْ هَؤُلاء
حَاجَجْتُمْ فِيمَا لَكُم بِهِ عِلمٌ فَلِمَ تُحَآجُّونَ فِيمَا لَيْسَ لَكُم بِهِ عِلْمٌ وَاللّهُ يَعْلَمُ وَأَنتُمْ لاَ
تَعْلَمُونَ (٦٦) مَا كَانَ إِبْرَاهِيمُ يَهُودِيًّا وَلاَ نَصْرَانِيًّا وَلَكِن كَانَ حَنِيفًا مُّسْلِمًا وَمَا
كَانَ مِنَ الْمُشْرِكِينَ (٦٧) إِنَّ أَوْلَى النَّاسِ بِإِبْرَاهِيمَ لَلَّذِينَ اتَّبَعُوهُ وَهَذَا النَّبِيُّ
وَالَّذِينَ آمَنُواْ وَاللّهُ وَلِيُّ الْمُؤْمِنِينَ (٦٨) وَدَّت طَّآئِفَةٌ مِّنْ أَهْلِ الْكِتَابِ لَوْ يُضِلُّونَكُمْ
وَمَا يُضِلُّونَ إِلاَّ أَنفُسَهُمْ وَمَا يَشْعُرُونَ (٦٩) يَا أَهْلَ الْكِتَابِ لِمَ تَكْفُرُونَ بِآيَاتِ اللّهِ

وَأَنتُمْ تَشْهَدُونَ (٧٠) يَا أَهْلَ الْكِتَابِ لِمَ تَلْبِسُونَ الْحَقَّ بِالْبَاطِلِ وَتَكْتُمُونَ الْحَقَّ
وَأَنتُمْ تَعْلَمُونَ (٧١) وَقَالَت طَّآئِفَةٌ مِّنْ أَهْلِ الْكِتَابِ آمِنُواْ بِالَّذِيَ أُنزِلَ عَلَى الَّذِينَ
آمَنُواْ وَجْهَ النَّهَارِ وَاكْفُرُواْ آخِرَهُ لَعَلَّهُمْ يَرْجِعُونَ (٧٢) وَلاَ تُؤْمِنُواْ إِلاَّ لِمَن تَبِعَ
دِينَكُمْ قُلْ إِنَّ الْهُدَى هُدَى اللّهِ أَن يُؤْتَى أَحَدٌ مِّثْلَ مَا أُوتِيتُمْ أَوْ يُحَآجُّوكُمْ عِندَ رَبِّكُمْ
قُلْ إِنَّ الْفَضْلَ بِيَدِ اللّهِ يُؤْتِيهِ مَن يَشَاء وَاللّهُ وَاسِعٌ عَلِيمٌ (٧٣) يَخْتَصُّ بِرَحْمَتِهِ مَن
يَشَاء وَاللّهُ ذُو الْفَضْلِ الْعَظِيمِ (٧٤) وَمِنْ أَهْلِ الْكِتَابِ مَنْ إِن تَأْمَنْهُ بِقِنطَارٍ يُؤَدِّهِ
إِلَيْكَ وَمِنْهُم مَّنْ إِن تَأْمَنْهُ بِدِينَارٍ لاَّ يُؤَدِّهِ إِلَيْكَ إِلاَّ مَا دُمْتَ عَلَيْهِ قَآئِمًا ذَلِكَ بِأَنَّهُمْ
قَالُواْ لَيْسَ عَلَيْنَا فِي الأُمِّيِّينَ سَبِيلٌ وَيَقُولُونَ عَلَى اللّهِ الْكَذِبَ وَهُمْ
يَعْلَمُونَ (٧٥) بَلَى مَنْ أَوْفَى بِعَهْدِهِ وَاتَّقَى فَإِنَّ اللّهَ يُحِبُّ الْمُتَّقِينَ (٧٦) إِنَّ الَّذِينَ
يَشْتَرُونَ بِعَهْدِ اللّهِ وَأَيْمَانِهِمْ ثَمَنًا قَلِيلاً أُوْلَئِكَ لاَ خَلاَقَ لَهُمْ فِي الآخِرَةِ وَلاَ يُكَلِّمُهُمُ
اللّهُ وَلاَ يَنظُرُ إِلَيْهِمْ يَوْمَ الْقِيَامَةِ وَلاَ يُزَكِّيهِمْ وَلَهُمْ عَذَابٌ أَلِيمٌ (٧٧) وَإِنَّ مِنْهُمْ
لَفَرِيقًا يَلْوُونَ أَلْسِنَتَهُم بِالْكِتَابِ لِتَحْسَبُوهُ مِنَ الْكِتَابِ وَمَا هُوَ مِنَ الْكِتَابِ وَيَقُولُونَ
هُوَ مِنْ عِندِ اللّهِ وَمَا هُوَ مِنْ عِندِ اللّهِ وَيَقُولُونَ عَلَى اللّهِ الْكَذِبَ وَهُمْ
يَعْلَمُونَ (٧٨) مَا كَانَ لِبَشَرٍ أَن يُؤْتِيَهُ اللّهُ الْكِتَابَ وَالْحُكْمَ وَالنُّبُوَّةَ ثُمَّ يَقُولَ لِلنَّاسِ
كُونُواْ عِبَادًا لِّي مِن دُونِ اللّهِ وَلَكِن كُونُواْ رَبَّانِيِّينَ بِمَا كُنتُمْ تُعَلِّمُونَ الْكِتَابَ وَبِمَا
كُنتُمْ تَدْرُسُونَ (٧٩) وَلاَ يَأْمُرَكُمْ أَن تَتَّخِذُواْ الْمَلاَئِكَةَ وَالنِّبِيِّيْنَ أَرْبَابًا أَيَأْمُرُكُم
بِالْكُفْرِ بَعْدَ إِذْ أَنتُم مُّسْلِمُونَ (٨٠) وَإِذْ أَخَذَ اللّهُ مِيثَاقَ النَّبِيِّيْنَ لَمَا آتَيْتُكُم مِّن كِتَابٍ
وَحِكْمَةٍ ثُمَّ جَاءكُمْ رَسُولٌ مُّصَدِّقٌ لِّمَا مَعَكُمْ لَتُؤْمِنُنَّ بِهِ وَلَتَنصُرُنَّهُ قَالَ أَأَقْرَرْتُمْ
وَأَخَذْتُمْ عَلَى ذَلِكُمْ إِصْرِي قَالُواْ أَقْرَرْنَا قَالَ فَاشْهَدُواْ وَأَنَاْ مَعَكُم مِّنَ
الشَّاهِدِينَ (٨١) فَمَن تَوَلَّى بَعْدَ ذَلِكَ فَأُوْلَئِكَ هُمُ الْفَاسِقُونَ (٨٢) أَفَغَيْرَ دِينِ اللّهِ
يَبْغُونَ وَلَهُ أَسْلَمَ مَن فِي السَّمَاوَاتِ وَالأَرْضِ طَوْعًا وَكَرْهًا وَإِلَيْهِ
يُرْجَعُونَ (٨٣) قُلْ آمَنَّا بِاللّهِ وَمَا أُنزِلَ عَلَيْنَا وَمَا أُنزِلَ عَلَى إِبْرَاهِيمَ وَإِسْمَاعِيلَ
وَإِسْحَقَ وَيَعْقُوبَ وَالأَسْبَاطِ وَمَا أُوتِيَ مُوسَى وَعِيسَى وَالنَّبِيُّونَ مِن رَّبِّهِمْ لاَ
نُفَرِّقُ بَيْنَ أَحَدٍ مِّنْهُمْ وَنَحْنُ لَهُ مُسْلِمُونَ (٨٤) وَمَن يَبْتَغِ غَيْرَ الإِسْلاَمِ دِينًا فَلَن
يُقْبَلَ مِنْهُ وَهُوَ فِي الآخِرَةِ مِنَ الْخَاسِرِينَ (٨٥) كَيْفَ يَهْدِي اللّهُ قَوْمًا كَفَرُواْ بَعْدَ
إِيمَانِهِمْ وَشَهِدُواْ أَنَّ الرَّسُولَ حَقٌّ وَجَاءهُمُ الْبَيِّنَاتُ وَاللّهُ لاَ يَهْدِي الْقَوْمَ
الظَّالِمِينَ (٨٦) أُوْلَئِكَ جَزَآؤُهُمْ أَنَّ عَلَيْهِمْ لَعْنَةَ اللّهِ وَالْمَلآئِكَةِ وَالنَّاسِ
أَجْمَعِينَ (٨٧) خَالِدِينَ فِيهَا لاَ يُخَفَّفُ عَنْهُمُ الْعَذَابُ وَلاَ هُمْ يُنظَرُونَ (٨٨) إِلاَّ
الَّذِينَ تَابُواْ مِن بَعْدِ ذَلِكَ وَأَصْلَحُواْ فَإِنَّ اللّهَ غَفُورٌ رَّحِيمٌ (٨٩) إِنَّ الَّذِينَ كَفَرُواْ
بَعْدَ إِيمَانِهِمْ ثُمَّ ازْدَادُواْ كُفْرًا لَّن تُقْبَلَ تَوْبَتُهُمْ وَأُوْلَئِكَ هُمُ الضَّآلُّونَ (٩٠) إِنَّ الَّذِينَ
كَفَرُواْ وَمَاتُواْ وَهُمْ كُفَّارٌ فَلَن يُقْبَلَ مِنْ أَحَدِهِم مِّلْءُ الأرْضِ ذَهَبًا وَلَوِ افْتَدَى بِهِ

أُوْلَئِكَ لَهُمْ عَذَابٌ أَلِيمٌ وَمَا لَهُم مِّن نَّاصِرِينَ (٩١) لَن تَنَالُواْ الْبِرَّ حَتَّى تُنفِقُواْ مِمَّا تُحِبُّونَ وَمَا تُنفِقُواْ مِن شَيْءٍ فَإِنَّ اللّهَ بِهِ عَلِيمٌ (٩٢) كُلُّ الطَّعَامِ كَانَ حِلاًّ لِّبَنِي إِسْرَائِيلَ إِلاَّ مَا حَرَّمَ إِسْرَائِيلُ عَلَى نَفْسِهِ مِن قَبْلِ أَن تُنَزَّلَ التَّوْرَاةُ قُلْ فَأْتُواْ بِالتَّوْرَاةِ فَاتْلُوهَا إِن كُنتُمْ صَادِقِينَ (٩٣) فَمَنِ افْتَرَىَ عَلَى اللّهِ الْكَذِبَ مِن بَعْدِ ذَلِكَ فَأُوْلَئِكَ هُمُ الظَّالِمُونَ (٩٤) قُلْ صَدَقَ اللّهُ فَاتَّبِعُواْ مِلَّةَ إِبْرَاهِيمَ حَنِيفًا وَمَا كَانَ مِنَ الْمُشْرِكِينَ (٩٥) إِنَّ أَوَّلَ بَيْتٍ وُضِعَ لِلنَّاسِ لَلَّذِي بِبَكَّةَ مُبَارَكًا وَهُدًى لِّلْعَالَمِينَ (٩٦) فِيهِ آيَاتٌ بَيِّنَاتٌ مَّقَامُ إِبْرَاهِيمَ وَمَن دَخَلَهُ كَانَ آمِنًا وَلِلّهِ عَلَى النَّاسِ حِجُّ الْبَيْتِ مَنِ اسْتَطَاعَ إِلَيْهِ سَبِيلاً وَمَن كَفَرَ فَإِنَّ الله غَنِيٌّ عَنِ الْعَالَمِينَ (٩٧) قُلْ يَا أَهْلَ الْكِتَابِ لِمَ تَكْفُرُونَ بِآيَاتِ اللّهِ وَاللّهُ شَهِيدٌ عَلَى مَا تَعْمَلُونَ (٩٨) قُلْ يَا أَهْلَ الْكِتَابِ لِمَ تَصُدُّونَ عَن سَبِيلِ اللّهِ مَنْ آمَنَ تَبْغُونَهَا عِوَجًا وَأَنتُمْ شُهَدَاء وَمَا اللّهُ بِغَافِلٍ عَمَّا تَعْمَلُونَ (٩٩) يَا أَيُّهَا الَّذِينَ آمَنُوَاْ إِن تُطِيعُواْ فَرِيقًا مِّنَ الَّذِينَ أُوتُواْ الْكِتَابَ يَرُدُّوكُم بَعْدَ إِيمَانِكُمْ كَافِرِينَ (١٠٠) وَكَيْفَ تَكْفُرُونَ وَأَنتُمْ تُتْلَى عَلَيْكُمْ آيَاتُ اللّهِ وَفِيكُمْ رَسُولُهُ وَمَن يَعْتَصِم بِاللّهِ فَقَدْ هُدِيَ إِلَى صِرَاطٍ مُّسْتَقِيمٍ (١٠١) يَا أَيُّهَا الَّذِينَ آمَنُواْ اتَّقُواْ اللّهَ حَقَّ تُقَاتِهِ وَلاَ تَمُوتُنَّ إِلاَّ وَأَنتُم مُّسْلِمُونَ (١٠٢) وَاعْتَصِمُواْ بِحَبْلِ اللّهِ جَمِيعًا وَلاَ تَفَرَّقُواْ وَاذْكُرُواْ نِعْمَةَ اللّهِ عَلَيْكُمْ إِذْ كُنتُمْ أَعْدَاء فَأَلَّفَ بَيْنَ قُلُوبِكُمْ فَأَصْبَحْتُم بِنِعْمَتِهِ إِخْوَانًا وَكُنتُمْ عَلَىَ شَفَا حُفْرَةٍ مِّنَ النَّارِ فَأَنقَذَكُم مِّنْهَا كَذَلِكَ يُبَيِّنُ اللّهُ لَكُمْ آيَاتِهِ لَعَلَّكُمْ تَهْتَدُونَ (١٠٣) وَلْتَكُن مِّنكُمْ أُمَّةٌ يَدْعُونَ إِلَى الْخَيْرِ وَيَأْمُرُونَ بِالْمَعْرُوفِ وَيَنْهَوْنَ عَنِ الْمُنكَرِ وَأُوْلَئِكَ هُمُ الْمُفْلِحُونَ (١٠٤) وَلاَ تَكُونُواْ كَالَّذِينَ تَفَرَّقُواْ وَاخْتَلَفُواْ مِن بَعْدِ مَا جَاءهُمُ الْبَيِّنَاتُ وَأُوْلَئِكَ لَهُمْ عَذَابٌ عَظِيمٌ (١٠٥) يَوْمَ تَبْيَضُّ وُجُوهٌ وَتَسْوَدُّ وُجُوهٌ فَأَمَّا الَّذِينَ اسْوَدَّتْ وُجُوهُهُمْ أَكْفَرْتُم بَعْدَ إِيمَانِكُمْ فَذُوقُواْ الْعَذَابَ بِمَا كُنْتُمْ تَكْفُرُونَ (١٠٦) وَأَمَّا الَّذِينَ ابْيَضَّتْ وُجُوهُهُمْ فَفِي رَحْمَةِ اللّهِ هُمْ فِيهَا خَالِدُونَ (١٠٧) تِلْكَ آيَاتُ اللّهِ نَتْلُوهَا عَلَيْكَ بِالْحَقِّ وَمَا اللّهُ يُرِيدُ ظُلْمًا لِّلْعَالَمِينَ (١٠٨) وَلِلّهِ مَا فِي السَّمَاوَاتِ وَمَا فِي الأَرْضِ وَإِلَى اللّهِ تُرْجَعُ الأُمُورُ (١٠٩) كُنتُمْ خَيْرَ أُمَّةٍ أُخْرِجَتْ لِلنَّاسِ تَأْمُرُونَ بِالْمَعْرُوفِ وَتَنْهَوْنَ عَنِ الْمُنكَرِ وَتُؤْمِنُونَ بِاللّهِ وَلَوْ آمَنَ أَهْلُ الْكِتَابِ لَكَانَ خَيْرًا لَّهُم مِّنْهُمُ الْمُؤْمِنُونَ وَأَكْثَرُهُمُ الْفَاسِقُونَ (١١٠) لَن يَضُرُّوكُمْ إِلاَّ أَذًى وَإِن يُقَاتِلُوكُمْ يُوَلُّوكُمُ الأَدُبَارَ ثُمَّ لاَ يُنصَرُونَ (١١١) ضُرِبَتْ عَلَيْهِمُ الذِّلَّةُ أَيْنَ مَا ثُقِفُواْ إِلاَّ بِحَبْلٍ مِّنْ اللّهِ وَحَبْلٍ مِّنَ النَّاسِ وَبَآؤُوا بِغَضَبٍ مِّنَ اللّهِ وَضُرِبَتْ عَلَيْهِمُ الْمَسْكَنَةُ ذَلِكَ بِأَنَّهُمْ كَانُواْ يَكْفُرُونَ بِآيَاتِ اللّهِ وَيَقْتُلُونَ الأَنبِيَاء بِغَيْرِ حَقٍّ ذَلِكَ بِمَا عَصَوا وَّكَانُواْ يَعْتَدُونَ (١١٢) لَيْسُواْ سَوَاء مِّنْ أَهْلِ الْكِتَابِ أُمَّةٌ قَآئِمَةٌ يَتْلُونَ آيَاتِ اللّهِ آنَاء اللَّيْلِ

وَهُمْ يَسْجُدُونَ (١١٣) يُؤْمِنُونَ بِاللّهِ وَالْيَوْمِ الآخِرِ وَيَأْمُرُونَ بِالْمَعْرُوفِ وَيَنْهَوْنَ
عَنِ الْمُنكَرِ وَيُسَارِعُونَ فِي الْخَيْرَاتِ وَأُوْلَئِكَ مِنَ الصَّالِحِينَ (١١٤) وَمَا يَفْعَلُواْ
مِنْ خَيْرٍ فَلَن يُكْفَرُوْهُ وَاللّهُ عَلِيمٌ بِالْمُتَّقِينَ (١١٥) إِنَّ الَّذِينَ كَفَرُواْ لَن تُغْنِيَ عَنْهُمْ
أَمْوَالُهُمْ وَلاَ أَوْلاَدُهُم مِّنَ اللّهِ شَيْئًا وَأُوْلَئِكَ أَصْحَابُ النَّارِ هُمْ فِيهَا
خَالِدُونَ (١١٦) مَثَلُ مَا يُنفِقُونَ فِي هَذِهِ الْحَيَاةِ الدُّنْيَا كَمَثَلِ رِيحٍ فِيهَا صِرٌّ أَصَابَتْ
حَرْثَ قَوْمٍ ظَلَمُواْ أَنفُسَهُمْ فَأَهْلَكَتْهُ وَمَا ظَلَمَهُمُ اللّهُ وَلَكِنْ أَنفُسَهُمْ
يَظْلِمُونَ (١١٧) يَا أَيُّهَا الَّذِينَ آمَنُواْ لاَ تَتَّخِذُواْ بِطَانَةً مِّن دُونِكُمْ لاَ يَأْلُونَكُمْ خَبَالاً
وَدُّواْ مَا عَنِتُّمْ قَدْ بَدَتِ الْبَغْضَاء مِنْ أَفْوَاهِهِمْ وَمَا تُخْفِي صُدُورُهُمْ أَكْبَرُ قَدْ بَيَّنَّا لَكُمُ
الآيَاتِ إِن كُنتُمْ تَعْقِلُونَ (١١٨) هَاأَنتُمْ أُوْلاء تُحِبُّونَهُمْ وَلاَ يُحِبُّونَكُمْ وَتُؤْمِنُونَ
بِالْكِتَابِ كُلِّهِ وَإِذَا لَقُوكُمْ قَالُواْ آمَنَّا وَإِذَا خَلَوْاْ عَضُّواْ عَلَيْكُمُ الأَنَامِلَ مِنَ الْغَيْظِ قُلْ
مُوتُواْ بِغَيْظِكُمْ إِنَّ اللّهَ عَلِيمٌ بِذَاتِ الصُّدُورِ (١١٩) إِن تَمْسَسْكُمْ حَسَنَةٌ تَسُؤْهُمْ وَإِن
تُصِبْكُمْ سَيِّئَةٌ يَفْرَحُواْ بِهَا وَإِن تَصْبِرُواْ وَتَتَّقُواْ لاَ يَضُرُّكُمْ كَيْدُهُمْ شَيْئًا إِنَّ اللّهَ بِمَا
يَعْمَلُونَ مُحِيطٌ (١٢٠) وَإِذْ غَدَوْتَ مِنْ أَهْلِكَ تُبَوِّئُ الْمُؤْمِنِينَ مَقَاعِدَ لِلْقِتَالِ وَاللّهُ
سَمِيعٌ عَلِيمٌ (١٢١) إِذْ هَمَّت طَّآئِفَتَانِ مِنكُمْ أَن تَفْشَلاَ وَاللّهُ وَلِيُّهُمَا وَعَلَى اللّهِ
فَلْيَتَوَكَّلِ الْمُؤْمِنُونَ (١٢٢) وَلَقَدْ نَصَرَكُمُ اللّهُ بِبَدْرٍ وَأَنتُمْ أَذِلَّةٌ فَاتَّقُواْ اللّهَ لَعَلَّكُمْ
تَشْكُرُونَ (١٢٣) إِذْ تَقُولُ لِلْمُؤْمِنِينَ أَلَن يَكْفِيكُمْ أَن يُمِدَّكُمْ رَبُّكُم بِثَلاَثَةِ آلاَفٍ مِّنَ
الْمَلآئِكَةِ مُنزَلِينَ (١٢٤) بَلَى إِن تَصْبِرُواْ وَتَتَّقُواْ وَيَأْتُوكُم مِّن فَوْرِهِمْ هَذَا يُمْدِدْكُمْ
رَبُّكُم بِخَمْسَةِ آلافٍ مِّنَ الْمَلآئِكَةِ مُسَوِّمِينَ (١٢٥) وَمَا جَعَلَهُ اللّهُ إِلاَّ بُشْرَى لَكُمْ
وَلِتَطْمَئِنَّ قُلُوبُكُم بِهِ وَمَا النَّصْرُ إِلاَّ مِنْ عِندِ اللّهِ الْعَزِيزِ الْحَكِيمِ (١٢٦) لِيَقْطَعَ
طَرَفًا مِّنَ الَّذِينَ كَفَرُواْ أَوْ يَكْبِتَهُمْ فَيَنقَلِبُواْ خَآئِبِينَ (١٢٧) لَيْسَ لَكَ مِنَ الأَمْرِ شَيْءٌ
أَوْ يَتُوبَ عَلَيْهِمْ أَوْ يُعَذَّبَهُمْ فَإِنَّهُمْ ظَالِمُونَ (١٢٨) وَلِلّهِ مَا فِي السَّمَاوَاتِ وَمَا فِي
الأَرْضِ يَغْفِرُ لِمَن يَشَاء وَيُعَذِّبُ مَن يَشَاء وَاللّهُ غَفُورٌ رَّحِيمٌ (١٢٩) يَا أَيُّهَا الَّذِينَ
آمَنُواْ لاَ تَأْكُلُواْ الرِّبَا أَضْعَافًا مُّضَاعَفَةً وَاتَّقُواْ اللّهَ لَعَلَّكُمْ تُفْلِحُونَ (١٣٠) وَاتَّقُواْ
النَّارَ الَّتِي أُعِدَّتْ لِلْكَافِرِينَ (١٣١) وَأَطِيعُواْ اللّهَ وَالرَّسُولَ لَعَلَّكُمْ
تُرْحَمُونَ (١٣٢) وَسَارِعُواْ إِلَى مَغْفِرَةٍ مِّن رَّبِّكُمْ وَجَنَّةٍ عَرْضُهَا السَّمَاوَاتُ
وَالأَرْضُ أُعِدَّتْ لِلْمُتَّقِينَ (١٣٣) الَّذِينَ يُنفِقُونَ فِي السَّرَّاء وَالضَّرَّاء وَالْكَاظِمِينَ
الْغَيْظَ وَالْعَافِينَ عَنِ النَّاسِ وَاللّهُ يُحِبُّ الْمُحْسِنِينَ (١٣٤) وَالَّذِينَ إِذَا فَعَلُواْ فَاحِشَةً
أَوْ ظَلَمُواْ أَنْفُسَهُمْ ذَكَرُواْ اللّهَ فَاسْتَغْفَرُواْ لِذُنُوبِهِمْ وَمَن يَغْفِرُ الذُّنُوبَ إِلاَّ اللّهُ وَلَمْ
يُصِرُّواْ عَلَى مَا فَعَلُواْ وَهُمْ يَعْلَمُونَ (١٣٥) أُوْلَئِكَ جَزَآؤُهُم مَّغْفِرَةٌ مِّن رَّبِّهِمْ
وَجَنَّاتٌ تَجْرِي مِن تَحْتِهَا الأَنْهَارُ خَالِدِينَ فِيهَا وَنِعْمَ أَجْرُ الْعَامِلِينَ (١٣٦) قَدْ
خَلَتْ مِن قَبْلِكُمْ سُنَنٌ فَسِيرُواْ فِي الأَرْضِ فَانْظُرُواْ كَيْفَ كَانَ عَاقِبَةُ

الْمُكَذَّبِينَ (١٣٧) هَذَا بَيَانٌ لِّلنَّاسِ وَهُدًى وَمَوْعِظَةٌ لِّلْمُتَّقِينَ (١٣٨) وَلاَ تَهِنُوا وَلاَ
تَحْزَنُوا وَأَنتُمُ الأَعْلَوْنَ إِن كُنتُم مُّؤْمِنِينَ (١٣٩) إِن يَمْسَسْكُمْ قَرْحٌ فَقَدْ مَسَّ الْقَوْمَ
قَرْحٌ مِّثْلُهُ وَتِلْكَ الأيَّامُ نُدَاوِلُهَا بَيْنَ النَّاسِ وَلِيَعْلَمَ اللّهُ الَّذِينَ آمَنُواْ وَيَتَّخِذَ مِنكُمْ
شُهَدَاء وَاللّهُ لاَ يُحِبُّ الظَّالِمِينَ (١٤٠) وَلِيُمَحِّصَ اللّهُ الَّذِينَ آمَنُواْ وَيَمْحَقَ
الْكَافِرِينَ (١٤١) أَمْ حَسِبْتُمْ أَن تَدْخُلُواْ الْجَنَّةَ وَلَمَّا يَعْلَمِ اللّهُ الَّذِينَ جَاهَدُواْ مِنكُمْ
وَيَعْلَمَ الصَّابِرِينَ (١٤٢) وَلَقَدْ كُنتُمْ تَمَنَّوْنَ الْمَوْتَ مِن قَبْلِ أَن تَلْقَوْهُ فَقَدْ رَأَيْتُمُوهُ
وَأَنتُمْ تَنظُرُونَ (١٤٣) وَمَا مُحَمَّدٌ إِلاَّ رَسُولٌ قَدْ خَلَتْ مِن قَبْلِهِ الرُّسُلُ أَفَإِن مَّاتَ
أَوْ قُتِلَ انقَلَبْتُمْ عَلَى أَعْقَابِكُمْ وَمَن يَنقَلِبْ عَلَىَ عَقِبَيْهِ فَلَن يَضُرَّ اللّهَ شَيْئًا وَسَيَجْزِي
اللّهُ الشَّاكِرِينَ (١٤٤) وَمَا كَانَ لِنَفْسٍ أَنْ تَمُوتَ إِلاَّ بِإِذْنِ الله كِتَابًا مُّؤَجَّلاً وَمَن
يُرِدْ ثَوَابَ الدُّنْيَا نُؤْتِهِ مِنْهَا وَمَن يُرِدْ ثَوَابَ الآخِرَةِ نُؤْتِهِ مِنْهَا وَسَنَجْزِي
الشَّاكِرِينَ (١٤٥) وَكَأَيِّن مِّن نَّبِيٍّ قَاتَلَ مَعَهُ رِبِّيُّونَ كَثِيرٌ فَمَا وَهَنُواْ لِمَا أَصَابَهُمْ
فِي سَبِيلِ اللّهِ وَمَا ضَعُفُواْ وَمَا اسْتَكَانُواْ وَاللّهُ يُحِبُّ الصَّابِرِينَ (١٤٦) وَمَا كَانَ
قَوْلَهُمْ إِلاَّ أَن قَالُواْ ربَّنَا اغْفِرْ لَنَا ذُنُوبَنَا وَإِسْرَافَنَا فِي أَمْرِنَا وَثَبِّتْ أَقْدَامَنَا وانصُرْنَا
عَلَى الْقَوْمِ الْكَافِرِينَ (١٤٧) فَآتَاهُمُ اللّهُ ثَوَابَ الدُّنْيَا وَحُسْنَ ثَوَابِ الآخِرَةِ وَاللّهُ
يُحِبُّ الْمُحْسِنِينَ (١٤٨) يَا أَيُّهَا الَّذِينَ آمَنُواْ إِن تُطِيعُواْ الَّذِينَ كَفَرُواْ يَرُدُّوكُمْ عَلَى
أَعْقَابِكُمْ فَتَنقَلِبُواْ خَاسِرِينَ (١٤٩) بَلِ اللّهُ مَوْلاَكُمْ وَهُوَ خَيْرُ
النَّاصِرِينَ (١٥٠) سَنُلْقِي فِي قُلُوبِ الَّذِينَ كَفَرُواْ الرُّعْبَ بِمَا أَشْرَكُواْ بِاللّهِ مَا لَمْ
يُنَزِّلْ بِهِ سُلْطَانًا وَمَأْوَاهُمُ النَّارُ وَبِئْسَ مَثْوَى الظَّالِمِينَ (١٥١) وَلَقَدْ صَدَقَكُمُ اللّهُ
وَعْدَهُ إِذْ تَحُسُّونَهُم بِإِذْنِهِ حَتَّى إِذَا فَشِلْتُمْ وَتَنَازَعْتُمْ فِي الأَمْرِ وَعَصَيْتُم مِّن بَعْدِ مَا
أَرَاكُم مَّا تُحِبُّونَ مِنكُم مَّن يُرِيدُ الدُّنْيَا وَمِنكُم مَّن يُرِيدُ الآخِرَةَ ثُمَّ صَرَفَكُمْ عَنْهُمْ
لِيَبْتَلِيَكُمْ وَلَقَدْ عَفَا عَنكُمْ وَاللّهُ ذُو فَضْلٍ عَلَى الْمُؤْمِنِينَ (١٥٢) إِذْ تُصْعِدُونَ وَلاَ
تَلْوُونَ عَلَى أحَدٍ وَالرَّسُولُ يَدْعُوكُمْ فِي أُخْرَاكُمْ فَأَثَابَكُمْ غُمَّاً بِغَمٍّ لِّكَيْلاَ تَحْزَنُواْ
عَلَى مَا فَاتَكُمْ وَلاَ مَا أَصَابَكُمْ وَاللّهُ خَبِيرٌ بِمَا تَعْمَلُونَ (١٥٣) ثُمَّ أَنزَلَ عَلَيْكُم مِّن
بَعْدِ الْغَمِّ أَمَنَةً نُّعَاسًا يَغْشَى طَآئِفَةً مِّنكُمْ وَطَآئِفَةٌ قَدْ أَهَمَّتْهُمْ أَنفُسُهُمْ يَظُنُّونَ بِاللّهِ
غَيْرَ الْحَقِّ ظَنَّ الْجَاهِلِيَّةِ يَقُولُونَ هَل لَّنَا مِنَ الأَمْرِ مِن شَيْءٍ قُلْ إِنَّ الأَمْرَ كُلَّهُ لِلَّهِ
يُخْفُونَ فِي أَنفُسِهِم مَّا لاَ يُبْدُونَ لَكَ يَقُولُونَ لَوْ كَانَ لَنَا مِنَ الأَمْرِ شَيْءٌ مَّا قُتِلْنَا
هَاهُنَا قُل لَّوْ كُنتُمْ فِي بُيُوتِكُمْ لَبَرَزَ الَّذِينَ كُتِبَ عَلَيْهِمُ الْقَتْلُ إِلَى مَضَاجِعِهِمْ وَلِيَبْتَلِيَ
اللّهُ مَا فِي صُدُورِكُمْ وَلِيُمَحَّصَ مَا فِي قُلُوبِكُمْ وَاللّهُ عَلِيمٌ بِذَاتِ
الصُّدُورِ (١٥٤) إِنَّ الَّذِينَ تَوَلَّوْاْ مِنكُمْ يَوْمَ الْتَقَى الْجَمْعَانِ إِنَّمَا اسْتَزَلَّهُمُ الشَّيْطَانُ
بِبَعْضِ مَا كَسَبُواْ وَلَقَدْ عَفَا اللّهُ عَنْهُمْ إِنَّ اللّهَ غَفُورٌ حَلِيمٌ (١٥٥) يَا أَيُّهَا الَّذِينَ آمَنُواْ
لاَ تَكُونُواْ كَالَّذِينَ كَفَرُواْ وَقَالُواْ لإِخْوَانِهِمْ إِذَا ضَرَبُواْ فِي الأَرْضِ أَوْ كَانُواْ غُزًّى

لَّوْ كَانُواْ عِندَنَا مَا مَاتُواْ وَمَا قُتِلُواْ لِيَجْعَلَ اللّهُ ذَلِكَ حَسْرَةً فِي قُلُوبِهِمْ وَاللّهُ يُحْيِي
وَيُمِيتُ وَاللّهُ بِمَا تَعْمَلُونَ بَصِيرٌ (١٥٦) وَلَئِن قُتِلْتُمْ فِي سَبِيلِ اللّهِ أَوْ مُتُّمْ لَمَغْفِرَةٌ
مِّنَ اللّهِ وَرَحْمَةٌ خَيْرٌ مِّمَّا يَجْمَعُونَ (١٥٧) وَلَئِن مُّتُّمْ أَوْ قُتِلْتُمْ لإِلَى الله
تُحْشَرُونَ (١٥٨) فَبِمَا رَحْمَةٍ مِّنَ اللّهِ لِنتَ لَهُمْ وَلَوْ كُنتَ فَظًّا غَلِيظَ الْقَلْبِ
لاَنفَضُّواْ مِنْ حَوْلِكَ فَاعْفُ عَنْهُمْ وَاسْتَغْفِرْ لَهُمْ وَشَاوِرْهُمْ فِي الأَمْرِ فَإِذَا عَزَمْتَ
فَتَوَكَّلْ عَلَى اللّهِ إِنَّ اللّهَ يُحِبُّ الْمُتَوَكِّلِينَ (١٥٩) إِن يَنصُرْكُمُ اللّهُ فَلاَ غَالِبَ لَكُمْ
وَإِن يَخْذُلْكُمْ فَمَن ذَا الَّذِي يَنصُرُكُم مِّن بَعْدِهِ وَعَلَى اللّهِ فَلْيَتَوَكِّلِ
الْمُؤْمِنُونَ (١٦٠) وَمَا كَانَ لِنَبِيٍّ أَن يَغُلَّ وَمَن يَغْلُلْ يَأْتِ بِمَا غَلَّ يَوْمَ الْقِيَامَةِ ثُمَّ
تُوَفَّى كُلُّ نَفْسٍ مَّا كَسَبَتْ وَهُمْ لاَ يُظْلَمُونَ (١٦١) أَفَمَنِ اتَّبَعَ رِضْوَانَ اللّهِ كَمَن
بَاء بِسَخْطٍ مِّنَ اللّهِ وَمَأْوَاهُ جَهَنَّمُ وَبِئْسَ الْمَصِيرُ (١٦٢) هُمْ دَرَجَاتٌ عِندَ اللّهِ واللّهُ
بَصِيرٌ بِمَا يَعْمَلُونَ (١٦٣) لَقَدْ مَنَّ اللّهُ عَلَى الْمُؤمِنِينَ إِذْ بَعَثَ فِيهِمْ رَسُولاً مِّنْ
أَنفُسِهِمْ يَتْلُو عَلَيْهِمْ آيَاتِهِ وَيُزَكِّيهِمْ وَيُعَلِّمُهُمُ الْكِتَابَ وَالْحِكْمَةَ وَإِن كَانُواْ مِن قَبْلُ
لَفِي ضَلالٍ مُّبِينٍ (١٦٤) أَوَلَمَّا أَصَابَتْكُم مُّصِيبَةٌ قَدْ أَصَبْتُم مِّثْلَيْهَا قُلْتُمْ أَنَّى هَذَا قُلْ
هُوَ مِنْ عِندِ أَنْفُسِكُمْ إِنَّ اللّهَ عَلَى كُلِّ شَيْءٍ قَدِيرٌ (١٦٥) وَمَا أَصَابَكُمْ يَوْمَ الْتَقَى
الْجَمْعَانِ فَبِإِذْنِ اللّهِ وَلِيَعْلَمَ الْمُؤْمِنِينَ (١٦٦) وَلْيَعْلَمَ الَّذِينَ نَافَقُواْ وَقِيلَ لَهُمْ تَعَالَوْاْ
قَاتِلُواْ فِي سَبِيلِ اللّهِ أَوِ ادْفَعُواْ قَالُواْ لَوْ نَعْلَمُ قِتَالاً لاَّتَّبَعْنَاكُمْ هُمْ لِلْكُفْرِ يَوْمَئِذٍ أَقْرَبُ
مِنْهُمْ لِلإِيمَانِ يَقُولُونَ بِأَفْوَاهِهِم مَّا لَيْسَ فِي قُلُوبِهِمْ وَاللّهُ أَعْلَمُ بِمَا
يَكْتُمُونَ (١٦٧) الَّذِينَ قَالُواْ لإِخْوَانِهِمْ وَقَعَدُواْ لَوْ أَطَاعُونَا مَا قُتِلُوا قُلْ فَادْرَؤُوا
عَنْ أَنفُسِكُمُ الْمَوْتَ إِن كُنتُمْ صَادِقِينَ (١٦٨) وَلاَ تَحْسَبَنَّ الَّذِينَ قُتِلُواْ فِي سَبِيلِ اللّهِ
أَمْوَاتًا بَلْ أَحْيَاء عِندَ رَبِّهِمْ يُرْزَقُونَ (١٦٩) فَرِحِينَ بِمَا آتَاهُمُ اللّهُ مِن فَضْلِهِ
وَيَسْتَبْشِرُونَ بِالَّذِينَ لَمْ يَلْحَقُواْ بِهِم مِّنْ خَلْفِهِمْ أَلاَّ خَوْفٌ عَلَيْهِمْ وَلاَ هُمْ
يَحْزَنُونَ (١٧٠) يَسْتَبْشِرُونَ بِنِعْمَةٍ مِّنَ اللّهِ وَفَضْلٍ وَأَنَّ اللّهَ لاَ يُضِيعُ أَجْرَ
الْمُؤْمِنِينَ (١٧١) الَّذِينَ اسْتَجَابُواْ لِلّهِ وَالرَّسُولِ مِن بَعْدِ مَآ أَصَابَهُمُ الْقَرْحُ لِلَّذِينَ
أَحْسَنُواْ مِنْهُمْ وَاتَّقَواْ أَجْرٌ عَظِيمٌ (١٧٢) الَّذِينَ قَالَ لَهُمُ النَّاسُ إِنَّ النَّاسَ قَدْ جَمَعُواْ
لَكُمْ فَاخْشَوْهُمْ فَزَادَهُمْ إِيمَاناً وَقَالُواْ حَسْبُنَا اللّهُ وَنِعْمَ الْوَكِيلُ (١٧٣) فَانقَلَبُواْ بِنِعْمَةٍ
مِّنَ اللّهِ وَفَضْلٍ لَّمْ يَمْسَسْهُمْ سُوءٌ وَاتَّبَعُواْ رِضْوَانَ اللّهِ وَاللّهُ ذُو فَضْلٍ
عَظِيمٍ (١٧٤) إِنَّمَا ذَلِكُمُ الشَّيْطَانُ يُخَوِّفُ أَوْلِيَاءهُ فَلاَ تَخَافُوهُمْ وَخَافُونِ إِن كُنتُم
مُّؤْمِنِينَ (١٧٥) وَلاَ يَحْزُنكَ الَّذِينَ يُسَارِعُونَ فِي الْكُفْرِ إِنَّهُمْ لَن يَضُرُّواْ اللّهَ شَيْئاً
يُرِيدُ اللّهُ أَلاَّ يَجْعَلَ لَهُمْ حَظًّا فِي الآخِرَةِ وَلَهُمْ عَذَابٌ عَظِيمٌ (١٧٦) إِنَّ الَّذِينَ
اشْتَرَوُاْ الْكُفْرَ بِالإِيمَانِ لَن يَضُرُّواْ اللّهَ شَيْئًا وَلَهُمْ عَذَابٌ أَلِيمٌ (١٧٧) وَلاَ يَحْسَبَنَّ
الَّذِينَ كَفَرُواْ أَنَّمَا نُمْلِي لَهُمْ خَيْرٌ لِّأَنفُسِهِمْ إِنَّمَا نُمْلِي لَهُمْ لِيَزْدَادُواْ إِثْمًا وَلَهْمُ عَذَابٌ

مُّهِينٌ (١٧٨) مَّا كَانَ اللّهُ لِيَذَرَ الْمُؤْمِنِينَ عَلَى مَآ أَنتُمْ عَلَيْهِ حَتَّىَ يَمِيزَ الْخَبِيثَ مِنَ
الطَّيِّبِ وَمَا كَانَ اللّهُ لِيُطْلِعَكُمْ عَلَى الْغَيْبِ وَلَكِنَّ اللّهَ يَجْتَبِي مِن رُّسُلِهِ مَن يَشَاء
فَآمِنُواْ بِاللّهِ وَرُسُلِهِ وَإِن تُؤْمِنُواْ وَتَتَّقُواْ فَلَكُمْ أَجْرٌ عَظِيمٌ (١٧٩) وَلاَ يَحْسَبَنَّ الَّذِينَ
يَبْخَلُونَ بِمَا آتَاهُمُ اللّهُ مِن فَضْلِهِ هُوَ خَيْرًا لَّهُمْ بَلْ هُوَ شَرٌّ لَّهُمْ سَيُطَوَّقُونَ مَا بَخِلُواْ
بِهِ يَوْمَ الْقِيَامَةِ وَلِلّهِ مِيرَاثُ السَّمَاوَاتِ وَالأَرْضِ وَاللّهُ بِمَا تَعْمَلُونَ
خَبِيرٌ (١٨٠) لَّقَدْ سَمِعَ اللّهُ قَوْلَ الَّذِينَ قَالُواْ إِنَّ اللّهَ فَقِيرٌ وَنَحْنُ أَغْنِيَاء سَنَكْتُبُ مَا
قَالُواْ وَقَتْلَهُمُ الأَنبِيَاء بِغَيْرِ حَقٍّ وَنَقُولُ ذُوقُواْ عَذَابَ الْحَرِيقِ (١٨١) ذَلِكَ بِمَا
قَدَّمَتْ أَيْدِيكُمْ وَأَنَّ اللّهَ لَيْسَ بِظَلاَّمٍ لِّلْعَبِيدِ (١٨٢) الَّذِينَ قَالُواْ إِنَّ اللّهَ عَهِدَ إِلَيْنَا أَلاَّ
نُؤْمِنَ لِرَسُولٍ حَتَّىَ يَأْتِيَنَا بِقُرْبَانٍ تَأْكُلُهُ النَّارُ قُلْ قَدْ جَاءكُمْ رُسُلٌ مِّن قَبْلِي بِالْبَيِّنَاتِ
وَبِالَّذِي قُلْتُمْ فَلِمَ قَتَلْتُمُوهُمْ إِن كُنتُمْ صَادِقِينَ (١٨٣) فَإِن كَذَّبُوكَ فَقَدْ كُذِّبَ رُسُلٌ
مِّن قَبْلِكَ جَآؤُوا بِالْبَيِّنَاتِ وَالزُّبُرِ وَالْكِتَابِ الْمُنِيرِ (١٨٤) كُلُّ نَفْسٍ ذَآئِقَةُ الْمَوْتِ
وَإِنَّمَا تُوَفَّوْنَ أُجُورَكُمْ يَوْمَ الْقِيَامَةِ فَمَن زُحْزِحَ عَنِ النَّارِ وَأُدْخِلَ الْجَنَّةَ فَقَدْ فَازَ
وَما الْحَيَاةُ الدُّنْيَا إِلاَّ مَتَاعُ الْغُرُورِ (١٨٥) لَتُبْلَوُنَّ فِي أَمْوَالِكُمْ وَأَنفُسِكُمْ وَلَتَسْمَعُنَّ
مِنَ الَّذِينَ أُوتُواْ الْكِتَابَ مِن قَبْلِكُمْ وَمِنَ الَّذِينَ أَشْرَكُواْ أَذًى كَثِيرًا وَإِن تَصْبِرُواْ
وَتَتَّقُواْ فَإِنَّ ذَلِكَ مِنْ عَزْمِ الأُمُورِ (١٨٦) وَإِذَ أَخَذَ اللّهُ مِيثَاقَ الَّذِينَ أُوتُواْ الْكِتَابَ
لَتُبَيِّنُنَّهُ لِلنَّاسِ وَلاَ تَكْتُمُونَهُ فَنَبَذُوهُ وَرَاء ظُهُورِهِمْ وَاشْتَرَوْاْ بِهِ ثَمَناً قَلِيلاً فَبِئْسَ مَا
يَشْتَرُونَ (١٨٧) لاَ تَحْسَبَنَّ الَّذِينَ يَفْرَحُونَ بِمَا أَتَواْ وَّيُحِبُّونَ أَن يُحْمَدُواْ بِمَا لَمْ
يَفْعَلُواْ فَلاَ تَحْسَبَنَّهُمْ بِمَفَازَةٍ مِّنَ الْعَذَابِ وَلَهُمْ عَذَابٌ أَلِيمٌ (١٨٨) وَلِلّهِ مُلْكُ
السَّمَاوَاتِ وَالأَرْضِ وَاللّهُ عَلَىَ كُلِّ شَيْءٍ قَدِيرٌ (١٨٩) إِنَّ فِي خَلْقِ السَّمَاوَاتِ
وَالأَرْضِ وَاخْتِلاَفِ اللَّيْلِ وَالنَّهَارِ لآيَاتٍ لِّأُوْلِي الألْبَابِ (١٩٠) الَّذِينَ يَذْكُرُونَ
اللّهَ قِيَامًا وَقُعُودًا وَعَلَىَ جُنُوبِهِمْ وَيَتَفَكَّرُونَ فِي خَلْقِ السَّمَاوَاتِ وَالأَرْضِ رَبَّنَا مَا
خَلَقْتَ هَذا بَاطِلاً سُبْحَانَكَ فَقِنَا عَذَابَ النَّارِ (١٩١) رَبَّنَا إِنَّكَ مَن تُدْخِلِ النَّارَ فَقَدْ
أَخْزَيْتَهُ وَمَا لِلظَّالِمِينَ مِنْ أَنصَارٍ (١٩٢) رَّبَّنَا إِنَّنَا سَمِعْنَا مُنَادِيًا يُنَادِي لِلإِيمَانِ
أَنْ آمِنُواْ بِرَبِّكُمْ فَآمَنَّا رَبَّنَا فَاغْفِرْ لَنَا ذُنُوبَنَا وَكَفِّرْ عَنَّا سَيِّئَاتِنَا وَتَوَفَّنَا مَعَ
الأبْرَارِ (١٩٣) رَبَّنَا وَآتِنَا مَا وَعَدتَّنَا عَلَى رُسُلِكَ وَلاَ تُخْزِنَا يَوْمَ الْقِيَامَةِ إِنَّكَ لاَ
تُخْلِفُ الْمِيعَادَ (١٩٤) فَاسْتَجَابَ لَهُمْ رَبُّهُمْ أَنِّي لاَ أُضِيعُ عَمَلَ عَامِلٍ مِّنكُم مِّن
ذَكَرٍ أَوْ أُنثَى بَعْضُكُم مِّن بَعْضٍ فَالَّذِينَ هَاجَرُواْ وَأُخْرِجُواْ مِن دِيَارِهِمْ وَأُوذُواْ فِي
سَبِيلِي وَقَاتَلُواْ وَقُتِلُواْ لأُكَفِّرَنَّ عَنْهُمْ سَيِّئَاتِهِمْ وَلأُدْخِلَنَّهُمْ جَنَّاتٍ تَجْرِي مِن تَحْتِهَا
الأَنْهَارُ ثَوَابًا مِّن عِندِ اللّهِ وَاللّهُ عِندَهُ حُسْنُ الثَّوَابِ (١٩٥) لاَ يَغُرَّنَّكَ تَقَلُّبُ الَّذِينَ
كَفَرُواْ فِي الْبِلاَدِ (١٩٦) مَتَاعٌ قَلِيلٌ ثُمَّ مَأْوَاهُمْ جَهَنَّمُ وَبِئْسَ الْمِهَادُ (١٩٧) لَكِنِ
الَّذِينَ اتَّقَوْاْ رَبَّهُمْ لَهُمْ جَنَّاتٌ تَجْرِي مِن تَحْتِهَا الأَنْهَارُ خَالِدِينَ فِيهَا نُزُلاً مِّنْ عِندِ

اللّهِ وَمَا عِندَ اللّهِ خَيْرٌ لِّلأَبْرَارِ (١٩٨) وَإِنَّ مِنْ أَهْلِ الْكِتَابِ لَمَن يُؤْمِنُ بِاللّهِ وَمَا
أُنزِلَ إِلَيْكُمْ وَمَآ أُنزِلَ إِلَيْهِمْ خَاشِعِينَ لِلّهِ لاَ يَشْتَرُونَ بِآيَاتِ اللّهِ ثَمَنًا قَلِيلاً أُوْلَـئِكَ لَهُمْ
أَجْرُهُمْ عِندَ رَبِّهِمْ إِنَّ اللّهَ سَرِيعُ الْحِسَابِ (١٩٩) يَا أَيُّهَا الَّذِينَ آمَنُواْ اصْبِرُواْ
وَصَابِرُواْ وَرَابِطُواْ وَاتَّقُواْ اللّهَ لَعَلَّكُمْ تُفْلِحُونَ (٢٠٠)

SOURATE AN NISSA
سورة النساء

يَا أَيُّهَا النَّاسُ اتَّقُواْ رَبَّكُمُ الَّذِي خَلَقَكُم مِّن نَّفْسٍ وَاحِدَةٍ وَخَلَقَ مِنْهَا زَوْجَهَا وَبَثَّ
مِنْهُمَا رِجَالاً كَثِيرًا وَنِسَاء وَاتَّقُواْ اللّهَ الَّذِي تَسَاءلُونَ بِهِ وَالأَرْحَامَ إِنَّ اللّهَ كَانَ
عَلَيْكُمْ رَقِيبًا (١) وَآتُواْ الْيَتَامَى أَمْوَالَهُمْ وَلاَ تَتَبَدَّلُواْ الْخَبِيثَ بِالطَّيِّبِ وَلاَ تَأْكُلُواْ
أَمْوَالَهُمْ إِلَى أَمْوَالِكُمْ إِنَّهُ كَانَ حُوبًا كَبِيرًا (٢) وَإِنْ خِفْتُمْ أَلاَّ تُقْسِطُواْ فِي الْيَتَامَى
فَانكِحُواْ مَا طَابَ لَكُم مِّنَ النِّسَاء مَثْنَى وَثُلاَثَ وَرُبَاعَ فَإِنْ خِفْتُمْ أَلاَّ تَعْدِلُواْ فَوَاحِدَةً
أَوْ مَا مَلَكَتْ أَيْمَانُكُمْ ذَلِكَ أَدْنَى أَلاَّ تَعُولُواْ (٣) وَآتُواْ النَّسَاء صَدُقَاتِهِنَّ نِحْلَةً فَإِن
طِبْنَ لَكُمْ عَن شَيْءٍ مِّنْهُ نَفْسًا فَكُلُوهُ هَنِيئًا مَّرِيئًا (٤) وَلاَ تُؤْتُواْ السُّفَهَاء أَمْوَالَكُمُ
الَّتِي جَعَلَ اللّهُ لَكُمْ قِيَاماً وَارْزُقُوهُمْ فِيهَا وَاكْسُوهُمْ وَقُولُواْ لَهُمْ قَوْلاً
مَّعْرُوفًا (٥) وَابْتَلُواْ الْيَتَامَى حَتَّىَ إِذَا بَلَغُواْ النِّكَاحَ فَإِنْ آنَسْتُم مِّنْهُمْ رُشْدًا فَادْفَعُواْ
إِلَيْهِمْ أَمْوَالَهُمْ وَلاَ تَأْكُلُوهَا إِسْرَافًا وَبِدَارًا أَن يَكْبَرُواْ وَمَن كَانَ غَنِيًّا فَلْيَسْتَعْفِفْ
وَمَن كَانَ فَقِيرًا فَلْيَأْكُلْ بِالْمَعْرُوفِ فَإِذَا دَفَعْتُمْ إِلَيْهِمْ أَمْوَالَهُمْ فَأَشْهِدُواْ عَلَيْهِمْ وَكَفَى
بِاللّهِ حَسِيبًا (٦) لِّلرِّجَالِ نَصيِبٌ مِّمَّا تَرَكَ الْوَالِدَانِ وَالأَقْرَبُونَ وَلِلنِّسَاء نَصِيبٌ
مِّمَّا تَرَكَ الْوَالِدَانِ وَالأَقْرَبُونَ مِمَّا قَلَّ مِنْهُ أَوْ كَثُرَ نَصِيبًا مَّفْرُوضًا (٧) وَإِذَا
حَضَرَ الْقِسْمَةَ أُوْلُواْ الْقُرْبَى وَالْيَتَامَى وَالْمَسَاكِينُ فَارْزُقُوهُم مِّنْهُ وَقُولُواْ لَهُمْ قَوْلاً
مَّعْرُوفًا (٨) وَلْيَخْشَ الَّذِينَ لَوْ تَرَكُواْ مِنْ خَلْفِهِمْ ذُرِّيَّةً ضِعَافًا خَافُواْ عَلَيْهِمْ فَلْيَتَّقُوا
اللّهَ وَلْيَقُولُواْ قَوْلاً سَدِيدًا (٩) إِنَّ الَّذِينَ يَأْكُلُونَ أَمْوَالَ الْيَتَامَى ظُلْمًا إِنَّمَا يَأْكُلُونَ فِي
بُطُونِهِمْ نَارًا وَسَيَصْلَوْنَ سَعِيرًا (١٠) يُوصِيكُمُ اللّهُ فِي أَوْلاَدِكُمْ لِلذَّكَرِ مِثْلُ حَظِّ
الأُنثَيَيْنِ فَإِن كُنَّ نِسَاء فَوْقَ اثْنَتَيْنِ فَلَهُنَّ ثُلُثَا مَا تَرَكَ وَإِن كَانَتْ وَاحِدَةً فَلَهَا
النِّصْفُ وَلأَبَوَيْهِ لِكُلِّ وَاحِدٍ مِّنْهُمَا السُّدُسُ مِمَّا تَرَكَ إِن كَانَ لَهُ وَلَدٌ فَإِن لَّمْ يَكُن لَّهُ
وَلَدٌ وَوَرِثَهُ أَبَوَاهُ فَلأُمِّهِ الثُّلُثُ فَإِن كَانَ لَهُ إِخْوَةٌ فَلأُمِّهِ السُّدُسُ مِن بَعْدِ وَصِيَّةٍ
يُوصِي بِهَا أَوْ دَيْنٍ آبَآؤُكُمْ وَأَبناؤُكُمْ لاَ تَدْرُونَ أَيُّهُمْ أَقْرَبُ لَكُمْ نَفْعاً فَرِيضَةً مِّنَ اللّهِ
إِنَّ اللّهَ كَانَ عَلِيما حَكِيمًا (١١) وَلَكُمْ نِصْفُ مَا تَرَكَ أَزْوَاجُكُمْ إِن لَّمْ يَكُن لَّهُنَّ وَلَدٌ
فَإِن كَانَ لَهُنَّ وَلَدٌ فَلَكُمُ الرُّبُعُ مِمَّا تَرَكْنَ مِن بَعْدِ وَصِيَّةٍ يُوصِينَ بِهَا أَوْ دَيْنٍ وَلَهُنَّ

الرُّبُعُ مِمَّا تَرَكْتُمْ إِن لَّمْ يَكُن لَّكُمْ وَلَدٌ فَإِن كَانَ لَكُمْ وَلَدٌ فَلَهُنَّ الثُّمُنُ مِمَّا تَرَكْتُم مِّن
بَعْدِ وَصِيَّةٍ تُوصُونَ بِهَا أَوْ دَيْنٍ وَإِن كَانَ رَجُلٌ يُورَثُ كَلاَلَةً أَو امْرَأَةٌ وَلَهُ أَخٌ أَوْ
أُخْتٌ فَلِكُلِّ وَاحِدٍ مِّنْهُمَا السُّدُسُ فَإِن كَانُوَاْ أَكْثَرَ مِن ذَلِكَ فَهُمْ شُرَكَاء فِي الثُّلُثِ مِن
بَعْدِ وَصِيَّةٍ يُوصَى بِهَآ أَوْ دَيْنٍ غَيْرَ مُضَآرٍّ وَصِيَّةً مِّنَ اللّهِ وَاللّهُ عَلِيمٌ
حَلِيمٌ (١٢) تِلْكَ حُدُودُ اللّهِ وَمَن يُطِعِ اللّهَ وَرَسُولَهُ يُدْخِلْهُ جَنَّاتٍ تَجْرِي مِن تَحْتِهَا
الأَنْهَارُ خَالِدِينَ فِيهَا وَذَلِكَ الْفَوْزُ الْعَظِيمُ (١٣) وَمَن يَعْصِ اللّهَ وَرَسُولَهُ وَيَتَعَدَّ
حُدُودَهُ يُدْخِلْهُ نَارًا خَالِدًا فِيهَا وَلَهُ عَذَابٌ مُّهِينٌ (١٤) وَاللاَّتِي يَأْتِينَ الْفَاحِشَةَ مِن
نِّسَآئِكُمْ فَاسْتَشْهِدُواْ عَلَيْهِنَّ أَرْبَعةً مِّنكُمْ فَإِن شَهِدُواْ فَأَمْسِكُوهُنَّ فِي الْبُيُوتِ حَتَّىَ
يَتَوَفَّاهُنَّ الْمَوْتُ أَوْ يَجْعَلَ اللّهُ لَهُنَّ سَبِيلاً (١٥) وَاللَّذَانَ يَأْتِيَانِهَا مِنكُمْ فَآذُوهُمَا فَإِن
تَابَا وَأَصْلَحَا فَأَعْرِضُواْ عَنْهُمَا إِنَّ اللّهَ كَانَ تَوَّابًا رَّحِيمًا (١٦) إِنَّمَا التَّوْبَةُ عَلَى اللّهِ
لِلَّذِينَ يَعْمَلُونَ السُّوَءَ بِجَهَالَةٍ ثُمَّ يَتُوبُونَ مِن قَرِيبٍ فَأُوْلَئِكَ يَتُوبُ اللّهُ عَلَيْهِمْ وَكَانَ
اللّهُ عَلِيماً حَكِيماً (١٧) وَلَيْسَتِ التَّوْبَةُ لِلَّذِينَ يَعْمَلُونَ السَّيِّئَاتِ حَتَّى إِذَا حَضَرَ
أَحَدَهُمُ الْمَوْتُ قَالَ إِنِّي تُبْتُ الآنَ وَلاَ الَّذِينَ يَمُوتُونَ وَهُمْ كُفَّارٌ أُوْلَئِكَ أَعْتَدْنَا لَهُمْ
عَذَابًا أَلِيمًا (١٨) يَا أَيُّهَا الَّذِينَ آمَنُواْ لاَ يَحِلُّ لَكُمْ أَن تَرِثُواْ النِّسَاء كَرْهًا وَلاَ
تَعْضُلُوهُنَّ لِتَذْهَبُواْ بِبَعْضِ مَا آتَيْتُمُوهُنَّ إِلاَّ أَن يَأْتِينَ بِفَاحِشَةٍ مُّبَيِّنَةٍ وَعَاشِرُوهُنَّ
بِالْمَعْرُوفِ فَإِن كَرِهْتُمُوهُنَّ فَعَسَى أَن تَكْرَهُواْ شَيْئًا وَيَجْعَلَ اللّهُ فِيهِ خَيْرًا
كَثِيرًا (١٩) وَإِنْ أَرَدتُّمُ اسْتِبْدَالَ زَوْجٍ مَّكَانَ زَوْجٍ وَآتَيْتُمْ إِحْدَاهُنَّ قِنطَارًا فَلاَ
تَأْخُذُواْ مِنْهُ شَيْئًا أَتَأْخُذُونَهُ بُهْتَاناً وَإِثْماً مُّبِيناً (٢٠) وَكَيْفَ تَأْخُذُونَهُ وَقَدْ أَفْضَى
بَعْضُكُمْ إِلَى بَعْضٍ وَأَخَذْنَ مِنكُم مِّيثَاقًا غَلِيظًا (٢١) وَلاَ تَنكِحُواْ مَا نَكَحَ آبَاؤُكُم
مِّنَ النِّسَاء إِلاَّ مَا قَدْ سَلَفَ إِنَّهُ كَانَ فَاحِشَةً وَمَقْتًا وَسَاء سَبِيلاً (٢٢) حُرِّمَتْ عَلَيْكُمْ
أُمَّهَاتُكُمْ وَبَنَاتُكُمْ وَأَخَوَاتُكُمْ وَعَمَّاتُكُمْ وَخَالاَتُكُمْ وَبَنَاتُ الأَخِ وَبَنَاتُ الأُخْتِ
وَأُمَّهَاتُكُمُ اللاَّتِي أَرْضَعْنَكُمْ وَأَخَوَاتُكُم مِّنَ الرَّضَاعَةِ وَأُمَّهَاتُ نِسَآئِكُمْ وَرَبَائِبُكُمُ
اللاَّتِي فِي حُجُورِكُم مِّن نِّسَآئِكُمُ اللاَّتِي دَخَلْتُم بِهِنَّ فَإِن لَّمْ تَكُونُواْ دَخَلْتُم بِهِنَّ فَلاَ
جُنَاحَ عَلَيْكُمْ وَحَلاَئِلُ أَبْنَائِكُمُ الَّذِينَ مِنْ أَصْلاَبِكُمْ وَأَن تَجْمَعُواْ بَيْنَ الأُخْتَيْنِ إَلاَّ مَا
قَدْ سَلَفَ إِنَّ اللّهَ كَانَ غَفُورًا رَّحِيمًا (٢٣) وَالْمُحْصَنَاتُ مِنَ النِّسَاء إِلاَّ مَا مَلَكَتْ
أَيْمَانُكُمْ كِتَابَ اللّهِ عَلَيْكُمْ وَأُحِلَّ لَكُم مَّا وَرَاء ذَلِكُمْ أَن تَبْتَغُواْ بِأَمْوَالِكُم مُّحْصِنِينَ
غَيْرَ مُسَافِحِينَ فَمَا اسْتَمْتَعْتُم بِهِ مِنْهُنَّ فَآتُوهُنَّ أُجُورَهُنَّ فَرِيضَةً وَلاَ جُنَاحَ عَلَيْكُمْ
فِيمَا تَرَاضَيْتُم بِهِ مِن بَعْدِ الْفَرِيضَةِ إِنَّ اللّهَ كَانَ عَلِيمًا حَكِيمًا (٢٤) وَمَن لَّمْ
يَسْتَطِعْ مِنكُمْ طَوْلاً أَن يَنكِحَ الْمُحْصَنَاتِ الْمُؤْمِنَاتِ فَمِن مِّا مَلَكَتْ أَيْمَانُكُم مِّن
فَتَيَاتِكُمُ الْمُؤْمِنَاتِ وَاللّهُ أَعْلَمُ بِإِيمَانِكُمْ بَعْضُكُم مِّن بَعْضٍ فَانكِحُوهُنَّ بِإِذْنِ أَهْلِهِنَّ
وَآتُوهُنَّ أُجُورَهُنَّ بِالْمَعْرُوفِ مُحْصَنَاتٍ غَيْرَ مُسَافِحَاتٍ وَلاَ مُتَّخِذَاتِ أَخْدَانٍ فَإِذَا

أُحْصِنَّ فَإِنْ أَتَيْنَ بِفَاحِشَةٍ فَعَلَيْهِنَّ نِصْفُ مَا عَلَى الْمُحْصَنَاتِ مِنَ الْعَذَابِ ذَلِكَ لِمَنْ خَشِيَ الْعَنَتَ مِنْكُمْ وَأَن تَصْبِرُواْ خَيْرٌ لَّكُمْ وَاللّهُ غَفُورٌ رَّحِيمٌ (٢٥) يُرِيدُ اللّهُ لِيُبَيِّنَ لَكُمْ وَيَهْدِيَكُمْ سُنَنَ الَّذِينَ مِن قَبْلِكُمْ وَيَتُوبَ عَلَيْكُمْ وَاللّهُ عَلِيمٌ حَكِيمٌ (٢٦) وَاللّهُ يُرِيدُ أَن يَتُوبَ عَلَيْكُمْ وَيُرِيدُ الَّذِينَ يَتَّبِعُونَ الشَّهَوَاتِ أَن تَمِيلُواْ مَيْلاً عَظِيمًا (٢٧) يُرِيدُ اللّهُ أَن يُخَفِّفَ عَنكُمْ وَخُلِقَ الإِنسَانُ ضَعِيفًا (٢٨) يَا أَيُّهَا الَّذِينَ آمَنُواْ لاَ تَأْكُلُواْ أَمْوَالَكُمْ بَيْنَكُمْ بِالْبَاطِلِ إِلاَّ أَن تَكُونَ تِجَارَةً عَن تَرَاضٍ مِّنكُمْ وَلاَ تَقْتُلُواْ أَنفُسَكُمْ إِنَّ اللّهَ كَانَ بِكُمْ رَحِيمًا (٢٩) وَمَن يَفْعَلْ ذَلِكَ عُدْوَانًا وَظُلْمًا فَسَوْفَ نُصْلِيهِ نَارًا وَكَانَ ذَلِكَ عَلَى اللّهِ يَسِيرًا (٣٠) إِن تَجْتَنِبُواْ كَبَآئِرَ مَا تُنْهَوْنَ عَنْهُ نُكَفِّرْ عَنكُمْ سَيِّئَاتِكُمْ وَنُدْخِلْكُم مُّدْخَلاً كَرِيمًا (٣١) وَلاَ تَتَمَنَّوْاْ مَا فَضَّلَ اللّهُ بِهِ بَعْضَكُمْ عَلَى بَعْضٍ لِّلرِّجَالِ نَصِيبٌ مِّمَّا اكْتَسَبُواْ وَلِلنِّسَاء نَصِيبٌ مِّمَّا اكْتَسَبْنَ وَاسْأَلُواْ اللّهَ مِن فَضْلِهِ إِنَّ اللّهَ كَانَ بِكُلِّ شَيْءٍ عَلِيمًا (٣٢) وَلِكُلٍّ جَعَلْنَا مَوَالِيَ مِمَّا تَرَكَ الْوَالِدَانِ وَالأَقْرَبُونَ وَالَّذِينَ عَقَدَتْ أَيْمَانُكُمْ فَآتُوهُمْ نَصِيبَهُمْ إِنَّ اللّهَ كَانَ عَلَى كُلِّ شَيْءٍ شَهِيدًا (٣٣) الرِّجَالُ قَوَّامُونَ عَلَى النِّسَاء بِمَا فَضَّلَ اللّهُ بَعْضَهُمْ عَلَى بَعْضٍ وَبِمَا أَنفَقُواْ مِنْ أَمْوَالِهِمْ فَالصَّالِحَاتُ قَانِتَاتٌ حَافِظَاتٌ لِّلْغَيْبِ بِمَا حَفِظَ اللّهُ وَاللاَّتِي تَخَافُونَ نُشُوزَهُنَّ فَعِظُوهُنَّ وَاهْجُرُوهُنَّ فِي الْمَضَاجِعِ وَاضْرِبُوهُنَّ فَإِنْ أَطَعْنَكُمْ فَلاَ تَبْغُواْ عَلَيْهِنَّ سَبِيلاً إِنَّ اللّهَ كَانَ عَلِيًّا كَبِيرًا (٣٤) وَإِنْ خِفْتُمْ شِقَاقَ بَيْنِهِمَا فَابْعَثُواْ حَكَمًا مِّنْ أَهْلِهِ وَحَكَمًا مِّنْ أَهْلِهَا إِن يُرِيدَا إِصْلاَحًا يُوَفِّقِ اللّهُ بَيْنَهُمَا إِنَّ اللّهَ كَانَ عَلِيمًا خَبِيرًا (٣٥) وَاعْبُدُواْ اللّهَ وَلاَ تُشْرِكُواْ بِهِ شَيْئًا وَبِالْوَالِدَيْنِ إِحْسَانًا وَبِذِي الْقُرْبَى وَالْيَتَامَى وَالْمَسَاكِينِ وَالْجَارِ ذِي الْقُرْبَى وَالْجَارِ الْجُنُبِ وَالصَّاحِبِ بِالجَنبِ وَابْنِ السَّبِيلِ وَمَا مَلَكَتْ أَيْمَانُكُمْ إِنَّ اللّهَ لاَ يُحِبُّ مَن كَانَ مُخْتَالاً فَخُورًا (٣٦) الَّذِينَ يَبْخَلُونَ وَيَأْمُرُونَ النَّاسَ بِالْبُخْلِ وَيَكْتُمُونَ مَا آتَاهُمُ اللّهُ مِن فَضْلِهِ وَأَعْتَدْنَا لِلْكَافِرِينَ عَذَابًا مُّهِينًا (٣٧) وَالَّذِينَ يُنفِقُونَ أَمْوَالَهُمْ رِئَـاء النَّاسِ وَلاَ يُؤْمِنُونَ بِاللّهِ وَلاَ بِالْيَوْمِ الآخِرِ وَمَن يَكُنِ الشَّيْطَانُ لَهُ قَرِينًا فَسَاء قِرِينًا (٣٨) وَمَاذَا عَلَيْهِمْ لَوْ آمَنُواْ بِاللّهِ وَالْيَوْمِ الآخِرِ وَأَنفَقُواْ مِمَّا رَزَقَهُمُ اللّهُ وَكَانَ اللّهُ بِهِم عَلِيمًا (٣٩) إِنَّ اللّهَ لاَ يَظْلِمُ مِثْقَالَ ذَرَّةٍ وَإِن تَكُ حَسَنَةً يُضَاعِفْهَا وَيُؤْتِ مِن لَّدُنْهُ أَجْرًا عَظِيمًا (٤٠) فَكَيْفَ إِذَا جِئْنَا مِن كُلِّ أمَّةٍ بِشَهِيدٍ وَجِئْنَا بِكَ عَلَى هَؤُلاء شَهِيدًا (٤١) يَوْمَئِذٍ يَوَدُّ الَّذِينَ كَفَرُواْ وَعَصَوُاْ الرَّسُولَ لَوْ تُسَوَّى بِهِمُ الأَرْضُ وَلاَ يَكْتُمُونَ اللّهَ حَدِيثًا (٤٢) يَا أَيُّهَا الَّذِينَ آمَنُواْ لاَ تَقْرَبُواْ الصَّلاَةَ وَأَنتُمْ سُكَارَى حَتَّىَ تَعْلَمُواْ مَا تَقُولُونَ وَلاَ جُنُبًا إِلاَّ عَابِرِي سَبِيلٍ حَتَّىَ تَغْتَسِلُواْ وَإِن كُنتُم مَّرْضَى أَوْ عَلَى سَفَرٍ أَوْ جَاء أَحَدٌ مِّنكُم مِّن الْغَآئِطِ أَوْ لاَمَسْتُمُ النِّسَاء فَلَمْ تَجِدُواْ مَاء فَتَيَمَّمُواْ صَعِيدًا طَيِّبًا فَامْسَحُواْ بِوُجُوهِكُمْ وَأَيْدِيكُمْ إِنَّ اللّهَ كَانَ عَفُوًّا

غَفُورًا (٤٣) أَلَمْ تَرَ إِلَى الَّذِينَ أُوتُواْ نَصِيبًا مِّنَ الْكِتَابِ يَشْتَرُونَ الضَّلاَلَةَ وَيُرِيدُونَ أَن تَضِلُّواْ السَّبِيلَ (٤٤) وَاللّهُ أَعْلَمُ بِأَعْدَائِكُمْ وَكَفَى بِاللّهِ وَلِيًّا وَكَفَى بِاللّهِ نَصِيرًا (٤٥) مِّنَ الَّذِينَ هَادُواْ يُحَرِّفُونَ الْكَلِمَ عَن مَّوَاضِعِهِ وَيَقُولُونَ سَمِعْنَا وَعَصَيْنَا وَاسْمَعْ غَيْرَ مُسْمَعٍ وَرَاعِنَا لَيًّا بِأَلْسِنَتِهِمْ وَطَعْنًا فِي الدِّينِ وَلَوْ أَنَّهُمْ قَالُواْ سَمِعْنَا وَأَطَعْنَا وَاسْمَعْ وَانظُرْنَا لَكَانَ خَيْرًا لَّهُمْ وَأَقْوَمَ وَلَكِن لَّعَنَهُمُ اللّهُ بِكُفْرِهِمْ فَلاَ يُؤْمِنُونَ إِلاَّ قَلِيلاً (٤٦) يَا أَيُّهَا الَّذِينَ أُوتُواْ الْكِتَابَ آمِنُواْ بِمَا نَزَّلْنَا مُصَدِّقًا لِّمَا مَعَكُم مِّن قَبْلِ أَن نَّطْمِسَ وُجُوهًا فَنَرُدَّهَا عَلَى أَدْبَارِهَا أَوْ نَلْعَنَهُمْ كَمَا لَعَنَّا أَصْحَابَ السَّبْتِ وَكَانَ أَمْرُ اللّهِ مَفْعُولاً (٤٧) إِنَّ اللّهَ لاَ يَغْفِرُ أَن يُشْرَكَ بِهِ وَيَغْفِرُ مَا دُونَ ذَلِكَ لِمَن يَشَاء وَمَن يُشْرِكْ بِاللّهِ فَقَدِ افْتَرَى إِثْمًا عَظِيمًا (٤٨) أَلَمْ تَرَ إِلَى الَّذِينَ يُزَكُّونَ أَنفُسَهُمْ بَلِ اللّهُ يُزَكِّي مَن يَشَاء وَلاَ يُظْلَمُونَ فَتِيلاً (٤٩) انظُرْ كَيفَ يَفْتَرُونَ عَلَى اللّهِ الكَذِبَ وَكَفَى بِهِ إِثْمًا مُّبِينًا (٥٠) أَلَمْ تَرَ إِلَى الَّذِينَ أُوتُواْ نَصِيبًا مِّنَ الْكِتَابِ يُؤْمِنُونَ بِالْجِبْتِ وَالطَّاغُوتِ وَيَقُولُونَ لِلَّذِينَ كَفَرُواْ هَؤُلاء أَهْدَى مِنَ الَّذِينَ آمَنُواْ سَبِيلاً (٥١) أُوْلَـئِكَ الَّذِينَ لَعَنَهُمُ اللّهُ وَمَن يَلْعَنِ اللّهُ فَلَن تَجِدَ لَهُ نَصِيرًا (٥٢) أَمْ لَهُمْ نَصِيبٌ مِّنَ الْمُلْكِ فَإِذًا لاَّ يُؤْتُونَ النَّاسَ نَقِيرًا (٥٣) أَمْ يَحْسُدُونَ النَّاسَ عَلَى مَا آتَاهُمُ اللّهُ مِن فَضْلِهِ فَقَدْ آتَيْنَآ آلَ إِبْرَاهِيمَ الْكِتَابَ وَالْحِكْمَةَ وَآتَيْنَاهُم مُّلْكًا عَظِيمًا (٥٤) فَمِنْهُم مَّنْ آمَنَ بِهِ وَمِنْهُم مَّن صَدَّ عَنْهُ وَكَفَى بِجَهَنَّمَ سَعِيرًا (٥٥) إِنَّ الَّذِينَ كَفَرُواْ بِآيَاتِنَا سَوْفَ نُصْلِيهِمْ نَارًا كُلَّمَا نَضِجَتْ جُلُودُهُمْ بَدَّلْنَاهُمْ جُلُودًا غَيْرَهَا لِيَذُوقُواْ الْعَذَابَ إِنَّ اللّهَ كَانَ عَزِيزًا حَكِيمًا (٥٦) وَالَّذِينَ آمَنُواْ وَعَمِلُواْ الصَّالِحَاتِ سَنُدْخِلُهُمْ جَنَّاتٍ تَجْرِي مِن تَحْتِهَا الأَنْهَارُ خَالِدِينَ فِيهَا أَبَدًا لَّهُمْ فِيهَا أَزْوَاجٌ مُّطَهَّرَةٌ وَنُدْخِلُهُمْ ظِلاًّ ظَلِيلاً (٥٧) إِنَّ اللّهَ يَأْمُرُكُمْ أَن تُؤدُّواْ الأَمَانَاتِ إِلَى أَهْلِهَا وَإِذَا حَكَمْتُم بَيْنَ النَّاسِ أَن تَحْكُمُواْ بِالْعَدْلِ إِنَّ اللّهَ نِعِمَّا يَعِظُكُم بِهِ إِنَّ اللّهَ كَانَ سَمِيعًا بَصِيرًا (٥٨) يَا أَيُّهَا الَّذِينَ آمَنُواْ أَطِيعُواْ اللّهَ وَأَطِيعُواْ الرَّسُولَ وَأُوْلِي الأَمْرِ مِنكُمْ فَإِن تَنَازَعْتُمْ فِي شَيْءٍ فَرُدُّوهُ إِلَى اللّهِ وَالرَّسُولِ إِن كُنتُمْ تُؤْمِنُونَ بِاللّهِ وَالْيَوْمِ الآخِرِ ذَلِكَ خَيْرٌ وَأَحْسَنُ تَأْوِيلاً (٥٩) أَلَمْ تَرَ إِلَى الَّذِينَ يَزْعُمُونَ أَنَّهُمْ آمَنُواْ بِمَا أُنزِلَ إِلَيْكَ وَمَا أُنزِلَ مِن قَبْلِكَ يُرِيدُونَ أَن يَتَحَاكَمُواْ إِلَى الطَّاغُوتِ وَقَدْ أُمِرُواْ أَن يَكْفُرُواْ بِهِ وَيُرِيدُ الشَّيْطَانُ أَن يُضِلَّهُمْ ضَلاَلاً بَعِيدًا (٦٠) وَإِذَا قِيلَ لَهُمْ تَعَالَوْاْ إِلَى مَا أَنزَلَ اللّهُ وَإِلَى الرَّسُولِ رَأَيْتَ الْمُنَافِقِينَ يَصُدُّونَ عَنكَ صُدُودًا (٦١) فَكَيْفَ إِذَا أَصَابَتْهُم مُّصِيبَةٌ بِمَا قَدَّمَتْ أَيْدِيهِمْ ثُمَّ جَآؤُوكَ يَحْلِفُونَ بِاللّهِ إِنْ أَرَدْنَا إِلاَّ إِحْسَانًا وَتَوْفِيقًا (٦٢) أُولَـئِكَ الَّذِينَ يَعْلَمُ اللّهُ مَا فِي قُلُوبِهِمْ فَأَعْرِضْ عَنْهُمْ وَعِظْهُمْ وَقُل لَّهُمْ فِي أَنفُسِهِمْ قَوْلاً بَلِيغًا (٦٣) وَمَا أَرْسَلْنَا مِن رَّسُولٍ إِلاَّ لِيُطَاعَ بِإِذْنِ اللّهِ وَلَوْ أَنَّهُمْ إِذ ظَّلَمُواْ أَنفُسَهُمْ جَآؤُوكَ

فَاسْتَغْفَرُواْ اللّهَ وَاسْتَغْفَرَ لَهُمُ الرَّسُولُ لَوَجَدُواْ اللّهَ تَوَّابًا رَّحِيمًا (٦٤) فَلاَ وَرَبِّكَ لاَ
يُؤْمِنُونَ حَتَّىَ يُحَكِّمُوكَ فِيمَا شَجَرَ بَيْنَهُمْ ثُمَّ لاَ يَجِدُواْ فِي أَنفُسِهِمْ حَرَجًا مِّمَّا
قَضَيْتَ وَيُسَلِّمُواْ تَسْلِيمًا (٦٥) وَلَوْ أَنَّا كَتَبْنَا عَلَيْهِمْ أَنِ اقْتُلُواْ أَنفُسَكُمْ أَوِ اخْرُجُواْ
مِن دِيَارِكُم مَّا فَعَلُوهُ إِلاَّ قَلِيلٌ مِّنْهُمْ وَلَوْ أَنَّهُمْ فَعَلُواْ مَا يُوعَظُونَ بِهِ لَكَانَ خَيْرًا لَّهُمْ
وَأَشَدَّ تَثْبِيتًا (٦٦) وَإِذاً لَّآتَيْنَاهُم مِّن لَّدُنَّا أَجْراً عَظِيمًا (٦٧) وَلَهَدَيْنَاهُمْ صِرَاطًا
مُّسْتَقِيمًا (٦٨) وَمَن يُطِعِ اللّهَ وَالرَّسُولَ فَأُوْلَئِكَ مَعَ الَّذِينَ أَنْعَمَ اللّهُ عَلَيْهِم مِّنَ
النَّبِيِّينَ وَالصِّدِّيقِينَ وَالشُّهَدَاء وَالصَّالِحِينَ وَحَسُنَ أُولَئِكَ رَفِيقًا (٦٩) ذَلِكَ الْفَضْلُ
مِنَ اللّهِ وَكَفَى بِاللّهِ عَلِيمًا (٧٠) يَا أَيُّهَا الَّذِينَ آمَنُواْ خُذُواْ حِذْرَكُمْ فَانفِرُواْ ثُبَاتٍ أَوِ
انفِرُواْ جَمِيعًا (٧١) وَإِنَّ مِنكُمْ لَمَن لَّيُبَطِّئَنَّ فَإِنْ أَصَابَتْكُم مُّصِيبَةٌ قَالَ قَدْ أَنْعَمَ اللّهُ
عَلَيَّ إِذْ لَمْ أَكُن مَّعَهُمْ شَهِيدًا (٧٢) وَلَئِنْ أَصَابَكُمْ فَضْلٌ مِّنَ الله لَيَقُولَنَّ كَأَن لَّمْ تَكُن
بَيْنَكُمْ وَبَيْنَهُ مَوَدَّةٌ يَا لَيتَنِي كُنتُ مَعَهُمْ فَأَفُوزَ فَوْزًا عَظِيمًا (٧٣) فَلْيُقَاتِلْ فِي سَبِيلِ
اللّهِ الَّذِينَ يَشْرُونَ الْحَيَاةَ الدُّنْيَا بِالآخِرَةِ وَمَن يُقَاتِلْ فِي سَبِيلِ اللّهِ فَيُقْتَلْ أَو يَغْلِبْ
فَسَوْفَ نُؤْتِيهِ أَجْرًا عَظِيمًا (٧٤) وَمَا لَكُمْ لاَ تُقَاتِلُونَ فِي سَبِيلِ اللّهِ وَالْمُسْتَضْعَفِينَ
مِنَ الرِّجَالِ وَالنِّسَاء وَالْوِلْدَانِ الَّذِينَ يَقُولُونَ رَبَّنَا أَخْرِجْنَا مِنْ هَذِهِ الْقَرْيَةِ الظَّالِمِ
أَهْلُهَا وَاجْعَل لَّنَا مِن لَّدُنكَ وَلِيًّا وَاجْعَل لَّنَا مِن لَّدُنكَ نَصِيرًا (٧٥) الَّذِينَ آمَنُواْ
يُقَاتِلُونَ فِي سَبِيلِ اللّهِ وَالَّذِينَ كَفَرُواْ يُقَاتِلُونَ فِي سَبِيلِ الطَّاغُوتِ فَقَاتِلُواْ أَوْلِيَاء
الشَّيْطَانِ إِنَّ كَيْدَ الشَّيْطَانِ كَانَ ضَعِيفًا (٧٦) أَلَمْ تَرَ إِلَى الَّذِينَ قِيلَ لَهُمْ كُفُّواْ
أَيْدِيَكُمْ وَأَقِيمُواْ الصَّلاَةَ وَآتُواْ الزَّكَاةَ فَلَمَّا كُتِبَ عَلَيْهِمُ الْقِتَالُ إِذَا فَرِيقٌ مِّنْهُمْ
يَخْشَوْنَ النَّاسَ كَخَشْيَةِ اللّهِ أَوْ أَشَدَّ خَشْيَةً وَقَالُواْ رَبَّنَا لِمَ كَتَبْتَ عَلَيْنَا الْقِتَالَ لَوْلاَ
أَخَّرْتَنَا إِلَى أَجَلٍ قَرِيبٍ قُلْ مَتَاعُ الدَّنْيَا قَلِيلٌ وَالآخِرَةُ خَيْرٌ لِّمَنِ اتَّقَى وَلاَ تُظْلَمُونَ
فَتِيلاً (٧٧) أَيْنَمَا تَكُونُواْ يُدْرِككُّمُ الْمَوْتُ وَلَوْ كُنتُمْ فِي بُرُوجٍ مُّشَيَّدَةٍ وَإِن تُصِبْهُمْ
حَسَنَةٌ يَقُولُواْ هَذِهِ مِنْ عِندِ اللّهِ وَإِن تُصِبْهُمْ سَيِّئَةٌ يَقُولُواْ هَذِهِ مِنْ عِندِكَ قُلْ كُلًّ مِّنْ
عِندِ اللّهِ فَمَا لِهَؤُلاء الْقَوْمِ لاَ يَكَادُونَ يَفْقَهُونَ حَدِيثًا (٧٨) مَّا أَصَابَكَ مِنْ حَسَنَةٍ
فَمِنَ اللّهِ وَمَا أَصَابَكَ مِن سَيِّئَةٍ فَمِن نَّفْسِكَ وَأَرْسَلْنَاكَ لِلنَّاسِ رَسُولاً وَكَفَى بِاللّهِ
شَهِيدًا (٧٩) مَّنْ يُطِعِ الرَّسُولَ فَقَدْ أَطَاعَ اللّهَ وَمَن تَوَلَّى فَمَا أَرْسَلْنَاكَ عَلَيْهِمْ
حَفِيظًا (٨٠) وَيَقُولُونَ طَاعَةٌ فَإِذَا بَرَزُواْ مِنْ عِندِكَ بَيَّتَ طَآئِفَةٌ مِّنْهُمْ غَيْرَ الَّذِي
تَقُولُ وَاللّهُ يَكْتُبُ مَا يُبَيِّتُونَ فَأَعْرِضْ عَنْهُمْ وَتَوَكَّلْ عَلَى اللّهِ وَكَفَى بِاللّهِ
وَكِيلاً (٨١) أَفَلاَ يَتَدَبَّرُونَ الْقُرْآنَ وَلَوْ كَانَ مِنْ عِندِ غَيْرِ اللّهِ لَوَجَدُواْ فِيهِ اخْتِلاَفًا
كَثِيرًا (٨٢) وَإِذَا جَاءهُمْ أَمْرٌ مِّنَ الأَمْنِ أَوِ الْخَوْفِ أَذَاعُواْ بِهِ وَلَوْ رَدُّوهُ إِلَى
الرَّسُولِ وَإِلَى أُوْلِي الأَمْرِ مِنْهُمْ لَعَلِمَهُ الَّذِينَ يَسْتَنبِطُونَهُ مِنْهُمْ وَلَوْلاَ فَضْلُ اللّهِ
عَلَيْكُمْ وَرَحْمَتُهُ لاَتَّبَعْتُمُ الشَّيْطَانَ إِلاَّ قَلِيلاً (٨٣) فَقَاتِلْ فِي سَبِيلِ اللّهِ لاَ تُكَلَّفُ إِلاَّ

نَفْسَكَ وَحَرِّضِ الْمُؤْمِنِينَ عَسَى اللّهُ أَن يَكُفَّ بَأْسَ الَّذِينَ كَفَرُواْ وَاللّهُ أَشَدُّ بَأْسًا
وَأَشَدُّ تَنكِيلاً (٨٤) مَّن يَشْفَعْ شَفَاعَةً حَسَنَةً يَكُن لَّهُ نَصِيبٌ مِّنْهَا وَمَن يَشْفَعْ شَفَاعَةً
سَيِّئَةً يَكُن لَّهُ كِفْلٌ مِّنْهَا وَكَانَ اللّهُ عَلَى كُلِّ شَيْءٍ مُّقِيتًا (٨٥) وَإِذَا حُيِّيْتُم بِتَحِيَّةٍ
فَحَيُّواْ بِأَحْسَنَ مِنْهَا أَوْ رُدُّوهَا إِنَّ اللّهَ كَانَ عَلَى كُلِّ شَيْءٍ حَسِيبًا (٨٦) اللّهُ لا إِلَهَ
إِلاَّ هُوَ لَيَجْمَعَنَّكُمْ إِلَى يَوْمِ الْقِيَامَةِ لاَ رَيْبَ فِيهِ وَمَنْ أَصْدَقُ مِنَ اللّهِ
حَدِيثًا (٨٧) فَمَا لَكُمْ فِي الْمُنَافِقِينَ فِئَتَيْنِ وَاللّهُ أَرْكَسَهُم بِمَا كَسَبُواْ أَتُرِيدُونَ أَن
تَهْدُواْ مَنْ أَضَلَّ اللّهُ وَمَن يُضْلِلِ اللّهُ فَلَن تَجِدَ لَهُ سَبِيلاً (٨٨) وَدُّواْ لَوْ تَكْفُرُونَ كَمَا
كَفَرُواْ فَتَكُونُونَ سَوَاء فَلاَ تَتَّخِذُواْ مِنْهُمْ أَوْلِيَاء حَتَّى يُهَاجِرُواْ فِي سَبِيلِ اللّهِ فَإِن
تَوَلَّوْاْ فَخُذُوهُمْ وَاقْتُلُوهُمْ حَيْثُ وَجَدتَّمُوهُمْ وَلاَ تَتَّخِذُواْ مِنْهُمْ وَلِيًّا وَلاَ
نَصِيرًا (٨٩) إِلاَّ الَّذِينَ يَصِلُونَ إِلَىَ قَوْمٍ بَيْنَكُمْ وَبَيْنَهُم مِّيثَاقٌ أَوْ جَآؤُوكُمْ حَصِرَتْ
صُدُورُهُمْ أَن يُقَاتِلُوكُمْ أَوْ يُقَاتِلُواْ قَوْمَهُمْ وَلَوْ شَاء اللّهُ لَسَلَّطَهُمْ عَلَيْكُمْ فَلَقَاتَلُوكُمْ فَإِنِ
اعْتَزَلُوكُمْ فَلَمْ يُقَاتِلُوكُمْ وَأَلْقَوْاْ إِلَيْكُمُ السَّلَمَ فَمَا جَعَلَ اللّهُ لَكُمْ عَلَيْهِمْ
سَبِيلاً (٩٠) سَتَجِدُونَ آخَرِينَ يُرِيدُونَ أَن يَأْمَنُوكُمْ وَيَأْمَنُواْ قَوْمَهُمْ كُلَّ مَا رُدُّوَاْ
إِلَى الْفِتْنِةِ أُرْكِسُواْ فِيِهَا فَإِن لَّمْ يَعْتَزِلُوكُمْ وَيُلْقُواْ إِلَيْكُمُ السَّلَمَ وَيَكُفُّوَاْ أَيْدِيَهُمْ فَخُذُوهُمْ
وَاقْتُلُوهُمْ حَيْثُ ثِقِفْتُمُوهُمْ وَأُوْلَئِكُمْ جَعَلْنَا لَكُمْ عَلَيْهِمْ سُلْطَانًا مُّبِينًا (٩١) وَمَا كَانَ
لِمُؤْمِنٍ أَن يَقْتُلَ مُؤْمِنًا إِلاَّ خَطَئًا وَمَن قَتَلَ مُؤْمِنًا خَطَئًا فَتَحْرِيرُ رَقَبَةٍ مُّؤْمِنَةٍ وَدِيَةٌ
مُّسَلَّمَةٌ إِلَى أَهْلِهِ إِلاَّ أَن يَصَّدَّقُواْ فَإِن كَانَ مِن قَوْمٍ عَدُوٍّ لَّكُمْ وَهُوَ مْؤْمِنٌ فَتَحْرِيرُ
رَقَبَةٍ مُّؤْمِنَةٍ وَإِن كَانَ مِن قَوْمٍ بَيْنَكُمْ وَبَيْنَهُمْ مِّيثَاقٌ فَدِيَةٌ مُّسَلَّمَةٌ إِلَى أَهْلِهِ وَتَحْرِيرُ
رَقَبَةٍ مُّؤْمِنَةً فَمَن لَّمْ يَجِدْ فَصِيَامُ شَهْرَيْنِ مُتَتَابِعَيْنِ تَوْبَةً مِّنَ اللّهِ وَكَانَ اللّهُ عَلِيمًا
حَكِيمًا (٩٢) وَمَن يَقْتُلْ مُؤْمِنًا مُّتَعَمِّدًا فَجَزَآؤُهُ جَهَنَّمُ خَالِدًا فِيهَا وَغَضِبَ اللّهُ عَلَيْهِ
وَلَعَنَهُ وَأَعَدَّ لَهُ عَذَابًا عَظِيمًا (٩٣) يَا أَيُّهَا الَّذِينَ آمَنُواْ إِذَا ضَرَبْتُمْ فِي سَبِيلِ اللّهِ
فَتَبَيَّنُواْ وَلاَ تَقُولُواْ لِمَنْ أَلْقَى إِلَيْكُمُ السَّلاَمَ لَسْتَ مُؤْمِنًا تَبْتَغُونَ عَرَضَ الْحَيَاةِ الدُّنْيَا
فَعِندَ اللّهِ مَغَانِمُ كَثِيرَةٌ كَذَلِكَ كُنتُم مِّن قَبْلُ فَمَنَّ اللّهُ عَلَيْكُمْ فَتَبَيَّنُواْ إِنَّ اللّهَ كَانَ بِمَا
تَعْمَلُونَ خَبِيرًا (٩٤) لاَّ يَسْتَوِي الْقَاعِدُونَ مِنَ الْمُؤْمِنِينَ غَيْرُ أُوْلِي الضَّرَرِ
وَالْمُجَاهِدُونَ فِي سَبِيلِ اللّهِ بِأَمْوَالِهِمْ وَأَنفُسِهِمْ فَضَّلَ اللّهُ الْمُجَاهِدِينَ بِأَمْوَالِهِمْ
وَأَنفُسِهِمْ عَلَى الْقَاعِدِينَ دَرَجَةً وَكُلاًّ وَعَدَ اللّهُ الْحُسْنَى وَفَضَّلَ اللّهُ الْمُجَاهِدِينَ عَلَى
الْقَاعِدِينَ أَجْرًا عَظِيمًا (٩٥) دَرَجَاتٍ مِّنْهُ وَمَغْفِرَةً وَرَحْمَةً وَكَانَ اللّهُ غَفُورًا
رَّحِيمًا (٩٦) إِنَّ الَّذِينَ تَوَفَّاهُمُ الْمَلآئِكَةُ ظَالِمِي أَنْفُسِهِمْ قَالُواْ فِيمَ كُنتُمْ قَالُواْ كُنَّا
مُسْتَضْعَفِينَ فِي الأَرْضِ قَالْوَاْ أَلَمْ تَكُنْ أَرْضُ اللّهِ وَاسِعَةً فَتُهَاجِرُواْ فِيهَا فَأُوْلَئِكَ
مَأْوَاهُمْ جَهَنَّمُ وَسَاءتْ مَصِيرًا (٩٧) إِلاَّ الْمُسْتَضْعَفِينَ مِنَ الرِّجَالِ وَالنِّسَاء
وَالْوِلْدَانِ لاَ يَسْتَطِيعُونَ حِيلَةً وَلاَ يَهْتَدُونَ سَبِيلاً (٩٨) فَأُوْلَئِكَ عَسَى اللّهُ أَن يَعْفُوَ

عَنْهُمْ وَكَانَ اللّهُ عَفُوًّا غَفُورًا (٩٩) وَمَن يُهَاجِرْ فِي سَبِيلِ اللّهِ يَجِدْ فِي الأَرْضِ
مُرَاغَمًا كَثِيرًا وَسَعَةً وَمَن يَخْرُجْ مِن بَيْتِهِ مُهَاجِرًا إِلَى اللّهِ وَرَسُولِهِ ثُمَّ يُدْرِكْهُ
الْمَوْتُ فَقَدْ وَقَعَ أَجْرُهُ عَلى اللّهِ وَكَانَ اللّهُ غَفُورًا رَّحِيمًا (١٠٠) وَإِذَا ضَرَبْتُمْ فِي
الأَرْضِ فَلَيْسَ عَلَيْكُمْ جُنَاحٌ أَن تَقْصُرُواْ مِنَ الصَّلاَةِ إِنْ خِفْتُمْ أَن يَفْتِنَكُمُ الَّذِينَ
كَفَرُواْ إِنَّ الْكَافِرِينَ كَانُواْ لَكُمْ عَدُوًّا مُّبِينًا (١٠١) وَإِذَا كُنتَ فِيهِمْ فَأَقَمْتَ لَهُمُ
الصَّلاَةَ فَلْتَقُمْ طَآئِفَةٌ مِّنْهُم مَّعَكَ وَلْيَأْخُذُواْ أَسْلِحَتَهُمْ فَإِذَا سَجَدُواْ فَلْيَكُونُواْ مِن
وَرَآئِكُمْ وَلْتَأْتِ طَآئِفَةٌ أُخْرَى لَمْ يُصَلُّواْ فَلْيُصَلُّواْ مَعَكَ وَلْيَأْخُذُواْ حِذْرَهُمْ وَأَسْلِحَتَهُمْ
وَدَّ الَّذِينَ كَفَرُواْ لَوْ تَغْفُلُونَ عَنْ أَسْلِحَتِكُمْ وَأَمْتِعَتِكُمْ فَيَمِيلُونَ عَلَيْكُم مَّيْلَةً وَاحِدَةً وَلاَ
جُنَاحَ عَلَيْكُمْ إِن كَانَ بِكُمْ أَذًى مِّن مَّطَرٍ أَوْ كُنتُم مَّرْضَى أَن تَضَعُواْ أَسْلِحَتَكُمْ
وَخُذُواْ حِذْرَكُمْ إِنَّ اللّهَ أَعَدَّ لِلْكَافِرِينَ عَذَابًا مُّهِينًا (١٠٢) فَإِذَا قَضَيْتُمُ الصَّلاَةَ
فَاذْكُرُواْ اللّهَ قِيَامًا وَقُعُودًا وَعَلَى جُنُوبِكُمْ فَإِذَا اطْمَأْنَنتُمْ فَأَقِيمُواْ الصَّلاَةَ إِنَّ الصَّلاَةَ
كَانَتْ عَلَى الْمُؤْمِنِينَ كِتَابًا مَّوْقُوتًا (١٠٣) وَلاَ تَهِنُواْ فِي ابْتِغَاء الْقَوْمِ إِن تَكُونُواْ
تَأْلَمُونَ فَإِنَّهُمْ يَأْلَمُونَ كَمَا تَأْلَمونَ وَتَرْجُونَ مِنَ اللّهِ مَا لاَ يَرْجُونَ وَكَانَ اللّهُ عَلِيمًا
حَكِيمًا (١٠٤) إِنَّا أَنزَلْنَا إِلَيْكَ الْكِتَابَ بِالْحَقِّ لِتَحْكُمَ بَيْنَ النَّاسِ بِمَا أَرَاكَ اللّهُ وَلاَ
تَكُن لِّلْخَآئِنِينَ خَصِيمًا (١٠٥) وَاسْتَغْفِرِ اللّهِ إِنَّ اللّهَ كَانَ غَفُورًا رَّحِيمًا (١٠٦) وَلاَ
تُجَادِلْ عَنِ الَّذِينَ يَخْتَانُونَ أَنفُسَهُمْ إِنَّ اللّهَ لاَ يُحِبُّ مَن كَانَ خَوَّانًا
أَثِيمًا (١٠٧) يَسْتَخْفُونَ مِنَ النَّاسِ وَلاَ يَسْتَخْفُونَ مِنَ اللّهِ وَهُوَ مَعَهُمْ إِذْ يُبَيِّتُونَ مَا
لاَ يَرْضَى مِنَ الْقَوْلِ وَكَانَ اللّهُ بِمَا يَعْمَلُونَ مُحِيطًا (١٠٨) هَاأَنتُمْ هَؤُلاء جَادَلْتُمْ
عَنْهُمْ فِي الْحَيَاةِ الدُّنْيَا فَمَن يُجَادِلُ اللّهَ عَنْهُمْ يَوْمَ الْقِيَامَةِ أَم مَّن يَكُونُ عَلَيْهِمْ
وَكِيلاً (١٠٩) وَمَن يَعْمَلْ سُوءًا أَوْ يَظْلِمْ نَفْسَهُ ثُمَّ يَسْتَغْفِرِ اللّهَ يَجِدِ اللّهَ غَفُورًا
رَّحِيمًا (١١٠) وَمَن يَكْسِبْ إِثْمًا فَإِنَّمَا يَكْسِبُهُ عَلَى نَفْسِهِ وَكَانَ اللّهُ عَلِيمًا
حَكِيمًا (١١١) وَمَن يَكْسِبْ خَطِيئَةً أَوْ إِثْمًا ثُمَّ يَرْمِ بِهِ بَرِيئًا فَقَدِ احْتَمَلَ بُهْتَانًا وَإِثْمًا
مُّبِينًا (١١٢) وَلَوْلاَ فَضْلُ اللّهِ عَلَيْكَ وَرَحْمَتُهُ لَهَمَّت طَّآئِفَةٌ مُّنْهُمْ أَن يُضِلُّوكَ وَمَا
يُضِلُّونَ إِلاُّ أَنفُسَهُمْ وَمَا يَضُرُّونَكَ مِن شَيْءٍ وَأَنزَلَ اللّهُ عَلَيْكَ الْكِتَابَ وَالْحِكْمَةَ
وَعَلَّمَكَ مَا لَمْ تَكُنْ تَعْلَمُ وَكَانَ فَضْلُ اللّهِ عَلَيْكَ عَظِيمًا (١١٣) لاَّ خَيْرَ فِي كَثِيرٍ
مِّن نَّجْوَاهُمْ إِلاَّ مَنْ أَمَرَ بِصَدَقَةٍ أَوْ مَعْرُوفٍ أَوْ إِصْلاَحٍ بَيْنَ النَّاسِ وَمَن يَفْعَلْ ذَلِكَ
ابْتَغَاء مَرْضَاتِ اللّهِ فَسَوْفَ نُؤْتِيهِ أَجْرًا عَظِيمًا (١١٤) وَمَن يُشَاقِقِ الرَّسُولَ مِن
بَعْدِ مَا تَبَيَّنَ لَهُ الْهُدَى وَيَتَّبِعْ غَيْرَ سَبِيلِ الْمُؤْمِنِينَ نُوَلِّهِ مَا تَوَلَّى وَنُصْلِهِ جَهَنَّمَ
وَسَاءتْ مَصِيرًا (١١٥) إِنَّ اللّهَ لاَ يَغْفِرُ أَن يُشْرَكَ بِهِ وَيَغْفِرُ مَا دُونَ ذَلِكَ لِمَن
يَشَاء وَمَن يُشْرِكْ بِاللّهِ فَقَدْ ضَلَّ ضَلاَلاً بَعِيدًا (١١٦) إِن يَدْعُونَ مِن دُونِهِ إِلاَّ إِنَاثًا
وَإِن يَدْعُونَ إِلاَّ شَيْطَانًا مَّرِيدًا (١١٧) لَّعَنَهُ اللّهُ وَقَالَ لَأَتَّخِذَنَّ مِنْ عِبَادِكَ نَصِيبًا

مَّفْرُوضًا (١١٨) وَلأُضِلَّنَّهُمْ وَلأُمَنِّيَنَّهُمْ وَلآمُرَنَّهُمْ فَلَيُبَتِّكُنَّ آذَانَ الأَنْعَامِ وَلآمُرَنَّهُمْ
فَلَيُغَيِّرُنَّ خَلْقَ اللّهِ وَمَن يَتَّخِذِ الشَّيْطَانَ وَلِيًّا مِّن دُونِ اللّهِ فَقَدْ خَسِرَ خُسْرَانًا
مُّبِينًا (١١٩) يَعِدُهُمْ وَيُمَنِّيهِمْ وَمَا يَعِدُهُمُ الشَّيْطَانُ إِلاَّ غُرُورًا (١٢٠) أُوْلَـئِكَ
مَأْوَاهُمْ جَهَنَّمُ وَلاَ يَجِدُونَ عَنْهَا مَحِيصًا (١٢١) وَالَّذِينَ آمَنُواْ وَعَمِلُواْ الصَّالِحَاتِ
سَنُدْخِلُهُمْ جَنَّاتٍ تَجْرِي مِن تَحْتِهَا الأَنْهَارُ خَالِدِينَ فِيهَا أَبَدًا وَعْدَ اللّهِ حَقًّا وَمَنْ
أَصْدَقُ مِنَ اللّهِ قِيلاً (١٢٢) لَّيْسَ بِأَمَانِيِّكُمْ وَلا أَمَانِيِّ أَهْلِ الْكِتَابِ مَن يَعْمَلْ سُوءًا
يُجْزَ بِهِ وَلاَ يَجِدْ لَهُ مِن دُونِ اللّهِ وَلِيًّا وَلاَ نَصِيرًا (١٢٣) وَمَن يَعْمَلْ مِنَ
الصَّالِحَاتَ مِن ذَكَرٍ أَوْ أُنثَى وَهُوَ مُؤْمِنٌ فَأُوْلَـئِكَ يَدْخُلُونَ الْجَنَّةَ وَلاَ يُظْلَمُونَ
نَقِيرًا (١٢٤) وَمَنْ أَحْسَنُ دِينًا مِّمَّنْ أَسْلَمَ وَجْهَهُ لله وَهُوَ مُحْسِنٌ واتَّبَعَ مِلَّةَ إِبْرَاهِيمَ
حَنِيفًا وَاتَّخَذَ اللّهُ إِبْرَاهِيمَ خَلِيلاً (١٢٥) وَلِلّهِ مَا فِي السَّمَاوَاتِ وَمَا فِي الأَرْضِ
وَكَانَ اللّهُ بِكُلِّ شَيْءٍ مُّحِيطًا (١٢٦) وَيَسْتَفْتُونَكَ فِي النِّسَاء قُلِ اللّهُ يُفْتِيكُمْ فِيهِنَّ
وَمَا يُتْلَى عَلَيْكُمْ فِي الْكِتَابِ فِي يَتَامَى النِّسَاء الَّلاتِي لاَ تُؤْتُونَهُنَّ مَا كُتِبَ لَهُنَّ
وَتَرْغَبُونَ أَن تَنكِحُوهُنَّ وَالْمُسْتَضْعَفِينَ مِنَ الْوِلْدَانِ وَأَن تَقُومُواْ لِلْيَتَامَى بِالْقِسْطِ
وَمَا تَفْعَلُواْ مِنْ خَيْرٍ فَإِنَّ اللّهَ كَانَ بِهِ عَلِيمًا (١٢٧) وَإِنِ امْرَأَةٌ خَافَتْ مِن بَعْلِهَا
نُشُوزًا أَوْ إِعْرَاضًا فَلاَ جُنَاْحَ عَلَيْهِمَا أَن يُصْلِحَا بَيْنَهُمَا صُلْحًا وَالصُّلْحُ خَيْرٌ
وَأُحْضِرَتِ الأَنفُسُ الشُّحَّ وَإِن تُحْسِنُواْ وَتَتَّقُواْ فَإِنَّ اللّهَ كَانَ بِمَا تَعْمَلُونَ
خَبِيرًا (١٢٨) وَلَن تَسْتَطِيعُواْ أَن تَعْدِلُواْ بَيْنَ النِّسَاء وَلَوْ حَرَصْتُمْ فَلاَ تَمِيلُواْ كُلَّ
الْمَيْلِ فَتَذَرُوهَا كَالْمُعَلَّقَةِ وَإِن تُصْلِحُواْ وَتَتَّقُواْ فَإِنَّ اللّهَ كَانَ غَفُورًا
رَّحِيمًا (١٢٩) وَإِن يَتَفَرَّقَا يُغْنِ اللّهُ كُلاًّ مِّن سَعَتِهِ وَكَانَ اللّهُ وَاسِعًا
حَكِيمًا (١٣٠) وَلِلّهِ مَا فِي السَّمَاوَاتِ وَمَا فِي الأَرْضِ وَلَقَدْ وَصَّيْنَا الَّذِينَ أُوتُواْ
الْكِتَابَ مِن قَبْلِكُمْ وَإِيَّاكُمْ أَنِ اتَّقُواْ اللّهَ وَإِن تَكْفُرُواْ فَإِنَّ لِلّهِ مَا فِي السَّمَاوَاتِ وَمَا فِي
الأَرْضِ وَكَانَ اللّهُ غَنِيًّا حَمِيدًا (١٣١) وَلِلّهِ مَا فِي السَّمَاوَاتِ وَمَا فِي الأَرْضِ
وَكَفَى بِاللّهِ وَكِيلاً (١٣٢) إِن يَشَأْ يُذْهِبْكُمْ أَيُّهَا النَّاسُ وَيَأْتِ بِآخَرِينَ وَكَانَ اللّهُ عَلَى
ذَلِكَ قَدِيرًا (١٣٣) مَّن كَانَ يُرِيدُ ثَوَابَ الدُّنْيَا فَعِندَ اللّهِ ثَوَابُ الدُّنْيَا وَالآخِرَةِ وَكَانَ
اللّهُ سَمِيعًا بَصِيرًا (١٣٤) يَا أَيُّهَا الَّذِينَ آمَنُواْ كُونُواْ قَوَّامِينَ بِالْقِسْطِ شُهَدَاء لِلّهِ وَلَوْ
عَلَى أَنفُسِكُمْ أَوِ الْوَالِدَيْنِ وَالأَقْرَبِينَ إِن يَكُنْ غَنِيًّا أَوْ فَقَيرًا فَاللّهُ أَوْلَى بِهِمَا فَلاَ
تَتَّبِعُواْ الْهَوَى أَن تَعْدِلُواْ وَإِن تَلْوُواْ أَوْ تُعْرِضُواْ فَإِنَّ اللّهَ كَانَ بِمَا تَعْمَلُونَ
خَبِيرًا (١٣٥) يَا أَيُّهَا الَّذِينَ آمَنُواْ آمِنُواْ بِاللّهِ وَرَسُولِهِ وَالْكِتَابِ الَّذِي نَزَّلَ عَلَى
رَسُولِهِ وَالْكِتَابِ الَّذِيَ أَنزَلَ مِن قَبْلُ وَمَن يَكْفُرْ بِاللّهِ وَمَلاَئِكَتِهِ وَكُتُبِهِ وَرُسُلِهِ
وَالْيَوْمِ الآخِرِ فَقَدْ ضَلَّ ضَلاَلاً بَعِيدًا (١٣٦) إِنَّ الَّذِينَ آمَنُواْ ثُمَّ كَفَرُواْ ثُمَّ آمَنُواْ ثُمَّ
كَفَرُواْ ثُمَّ ازْدَادُواْ كُفْرًا لَّمْ يَكُنِ اللّهُ لِيَغْفِرَ لَهُمْ وَلاَ لِيَهْدِيَهُمْ سَبِيلاً (١٣٧) بَشِّرِ

الْمُنَافِقِينَ بِأَنَّ لَهُمْ عَذَابًا أَلِيمًا (١٣٨) الَّذِينَ يَتَّخِذُونَ الْكَافِرِينَ أَوْلِيَاء مِن دُونِ الْمُؤْمِنِينَ أَيَبْتَغُونَ عِندَهُمُ الْعِزَّةَ فَإِنَّ العِزَّةَ لِلّهِ جَمِيعًا (١٣٩) وَقَدْ نَزَّلَ عَلَيْكُمْ فِي الْكِتَابِ أَنْ إِذَا سَمِعْتُمْ آيَاتِ اللّهِ يُكَفَرُ بِهَا وَيُسْتَهْزَأُ بِهَا فَلاَ تَقْعُدُواْ مَعَهُمْ حَتَّى يَخُوضُواْ فِي حَدِيثٍ غَيْرِهِ إِنَّكُمْ إِذًا مِّثْلُهُمْ إِنَّ اللّهَ جَامِعُ الْمُنَافِقِينَ وَالْكَافِرِينَ فِي جَهَنَّمَ جَمِيعًا (١٤٠) الَّذِينَ يَتَرَبَّصُونَ بِكُمْ فَإِن كَانَ لَكُمْ فَتْحٌ مِّنَ اللّهِ قَالُواْ أَلَمْ نَكُن مَّعَكُمْ وَإِن كَانَ لِلْكَافِرِينَ نَصِيبٌ قَالُواْ أَلَمْ نَسْتَحْوِذْ عَلَيْكُمْ وَنَمْنَعْكُم مِّنَ الْمُؤْمِنِينَ فَاللّهُ يَحْكُمُ بَيْنَكُمْ يَوْمَ الْقِيَامَةِ وَلَن يَجْعَلَ اللّهُ لِلْكَافِرِينَ عَلَى الْمُؤْمِنِينَ سَبِيلاً (١٤١) إِنَّ الْمُنَافِقِينَ يُخَادِعُونَ اللّهَ وَهُوَ خَادِعُهُمْ وَإِذَا قَامُواْ إِلَى الصَّلاَةِ قَامُواْ كُسَالَى يُرَآؤُونَ النَّاسَ وَلاَ يَذْكُرُونَ اللّهَ إِلاَّ قَلِيلاً (١٤٢) مُّذَبْذَبِينَ بَيْنَ ذَلِكَ لاَ إِلَى هَؤُلاء وَلاَ إِلَى هَؤُلاء وَمَن يُضْلِلِ اللّهُ فَلَن تَجِدَ لَهُ سَبِيلاً (١٤٣) يَا أَيُّهَا الَّذِينَ آمَنُواْ لاَ تَتَّخِذُواْ الْكَافِرِينَ أَوْلِيَاء مِن دُونِ الْمُؤْمِنِينَ أَتُرِيدُونَ أَن تَجْعَلُواْ لِلّهِ عَلَيْكُمْ سُلْطَانًا مُّبِينًا (١٤٤) إِنَّ الْمُنَافِقِينَ فِي الدَّرْكِ الأَسْفَلِ مِنَ النَّارِ وَلَن تَجِدَ لَهُمْ نَصِيرًا (١٤٥) إِلاَّ الَّذِينَ تَابُواْ وَأَصْلَحُواْ وَاعْتَصَمُواْ بِاللّهِ وَأَخْلَصُواْ دِينَهُمْ لِلّهِ فَأُوْلَئِكَ مَعَ الْمُؤْمِنِينَ وَسَوْفَ يُؤْتِ اللّهُ الْمُؤْمِنِينَ أَجْرًا عَظِيمًا (١٤٦) مَّا يَفْعَلُ اللّهُ بِعَذَابِكُمْ إِن شَكَرْتُمْ وَآمَنتُمْ وَكَانَ اللّهُ شَاكِرًا عَلِيمًا (١٤٧) لاَّ يُحِبُّ اللّهُ الْجَهْرَ بِالسُّوَءِ مِنَ الْقَوْلِ إِلاَّ مَن ظُلِمَ وَكَانَ اللّهُ سَمِيعًا عَلِيمًا (١٤٨) إِن تُبْدُواْ خَيْرًا أَوْ تُخْفُوهُ أَوْ تَعْفُواْ عَن سُوَءٍ فَإِنَّ اللّهَ كَانَ عَفُوًّا قَدِيرًا (١٤٩) إِنَّ الَّذِينَ يَكْفُرُونَ بِاللّهِ وَرُسُلِهِ وَيُرِيدُونَ أَن يُفَرِّقُواْ بَيْنَ اللّهِ وَرُسُلِهِ وَيقُولُونَ نُؤْمِنُ بِبَعْضٍ وَنَكْفُرُ بِبَعْضٍ وَيُرِيدُونَ أَن يَتَّخِذُواْ بَيْنَ ذَلِكَ سَبِيلاً (١٥٠) أُوْلَئِكَ هُمُ الْكَافِرُونَ حَقًّا وَأَعْتَدْنَا لِلْكَافِرِينَ عَذَابًا مُّهِينًا (١٥١) وَالَّذِينَ آمَنُواْ بِاللّهِ وَرُسُلِهِ وَلَمْ يُفَرِّقُواْ بَيْنَ أَحَدٍ مِّنْهُمْ أُوْلَئِكَ سَوْفَ يُؤْتِيهِمْ أُجُورَهُمْ وَكَانَ اللّهُ غَفُورًا رَّحِيمًا (١٥٢) يَسْأَلُكَ أَهْلُ الْكِتَابِ أَن تُنَزِّلَ عَلَيْهِمْ كِتَابًا مِّنَ السَّمَاء فَقَدْ سَأَلُواْ مُوسَى أَكْبَرَ مِن ذَلِكَ فَقَالُواْ أَرِنَا اللّهِ جَهْرَةً فَأَخَذَتْهُمُ الصَّاعِقَةُ بِظُلْمِهِمْ ثُمَّ اتَّخَذُواْ الْعِجْلَ مِن بَعْدِ مَا جَاءتْهُمُ الْبَيِّنَاتُ فَعَفَوْنَا عَن ذَلِكَ وَآتَيْنَا مُوسَى سُلْطَانًا مُّبِينًا (١٥٣) وَرَفَعْنَا فَوْقَهُمُ الطُّورَ بِمِيثَاقِهِمْ وَقُلْنَا لَهُمُ ادْخُلُواْ الْبَابَ سُجَّدًا وَقُلْنَا لَهُمْ لاَ تَعْدُواْ فِي السَّبْتِ وَأَخَذْنَا مِنْهُم مِّيثَاقًا غَلِيظًا (١٥٤) فَبِمَا نَقْضِهِم مِّيثَاقَهُمْ وَكُفْرِهِم بَآيَاتِ اللّهِ وَقَتْلِهِمُ الأَنْبِيَاء بِغَيْرِ حَقًّ وَقَوْلِهِمْ قُلُوبُنَا غُلْفٌ بَلْ طَبَعَ اللّهُ عَلَيْهَا بِكُفْرِهِمْ فَلاَ يُؤْمِنُونَ إِلاَّ قَلِيلاً (١٥٥) وَبِكُفْرِهِمْ وَقَوْلِهِمْ عَلَى مَرْيَمَ بُهْتَانًا عَظِيمًا (١٥٦) وَقَوْلِهِمْ إِنَّا قَتَلْنَا الْمَسِيحَ عِيسَى ابْنَ مَرْيَمَ رَسُولَ اللّهِ وَمَا قَتَلُوهُ وَمَا صَلَبُوهُ وَلَكِن شُبِّهَ لَهُمْ وَإِنَّ الَّذِينَ اخْتَلَفُواْ فِيهِ لَفِي شَكٍّ مِّنْهُ مَا لَهُم بِهِ مِنْ عِلْمٍ إِلاَّ اتِّبَاعَ الظَّنِّ وَمَا قَتَلُوهُ يَقِينًا (١٥٧) بَل رَّفَعَهُ اللّهُ إِلَيْهِ وَكَانَ اللّهُ عَزِيزًا حَكِيمًا (١٥٨) وَإِن مِّنْ أَهْلِ

الْكِتَابِ إِلاَّ لَيُؤْمِنَنَّ بِهِ قَبْلَ مَوْتِهِ وَيَوْمَ الْقِيَامَةِ يَكُونُ عَلَيْهِمْ شَهِيدًا (١٥٩) فَبِظُلْمٍ
مِّنَ الَّذِينَ هَادُواْ حَرَّمْنَا عَلَيْهِمْ طَيِّبَاتٍ أُحِلَّتْ لَهُمْ وَبِصَدِّهِمْ عَن سَبِيلِ اللّهِ
كَثِيرًا (١٦٠) وَأَخْذِهِمُ الرِّبَا وَقَدْ نُهُواْ عَنْهُ وَأَكْلِهِمْ أَمْوَالَ النَّاسِ بِالْبَاطِلِ وَأَعْتَدْنَا
لِلْكَافِرِينَ مِنْهُمْ عَذَابًا أَلِيمًا (١٦١) لَّكِنِ الرَّاسِخُونَ فِي الْعِلْمِ مِنْهُمْ وَالْمُؤْمِنُونَ
يُؤْمِنُونَ بِمَا أُنزِلَ إِلَيْكَ وَمَا أُنزِلَ مِن قَبْلِكَ وَالْمُقِيمِينَ الصَّلاَةَ وَالْمُؤْتُونَ الزَّكَاةَ
وَالْمُؤْمِنُونَ بِاللّهِ وَالْيَوْمِ الآخِرِ أُوْلَئِكَ سَنُؤْتِيهِمْ أَجْرًا عَظِيمًا (١٦٢) إِنَّا أَوْحَيْنَا
إِلَيْكَ كَمَا أَوْحَيْنَا إِلَى نُوحٍ وَالنَّبِيِّينَ مِن بَعْدِهِ وَأَوْحَيْنَا إِلَى إِبْرَاهِيمَ وَإِسْمَاعِيلَ
وَإِسْحَقَ وَيَعْقُوبَ وَالأَسْبَاطِ وَعِيسَى وَأَيُّوبَ وَيُونُسَ وَهَارُونَ وَسُلَيْمَانَ وَآتَيْنَا
دَاوُودَ زَبُورًا (١٦٣) وَرُسُلاً قَدْ قَصَصْنَاهُمْ عَلَيْكَ مِن قَبْلُ وَرُسُلاً لَّمْ نَقْصُصْهُمْ
عَلَيْكَ وَكَلَّمَ اللّهُ مُوسَى تَكْلِيمًا (١٦٤) رُّسُلاً مُّبَشِّرِينَ وَمُنذِرِينَ لِئَلاَّ يَكُونَ لِلنَّاسِ
عَلَى اللّهِ حُجَّةٌ بَعْدَ الرُّسُلِ وَكَانَ اللّهُ عَزِيزًا حَكِيمًا (١٦٥) لَّكِنِ اللّهُ يَشْهَدُ بِمَا أَنزَلَ
إِلَيْكَ أَنزَلَهُ بِعِلْمِهِ وَالْمَلآئِكَةُ يَشْهَدُونَ وَكَفَى بِاللّهِ شَهِيدًا (١٦٦) إِنَّ الَّذِينَ كَفَرُواْ
وَصَدُّواْ عَن سَبِيلِ اللّهِ قَدْ ضَلُّواْ ضَلاَلاً بَعِيدًا (١٦٧) إِنَّ الَّذِينَ كَفَرُواْ وَظَلَمُواْ لَمْ
يَكُنِ اللّهُ لِيَغْفِرَ لَهُمْ وَلاَ لِيَهْدِيَهُمْ طَرِيقاً (١٦٨) إِلاَّ طَرِيقَ جَهَنَّمَ خَالِدِينَ فِيهَا أَبَدًا
وَكَانَ ذَلِكَ عَلَى اللّهِ يَسِيرًا (١٦٩) يَا أَيُّهَا النَّاسُ قَدْ جَاءكُمُ الرَّسُولُ بِالْحَقِّ مِن
رَّبِّكُمْ فَآمِنُواْ خَيْرًا لَّكُمْ وَإِن تَكْفُرُواْ فَإِنَّ لِلّهِ مَا فِي السَّمَاوَاتِ وَالأَرْضِ وَكَانَ اللّهُ
عَلِيمًا حَكِيمًا (١٧٠) يَا أَهْلَ الْكِتَابِ لاَ تَغْلُواْ فِي دِينِكُمْ وَلاَ تَقُولُواْ عَلَى اللّهِ إِلاَّ
الْحَقِّ إِنَّمَا الْمَسِيحُ عِيسَى ابْنُ مَرْيَمَ رَسُولُ اللّهِ وَكَلِمَتُهُ أَلْقَاهَا إِلَى مَرْيَمَ وَرُوحٌ مِّنْهُ
فَآمِنُواْ بِاللّهِ وَرُسُلِهِ وَلاَ تَقُولُواْ ثَلاَثَةٌ انتَهُواْ خَيْرًا لَّكُمْ إِنَّمَا اللّهُ إِلَهٌ وَاحِدٌ سُبْحَانَهُ أَن
يَكُونَ لَهُ وَلَدٌ لَّهُ مَا فِي السَّمَاوَات وَمَا فِي الأَرْضِ وَكَفَى بِاللّهِ وَكِيلاً (١٧١) لَّن
يَسْتَنكِفَ الْمَسِيحُ أَن يَكُونَ عَبْداً لِّلّهِ وَلاَ الْمَلآئِكَةُ الْمُقَرَّبُونَ وَمَن يَسْتَنكِفْ عَنْ
عِبَادَتِهِ وَيَسْتَكْبِرْ فَسَيَحْشُرُهُمْ إِلَيهِ جَمِيعًا (١٧٢) فَأَمَّا الَّذِينَ آمَنُواْ وَعَمِلُواْ
الصَّالِحَاتِ فَيُوَفِّيهِمْ أُجُورَهُمْ وَيَزيدُهُم مِّن فَضْلِهِ وَأَمَّا الَّذِينَ اسْتَنكَفُواْ وَاسْتَكْبَرُواْ
فَيُعَذِّبُهُمْ عَذَابًا أَلُيمًا وَلاَ يَجِدُونَ لَهُم مِّن دُونِ اللّهِ وَلِيًّا وَلاَ نَصِيرًا (١٧٣) يَا أَيُّهَا
النَّاسُ قَدْ جَاءكُم بُرْهَانٌ مِّن رَّبِّكُمْ وَأَنزَلْنَا إِلَيْكُمْ نُورًا مُّبِينًا (١٧٤) فَأَمَّا الَّذِينَ
آمَنُواْ بِاللّهِ وَاعْتَصَمُواْ بِهِ فَسَيُدْخِلُهُمْ فِي رَحْمَةٍ مِّنْهُ وَفَضْلٍ وَيَهْدِيهِمْ إِلَيْهِ صِرَاطًا
مُّسْتَقِيمًا (١٧٥) يَسْتَفْتُونَكَ قُلِ اللّهُ يُفْتِيكُمْ فِي الْكَلاَلَةِ إِنِ امْرُؤٌ هَلَكَ لَيْسَ لَهُ وَلَدٌ
وَلَهُ أُخْتٌ فَلَهَا نِصْفُ مَا تَرَكَ وَهُوَ يَرِثُهَآ إِن لَّمْ يَكُن لَّهَا وَلَدٌ فَإِن كَانَتَا اثْنَتَيْنِ
فَلَهُمَا الثُّلُثَانِ مِمَّا تَرَكَ وَإِن كَانُواْ إِخْوَةً رِّجَالاً وَنِسَاء فَلِلذَّكَرِ مِثْلُ حَظِّ الأُنثَيَيْنِ
يُبَيِّنُ اللّهُ لَكُمْ أَن تَضِلُّواْ وَاللّهُ بِكُلِّ شَيْءٍ عَلِيمٌ (١٧٦

SOURATE AL MA'IDAH

سورة المائدة

يَا أَيُّهَا الَّذِينَ آمَنُواْ أَوْفُواْ بِالْعُقُودِ أُحِلَّتْ لَكُم بَهِيمَةُ الأَنْعَامِ إِلاَّ مَا يُتْلَى عَلَيْكُمْ غَيْرَ
مُحِلِّي الصَّيْدِ وَأَنتُمْ حُرُمٌ إِنَّ اللّهَ يَحْكُمُ مَا يُرِيدُ (١) يَا أَيُّهَا الَّذِينَ آمَنُواْ لاَ تُحِلُّواْ
شَعَآئِرَ اللّهِ وَلاَ الشَّهْرَ الْحَرَامَ وَلاَ الْهَدْيَ وَلاَ الْقَلآئِدَ وَلا آمِّينَ الْبَيْتَ الْحَرَامَ
يَبْتَغُونَ فَضْلاً مِّن رَّبِّهِمْ وَرِضْوَانًا وَإِذَا حَلَلْتُمْ فَاصْطَادُواْ وَلاَ يَجْرِمَنَّكُمْ شَنَآنُ قَوْمٍ
أَن صَدُّوكُمْ عَنِ الْمَسْجِدِ الْحَرَامِ أَن تَعْتَدُواْ وَتَعَاوَنُواْ عَلَى الْبرِّ وَالتَّقْوَى وَلاَ
تَعَاوَنُواْ عَلَى الإِثْمِ وَالْعُدْوَانِ وَاتَّقُواْ اللّهَ إِنَّ اللّهَ شَدِيدُ الْعِقَابِ (٢) حُرِّمَتْ عَلَيْكُمُ
الْمَيْتَةُ وَالْدَّمُ وَلَحْمُ الْخِنْزِيرِ وَمَا أُهِلَّ لِغَيْرِ اللّهِ بِهِ وَالْمُنْخَنِقَةُ وَالْمَوْقُوذَةُ وَالْمُتَرَدِّيَةُ
وَالنَّطِيحَةُ وَمَا أَكَلَ السَّبُعُ إِلاَّ مَا ذَكَّيْتُمْ وَمَا ذُبِحَ عَلَى النُّصُبِ وَأَن تَسْتَقْسِمُواْ
بِالأَزْلاَمِ ذَلِكُمْ فِسْقٌ الْيَوْمَ يَئِسَ الَّذِينَ كَفَرُواْ مِن دِينِكُمْ فَلاَ تَخْشَوْهُمْ وَاخْشَوْنِ الْيَوْمَ
أَكْمَلْتُ لَكُمْ دِينَكُمْ وَأَتْمَمْتُ عَلَيْكُمْ نِعْمَتِي وَرَضِيتُ لَكُمُ الإِسْلاَمَ دِينًا فَمَنِ اضْطُرَّ
فِي مَخْمَصَةٍ غَيْرَ مُتَجَانِفٍ لِّإِثْمٍ فَإِنَّ اللّهَ غَفُورٌ رَّحِيمٌ (٣) يَسْأَلُونَكَ مَاذَا أُحِلَّ لَهُمْ
قُلْ أُحِلَّ لَكُمُ الطَّيِّبَاتُ وَمَا عَلَّمْتُم مِّنَ الْجَوَارِحِ مُكَلِّبِينَ تُعَلِّمُونَهُنَّ مِمَّا عَلَّمَكُمُ اللّهُ
فَكُلُواْ مِمَّا أَمْسَكْنَ عَلَيْكُمْ وَاذْكُرُواْ اسْمَ اللّهِ عَلَيْهِ وَاتَّقُواْ اللّهَ إِنَّ اللّهَ سَرِيعُ
الْحِسَابِ (٤) الْيَوْمَ أُحِلَّ لَكُمُ الطَّيِّبَاتُ وَطَعَامُ الَّذِينَ أُوتُواْ الْكِتَابَ حِلٌّ لَّكُمْ
وَطَعَامُكُمْ حِلٌّ لَّهُمْ وَالْمُحْصَنَاتُ مِنَ الْمُؤْمِنَاتِ وَالْمُحْصَنَاتُ مِنَ الَّذِينَ أُوتُواْ
الْكِتَابَ مِن قَبْلِكُمْ إِذَا آتَيْتُمُوهُنَّ أُجُورَهُنَّ مُحْصِنِينَ غَيْرَ مُسَافِحِينَ وَلاَ مُتَّخِذِي
أَخْدَانٍ وَمَن يَكْفُرْ بِالإِيمَانِ فَقَدْ حَبِطَ عَمَلُهُ وَهُوَ فِي الآخِرَةِ مِنَ الْخَاسِرِينَ (٥) يَا
أَيُّهَا الَّذِينَ آمَنُواْ إِذَا قُمْتُمْ إِلَى الصَّلاةِ فاغْسِلُواْ وُجُوهَكُمْ وَأَيْدِيَكُمْ إِلَى الْمَرَافِقِ
وَامْسَحُواْ بِرُؤُوسِكُمْ وَأَرْجُلَكُمْ إِلَى الْكَعْبَينِ وَإِن كُنتُمْ جُنُبًا فَاطَّهَّرُواْ وَإِن كُنتُم
مَّرْضَى أَوْ عَلَى سَفَرٍ أَوْ جَاء أَحَدٌ مَّنكُم مِّنَ الْغَائِطِ أَوْ لاَمَسْتُمُ النِّسَاء فَلَمْ تَجِدُواْ
مَاء فَتَيَمَّمُواْ صَعِيدًا طَيِّبًا فَامْسَحُواْ بِوُجُوهِكُمْ وَأَيْدِيكُم مِّنْهُ مَا يُرِيدُ اللّهُ لِيَجْعَلَ
عَلَيْكُم مِّنْ حَرَجٍ وَلَكِن يُرِيدُ لِيُطَهِّرَكُمْ وَلِيُتِمَّ نِعْمَتَهُ عَلَيْكُمْ لَعَلَّكُمْ
تَشْكُرُونَ (٦) وَاذْكُرُواْ نِعْمَةَ اللّهِ عَلَيْكُمْ وَمِيثَاقَهُ الَّذِي وَاثَقَكُم بِهِ إِذْ قُلْتُمْ سَمِعْنَا
وَأَطَعْنَا وَاتَّقُواْ اللّهَ إِنَّ اللّهَ عَلِيمٌ بِذَاتِ الصُّدُورِ (٧) يَا أَيُّهَا الَّذِينَ آمَنُواْ كُونُواْ
قَوَّامِينَ لِلّهِ شُهَدَاء بِالْقِسْطِ وَلاَ يَجْرِمَنَّكُمْ شَنَآنُ قَوْمٍ عَلَى أَلاَّ تَعْدِلُواْ اعْدِلُواْ هُوَ
أَقْرَبُ لِلتَّقْوَى وَاتَّقُواْ اللّهَ إِنَّ اللّهَ خَبِيرٌ بِمَا تَعْمَلُونَ (٨) وَعَدَ اللّهُ الَّذِينَ آمَنُواْ
وَعَمِلُواْ الصَّالِحَاتِ لَهُم مَّغْفِرَةٌ وَأَجْرٌ عَظِيمٌ (٩) وَالَّذِينَ كَفَرُواْ وَكَذَّبُواْ بِآيَاتِنَا
أُوْلَئِكَ أَصْحَابُ الْجَحِيمِ (١٠) يَا أَيُّهَا الَّذِينَ آمَنُواْ اذْكُرُواْ نِعْمَتَ اللّهِ عَلَيْكُمْ إِذْ هَمَّ

قَوْمٌ أَن يَبْسُطُواْ إِلَيْكُمْ أَيْدِيَهُمْ فَكَفَّ أَيْدِيَهُمْ عَنكُمْ وَاتَّقُواْ اللّهَ وَعَلَى اللّهِ فَلْيَتَوَكَّلِ
الْمُؤْمِنُونَ (١١) وَلَقَدْ أَخَذَ اللّهُ مِيثَاقَ بَنِي إِسْرَآئِيلَ وَبَعَثْنَا مِنهُمُ اثْنَيْ عَشَرَ نَقِيبًا
وَقَالَ اللّهُ إِنِّي مَعَكُمْ لَئِنْ أَقَمْتُمُ الصَّلاَةَ وَآتَيْتُمُ الزَّكَاةَ وَآمَنتُم بِرُسُلِي وَعَزَّرْتُمُوهُمْ
وَأَقْرَضْتُمُ اللّهَ قَرْضًا حَسَنًا لَّأُكَفِّرَنَّ عَنكُمْ سَيِّئَاتِكُمْ وَلأُدْخِلَنَّكُمْ جَنَّاتٍ تَجْرِي مِن
تَحْتِهَا الأَنْهَارُ فَمَن كَفَرَ بَعْدَ ذَلِكَ مِنكُمْ فَقَدْ ضَلَّ سَوَاء السَّبِيلِ (١٢) فَبِمَا نَقْضِهِم
مِّيثَاقَهُمْ لَعنَّاهُمْ وَجَعَلْنَا قُلُوبَهُمْ قَاسِيَةً يُحَرِّفُونَ الْكَلِمَ عَن مَّوَاضِعِهِ وَنَسُواْ حَظًّا مِّمَّا
ذُكِّرُواْ بِهِ وَلاَ تَزَالُ تَطَّلِعُ عَلَىَ خَآئِنَةٍ مِّنْهُمْ إِلاَّ قَلِيلاً مِّنْهُمُ فَاعْفُ عَنْهُمْ وَاصْفَحْ إِنَّ
اللّهَ يُحِبُّ الْمُحْسِنِينَ (١٣) وَمِنَ الَّذِينَ قَالُواْ إِنَّا نَصَارَى أَخَذْنَا مِيثَاقَهُمْ فَنَسُواْ حَظًّا
مِّمَّا ذُكِّرُواْ بِهِ فَأَغْرَيْنَا بَيْنَهُمُ الْعَدَاوَةَ وَالْبَغْضَاء إِلَى يَوْمِ الْقِيَامَةِ وَسَوْفَ يُنَبِّئُهُمُ اللّهُ
بِمَا كَانُواْ يَصْنَعُونَ (١٤) يَا أَهْلَ الْكِتَابِ قَدْ جَاءكُمْ رَسُولُنَا يُبَيِّنُ لَكُمْ كَثِيرًا مِّمَّا
كُنتُمْ تُخْفُونَ مِنَ الْكِتَابِ وَيَعْفُو عَن كَثِيرٍ قَدْ جَاءكُم مِّنَ اللّهِ نُورٌ وَكِتَابٌ
مُّبِينٌ (١٥) يَهْدِي بِهِ اللّهُ مَنِ اتَّبَعَ رِضْوَانَهُ سُبُلَ السَّلاَمِ وَيُخْرِجُهُم مِّنِ الظُّلُمَاتِ
إِلَى النُّورِ بِإِذْنِهِ وَيَهْدِيهِمْ إِلَى صِرَاطٍ مُّسْتَقِيمٍ (١٦) لَّقَدْ كَفَرَ الَّذِينَ قَآلُواْ إِنَّ اللّهَ هُوَ
الْمَسِيحُ ابْنُ مَرْيَمَ قُلْ فَمَن يَمْلِكُ مِنَ اللّهِ شَيْئًا إِنْ أَرَادَ أَن يُهْلِكَ الْمَسِيحَ ابْنَ مَرْيَمَ
وَأُمَّهُ وَمَن فِي الأَرْضِ جَمِيعًا وَلِلّهِ مُلْكُ السَّمَاوَاتِ وَالأَرْضِ وَمَا بَيْنَهُمَا يَخْلُقُ مَا
يَشَاء وَاللّهُ عَلَى كُلِّ شَيْءٍ قَدِيرٌ (١٧) وَقَالَتِ الْيَهُودُ وَالنَّصَارَى نَحْنُ أَبْنَاء اللّهِ
وَأَحِبَّاؤُهُ قُلْ فَلِمَ يُعَذِّبُكُم بِذُنُوبِكُم بَلْ أَنتُم بَشَرٌ مِّمَّنْ خَلَقَ يَغْفِرُ لِمَن يَشَاء وَيُعَذِّبُ
مَن يَشَاء وَلِلّهِ مُلْكُ السَّمَاوَاتِ وَالأَرْضِ وَمَا بَيْنَهُمَا وَإِلَيْهِ الْمَصِيرُ (١٨) يَا أَهْلَ
الْكِتَابِ قَدْ جَاءكُمْ رَسُولُنَا يُبَيِّنُ لَكُمْ عَلَى فَتْرَةٍ مِّنَ الرُّسُلِ أَن تَقُولُواْ مَا جَاءنَا مِن
بَشِيرٍ وَلاَ نَذِيرٍ فَقَدْ جَاءكُم بَشِيرٌ وَنَذِيرٌ وَاللّهُ عَلَى كُلِّ شَيْءٍ قَدِيرٌ (١٩) وَإِذْ قَالَ
مُوسَى لِقَوْمِهِ يَا قَوْمِ اذْكُرُواْ نِعْمَةَ اللّهِ عَلَيْكُمْ إِذْ جَعَلَ فِيكُمْ أَنبِيَاء وَجَعَلَكُم مُّلُوكًا
وَآتَاكُم مَّا لَمْ يُؤْتِ أَحَدًا مِّن الْعَالَمِينَ (٢٠) يَا قَوْمِ ادْخُلُوا الأَرْضَ المُقَدَّسَةَ الَّتِي
كَتَبَ اللّهُ لَكُمْ وَلاَ تَرْتَدُّوا عَلَى أَدْبَارِكُمْ فَتَنقَلِبُوا خَاسِرِينَ (٢١) قَالُوا يَا مُوسَى إِنَّ
فِيهَا قَوْمًا جَبَّارِينَ وَإِنَّا لَن نَّدْخُلَهَا حَتَّىَ يَخْرُجُواْ مِنْهَا فَإِن يَخْرُجُواْ مِنْهَا فَإِنَّا
دَاخِلُونَ (٢٢) قَالَ رَجُلاَنِ مِنَ الَّذِينَ يَخَافُونَ أَنْعَمَ اللّهُ عَلَيْهِمَا ادْخُلُواْ عَلَيْهِمُ الْبَابَ
فَإِذَا دَخَلْتُمُوهُ فَإِنَّكُمْ غَالِبُونَ وَعَلَى اللّهِ فَتَوَكَّلُواْ إِن كُنتُم مُّؤْمِنِينَ (٢٣) قَالُواْ يَا
مُوسَى إِنَّا لَن نَّدْخُلَهَا أَبَدًا مَّا دَامُواْ فِيهَا فَاذْهَبْ أَنتَ وَرَبُّكَ فَقَاتِلا إِنَّا هَاهُنَا
قَاعِدُونَ (٢٤) قَالَ رَبِّ إِنِّي لا أَمْلِكُ إِلاَّ نَفْسِي وَأَخِي فَافْرُقْ بَيْنَنَا وَبَيْنَ الْقَوْمِ
الْفَاسِقِينَ (٢٥) قَالَ فَإِنَّهَا مُحَرَّمَةٌ عَلَيْهِمْ أَرْبَعِينَ سَنَةً يَتِيهُونَ فِي الأَرْضِ فَلاَ
تَأْسَ عَلَى الْقَوْمِ الْفَاسِقِينَ (٢٦) وَاتْلُ عَلَيْهِمْ نَبَأَ ابْنَيْ آدَمَ بِالْحَقِّ إِذْ قَرَّبَا قُرْبَانًا
فَتُقُبِّلَ مِن أَحَدِهِمَا وَلَمْ يُتَقَبَّلْ مِنَ الآخَرِ قَالَ لأَقْتُلَنَّكَ قَالَ إِنَّمَا يَتَقَبَّلُ اللّهُ مِنَ

الْمُتَّقِينَ (٢٧) لَئِن بَسَطتَ إِلَيَّ يَدَكَ لِتَقْتُلَنِي مَا أَنَاْ بِبَاسِطٍ يَدِيَ إِلَيْكَ لَأَقْتُلَكَ إِنِّي أَخَافُ اللّهَ رَبَّ الْعَالَمِينَ (٢٨) إِنِّي أُرِيدُ أَن تَبُوءَ بِإِثْمِي وَإِثْمِكَ فَتَكُونَ مِنْ أَصْحَابِ النَّارِ وَذَلِكَ جَزَاء الظَّالِمِينَ (٢٩) فَطَوَّعَتْ لَهُ نَفْسُهُ قَتْلَ أَخِيهِ فَقَتَلَهُ فَأَصْبَحَ مِنَ الْخَاسِرِينَ (٣٠) فَبَعَثَ اللّهُ غُرَابًا يَبْحَثُ فِي الأَرْضِ لِيُرِيَهُ كَيْفَ يُوَارِي سَوْءةَ أَخِيهِ قَالَ يَا وَيْلَتَا أَعَجَزْتُ أَنْ أَكُونَ مِثْلَ هَذَا الْغُرَابِ فَأُوَارِيَ سَوْءةَ أَخِي فَأَصْبَحَ مِنَ النَّادِمِينَ (٣١) مِنْ أَجْلِ ذَلِكَ كَتَبْنَا عَلَى بَنِي إِسْرَائِيلَ أَنَّهُ مَن قَتَلَ نَفْسًا بِغَيْرِ نَفْسٍ أَوْ فَسَادٍ فِي الأَرْضِ فَكَأَنَّمَا قَتَلَ النَّاسَ جَمِيعًا وَمَنْ أَحْيَاهَا فَكَأَنَّمَا أَحْيَا النَّاسَ جَمِيعًا وَلَقَدْ جَاءتْهُمْ رُسُلُنَا بِالبَيِّنَاتِ ثُمَّ إِنَّ كَثِيرًا مِّنْهُم بَعْدَ ذَلِكَ فِي الأَرْضِ لَمُسْرِفُونَ (٣٢) إِنَّمَا جَزَاء الَّذِينَ يُحَارِبُونَ اللّهَ وَرَسُولَهُ وَيَسْعَوْنَ فِي الأَرْضِ فَسَادًا أَن يُقَتَّلُواْ أَوْ يُصَلَّبُواْ أَوْ تُقَطَّعَ أَيْدِيهِمْ وَأَرْجُلُهُم مِّنْ خِلافٍ أَوْ يُنفَوْاْ مِنَ الأَرْضِ ذَلِكَ لَهُمْ خِزْيٌ فِي الدُّنْيَا وَلَهُمْ فِي الآخِرَةِ عَذَابٌ عَظِيمٌ (٣٣) إِلاَّ الَّذِينَ تَابُواْ مِن قَبْلِ أَن تَقْدِرُواْ عَلَيْهِمْ فَاعْلَمُواْ أَنَّ اللّهَ غَفُورٌ رَّحِيمٌ (٣٤) يَا أَيُّهَا الَّذِينَ آمَنُواْ اتَّقُواْ اللّهَ وَابْتَغُواْ إِلَيهِ الْوَسِيلَةَ وَجَاهِدُواْ فِي سَبِيلِهِ لَعَلَّكُمْ تُفْلِحُونَ (٣٥) إِنَّ الَّذِينَ كَفَرُواْ لَوْ أَنَّ لَهُم مَّا فِي الأَرْضِ جَمِيعًا وَمِثْلَهُ مَعَهُ لِيَفْتَدُواْ بِهِ مِنْ عَذَابِ يَوْمِ الْقِيَامَةِ مَا تُقُبِّلَ مِنْهُمْ وَلَهُمْ عَذَابٌ أَلِيمٌ (٣٦) يُرِيدُونَ أَن يَخْرُجُواْ مِنَ النَّارِ وَمَا هُم بِخَارِجِينَ مِنْهَا وَلَهُمْ عَذَابٌ مُّقِيمٌ (٣٧) وَالسَّارِقُ وَالسَّارِقَةُ فَاقْطَعُواْ أَيْدِيَهُمَا جَزَاء بِمَا كَسَبَا نَكَالاً مِّنَ اللّهِ وَاللّهُ عَزِيزٌ حَكِيمٌ (٣٨) فَمَن تَابَ مِن بَعْدِ ظُلْمِهِ وَأَصْلَحَ فَإِنَّ اللّهَ يَتُوبُ عَلَيْهِ إِنَّ اللّهَ غَفُورٌ رَّحِيمٌ (٣٩) أَلَمْ تَعْلَمْ أَنَّ اللّهَ لَهُ مُلْكُ السَّمَاوَاتِ وَالأَرْضِ يُعَذِّبُ مَن يَشَاء وَيَغْفِرُ لِمَن يَشَاء وَاللّهُ عَلَى كُلِّ شَيْءٍ قَدِيرٌ (٤٠) يَا أَيُّهَا الرَّسُولُ لاَ يَحْزُنكَ الَّذِينَ يُسَارِعُونَ فِي الْكُفْرِ مِنَ الَّذِينَ قَالُواْ آمَنَّا بِأَفْوَاهِهِمْ وَلَمْ تُؤْمِن قُلُوبُهُمْ وَمِنَ الَّذِينَ هَادُواْ سَمَّاعُونَ لِلْكَذِبِ سَمَّاعُونَ لِقَوْمٍ آخَرِينَ لَمْ يَأْتُوكَ يُحَرِّفُونَ الْكَلِمَ مِن بَعْدِ مَوَاضِعِهِ يَقُولُونَ إِنْ أُوتِيتُمْ هَذَا فَخُذُوهُ وَإِن لَّمْ تُؤْتَوْهُ فَاحْذَرُواْ وَمَن يُرِدِ اللّهُ فِتْنَتَهُ فَلَن تَمْلِكَ لَهُ مِنَ اللّهِ شَيْئًا أُوْلَئِكَ الَّذِينَ لَمْ يُرِدِ اللّهُ أَن يُطَهِّرَ قُلُوبَهُمْ لَهُمْ فِي الدُّنْيَا خِزْيٌ وَلَهُمْ فِي الآخِرَةِ عَذَابٌ عَظِيمٌ (٤١) سَمَّاعُونَ لِلْكَذِبِ أَكَّالُونَ لِلسُّحْتِ فَإِن جَآؤُوكَ فَاحْكُم بَيْنَهُم أَوْ أَعْرِضْ عَنْهُمْ وَإِن تُعْرِضْ عَنْهُمْ فَلَن يَضُرُّوكَ شَيْئًا وَإِنْ حَكَمْتَ فَاحْكُم بَيْنَهُمْ بِالْقِسْطِ إِنَّ اللّهَ يُحِبُّ الْمُقْسِطِينَ (٤٢) وَكَيْفَ يُحَكِّمُونَكَ وَعِندَهُمُ التَّوْرَاةُ فِيهَا حُكْمُ اللّهِ ثُمَّ يَتَوَلَّوْنَ مِن بَعْدِ ذَلِكَ وَمَا أُوْلَئِكَ بِالْمُؤْمِنِينَ (٤٣) إِنَّا أَنزَلْنَا التَّوْرَاةَ فِيهَا هُدًى وَنُورٌ يَحْكُمُ بِهَا النَّبِيُّونَ الَّذِينَ أَسْلَمُواْ لِلَّذِينَ هَادُواْ وَالرَّبَّانِيُّونَ وَالأَحْبَارُ بِمَا اسْتُحْفِظُواْ مِن كِتَابِ اللّهِ وَكَانُواْ عَلَيْهِ شُهَدَاء فَلاَ تَخْشَوُاْ النَّاسَ وَاخْشَوْنِ وَلاَ تَشْتَرُواْ بِآيَاتِي ثَمَنًا قَلِيلاً وَمَن لَّمْ

يَحْكُم بِمَا أَنزَلَ اللّهُ فَأُوْلَـئِكَ هُمُ الْكَافِرُونَ (٤٤) وَكَتَبْنَا عَلَيْهِمْ فِيهَا أَنَّ النَّفْسَ
بِالنَّفْسِ وَالْعَيْنَ بِالْعَيْنِ وَالأَنفَ بِالأَنفِ وَالأُذُنَ بِالأُذُنِ وَالسِّنَّ بِالسِّنِّ وَالْجُرُوحَ
قِصَاصٌ فَمَن تَصَدَّقَ بِهِ فَهُوَ كَفَّارَةٌ لَّهُ وَمَن لَّمْ يَحْكُم بِمَا أنزَلَ اللّهُ فَأُوْلَـئِكَ هُمُ
الظَّالِمُونَ (٤٥) وَقَفَّيْنَا عَلَى آثَارِهِم بِعَيسَى ابْنِ مَرْيَمَ مُصَدِّقًا لِّمَا بَيْنَ يَدَيْهِ مِنَ
التَّوْرَاةِ وَآتَيْنَاهُ الإِنجِيلَ فِيهِ هُدًى وَنُورٌ وَمُصَدِّقًا لِّمَا بَيْنَ يَدَيْهِ مِنَ التَّوْرَاةِ وَهُدًى
وَمَوْعِظَةً لِّلْمُتَّقِينَ (٤٦) وَلْيَحْكُمْ أَهْلُ الإِنجِيلِ بِمَا أَنزَلَ اللّهُ فِيهِ وَمَن لَّمْ يَحْكُم بِمَا
أَنزَلَ اللّهُ فَأُوْلَـئِكَ هُمُ الْفَاسِقُونَ (٤٧) وَأَنزَلْنَا إِلَيْكَ الْكِتَابَ بِالْحَقِّ مُصَدِّقًا لِّمَا بَيْنَ
يَدَيْهِ مِنَ الْكِتَابِ وَمُهَيْمِنًا عَلَيْهِ فَاحْكُم بَيْنَهُم بِمَا أَنزَلَ اللّهُ وَلاَ تَتَّبِعْ أَهْوَاءهُمْ عَمَّا
جَاءكَ مِنَ الْحَقِّ لِكُلٍّ جَعَلْنَا مِنكُمْ شِرْعَةً وَمِنْهَاجًا وَلَوْ شَاء اللّهُ لَجَعَلَكُمْ أُمَّةً وَاحِدَةً
وَلَكِن لِّيَبْلُوَكُمْ فِي مَآ آتَاكُم فَاسْتَبِقُوا الخَيْرَاتِ إِلَى الله مَرْجِعُكُمْ جَمِيعًا فَيُنَبِّئُكُم بِمَا
كُنتُمْ فِيهِ تَخْتَلِفُونَ (٤٨) وَأَنِ احْكُم بَيْنَهُم بِمَآ أَنزَلَ اللّهُ وَلاَ تَتَّبِعْ أَهْوَاءهُمْ
وَاحْذَرْهُمْ أَن يَفْتِنُوكَ عَن بَعْضِ مَا أَنزَلَ اللّهُ إِلَيْكَ فَإِن تَوَلَّوْاْ فَاعْلَمْ أَنَّمَا يُرِيدُ اللّهُ
أَن يُصِيبَهُم بِبَعْضِ ذُنُوبِهِمْ وَإِنَّ كَثِيرًا مِّنَ النَّاسِ لَفَاسِقُونَ (٤٩) أَفَحُكْمَ الْجَاهِلِيَّةِ
يَبْغُونَ وَمَنْ أَحْسَنُ مِنَ اللّهِ حُكْمًا لِّقَوْمٍ يُوقِنُونَ (٥٠) يَا أَيُّهَا الَّذِينَ آمَنُواْ لاَ تَتَّخِذُواْ
الْيَهُودَ وَالنَّصَارَى أَوْلِيَاء بَعْضُهُمْ أَوْلِيَاء بَعْضٍ وَمَن يَتَوَلَّهُم مِّنكُمْ فَإِنَّهُ مِنْهُمْ إِنَّ
اللّهَ لاَ يَهْدِي الْقَوْمَ الظَّالِمِينَ (٥١) فَتَرَى الَّذِينَ فِي قُلُوبِهِم مَّرَضٌ يُسَارِعُونَ فِيهِمْ
يَقُولُونَ نَخْشَى أَن تُصِيبَنَا دَآئِرَةٌ فَعَسَى اللّهُ أَن يَأْتِيَ بِالْفَتْحِ أَوْ أَمْرٍ مِّنْ عِندِهِ
فَيُصْبِحُواْ عَلَى مَا أَسَرُّواْ فِي أَنْفُسِهِمْ نَادِمِينَ (٥٢) وَيَقُولُ الَّذِينَ آمَنُواْ أَهَـؤُلاء
الَّذِينَ أَقْسَمُواْ بِاللّهِ جَهْدَ أَيْمَانِهِمْ إِنَّهُمْ لَمَعَكُمْ حَبِطَتْ أَعْمَالُهُمْ فَأَصْبَحُواْ
خَاسِرِينَ (٥٣) يَا أَيُّهَا الَّذِينَ آمَنُواْ مَن يَرْتَدَّ مِنكُمْ عَن دِينِهِ فَسَوْفَ يَأْتِي اللّهُ بِقَوْمٍ
يُحِبُّهُمْ وَيُحِبُّونَهُ أَذِلَّةٍ عَلَى الْمُؤْمِنِينَ أَعِزَّةٍ عَلَى الْكَافِرِينَ يُجَاهِدُونَ فِي سَبِيلِ اللّهِ
وَلاَ يَخَافُونَ لَوْمَةَ لآئِمٍ ذَلِكَ فَضْلُ اللّهِ يُؤْتِيهِ مَن يَشَاء وَاللّهُ وَاسِعٌ عَلِيمٌ (٥٤) إِنَّمَا
وَلِيُّكُمُ اللّهُ وَرَسُولُهُ وَالَّذِينَ آمَنُواْ الَّذِينَ يُقِيمُونَ الصَّلاَةَ وَيُؤْتُونَ الزَّكَاةَ وَهُمْ
رَاكِعُونَ (٥٥) وَمَن يَتَوَلَّ اللّهَ وَرَسُولَهُ وَالَّذِينَ آمَنُواْ فَإِنَّ حِزْبَ اللّهِ هُمُ
الْغَالِبُونَ (٥٦) يَا أَيُّهَا الَّذِينَ آمَنُواْ لاَ تَتَّخِذُواْ الَّذِينَ اتَّخَذُواْ دِينَكُمْ هُزُوًا وَلَعِبًا مِّنَ
الَّذِينَ أُوتُواْ الْكِتَابَ مِن قَبْلِكُمْ وَالْكُفَّارَ أَوْلِيَاء وَاتَّقُواْ اللّهَ إِن كُنتُم
مُّؤْمِنِينَ (٥٧) وَإِذَا نَادَيْتُمْ إِلَى الصَّلاَةِ اتَّخَذُوهَا هُزُوًا وَلَعِبًا ذَلِكَ بِأَنَّهُمْ قَوْمٌ لاَّ
يَعْقِلُونَ (٥٨) قُلْ يَا أَهْلَ الْكِتَابِ هَلْ تَنقِمُونَ مِنَّا إِلاَّ أَنْ آمَنَّا بِاللّهِ وَمَا أُنزِلَ إِلَيْنَا
وَمَا أُنزِلَ مِن قَبْلُ وَأَنَّ أَكْثَرَكُمْ فَاسِقُونَ (٥٩) قُلْ هَلْ أُنَبِّئُكُم بِشَرٍّ مِّن ذَلِكَ مَثُوبَةً
عِندَ اللّهِ مَن لَّعَنَهُ اللّهُ وَغَضِبَ عَلَيْهِ وَجَعَلَ مِنْهُمُ الْقِرَدَةَ وَالْخَنَازِيرَ وَعَبَدَ
الطَّاغُوتَ أُوْلَـئِكَ شَرٌّ مَّكَاناً وَأَضَلُّ عَن سَوَاء السَّبِيلِ (٦٠) وَإِذَا جَآؤُوكُمْ قَالُوَاْ

آمَنَّا وَقَد دَّخَلُواْ بِالْكُفْرِ وَهُمْ قَدْ خَرَجُواْ بِهِ وَاللّهُ أَعْلَمُ بِمَا كَانُواْ
يَكْتُمُونَ (٦١) وَتَرَى كَثِيرًا مِّنْهُمْ يُسَارِعُونَ فِي الإِثْمِ وَالْعُدْوَانِ وَأَكْلِهِمُ السُّحْتَ
لَبِئْسَ مَا كَانُواْ يَعْمَلُونَ (٦٢) لَوْلاَ يَنْهَاهُمُ الرَّبَّانِيُّونَ وَالأَحْبَارُ عَن قَوْلِهِمُ الإِثْمَ
وَأَكْلِهِمُ السُّحْتَ لَبِئْسَ مَا كَانُواْ يَصْنَعُونَ (٦٣) وَقَالَتِ الْيَهُودُ يَدُ اللّهِ مَغْلُولَةٌ غُلَّتْ
أَيْدِيهِمْ وَلُعِنُواْ بِمَا قَالُواْ بَلْ يَدَاهُ مَبْسُوطَتَانِ يُنفِقُ كَيْفَ يَشَاء وَلَيَزِيدَنَّ كَثِيرًا مِّنْهُم
مَّا أُنزِلَ إِلَيْكَ مِن رَّبِّكَ طُغْيَانًا وَكُفْرًا وَأَلْقَيْنَا بَيْنَهُمُ الْعَدَاوَةَ وَالْبَغْضَاء إِلَى يَوْمِ
الْقِيَامَةِ كُلَّمَا أَوْقَدُواْ نَارًا لِّلْحَرْبِ أَطْفَأَهَا اللّهُ وَيَسْعَوْنَ فِي الأَرْضِ فَسَادًا وَاللّهُ لاَ
يُحِبُّ الْمُفْسِدِينَ (٦٤) وَلَوْ أَنَّ أَهْلَ الْكِتَابِ آمَنُواْ وَاتَّقَوْاْ لَكَفَّرْنَا عَنْهُمْ سَيِّئَاتِهِمْ
وَلأدْخَلْنَاهُمْ جَنَّاتِ النَّعِيمِ (٦٥) وَلَوْ أَنَّهُمْ أَقَامُواْ التَّوْرَاةَ وَالإِنجِيلَ وَمَا أُنزِلَ إِلَيهِم
مِّن رَّبِّهِمْ لأكَلُواْ مِن فَوْقِهِمْ وَمِن تَحْتِ أَرْجُلِهِم مِّنْهُمْ أُمَّةٌ مُّقْتَصِدَةٌ وَكَثِيرٌ مِّنْهُمْ
سَاء مَا يَعْمَلُونَ (٦٦) يَا أَيُّهَا الرَّسُولُ بَلِّغْ مَا أُنزِلَ إِلَيْكَ مِن رَّبِّكَ وَإِن لَّمْ تَفْعَلْ
فَمَا بَلَّغْتَ رِسَالَتَهُ وَاللّهُ يَعْصِمُكَ مِنَ النَّاسِ إِنَّ اللّهَ لاَ يَهْدِي الْقَوْمَ
الْكَافِرِينَ (٦٧) قُلْ يَا أَهْلَ الْكِتَابِ لَسْتُمْ عَلَى شَيْءٍ حَتَّىَ تُقِيمُواْ التَّوْرَاةَ وَالإِنجِيلَ
وَمَا أُنزِلَ إِلَيْكُم مِّن رَّبِّكُمْ وَلَيَزِيدَنَّ كَثِيرًا مِّنْهُم مَّا أُنزِلَ إِلَيْكَ مِن رَّبِّكَ طُغْيَانًا
وَكُفْرًا فَلاَ تَأْسَ عَلَى الْقَوْمِ الْكَافِرِينَ (٦٨) إِنَّ الَّذِينَ آمَنُواْ وَالَّذِينَ هَادُواْ
وَالصَّابِؤُونَ وَالنَّصَارَى مَنْ آمَنَ بِاللّهِ وَالْيَوْمِ الآخِرِ وعَمِلَ صَالِحًا فَلاَ خَوْفٌ
عَلَيْهِمْ وَلاَ هُمْ يَحْزَنُونَ (٦٩) لَقَدْ أَخَذْنَا مِيثَاقَ بَنِي إِسْرَائِيلَ وَأَرْسَلْنَا إِلَيْهِمْ رُسُلاً
كُلَّمَا جَاءهُمْ رَسُولٌ بِمَا لاَ تَهْوَى أَنْفُسُهُمْ فَرِيقًا كَذَّبُواْ وَفَرِيقًا
يَقْتُلُونَ (٧٠) وَحَسِبُواْ أَلاَّ تَكُونَ فِتْنَةٌ فَعَمُواْ وَصَمُّواْ ثُمَّ تَابَ اللّهُ عَلَيْهِمْ ثُمَّ عَمُواْ
وَصَمُّواْ كَثِيرٌ مِّنْهُمْ وَاللّهُ بَصِيرٌ بِمَا يَعْمَلُونَ (٧١) لَقَدْ كَفَرَ الَّذِينَ قَالُواْ إِنَّ اللّهَ هُوَ
الْمَسِيحُ ابْنُ مَرْيَمَ وَقَالَ الْمَسِيحُ يَا بَنِي إِسْرَائِيلَ اعْبُدُواْ اللّهَ رَبِّي وَرَبَّكُمْ إِنَّهُ مَن
يُشْرِكْ بِاللّهِ فَقَدْ حَرَّمَ اللّهُ عَلَيهِ الْجَنَّةَ وَمَأْوَاهُ النَّارُ وَمَا لِلظَّالِمِينَ مِنْ
أَنصَارٍ (٧٢) لَّقَدْ كَفَرَ الَّذِينَ قَالُواْ إِنَّ اللّهَ ثَالِثُ ثَلاَثَةٍ وَمَا مِنْ إِلَهٍ إِلاَّ إِلَهٌ وَاحِدٌ وَإِن
لَّمْ يَنتَهُواْ عَمَّا يَقُولُونَ لَيَمَسَّنَّ الَّذِينَ كَفَرُواْ مِنْهُمْ عَذَابٌ أَلِيمٌ (٧٣) أَفَلاَ يَتُوبُونَ إِلَى
اللّهِ وَيَسْتَغْفِرُونَهُ وَاللّهُ غَفُورٌ رَّحِيمٌ (٧٤) مَّا الْمَسِيحُ ابْنُ مَرْيَمَ إِلاَّ رَسُولٌ قَدْ خَلَتْ
مِن قَبْلِهِ الرُّسُلُ وَأُمُّهُ صِدِّيقَةٌ كَانَا يَأْكُلاَنِ الطَّعَامَ انظُرْ كَيْفَ نُبَيِّنُ لَهُمُ الآيَاتِ ثُمَّ
انظُرْ أَنَّى يُؤْفَكُونَ (٧٥) قُلْ أَتَعْبُدُونَ مِن دُونِ اللّهِ مَا لاَ يَمْلِكُ لَكُمْ ضَرًّا وَلاَ نَفْعًا
وَاللّهُ هُوَ السَّمِيعُ الْعَلِيمُ (٧٦) قُلْ يَا أَهْلَ الْكِتَابِ لاَ تَغْلُواْ فِي دِينِكُمْ غَيْرَ الْحَقِّ وَلاَ
تَتَّبِعُواْ أَهْوَاء قَوْمٍ قَدْ ضَلُّواْ مِن قَبْلُ وَأَضَلُّواْ كَثِيرًا وَضَلُّواْ عَن سَوَاء
السَّبِيلِ (٧٧) لُعِنَ الَّذِينَ كَفَرُواْ مِن بَنِي إِسْرَائِيلَ عَلَى لِسَانِ دَاوُودَ وَعِيسَى ابْنِ
مَرْيَمَ ذَلِكَ بِمَا عَصَوا وَّكَانُواْ يَعْتَدُونَ (٧٨) كَانُواْ لاَ يَتَنَاهَوْنَ عَن مُّنكَرٍ فَعَلُوهُ

لَبِئْسَ مَا كَانُواْ يَفْعَلُونَ (٧٩) تَرَى كَثِيرًا مِّنْهُمْ يَتَوَلَّوْنَ الَّذِينَ كَفَرُواْ لَبِئْسَ مَا
قَدَّمَتْ لَهُمْ أَنفُسُهُمْ أَن سَخِطَ اللّهُ عَلَيْهِمْ وَفِي الْعَذَابِ هُمْ خَالِدُونَ (٨٠) وَلَوْ كَانُوا
يُؤْمِنُونَ بِالله والنَّبِيِّ وَمَا أُنزِلَ إِلَيْهِ مَا اتَّخَذُوهُمْ أَوْلِيَاء وَلَكِنَّ كَثِيرًا مِّنْهُمْ
فَاسِقُونَ (٨١) لَتَجِدَنَّ أَشَدَّ النَّاسِ عَدَاوَةً لِّلَّذِينَ آمَنُواْ الْيَهُودَ وَالَّذِينَ أَشْرَكُواْ
وَلَتَجِدَنَّ أَقْرَبَهُمْ مَّوَدَّةً لِّلَّذِينَ آمَنُواْ الَّذِينَ قَالُوَاْ إِنَّا نَصَارَى ذَلِكَ بِأَنَّ مِنْهُمْ قِسِّيسِينَ
وَرُهْبَانًا وَأَنَّهُمْ لاَ يَسْتَكْبِرُونَ (٨٢) وَإِذَا سَمِعُواْ مَا أُنزِلَ إِلَى الرَّسُولِ تَرَى
أَعْيُنَهُمْ تَفِيضُ مِنَ الدَّمْعِ مِمَّا عَرَفُواْ مِنَ الْحَقِّ يَقُولُونَ رَبَّنَا آمَنَّا فَاكْتُبْنَا مَعَ
الشَّاهِدِينَ (٨٣) وَمَا لَنَا لاَ نُؤْمِنُ بِاللّهِ وَمَا جَاءنَا مِنَ الْحَقِّ وَنَطْمَعُ أَن يُدْخِلَنَا رَبَّنَا
مَعَ الْقَوْمِ الصَّالِحِينَ (٨٤) فَأَثَابَهُمُ اللّهُ بِمَا قَالُواْ جَنَّاتٍ تَجْرِي مِن تَحْتِهَا الأَنْهَارُ
خَالِدِينَ فِيهَا وَذَلِكَ جَزَاء الْمُحْسِنِينَ (٨٥) وَالَّذِينَ كَفَرُواْ وَكَذَّبُواْ بِآيَاتِنَا أُوْلَئِكَ
أَصْحَابُ الْجَحِيمِ (٨٦) يَا أَيُّهَا الَّذِينَ آمَنُواْ لاَ تُحَرِّمُواْ طَيِّبَاتِ مَا أَحَلَّ اللّهُ لَكُمْ وَلاَ
تَعْتَدُواْ إِنَّ اللّهَ لاَ يُحِبُّ الْمُعْتَدِينَ (٨٧) وَكُلُواْ مِمَّا رَزَقَكُمُ اللّهُ حَلاَلاً طَيِّبًا وَاتَّقُواْ
اللّهَ الَّذِيَ أَنتُم بِهِ مُؤْمِنُونَ (٨٨) لاَ يُؤَاخِذُكُمُ اللّهُ بِاللَّغْوِ فِي أَيْمَانِكُمْ وَلَكِن يُؤَاخِذُكُم
بِمَا عَقَّدتُّمُ الأَيْمَانَ فَكَفَّارَتُهُ إِطْعَامُ عَشَرَةِ مَسَاكِينَ مِنْ أَوْسَطِ مَا تُطْعِمُونَ أَهْلِيكُمْ
أَوْ كِسْوَتُهُمْ أَوْ تَحْرِيرُ رَقَبَةٍ فَمَن لَّمْ يَجِدْ فَصِيَامُ ثَلاَثَةِ أَيَّامٍ ذَلِكَ كَفَّارَةُ أَيْمَانِكُمْ إِذَا
حَلَفْتُمْ وَاحْفَظُواْ أَيْمَانَكُمْ كَذَلِكَ يُبَيِّنُ اللّهُ لَكُمْ آيَاتِهِ لَعَلَّكُمْ تَشْكُرُونَ (٨٩) يَا أَيُّهَا
الَّذِينَ آمَنُواْ إِنَّمَا الْخَمْرُ وَالْمَيْسِرُ وَالأَنصَابُ وَالأَزْلاَمُ رِجْسٌ مِّنْ عَمَلِ الشَّيْطَانِ
فَاجْتَنِبُوهُ لَعَلَّكُمْ تُفْلِحُونَ (٩٠) إِنَّمَا يُرِيدُ الشَّيْطَانُ أَن يُوقِعَ بَيْنَكُمُ الْعَدَاوَةَ
وَالْبَغْضَاء فِي الْخَمْرِ وَالْمَيْسِرِ وَيَصُدَّكُمْ عَن ذِكْرِ اللّهِ وَعَنِ الصَّلاَةِ فَهَلْ أَنتُم
مُّنتَهُونَ (٩١) وَأَطِيعُواْ اللّهَ وَأَطِيعُواْ الرَّسُولَ وَاحْذَرُواْ فَإِن تَوَلَّيْتُمْ فَاعْلَمُواْ أَنَّمَا
عَلَى رَسُولِنَا الْبَلاَغُ الْمُبِينُ (٩٢) لَيْسَ عَلَى الَّذِينَ آمَنُواْ وَعَمِلُواْ الصَّالِحَاتِ جُنَاحٌ
فِيمَا طَعِمُواْ إِذَا مَا اتَّقَواْ وَّآمَنُواْ وَعَمِلُواْ الصَّالِحَاتِ ثُمَّ اتَّقَواْ وَّآمَنُواْ ثُمَّ اتَّقَواْ
وَّأَحْسَنُواْ وَاللّهُ يُحِبُّ الْمُحْسِنِينَ (٩٣) يَا أَيُّهَا الَّذِينَ آمَنُواْ لَيَبْلُوَنَّكُمُ اللّهُ بِشَيْءٍ مِّنَ
الصَّيْدِ تَنَالُهُ أَيْدِيكُمْ وَرِمَاحُكُمْ لِيَعْلَمَ اللّهُ مَن يَخَافُهُ بِالْغَيْبِ فَمَنِ اعْتَدَى بَعْدَ ذَلِكَ فَلَهُ
عَذَابٌ أَلِيمٌ (٩٤) يَا أَيُّهَا الَّذِينَ آمَنُواْ لاَ تَقْتُلُواْ الصَّيْدَ وَأَنتُمْ حُرُمٌ وَمَن قَتَلَهُ مِنكُم
مُّتَعَمِّدًا فَجَزَاء مِّثْلُ مَا قَتَلَ مِنَ النَّعَمِ يَحْكُمُ بِهِ ذَوَا عَدْلٍ مِّنكُمْ هَدْيًا بَالِغَ الْكَعْبَةِ أَوْ
كَفَّارَةٌ طَعَامُ مَسَاكِينَ أَو عَدْلُ ذَلِكَ صِيَامًا لِّيَذُوقَ وَبَالَ أَمْرِهِ عَفَا اللّهُ عَمَّا سَلَف
وَمَنْ عَادَ فَيَنتَقِمُ اللّهُ مِنْهُ وَاللّهُ عَزِيزٌ ذُو انْتِقَامٍ (٩٥) أُحِلَّ لَكُمْ صَيْدُ الْبَحْرِ وَطَعَامُهُ
مَتَاعًا لَّكُمْ وَلِلسَّيَّارَةِ وَحُرِّمَ عَلَيْكُمْ صَيْدُ الْبَرِّ مَا دُمْتُمْ حُرُمًا وَاتَّقُواْ اللّهَ الَّذِيَ إِلَيْهِ
تُحْشَرُونَ (٩٦) جَعَلَ اللّهُ الْكَعْبَةَ الْبَيْتَ الْحَرَامَ قِيَامًا لِّلنَّاسِ وَالشَّهْرَ الْحَرَامَ
وَالْهَدْيَ وَالْقَلاَئِدَ ذَلِكَ لِتَعْلَمُواْ أَنَّ اللّهَ يَعْلَمُ مَا فِي السَّمَاوَاتِ وَمَا فِي الأَرْضِ وَأَنَّ

اللهَ بِكُلِّ شَيْءٍ عَلِيمٌ (٩٧) اعْلَمُواْ أَنَّ اللهَ شَدِيدُ الْعِقَابِ وَأَنَّ اللهَ غَفُورٌ رَّحِيمٌ (٩٨) مَّا عَلَى الرَّسُولِ إِلاَّ الْبَلاَغُ وَاللهُ يَعْلَمُ مَا تُبْدُونَ وَمَا تَكْتُمُونَ (٩٩) قُل لاَّ يَسْتَوِي الْخَبِيثُ وَالطَّيِّبُ وَلَوْ أَعْجَبَكَ كَثْرَةُ الْخَبِيثِ فَاتَّقُواْ اللهَ يَا أُوْلِي الأَلْبَابِ لَعَلَّكُمْ تُفْلِحُونَ (١٠٠) يَا أَيُّهَا الَّذِينَ آمَنُواْ لاَ تَسْأَلُواْ عَنْ أَشْيَاء إِن تُبْدَ لَكُمْ تَسُؤْكُمْ وَإِن تَسْأَلُواْ عَنْهَا حِينَ يُنَزَّلُ الْقُرْآنُ تُبْدَ لَكُمْ عَفَا اللهُ عَنْهَا وَاللهُ غَفُورٌ حَلِيمٌ (١٠١) قَدْ سَأَلَهَا قَوْمٌ مِّن قَبْلِكُمْ ثُمَّ أَصْبَحُواْ بِهَا كَافِرِينَ (١٠٢) مَا جَعَلَ اللهُ مِن بَحِيرَةٍ وَلاَ سَآئِبَةٍ وَلاَ وَصِيلَةٍ وَلاَ حَامٍ وَلَكِنَّ الَّذِينَ كَفَرُواْ يَفْتَرُونَ عَلَى اللهِ الْكَذِبَ وَأَكْثَرُهُمْ لاَ يَعْقِلُونَ (١٠٣) وَإِذَا قِيلَ لَهُمْ تَعَالَوْاْ إِلَى مَا أَنزَلَ اللهُ وَإِلَى الرَّسُولِ قَالُواْ حَسْبُنَا مَا وَجَدْنَا عَلَيْهِ آبَاءنَا أَوَلَوْ كَانَ آبَاؤُهُمْ لاَ يَعْلَمُونَ شَيْئًا وَلاَ يَهْتَدُونَ (١٠٤) يَا أَيُّهَا الَّذِينَ آمَنُواْ عَلَيْكُمْ أَنفُسَكُمْ لاَ يَضُرُّكُم مَّن ضَلَّ إِذَا اهْتَدَيْتُمْ إِلَى اللهِ مَرْجِعُكُمْ جَمِيعًا فَيُنَبِّئُكُم بِمَا كُنتُمْ تَعْمَلُونَ (١٠٥) يَا أَيُّهَا الَّذِينَ آمَنُواْ شَهَادَةُ بَيْنِكُمْ إِذَا حَضَرَ أَحَدَكُمُ الْمَوْتُ حِينَ الْوَصِيَّةِ اثْنَانِ ذَوَا عَدْلٍ مِّنكُمْ أَوْ آخَرَانِ مِنْ غَيْرِكُمْ إِنْ أَنتُمْ ضَرَبْتُمْ فِي الأَرْضِ فَأَصَابَتْكُم مُّصِيبَةُ الْمَوْتِ تَحْبِسُونَهُمَا مِن بَعْدِ الصَّلاَةِ فَيُقْسِمَانِ بِاللهِ إِنِ ارْتَبْتُمْ لاَ نَشْتَرِي بِهِ ثَمَنًا وَلَوْ كَانَ ذَا قُرْبَى وَلاَ نَكْتُمُ شَهَادَةَ اللهِ إِنَّا إِذًا لَّمِنَ الآثِمِينَ (١٠٦) فَإِنْ عُثِرَ عَلَى أَنَّهُمَا اسْتَحَقَّا إِثْمًا فَآخَرَانِ يِقُومَانُ مَقَامَهُمَا مِنَ الَّذِينَ اسْتَحَقَّ عَلَيْهِمُ الأَوْلَيَانِ فَيُقْسِمَانِ بِاللهِ لَشَهَادَتُنَا أَحَقُّ مِن شَهَادَتِهِمَا وَمَا اعْتَدَيْنَا إِنَّا إِذًا لَّمِنَ الظَّالِمِينَ (١٠٧) ذَلِكَ أَدْنَى أَن يَأْتُواْ بِالشَّهَادَةِ عَلَى وَجْهِهَا أَوْ يَخَافُواْ أَن تُرَدَّ أَيْمَانٌ بَعْدَ أَيْمَانِهِمْ وَاتَّقُوا اللهَ وَاسْمَعُواْ وَاللهُ لاَ يَهْدِي الْقَوْمَ الْفَاسِقِينَ (١٠٨) يَوْمَ يَجْمَعُ اللهُ الرُّسُلَ فَيَقُولُ مَاذَا أُجِبْتُمْ قَالُواْ لاَ عِلْمَ لَنَا إِنَّكَ أَنتَ عَلاَّمُ الْغُيُوبِ (١٠٩) إِذْ قَالَ اللهُ يَا عِيسى ابْنَ مَرْيَمَ اذْكُرْ نِعْمَتِي عَلَيْكَ وَعَلَى وَالِدَتِكَ إِذْ أَيَّدتُّكَ بِرُوحِ الْقُدُسِ تُكَلِّمُ النَّاسَ فِي الْمَهْدِ وَكَهْلاً وَإِذْ عَلَّمْتُكَ الْكِتَابَ وَالْحِكْمَةَ وَالتَّوْرَاةَ وَالإِنجِيلَ وَإِذْ تَخْلُقُ مِنَ الطِّينِ كَهَيْئَةِ الطَّيْرِ بِإِذْنِي فَتَنفُخُ فِيهَا فَتَكُونُ طَيْرًا بِإِذْنِي وَتُبْرِئُ الأَكْمَهَ وَالأَبْرَصَ بِإِذْنِي وَإِذْ تُخْرِجُ الْمَوتَى بِإِذْنِي وَإِذْ كَفَفْتُ بَنِي إِسْرَائِيلَ عَنكَ إِذْ جِئْتَهُمْ بِالْبَيِّنَاتِ فَقَالَ الَّذِينَ كَفَرُواْ مِنْهُمْ إِنْ هَذَا إِلاَّ سِحْرٌ مُّبِينٌ (١١٠) وَإِذْ أَوْحَيْتُ إِلَى الْحَوَارِيِّينَ أَنْ آمِنُواْ بِي وَبِرَسُولِي قَالُوَاْ آمَنَّا وَاشْهَدْ بِأَنَّنَا مُسْلِمُونَ (١١١) إِذْ قَالَ الْحَوَارِيُّونَ يَا عِيسَى ابْنَ مَرْيَمَ هَلْ يَسْتَطِيعُ رَبُّكَ أَن يُنَزِّلَ عَلَيْنَا مَآئِدَةً مِّنَ السَّمَاء قَالَ اتَّقُواْ اللهَ إِن كُنتُم مُّؤْمِنِينَ (١١٢) قَالُواْ نُرِيدُ أَن نَّأْكُلَ مِنْهَا وَتَطْمَئِنَّ قُلُوبُنَا وَنَعْلَمَ أَن قَدْ صَدَقْتَنَا وَنَكُونَ عَلَيْهَا مِنَ الشَّاهِدِينَ (١١٣) قَالَ عِيسَى ابْنُ مَرْيَمَ اللَّهُمَّ رَبَّنَا أَنزِلْ عَلَيْنَا مَآئِدَةً مِّنَ السَّمَاء تَكُونُ لَنَا عِيداً لِّأَوَّلِنَا وَآخِرِنَا وَآيَةً مِّنكَ وَارْزُقْنَا وَأَنتَ خَيْرُ الرَّازِقِينَ (١١٤) قَالَ اللهُ إِنِّي مُنَزِّلُهَا عَلَيْكُمْ فَمَن يَكْفُرْ بَعْدُ مِنكُمْ فَإِنِّي أُعَذِّبُهُ

عَذَابًا لاَّ أُعَذِّبُهُ أَحَدًا مِّنَ الْعَالَمِينَ (١١٥) وَإِذْ قَالَ اللّهُ يَا عِيسَى ابْنَ مَرْيَمَ أَأَنتَ
قُلتَ لِلنَّاسِ اتَّخِذُونِي وَأُمِّيَ إِلَهَيْنِ مِن دُونِ اللّهِ قَالَ سُبْحَانَكَ مَا يَكُونُ لِي أَنْ أَقُولَ
مَا لَيْسَ لِي بِحَقٍّ إِن كُنتُ قُلْتُهُ فَقَدْ عَلِمْتَهُ تَعْلَمُ مَا فِي نَفْسِي وَلاَ أَعْلَمُ مَا فِي نَفْسِكَ
إِنَّكَ أَنتَ عَلاَّمُ الْغُيُوبِ (١١٦) مَا قُلْتُ لَهُمْ إِلاَّ مَا أَمَرْتَنِي بِهِ أَنِ اعْبُدُواْ اللّهَ رَبِّي
وَرَبَّكُمْ وَكُنتُ عَلَيْهِمْ شَهِيدًا مَّا دُمْتُ فِيهِمْ فَلَمَّا تَوَفَّيْتَنِي كُنتَ أَنتَ الرَّقِيبَ عَلَيْهِمْ
وَأَنتَ عَلَى كُلِّ شَيْءٍ شَهِيدٌ (١١٧) إِن تُعَذِّبْهُمْ فَإِنَّهُمْ عِبَادُكَ وَإِن تَغْفِرْ لَهُمْ فَإِنَّكَ
أَنتَ الْعَزِيزُ الْحَكِيمُ (١١٨) قَالَ اللّهُ هَذَا يَوْمُ يَنفَعُ الصَّادِقِينَ صِدْقُهُمْ لَهُمْ جَنَّاتٌ
تَجْرِي مِن تَحْتِهَا الأَنْهَارُ خَالِدِينَ فِيهَا أَبَدًا رَّضِيَ اللّهُ عَنْهُمْ وَرَضُواْ عَنْهُ ذَلِكَ
الْفَوْزُ الْعَظِيمُ (١١٩) لِلّهِ مُلْكُ السَّمَاوَاتِ وَالأَرْضِ وَمَا فِيهِنَّ وَهُوَ عَلَى كُلِّ شَيْءٍ
قَدِيرٌ (١٢٠

SOURATE AL AN'AM

سورة الأنعام

الْحَمْدُ لِلّهِ الَّذِي خَلَقَ السَّمَاوَاتِ وَالأَرْضَ وَجَعَلَ الظُّلُمَاتِ وَالنُّورَ ثُمَّ الَّذِينَ كَفَرُواْ
بِرَبِّهِم يَعْدِلُونَ (١) هُوَ الَّذِي خَلَقَكُم مِّن طِينٍ ثُمَّ قَضَى أَجَلاً وَأَجَلٌ مُّسمًّى عِندَهُ ثُمَّ
أَنتُمْ تَمْتَرُونَ (٢) وَهُوَ اللّهُ فِي السَّمَاوَاتِ وَفِي الأَرْضِ يَعْلَمُ سِرَّكُمْ وَجَهرَكُمْ
وَيَعْلَمُ مَا تَكْسِبُونَ (٣) وَمَا تَأْتِيهِم مِّنْ آيَةٍ مِّنْ آيَاتِ رَبِّهِمْ إِلاَّ كَانُواْ عَنْهَا
مُعْرِضِينَ (٤) فَقَدْ كَذَّبُواْ بِالْحَقِّ لَمَّا جَاءهُمْ فَسَوْفَ يَأْتِيهِمْ أَنبَاء مَا كَانُواْ بِهِ
يَسْتَهْزِؤُونَ (٥) أَلَمْ يَرَوْاْ كَمْ أَهْلَكْنَا مِن قَبْلِهِم مِّن قَرْنٍ مَّكَّنَّاهُمْ فِي الأَرْضِ مَا لَمْ
نُمَكِّن لَّكُمْ وَأَرْسَلْنَا السَّمَاء عَلَيْهِم مِّدْرَارًا وَجَعَلْنَا الأَنْهَارَ تَجْرِي مِن تَحْتِهِمْ
فَأَهْلَكْنَاهُم بِذُنُوبِهِمْ وَأَنْشَأْنَا مِن بَعْدِهِمْ قَرْنًا آخَرِينَ (٦) وَلَوْ نَزَّلْنَا عَلَيْكَ كِتَابًا فِي
قِرْطَاسٍ فَلَمَسُوهُ بِأَيْدِيهِمْ لَقَالَ الَّذِينَ كَفَرُواْ إِنْ هَذَا إِلاَّ سِحْرٌ مُّبِينٌ (٧) وَقَالُواْ لَوْلا
أُنزِلَ عَلَيْهِ مَلَكٌ وَلَوْ أَنزَلْنَا مَلَكًا لَّقُضِيَ الأمْرُ ثُمَّ لاَ يُنظَرُونَ (٨) وَلَوْ جَعَلْنَاهُ مَلَكًا
لَّجَعَلْنَاهُ رَجُلاً وَلَلَبَسْنَا عَلَيْهِم مَّا يَلْبِسُونَ (٩) وَلَقَدِ اسْتُهْزِئَ بِرُسُلٍ مِّن قَبْلِكَ فَحَاقَ
بِالَّذِينَ سَخِرُواْ مِنْهُم مَّا كَانُواْ بِهِ يَسْتَهْزِؤُونَ (١٠) قُلْ سِيرُواْ فِي الأَرْضِ ثُمَّ
انظُرُواْ كَيْفَ كَانَ عَاقِبَةُ الْمُكَذِّبِينَ (١١) قُل لِّمَن مَّا فِي السَّمَاوَاتِ وَالأَرْضِ قُل
لِلّهِ كَتَبَ عَلَى نَفْسِهِ الرَّحْمَةَ لَيَجْمَعَنَّكُمْ إِلَى يَوْمِ الْقِيَامَةِ لاَ رَيْبَ فِيهِ الَّذِينَ خَسِرُواْ
أَنفُسَهُمْ فَهُمْ لاَ يُؤْمِنُونَ (١٢) وَلَهُ مَا سَكَنَ فِي اللَّيْلِ وَالنَّهَارِ وَهُوَ السَّمِيعُ
الْعَلِيمُ (١٣) قُلْ أَغَيْرَ اللّهِ أَتَّخِذُ وَلِيًّا فَاطِرِ السَّمَاوَاتِ وَالأَرْضِ وَهُوَ يُطْعِمُ وَلاَ
يُطْعَمُ قُلْ إِنِّيَ أُمِرْتُ أَنْ أَكُونَ أَوَّلَ مَنْ أَسْلَمَ وَلاَ تَكُونَنَّ مِنَ الْمُشْرِكَينَ (١٤) قُلْ

إِنِّيَ أَخَافُ إِنْ عَصَيْتُ رَبِّي عَذَابَ يَوْمٍ عَظِيمٍ (١٥) مَّن يُصْرَفْ عَنْهُ يَوْمَئِذٍ فَقَدْ
رَحِمَهُ وَذَلِكَ الْفَوْزُ الْمُبِينُ (١٦) وَإِن يَمْسَسْكَ اللّهُ بِضُرٍّ فَلاَ كَاشِفَ لَهُ إِلاَّ هُوَ وَإِن
يَمْسَسْكَ بِخَيْرٍ فَهُوَ عَلَى كُلِّ شَيْءٍ قَدُيرٌ (١٧) وَهُوَ الْقَاهِرُ فَوْقَ عِبَادِهِ وَهُوَ
الْحَكِيمُ الْخَبِيرُ (١٨) قُلْ أَيُّ شَيْءٍ أَكْبَرُ شَهَادةً قُلِ اللّهِ شَهِيدٌ بِيْنِي وَبَيْنَكُمْ وَأُوحِيَ
إِلَيَّ هَذَا الْقُرْآنُ لأُنذِرَكُم بِهِ وَمَن بَلَغَ أَئِنَّكُمْ لَتَشْهَدُونَ أَنَّ مَعَ اللّهِ آلِهَةً أُخْرَى قُل لاَّ
أَشْهَدُ قُلْ إِنَّمَا هُوَ إِلَهٌ وَاحِدٌ وَإِنَّنِي بَرِيءٌ مِّمَّا تُشْرِكُونَ (١٩) الَّذِينَ آتَيْنَاهُمُ الْكِتَابَ
يَعْرِفُونَهُ كَمَا يَعْرِفُونَ أَبْنَاءهُمُ الَّذِينَ خَسِرُواْ أَنفُسَهُمْ فَهُمْ لاَ يُؤْمِنُونَ (٢٠) وَمَنْ
أَظْلَمُ مِمَّنِ افْتَرَى عَلَى اللّهِ كَذِبًا أَوْ كَذَّبَ بِآيَاتِهِ إِنَّهُ لاَ يُفْلِحُ الظَّالِمُونَ (٢١) وَيَوْمَ
نَحْشُرُهُمْ جَمِيعًا ثُمَّ نَقُولُ لِلَّذِينَ أَشْرَكُواْ أَيْنَ شُرَكَآؤُكُمُ الَّذِينَ كُنتُمْ
تَزْعُمُونَ (٢٢) ثُمَّ لَمْ تَكُن فِتْنَتُهُمْ إِلاَّ أَن قَالُواْ وَاللّهِ رَبِّنَا مَا كُنَّا
مُشْرِكِينَ (٢٣) انظُرْ كَيْفَ كَذَبُواْ عَلَى أَنفُسِهِمْ وَضَلَّ عَنْهُم مَّا كَانُواْ
يَفْتَرُونَ (٢٤) وَمِنْهُم مَّن يَسْتَمِعُ إِلَيْكَ وَجَعَلْنَا عَلَى قُلُوبِهِمْ أَكِنَّةً أَن يَفْقَهُوهُ وَفِي
آذَانِهِمْ وَقْرًا وَإِن يَرَوْاْ كُلَّ آيَةٍ لاَّ يُؤْمِنُواْ بِهَا حَتَّى إِذَا جَآؤُوكَ يُجَادِلُونَكَ يَقُولُ
الَّذِينَ كَفَرُواْ إِنْ هَذَآ إِلاَّ أَسَاطِيرُ الأَوَّلِينَ (٢٥) وَهُمْ يَنْهَوْنَ عَنْهُ وَيَنْأَوْنَ عَنْهُ وَإِن
يُهْلِكُونَ إِلاَّ أَنفُسَهُمْ وَمَا يَشْعُرُونَ (٢٦) وَلَوْ تَرَى إِذْ وُقِفُواْ عَلَى النَّارِ فَقَالُواْ يَا
لَيْتَنَا نُرَدُّ وَلاَ نُكَذِّبَ بِآيَاتِ رَبِّنَا وَنَكُونَ مِنَ الْمُؤْمِنِينَ (٢٧) بَلْ بَدَا لَهُم مَّا كَانُواْ
يُخْفُونَ مِن قَبْلُ وَلَوْ رُدُّواْ لَعَادُواْ لِمَا نُهُواْ عَنْهُ وَإِنَّهُمْ لَكَاذِبُونَ (٢٨) وَقَالُواْ إِنْ
هِيَ إِلاَّ حَيَاتُنَا الدُّنْيَا وَمَا نَحْنُ بِمَبْعُوثِينَ (٢٩) وَلَوْ تَرَى إِذْ وُقِفُواْ عَلَى رَبِّهِمْ قَالَ
أَلَيْسَ هَذَا بِالْحَقِّ قَالُواْ بَلَى وَرَبِّنَا قَالَ فَذُوقُواْ العَذَابَ بِمَا كُنتُمْ تَكْفُرُونَ (٣٠) قَدْ
خَسِرَ الَّذِينَ كَذَّبُواْ بِلِقَاء اللّهِ حَتَّى إِذَا جَاءتْهُمُ السَّاعَةُ بَغْتَةً قَالُواْ يَا حَسْرَتَنَا عَلَى مَا
فَرَّطْنَا فِيهَا وَهُمْ يَحْمِلُونَ أَوْزَارَهُمْ عَلَى ظُهُورِهِمْ أَلاَ سَاء مَا يَزِرُونَ (٣١) وَمَا
الْحَيَاةُ الدُّنْيَا إِلاَّ لَعِبٌ وَلَهْوٌ وَلَلدَّارُ الآخِرَةُ خَيْرٌ لِّلَّذِينَ يَتَّقُونَ أَفَلاَ تَعْقِلُونَ (٣٢) قَدْ
نَعْلَمُ إِنَّهُ لَيَحْزُنُكَ الَّذِي يَقُولُونَ فَإِنَّهُمْ لاَ يُكَذِّبُونَكَ وَلَكِنَّ الظَّالِمِينَ بِآيَاتِ اللّهِ
يَجْحَدُونَ (٣٣) وَلَقَدْ كُذِّبَتْ رُسُلٌ مِّن قَبْلِكَ فَصَبَرُواْ عَلَى مَا كُذِّبُواْ وَأُوذُواْ حَتَّى
أَتَاهُمْ نَصْرُنَا وَلاَ مُبَدِّلَ لِكَلِمَاتِ اللّهِ وَلَقدْ جَاءكَ مِن نَّبَإِ الْمُرْسَلِينَ (٣٤) وَإِن كَانَ
كَبُرَ عَلَيْكَ إِعْرَاضُهُمْ فَإِنِ اسْتَطَعْتَ أَن تَبْتَغِيَ نَفَقًا فِي الأَرْضِ أَوْ سُلَّمًا فِي
السَّمَاء فَتَأْتِيَهُم بِآيَةٍ وَلَوْ شَاء اللّهُ لَجَمَعَهُمْ عَلَى الْهُدَى فَلاَ تَكُونَنَّ مِنَ
الْجَاهِلِينَ (٣٥) إِنَّمَا يَسْتَجِيبُ الَّذِينَ يَسْمَعُونَ وَالْمَوْتَى يَبْعَثُهُمُ اللّهُ ثُمَّ إِلَيْهِ
يُرْجَعُونَ (٣٦) وَقَالُواْ لَوْلاَ نُزِّلَ عَلَيْهِ آيَةٌ مِّن رَّبِّهِ قُلْ إِنَّ اللّهَ قَادِرٌ عَلَى أَن يُنَزِّلٍ
آيَةً وَلَكِنَّ أَكْثَرَهُمْ لاَ يَعْلَمُونَ (٣٧) وَمَا مِن دَآبَّةٍ فِي الأَرْضِ وَلاَ طَائِرٍ يَطِيرُ
بِجَنَاحَيْهِ إِلاَّ أُمَمٌ أَمْثَالُكُم مَّا فَرَّطْنَا فِي الكِتَابِ مِن شَيْءٍ ثُمَّ إِلَى رَبِّهِمْ

يُحْشَرُونَ (٣٨) وَالَّذِينَ كَذَّبُواْ بِآيَاتِنَا صُمٌّ وَبُكْمٌ فِي الظُّلُمَاتِ مَن يَشَإِ اللّهُ يُضْلِلْهُ
وَمَن يَشَأْ يَجْعَلْهُ عَلَى صِرَاطٍ مُّسْتَقِيمٍ (٣٩) قُلْ أَرَأَيْتُكُم إِنْ أَتَاكُمْ عَذَابُ اللّهِ أَوْ
أَتَتْكُمُ السَّاعَةُ أَغَيْرَ اللّهِ تَدْعُونَ إِن كُنتُمْ صَادِقِينَ (٤٠) بَلْ إِيَّاهُ تَدْعُونَ فَيَكْشِفُ مَا
تَدْعُونَ إِلَيْهِ إِنْ شَاء وَتَنسَوْنَ مَا تُشْرِكُونَ (٤١) وَلَقَدْ أَرْسَلنَآ إِلَى أُمَمٍ مِّن قَبْلِكَ
فَأَخَذْنَاهُمْ بِالْبَأْسَاء وَالضَّرَّاء لَعَلَّهُمْ يَتَضَرَّعُونَ (٤٢) فَلَوْلا إِذْ جَاءهُمْ بَأْسُنَا
تَضَرَّعُواْ وَلَكِن قَسَتْ قُلُوبُهُمْ وَزَيَّنَ لَهُمُ الشَّيْطَانُ مَا كَانُواْ يَعْمَلُونَ (٤٣) فَلَمَّا
نَسُواْ مَا ذُكِّرُواْ بِهِ فَتَحْنَا عَلَيْهِمْ أَبْوَابَ كُلِّ شَيْءٍ حَتَّى إِذَا فَرِحُواْ بِمَا أُوتُواْ
أَخَذْنَاهُم بَغْتَةً فَإِذَا هُم مُّبْلِسُونَ (٤٤) فَقُطِعَ دَابِرُ الْقَوْمِ الَّذِينَ ظَلَمُواْ وَالْحَمْدُ لِلّهِ
رَبِّ الْعَالَمِينَ (٤٥) قُلْ أَرَأَيْتُمْ إِنْ أَخَذَ اللّهُ سَمْعَكُمْ وَأَبْصَارَكُمْ وَخَتَمَ عَلَى قُلُوبِكُم
مَّنْ إِلَـهٌ غَيْرُ اللّهِ يَأْتِيكُم بِهِ انظُرْ كَيْفَ نُصَرِّفُ الآيَاتِ ثُمَّ هُمْ يَصْدِفُونَ (٤٦) قُلْ
أَرَأَيْتَكُمْ إِنْ أَتَاكُمْ عَذَابُ اللّهِ بَغْتَةً أَوْ جَهْرَةً هَلْ يُهْلَكُ إِلاَّ الْقَوْمُ الظَّالِمُونَ (٤٧) وَمَا
نُرْسِلُ الْمُرْسَلِينَ إِلاَّ مُبَشِّرِينَ وَمُنذِرِينَ فَمَنْ آمَنَ وَأَصْلَحَ فَلاَ خَوْفٌ عَلَيْهِمْ وَلاَ هُمْ
يَحْزَنُونَ (٤٨) وَالَّذِينَ كَذَّبُواْ بِآيَاتِنَا يَمَسُّهُمُ الْعَذَابُ بِمَا كَانُواْ يَفْسُقُونَ (٤٩) قُل لاَّ
أَقُولُ لَكُمْ عِندِي خَزَآئِنُ اللّهِ وَلا أَعْلَمُ الْغَيْبَ وَلا أَقُولُ لَكُمْ إِنِّي مَلَكٌ إِنْ أَتَّبِعُ إِلاَّ مَا
يُوحَى إِلَيَّ قُلْ هَلْ يَسْتَوِي الأَعْمَى وَالْبَصِيرُ أَفَلاَ تَتَفَكَّرُونَ (٥٠) وَأَنذِرْ بِهِ الَّذِينَ
يَخَافُونَ أَن يُحْشَرُواْ إِلَى رَبِّهِمْ لَيْسَ لَهُم مِّن دُونِهِ وَلِيٌّ وَلاَ شَفِيعٌ لَّعَلَّهُمْ
يَتَّقُونَ (٥١) وَلاَ تَطْرُدِ الَّذِينَ يَدْعُونَ رَبَّهُم بِالْغَدَاةِ وَالْعَشِيِّ يُرِيدُونَ وَجْهَهُ مَا
عَلَيْكَ مِنْ حِسَابِهِم مِّن شَيْءٍ وَمَا مِنْ حِسَابِكَ عَلَيْهِم مِّن شَيْءٍ فَتَطْرُدَهُمْ فَتَكُونَ
مِنَ الظَّالِمِينَ (٥٢) وَكَذَلِكَ فَتَنَّا بَعْضَهُم بِبَعْضٍ لِّيَقُولواْ أَهَؤُلاء مَنَّ اللّهُ عَلَيْهِم مِّن
بَيْنِنَا أَلَيْسَ اللّهُ بِأَعْلَمَ بِالشَّاكِرِينَ (٥٣) وَإِذَا جَاءكَ الَّذِينَ يُؤْمِنُونَ بِآيَاتِنَا فَقُلْ سَلاَمٌ
عَلَيْكُمْ كَتَبَ رَبُّكُمْ عَلَى نَفْسِهِ الرَّحْمَةَ أَنَّهُ مَن عَمِلَ مِنكُمْ سُوءًا بِجَهَالَةٍ ثُمَّ تَابَ مِن
بَعْدِهِ وَأَصْلَحَ فَأَنَّهُ غَفُورٌ رَّحِيمٌ (٥٤) وَكَذَلِكَ نفَصِّلُ الآيَاتِ وَلِتَسْتَبِينَ سَبِيلُ
الْمُجْرِمِينَ (٥٥) قُلْ إِنِّي نُهِيتُ أَنْ أَعْبُدَ الَّذِينَ تَدْعُونَ مِن دُونِ اللّهِ قُل لاَّ أَتَّبِعُ
أَهْوَاءكُمْ قَدْ ضَلَلْتُ إِذًا وَمَا أَنَاْ مِنَ الْمُهْتَدِينَ (٥٦) قُلْ إِنِّي عَلَى بَيِّنَةٍ مِّن رَّبِّي
وَكَذَّبْتُم بِهِ مَا عِندِي مَا تَسْتَعْجِلُونَ بِهِ إِنِ الْحُكْمُ إِلاَّ لِلّهِ يَقُصُّ الْحَقَّ وَهُوَ خَيْرُ
الْفَاصِلِينَ (٥٧) قُل لَّوْ أَنَّ عِندِي مَا تَسْتَعْجِلُونَ بِهِ لَقُضِيَ الأَمْرُ بَيْنِي وَبَيْنَكُمْ وَاللّهُ
أَعْلَمُ بِالظَّالِمِينَ (٥٨) وَعِندَهُ مَفَاتِحُ الْغَيْبِ لاَ يَعْلَمُهَا إِلاَّ هُوَ وَيَعْلَمُ مَا فِي الْبَرِّ
وَالْبَحْرِ وَمَا تَسْقُطُ مِن وَرَقَةٍ إِلاَّ يَعْلَمُهَا وَلاَ حَبَّةٍ فِي ظُلُمَاتِ الأَرْضِ وَلاَ رَطْبٍ
وَلاَ يَابِسٍ إِلاَّ فِي كِتَابٍ مُّبِينٍ (٥٩) وَهُوَ الَّذِي يَتَوَفَّاكُم بِاللَّيْلِ وَيَعْلَمُ مَا جَرَحْتُم
بِالنَّهَارِ ثُمَّ يَبْعَثُكُمْ فِيهِ لِيُقْضَى أَجَلٌ مُّسَمًّى ثُمَّ إِلَيْهِ مَرْجِعُكُمْ ثُمَّ يُنَبِّئُكُم بِمَا كُنتُمْ
تَعْمَلُونَ (٦٠) وَهُوَ الْقَاهِرُ فَوْقَ عِبَادِهِ وَيُرْسِلُ عَلَيْكُم حَفَظَةً حَتَّىَ إِذَا جَاء أَحَدَكُمُ

الْمَوْتُ تَوَفَّتْهُ رُسُلُنَا وَهُمْ لاَ يُفَرِّطُونَ (٦١) ثُمَّ رُدُّواْ إِلَى اللّهِ مَوْلاَهُمُ الْحَقِّ أَلاَ لَهُ
الْحُكْمُ وَهُوَ أَسْرَعُ الْحَاسِبِينَ (٦٢) قُلْ مَن يُنَجِّيكُم مِّن ظُلُمَاتِ الْبَرِّ وَالْبَحْرِ
تَدْعُونَهُ تَضَرُّعاً وَخُفْيَةً لَّئِنْ أَنجَانَا مِنْ هَذِهِ لَنَكُونَنَّ مِنَ الشَّاكِرِينَ (٦٣) قُلِ اللّهُ
يُنَجِّيكُم مِّنْهَا وَمِن كُلِّ كَرْبٍ ثُمَّ أَنتُمْ تُشْرِكُونَ (٦٤) قُلْ هُوَ الْقَادِرُ عَلَى أَن يَبْعَثَ
عَلَيْكُمْ عَذَابًا مِّن فَوْقِكُمْ أَوْ مِن تَحْتِ أَرْجُلِكُمْ أَوْ يَلْبِسَكُمْ شِيَعاً وَيُذِيقَ بَعْضَكُم بَأْسَ
بَعْضٍ انظُرْ كَيْفَ نُصَرِّفُ الآيَاتِ لَعَلَّهُمْ يَفْقَهُونَ (٦٥) وَكَذَّبَ بِهِ قَوْمُكَ وَهُوَ
الْحَقُّ قُل لَّسْتُ عَلَيْكُم بِوَكِيلٍ (٦٦) لِّكُلِّ نَبَإٍ مُّسْتَقَرٌّ وَسَوْفَ تَعْلَمُونَ (٦٧) وَإِذَا
رَأَيْتَ الَّذِينَ يَخُوضُونَ فِي آيَاتِنَا فَأَعْرِضْ عَنْهُمْ حَتَّى يَخُوضُواْ فِي حَدِيثٍ غَيْرِهِ
وَإِمَّا يُنسِيَنَّكَ الشَّيْطَانُ فَلاَ تَقْعُدْ بَعْدَ الذِّكْرَى مَعَ الْقَوْمِ الظَّالِمِينَ (٦٨) وَمَا عَلَى
الَّذِينَ يَتَّقُونَ مِنْ حِسَابِهِم مِّن شَيْءٍ وَلَكِن ذِكْرَى لَعَلَّهُمْ يَتَّقُونَ (٦٩) وَذَرِ الَّذِينَ
اتَّخَذُواْ دِينَهُمْ لَعِبًا وَلَهْوًا وَغَرَّتْهُمُ الْحَيَاةُ الدُّنْيَا وَذَكِّرْ بِهِ أَن تُبْسَلَ نَفْسٌ بِمَا كَسَبَتْ
لَيْسَ لَهَا مِن دُونِ اللّهِ وَلِيٌّ وَلاَ شَفِيعٌ وَإِن تَعْدِلْ كُلَّ عَدْلٍ لاَّ يُؤْخَذْ مِنْهَا أُوْلَئِكَ
الَّذِينَ أُبْسِلُواْ بِمَا كَسَبُواْ لَهُمْ شَرَابٌ مِّنْ حَمِيمٍ وَعَذَابٌ أَلِيمٌ بِمَا كَانُواْ
يَكْفُرُونَ (٧٠) قُلْ أَنَدْعُو مِن دُونِ اللّهِ مَا لاَ يَنفَعُنَا وَلاَ يَضُرُّنَا وَنُرَدُّ عَلَى أَعْقَابِنَا
بَعْدَ إِذْ هَدَانَا اللّهُ كَالَّذِي اسْتَهْوَتْهُ الشَّيَاطِينُ فِي الأَرْضِ حَيْرَانَ لَهُ أَصْحَابٌ
يَدْعُونَهُ إِلَى الْهُدَى ائْتِنَا قُلْ إِنَّ هُدَى اللّهِ هُوَ الْهُدَىَ وَأُمِرْنَا لِنُسْلِمَ لِرَبِّ
الْعَالَمِينَ (٧١) وَأَنْ أَقِيمُواْ الصَّلاةَ وَاتَّقُوهُ وَهُوَ الَّذِيَ إِلَيْهِ تُحْشَرُونَ (٧٢) وَهُوَ
الَّذِي خَلَقَ السَّمَاوَاتِ وَالأَرْضَ بِالْحَقِّ وَيَوْمَ يَقُولُ كُن فَيَكُونُ قَوْلُهُ الْحَقُّ وَلَهُ
الْمُلْكُ يَوْمَ يُنفَخُ فِي الصُّوَرِ عَالِمُ الْغَيْبِ وَالشَّهَادَةِ وَهُوَ الْحَكِيمُ الْخَبِيرُ (٧٣) وَإِذْ
قَالَ إِبْرَاهِيمُ لأَبِيهِ آزَرَ أَتَتَّخِذُ أَصْنَامًا آلِهَةً إِنِّي أَرَاكَ وَقَوْمَكَ فِي ضَلاَلٍ
مُّبِينٍ (٧٤) وَكَذَلِكَ نُرِي إِبْرَاهِيمَ مَلَكُوتَ السَّمَاوَاتِ وَالأَرْضِ وَلِيَكُونَ مِنَ
الْمُوقِنِينَ (٧٥) فَلَمَّا جَنَّ عَلَيْهِ اللَّيْلُ رَأَى كَوْكَبًا قَالَ هَذَا رَبِّي فَلَمَّا أَفَلَ قَالَ لا
أُحِبُّ الآفِلِينَ (٧٦) فَلَمَّا رَأَى الْقَمَرَ بَازِغًا قَالَ هَذَا رَبِّي فَلَمَّا أَفَلَ قَالَ لَئِن لَّمْ
يَهْدِنِي رَبِّي لأكُونَنَّ مِنَ الْقَوْمِ الضَّالِّينَ (٧٧) فَلَمَّا رَأَى الشَّمْسَ بَازِغَةً قَالَ هَذَا
رَبِّي هَذَآ أَكْبَرُ فَلَمَّا أَفَلَتْ قَالَ يَا قَوْمِ إِنِّي بَرِيءٌ مِّمَّا تُشْرِكُونَ (٧٨) إِنِّي وَجَّهْتُ
وَجْهِيَ لِلَّذِي فَطَرَ السَّمَاوَاتِ وَالأَرْضَ حَنِيفًا وَمَا أَنَاْ مِنَ الْمُشْرِكِينَ (٧٩) وَحَآجَّهُ
قَوْمُهُ قَالَ أَتُحَاجُّونِّي فِي اللّهِ وَقَدْ هَدَانِ وَلاَ أَخَافُ مَا تُشْرِكُونَ بِهِ إِلاَّ أَن يَشَاء
رَبِّي شَيْئًا وَسِعَ رَبِّي كُلَّ شَيْءٍ عِلْمًا أَفَلاَ تَتَذَكَّرُونَ (٨٠) وَكَيْفَ أَخَافُ مَا
أَشْرَكْتُمْ وَلاَ تَخَافُونَ أَنَّكُمْ أَشْرَكْتُم بِاللّهِ مَا لَمْ يُنَزِّلْ بِهِ عَلَيْكُمْ سُلْطَانًا فَأَيُّ الْفَرِيقَيْنِ
أَحَقُّ بِالأَمْنِ إِن كُنتُمْ تَعْلَمُونَ (٨١) الَّذِينَ آمَنُواْ وَلَمْ يَلْبِسُواْ إِيمَانَهُم بِظُلْمٍ أُوْلَئِكَ
لَهُمُ الأَمْنُ وَهُم مُّهْتَدُونَ (٨٢) وَتِلْكَ حُجَّتُنَا آتَيْنَاهَا إِبْرَاهِيمَ عَلَى قَوْمِهِ نَرْفَعُ

دَرَجَاتٍ مَّن نَّشَاء إِنَّ رَبَّكَ حَكِيمٌ عَلِيمٌ (٨٣) وَوَهَبْنَا لَهُ إِسْحَقَ وَيَعْقُوبَ كُلاًّ هَدَيْنَا
وَنُوحًا هَدَيْنَا مِن قَبْلُ وَمِن ذُرِّيَّتِهِ دَاوُودَ وَسُلَيْمَانَ وَأَيُّوبَ وَيُوسُفَ وَمُوسَى
وَهَارُونَ وَكَذَلِكَ نَجْزِي الْمُحْسِنِينَ (٨٤) وَزَكَرِيَّا وَيَحْيَى وَعِيسَى وَإِلْيَاسَ كُلٌّ
مِّنَ الصَّالِحِينَ (٨٥) وَإِسْمَاعِيلَ وَالْيَسَعَ وَيُونُسَ وَلُوطًا وَكُلاًّ فضَّلْنَا عَلَى
الْعَالَمِينَ (٨٦) وَمِنْ آبَائِهِمْ وَذُرِّيَّاتِهِمْ وَإِخْوَانِهِمْ وَاجْتَبَيْنَاهُمْ وَهَدَيْنَاهُمْ إِلَى صِرَاطٍ
مُّسْتَقِيمٍ (٨٧) ذَلِكَ هُدَى اللّهِ يَهْدِي بِهِ مَن يَشَاء مِنْ عِبَادِهِ وَلَوْ أَشْرَكُواْ لَحَبِطَ عَنْهُم
مَّا كَانُواْ يَعْمَلُونَ (٨٨) أُوْلَئِكَ الَّذِينَ آتَيْنَاهُمُ الْكِتَابَ وَالْحُكْمَ وَالنُّبُوَّةَ فَإِن يَكْفُرْ بِهَا
هَؤُلاء فَقَدْ وَكَّلْنَا بِهَا قَوْمًا لَّيْسُواْ بِهَا بِكَافِرِينَ (٨٩) أُوْلَئِكَ الَّذِينَ هَدَى اللّهُ فَبِهُدَاهُمُ
اقْتَدِهْ قُل لاَّ أَسْأَلُكُمْ عَلَيْهِ أَجْرًا إِنْ هُوَ إِلاَّ ذِكْرَى لِلْعَالَمِينَ (٩٠) وَمَا قَدَرُواْ اللّهَ
حَقَّ قَدْرِهِ إِذْ قَالُواْ مَا أَنزَلَ اللّهُ عَلَى بَشَرٍ مِّن شَيْءٍ قُلْ مَنْ أَنزَلَ الْكِتَابَ الَّذِي جَاء
بِهِ مُوسَى نُورًا وَهُدًى لِّلنَّاسِ تَجْعَلُونَهُ قَرَاطِيسَ تُبْدُونَهَا وَتُخْفُونَ كَثِيرًا وَعُلِّمْتُم
مَّا لَمْ تَعْلَمُواْ أَنتُمْ وَلاَ آبَاؤُكُمْ قُلِ اللّهُ ثُمَّ ذَرْهُمْ فِي خَوْضِهِمْ يَلْعَبُونَ (٩١) وَهَذَا
كِتَابٌ أَنزَلْنَاهُ مُبَارَكٌ مُّصَدِّقُ الَّذِي بَيْنَ يَدَيْهِ وَلِتُنذِرَ أُمَّ الْقُرَى وَمَنْ حَوْلَهَا وَالَّذِينَ
يُؤْمِنُونَ بِالآخِرَةِ يُؤْمِنُونَ بِهِ وَهُمْ عَلَى صَلاَتِهِمْ يُحَافِظُونَ (٩٢) وَمَنْ أَظْلَمُ مِمَّنِ
افْتَرَى عَلَى اللّهِ كَذِبًا أَوْ قَالَ أُوْحِيَ إِلَيَّ وَلَمْ يُوحَ إِلَيْهِ شَيْءٌ وَمَن قَالَ سَأُنزِلُ مِثْلَ
مَا أَنَزلَ اللّهُ وَلَوْ تَرَى إِذِ الظَّالِمُونَ فِي غَمَرَاتِ الْمَوْتِ وَالْمَلآئِكَةُ بَاسِطُواْ أَيْدِيهِمْ
أَخْرِجُواْ أَنفُسَكُمُ الْيَوْمَ تُجْزَوْنَ عَذَابَ الْهُونِ بِمَا كُنتُمْ تَقُولُونَ عَلَى اللّهِ غَيْرَ الْحَقِّ
وَكُنتُمْ عَنْ آيَاتِهِ تَسْتَكْبِرُونَ (٩٣) وَلَقَدْ جِئْتُمُونَا فُرَادَى كَمَا خَلَقْنَاكُمْ أَوَّلَ مَرَّةٍ
وَتَرَكْتُم مَّا خَوَّلْنَاكُمْ وَرَاء ظُهُورِكُمْ وَمَا نَرَى مَعَكُمْ شُفَعَاءكُمُ الَّذِينَ زَعَمْتُمْ أَنَّهُمْ
فِيكُمْ شُرَكَاء لَقَد تَّقَطَّعَ بَيْنَكُمْ وَضَلَّ عَنكُم مَّا كُنتُمْ تَزْعُمُونَ (٩٤) إِنَّ اللّهَ فَالِقُ
الْحَبِّ وَالنَّوَى يُخْرِجُ الْحَيَّ مِنَ الْمَيِّتِ وَمُخْرِجُ الْمَيِّتِ مِنَ الْحَيِّ ذَلِكُمُ اللّهُ فَأَنَّى
تُؤْفَكُونَ (٩٥) فَالِقُ الإِصْبَاحِ وَجَعَلَ اللَّيْلَ سَكَنًا وَالشَّمْسَ وَالْقَمَرَ حُسْبَانًا ذَلِكَ
تَقْدِيرُ الْعَزِيزِ الْعَلِيمِ (٩٦) وَهُوَ الَّذِي جَعَلَ لَكُمُ النُّجُومَ لِتَهْتَدُواْ بِهَا فِي ظُلُمَاتِ
الْبَرِّ وَالْبَحْرِ قَدْ فَصَّلْنَا الآيَاتِ لِقَوْمٍ يَعْلَمُونَ (٩٧) وَهُوَ الَّذِيَ أَنشَأَكُم مِّن نَّفْسٍ
وَاحِدَةٍ فَمُسْتَقَرٌّ وَمُسْتَوْدَعٌ قَدْ فَصَّلْنَا الآيَاتِ لِقَوْمٍ يَفْقَهُونَ (٩٨) وَهُوَ الَّذِيَ أَنزَلَ
مِنَ السَّمَاء مَاء فَأَخْرَجْنَا بِهِ نَبَاتَ كُلِّ شَيْءٍ فَأَخْرَجْنَا مِنْهُ خَضِرًا نُّخْرِجُ مِنْهُ حَبًّا
مُّتَرَاكِبًا وَمِنَ النَّخْلِ مِن طَلْعِهَا قِنْوَانٌ دَانِيَةٌ وَجَنَّاتٍ مِّنْ أَعْنَابٍ وَالزَّيْتُونَ وَالرُّمَّانَ
مُشْتَبِهًا وَغَيْرَ مُتَشَابِهٍ انظُرُواْ إِلِى ثَمَرِهِ إِذَا أَثْمَرَ وَيَنْعِهِ إِنَّ فِي ذَلِكُمْ لآيَاتٍ لِّقَوْمٍ
يُؤْمِنُونَ (٩٩) وَجَعَلُواْ لِلّهِ شُرَكَاء الْجِنَّ وَخَلَقَهُمْ وَخَرَقُواْ لَهُ بَنِينَ وَبَنَاتٍ بِغَيْرِ عِلْمٍ
سُبْحَانَهُ وَتَعَالَى عَمَّا يَصِفُونَ (١٠٠) بَدِيعُ السَّمَاوَاتِ وَالأَرْضِ أَنَّى يَكُونُ لَهُ وَلَدٌ
وَلَمْ تَكُن لَّهُ صَاحِبَةٌ وَخَلَقَ كُلَّ شَيْءٍ وهُوَ بِكُلِّ شَيْءٍ عَلِيمٌ (١٠١) ذَلِكُمُ اللّهُ رَبُّكُمْ

لا إِلَـهَ إِلاَّ هُوَ خَالِقُ كُلِّ شَيْءٍ فَاعْبُدُوهُ وَهُوَ عَلَى كُلِّ شَيْءٍ وَكِيلٌ (١٠٢) لاَّ تُدْرِكُهُ الأَبْصَارُ وَهُوَ يُدْرِكُ الأَبْصَارَ وَهُوَ اللَّطِيفُ الْخَبِيرُ (١٠٣) قَدْ جَاءكُم بَصَآئِرُ مِن رَّبِّكُمْ فَمَنْ أَبْصَرَ فَلِنَفْسِهِ وَمَنْ عَمِيَ فَعَلَيْهَا وَمَا أَنَاْ عَلَيْكُم بِحَفِيظٍ (١٠٤) وَكَذَلِكَ نُصَرِّفُ الآيَاتِ وَلِيَقُولُواْ دَرَسْتَ وَلِنُبَيِّنَهُ لِقَوْمٍ يَعْلَمُونَ (١٠٥) اتَّبِعْ مَا أُوحِيَ إِلَيْكَ مِن رَّبِّكَ لا إِلَـهَ إِلاَّ هُوَ وَأَعْرِضْ عَنِ الْمُشْرِكِينَ (١٠٦) وَلَوْ شَاء اللّهُ مَا أَشْرَكُواْ وَمَا جَعَلْنَاكَ عَلَيْهِمْ حَفِيظًا وَمَا أَنتَ عَلَيْهِم بِوَكِيلٍ (١٠٧) وَلاَ تَسُبُّواْ الَّذِينَ يَدْعُونَ مِن دُونِ اللّهِ فَيَسُبُّواْ اللّهَ عَدْوًا بِغَيْرِ عِلْمٍ كَذَلِكَ زَيَّنَّا لِكُلِّ أُمَّةٍ عَمَلَهُمْ ثُمَّ إِلَى رَبِّهِم مَّرْجِعُهُمْ فَيُنَبِّئُهُم بِمَا كَانُواْ يَعْمَلُونَ (١٠٨) وَأَقْسَمُواْ بِاللّهِ جَهْدَ أَيْمَانِهِمْ لَئِن جَاءتْهُمْ آيَةٌ لَّيُؤْمِنُنَّ بِهَا قُلْ إِنَّمَا الآيَاتُ عِندَ اللّهِ وَمَا يُشْعِرُكُمْ أَنَّهَا إِذَا جَاءتْ لاَ يُؤْمِنُونَ (١٠٩) وَنُقَلِّبُ أَفْئِدَتَهُمْ وَأَبْصَارَهُمْ كَمَا لَمْ يُؤْمِنُواْ بِهِ أَوَّلَ مَرَّةٍ وَنَذَرُهُمْ فِي طُغْيَانِهِمْ يَعْمَهُونَ (١١٠) وَلَوْ أَنَّنَا نَزَّلْنَا إِلَيْهِمُ الْمَلآئِكَةَ وَكَلَّمَهُمُ الْمَوْتَى وَحَشَرْنَا عَلَيْهِمْ كُلَّ شَيْءٍ قُبُلاً مَّا كَانُواْ لِيُؤْمِنُواْ إِلاَّ أَن يَشَاء اللّهُ وَلَكِنَّ أَكْثَرَهُمْ يَجْهَلُونَ (١١١) وَكَذَلِكَ جَعَلْنَا لِكُلِّ نِبِيٍّ عَدُوًّا شَيَاطِينَ الإِنسِ وَالْجِنِّ يُوحِي بَعْضُهُمْ إِلَى بَعْضٍ زُخْرُفَ الْقَوْلِ غُرُورًا وَلَوْ شَاء رَبُّكَ مَا فَعَلُوهُ فَذَرْهُمْ وَمَا يَفْتَرُونَ (١١٢) وَلِتَصْغَى إِلَيْهِ أَفْئِدَةُ الَّذِينَ لاَ يُؤْمِنُونَ بِالآخِرَةِ وَلِيَرْضَوْهُ وَلِيَقْتَرِفُواْ مَا هُم مُّقْتَرِفُونَ (١١٣) أَفَغَيْرَ اللّهِ أَبْتَغِي حَكَمًا وَهُوَ الَّذِي أَنَزَلَ إِلَيْكُمُ الْكِتَابَ مُفَصَّلاً وَالَّذِينَ آتَيْنَاهُمُ الْكِتَابَ يَعْلَمُونَ أَنَّهُ مُنَزَّلٌ مِّن رَّبِّكَ بِالْحَقِّ فَلاَ تَكُونَنَّ مِنَ الْمُمْتَرِينَ (١١٤) وَتَمَّتْ كَلِمَتُ رَبِّكَ صِدْقًا وَعَدْلاً لاَّ مُبَدِّلِ لِكَلِمَاتِهِ وَهُوَ السَّمِيعُ الْعَلِيمُ (١١٥) وَإِن تُطِعْ أَكْثَرَ مَن فِي الأَرْضِ يُضِلُّوكَ عَن سَبِيلِ اللّهِ إِن يَتَّبِعُونَ إِلاَّ الظَّنَّ وَإِنْ هُمْ إِلاَّ يَخْرُصُونَ (١١٦) إِنَّ رَبَّكَ هُوَ أَعْلَمُ مَن يَضِلُّ عَن سَبِيلِهِ وَهُوَ أَعْلَمُ بِالْمُهْتَدِينَ (١١٧) فَكُلُواْ مِمَّا ذُكِرَ اسْمُ اللّهِ عَلَيْهِ إِن كُنتُمْ بِآيَاتِهِ مُؤْمِنِينَ (١١٨) وَمَا لَكُمْ أَلاَّ تَأْكُلُواْ مِمَّا ذُكِرَ اسْمُ اللّهِ عَلَيْهِ وَقَدْ فَصَّلَ لَكُم مَّا حَرَّمَ عَلَيْكُمْ إِلاَّ مَا اضْطُرِرْتُمْ إِلَيْهِ وَإِنَّ كَثِيرًا لَّيُضِلُّونَ بِأَهْوَائِهِم بِغَيْرِ عِلْمٍ إِنَّ رَبَّكَ هُوَ أَعْلَمُ بِالْمُعْتَدِينَ (١١٩) وَذَرُواْ ظَاهِرَ الإِثْمِ وَبَاطِنَهُ إِنَّ الَّذِينَ يَكْسِبُونَ الإِثْمَ سَيُجْزَوْنَ بِمَا كَانُواْ يَقْتَرِفُونَ (١٢٠) وَلاَ تَأْكُلُواْ مِمَّا لَمْ يُذْكَرِ اسْمُ اللّهِ عَلَيْهِ وَإِنَّهُ لَفِسْقٌ وَإِنَّ الشَّيَاطِينَ لَيُوحُونَ إِلَى أَوْلِيَآئِهِمْ لِيُجَادِلُوكُمْ وَإِنْ أَطَعْتُمُوهُمْ إِنَّكُمْ لَمُشْرِكُونَ (١٢١) أَوَ مَن كَانَ مَيْتًا فَأَحْيَيْنَاهُ وَجَعَلْنَا لَهُ نُورًا يَمْشِي بِهِ فِي النَّاسِ كَمَن مَّثَلُهُ فِي الظُّلُمَاتِ لَيْسَ بِخَارِجٍ مِّنْهَا كَذَلِكَ زُيِّنَ لِلْكَافِرِينَ مَا كَانُواْ يَعْمَلُونَ (١٢٢) وَكَذَلِكَ جَعَلْنَا فِي كُلِّ قَرْيَةٍ أَكَابِرَ مُجَرِمِيهَا لِيَمْكُرُواْ فِيهَا وَمَا يَمْكُرُونَ إِلاَّ بِأَنفُسِهِمْ وَمَا يَشْعُرُونَ (١٢٣) وَإِذَا جَاءتْهُمْ آيَةٌ قَالُواْ لَن نُّؤْمِنَ حَتَّى

نُؤْتَى مِثْلَ مَا أُوتِيَ رُسُلُ اللّهِ اللّهُ أَعْلَمُ حَيْثُ يَجْعَلُ رِسَالَتَهُ سَيُصِيبُ الَّذِينَ أَجْرَمُواْ صَغَارٌ عِندَ اللّهِ وَعَذَابٌ شَدِيدٌ بِمَا كَانُواْ يَمْكُرُونَ (١٢٤) فَمَن يُرِدِ اللّهُ أَن يَهْدِيَهُ يَشْرَحْ صَدْرَهُ لِلإِسْلاَمِ وَمَن يُرِدْ أَن يُضِلَّهُ يَجْعَلْ صَدْرَهُ ضَيِّقًا حَرَجًا كَأَنَّمَا يَصَّعَّدُ فِي السَّمَاء كَذَلِكَ يَجْعَلُ اللّهُ الرِّجْسَ عَلَى الَّذِينَ لاَ يُؤْمِنُونَ (١٢٥) وَهَذَا صِرَاطُ رَبِّكَ مُسْتَقِيمًا قَدْ فَصَّلْنَا الآيَاتِ لِقَوْمٍ يَذَّكَّرُونَ (١٢٦) لَهُمْ دَارُ السَّلاَمِ عِندَ رَبِّهِمْ وَهُوَ وَلِيُّهُمْ بِمَا كَانُواْ يَعْمَلُونَ (١٢٧) وَيَوْمَ يَحْشُرُهُمْ جَمِيعًا يَا مَعْشَرَ الْجِنِّ قَدِ اسْتَكْثَرْتُم مِّنَ الإِنسِ وَقَالَ أَوْلِيَآؤُهُم مِّنَ الإِنسِ رَبَّنَا اسْتَمْتَعَ بَعْضُنَا بِبَعْضٍ وَبَلَغْنَا أَجَلَنَا الَّذِيَ أَجَّلْتَ لَنَا قَالَ النَّارُ مَثْوَاكُمْ خَالِدِينَ فِيهَا إِلاَّ مَا شَاء اللّهُ إِنَّ رَبَّكَ حَكِيمٌ عَلِيمٌ (١٢٨) وَكَذَلِكَ نُوَلِّي بَعْضَ الظَّالِمِينَ بَعْضًا بِمَا كَانُواْ يَكْسِبُونَ (١٢٩) يَا مَعْشَرَ الْجِنِّ وَالإِنسِ أَلَمْ يَأْتِكُمْ رُسُلٌ مِّنكُمْ يَقُصُّونَ عَلَيْكُمْ آيَاتِي وَيُنذِرُونَكُمْ لِقَاء يَوْمِكُمْ هَذَا قَالُواْ شَهِدْنَا عَلَى أَنفُسِنَا وَغَرَّتْهُمُ الْحَيَاةُ الدُّنْيَا وَشَهِدُواْ عَلَى أَنفُسِهِمْ أَنَّهُمْ كَانُواْ كَافِرِينَ (١٣٠) ذَلِكَ أَن لَّمْ يَكُن رَّبُّكَ مُهْلِكَ الْقُرَى بِظُلْمٍ وَأَهْلُهَا غَافِلُونَ (١٣١) وَلِكُلٍّ دَرَجَاتٌ مِّمَّا عَمِلُواْ وَمَا رَبُّكَ بِغَافِلٍ عَمَّا يَعْمَلُونَ (١٣٢) وَرَبُّكَ الْغَنِيُّ ذُو الرَّحْمَةِ إِن يَشَأْ يُذْهِبْكُمْ وَيَسْتَخْلِفْ مِن بَعْدِكُم مَّا يَشَاء كَمَآ أَنشَأَكُم مِّن ذُرِّيَّةِ قَوْمٍ آخَرِينَ (١٣٣) إِنَّ مَا تُوعَدُونَ لآتٍ وَمَا أَنتُم بِمُعْجِزِينَ (١٣٤) قُلْ يَا قَوْمِ اعْمَلُواْ عَلَى مَكَانَتِكُمْ إِنِّي عَامِلٌ فَسَوْفَ تَعْلَمُونَ مَن تَكُونُ لَهُ عَاقِبَةُ الدِّارِ إِنَّهُ لاَ يُفْلِحُ الظَّالِمُونَ (١٣٥) وَجَعَلُواْ لِلّهِ مِمِّا ذَرَأَ مِنَ الْحَرْثِ وَالأَنْعَامِ نَصِيبًا فَقَالُواْ هَذَا لِلّهِ بِزَعْمِهِمْ وَهَذَا لِشُرَكَآئِنَا فَمَا كَانَ لِشُرَكَآئِهِمْ فَلاَ يَصِلُ إِلَى اللّهِ وَمَا كَانَ لِلّهِ فَهُوَ يَصِلُ إِلَى شُرَكَآئِهِمْ سَاء مَا يَحْكُمُونَ (١٣٦) وَكَذَلِكَ زَيَّنَ لِكَثِيرٍ مِّنَ الْمُشْرِكِينَ قَتْلَ أَوْلاَدِهِمْ شُرَكَآؤُهُمْ لِيُرْدُوهُمْ وَلِيَلْبِسُواْ عَلَيْهِمْ دِينَهُمْ وَلَوْ شَاء اللّهُ مَا فَعَلُوهُ فَذَرْهُمْ وَمَا يَفْتَرُونَ (١٣٧) وَقَالُواْ هَذِهِ أَنْعَامٌ وَحَرْثٌ حِجْرٌ لاَّ يَطْعَمُهَا إِلاَّ مَن نّشَاء بِزَعْمِهِمْ وَأَنْعَامٌ حُرِّمَتْ ظُهُورُهَا وَأَنْعَامٌ لاَّ يَذْكُرُونَ اسْمَ اللّهِ عَلَيْهَا افْتِرَاء عَلَيْهِ سَيَجْزِيهِم بِمَا كَانُواْ يَفْتَرُونَ (١٣٨) وَقَالُواْ مَا فِي بُطُونِ هَذِهِ الأَنْعَامِ خَالِصَةٌ لِّذُكُورِنَا وَمُحَرَّمٌ عَلَى أَزْوَاجِنَا وَإِن يَكُن مَّيْتَةً فَهُمْ فِيهِ شُرَكَاء سَيَجْزِيهِمْ وَصْفَهُمْ إِنَّهُ حِكِيمٌ عَلِيمٌ (١٣٩) قَدْ خَسِرَ الَّذِينَ قَتَلُواْ أَوْلاَدَهُمْ سَفَهًا بِغَيْرِ عِلْمٍ وَحَرَّمُواْ مَا رَزَقَهُمُ اللّهُ افْتِرَاء عَلَى اللّهِ قَدْ ضَلُّواْ وَمَا كَانُواْ مُهْتَدِينَ (١٤٠) وَهُوَ الَّذِي أَنشَأَ جَنَّاتٍ مَّعْرُوشَاتٍ وَغَيْرَ مَعْرُوشَاتٍ وَالنَّخْلَ وَالزَّرْعَ مُخْتَلِفًا أُكُلُهُ وَالزَّيْتُونَ وَالرُّمَّانَ مُتَشَابِهًا وَغَيْرَ مُتَشَابِهٍ كُلُواْ مِن ثَمَرِهِ إِذَا أَثْمَرَ وَآتُواْ حَقَّهُ يَوْمَ حَصَادِهِ وَلاَ تُسْرِفُواْ إِنَّهُ لاَ يُحِبُّ الْمُسْرِفِينَ (١٤١) وَمِنَ الأَنْعَامِ حَمُولَةً وَفَرْشًا كُلُواْ مِمَّا رَزَقَكُمُ اللّهُ وَلاَ تَتَّبِعُواْ خُطُوَاتِ الشَّيْطَانِ إِنَّهُ لَكُمْ عَدُوٌّ مُّبِينٌ (١٤٢) ثَمَانِيَةَ أَزْوَاجٍ مِّنَ الضَّأْنِ

اثْنَيْنِ وَمِنَ الْمَعْزِ اثْنَيْنِ قُلْ آلذَّكَرَيْنِ حَرَّمَ أَمِ الأُنثَيَيْنِ أَمَّا اشْتَمَلَتْ عَلَيْهِ أَرْحَامُ
الأُنثَيَيْنِ نَبِّؤُونِي بِعِلْمٍ إِن كُنتُمْ صَادِقِينَ (١٤٣) وَمِنَ الإِبْلِ اثْنَيْنِ وَمِنَ الْبَقَرِ اثْنَيْنِ
قُلْ آلذَّكَرَيْنِ حَرَّمَ أَمِ الأُنثَيَيْنِ أَمَّا اشْتَمَلَتْ عَلَيْهِ أَرْحَامُ الأُنثَيَيْنِ أَمْ كُنتُمْ شُهَدَاء إِذْ
وَصَّاكُمُ اللّهُ بِهَذَا فَمَنْ أَظْلَمُ مِمَّنِ افْتَرَى عَلَى اللّهِ كَذِبًا لِيُضِلَّ النَّاسَ بِغَيْرِ عِلْمٍ إِنَّ
اللّهَ لاَ يَهْدِي الْقَوْمَ الظَّالِمِينَ (١٤٤) قُل لاَّ أَجِدُ فِي مَا أُوْحِيَ إِلَيَّ مُحَرَّمًا عَلَى
طَاعِمٍ يَطْعَمُهُ إِلاَّ أَن يَكُونَ مَيْتَةً أَوْ دَمًا مَّسْفُوحًا أَوْ لَحْمَ خِنزِيرٍ فَإِنَّهُ رِجْسٌ أَوْ
فِسْقًا أُهِلَّ لِغَيْرِ اللّهِ بِهِ فَمَنِ اضْطُرَّ غَيْرَ بَاغٍ وَلاَ عَادٍ فَإِنَّ رَبَّكَ غَفُورٌ
رَّحِيمٌ (١٤٥) وَعَلَى الَّذِينَ هَادُواْ حَرَّمْنَا كُلَّ ذِي ظُفُرٍ وَمِنَ الْبَقَرِ وَالْغَنَمِ حَرَّمْنَا
عَلَيْهِمْ شُحُومَهُمَا إِلاَّ مَا حَمَلَتْ ظُهُورُهُمَا أَوِ الْحَوَايَا أَوْ مَا اخْتَلَطَ بِعَظْمٍ ذَلِكَ
جَزَيْنَاهُم بِبَغْيِهِمْ وِإِنَّا لَصَادِقُونَ (١٤٦) فَإِن كَذَّبُوكَ فَقُل رَّبُّكُمْ ذُو رَحْمَةٍ وَاسِعَةٍ
وَلاَ يُرَدُّ بَأْسُهُ عَنِ الْقَوْمِ الْمُجْرِمِينَ (١٤٧) سَيَقُولُ الَّذِينَ أَشْرَكُواْ لَوْ شَاء اللّهُ مَا
أَشْرَكْنَا وَلاَ آبَاؤُنَا وَلاَ حَرَّمْنَا مِن شَيْءٍ كَذَلِكَ كَذَّبَ الَّذِينَ مِن قَبْلِهِم حَتَّى ذَاقُواْ
بَأْسَنَا قُلْ هَلْ عِندَكُم مِّنْ عِلْمٍ فَتُخْرِجُوهُ لَنَا إِن تَتَّبِعُونَ إِلاَّ الظَّنَّ وَإِنْ أَنتُمْ إَلاَّ
تَخْرُصُونَ (١٤٨) قُلْ فَلِلّهِ الْحُجَّةُ الْبَالِغَةُ فَلَوْ شَاء لَهَدَاكُمْ أَجْمَعِينَ (١٤٩) قُلْ هَلُمَّ
شُهَدَاءكُمُ الَّذِينَ يَشْهَدُونَ أَنَّ اللّهَ حَرَّمَ هَذَا فَإِن شَهِدُواْ فَلاَ تَشْهَدْ مَعَهُمْ وَلاَ تَتَّبِعْ
أَهْوَاء الَّذِينَ كَذَّبُواْ بِآيَاتِنَا وَالَّذِينَ لاَ يُؤْمِنُونَ بِالآخِرَةِ وَهُم بِرَبِّهِمْ
يَعْدِلُونَ (١٥٠) قُلْ تَعَالَوْاْ أَتْلُ مَا حَرَّمَ رَبُّكُمْ عَلَيْكُمْ أَلاَّ تُشْرِكُواْ بِهِ شَيْئًا
وَبِالْوَالِدَيْنِ إِحْسَانًا وَلاَ تَقْتُلُواْ أَوْلاَدَكُم مِّنْ إمْلاَقٍ نَّحْنُ نَرْزُقُكُمْ وَإِيَّاهُمْ وَلاَ تَقْرَبُواْ
الْفَوَاحِشَ مَا ظَهَرَ مِنْهَا وَمَا بَطَنَ وَلاَ تَقْتُلُواْ النَّفْسَ الَّتِي حَرَّمَ اللّهُ إِلاَّ بِالْحَقِّ ذَلِكُمْ
وَصَّاكُمْ بِهِ لَعَلَّكُمْ تَعْقِلُونَ (١٥١) وَلاَ تَقْرَبُواْ مَالَ الْيَتِيمِ إِلاَّ بِالَّتِي هِيَ أَحْسَنُ حَتَّى
يَبْلُغَ أَشُدَّهُ وَأَوْفُواْ الْكَيْلَ وَالْمِيزَانَ بِالْقِسْطِ لاَ نُكَلِّفُ نَفْسًا إِلاَّ وُسْعَهَا وَإِذَا قُلْتُمْ
فَاعْدِلُواْ وَلَوْ كَانَ ذَا قُرْبَى وَبِعَهْدِ اللّهِ أَوْفُواْ ذَلِكُمْ وَصَّاكُم بِهِ لَعَلَّكُمْ
تَذَكَّرُونَ (١٥٢) وَأَنَّ هَذَا صِرَاطِي مُسْتَقِيمًا فَاتَّبِعُوهُ وَلاَ تَتَّبِعُواْ السُّبُلَ فَتَفَرَّقَ بِكُمْ
عَن سَبِيلِهِ ذَلِكُمْ وَصَّاكُم بِهِ لَعَلَّكُمْ تَتَّقُونَ (١٥٣) ثُمَّ آتَيْنَا مُوسَى الْكِتَابَ تَمَامًا عَلَى
الَّذِيَ أَحْسَنَ وَتَفْصِيلاً لِّكُلِّ شَيْءٍ وَهُدًى وَرَحْمَةً لَّعَلَّهُم بِلِقَاء رَبِّهِمْ
يُؤْمِنُونَ (١٥٤) وَهَذَا كِتَابٌ أَنزَلْنَاهُ مُبَارَكٌ فَاتَّبِعُوهُ وَاتَّقُواْ لَعَلَّكُمْ
تُرْحَمُونَ (١٥٥) أَن تَقُولُواْ إِنَّمَا أُنزِلَ الْكِتَابُ عَلَى طَآئِفَتَيْنِ مِن قَبْلِنَا وَإِن كُنَّا عَن
دِرَاسَتِهِمْ لَغَافِلِينَ (١٥٦) أَوْ تَقُولُواْ لَوْ أَنَّا أُنزِلَ عَلَيْنَا الْكِتَابُ لَكُنَّا أَهْدَى مِنْهُمْ فَقَدْ
جَاءكُم بَيِّنَةٌ مِّن رَّبِّكُمْ وَهُدًى وَرَحْمَةٌ فَمَنْ أَظْلَمُ مِمَّن كَذَّبَ بِآيَاتِ اللّهِ وَصَدَفَ
عَنْهَا سَنَجْزِي الَّذِينَ يَصْدِفُونَ عَنْ آيَاتِنَا سُوءَ الْعَذَابِ بِمَا كَانُواْ
يَصْدِفُونَ (١٥٧) هَلْ يَنظُرُونَ إِلاَّ أَن تَأْتِيهُمُ الْمَلآئِكَةُ أَوْ يَأْتِيَ رَبُّكَ أَوْ يَأْتِيَ

بَعْضُ آيَاتِ رَبِّكَ يَوْمَ يَأْتِي بَعْضُ آيَاتِ رَبِّكَ لاَ يَنفَعُ نَفْسًا إِيمَانُهَا لَمْ تَكُنْ آمَنَتْ مِن قَبْلُ أَوْ كَسَبَتْ فِي إِيمَانِهَا خَيْرًا قُلِ انتَظِرُواْ إِنَّا مُنتَظِرُونَ (١٥٨) إِنَّ الَّذِينَ فَرَّقُواْ دِينَهُمْ وَكَانُواْ شِيَعًا لَّسْتَ مِنْهُمْ فِي شَيْءٍ إِنَّمَا أَمْرُهُمْ إِلَى اللّهِ ثُمَّ يُنَبِّئُهُم بِمَا كَانُواْ يَفْعَلُونَ (١٥٩) مَن جَاء بِالْحَسَنَةِ فَلَهُ عَشْرُ أَمْثَالِهَا وَمَن جَاء بِالسَّيِّئَةِ فَلاَ يُجْزَى إِلاَّ مِثْلَهَا وَهُمْ لاَ يُظْلَمُونَ (١٦٠) قُلْ إِنَّنِي هَدَانِي رَبِّي إِلَى صِرَاطٍ مُّسْتَقِيمٍ دِينًا قِيَمًا مِّلَّةَ إِبْرَاهِيمَ حَنِيفًا وَمَا كَانَ مِنَ الْمُشْرِكِينَ (١٦١) قُلْ إِنَّ صَلاَتِي وَنُسُكِي وَمَحْيَايَ وَمَمَاتِي لِلّهِ رَبِّ الْعَالَمِينَ (١٦٢) لاَ شَرِيكَ لَهُ وَبِذَلِكَ أُمِرْتُ وَأَنَاْ أَوَّلُ الْمُسْلِمِينَ (١٦٣) قُلْ أَغَيْرَ اللّهِ أَبْغِي رَبًّا وَهُوَ رَبُّ كُلِّ شَيْءٍ وَلاَ تَكْسِبُ كُلُّ نَفْسٍ إِلاَّ عَلَيْهَا وَلاَ تَزِرُ وَازِرَةٌ وِزْرَ أُخْرَى ثُمَّ إِلَى رَبِّكُم مَّرْجِعُكُمْ فَيُنَبِّئُكُم بِمَا كُنتُمْ فِيهِ تَخْتَلِفُونَ (١٦٤) وَهُوَ الَّذِي جَعَلَكُمْ خَلاَئِفَ الأَرْضِ وَرَفَعَ بَعْضَكُمْ فَوْقَ بَعْضٍ دَرَجَاتٍ لِّيَبْلُوَكُمْ فِي مَا آتَاكُمْ إِنَّ رَبَّكَ سَرِيعُ الْعِقَابِ وَإِنَّهُ لَغَفُورٌ رَّحِيمٌ (١٦٥)

SOURATE AL A'RAF
سورة الأعراف

المص (١) كِتَابٌ أُنزِلَ إِلَيْكَ فَلاَ يَكُن فِي صَدْرِكَ حَرَجٌ مِّنْهُ لِتُنذِرَ بِهِ وَذِكْرَى لِلْمُؤْمِنِينَ (٢) اتَّبِعُواْ مَا أُنزِلَ إِلَيْكُم مِّن رَّبِّكُمْ وَلاَ تَتَّبِعُواْ مِن دُونِهِ أَوْلِيَاء قَلِيلاً مَّا تَذَكَّرُونَ (٣) وَكَم مِّن قَرْيَةٍ أَهْلَكْنَاهَا فَجَاءهَا بَأْسُنَا بَيَاتًا أَوْ هُمْ قَآئِلُونَ (٤) فَمَا كَانَ دَعْوَاهُمْ إِذْ جَاءهُمْ بَأْسُنَا إِلاَّ أَن قَالُواْ إِنَّا كُنَّا ظَالِمِينَ (٥) فَلَنَسْأَلَنَّ الَّذِينَ أُرْسِلَ إِلَيْهِمْ وَلَنَسْأَلَنَّ الْمُرْسَلِينَ (٦) فَلَنَقُصَّنَّ عَلَيْهِم بِعِلْمٍ وَمَا كُنَّا غَآئِبِينَ (٧) وَالْوَزْنُ يَوْمَئِذٍ الْحَقُّ فَمَن ثَقُلَتْ مَوَازِينُهُ فَأُوْلَئِكَ هُمُ الْمُفْلِحُونَ (٨) وَمَنْ خَفَّتْ مَوَازِينُهُ فَأُوْلَئِكَ الَّذِينَ خَسِرُواْ أَنفُسَهُم بِمَا كَانُواْ بِآيَاتِنَا يِظْلِمُونَ (٩) وَلَقَدْ مَكَّنَّاكُمْ فِي الأَرْضِ وَجَعَلْنَا لَكُمْ فِيهَا مَعَايِشَ قَلِيلاً مَّا تَشْكُرُونَ (١٠) وَلَقَدْ خَلَقْنَاكُمْ ثُمَّ صَوَّرْنَاكُمْ ثُمَّ قُلْنَا لِلْمَلآئِكَةِ اسْجُدُواْ لآدَمَ فَسَجَدُواْ إِلاَّ إِبْلِيسَ لَمْ يَكُن مِّنَ السَّاجِدِينَ (١١) قَالَ مَا مَنَعَكَ أَلاَّ تَسْجُدَ إِذْ أَمَرْتُكَ قَالَ أَنَاْ خَيْرٌ مِّنْهُ خَلَقْتَنِي مِن نَّارٍ وَخَلَقْتَهُ مِن طِينٍ (١٢) قَالَ فَاهْبِطْ مِنْهَا فَمَا يَكُونُ لَكَ أَن تَتَكَبَّرَ فِيهَا فَاخْرُجْ إِنَّكَ مِنَ الصَّاغِرِينَ (١٣) قَالَ فَأَنظِرْنِي إِلَى يَوْمِ يُبْعَثُونَ (١٤) قَالَ إِنَّكَ مِنَ المُنظَرِينَ (١٥) قَالَ فَبِمَا أَغْوَيْتَنِي لأَقْعُدَنَّ لَهُمْ صِرَاطَكَ الْمُسْتَقِيمَ (١٦) ثُمَّ لآتِيَنَّهُم مِّن بَيْنِ أَيْدِيهِمْ وَمِنْ خَلْفِهِمْ وَعَنْ أَيْمَانِهِمْ

وَعَن شَمَآئِلِهِمْ وَلاَ تَجِدُ أَكْثَرَهُمْ شَاكِرِينَ (١٧) قَالَ اخْرُجْ مِنْهَا مَذْؤُومًا مَّدْحُورًا
لَّمَن تَبِعَكَ مِنْهُمْ لأَمْلأَنَّ جَهَنَّمَ مِنكُمْ أَجْمَعِينَ (١٨) وَيَا آدَمُ اسْكُنْ أَنتَ وَزَوْجُكَ
الْجَنَّةَ فَكُلاَ مِنْ حَيْثُ شِئْتُمَا وَلاَ تَقْرَبَا هَذِهِ الشَّجَرَةَ فَتَكُونَا مِنَ
الظَّالِمِينَ (١٩) فَوَسْوَسَ لَهُمَا الشَّيْطَانُ لِيُبْدِيَ لَهُمَا مَا وُورِيَ عَنْهُمَا مِن
سَوْءَاتِهِمَا وَقَالَ مَا نَهَاكُمَا رَبُّكُمَا عَنْ هَذِهِ الشَّجَرَةِ إِلاَّ أَن تَكُونَا مَلَكَيْنِ أَوْ تَكُونَا
مِنَ الْخَالِدِينَ (٢٠) وَقَاسَمَهُمَا إِنِّي لَكُمَا لَمِنَ النَّاصِحِينَ (٢١) فَدَلاَّهُمَا بِغُرُورٍ
فَلَمَّا ذَاقَا الشَّجَرَةَ بَدَتْ لَهُمَا سَوْءَاتُهُمَا وَطَفِقَا يَخْصِفَانِ عَلَيْهِمَا مِن وَرَقِ الْجَنَّةِ
وَنَادَاهُمَا رَبُّهُمَا أَلَمْ أَنْهَكُمَا عَن تِلْكُمَا الشَّجَرَةِ وَأَقُل لَّكُمَا إِنَّ الشَّيْطَآنَ لَكُمَا عَدُوٌّ
مُّبِينٌ (٢٢) قَالاَ رَبَّنَا ظَلَمْنَا أَنفُسَنَا وَإِن لَّمْ تَغْفِرْ لَنَا وَتَرْحَمْنَا لَنَكُونَنَّ مِنَ
الْخَاسِرِينَ (٢٣) قَالَ اهْبِطُواْ بَعْضُكُمْ لِبَعْضٍ عَدُوٌّ وَلَكُمْ فِي الأَرْضِ مُسْتَقَرٌّ
وَمَتَاعٌ إِلَى حِينٍ (٢٤) قَالَ فِيهَا تَحْيَوْنَ وَفِيهَا تَمُوتُونَ وَمِنْهَا تُخْرَجُونَ (٢٥) يَا
بَنِي آدَمَ قَدْ أَنزَلْنَا عَلَيْكُمْ لِبَاسًا يُوَارِي سَوْءَاتِكُمْ وَرِيشًا وَلِبَاسُ التَّقْوَى ذَلِكَ خَيْرٌ
ذَلِكَ مِنْ آيَاتِ اللّهِ لَعَلَّهُمْ يَذَّكَّرُونَ (٢٦) يَا بَنِي آدَمَ لاَ يَفْتِنَنَّكُمُ الشَّيْطَانُ كَمَا أَخْرَجَ
أَبَوَيْكُم مِّنَ الْجَنَّةِ يَنزِعُ عَنْهُمَا لِبَاسَهُمَا لِيُرِيَهُمَا سَوْءَاتِهِمَا إِنَّهُ يَرَاكُمْ هُوَ وَقَبِيلُهُ مِنْ
حَيْثُ لاَ تَرَوْنَهُمْ إِنَّا جَعَلْنَا الشَّيَاطِينَ أَوْلِيَاء لِلَّذِينَ لاَ يُؤْمِنُونَ (٢٧) وَإِذَا فَعَلُواْ
فَاحِشَةً قَالُواْ وَجَدْنَا عَلَيْهَا آبَاءنَا وَاللّهُ أَمَرَنَا بِهَا قُلْ إِنَّ اللّهَ لاَ يَأْمُرُ بِالْفَحْشَاء
أَتَقُولُونَ عَلَى اللّهِ مَا لاَ تَعْلَمُونَ (٢٨) قُلْ أَمَرَ رَبِّي بِالْقِسْطِ وَأَقِيمُواْ وُجُوهَكُمْ عِندَ
كُلِّ مَسْجِدٍ وَادْعُوهُ مُخْلِصِينَ لَهُ الدِّينَ كَمَا بَدَأَكُمْ تَعُودُونَ (٢٩) فَرِيقًا هَدَى
وَفَرِيقًا حَقَّ عَلَيْهِمُ الضَّلاَلَةُ إِنَّهُمُ اتَّخَذُوا الشَّيَاطِينَ أَوْلِيَاء مِن دُونِ اللّهِ وَيَحْسَبُونَ
أَنَّهُم مُّهْتَدُونَ (٣٠) يَا بَنِي آدَمَ خُذُواْ زِينَتَكُمْ عِندَ كُلِّ مَسْجِدٍ وكُلُواْ وَاشْرَبُواْ وَلاَ
تُسْرِفُواْ إِنَّهُ لاَ يُحِبُّ الْمُسْرِفِينَ (٣١) قُلْ مَنْ حَرَّمَ زِينَةَ اللّهِ الَّتِيَ أَخْرَجَ لِعِبَادِهِ
وَالْطَّيِّبَاتِ مِنَ الرِّزْقِ قُلْ هِي لِلَّذِينَ آمَنُواْ فِي الْحَيَاةِ الدُّنْيَا خَالِصَةً يَوْمَ الْقِيَامَةِ
كَذَلِكَ نُفَصِّلُ الآيَاتِ لِقَوْمٍ يَعْلَمُونَ (٣٢) قُلْ إِنَّمَا حَرَّمَ رَبِّيَ الْفَوَاحِشَ مَا ظَهَرَ
مِنْهَا وَمَا بَطَنَ وَالإِثْمَ وَالْبَغْيَ بِغَيْرِ الْحَقِّ وَأَن تُشْرِكُواْ بِاللّهِ مَا لَمْ يُنَزِّلْ بِهِ سُلْطَانًا
وَأَن تَقُولُواْ عَلَى اللّهِ مَا لاَ تَعْلَمُونَ (٣٣) وَلِكُلِّ أُمَّةٍ أَجَلٌ فَإِذَا جَاء أَجَلُهُمْ لاَ
يَسْتَأْخِرُونَ سَاعَةً وَلاَ يَسْتَقْدِمُونَ (٣٤) يَا بَنِي آدَمَ إِمَّا يَأْتِيَنَّكُمْ رُسُلٌ مِّنكُمْ يَقُصُّونَ
عَلَيْكُمْ آيَاتِي فَمَنِ اتَّقَى وَأَصْلَحَ فَلاَ خَوْفٌ عَلَيْهِمْ وَلاَ هُمْ يَحْزَنُونَ (٣٥) وَالَّذِينَ
كَذَّبُواْ بِآيَاتِنَا وَاسْتَكْبَرُواْ عَنْهَا أُوْلَئِكَ أَصْحَابُ النَّارِ هُمْ فِيهَا خَالِدُونَ (٣٦) فَمَنْ
أَظْلَمُ مِمَّنِ افْتَرَى عَلَى اللّهِ كَذِبًا أَوْ كَذَّبَ بِآيَاتِهِ أُوْلَئِكَ يَنَالُهُمْ نَصِيبُهُم مِّنَ الْكِتَابِ
حَتَّى إِذَا جَاءتْهُمْ رُسُلُنَا يَتَوَفَّوْنَهُمْ قَالُواْ أَيْنَ مَا كُنتُمْ تَدْعُونَ مِن دُونِ اللّهِ قَالُواْ
ضَلُّواْ عَنَّا وَشَهِدُواْ عَلَى أَنفُسِهِمْ أَنَّهُمْ كَانُواْ كَافِرِينَ (٣٧) قَالَ ادْخُلُواْ فِي أُمَمٍ قَدْ

خَلَتْ مِن قَبْلِكُم مِّن الْجِنِّ وَالإِنسِ فِي النَّارِ كُلَّمَا دَخَلَتْ أُمَّةٌ لَّعَنَتْ أُخْتَهَا حَتَّى إِذَا
ادَّارَكُواْ فِيهَا جَمِيعًا قَالَتْ أُخْرَاهُمْ لأُولاَهُمْ رَبَّنَا هَؤُلاء أَضَلُّونَا فَآتِهِمْ عَذَابًا ضِعْفًا
مِّنَ النَّارِ قَالَ لِكُلٍّ ضِعْفٌ وَلَكِن لاَّ تَعْلَمُونَ (٣٨) وَقَالَتْ أُولاَهُمْ لأُخْرَاهُمْ فَمَا
كَانَ لَكُمْ عَلَيْنَا مِن فَضْلٍ فَذُوقُواْ الْعَذَابَ بِمَا كُنتُمْ تَكْسِبُونَ (٣٩) إِنَّ الَّذِينَ كَذَّبُواْ
بِآيَاتِنَا وَاسْتَكْبَرُواْ عَنْهَا لاَ تُفَتَّحُ لَهُمْ أَبْوَابُ السَّمَاء وَلاَ يَدْخُلُونَ الْجَنَّةَ حَتَّى يَلِجَ
الْجَمَلُ فِي سَمِّ الْخِيَاطِ وَكَذَلِكَ نَجْزِي الْمُجْرِمِينَ (٤٠) لَهُم مِّن جَهَنَّمَ مِهَادٌ وَمِن
فَوْقِهِمْ غَوَاشٍ وَكَذَلِكَ نَجْزِي الظَّالِمِينَ (٤١) وَالَّذِينَ آمَنُواْ وَعَمِلُواْ الصَّالِحَاتِ لاَ
نُكَلِّفُ نَفْسًا إِلاَّ وُسْعَهَا أُوْلَئِكَ أَصْحَابُ الْجَنَّةِ هُمْ فِيهَا خَالِدُونَ (٤٢) وَنَزَعْنَا مَا
فِي صُدُورِهِم مِّنْ غِلٍّ تَجْرِي مِن تَحْتِهِمُ الأَنْهَارُ وَقَالُواْ الْحَمْدُ لِلّهِ الَّذِي هَدَانَا لِهَذَا
وَمَا كُنَّا لِنَهْتَدِيَ لَوْلا أَنْ هَدَانَا اللّهُ لَقَدْ جَاءتْ رُسُلُ رَبِّنَا بِالْحَقِّ وَنُودُواْ أَن تِلْكُمُ
الْجَنَّةُ أُورِثْتُمُوهَا بِمَا كُنتُمْ تَعْمَلُونَ (٤٣) وَنَادَى أَصْحَابُ الْجَنَّةِ أَصْحَابَ النَّارِ أَن
قَدْ وَجَدْنَا مَا وَعَدَنَا رَبُّنَا حَقًّا فَهَلْ وَجَدتُّم مَّا وَعَدَ رَبُّكُمْ حَقًّا قَالُواْ نَعَمْ فَأَذَّنَ مُؤَذِّنٌ
بَيْنَهُمْ أَن لَّعْنَةُ اللّهِ عَلَى الظَّالِمِينَ (٤٤) الَّذِينَ يَصُدُّونَ عَن سَبِيلِ اللّهِ وَيَبْغُونَهَا
عِوَجًا وَهُم بِالآخِرَةِ كَافِرُونَ (٤٥) وَبَيْنَهُمَا حِجَابٌ وَعَلَى الأَعْرَافِ رِجَالٌ
يَعْرِفُونَ كُلاًّ بِسِيمَاهُمْ وَنَادَوْاْ أَصْحَابَ الْجَنَّةِ أَن سَلاَمٌ عَلَيْكُمْ لَمْ يَدْخُلُوهَا وَهُمْ
يَطْمَعُونَ (٤٦) وَإِذَا صُرِفَتْ أَبْصَارُهُمْ تِلْقَاء أَصْحَابِ النَّارِ قَالُواْ رَبَّنَا لاَ تَجْعَلْنَا
مَعَ الْقَوْمِ الظَّالِمِينَ (٤٧) وَنَادَى أَصْحَابُ الأَعْرَافِ رِجَالاً يَعْرِفُونَهُمْ بِسِيمَاهُمْ
قَالُواْ مَا أَغْنَى عَنكُمْ جَمْعُكُمْ وَمَا كُنتُمْ تَسْتَكْبِرُونَ (٤٨) أَهَؤُلاء الَّذِينَ أَقْسَمْتُمْ لاَ
يَنَالُهُمُ اللّهُ بِرَحْمَةٍ ادْخُلُواْ الْجَنَّةَ لاَ خَوْفٌ عَلَيْكُمْ وَلاَ أَنتُمْ تَحْزَنُونَ (٤٩) وَنَادَى
أَصْحَابُ النَّارِ أَصْحَابَ الْجَنَّةِ أَنْ أَفِيضُواْ عَلَيْنَا مِنَ الْمَاء أَوْ مِمَّا رَزَقَكُمُ اللّهُ قَالُواْ
إِنَّ اللّهَ حَرَّمَهُمَا عَلَى الْكَافِرِينَ (٥٠) الَّذِينَ اتَّخَذُواْ دِينَهُمْ لَهْوًا وَلَعِبًا وَغَرَّتْهُمُ
الْحَيَاةُ الدُّنْيَا فَالْيَوْمَ نَنسَاهُمْ كَمَا نَسُواْ لِقَاء يَوْمِهِمْ هَذَا وَمَا كَانُواْ بِآيَاتِنَا
يَجْحَدُونَ (٥١) وَلَقَدْ جِئْنَاهُم بِكِتَابٍ فَصَّلْنَاهُ عَلَى عِلْمٍ هُدًى وَرَحْمَةً لِّقَوْمٍ
يُؤْمِنُونَ (٥٢) هَلْ يَنظُرُونَ إِلاَّ تَأْوِيلَهُ يَوْمَ يَأْتِي تَأْوِيلُهُ يَقُولُ الَّذِينَ نَسُوهُ مِن قَبْلُ
قَدْ جَاءتْ رُسُلُ رَبِّنَا بِالْحَقِّ فَهَل لَّنَا مِن شُفَعَاء فَيَشْفَعُواْ لَنَا أَوْ نُرَدُّ فَنَعْمَلَ غَيْرَ
الَّذِي كُنَّا نَعْمَلُ قَدْ خَسِرُواْ أَنفُسَهُمْ وَضَلَّ عَنْهُم مَّا كَانُواْ يَفْتَرُونَ (٥٣) إِنَّ رَبَّكُمُ
اللّهُ الَّذِي خَلَقَ السَّمَاوَاتِ وَالأَرْضَ فِي سِتَّةِ أَيَّامٍ ثُمَّ اسْتَوَى عَلَى الْعَرْشِ يُغْشِي
اللَّيْلَ النَّهَارَ يَطْلُبُهُ حَثِيثًا وَالشَّمْسَ وَالْقَمَرَ وَالنُّجُومَ مُسَخَّرَاتٍ بِأَمْرِهِ أَلاَ لَهُ الْخَلْقُ
وَالأَمْرُ تَبَارَكَ اللّهُ رَبُّ الْعَالَمِينَ (٥٤) ادْعُواْ رَبَّكُمْ تَضَرُّعًا وَخُفْيَةً إِنَّهُ لاَ يُحِبُّ
الْمُعْتَدِينَ (٥٥) وَلاَ تُفْسِدُواْ فِي الأَرْضِ بَعْدَ إِصْلاَحِهَا وَادْعُوهُ خَوْفًا وَطَمَعًا إِنَّ
رَحْمَتَ اللّهِ قَرِيبٌ مِّنَ الْمُحْسِنِينَ (٥٦) وَهُوَ الَّذِي يُرْسِلُ الرِّيَاحَ بُشْرًا بَيْنَ يَدَيْ

رَحْمَتِهِ حَتَّى إِذَا أَقَلَّتْ سَحَابًا ثِقَالاً سُقْنَاهُ لِبَلَدٍ مَّيِّتٍ فَأَنزَلْنَا بِهِ الْمَاء فَأَخْرَجْنَا بِهِ مِن كُلِّ الثَّمَرَاتِ كَذَلِكَ نُخْرِجُ الْموْتَى لَعَلَّكُمْ تَذَكَّرُونَ (٥٧) وَالْبَلَدُ الطَّيِّبُ يَخْرُجُ نَبَاتُهُ بِإِذْنِ رَبِّهِ وَالَّذِي خَبُثَ لاَ يَخْرُجُ إِلاَّ نَكِدًا كَذَلِكَ نُصَرِّفُ الآيَاتِ لِقَوْمٍ يَشْكُرُونَ (٥٨) لَقَدْ أَرْسَلْنَا نُوحًا إِلَى قَوْمِهِ فَقَالَ يَا قَوْمِ اعْبُدُواْ اللَّهَ مَا لَكُم مِّنْ إِلَهٍ غَيْرُهُ إِنِّيَ أَخَافُ عَلَيْكُمْ عَذَابَ يَوْمٍ عَظِيمٍ (٥٩) قَالَ الْمَلأُ مِن قَوْمِهِ إِنَّا لَنَرَاكَ فِي ضَلاَلٍ مُّبِينٍ (٦٠) قَالَ يَا قَوْمِ لَيْسَ بِي ضَلاَلَةٌ وَلَكِنِّي رَسُولٌ مِّن رَّبِّ الْعَالَمِينَ (٦١) أُبَلِّغُكُمْ رِسَالاَتِ رَبِّي وَأَنصَحُ لَكُمْ وَأَعْلَمُ مِنَ اللَّهِ مَا لاَ تَعْلَمُونَ (٦٢) أَوَعَجِبْتُمْ أَن جَاءكُمْ ذِكْرٌ مِّن رَّبِّكُمْ عَلَى رَجُلٍ مِّنكُمْ لِيُنذِرَكُمْ وَلِتَتَّقُواْ وَلَعَلَّكُمْ تُرْحَمُونَ (٦٣) فَكَذَّبُوهُ فَأَنجَيْنَاهُ وَالَّذِينَ مَعَهُ فِي الْفُلْكِ وَأَغْرَقْنَا الَّذِينَ كَذَّبُواْ بِآيَاتِنَا إِنَّهُمْ كَانُواْ قَوْماً عَمِينَ (٦٤) وَإِلَى عَادٍ أَخَاهُمْ هُوداً قَالَ يَا قَوْمِ اعْبُدُواْ اللَّهَ مَا لَكُم مِّنْ إِلَهٍ غَيْرُهُ أَفَلاَ تَتَّقُونَ (٦٥) قَالَ الْمَلأُ الَّذِينَ كَفَرُواْ مِن قَوْمِهِ إِنَّا لَنَرَاكَ فِي سَفَاهَةٍ وِإِنَّا لَنَظُنُّكَ مِنَ الْكَاذِبِينَ (٦٦) قَالَ يَا قَوْمِ لَيْسَ بِي سَفَاهَةٌ وَلَكِنِّي رَسُولٌ مِّن رَّبِّ الْعَالَمِينَ (٦٧) أُبَلِّغُكُمْ رِسَالاتِ رَبِّي وَأَنَاْ لَكُمْ نَاصِحٌ أَمِينٌ (٦٨) أَوَعَجِبْتُمْ أَن جَاءكُمْ ذِكْرٌ مِّن رَّبِّكُمْ عَلَى رَجُلٍ مِّنكُمْ لِيُنذِرَكُمْ وَاذكُرُواْ إِذْ جَعَلَكُمْ خُلَفَاء مِن بَعْدِ قَوْمِ نُوحٍ وَزَادَكُمْ فِي الْخَلْقِ بَسْطَةً فَاذْكُرُواْ آلاء اللَّهِ لَعَلَّكُمْ تُفْلِحُونَ (٦٩) قَالُواْ أَجِئْتَنَا لِنَعْبُدَ اللَّهَ وَحْدَهُ وَنَذَرَ مَا كَانَ يَعْبُدُ آبَاؤُنَا فَأْتِنَا بِمَا تَعِدُنَا إِن كُنتَ مِنَ الصَّادِقِينَ (٧٠) قَالَ قَدْ وَقَعَ عَلَيْكُم مِّن رَّبِّكُمْ رِجْسٌ وَغَضَبٌ أَتُجَادِلُونَنِي فِي أَسْمَاء سَمَّيْتُمُوهَا أَنتُمْ وَآبَآؤُكُم مَّا نَزَّلَ اللَّهُ بِهَا مِن سُلْطَانٍ فَانتَظِرُواْ إِنِّي مَعَكُم مِّنَ الْمُنتَظِرِينَ (٧١) فَأَنجَيْنَاهُ وَالَّذِينَ مَعَهُ بِرَحْمَةٍ مِّنَّا وَقَطَعْنَا دَابِرَ الَّذِينَ كَذَّبُواْ بِآيَاتِنَا وَمَا كَانُواْ مُؤْمِنِينَ (٧٢) وَإِلَى ثَمُودَ أَخَاهُمْ صَالِحًا قَالَ يَا قَوْمِ اعْبُدُواْ اللَّهَ مَا لَكُم مِّنْ إِلَهٍ غَيْرُهُ قَدْ جَاءتْكُم بَيِّنَةٌ مِّن رَّبِّكُمْ هَذِهِ نَاقَةُ اللَّهِ لَكُمْ آيَةً فَذَرُوهَا تَأْكُلْ فِي أَرْضِ اللَّهِ وَلاَ تَمَسُّوهَا بِسُوَءٍ فَيَأْخُذَكُمْ عَذَابٌ أَلِيمٌ (٧٣) وَاذْكُرُواْ إِذْ جَعَلَكُمْ خُلَفَاء مِن بَعْدِ عَادٍ وَبَوَّأَكُمْ فِي الأَرْضِ تَتَّخِذُونَ مِن سُهُولِهَا قُصُورًا وَتَنْحِتُونَ الْجِبَالَ بُيُوتًا فَاذْكُرُواْ آلاء اللَّهِ وَلاَ تَعْثَوْا فِي الأَرْضِ مُفْسِدِينَ (٧٤) قَالَ الْمَلأُ الَّذِينَ اسْتَكْبَرُواْ مِن قَوْمِهِ لِلَّذِينَ اسْتُضْعِفُواْ لِمَنْ آمَنَ مِنْهُمْ أَتَعْلَمُونَ أَنَّ صَالِحًا مُّرْسَلٌ مِّن رَّبِّهِ قَالُواْ إِنَّا بِمَا أُرْسِلَ بِهِ مُؤْمِنُونَ (٧٥) قَالَ الَّذِينَ اسْتَكْبَرُواْ إِنَّا بِالَّذِيَ آمَنتُمْ بِهِ كَافِرُونَ (٧٦) فَعَقَرُواْ النَّاقَةَ وَعَتَوْاْ عَنْ أَمْرِ رَبِّهِمْ وَقَالُواْ يَا صَالِحُ ائْتِنَا بِمَا تَعِدُنَا إِن كُنتَ مِنَ الْمُرْسَلِينَ (٧٧) فَأَخَذَتْهُمُ الرَّجْفَةُ فَأَصْبَحُواْ فِي دَارِهِمْ جَاثِمِينَ (٧٨) فَتَوَلَّى عَنْهُمْ وَقَالَ يَا قَوْمِ لَقَدْ أَبْلَغْتُكُمْ رِسَالَةَ رَبِّي وَنَصَحْتُ لَكُمْ وَلَكِن لاَّ تُحِبُّونَ النَّاصِحِينَ (٧٩) وَلُوطًا إِذْ قَالَ لِقَوْمِهِ أَتَأْتُونَ الْفَاحِشَةَ مَا سَبَقَكُم بِهَا مِنْ أَحَدٍ مِّن

الْعَالَمِينَ (٨٠) إِنَّكُمْ لَتَأْتُونَ الرِّجَالَ شَهْوَةً مِّن دُونِ النِّسَاء بَلْ أَنتُمْ قَوْمٌ
مُّسْرِفُونَ (٨١) وَمَا كَانَ جَوَابَ قَوْمِهِ إِلاَّ أَن قَالُواْ أَخْرِجُوهُم مِّن قَرْيَتِكُمْ إِنَّهُمْ
أُنَاسٌ يَتَطَهَّرُونَ (٨٢) فَأَنجَيْنَاهُ وَأَهْلَهُ إِلاَّ امْرَأَتَهُ كَانَتْ مِنَ
الْغَابِرِينَ (٨٣) وَأَمْطَرْنَا عَلَيْهِم مَّطَرًا فَانظُرْ كَيْفَ كَانَ عَاقِبَةُ
الْمُجْرِمِينَ (٨٤) وَإِلَى مَدْيَنَ أَخَاهُمْ شُعَيْبًا قَالَ يَا قَوْمِ اعْبُدُواْ اللّهَ مَا لَكُم مِّنْ إِلَهٍ
غَيْرُهُ قَدْ جَاءتْكُم بَيِّنَةٌ مِّن رَّبِّكُمْ فَأَوْفُواْ الْكَيْلَ وَالْمِيزَانَ وَلاَ تَبْخَسُواْ النَّاسَ
أَشْيَاءهُمْ وَلاَ تُفْسِدُواْ فِي الأَرْضِ بَعْدَ إِصْلاَحِهَا ذَلِكُمْ خَيْرٌ لَّكُمْ إِن كُنتُم
مُّؤْمِنِينَ (٨٥) وَلاَ تَقْعُدُواْ بِكُلِّ صِرَاطٍ تُوعِدُونَ وَتَصُدُّونَ عَن سَبِيلِ اللّهِ مَنْ آمَنَ
بِهِ وَتَبْغُونَهَا عِوَجًا وَاذْكُرُواْ إِذْ كُنتُمْ قَلِيلاً فَكَثَّرَكُمْ وَانظُرُواْ كَيْفَ كَانَ عَاقِبَةُ
الْمُفْسِدِينَ (٨٦) وَإِن كَانَ طَآئِفَةٌ مِّنكُمْ آمَنُواْ بِالَّذِي أُرْسِلْتُ بِهِ وَطَآئِفَةٌ لَّمْ يْؤْمِنُواْ
فَاصْبِرُواْ حَتَّى يَحْكُمَ اللّهُ بَيْنَنَا وَهُوَ خَيْرُ الْحَاكِمِينَ (٨٧) قَالَ الْمَلأُ الَّذِينَ
اسْتَكْبَرُواْ مِن قَوْمِهِ لَنُخْرِجَنَّكَ يَا شُعَيْبُ وَالَّذِينَ آمَنُواْ مَعَكَ مِن قَرْيَتِنَا أَوْ لَتَعُودُنَّ
فِي مِلَّتِنَا قَالَ أَوَلَوْ كُنَّا كَارِهِينَ (٨٨) قَدِ افْتَرَيْنَا عَلَى اللّهِ كَذِبًا إِنْ عُدْنَا فِي مِلَّتِكُم
بَعْدَ إِذْ نَجَّانَا اللّهُ مِنْهَا وَمَا يَكُونُ لَنَا أَن نَّعُودَ فِيهَا إِلاَّ أَن يَشَاءَ اللّهُ رَبُّنَا وَسِعَ رَبُّنَا
كُلَّ شَيْءٍ عِلْمًا عَلَى اللّهِ تَوَكَّلْنَا رَبَّنَا افْتَحْ بَيْنَنَا وَبَيْنَ قَوْمِنَا بِالْحَقِّ وَأَنتَ خَيْرُ
الْفَاتِحِينَ (٨٩) وَقَالَ الْمَلأُ الَّذِينَ كَفَرُواْ مِن قَوْمِهِ لَئِنِ اتَّبَعْتُمْ شُعَيْبًا إِنَّكُمْ إِذًا
لَّخَاسِرُونَ (٩٠) فَأَخَذَتْهُمُ الرَّجْفَةُ فَأَصْبَحُواْ فِي دَارِهِمْ جَاثِمِينَ (٩١) الَّذِينَ كَذَّبُواْ
شُعَيْبًا كَأَن لَّمْ يَغْنَوْاْ فِيهَا الَّذِينَ كَذَّبُواْ شُعَيْبًا كَانُواْ هُمُ الْخَاسِرِينَ (٩٢) فَتَوَلَّى
عَنْهُمْ وَقَالَ يَا قَوْمِ لَقَدْ أَبْلَغْتُكُمْ رِسَالاَتِ رَبِّي وَنَصَحْتُ لَكُمْ فَكَيْفَ آسَى عَلَى قَوْمٍ
كَافِرِينَ (٩٣) وَمَا أَرْسَلْنَا فِي قَرْيَةٍ مِّن نَّبِيٍّ إِلاَّ أَخَذْنَا أَهْلَهَا بِالْبَأْسَاء وَالضَّرَّاء
لَعَلَّهُمْ يَضَّرَّعُونَ (٩٤) ثُمَّ بَدَّلْنَا مَكَانَ السَّيِّئَةِ الْحَسَنَةَ حَتَّى عَفَواْ وَّقَالُواْ قَدْ مَسَّ
آبَاءنَا الضَّرَّاء وَالسَّرَّاء فَأَخَذْنَاهُم بَغْتَةً وَهُمْ لاَ يَشْعُرُونَ (٩٥) وَلَوْ أَنَّ أَهْلَ
الْقُرَى آمَنُواْ وَاتَّقَواْ لَفَتَحْنَا عَلَيْهِم بَرَكَاتٍ مِّنَ السَّمَاءِ وَالأَرْضِ وَلَكِن كَذَّبُواْ
فَأَخَذْنَاهُم بِمَا كَانُواْ يَكْسِبُونَ (٩٦) أَفَأَمِنَ أَهْلُ الْقُرَى أَن يَأْتِيَهُمْ بَأْسُنَا بَيَاتاً وَهُمْ
نَآئِمُونَ (٩٧) أَوَ أَمِنَ أَهْلُ الْقُرَى أَن يَأْتِيَهُمْ بَأْسُنَا ضُحًى وَهُمْ
يَلْعَبُونَ (٩٨) أَفَأَمِنُواْ مَكْرَ اللّهِ فَلاَ يَأْمَنُ مَكْرَ اللّهِ إِلاَّ الْقَوْمُ الْخَاسِرُونَ (٩٩) أَوَلَمْ
يَهْدِ لِلَّذِينَ يَرِثُونَ الأَرْضَ مِن بَعْدِ أَهْلِهَا أَن لَّوْ نَشَاءُ أَصَبْنَاهُم بِذُنُوبِهِمْ وَنَطْبَعُ
عَلَى قُلُوبِهِمْ فَهُمْ لاَ يَسْمَعُونَ (١٠٠) تِلْكَ الْقُرَى نَقُصُّ عَلَيْكَ مِنْ أَنبَآئِهَا وَلَقَدْ
جَاءتْهُمْ رُسُلُهُم بِالْبَيِّنَاتِ فَمَا كَانُواْ لِيُؤْمِنُواْ بِمَا كَذَّبُواْ مِن قَبْلُ كَذَلِكَ يَطْبَعُ اللّهُ عَلَى
قُلُوبِ الْكَافِرِينَ (١٠١) وَمَا وَجَدْنَا لأَكْثَرِهِم مِّنْ عَهْدٍ وَإِن وَجَدْنَا أَكْثَرَهُمْ
لَفَاسِقِينَ (١٠٢) ثُمَّ بَعَثْنَا مِن بَعْدِهِم مُّوسَى بِآيَاتِنَا إِلَى فِرْعَوْنَ وَمَلَئِهِ فَظَلَمُواْ بِهَا

فَانظُرْ كَيْفَ كَانَ عَاقِبَةُ الْمُفْسِدِينَ (١٠٣) وَقَالَ مُوسَى يَا فِرْعَوْنُ إِنِّي رَسُولٌ مِّن رَّبِّ الْعَالَمِينَ (١٠٤) حَقِيقٌ عَلَى أَن لاَّ أَقُولَ عَلَى اللّهِ إِلاَّ الْحَقَّ قَدْ جِئْتُكُم بِبَيِّنَةٍ مِّن رَّبِّكُمْ فَأَرْسِلْ مَعِيَ بَنِي إِسْرَائِيلَ (١٠٥) قَالَ إِن كُنتَ جِئْتَ بِآيَةٍ فَأْتِ بِهَا إِن كُنتَ مِنَ الصَّادِقِينَ (١٠٦) فَأَلْقَى عَصَاهُ فَإِذَا هِيَ ثُعْبَانٌ مُّبِينٌ (١٠٧) وَنَزَعَ يَدَهُ فَإِذَا هِيَ بَيْضَاء لِلنَّاظِرِينَ (١٠٨) قَالَ الْمَلأُ مِن قَوْمِ فِرْعَوْنَ إِنَّ هَذَا لَسَاحِرٌ عَلِيمٌ (١٠٩) يُرِيدُ أَن يُخْرِجَكُم مِّنْ أَرْضِكُمْ فَمَاذَا تَأْمُرُونَ (١١٠) قَالُواْ أَرْجِهْ وَأَخَاهُ وَأَرْسِلْ فِي الْمَدَآئِنِ حَاشِرِينَ (١١١) يَأْتُوكَ بِكُلِّ سَاحِرٍ عَلِيمٍ (١١٢) وَجَاء السَّحَرَةُ فِرْعَوْنَ قَالْواْ إِنَّ لَنَا لأَجْرًا إِن كُنَّا نَحْنُ الْغَالِبِينَ (١١٣) قَالَ نَعَمْ وَإَنَّكُمْ لَمِنَ الْمُقَرَّبِينَ (١١٤) قَالُواْ يَا مُوسَى إِمَّا أَن تُلْقِيَ وَإِمَّا أَن نَّكُونَ نَحْنُ الْمُلْقِينَ (١١٥) قَالَ أَلْقُوْاْ فَلَمَّا أَلْقَوْاْ سَحَرُواْ أَعْيُنَ النَّاسِ وَاسْتَرْهَبُوهُمْ وَجَاءوا بِسِحْرٍ عَظِيمٍ (١١٦) وَأَوْحَيْنَا إِلَى مُوسَى أَنْ أَلْقِ عَصَاكَ فَإِذَا هِيَ تَلْقَفُ مَا يَأْفِكُونَ (١١٧) فَوَقَعَ الْحَقُّ وَبَطَلَ مَا كَانُواْ يَعْمَلُونَ (١١٨) فَغُلِبُواْ هُنَالِكَ وَانقَلَبُواْ صَاغِرِينَ (١١٩) وَأُلْقِيَ السَّحَرَةُ سَاجِدِينَ (١٢٠) قَالُواْ آمَنَّا بِرَبِّ الْعَالَمِينَ (١٢١) رَبِّ مُوسَى وَهَارُونَ (١٢٢) قَالَ فِرْعَوْنُ آمَنتُم بِهِ قَبْلَ أَن آذَنَ لَكُمْ إِنَّ هَذَا لَمَكْرٌ مَّكَرْتُمُوهُ فِي الْمَدِينَةِ لِتُخْرِجُواْ مِنْهَا أَهْلَهَا فَسَوْفَ تَعْلَمُونَ (١٢٣) لأُقَطِّعَنَّ أَيْدِيَكُمْ وَأَرْجُلَكُم مِّنْ خِلاَفٍ ثُمَّ لأُصَلِّبَنَّكُمْ أَجْمَعِينَ (١٢٤) قَالُواْ إِنَّا إِلَى رَبِّنَا مُنقَلِبُونَ (١٢٥) وَمَا تَنقِمُ مِنَّا إِلاَّ أَنْ آمَنَّا بِآيَاتِ رَبِّنَا لَمَّا جَاءتْنَا رَبَّنَا أَفْرِغْ عَلَيْنَا صَبْرًا وَتَوَفَّنَا مُسْلِمِينَ (١٢٦) وَقَالَ الْمَلأُ مِن قَوْمِ فِرْعَونَ أَتَذَرُ مُوسَى وَقَوْمَهُ لِيُفْسِدُواْ فِي الأَرْضِ وَيَذَرَكَ وَآلِهَتَكَ قَالَ سَنُقَتِّلُ أَبْنَاءهُمْ وَنَسْتَحْيِي نِسَاءهُمْ وَإِنَّا فَوْقَهُمْ قَاهِرُونَ (١٢٧) قَالَ مُوسَى لِقَوْمِهِ اسْتَعِينُوا بِاللّهِ وَاصْبِرُواْ إِنَّ الأَرْضَ لِلّهِ يُورِثُهَا مَن يَشَاء مِنْ عِبَادِهِ وَالْعَاقِبَةُ لِلْمُتَّقِينَ (١٢٨) قَالُواْ أُوذِينَا مِن قَبْلِ أَن تَأْتِينَا وَمِن بَعْدِ مَا جِئْتَنَا قَالَ عَسَى رَبُّكُمْ أَن يُهْلِكَ عَدُوَّكُمْ وَيَسْتَخْلِفَكُمْ فِي الأَرْضِ فَيَنظُرَ كَيْفَ تَعْمَلُونَ (١٢٩) وَلَقَدْ أَخَذْنَا آلَ فِرْعَونَ بِالسِّنِينَ وَنَقْصٍ مِّن الثَّمَرَاتِ لَعَلَّهُمْ يَذَّكَّرُونَ (١٣٠) فَإِذَا جَاءتْهُمُ الْحَسَنَةُ قَالُواْ لَنَا هَذِهِ وَإِن تُصِبْهُمْ سَيِّئَةٌ يَطَّيَّرُواْ بِمُوسَى وَمَن مَّعَهُ أَلا إِنَّمَا طَائِرُهُمْ عِندَ اللّهِ وَلَكِنَّ أَكْثَرَهُمْ لاَ يَعْلَمُونَ (١٣١) وَقَالُواْ مَهْمَا تَأْتِنَا بِهِ مِن آيَةٍ لِّتَسْحَرَنَا بِهَا فَمَا نَحْنُ لَكَ بِمُؤْمِنِينَ (١٣٢) فَأَرْسَلْنَا عَلَيْهِمُ الطُّوفَانَ وَالْجَرَادَ وَالْقُمَّلَ وَالضَّفَادِعَ وَالدَّمَ آيَاتٍ مُّفَصَّلاَتٍ فَاسْتَكْبَرُواْ وَكَانُواْ قَوْمًا مُّجْرِمِينَ (١٣٣) وَلَمَّا وَقَعَ عَلَيْهِمُ الرِّجْزُ قَالُواْ يَا مُوسَى ادْعُ لَنَا رَبَّكَ بِمَا عَهِدَ عِندَكَ لَئِن كَشَفْتَ عَنَّا الرِّجْزَ لَنُؤْمِنَنَّ لَكَ وَلَنُرْسِلَنَّ مَعَكَ بَنِي إِسْرَآئِيلَ (١٣٤) فَلَمَّا كَشَفْنَا عَنْهُمُ الرِّجْزَ إِلَى أَجَلٍ هُم بَالِغُوهُ

إِذَا هُمْ يَنكُثُونَ (١٣٥) فَانتَقَمْنَا مِنْهُمْ فَأَغْرَقْنَاهُمْ فِي الْيَمِّ بِأَنَّهُمْ كَذَّبُواْ بِآيَاتِنَا وَكَانُواْ
عَنْهَا غَافِلِينَ (١٣٦) وَأَوْرَثْنَا الْقَوْمَ الَّذِينَ كَانُواْ يُسْتَضْعَفُونَ مَشَارِقَ الأَرْضِ
وَمَغَارِبَهَا الَّتِي بَارَكْنَا فِيهَا وَتَمَّتْ كَلِمَتُ رَبِّكَ الْحُسْنَى عَلَى بَنِي إِسْرَائِيلَ بِمَا
صَبَرُواْ وَدَمَّرْنَا مَا كَانَ يَصْنَعُ فِرْعَوْنُ وَقَوْمُهُ وَمَا كَانُواْ
يَعْرِشُونَ (١٣٧) وَجَاوَزْنَا بِبَنِي إِسْرَائِيلَ الْبَحْرَ فَأَتَوْاْ عَلَى قَوْمٍ يَعْكُفُونَ عَلَى
أَصْنَامٍ لَّهُمْ قَالُواْ يَا مُوسَى اجْعَل لَّنَا إِلَهًا كَمَا لَهُمْ آلِهَةٌ قَالَ إِنَّكُمْ قَوْمٌ
تَجْهَلُونَ (١٣٨) إِنَّ هَؤُلاء مُتَبَّرٌ مَّا هُمْ فِيهِ وَبَاطِلٌ مَّا كَانُواْ يَعْمَلُونَ (١٣٩) قَالَ
أَغَيْرَ اللهِ أَبْغِيكُمْ إِلَهًا وَهُوَ فَضَّلَكُمْ عَلَى الْعَالَمِينَ (١٤٠) وَإِذْ أَنجَيْنَاكُم مِّنْ آلِ
فِرْعَونَ يَسُومُونَكُمْ سُوَءَ الْعَذَابِ يُقَتِّلُونَ أَبْنَاءكُمْ وَيَسْتَحْيُونَ نِسَاءكُمْ وَفِي ذَلِكُم
بَلاء مِّن رَّبِّكُمْ عَظِيمٌ (١٤١) وَوَاعَدْنَا مُوسَى ثَلاَثِينَ لَيْلَةً وَأَتْمَمْنَاهَا بِعَشْرٍ فَتَمَّ
مِيقَاتُ رَبِّهِ أَرْبَعِينَ لَيْلَةً وَقَالَ مُوسَى لأَخِيهِ هَارُونَ اخْلُفْنِي فِي قَوْمِي وَأَصْلِحْ وَلاَ
تَتَّبِعْ سَبِيلَ الْمُفْسِدِينَ (١٤٢) وَلَمَّا جَاء مُوسَى لِمِيقَاتِنَا وَكَلَّمَهُ رَبُّهُ قَالَ رَبِّ أَرِنِي
أَنظُرْ إِلَيْكَ قَالَ لَن تَرَانِي وَلَكِنِ انظُرْ إِلَى الْجَبَلِ فَإِنِ اسْتَقَرَّ مَكَانَهُ فَسَوْفَ تَرَانِي
فَلَمَّا تَجَلَّى رَبُّهُ لِلْجَبَلِ جَعَلَهُ دَكًّا وَخَرَّ موسَى صَعِقًا فَلَمَّا أَفَاقَ قَالَ سُبْحَانَكَ تُبْتُ
إِلَيْكَ وَأَنَاْ أَوَّلُ الْمُؤْمِنِينَ (١٤٣) قَالَ يَا مُوسَى إِنِّي اصْطَفَيْتُكَ عَلَى النَّاسِ
بِرِسَالاَتِي وَبِكَلاَمِي فَخُذْ مَا آتَيْتُكَ وَكُن مِّنَ الشَّاكِرِينَ (١٤٤) وَكَتَبْنَا لَهُ فِي
الأَلْوَاحِ مِن كُلِّ شَيْءٍ مَّوْعِظَةً وَتَفْصِيلاً لِّكُلِّ شَيْءٍ فَخُذْهَا بِقُوَّةٍ وَأْمُرْ قَوْمَكَ
يَأْخُذُواْ بِأَحْسَنِهَا سَأُرِيكُمْ دَارَ الْفَاسِقِينَ (١٤٥) سَأَصْرِفُ عَنْ آيَاتِيَ الَّذِينَ
يَتَكَبَّرُونَ فِي الأَرْضِ بِغَيْرِ الْحَقِّ وَإِن يَرَوْاْ كُلَّ آيَةٍ لاَّ يُؤْمِنُواْ بِهَا وَإِن يَرَوْاْ سَبِيلَ
الرُّشْدِ لاَ يَتَّخِذُوهُ سَبِيلاً وَإِن يَرَوْاْ سَبِيلَ الْغَيِّ يَتَّخِذُوهُ سَبِيلاً ذَلِكَ بِأَنَّهُمْ كَذَّبُواْ
بِآيَاتِنَا وَكَانُواْ عَنْهَا غَافِلِينَ (١٤٦) وَالَّذِينَ كَذَّبُواْ بِآيَاتِنَا وَلِقَاء الآخِرَةِ حَبِطَتْ
أَعْمَالُهُمْ هَلْ يُجْزَوْنَ إِلاَّ مَا كَانُواْ يَعْمَلُونَ (١٤٧) وَاتَّخَذَ قَوْمُ مُوسَى مِن بَعْدِهِ مِنْ
حُلِيِّهِمْ عِجْلاً جَسَدًا لَّهُ خُوَارٌ أَلَمْ يَرَوْاْ أَنَّهُ لاَ يُكَلِّمُهُمْ وَلاَ يَهْدِيهِمْ سَبِيلاً اتَّخَذُوهُ
وَكَانُواْ ظَالِمِينَ (١٤٨) وَلَمَّا سُقِطَ فَي أَيْدِيهِمْ وَرَأَوْاْ أَنَّهُمْ قَدْ ضَلُّواْ قَالُواْ لَئِن لَّمْ
يَرْحَمْنَا رَبُّنَا وَيَغْفِرْ لَنَا لَنَكُونَنَّ مِنَ الْخَاسِرِينَ (١٤٩) وَلَمَّا رَجَعَ مُوسَى إِلَى
قَوْمِهِ غَضْبَانَ أَسِفًا قَالَ بِئْسَمَا خَلَفْتُمُونِي مِن بَعْدِيَ أَعَجِلْتُمْ أَمْرَ رَبِّكُمْ وَأَلْقَى
الأَلْوَاحَ وَأَخَذَ بِرَأْسِ أَخِيهِ يَجُرُّهُ إِلَيْهِ قَالَ ابْنَ أُمَّ إِنَّ الْقَوْمَ اسْتَضْعَفُونِي وَكَادُواْ
يَقْتُلُونَنِي فَلاَ تُشْمِتْ بِيَ الأعْدَاء وَلاَ تَجْعَلْنِي مَعَ الْقَوْمِ الظَّالِمِينَ (١٥٠) قَالَ رَبِّ
اغْفِرْ لِي وَلأَخِي وَأَدْخِلْنَا فِي رَحْمَتِكَ وَأَنتَ أَرْحَمُ الرَّاحِمِينَ (١٥١) إِنَّ الَّذِينَ
اتَّخَذُواْ الْعِجْلَ سَيَنَالُهُمْ غَضَبٌ مِّن رَّبِّهِمْ وَذِلَّةٌ فِي الْحَيَاةِ الدُّنْيَا وَكَذَلِكَ نَجْزِي
الْمُفْتَرِينَ (١٥٢) وَالَّذِينَ عَمِلُواْ السَّيِّئَاتِ ثُمَّ تَابُواْ مِن بَعْدِهَا وَآمَنُواْ إِنَّ رَبَّكَ مِن

بَعْدِهَا لَغَفُورٌ رَّحِيمٌ (١٥٣) وَلَمَّا سَكَتَ عَن مُّوسَى الْغَضَبُ أَخَذَ الأَلْوَاحَ وَفِي
نُسْخَتِهَا هُدًى وَرَحْمَةٌ لِّلَّذِينَ هُمْ لِرَبِّهِمْ يَرْهَبُونَ (١٥٤) وَاخْتَارَ مُوسَى قَوْمَهُ
سَبْعِينَ رَجُلاً لِّمِيقَاتِنَا فَلَمَّا أَخَذَتْهُمُ الرَّجْفَةُ قَالَ رَبِّ لَوْ شِئْتَ أَهْلَكْتَهُم مِّن قَبْلُ
وَإِيَّايَ أَتُهْلِكُنَا بِمَا فَعَلَ السُّفَهَاء مِنَّا إِنْ هِيَ إِلاَّ فِتْنَتُكَ تُضِلُّ بِهَا مَن تَشَاء وَتَهْدِي
مَن تَشَاء أَنتَ وَلِيُّنَا فَاغْفِرْ لَنَا وَارْحَمْنَا وَأَنتَ خَيْرُ الْغَافِرِينَ (١٥٥) وَاكْتُبْ لَنَا
فِي هَذِهِ الدُّنْيَا حَسَنَةً وَفِي الآخِرَةِ إِنَّا هُدْنَا إِلَيْكَ قَالَ عَذَابِي أُصِيبُ بِهِ مَنْ أَشَاء
وَرَحْمَتِي وَسِعَتْ كُلَّ شَيْءٍ فَسَأَكْتُبُهَا لِلَّذِينَ يَتَّقُونَ وَيُؤْتُونَ الزَّكَاةَ وَالَّذِينَ هُم
بِآيَاتِنَا يُؤْمِنُونَ (١٥٦) الَّذِينَ يَتَّبِعُونَ الرَّسُولَ النَّبِيَّ الأُمِّيَّ الَّذِي يَجِدُونَهُ مَكْتُوبًا
عِندَهُمْ فِي التَّوْرَاةِ وَالإِنْجِيلِ يَأْمُرُهُم بِالْمَعْرُوفِ وَيَنْهَاهُمْ عَنِ الْمُنكَرِ وَيُحِلُّ لَهُمُ
الطَّيِّبَاتِ وَيُحَرِّمُ عَلَيْهِمُ الْخَبَآئِثَ وَيَضَعُ عَنْهُمْ إِصْرَهُمْ وَالأَغْلاَلَ الَّتِي كَانَتْ
عَلَيْهِمْ فَالَّذِينَ آمَنُواْ بِهِ وَعَزَّرُوهُ وَنَصَرُوهُ وَاتَّبَعُواْ النُّورَ الَّذِيَ أُنزِلَ مَعَهُ أُوْلَئِكَ
هُمُ الْمُفْلِحُونَ (١٥٧) قُلْ يَا أَيُّهَا النَّاسُ إِنِّي رَسُولُ اللّهِ إِلَيْكُمْ جَمِيعًا الَّذِي لَهُ مُلْكُ
السَّمَاوَاتِ وَالأَرْضِ لا إِلَهَ إِلاَّ هُوَ يُحْيِي وَيُمِيتُ فَآمِنُواْ بِاللّهِ وَرَسُولِهِ النَّبِيِّ الأُمِّيِّ
الَّذِي يُؤْمِنُ بِاللّهِ وَكَلِمَاتِهِ وَاتَّبِعُوهُ لَعَلَّكُمْ تَهْتَدُونَ (١٥٨) وَمِن قَوْمِ مُوسَى أُمَّةٌ
يَهْدُونَ بِالْحَقِّ وَبِهِ يَعْدِلُونَ (١٥٩) وَقَطَّعْنَاهُمُ اثْنَتَيْ عَشْرَةَ أَسْبَاطًا أُمَمًا وَأَوْحَيْنَا
إِلَى مُوسَى إِذِ اسْتَسْقَاهُ قَوْمُهُ أَنِ اضْرِب بِّعَصَاكَ الْحَجَرَ فَانبَجَسَتْ مِنْهُ اثْنَتَا
عَشْرَةَ عَيْنًا قَدْ عَلِمَ كُلُّ أُنَاسٍ مَّشْرَبَهُمْ وَظَلَّلْنَا عَلَيْهِمُ الْغَمَامَ وَأَنزَلْنَا عَلَيْهِمُ الْمَنَّ
وَالسَّلْوَى كُلُواْ مِن طَيِّبَاتِ مَا رَزَقْنَاكُمْ وَمَا ظَلَمُونَا وَلَكِن كَانُواْ أَنفُسَهُمْ
يَظْلِمُونَ (١٦٠) وَإِذْ قِيلَ لَهُمُ اسْكُنُواْ هَذِهِ الْقَرْيَةَ وَكُلُواْ مِنْهَا حَيْثُ شِئْتُمْ وَقُولُواْ
حِطَّةٌ وَادْخُلُواْ الْبَابَ سُجَّدًا نَّغْفِرْ لَكُمْ خَطِيئَاتِكُمْ سَنَزِيدُ الْمُحْسِنِينَ (١٦١) فَبَدَّلَ
الَّذِينَ ظَلَمُواْ مِنْهُمْ قَوْلاً غَيْرَ الَّذِي قِيلَ لَهُمْ فَأَرْسَلْنَا عَلَيْهِمْ رِجْزًا مِّنَ السَّمَاء بِمَا
كَانُواْ يَظْلِمُونَ (١٦٢) وَاسْأَلْهُمْ عَنِ الْقَرْيَةِ الَّتِي كَانَتْ حَاضِرَةَ الْبَحْرِ إِذْ يَعْدُونَ
فِي السَّبْتِ إِذْ تَأْتِيهِمْ حِيتَانُهُمْ يَوْمَ سَبْتِهِمْ شُرَّعاً وَيَوْمَ لاَ يَسْبِتُونَ لاَ تَأْتِيهِمْ كَذَلِكَ
نَبْلُوهُم بِمَا كَانُوا يَفْسُقُونَ (١٦٣) وَإِذَ قَالَتْ أُمَّةٌ مِّنْهُمْ لِمَ تَعِظُونَ قَوْمًا اللّهُ مُهْلِكُهُمْ
أَوْ مُعَذِّبُهُمْ عَذَابًا شَدِيدًا قَالُواْ مَعْذِرَةً إِلَى رَبِّكُمْ وَلَعَلَّهُمْ يَتَّقُونَ (١٦٤) فَلَمَّا نَسُواْ مَا
ذُكِّرُواْ بِهِ أَنجَيْنَا الَّذِينَ يَنْهَوْنَ عَنِ السُّوءِ وَأَخَذْنَا الَّذِينَ ظَلَمُواْ بِعَذَابٍ بَئِيسٍ بِمَا
كَانُواْ يَفْسُقُونَ (١٦٥) فَلَمَّا عَتَوْاْ عَن مَّا نُهُواْ عَنْهُ قُلْنَا لَهُمْ كُونُواْ قِرَدَةً
خَاسِئِينَ (١٦٦) وَإِذْ تَأَذَّنَ رَبُّكَ لَيَبْعَثَنَّ عَلَيْهِمْ إِلَى يَوْمِ الْقِيَامَةِ مَن يَسُومُهُمْ سُوءَ
الْعَذَابِ إِنَّ رَبَّكَ لَسَرِيعُ الْعِقَابِ وَإِنَّهُ لَغَفُورٌ رَّحِيمٌ (١٦٧) وَقَطَّعْنَاهُمْ فِي الأَرْضِ
أُمَمًا مِّنْهُمُ الصَّالِحُونَ وَمِنْهُمْ دُونَ ذَلِكَ وَبَلَوْنَاهُمْ بِالْحَسَنَاتِ وَالسَّيِّئَاتِ لَعَلَّهُمْ
يَرْجِعُونَ (١٦٨) فَخَلَفَ مِن بَعْدِهِمْ خَلْفٌ وَرِثُواْ الْكِتَابَ يَأْخُذُونَ عَرَضَ هَذَا

الأَدْنَى وَيَقُولُونَ سَيُغْفَرُ لَنَا وَإِن يَأْتِهِمْ عَرَضٌ مِّثْلُهُ يَأْخُذُوهُ أَلَمْ يُؤْخَذْ عَلَيْهِم مِّيثَاقُ
الْكِتَابِ أَن لاَّ يِقُولُواْ عَلَى اللّهِ إِلاَّ الْحَقَّ وَدَرَسُواْ مَا فِيهِ وَالدَّارُ الآخِرَةُ خَيْرٌ لِّلَّذِينَ
يَتَّقُونَ أَفَلاَ تَعْقِلُونَ (١٦٩) وَالَّذِينَ يُمَسَّكُونَ بِالْكِتَابِ وَأَقَامُواْ الصَّلاَةَ إِنَّا لاَ نُضِيعُ
أَجْرَ الْمُصْلِحِينَ (١٧٠) وَإِذ نَتَقْنَا الْجَبَلَ فَوْقَهُمْ كَأَنَّهُ ظُلَّةٌ وَظَنُّواْ أَنَّهُ وَاقِعٌ بِهِمْ
خُذُواْ مَا آتَيْنَاكُم بِقُوَّةٍ وَاذْكُرُواْ مَا فِيهِ لَعَلَّكُمْ تَتَّقُونَ (١٧١) وَإِذْ أَخَذَ رَبُّكَ مِن بَنِي
آدَمَ مِن ظُهُورِهِمْ ذُرِّيَّتَهُمْ وَأَشْهَدَهُمْ عَلَى أَنفُسِهِمْ أَلَسْتَ بِرَبِّكُمْ قَالُواْ بَلَى شَهِدْنَا أَن
تَقُولُواْ يَوْمَ الْقِيَامَةِ إِنَّا كُنَّا عَنْ هَذَا غَافِلِينَ (١٧٢) أَوْ تَقُولُواْ إِنَّمَا أَشْرَكَ آبَاؤُنَا مِن
قَبْلُ وَكُنَّا ذُرِّيَّةً مِّن بَعْدِهِمْ أَفَتُهْلِكُنَا بِمَا فَعَلَ الْمُبْطِلُونَ (١٧٣) وَكَذَلِكَ نُفَصِّلُ
الآيَاتِ وَلَعَلَّهُمْ يَرْجِعُونَ (١٧٤) وَاتْلُ عَلَيْهِمْ نَبَأَ الَّذِيَ آتَيْنَاهُ آيَاتِنَا فَانسَلَخَ مِنْهَا
فَأَتْبَعَهُ الشَّيْطَانُ فَكَانَ مِنَ الْغَاوِينَ (١٧٥) وَلَوْ شِئْنَا لَرَفَعْنَاهُ بِهَا وَلَكِنَّهُ أَخْلَدَ إِلَى
الأَرْضِ وَاتَّبَعَ هَوَاهُ فَمَثَلُهُ كَمَثَلِ الْكَلْبِ إِن تَحْمِلْ عَلَيْهِ يَلْهَثْ أَوْ تَتْرُكْهُ يَلْهَث ذَّلِكَ
مَثَلُ الْقَوْمِ الَّذِينَ كَذَّبُواْ بِآيَاتِنَا فَاقْصُصِ الْقَصَصَ لَعَلَّهُمْ يَتَفَكَّرُونَ (١٧٦) سَاء
مَثَلاً الْقَوْمُ الَّذِينَ كَذَّبُواْ بِآيَاتِنَا وَأَنفُسَهُمْ كَانُواْ يَظْلِمُونَ (١٧٧) مَن يَهْدِ اللّهُ فَهُوَ
الْمُهْتَدِي وَمَن يُضْلِلْ فَأُوْلَئِكَ هُمُ الْخَاسِرُونَ (١٧٨) وَلَقَدْ ذَرَأْنَا لِجَهَنَّمَ كَثِيرًا مِّنَ
الْجِنِّ وَالإِنسِ لَهُمْ قُلُوبٌ لاَّ يَفْقَهُونَ بِهَا وَلَهُمْ أَعْيُنٌ لاَّ يُبْصِرُونَ بِهَا وَلَهُمْ آذَانٌ لاَّ
يَسْمَعُونَ بِهَا أُوْلَئِكَ كَالأَنْعَامِ بَلْ هُمْ أَضَلُّ أُوْلَئِكَ هُمُ الْغَافِلُونَ (١٧٩) وَلِلّهِ الأَسْمَاء
الْحُسْنَى فَادْعُوهُ بِهَا وَذَرُواْ الَّذِينَ يُلْحِدُونَ فِي أَسْمَآئِهِ سَيُجْزَوْنَ مَا كَانُواْ
يَعْمَلُونَ (١٨٠) وَمِمَّنْ خَلَقْنَا أُمَّةٌ يَهْدُونَ بِالْحَقِّ وَبِهِ يَعْدِلُونَ (١٨١) وَالَّذِينَ كَذَّبُواْ
بِآيَاتِنَا سَنَسْتَدْرِجُهُم مِّنْ حَيْثُ لاَ يَعْلَمُونَ (١٨٢) وَأُمْلِي لَهُمْ إِنَّ كَيْدِي
مَتِينٌ (١٨٣) أَوَلَمْ يَتَفَكَّرُواْ مَا بِصَاحِبِهِم مِّن جِنَّةٍ إِنْ هُوَ إِلاَّ نَذِيرٌ
مُّبِينٌ (١٨٤) أَوَلَمْ يَنظُرُواْ فِي مَلَكُوتِ السَّمَاوَاتِ وَالأَرْضِ وَمَا خَلَقَ اللّهُ مِن
شَيْءٍ وَأَنْ عَسَى أَن يَكُونَ قَدِ اقْتَرَبَ أَجَلُهُمْ فَبِأَيِّ حَدِيثٍ بَعْدَهُ يُؤْمِنُونَ (١٨٥) مَن
يُضْلِلِ اللّهُ فَلاَ هَادِيَ لَهُ وَيَذَرُهُمْ فِي طُغْيَانِهِمْ يَعْمَهُونَ (١٨٦) يَسْأَلُونَكَ عَنِ
السَّاعَةِ أَيَّانَ مُرْسَاهَا قُلْ إِنَّمَا عِلْمُهَا عِندَ رَبِّي لاَ يُجَلِّيهَا لِوَقْتِهَا إِلاَّ هُوَ ثَقُلَتْ فِي
السَّمَاوَاتِ وَالأَرْضِ لاَ تَأْتِيكُمْ إِلاَّ بَغْتَةً يَسْأَلُونَكَ كَأَنَّكَ حَفِيٌّ عَنْهَا قُلْ إِنَّمَا عِلْمُهَا
عِندَ اللّهِ وَلَكِنَّ أَكْثَرَ النَّاسِ لاَ يَعْلَمُونَ (١٨٧) قُل لاَّ أَمْلِكُ لِنَفْسِي نَفْعًا وَلاَ ضَرًّا
إِلاَّ مَا شَاء اللّهُ وَلَوْ كُنتُ أَعْلَمُ الْغَيْبَ لاَسْتَكْثَرْتُ مِنَ الْخَيْرِ وَمَا مَسَّنِيَ السُّوءُ إِنْ
أَنَاْ إِلاَّ نَذِيرٌ وَبَشِيرٌ لِّقَوْمٍ يُؤْمِنُونَ (١٨٨) هُوَ الَّذِي خَلَقَكُم مِّن نَّفْسٍ وَاحِدَةٍ وَجَعَلَ
مِنْهَا زَوْجَهَا لِيَسْكُنَ إِلَيْهَا فَلَمَّا تَغَشَّاهَا حَمَلَتْ حَمْلاً خَفِيفًا فَمَرَّتْ بِهِ فَلَمَّا أَثْقَلَت
دَّعَوَا اللّهَ رَبَّهُمَا لَئِنْ آتَيْتَنَا صَالِحاً لَّنَكُونَنَّ مِنَ الشَّاكِرِينَ (١٨٩) فَلَمَّا آتَاهُمَا
صَالِحاً جَعَلاَ لَهُ شُرَكَاء فِيمَا آتَاهُمَا فَتَعَالَى اللّهُ عَمَّا يُشْرِكُونَ (١٩٠) أَيُشْرِكُونَ

مَا لاَ يَخْلُقُ شَيْئاً وَهُمْ يُخْلَقُونَ (١٩١) وَلاَ يَسْتَطِيعُونَ لَهُمْ نَصْرًا وَلاَ أَنفُسَهُمْ
يَنصُرُونَ (١٩٢) وَإِن تَدْعُوهُمْ إِلَى الْهُدَى لاَ يَتَّبِعُوكُمْ سَوَاء عَلَيْكُمْ أَدَعَوْتُمُوهُمْ أَمْ
أَنتُمْ صَامِتُونَ (١٩٣) إِنَّ الَّذِينَ تَدْعُونَ مِن دُونِ اللّهِ عِبَادٌ أَمْثَالُكُمْ فَادْعُوهُمْ
فَلْيَسْتَجِيبُواْ لَكُمْ إِن كُنتُمْ صَادِقِينَ (١٩٤) أَلَهُمْ أَرْجُلٌ يَمْشُونَ بِهَا أَمْ لَهُمْ أَيْدٍ
يَبْطِشُونَ بِهَا أَمْ لَهُمْ أَعْيُنٌ يُبْصِرُونَ بِهَا أَمْ لَهُمْ آذَانٌ يَسْمَعُونَ بِهَا قُلِ ادْعُواْ
شُرَكَاءكُمْ ثُمَّ كِيدُونِ فَلاَ تُنظِرُونِ (١٩٥) إِنَّ وَلِيِّيَ اللّهُ الَّذِي نَزَّلَ الْكِتَابَ وَهُوَ
يَتَوَلَّى الصَّالِحِينَ (١٩٦) وَالَّذِينَ تَدْعُونَ مِن دُونِهِ لاَ يَسْتَطِيعُونَ نَصْرَكُمْ وَلاَ
أَنفُسَهُمْ يَنصُرُونَ (١٩٧) وَإِن تَدْعُوهُمْ إِلَى الْهُدَى لاَ يَسْمَعُواْ وَتَرَاهُمْ يَنظُرُونَ
إِلَيْكَ وَهُمْ لاَ يُبْصِرُونَ (١٩٨) خُذِ الْعَفْوَ وَأْمُرْ بِالْعُرْفِ وَأَعْرِضْ عَنِ
الْجَاهِلِينَ (١٩٩) وَإِمَّا يَنزَغَنَّكَ مِنَ الشَّيْطَانِ نَزْغٌ فَاسْتَعِذْ بِاللّهِ إِنَّهُ سَمِيعٌ
عَلِيمٌ (٢٠٠) إِنَّ الَّذِينَ اتَّقَواْ إِذَا مَسَّهُمْ طَائِفٌ مِّنَ الشَّيْطَانِ تَذَكَّرُواْ فَإِذَا هُم
مُّبْصِرُونَ (٢٠١) وَإِخْوَانُهُمْ يَمُدُّونَهُمْ فِي الْغَيِّ ثُمَّ لاَ يُقْصِرُونَ (٢٠٢) وَإِذَا لَمْ
تَأْتِهِم بِآيَةٍ قَالُواْ لَوْلاَ اجْتَبَيْتَهَا قُلْ إِنَّمَا أَتَّبِعُ مَا يُوحَى إِلَيَّ مِن رَّبِّي هَذَا بَصَآئِرُ مِن
رَّبِّكُمْ وَهُدًى وَرَحْمَةٌ لِّقَوْمٍ يُؤْمِنُونَ (٢٠٣) وَإِذَا قُرِئَ الْقُرْآنُ فَاسْتَمِعُواْ لَهُ
وَأَنصِتُواْ لَعَلَّكُمْ تُرْحَمُونَ (٢٠٤) وَاذْكُر رَّبَّكَ فِي نَفْسِكَ تَضَرُّعاً وَخِيفَةً وَدُونَ
الْجَهْرِ مِنَ الْقَوْلِ بِالْغُدُوِّ وَالآصَالِ وَلاَ تَكُن مِّنَ الْغَافِلِينَ (٢٠٥) إِنَّ الَّذِينَ عِندَ
رَبِّكَ لاَ يَسْتَكْبِرُونَ عَنْ عِبَادَتِهِ وَيُسَبِّحُونَهُ وَلَهُ يَسْجُدُونَ* (٢٠٦

SOURATE AL ANFAL
سورة الأنفال

يَسْأَلُونَكَ عَنِ الأَنفَالِ قُلِ الأَنفَالُ لِلّهِ وَالرَّسُولِ فَاتَّقُواْ اللّهَ وَأَصْلِحُواْ ذَاتَ بِيْنِكُمْ
وَأَطِيعُواْ اللّهَ وَرَسُولَهُ إِن كُنتُم مُّؤْمِنِينَ (١) إِنَّمَا الْمُؤْمِنُونَ الَّذِينَ إِذَا ذُكِرَ اللّهُ
وَجِلَتْ قُلُوبُهُمْ وَإِذَا تُلِيَتْ عَلَيْهِمْ آيَاتُهُ زَادَتْهُمْ إِيمَانًا وَعَلَى رَبِّهِمْ
يَتَوَكَّلُونَ (٢) الَّذِينَ يُقِيمُونَ الصَّلاَةَ وَمِمَّا رَزَقْنَاهُمْ يُنفِقُونَ (٣) أُوْلَئِكَ هُمُ
الْمُؤْمِنُونَ حَقًّا لَّهُمْ دَرَجَاتٌ عِندَ رَبِّهِمْ وَمَغْفِرَةٌ وَرِزْقٌ كَرِيمٌ (٤) كَمَا أَخْرَجَكَ
رَبُّكَ مِن بَيْتِكَ بِالْحَقِّ وَإِنَّ فَرِيقاً مِّنَ الْمُؤْمِنِينَ لَكَارِهُونَ (٥) يُجَادِلُونَكَ فِي الْحَقِّ
بَعْدَمَا تَبَيَّنَ كَأَنَّمَا يُسَاقُونَ إِلَى الْمَوْتِ وَهُمْ يَنظُرُونَ (٦) وَإِذْ يَعِدُكُمُ اللّهُ إِحْدَى
الطَّائِفَتِيْنِ أَنَّهَا لَكُمْ وَتَوَدُّونَ أَنَّ غَيْرَ ذَاتِ الشَّوْكَةِ تَكُونُ لَكُمْ وَيُرِيدُ اللّهُ أَن يُحِقَّ
الحَقَّ بِكَلِمَاتِهِ وَيَقْطَعَ دَابِرَ الْكَافِرِينَ (٧) لِيُحِقَّ الْحَقَّ وَيُبْطِلَ الْبَاطِلَ وَلَوْ كَرِهَ
الْمُجْرِمُونَ (٨) إِذْ تَسْتَغِيثُونَ رَبَّكُمْ فَاسْتَجَابَ لَكُمْ أَنِّي مُمِدُّكُم بِأَلْفٍ مِّنَ الْمَلآئِكَةِ

مُرْدِفِينَ (٩) وَمَا جَعَلَهُ اللّهُ إِلاَّ بُشْرَى وَلِتَطْمَئِنَّ بِهِ قُلُوبُكُمْ وَمَا النَّصْرُ إِلاَّ مِنْ عِندِ
اللّهِ إِنَّ اللّهَ عَزِيزٌ حَكِيمٌ (١٠) إِذْ يُغَشِّيكُمُ النُّعَاسَ أَمَنَةً مِّنْهُ وَيُنَزِّلُ عَلَيْكُم مِّن
السَّمَاء مَاء لِّيُطَهِّرَكُم بِهِ وَيُذْهِبَ عَنكُمْ رِجْزَ الشَّيْطَانِ وَلِيَرْبِطَ عَلَى قُلُوبِكُمْ وَيُثَبِّتَ
بِهِ الأَقْدَامَ (١١) إِذْ يُوحِي رَبُّكَ إِلَى الْمَلآئِكَةِ أَنِّي مَعَكُمْ فَثَبِّتُواْ الَّذِينَ آمَنُواْ سَأُلْقِي
فِي قُلُوبِ الَّذِينَ كَفَرُواْ الرَّعْبَ فَاضْرِبُواْ فَوْقَ الأَعْنَاقِ وَاضْرِبُواْ مِنْهُمْ كُلَّ
بَنَانٍ (١٢) ذَلِكَ بِأَنَّهُمْ شَآقُّواْ اللّهَ وَرَسُولَهُ وَمَن يُشَاقِقِ اللّهَ وَرَسُولَهُ فَإِنَّ اللّهَ شَدِيدُ
الْعِقَابِ (١٣) ذَلِكُمْ فَذُوقُوهُ وَأَنَّ لِلْكَافِرِينَ عَذَابَ النَّارِ (١٤) يَا أَيُّهَا الَّذِينَ آمَنُواْ
إِذَا لَقِيتُمُ الَّذِينَ كَفَرُواْ زَحْفاً فَلاَ تُوَلُّوهُمُ الأَدْبَارَ (١٥) وَمَن يُوَلِّهِمْ يَوْمَئِذٍ دُبُرَهُ إِلاَّ
مُتَحَرِّفاً لِّقِتَالٍ أَوْ مُتَحَيِّزاً إِلَى فِئَةٍ فَقَدْ بَاء بِغَضَبٍ مِّنَ اللّهِ وَمَأْوَاهُ جَهَنَّمُ وَبِئْسَ
الْمَصِيرُ (١٦) فَلَمْ تَقْتُلُوهُمْ وَلَكِنَّ اللّهَ قَتَلَهُمْ وَمَا رَمَيْتَ إِذْ رَمَيْتَ وَلَكِنَّ اللّهَ رَمَى
وَلِيُبْلِيَ الْمُؤْمِنِينَ مِنْهُ بَلاء حَسَناً إِنَّ اللّهَ سَمِيعٌ عَلِيمٌ (١٧) ذَلِكُمْ وَأَنَّ اللّهَ مُوهِنُ كَيْدِ
الْكَافِرِينَ (١٨) إِن تَسْتَفْتِحُواْ فَقَدْ جَاءكُمُ الْفَتْحُ وَإِن تَنتَهُواْ فَهُوَ خَيْرٌ لَّكُمْ وَإِن
تَعُودُواْ نَعُدْ وَلَن تُغْنِيَ عَنكُمْ فِئَتُكُمْ شَيْئًا وَلَوْ كَثُرَتْ وَأَنَّ اللّهَ مَعَ الْمُؤْمِنِينَ (١٩) يَا
أَيُّهَا الَّذِينَ آمَنُواْ أَطِيعُواْ اللّهَ وَرَسُولَهُ وَلاَ تَوَلَّوْا عَنْهُ وَأَنتُمْ تَسْمَعُونَ (٢٠) وَلاَ
تَكُونُواْ كَالَّذِينَ قَالُوا سَمِعْنَا وَهُمْ لاَ يَسْمَعُونَ (٢١) إِنَّ شَرَّ الدَّوَابَّ عِندَ اللّهِ الصُّمُّ
الْبُكْمُ الَّذِينَ لاَ يَعْقِلُونَ (٢٢) وَلَوْ عَلِمَ اللّهُ فِيهِمْ خَيْرًا لَّأسْمَعَهُمْ وَلَوْ أَسْمَعَهُمْ لَتَوَلَّواْ
وَّهُم مُّعْرِضُونَ (٢٣) يَا أَيُّهَا الَّذِينَ آمَنُواْ اسْتَجِيبُواْ لِلّهِ وَلِلرَّسُولِ إِذَا دَعَاكُم لِمَا
يُحْيِيكُمْ وَاعْلَمُواْ أَنَّ اللّهَ يَحُولُ بَيْنَ الْمَرْءِ وَقَلْبِهِ وَأَنَّهُ إِلَيْهِ تُحْشَرُونَ (٢٤) وَاتَّقُواْ
فِتْنَةً لاَّ تُصِيبَنَّ الَّذِينَ ظَلَمُواْ مِنكُمْ خَآصَّةً وَاعْلَمُواْ أَنَّ اللّهَ شَدِيدُ
الْعِقَابِ (٢٥) وَاذْكُرُواْ إِذْ أَنتُمْ قَلِيلٌ مُّسْتَضْعَفُونَ فِي الأَرْضِ تَخَافُونَ أَن
يَتَخَطَّفَكُمُ النَّاسُ فَآوَاكُمْ وَأَيَّدَكُم بِنَصْرِهِ وَرَزَقَكُم مِّنَ الطَّيِّبَاتِ لَعَلَّكُمْ
تَشْكُرُونَ (٢٦) يَا أَيُّهَا الَّذِينَ آمَنُواْ لاَ تَخُونُواْ اللّهَ وَالرَّسُولَ وَتَخُونُواْ أَمَانَاتِكُمْ
وَأَنتُمْ تَعْلَمُونَ (٢٧) وَاعْلَمُواْ أَنَّمَا أَمْوَالُكُمْ وَأَوْلاَدُكُمْ فِتْنَةٌ وَأَنَّ اللّهَ عِندَهُ أَجْرٌ
عَظِيمٌ (٢٨) يَا أَيُّهَا الَّذِينَ آمَنُواْ إَن تَتَّقُواْ اللّهَ يَجْعَل لَّكُمْ فُرْقَاناً وَيُكَفِّرْ عَنكُمْ
سَيِّئَاتِكُمْ وَيَغْفِرْ لَكُمْ وَاللّهُ ذُو الْفَضْلِ الْعَظِيمِ (٢٩) وَإِذْ يَمْكُرُ بِكَ الَّذِينَ كَفَرُواْ
لِيُثْبِتُوكَ أَوْ يَقْتُلُوكَ أَوْ يُخْرِجُوكَ وَيَمْكُرُونَ وَيَمْكُرُ اللّهُ وَاللّهُ خَيْرُ
الْمَاكِرِينَ (٣٠) وَإِذَا تُتْلَى عَلَيْهِمْ آيَاتُنَا قَالُواْ قَدْ سَمِعْنَا لَوْ نَشَاء لَقُلْنَا مِثْلَ هَذَا إِنْ
هَذَا إِلاَّ أَسَاطِيرُ الأوَّلِينَ (٣١) وَإِذْ قَالُواْ اللَّهُمَّ إِن كَانَ هَذَا هُوَ الْحَقَّ مِنْ عِندِكَ
فَأَمْطِرْ عَلَيْنَا حِجَارَةً مِّنَ السَّمَاء أَوِ ائْتِنَا بِعَذَابٍ أَلِيمٍ (٣٢) وَمَا كَانَ اللّهُ لِيُعَذِّبَهُمْ
وَأَنتَ فِيهِمْ وَمَا كَانَ اللّهُ مُعَذِّبَهُمْ وَهُمْ يَسْتَغْفِرُونَ (٣٣) وَمَا لَهُمْ أَلاَّ يُعَذِّبَهُمُ اللّهُ
وَهُمْ يَصُدُّونَ عَنِ الْمَسْجِدِ الْحَرَامِ وَمَا كَانُواْ أَوْلِيَاءهُ إِنْ أَوْلِيَآؤُهُ إِلاَّ الْمُتَّقُونَ وَلَكِنَّ

أَكْثَرَهُمْ لاَ يَعْلَمُونَ (٣٤) وَمَا كَانَ صَلاَتُهُمْ عِندَ الْبَيْتِ إِلاَّ مُكَاء وَتَصْدِيَةً فَذُوقُواْ
الْعَذَابَ بِمَا كُنتُمْ تَكْفُرُونَ (٣٥) إِنَّ الَّذِينَ كَفَرُواْ يُنفِقُونَ أَمْوَالَهُمْ لِيَصُدُّواْ عَن
سَبِيلِ اللّهِ فَسَيُنفِقُونَهَا ثُمَّ تَكُونُ عَلَيْهِمْ حَسْرَةً ثُمَّ يُغْلَبُونَ وَالَّذِينَ كَفَرُواْ إِلَى جَهَنَّمَ
يُحْشَرُونَ (٣٦) لِيَمِيزَ اللّهُ الْخَبِيثَ مِنَ الطَّيِّبِ وَيَجْعَلَ الْخَبِيثَ بَعْضَهُ عَلَىَ بَعْضٍ
فَيَرْكُمَهُ جَمِيعاً فَيَجْعَلَهُ فِي جَهَنَّمَ أُوْلَئِكَ هُمُ الْخَاسِرُونَ (٣٧) قُل لِلَّذِينَ كَفَرُواْ إِن
يَنتَهُواْ يُغَفَرْ لَهُم مَّا قَدْ سَلَفَ وَإِنْ يَعُودُواْ فَقَدْ مَضَتْ سُنَّةُ الأَوَّلِينِ (٣٨) وَقَاتِلُوهُمْ
حَتَّى لاَ تَكُونَ فِتْنَةٌ وَيَكُونَ الدِّينُ كُلُّهُ لِلّه فَإِنِ انتَهَوْاْ فَإِنَّ اللّهَ بِمَا يَعْمَلُونَ
بَصِيرٌ (٣٩) وَإِن تَوَلَّوْاْ فَاعْلَمُواْ أَنَّ اللّهَ مَوْلاَكُمْ نِعْمَ الْمَوْلَى وَنِعْمَ
النَّصِيرُ (٤٠) وَاعْلَمُواْ أَنَّمَا غَنِمْتُم مِّن شَيْءٍ فَأَنَّ لِلّهِ خُمُسَهُ وَلِلرَّسُولِ وَلِذِي
الْقُرْبَى وَالْيَتَامَى وَالْمَسَاكِينِ وَابْنِ السَّبِيلِ إِن كُنتُمْ آمَنتُمْ بِاللّهِ وَمَا أَنزَلْنَا عَلَى
عَبْدِنَا يَوْمَ الْفُرْقَانِ يَوْمَ الْتَقَى الْجَمْعَانِ وَاللّهُ عَلَى كُلِّ شَيْءٍ قَدِيرٌ (٤١) إِذْ أَنتُم
بِالْعُدْوَةِ الدُّنْيَا وَهُم بِالْعُدْوَةِ الْقُصْوَى وَالرَّكْبُ أَسْفَلَ مِنكُمْ وَلَوْ تَوَاعَدتَّمْ لاَخْتَلَفْتُمْ
فِي الْمِيعَادِ وَلَكِن لِّيَقْضِيَ اللّهُ أَمْراً كَانَ مَفْعُولاً لِّيَهْلِكَ مَنْ هَلَكَ عَن بَيِّنَةٍ وَيَحْيَى
مَنْ حَيَّ عَن بَيِّنَةٍ وَإِنَّ اللّهَ لَسَمِيعٌ عَلِيمٌ (٤٢) إِذْ يُرِيكَهُمُ اللّهُ فِي مَنَامِكَ قَلِيلاً وَلَوْ
أَرَاكَهُمْ كَثِيرًا لَّفَشِلْتُمْ وَلَتَنَازَعْتُمْ فِي الأَمْرِ وَلَكِنَّ اللّهَ سَلَّمَ إِنَّهُ عَلِيمٌ بِذَاتِ
الصُّدُورِ (٤٣) وَإِذْ يُرِيكُمُوهُمْ إِذِ الْتَقَيْتُمْ فِي أَعْيُنِكُمْ قَلِيلاً وَيُقَلِّلُكُمْ فِي أَعْيُنِهِمْ
لِيَقْضِيَ اللّهُ أَمْرًا كَانَ مَفْعُولاً وَإِلَى اللّهِ تُرْجَعُ الأمُورُ (٤٤) يَا أَيُّهَا الَّذِينَ آمَنُواْ إِذَا
لَقِيتُمْ فِئَةً فَاثْبُتُواْ وَاذْكُرُواْ اللّهَ كَثِيرًا لَّعَلَّكُمْ تُفْلَحُونَ (٤٥) وَأَطِيعُواْ اللّهَ وَرَسُولَهُ وَلاَ
تَنَازَعُواْ فَتَفْشَلُواْ وَتَذْهَبَ رِيحُكُمْ وَاصْبِرُواْ إِنَّ اللّهَ مَعَ الصَّابِرِينَ (٤٦) وَلاَ
تَكُونُواْ كَالَّذِينَ خَرَجُواْ مِن دِيَارِهِم بَطَرًا وَرِئَاء النَّاسِ وَيَصُدُّونَ عَن سَبِيلِ اللّهِ
وَاللّهُ بِمَا يَعْمَلُونَ مُحِيطٌ (٤٧) وَإِذْ زَيَّنَ لَهُمُ الشَّيْطَانُ أَعْمَالَهُمْ وَقَالَ لاَ غَالِبَ لَكُمُ
الْيَوْمَ مِنَ النَّاسِ وَإِنِّي جَارٌ لَّكُمْ فَلَمَّا تَرَاءتِ الْفِئَتَانِ نَكَصَ عَلَى عَقِبَيْهِ وَقَالَ إِنِّي
بَرِيءٌ مِّنكُمْ إِنِّي أَرَى مَا لاَ تَرَوْنَ إِنِّيَ أَخَافُ اللّهَ وَاللّهُ شَدِيدُ الْعِقَابِ (٤٨) إِذْ يَقُولُ
الْمُنَافِقُونَ وَالَّذِينَ فِي قُلُوبِهِم مَّرَضٌ غَرَّ هَؤُلاء دِينُهُمْ وَمَن يَتَوَكَّلْ عَلَى اللّهِ فَإِنَّ
اللّهَ عَزِيزٌ حَكِيمٌ (٤٩) وَلَوْ تَرَى إِذْ يَتَوَفَّى الَّذِينَ كَفَرُواْ الْمَلآئِكَةُ يَضْرِبُونَ
وُجُوهَهُمْ وَأَدْبَارَهُمْ وَذُوقُواْ عَذَابَ الْحَرِيقِ (٥٠) ذَلِكَ بِمَا قَدَّمَتْ أَيْدِيكُمْ وَأَنَّ اللّهَ
لَيْسَ بِظَلاَّمٍ لِّلْعَبِيدِ (٥١) كَدَأْبِ آلِ فِرْعَوْنَ وَالَّذِينَ مِن قَبْلِهِمْ كَفَرُواْ بِآيَاتِ اللّهِ
فَأَخَذَهُمُ اللّهُ بِذُنُوبِهِمْ إِنَّ اللّهَ قَوِيٌّ شَدِيدُ الْعِقَابِ (٥٢) ذَلِكَ بِأَنَّ اللّهَ لَمْ يَكُ مُغَيِّرًا
نِّعْمَةً أَنْعَمَهَا عَلَى قَوْمٍ حَتَّى يُغَيِّرُواْ مَا بِأَنفُسِهِمْ وَأَنَّ اللّهَ سَمِيعٌ عَلِيمٌ (٥٣) كَدَأْبِ
آلِ فِرْعَوْنَ وَالَّذِينَ مِن قَبْلِهِمْ كَذَّبُواْ بِآيَاتِ رَبِّهِمْ فَأَهْلَكْنَاهُم بِذُنُوبِهِمْ وَأَغْرَقْنَا آلَ
فِرْعَونَ وَكُلٌّ كَانُواْ ظَالِمِينَ (٥٤) إِنَّ شَرَّ الدَّوَابِّ عِندَ اللّهِ الَّذِينَ كَفَرُواْ فَهُمْ لاَ

يُؤْمِنُونَ (٥٥) الَّذِينَ عَاهَدتَّ مِنْهُمْ ثُمَّ يَنقُضُونَ عَهْدَهُمْ فِي كُلِّ مَرَّةٍ وَهُمْ لاَ
يَتَّقُونَ (٥٦) فَإِمَّا تَثْقَفَنَّهُمْ فِي الْحَرْبِ فَشَرِّدْ بِهِم مَّنْ خَلْفَهُمْ لَعَلَّهُمْ
يَذَّكَّرُونَ (٥٧) وَإِمَّا تَخَافَنَّ مِن قَوْمٍ خِيَانَةً فَانبِذْ إِلَيْهِمْ عَلَى سَوَاء إِنَّ اللّهَ لاَ يُحِبُّ
الخَائِنِينَ (٥٨) وَلاَ يَحْسَبَنَّ الَّذِينَ كَفَرُواْ سَبَقُواْ إِنَّهُمْ لاَ يُعْجِزُونَ (٥٩) وَأَعِدُّواْ
لَهُم مَّا اسْتَطَعْتُم مِّن قُوَّةٍ وَمِن رِّبَاطِ الْخَيْلِ تُرْهِبُونَ بِهِ عَدْوَّ اللّهِ وَعَدُوَّكُمْ وَآخَرِينَ
مِن دُونِهِمْ لاَ تَعْلَمُونَهُمُ اللّهُ يَعْلَمُهُمْ وَمَا تُنفِقُواْ مِن شَيْءٍ فِي سَبِيلِ اللّهِ يُوَفَّ إِلَيْكُمْ
وَأَنتُمْ لاَ تُظْلَمُونَ (٦٠) وَإِن جَنَحُواْ لِلسَّلْمِ فَاجْنَحْ لَهَا وَتَوَكَّلْ عَلَى اللّهِ إِنَّهُ هُوَ
السَّمِيعُ الْعَلِيمُ (٦١) وَإِن يُرِيدُواْ أَن يَخْدَعُوكَ فَإِنَّ حَسْبَكَ اللّهُ هُوَ الَّذِيَ أَيَّدَكَ
بِنَصْرِهِ وَبِالْمُؤْمِنِينَ (٦٢) وَأَلَّفَ بَيْنَ قُلُوبِهِمْ لَوْ أَنفَقْتَ مَا فِي الأَرْضِ جَمِيعاً مَّا
أَلَّفَتْ بَيْنَ قُلُوبِهِمْ وَلَكِنَّ اللّهَ أَلَّفَ بَيْنَهُمْ إِنَّهُ عَزِيزٌ حَكِيمٌ (٦٣) يَا أَيُّهَا النَّبِيُّ حَسْبُكَ
اللّهُ وَمَنِ اتَّبَعَكَ مِنَ الْمُؤْمِنِينَ (٦٤) يَا أَيُّهَا النَّبِيُّ حَرِّضِ الْمُؤْمِنِينَ عَلَى الْقِتَالِ إِن
يَكُن مِّنكُمْ عِشْرُونَ صَابِرُونَ يَغْلِبُواْ مِئَتَيْنِ وَإِن يَكُن مِّنكُم مِّئَةٌ يَغْلِبُواْ أَلْفًا مِّنَ
الَّذِينَ كَفَرُواْ بِأَنَّهُمْ قَوْمٌ لاَّ يَفْقَهُونَ (٦٥) الآنَ خَفَّفَ اللّهُ عَنكُمْ وَعَلِمَ أَنَّ فِيكُمْ ضَعْفًا
فَإِن يَكُن مِّنكُم مِّئَةٌ صَابِرَةٌ يَغْلِبُواْ مِئَتَيْنِ وَإِن يَكُن مِّنكُمْ أَلْفٌ يَغْلِبُواْ أَلْفَيْنِ بِإِذْنِ اللّهِ
وَاللّهُ مَعَ الصَّابِرِينَ (٦٦) مَا كَانَ لِنَبِيٍّ أَن يَكُونَ لَهُ أَسْرَى حَتَّى يُثْخِنَ فِي
الأَرْضِ تُرِيدُونَ عَرَضَ الدُّنْيَا وَاللّهُ يُرِيدُ الآخِرَةَ وَاللّهُ عَزِيزٌ حَكِيمٌ (٦٧) لَّوْلاَ
كِتَابٌ مِّنَ اللّهِ سَبَقَ لَمَسَّكُمْ فِيمَا أَخَذْتُمْ عَذَابٌ عَظِيمٌ (٦٨) فَكُلُواْ مِمَّا غَنِمْتُمْ حَلاَلاً
طَيِّبًا وَاتَّقُواْ اللّهَ إِنَّ اللّهَ غَفُورٌ رَّحِيمٌ (٦٩) يَا أَيُّهَا النَّبِيُّ قُل لِّمَن فِي أَيْدِيكُم مِّنَ
الأَسْرَى إِن يَعْلَمِ اللّهُ فِي قُلُوبِكُمْ خَيْرًا يُؤْتِكُمْ خَيْرًا مِّمَّا أُخِذَ مِنكُمْ وَيَغْفِرْ لَكُمْ وَاللّهُ
غَفُورٌ رَّحِيمٌ (٧٠) وَإِن يُرِيدُواْ خِيَانَتَكَ فَقَدْ خَانُواْ اللّهَ مِن قَبْلُ فَأَمْكَنَ مِنْهُمْ وَاللّهُ
عَلِيمٌ حَكِيمٌ (٧١) إِنَّ الَّذِينَ آمَنُواْ وَهَاجَرُواْ وَجَاهَدُواْ بِأَمْوَالِهِمْ وَأَنفُسِهِمْ فِي سَبِيلِ
اللّهِ وَالَّذِينَ آوَواْ وَّنَصَرُواْ أُوْلَئِكَ بَعْضُهُمْ أَوْلِيَاء بَعْضٍ وَالَّذِينَ آمَنُواْ وَلَمْ يُهَاجِرُواْ
مَا لَكُم مِّن وَلاَيَتِهِم مِّن شَيْءٍ حَتَّى يُهَاجِرُواْ وَإِنِ اسْتَنصَرُوكُمْ فِي الدِّينِ فَعَلَيْكُمُ
النَّصْرُ إِلاَّ عَلَى قَوْمٍ بَيْنَكُمْ وَبَيْنَهُم مِّيثَاقٌ وَاللّهُ بِمَا تَعْمَلُونَ بَصِيرٌ (٧٢) وَالَّذينَ
كَفَرُواْ بَعْضُهُمْ أَوْلِيَاء بَعْضٍ إِلاَّ تَفْعَلُوهُ تَكُن فِتْنَةٌ فِي الأَرْضِ وَفَسَادٌ
كَبِيرٌ (٧٣) وَالَّذِينَ آمَنُواْ وَهَاجَرُواْ وَجَاهَدُواْ فِي سَبِيلِ اللّهِ وَالَّذِينَ آوَواْ وَّنَصَرُواْ
أُولَئِكَ هُمُ الْمُؤْمِنُونَ حَقًّا لَّهُم مَّغْفِرَةٌ وَرِزْقٌ كَرِيمٌ (٧٤) وَالَّذِينَ آمَنُواْ مِن بَعْدُ
وَهَاجَرُواْ وَجَاهَدُواْ مَعَكُمْ فَأُوْلَئِكَ مِنكُمْ وَأُوْلُواْ الأَرْحَامِ بَعْضُهُمْ أَوْلَى بِبَعْضٍ فِي
كِتَابِ اللّهِ إِنَّ اللّهَ بِكُلِّ شَيْءٍ عَلِيمٌ (٧٥

بَرَاءةٌ مِّنَ اللّهِ وَرَسُولِهِ إِلَى الَّذِينَ عَاهَدتُّم مِّنَ الْمُشْرِكِينَ (١) فَسِيحُواْ فِي الأَرْضِ
أَرْبَعَةَ أَشْهُرٍ وَاعْلَمُواْ أَنَّكُمْ غَيْرُ مُعْجِزِي اللّهِ وَأَنَّ اللّهَ مُخْزِي الْكَافِرِينَ (٢) وَأَذَانٌ
مِّنَ اللّهِ وَرَسُولِهِ إِلَى النَّاسِ يَوْمَ الْحَجِّ الأَكْبَرِ أَنَّ اللّهَ بَرِيءٌ مِّنَ الْمُشْرِكِينَ
وَرَسُولُهُ فَإِن تُبْتُمْ فَهُوَ خَيْرٌ لَّكُمْ وَإِن تَوَلَّيْتُمْ فَاعْلَمُواْ أَنَّكُمْ غَيْرُ مُعْجِزِي اللّهِ وَبَشِّرِ
الَّذِينَ كَفَرُواْ بِعَذَابٍ أَلِيمٍ (٣) إِلاَّ الَّذِينَ عَاهَدتُّم مِّنَ الْمُشْرِكِينَ ثُمَّ لَمْ يَنقُصُوكُمْ شَيْئًا
وَلَمْ يُظَاهِرُواْ عَلَيْكُمْ أَحَدًا فَأَتِمُّواْ إِلَيْهِمْ عَهْدَهُمْ إِلَى مُدَّتِهِمْ إِنَّ اللّهَ يُحِبُّ
الْمُتَّقِينَ (٤) فَإِذَا انسَلَخَ الأَشْهُرُ الْحُرُمُ فَاقْتُلُواْ الْمُشْرِكِينَ حَيْثُ وَجَدتُّمُوهُمْ
وَخُذُوهُمْ وَاحْصُرُوهُمْ وَاقْعُدُواْ لَهُمْ كُلَّ مَرْصَدٍ فَإِن تَابُواْ وَأَقَامُواْ الصَّلاَةَ وَآتَوُاْ
الزَّكَاةَ فَخَلُّواْ سَبِيلَهُمْ إِنَّ اللّهَ غَفُورٌ رَّحِيمٌ (٥) وَإِنْ أَحَدٌ مِّنَ الْمُشْرِكِينَ اسْتَجَارَكَ
فَأَجِرْهُ حَتَّى يَسْمَعَ كَلاَمَ اللّهِ ثُمَّ أَبْلِغْهُ مَأْمَنَهُ ذَلِكَ بِأَنَّهُمْ قَوْمٌ لاَّ يَعْلَمُونَ (٦) كَيْفَ
يَكُونُ لِلْمُشْرِكِينَ عَهْدٌ عِندَ اللّهِ وَعِندَ رَسُولِهِ إِلاَّ الَّذِينَ عَاهَدتُّمْ عِندَ الْمَسْجِدِ الْحَرَامِ
فَمَا اسْتَقَامُواْ لَكُمْ فَاسْتَقِيمُواْ لَهُمْ إِنَّ اللّهَ يُحِبُّ الْمُتَّقِينَ (٧) كَيْفَ وَإِن يَظْهَرُوا
عَلَيْكُمْ لاَ يَرْقُبُواْ فِيكُمْ إِلاًّ وَلاَ ذِمَّةً يُرْضُونَكُم بِأَفْوَاهِهِمْ وَتَأْبَى قُلُوبُهُمْ وَأَكْثَرُهُمْ
فَاسِقُونَ (٨) اشْتَرَوْاْ بِآيَاتِ اللّهِ ثَمَنًا قَلِيلاً فَصَدُّواْ عَن سَبِيلِهِ إِنَّهُمْ سَاء مَا كَانُواْ
يَعْمَلُونَ (٩) لاَ يَرْقُبُونَ فِي مُؤْمِنٍ إِلاًّ وَلاَ ذِمَّةً وَأُوْلَئِكَ هُمُ الْمُعْتَدُونَ (١٠) فَإِن
تَابُواْ وَأَقَامُواْ الصَّلاَةَ وَآتَوُاْ الزَّكَاةَ فَإِخْوَانُكُمْ فِي الدِّينِ وَنُفَصِّلُ الآيَاتِ لِقَوْمٍ
يَعْلَمُونَ (١١) وَإِن نَّكَثُواْ أَيْمَانَهُم مِّن بَعْدِ عَهْدِهِمْ وَطَعَنُواْ فِي دِينِكُمْ فَقَاتِلُواْ أَئِمَّةَ
الْكُفْرِ إِنَّهُمْ لاَ أَيْمَانَ لَهُمْ لَعَلَّهُمْ يَنتَهُونَ (١٢) أَلاَ تُقَاتِلُونَ قَوْمًا نَّكَثُواْ أَيْمَانَهُمْ
وَهَمُّواْ بِإِخْرَاجِ الرَّسُولِ وَهُم بَدَؤُوكُمْ أَوَّلَ مَرَّةٍ أَتَخْشَوْنَهُمْ فَاللّهُ أَحَقُّ أَن تَخْشَوْهُ
إِن كُنتُم مُّؤُمِنِينَ (١٣) قَاتِلُوهُمْ يُعَذِّبْهُمُ اللّهُ بِأَيْدِيكُمْ وَيُخْزِهِمْ وَيَنصُرْكُمْ عَلَيْهِمْ
وَيَشْفِ صُدُورَ قَوْمٍ مُّؤْمِنِينَ (١٤) وَيُذْهِبْ غَيْظَ قُلُوبِهِمْ وَيَتُوبُ اللّهُ عَلَى مَن يَشَاء
وَاللّهُ عَلِيمٌ حَكِيمٌ (١٥) أَمْ حَسِبْتُمْ أَن تُتْرَكُواْ وَلَمَّا يَعْلَمِ اللّهُ الَّذِينَ جَاهَدُواْ مِنكُمْ وَلَمْ
يَتَّخِذُواْ مِن دُونِ اللّهِ وَلاَ رَسُولِهِ وَلاَ الْمُؤْمِنِينَ وَلِيجَةً وَاللّهُ خَبِيرٌ بِمَا
تَعْمَلُونَ (١٦) مَا كَانَ لِلْمُشْرِكِينَ أَن يَعْمُرُواْ مَسَاجِدَ الله شَاهِدِينَ عَلَى أَنفُسِهِمْ
بِالْكُفْرِ أُوْلَئِكَ حَبِطَتْ أَعْمَالُهُمْ وَفِي النَّارِ هُمْ خَالِدُونَ (١٧) إِنَّمَا يَعْمُرُ مَسَاجِدَ اللّهِ
مَنْ آمَنَ بِاللّهِ وَالْيَوْمِ الآخِرِ وَأَقَامَ الصَّلاَةَ وَآتَى الزَّكَاةَ وَلَمْ يَخْشَ إِلاَّ اللّهَ فَعَسَى
أُوْلَئِكَ أَن يَكُونُواْ مِنَ الْمُهْتَدِينَ (١٨) أَجَعَلْتُمْ سِقَايَةَ الْحَاجِّ وَعِمَارَةَ الْمَسْجِدِ
الْحَرَامِ كَمَنْ آمَنَ بِاللّهِ وَالْيَوْمِ الآخِرِ وَجَاهَدَ فِي سَبِيلِ اللّهِ لاَ يَسْتَوُونَ عِندَ اللّهِ وَاللّهُ
لاَ يَهْدِي الْقَوْمَ الظَّالِمِينَ (١٩) الَّذِينَ آمَنُواْ وَهَاجَرُواْ وَجَاهَدُواْ فِي سَبِيلِ اللّهِ

بِأَمْوَالِهِمْ وَأَنفُسِهِمْ أَعْظَمُ دَرَجَةً عِندَ اللّهِ وَأُوْلَئِكَ هُمُ الْفَائِزُونَ (٢٠) يُبَشِّرُهُمْ رَبُّهُم
بِرَحْمَةٍ مِّنْهُ وَرِضْوَانٍ وَجَنَّاتٍ لَّهُمْ فِيهَا نَعِيمٌ مُّقِيمٌ (٢١) خَالِدِينَ فِيهَا أَبَدًا إِنَّ اللّهَ
عِندَهُ أَجْرٌ عَظِيمٌ (٢٢) يَا أَيُّهَا الَّذِينَ آمَنُواْ لاَ تَتَّخِذُواْ آبَاءكُمْ وَإِخْوَانَكُمْ أَوْلِيَاء إَنِ
اسْتَحَبُّواْ الْكُفْرَ عَلَى الإِيمَانِ وَمَن يَتَوَلَّهُم مِّنكُمْ فَأُوْلَئِكَ هُمُ الظَّالِمُونَ (٢٣) قُلْ إِن
كَانَ آبَاؤُكُمْ وَأَبْنَآؤُكُمْ وَإِخْوَانُكُمْ وَأَزْوَاجُكُمْ وَعَشِيرَتُكُمْ وَأَمْوَالٌ اقْتَرَفْتُمُوهَا
وَتِجَارَةٌ تَخْشَوْنَ كَسَادَهَا وَمَسَاكِنُ تَرْضَوْنَهَا أَحَبَّ إِلَيْكُم مِّنَ اللّهِ وَرَسُولِهِ وَجِهَادٍ
فِي سَبِيلِهِ فَتَرَبَّصُواْ حَتَّى يَأْتِيَ اللّهُ بِأَمْرِهِ وَاللّهُ لاَ يَهْدِي الْقَوْمَ الْفَاسِقِينَ (٢٤) لَقَدْ
نَصَرَكُمُ اللّهُ فِي مَوَاطِنَ كَثِيرَةٍ وَيَوْمَ حُنَيْنٍ إِذْ أَعْجَبَتْكُمْ كَثْرَتُكُمْ فَلَمْ تُغْنِ عَنكُمْ شَيْئًا
وَضَاقَتْ عَلَيْكُمُ الأَرْضُ بِمَا رَحُبَتْ ثُمَّ وَلَّيْتُم مُّدْبِرِينَ (٢٥) ثُمَّ أَنَزلَ اللّهُ سَكِينَتَهُ
عَلَى رَسُولِهِ وَعَلَى الْمُؤْمِنِينَ وَأَنزَلَ جُنُودًا لَّمْ تَرَوْهَا وَعذَّبَ الَّذِينَ كَفَرُواْ وَذَلِكَ
جَزَاء الْكَافِرِينَ (٢٦) ثُمَّ يَتُوبُ اللّهُ مِن بَعْدِ ذَلِكَ عَلَى مَن يَشَاء وَاللّهُ غَفُورٌ
رَّحِيمٌ (٢٧) يَا أَيُّهَا الَّذِينَ آمَنُواْ إِنَّمَا الْمُشْرِكُونَ نَجَسٌ فَلاَ يَقْرَبُواْ الْمَسْجِدَ الْحَرَامَ
بَعْدَ عَامِهِمْ هَذَا وَإِنْ خِفْتُمْ عَيْلَةً فَسَوْفَ يُغْنِيكُمُ اللّهُ مِن فَضْلِهِ إِن شَاء إِنَّ اللّهَ عَلِيمٌ
حَكِيمٌ (٢٨) قَاتِلُواْ الَّذِينَ لاَ يُؤْمِنُونَ بِاللّهِ وَلاَ بِالْيَوْمِ الآخِرِ وَلاَ يُحَرِّمُونَ مَا حَرَّمَ
اللّهُ وَرَسُولُهُ وَلاَ يَدِينُونَ دِينَ الْحَقِّ مِنَ الَّذِينَ أُوتُواْ الْكِتَابَ حَتَّى يُعْطُواْ الْجِزْيَةَ
عَن يَدٍ وَهُمْ صَاغِرُونَ (٢٩) وَقَالَتِ الْيَهُودُ عُزَيْرٌ ابْنُ اللّهِ وَقَالَتْ النَّصَارَى
الْمَسِيحُ ابْنُ اللّهِ ذَلِكَ قَوْلُهُم بِأَفْوَاهِهِمْ يُضَاهِؤُونَ قَوْلَ الَّذِينَ كَفَرُواْ مِن قَبْلُ قَاتَلَهُمُ
اللّهُ أَنَّى يُؤْفَكُونَ (٣٠) اتَّخَذُواْ أَحْبَارَهُمْ وَرُهْبَانَهُمْ أَرْبَابًا مِّن دُونِ اللّهِ وَالْمَسِيحَ
ابْنَ مَرْيَمَ وَمَا أُمِرُواْ إِلاَّ لِيَعْبُدُواْ إِلَهًا وَاحِدًا لاَّ إِلَهَ إِلاَّ هُوَ سُبْحَانَهُ عَمَّا
يُشْرِكُونَ (٣١) يُرِيدُونَ أَن يُطْفِؤُواْ نُورَ اللّهِ بِأَفْوَاهِهِمْ وَيَأْبَى اللّهُ إِلاَّ أَن يُتِمَّ نُورَهُ
وَلَوْ كَرِهَ الْكَافِرُونَ (٣٢) هُوَ الَّذِي أَرْسَلَ رَسُولَهُ بِالْهُدَى وَدِينِ الْحَقِّ لِيُظْهِرَهُ
عَلَى الدِّينِ كُلِّهِ وَلَوْ كَرِهَ الْمُشْرِكُونَ (٣٣) يَا أَيُّهَا الَّذِينَ آمَنُواْ إِنَّ كَثِيرًا مِّنَ
الأَحْبَارِ وَالرُّهْبَانِ لَيَأْكُلُونَ أَمْوَالَ النَّاسِ بِالْبَاطِلِ وَيَصُدُّونَ عَن سَبِيلِ اللّهِ وَالَّذِينَ
يَكْنِزُونَ الذَّهَبَ وَالْفِضَّةَ وَلاَ يُنفِقُونَهَا فِي سَبِيلِ اللّهِ فَبَشِّرْهُم بِعَذَابٍ أَلِيمٍ (٣٤) يَوْمَ
يُحْمَى عَلَيْهَا فِي نَارِ جَهَنَّمَ فَتُكْوَى بِهَا جِبَاهُهُمْ وَجُنوبُهُمْ وَظُهُورُهُمْ هَذَا مَا كَنَزْتُمْ
لأَنفُسِكُمْ فَذُوقُواْ مَا كُنتُمْ تَكْنِزُونَ (٣٥) إِنَّ عِدَّةَ الشُّهُورِ عِندَ اللّهِ اثْنَا عَشَرَ شَهْرًا
فِي كِتَابِ اللّهِ يَوْمَ خَلَقَ السَّمَاوَات وَالأَرْضَ مِنْهَا أَرْبَعَةٌ حُرُمٌ ذَلِكَ الدِّينُ الْقَيِّمُ فَلاَ
تَظْلِمُواْ فِيهِنَّ أَنفُسَكُمْ وَقَاتِلُواْ الْمُشْرِكِينَ كَآفَّةً كَمَا يُقَاتِلُونَكُمْ كَآفَّةً وَاعْلَمُواْ أَنَّ اللّهَ
مَعَ الْمُتَّقِينَ (٣٦) إِنَّمَا النَّسِيءُ زِيَادَةٌ فِي الْكُفْرِ يُضَلُّ بِهِ الَّذِينَ كَفَرُواْ يُحِلِّونَهُ عَامًا
وَيُحَرِّمُونَهُ عَامًا لِّيُوَاطِؤُواْ عِدَّةَ مَا حَرَّمَ اللّهُ فَيُحِلُّواْ مَا حَرَّمَ اللّهُ زُيِّنَ لَهُمْ سُوءُ
أَعْمَالِهِمْ وَاللّهُ لاَ يَهْدِي الْقَوْمَ الْكَافِرِينَ (٣٧) يَا أَيُّهَا الَّذِينَ آمَنُواْ مَا لَكُمْ إِذَا قِيلَ لَكُمُ

انفِرُواْ فِي سَبِيلِ اللّهِ اثَّاقَلْتُمْ إِلَى الأَرْضِ أَرَضِيتُم بِالْحَيَاةِ الدُّنْيَا مِنَ الآخِرَةِ فَمَا
مَتَاعُ الْحَيَاةِ الدُّنْيَا فِي الآخِرَةِ إِلاَّ قَلِيلٌ (٣٨) إِلاَّ تَنفِرُواْ يُعَذِّبْكُمْ عَذَابًا أَلِيمًا
وَيَسْتَبْدِلْ قَوْمًا غَيْرَكُمْ وَلاَ تَضُرُّوهُ شَيْئًا وَاللّهُ عَلَى كُلِّ شَيْءٍ قَدِيرٌ (٣٩) إِلاَّ
تَنصُرُوهُ فَقَدْ نَصَرَهُ اللّهُ إِذْ أَخْرَجَهُ الَّذِينَ كَفَرُواْ ثَانِيَ اثْنَيْنِ إِذْ هُمَا فِي الْغَارِ إِذْ
يَقُولُ لِصَاحِبِهِ لاَ تَحْزَنْ إِنَّ اللّهَ مَعَنَا فَأَنزَلَ اللّهُ سَكِينَتَهُ عَلَيْهِ وَأَيَّدَهُ بِجُنُودٍ لَّمْ تَرَوْهَا
وَجَعَلَ كَلِمَةَ الَّذِينَ كَفَرُواْ السُّفْلَى وَكَلِمَةُ اللّهِ هِيَ الْعُلْيَا وَاللّهُ عَزِيزٌ
حَكِيمٌ (٤٠) انفِرُواْ خِفَافًا وَثِقَالاً وَجَاهِدُواْ بِأَمْوَالِكُمْ وَأَنفُسِكُمْ فِي سَبِيلِ اللّهِ ذَلِكُمْ
خَيْرٌ لَّكُمْ إِن كُنتُمْ تَعْلَمُونَ (٤١) لَوْ كَانَ عَرَضًا قَرِيبًا وَسَفَرًا قَاصِدًا لاَّتَّبَعُوكَ
وَلَكِن بَعُدَتْ عَلَيْهِمُ الشُّقَّةُ وَسَيَحْلِفُونَ بِاللّهِ لَوِ اسْتَطَعْنَا لَخَرَجْنَا مَعَكُمْ يُهْلِكُونَ
أَنفُسَهُمْ وَاللّهُ يَعْلَمُ إِنَّهُمْ لَكَاذِبُونَ (٤٢) عَفَا اللّهُ عَنكَ لِمَ أَذِنتَ لَهُمْ حَتَّى يَتَبَيَّنَ لَكَ
الَّذِينَ صَدَقُواْ وَتَعْلَمَ الْكَاذِبِينَ (٤٣) لاَ يَسْتَأْذِنُكَ الَّذِينَ يُؤْمِنُونَ بِاللّهِ وَالْيَوْمِ الآخِرِ
أَن يُجَاهِدُواْ بِأَمْوَالِهِمْ وَأَنفُسِهِمْ وَاللّهُ عَلِيمٌ بِالْمُتَّقِينَ (٤٤) إِنَّمَا يَسْتَأْذِنُكَ الَّذِينَ لاَ
يُؤْمِنُونَ بِاللّهِ وَالْيَوْمِ الآخِرِ وَارْتَابَتْ قُلُوبُهُمْ فَهُمْ فِي رَيْبِهِمْ يَتَرَدَّدُونَ (٤٥) وَلَوْ
أَرَادُواْ الْخُرُوجَ لأَعَدُّواْ لَهُ عُدَّةً وَلَكِن كَرِهَ اللّهُ انبِعَاثَهُمْ فَثَبَّطَهُمْ وَقِيلَ اقْعُدُواْ مَعَ
الْقَاعِدِينَ (٤٦) لَوْ خَرَجُواْ فِيكُم مَّا زَادُوكُمْ إِلاَّ خَبَالاً ولأَوْضَعُواْ خِلاَلَكُمْ يَبْغُونَكُمُ
الْفِتْنَةَ وَفِيكُمْ سَمَّاعُونَ لَهُمْ وَاللّهُ عَلِيمٌ بِالظَّالِمِينَ (٤٧) لَقَدِ ابْتَغَوُاْ الْفِتْنَةَ مِن قَبْلُ
وَقَلَّبُواْ لَكَ الأُمُورَ حَتَّى جَاء الْحَقُّ وَظَهَرَ أَمْرُ اللّهِ وَهُمْ كَارِهُونَ (٤٨) وَمِنْهُم مَّن
يَقُولُ ائْذَن لِّي وَلاَ تَفْتِنِّي أَلاَ فِي الْفِتْنَةِ سَقَطُواْ وَإِنَّ جَهَنَّمَ لَمُحِيطَةٌ
بِالْكَافِرِينَ (٤٩) إِن تُصِبْكَ حَسَنَةٌ تَسُؤْهُمْ وَإِن تُصِبْكَ مُصِيبَةٌ يَقُولُواْ قَدْ أَخَذْنَا
أَمْرَنَا مِن قَبْلُ وَيَتَوَلَّواْ وَّهُمْ فَرِحُونَ (٥٠) قُل لَّن يُصِيبَنَا إِلاَّ مَا كَتَبَ اللّهُ لَنَا هُوَ
مَوْلاَنَا وَعَلَى اللّهِ فَلْيَتَوَكَّلِ الْمُؤْمِنُونَ (٥١) قُلْ هَلْ تَرَبَّصُونَ بِنَا إِلاَّ إِحْدَى
الْحُسْنَيَيْنِ وَنَحْنُ نَتَرَبَّصُ بِكُمْ أَن يُصِيبَكُمُ اللّهُ بِعَذَابٍ مِّنْ عِندِهِ أَوْ بِأَيْدِينَا فَتَرَبَّصُواْ
إِنَّا مَعَكُم مُّتَرَبِّصُونَ (٥٢) قُلْ أَنفِقُواْ طَوْعًا أَوْ كَرْهًا لَّن يُتَقَبَّلَ مِنكُمْ إِنَّكُمْ كُنتُمْ
قَوْمًا فَاسِقِينَ (٥٣) وَمَا مَنَعَهُمْ أَن تُقْبَلَ مِنْهُمْ نَفَقَاتُهُمْ إِلاَّ أَنَّهُمْ كَفَرُواْ بِاللّهِ وَبِرَسُولِهِ
وَلاَ يَأْتُونَ الصَّلاَةَ إِلاَّ وَهُمْ كُسَالَى وَلاَ يُنفِقُونَ إِلاَّ وَهُمْ كَارِهُونَ (٥٤) فَلاَ تُعْجِبْكَ
أَمْوَالُهُمْ وَلاَ أَوْلاَدُهُمْ إِنَّمَا يُرِيدُ اللّهُ لِيُعَذِّبَهُم بِهَا فِي الْحَيَاةِ الدُّنْيَا وَتَزْهَقَ أَنفُسُهُمْ
وَهُمْ كَافِرُونَ (٥٥) وَيَحْلِفُونَ بِاللّهِ إِنَّهُمْ لَمِنكُمْ وَمَا هُم مِّنكُمْ وَلَكِنَّهُمْ قَوْمٌ
يَفْرَقُونَ (٥٦) لَوْ يَجِدُونَ مَلْجَأً أَوْ مَغَارَاتٍ أَوْ مُدَّخَلاً لَّوَلَّوْاْ إِلَيْهِ وَهُمْ
يَجْمَحُونَ (٥٧) وَمِنْهُم مَّن يَلْمِزُكَ فِي الصَّدَقَاتِ فَإِنْ أُعْطُواْ مِنْهَا رَضُواْ وَإِن لَّمْ
يُعْطَوْاْ مِنهَا إِذَا هُمْ يَسْخَطُونَ (٥٨) وَلَوْ أَنَّهُمْ رَضُوْاْ مَا آتَاهُمُ اللّهُ وَرَسُولُهُ وَقَالُواْ
حَسْبُنَا اللّهُ سَيُؤْتِينَا اللّهُ مِن فَضْلِهِ وَرَسُولُهُ إِنَّا إِلَى اللّهِ رَاغِبُونَ (٥٩) إِنَّمَا

الصَّدَقَاتُ لِلْفُقَرَاء وَالْمَسَاكِينِ وَالْعَامِلِينَ عَلَيْهَا وَالْمُؤَلَّفَةِ قُلُوبُهُمْ وَفِي الرِّقَابِ
وَالْغَارِمِينَ وَفِي سَبِيلِ اللّهِ وَابْنِ السَّبِيلِ فَرِيضَةً مِّنَ اللّهِ وَاللّهُ عَلِيمٌ
حَكِيمٌ (٦٠) وَمِنْهُمُ الَّذِينَ يُؤْذُونَ النَّبِيَّ وِيِقُولُونَ هُوَ أُذُنٌ قُلْ أُذُنُ خَيْرٍ لَّكُمْ يُؤْمِنُ
بِاللّهِ وَيُؤْمِنُ لِلْمُؤْمِنِينَ وَرَحْمَةٌ لِّلَّذِينَ آمَنُواْ مِنكُمْ وَالَّذِينَ يُؤْذُونَ رَسُولَ اللّهِ لَهُمْ
عَذَابٌ أَلِيمٌ (٦١) يَحْلِفُونَ بِاللّهِ لَكُمْ لِيُرْضُوكُمْ وَاللّهُ وَرَسُولُهُ أَحَقُّ أَن يُرْضُوهُ إِن
كَانُواْ مُؤْمِنِينَ (٦٢) أَلَمْ يَعْلَمُواْ أَنَّهُ مَن يُحَادِدِ اللّهَ وَرَسُولَهُ فَأَنَّ لَهُ نَارَ جَهَنَّمَ خَالِدًا
فِيهَا ذَلِكَ الْخِزْيُ الْعَظِيمُ (٦٣) يَحْذَرُ الْمُنَافِقُونَ أَن تُنَزَّلَ عَلَيْهِمْ سُورَةٌ تُنَبِّئُهُمْ بِمَا
فِي قُلُوبِهِم قُلِ اسْتَهْزِؤُواْ إِنَّ اللّهَ مُخْرِجٌ مَّا تَحْذَرُونَ (٦٤) وَلَئِن سَأَلْتَهُمْ لَيَقُولُنَّ
إِنَّمَا كُنَّا نَخُوضُ وَنَلْعَبُ قُلْ أَبِاللّهِ وَآيَاتِهِ وَرَسُولِهِ كُنتُمْ تَسْتَهْزِؤُونَ (٦٥) لاَ
تَعْتَذِرُواْ قَدْ كَفَرْتُم بَعْدَ إِيمَانِكُمْ إِن نَّعْفُ عَن طَآئِفَةٍ مِّنكُمْ نُعَذِّبْ طَآئِفَةً بِأَنَّهُمْ كَانُواْ
مُجْرِمِينَ (٦٦) الْمُنَافِقُونَ وَالْمُنَافِقَاتُ بَعْضُهُم مِّن بَعْضٍ يَأْمُرُونَ بِالْمُنكَرِ
وَيَنْهَوْنَ عَنِ الْمَعْرُوفِ وَيَقْبِضُونَ أَيْدِيَهُمْ نَسُواْ اللّهَ فَنَسِيَهُمْ إِنَّ الْمُنَافِقِينَ هُمُ
الْفَاسِقُونَ (٦٧) وَعَدَ الله الْمُنَافِقِينَ وَالْمُنَافِقَاتِ وَالْكُفَّارَ نَارَ جَهَنَّمَ خَالِدِينَ فِيهَا هِيَ
حَسْبُهُمْ وَلَعَنَهُمُ اللّهُ وَلَهُمْ عَذَابٌ مُّقِيمٌ (٦٨) كَالَّذِينَ مِن قَبْلِكُمْ كَانُواْ أَشَدَّ مِنكُمْ قُوَّةً
وَأَكْثَرَ أَمْوَالاً وَأَوْلاَدًا فَاسْتَمْتَعُواْ بِخَلاقِهِمْ فَاسْتَمْتَعْتُم بِخَلاَقِكُمْ كَمَا اسْتَمْتَعَ الَّذِينَ
مِن قَبْلِكُمْ بِخَلاَقِهِمْ وَخُضْتُمْ كَالَّذِي خَاضُواْ أُوْلَئِكَ حَبِطَتْ أَعْمَالُهُمْ فِي الدُّنْيَا
وَالآخِرَةِ وَأُوْلَئِكَ هُمُ الْخَاسِرُونَ (٦٩) أَلَمْ يَأْتِهِمْ نَبَأُ الَّذِينَ مِن قَبْلِهِمْ قَوْمِ نُوحٍ
وَعَادٍ وَثَمُودَ وَقَوْمِ إِبْرَاهِيمَ وِأَصْحَابِ مَدْيَنَ وَالْمُؤْتَفِكَاتِ أَتَتْهُمْ رُسُلُهُم بِالْبَيِّنَاتِ
فَمَا كَانَ اللّهُ لِيَظْلِمَهُمْ وَلَكِن كَانُواْ أَنفُسَهُمْ يَظْلِمُونَ (٧٠) وَالْمُؤْمِنُونَ وَالْمُؤْمِنَاتُ
بَعْضُهُمْ أَوْلِيَاء بَعْضٍ يَأْمُرُونَ بِالْمَعْرُوفِ وَيَنْهَوْنَ عَنِ الْمُنكَرِ وَيُقِيمُونَ الصَّلاَةَ
وَيُؤْتُونَ الزَّكَاةَ وَيُطِيعُونَ اللّهَ وَرَسُولَهُ أُوْلَئِكَ سَيَرْحَمُهُمُ اللّهُ إِنَّ اللّهَ عَزِيزٌ
حَكِيمٌ (٧١) وَعَدَ اللّهُ الْمُؤْمِنِينَ وَالْمُؤْمِنَاتِ جَنَّاتٍ تَجْرِي مِن تَحْتِهَا الأَنْهَارُ
خَالِدِينَ فِيهَا وَمَسَاكِنَ طَيِّبَةً فِي جَنَّاتِ عَدْنٍ وَرِضْوَانٌ مِّنَ اللّهِ أَكْبَرُ ذَلِكَ هُوَ الْفَوْزُ
الْعَظِيمُ (٧٢) يَا أَيُّهَا النَّبِيُّ جَاهِدِ الْكُفَّارَ وَالْمُنَافِقِينَ وَاغْلُظْ عَلَيْهِمْ وَمَأْوَاهُمْ جَهَنَّمُ
وَبِئْسَ الْمَصِيرُ (٧٣) يَحْلِفُونَ بِاللّهِ مَا قَالُواْ وَلَقَدْ قَالُواْ كَلِمَةَ الْكُفْرِ وَكَفَرُواْ بَعْدَ
إِسْلاَمِهِمْ وَهَمُّواْ بِمَا لَمْ يَنَالُواْ وَمَا نَقَمُواْ إِلاَّ أَنْ أَغْنَاهُمُ اللّهُ وَرَسُولُهُ مِن فَضْلِهِ فَإِن
يَتُوبُواْ يَكُ خَيْرًا لَّهُمْ وَإِن يَتَوَلَّوْا يُعَذِّبْهُمُ اللّهُ عَذَابًا أَلِيمًا فِي الدُّنْيَا وَالآخِرَةِ وَمَا لَهُمْ
فِي الأَرْضِ مِن وَلِيٍّ وَلاَ نَصِيرٍ (٧٤) وَمِنْهُم مَّنْ عَاهَدَ اللّهَ لَئِنْ آتَانَا مِن فَضْلِهِ
لَنَصَّدَّقَنَّ وَلَنَكُونَنَّ مِنَ الصَّالِحِينَ (٧٥) فَلَمَّا آتَاهُم مِّن فَضْلِهِ بَخِلُواْ بِهِ وَتَوَلَّواْ
وَّهُم مُّعْرِضُونَ (٧٦) فَأَعْقَبَهُمْ نِفَاقًا فِي قُلُوبِهِمْ إِلَى يَوْمِ يَلْقَوْنَهُ بِمَا أَخْلَفُواْ اللّهَ مَا
وَعَدُوهُ وَبِمَا كَانُواْ يَكْذِبُونَ (٧٧) أَلَمْ يَعْلَمُواْ أَنَّ اللّهَ يَعْلَمُ سِرَّهُمْ وَنَجْوَاهُمْ وَأَنَّ اللّهَ

عَلاَّمُ الْغُيُوبِ (٧٨) الَّذِينَ يَلْمِزُونَ الْمُطَّوِّعِينَ مِنَ الْمُؤْمِنِينَ فِي الصَّدَقَاتِ وَالَّذِينَ
لاَ يَجِدُونَ إِلاَّ جُهْدَهُمْ فَيَسْخَرُونَ مِنْهُمْ سَخِرَ اللّهُ مِنْهُمْ وَلَهُمْ عَذَابٌ
أَلِيمٌ (٧٩) اسْتَغْفِرْ لَهُمْ أَوْ لاَ تَسْتَغْفِرْ لَهُمْ إِن تَسْتَغْفِرْ لَهُمْ سَبْعِينَ مَرَّةً فَلَن يَغْفِرَ اللّهُ
لَهُمْ ذَلِكَ بِأَنَّهُمْ كَفَرُواْ بِاللّهِ وَرَسُولِهِ وَاللّهُ لاَ يَهْدِي الْقَوْمَ الْفَاسِقِينَ (٨٠) فَرِحَ
الْمُخَلَّفُونَ بِمَقْعَدِهِمْ خِلاَفَ رَسُولِ اللّهِ وَكَرِهُواْ أَن يُجَاهِدُواْ بِأَمْوَالِهِمْ وَأَنفُسِهِمْ فِي
سَبِيلِ اللّهِ وَقَالُواْ لاَ تَنفِرُواْ فِي الْحَرِّ قُلْ نَارُ جَهَنَّمَ أَشَدُّ حَرًّا لَّوْ كَانُوا
يَفْقَهُونَ (٨١) فَلْيَضْحَكُواْ قَلِيلاً وَلْيَبْكُواْ كَثِيرًا جَزَاء بِمَا كَانُواْ يَكْسِبُونَ (٨٢) فَإِن
رَّجَعَكَ اللّهُ إِلَى طَآئِفَةٍ مِّنْهُمْ فَاسْتَأْذَنُوكَ لِلْخُرُوجِ فَقُل لَّن تَخْرُجُواْ مَعِيَ أَبَدًا وَلَن
تُقَاتِلُواْ مَعِيَ عَدُوًّا إِنَّكُمْ رَضِيتُم بِالْقُعُودِ أَوَّلَ مَرَّةٍ فَاقْعُدُواْ مَعَ الْخَالِفِينَ (٨٣) وَلاَ
تُصَلِّ عَلَى أَحَدٍ مِّنْهُم مَّاتَ أَبَدًا وَلاَ تَقُمْ عَلَىَ قَبْرِهِ إِنَّهُمْ كَفَرُواْ بِاللّهِ وَرَسُولِهِ وَمَاتُواْ
وَهُمْ فَاسِقُونَ (٨٤) وَلاَ تُعْجِبْكَ أَمْوَالُهُمْ وَأَوْلاَدُهُمْ إِنَّمَا يُرِيدُ اللّهُ أَن يُعَذِّبَهُم بِهَا فِي
الدُّنْيَا وَتَزْهَقَ أَنفُسُهُمْ وَهُمْ كَافِرُونَ (٨٥) وَإِذَآ أُنزِلَتْ سُورَةٌ أَنْ آمِنُواْ بِاللّهِ
وَجَاهِدُواْ مَعَ رَسُولِهِ اسْتَأْذَنَكَ أُوْلُواْ الطَّوْلِ مِنْهُمْ وَقَالُواْ ذَرْنَا نَكُن مَّعَ
الْقَاعِدِينَ (٨٦) رَضُواْ بِأَن يَكُونُواْ مَعَ الْخَوَالِفِ وَطُبِعَ عَلَى قُلُوبِهِمْ فَهُمْ لاَ
يَفْقَهُونَ (٨٧) لَكِنِ الرَّسُولُ وَالَّذِينَ آمَنُواْ مَعَهُ جَاهَدُواْ بِأَمْوَالِهِمْ وَأَنفُسِهِمْ وَأُوْلَئِكَ
لَهُمُ الْخَيْرَاتُ وَأُوْلَئِكَ هُمُ الْمُفْلِحُونَ (٨٨) أَعَدَّ اللّهُ لَهُمْ جَنَّاتٍ تَجْرِي مِن تَحْتِهَا
الأَنْهَارُ خَالِدِينَ فِيهَا ذَلِكَ الْفَوْزُ الْعَظِيمُ (٨٩) وَجَاء الْمُعَذِّرُونَ مِنَ الأَعْرَابِ
لِيُؤْذَنَ لَهُمْ وَقَعَدَ الَّذِينَ كَذَبُواْ اللّهَ وَرَسُولَهُ سَيُصِيبُ الَّذِينَ كَفَرُواْ مِنْهُمْ عَذَابٌ
أَلِيمٌ (٩٠) لَّيْسَ عَلَى الضُّعَفَاء وَلاَ عَلَى الْمَرْضَى وَلاَ عَلَى الَّذِينَ لاَ يَجِدُونَ مَا
يُنفِقُونَ حَرَجٌ إِذَا نَصَحُواْ لِلّهِ وَرَسُولِهِ مَا عَلَى الْمُحْسِنِينَ مِن سَبِيلٍ وَاللّهُ غَفُورٌ
رَّحِيمٌ (٩١) وَلاَ عَلَى الَّذِينَ إِذَا مَا أَتَوْكَ لِتَحْمِلَهُمْ قُلْتَ لاَ أَجِدُ مَا أَحْمِلُكُمْ عَلَيْهِ
تَوَلَّواْ وَّأَعْيُنُهُمْ تَفِيضُ مِنَ الدَّمْعِ حَزَنًا أَلاَّ يَجِدُواْ مَا يُنفِقُونَ (٩٢) إِنَّمَا السَّبِيلُ
عَلَى الَّذِينَ يَسْتَأْذِنُونَكَ وَهُمْ أَغْنِيَاء رَضُواْ بِأَن يَكُونُواْ مَعَ الْخَوَالِفِ وَطَبَعَ اللّهُ
عَلَى قُلُوبِهِمْ فَهُمْ لاَ يَعْلَمُونَ (٩٣) يَعْتَذِرُونَ إِلَيْكُمْ إِذَا رَجَعْتُمْ إِلَيْهِمْ قُل لاَّ تَعْتَذِرُواْ
لَن نُّؤْمِنَ لَكُمْ قَدْ نَبَّأَنَا اللّهُ مِنْ أَخْبَارِكُمْ وَسَيَرَى اللّهُ عَمَلَكُمْ وَرَسُولُهُ ثُمَّ تُرَدُّونَ إِلَى
عَالِمِ الْغَيْبِ وَالشَّهَادَةِ فَيُنَبِّئُكُم بِمَا كُنتُمْ تَعْمَلُونَ (٩٤) سَيَحْلِفُونَ بِاللّهِ لَكُمْ إِذَا انقَلَبْتُمْ
إِلَيْهِمْ لِتُعْرِضُواْ عَنْهُمْ فَأَعْرِضُواْ عَنْهُمْ إِنَّهُمْ رِجْسٌ وَمَأْوَاهُمْ جَهَنَّمُ جَزَاء بِمَا كَانُواْ
يَكْسِبُونَ (٩٥) يَحْلِفُونَ لَكُمْ لِتَرْضَوْاْ عَنْهُمْ فَإِن تَرْضَوْاْ عَنْهُمْ فَإِنَّ اللّهَ لاَ يَرْضَى
عَنِ الْقَوْمِ الْفَاسِقِينَ (٩٦) الأَعْرَابُ أَشَدُّ كُفْرًا وَنِفَاقًا وَأَجْدَرُ أَلاَّ يَعْلَمُواْ حُدُودَ مَا
أَنزَلَ اللّهُ عَلَى رَسُولِهِ وَاللّهُ عَلِيمٌ حَكِيمٌ (٩٧) وَمِنَ الأَعْرَابِ مَن يَتَّخِذُ مَا يُنفِقُ
مَغْرَمًا وَيَتَرَبَّصُ بِكُمُ الدَّوَائِرَ عَلَيْهِمْ دَآئِرَةُ السَّوْءِ وَاللّهُ سَمِيعٌ عَلِيمٌ (٩٨) وَمِنَ

الأَعْرَابِ مَن يُؤْمِنُ بِاللّهِ وَالْيَوْمِ الآخِرِ وَيَتَّخِذُ مَا يُنفِقُ قُرُبَاتٍ عِندَ اللّهِ وَصَلَوَاتِ الرَّسُولِ أَلا إِنَّهَا قُرْبَةٌ لَّهُمْ سَيُدْخِلُهُمُ اللّهُ فِي رَحْمَتِهِ إِنَّ اللّهَ غَفُورٌ رَّحِيمٌ (٩٩) وَالسَّابِقُونَ الأَوَّلُونَ مِنَ الْمُهَاجِرِينَ وَالأَنصَارِ وَالَّذِينَ اتَّبَعُوهُم بِإِحْسَانٍ رَّضِيَ اللّهُ عَنْهُمْ وَرَضُواْ عَنْهُ وَأَعَدَّ لَهُمْ جَنَّاتٍ تَجْرِي تَحْتَهَا الأَنْهَارُ خَالِدِينَ فِيهَا أَبَدًا ذَلِكَ الْفَوْزُ الْعَظِيمُ (١٠٠) وَمِمَّنْ حَوْلَكُم مِّنَ الأَعْرَابِ مُنَافِقُونَ وَمِنْ أَهْلِ الْمَدِينَةِ مَرَدُواْ عَلَى النِّفَاقِ لاَ تَعْلَمُهُمْ نَحْنُ نَعْلَمُهُمْ سَنُعَذِّبُهُم مَّرَّتَيْنِ ثُمَّ يُرَدُّونَ إِلَى عَذَابٍ عَظِيمٍ (١٠١) وَآخَرُونَ اعْتَرَفُواْ بِذُنُوبِهِمْ خَلَطُواْ عَمَلاً صَالِحًا وَآخَرَ سَيِّئًا عَسَى اللّهُ أَن يَتُوبَ عَلَيْهِمْ إِنَّ اللّهَ غَفُورٌ رَّحِيمٌ (١٠٢) خُذْ مِنْ أَمْوَالِهِمْ صَدَقَةً تُطَهِّرُهُمْ وَتُزَكِّيهِم بِهَا وَصَلِّ عَلَيْهِمْ إِنَّ صَلاَتَكَ سَكَنٌ لَّهُمْ وَاللّهُ سَمِيعٌ عَلِيمٌ (١٠٣) أَلَمْ يَعْلَمُواْ أَنَّ اللّهَ هُوَ يَقْبَلُ التَّوْبَةَ عَنْ عِبَادِهِ وَيَأْخُذُ الصَّدَقَاتِ وَأَنَّ اللّهَ هُوَ التَّوَّابُ الرَّحِيمُ (١٠٤) وَقُلِ اعْمَلُواْ فَسَيَرَى اللّهُ عَمَلَكُمْ وَرَسُولُهُ وَالْمُؤْمِنُونَ وَسَتُرَدُّونَ إِلَى عَالِمِ الْغَيْبِ وَالشَّهَادَةِ فَيُنَبِّئُكُم بِمَا كُنتُمْ تَعْمَلُونَ (١٠٥) وَآخَرُونَ مُرْجَوْنَ لِأَمْرِ اللّهِ إِمَّا يُعَذِّبُهُمْ وَإِمَّا يَتُوبُ عَلَيْهِمْ وَاللّهُ عَلِيمٌ حَكِيمٌ (١٠٦) وَالَّذِينَ اتَّخَذُواْ مَسْجِدًا ضِرَارًا وَكُفْرًا وَتَفْرِيقًا بَيْنَ الْمُؤْمِنِينَ وَإِرْصَادًا لِّمَنْ حَارَبَ اللّهَ وَرَسُولَهُ مِن قَبْلُ وَلَيَحْلِفَنَّ إِنْ أَرَدْنَا إِلاَّ الْحُسْنَى وَاللّهُ يَشْهَدُ إِنَّهُمْ لَكَاذِبُونَ (١٠٧) لاَ تَقُمْ فِيهِ أَبَدًا لَّمَسْجِدٌ أُسِّسَ عَلَى التَّقْوَى مِنْ أَوَّلِ يَوْمٍ أَحَقُّ أَن تَقُومَ فِيهِ فِيهِ رِجَالٌ يُحِبُّونَ أَن يَتَطَهَّرُواْ وَاللّهُ يُحِبُّ الْمُطَّهِّرِينَ (١٠٨) أَفَمَنْ أَسَّسَ بُنْيَانَهُ عَلَى تَقْوَى مِنَ اللّهِ وَرِضْوَانٍ خَيْرٌ أَم مَّنْ أَسَّسَ بُنْيَانَهُ عَلَىَ شَفَا جُرُفٍ هَارٍ فَانْهَارَ بِهِ فِي نَارِ جَهَنَّمَ وَاللّهُ لاَ يَهْدِي الْقَوْمَ الظَّالِمِينَ (١٠٩) لاَ يَزَالُ بُنْيَانُهُمُ الَّذِي بَنَوْاْ رِيبَةً فِي قُلُوبِهِمْ إِلاَّ أَن تَقَطَّعَ قُلُوبُهُمْ وَاللّهُ عَلِيمٌ حَكِيمٌ (١١٠) إِنَّ اللّهَ اشْتَرَى مِنَ الْمُؤْمِنِينَ أَنفُسَهُمْ وَأَمْوَالَهُم بِأَنَّ لَهُمُ الجَنَّةَ يُقَاتِلُونَ فِي سَبِيلِ اللّهِ فَيَقْتُلُونَ وَيُقْتَلُونَ وَعْدًا عَلَيْهِ حَقًّا فِي التَّوْرَاةِ وَالإِنجِيلِ وَالْقُرْآنِ وَمَنْ أَوْفَى بِعَهْدِهِ مِنَ اللّهِ فَاسْتَبْشِرُواْ بِبَيْعِكُمُ الَّذِي بَايَعْتُم بِهِ وَذَلِكَ هُوَ الْفَوْزُ الْعَظِيمُ (١١١) التَّائِبُونَ الْعَابِدُونَ الْحَامِدُونَ السَّائِحُونَ الرَّاكِعُونَ السَّاجِدونَ الآمِرُونَ بِالْمَعْرُوفِ وَالنَّاهُونَ عَنِ الْمُنكَرِ وَالْحَافِظُونَ لِحُدُودِ اللّهِ وَبَشِّرِ الْمُؤْمِنِينَ (١١٢) مَا كَانَ لِلنَّبِيِّ وَالَّذِينَ آمَنُواْ أَن يَسْتَغْفِرُواْ لِلْمُشْرِكِينَ وَلَوْ كَانُواْ أُوْلِي قُرْبَى مِن بَعْدِ مَا تَبَيَّنَ لَهُمْ أَنَّهُمْ أَصْحَابُ الْجَحِيمِ (١١٣) وَمَا كَانَ اسْتِغْفَارُ إِبْرَاهِيمَ لِأَبِيهِ إِلاَّ عَن مَّوْعِدَةٍ وَعَدَهَا إِيَّاهُ فَلَمَّا تَبَيَّنَ لَهُ أَنَّهُ عَدُوٌّ لِلّهِ تَبَرَّأَ مِنْهُ إِنَّ إِبْرَاهِيمَ لأَوَّاهٌ حَلِيمٌ (١١٤) وَمَا كَانَ اللّهُ لِيُضِلَّ قَوْمًا بَعْدَ إِذْ هَدَاهُمْ حَتَّى يُبَيِّنَ لَهُم مَّا يَتَّقُونَ إِنَّ اللّهَ بِكُلِّ شَيْءٍ عَلِيمٌ (١١٥) إِنَّ اللّهَ لَهُ مُلْكُ السَّمَاوَاتِ وَالأَرْضِ يُحْيِي وَيُمِيتُ وَمَا لَكُم مِّن دُونِ اللّهِ مِن وَلِيٍّ وَلاَ نَصِيرٍ (١١٦) لَقَد تَّابَ

اللهُ عَلَى النَّبِيِّ وَالْمُهَاجِرِينَ وَالأَنصَارِ الَّذِينَ اتَّبَعُوهُ فِي سَاعَةِ الْعُسْرَةِ مِن بَعْدِ مَا
كَادَ يَزِيغُ قُلُوبُ فَرِيقٍ مِّنْهُمْ ثُمَّ تَابَ عَلَيْهِمْ إِنَّهُ بِهِمْ رَؤُوفٌ رَّحِيمٌ (١١٧) وَعَلَى
الثَّلاَثَةِ الَّذِينَ خُلِّفُواْ حَتَّى إِذَا ضَاقَتْ عَلَيْهِمُ الأَرْضُ بِمَا رَحُبَتْ وَضَاقَتْ عَلَيْهِمْ
أَنفُسُهُمْ وَظَنُّواْ أَن لاَّ مَلْجَأَ مِنَ اللّهِ إِلاَّ إِلَيْهِ ثُمَّ تَابَ عَلَيْهِمْ لِيَتُوبُواْ إِنَّ اللّهَ هُوَ التَّوَّابُ
الرَّحِيمُ (١١٨) يَا أَيُّهَا الَّذِينَ آمَنُواْ اتَّقُواْ اللّهَ وَكُونُواْ مَعَ الصَّادِقِينَ (١١٩) مَا كَانَ
لِأَهْلِ الْمَدِينَةِ وَمَنْ حَوْلَهُم مِّنَ الأَعْرَابِ أَن يَتَخَلَّفُواْ عَن رَّسُولِ اللّهِ وَلاَ يَرْغَبُواْ
بِأَنفُسِهِمْ عَن نَّفْسِهِ ذَلِكَ بِأَنَّهُمْ لاَ يُصِيبُهُمْ ظَمَأٌ وَلاَ نَصَبٌ وَلاَ مَخْمَصَةٌ فِي سَبِيلِ
اللّهِ وَلاَ يَطَؤُونَ مَوْطِئًا يَغِيظُ الْكُفَّارَ وَلاَ يَنَالُونَ مِنْ عَدُوٍّ نَّيْلاً إِلاَّ كُتِبَ لَهُم بِهِ
عَمَلٌ صَالِحٌ إِنَّ اللّهَ لاَ يُضِيعُ أَجْرَ الْمُحْسِنِينَ (١٢٠) وَلاَ يُنفِقُونَ نَفَقَةً صَغِيرَةً وَلاَ
كَبِيرَةً وَلاَ يَقْطَعُونَ وَادِيًا إِلاَّ كُتِبَ لَهُمْ لِيَجْزِيَهُمُ اللّهُ أَحْسَنَ مَا كَانُواْ
يَعْمَلُونَ (١٢١) وَمَا كَانَ الْمُؤْمِنُونَ لِيَنفِرُواْ كَآفَّةً فَلَوْلاَ نَفَرَ مِن كُلِّ فِرْقَةٍ مِّنْهُمْ
طَآئِفَةٌ لِّيَتَفَقَّهُواْ فِي الدِّينِ وَلِيُنذِرُواْ قَوْمَهُمْ إِذَا رَجَعُواْ إِلَيْهِمْ لَعَلَّهُمْ
يَحْذَرُونَ (١٢٢) يَا أَيُّهَا الَّذِينَ آمَنُواْ قَاتِلُواْ الَّذِينَ يَلُونَكُم مِّنَ الْكُفَّارِ وَلِيَجِدُواْ فِيكُمْ
غِلْظَةً وَاعْلَمُواْ أَنَّ اللّهَ مَعَ الْمُتَّقِينَ (١٢٣) وَإِذَا مَا أُنزِلَتْ سُورَةٌ فَمِنْهُم مَّن يَقُولُ
أَيُّكُمْ زَادَتْهُ هَذِهِ إِيمَانًا فَأَمَّا الَّذِينَ آمَنُواْ فَزَادَتْهُمْ إِيمَانًا وَهُمْ
يَسْتَبْشِرُونَ (١٢٤) وَأَمَّا الَّذِينَ فِي قُلُوبِهِم مَّرَضٌ فَزَادَتْهُمْ رِجْسًا إِلَى رِجْسِهِمْ
وَمَاتُواْ وَهُمْ كَافِرُونَ (١٢٥) أَوَلاَ يَرَوْنَ أَنَّهُمْ يُفْتَنُونَ فِي كُلِّ عَامٍ مَّرَّةً أَوْ مَرَّتَيْنِ
ثُمَّ لاَ يَتُوبُونَ وَلاَ هُمْ يَذَّكَّرُونَ (١٢٦) وَإِذَا مَا أُنزِلَتْ سُورَةٌ نَّظَرَ بَعْضُهُمْ إِلَى
بَعْضٍ هَلْ يَرَاكُم مِّنْ أَحَدٍ ثُمَّ انصَرَفُواْ صَرَفَ اللّهُ قُلُوبَهُم بِأَنَّهُمْ قَوْمٌ لاَّ
يَفْقَهُونَ (١٢٧) لَقَدْ جَاءكُمْ رَسُولٌ مِّنْ أَنفُسِكُمْ عَزِيزٌ عَلَيْهِ مَا عَنِتُّمْ حَرِيصٌ عَلَيْكُم
بِالْمُؤْمِنِينَ رَؤُوفٌ رَّحِيمٌ (١٢٨) فَإِن تَوَلَّوْاْ فَقُلْ حَسْبِيَ اللّهُ لا إِلَهَ إِلاَّ هُوَ عَلَيْهِ
تَوَكَّلْتُ وَهُوَ رَبُّ الْعَرْشِ الْعَظِيمِ (١٢٩

SOURATE YUNUS

سورة يونس

الر تِلْكَ آيَاتُ الْكِتَابِ الْحَكِيمِ (١) أَكَانَ لِلنَّاسِ عَجَبًا أَنْ أَوْحَيْنَا إِلَى رَجُلٍ مِّنْهُمْ أَنْ
أَنذِرِ النَّاسَ وَبَشِّرِ الَّذِينَ آمَنُواْ أَنَّ لَهُمْ قَدَمَ صِدْقٍ عِندَ رَبِّهِمْ قَالَ الْكَافِرُونَ إِنَّ هَذَا
لَسَاحِرٌ مُّبِينٌ (٢) إِنَّ رَبَّكُمُ اللّهُ الَّذِي خَلَقَ السَّمَاوَاتِ وَالأَرْضَ فِي سِتَّةِ أَيَّامٍ ثُمَّ
اسْتَوَى عَلَى الْعَرْشِ يُدَبِّرُ الأَمْرَ مَا مِن شَفِيعٍ إِلاَّ مِن بَعْدِ إِذْنِهِ ذَلِكُمُ اللّهُ رَبُّكُمْ
فَاعْبُدُوهُ أَفَلاَ تَذَكَّرُونَ (٣) إِلَيْهِ مَرْجِعُكُمْ جَمِيعًا وَعْدَ اللّهِ حَقًّا إِنَّهُ يَبْدَأُ الْخَلْقَ ثُمَّ
يُعِيدُهُ لِيَجْزِيَ الَّذِينَ آمَنُواْ وَعَمِلُواْ الصَّالِحَاتِ بِالْقِسْطِ وَالَّذِينَ كَفَرُواْ لَهُمْ شَرَابٌ
مِّنْ حَمِيمٍ وَعَذَابٌ أَلِيمٌ بِمَا كَانُواْ يَكْفُرُونَ (٤) هُوَ الَّذِي جَعَلَ الشَّمْسَ ضِيَاء
وَالْقَمَرَ نُورًا وَقَدَّرَهُ مَنَازِلَ لِتَعْلَمُواْ عَدَدَ السِّنِينَ وَالْحِسَابَ مَا خَلَقَ اللّهُ ذَلِكَ إِلاَّ
بِالْحَقِّ يُفَصِّلُ الآيَاتِ لِقَوْمٍ يَعْلَمُونَ (٥) إِنَّ فِي اخْتِلاَفِ اللَّيْلِ وَالنَّهَارِ وَمَا خَلَقَ
اللّهُ فِي السَّمَاوَاتِ وَالأَرْضِ لآيَاتٍ لِّقَوْمٍ يَتَّقُونَ (٦) إِنَّ الَّذِينَ لاَ يَرْجُونَ لِقَاءنَا
وَرَضُواْ بِالْحَياةِ الدُّنْيَا وَاطْمَأَنُّواْ بِهَا وَالَّذِينَ هُمْ عَنْ آيَاتِنَا غَافِلُونَ (٧) أُوْلَئِكَ
مَأْوَاهُمُ النُّارُ بِمَا كَانُواْ يَكْسِبُونَ (٨) إِنَّ الَّذِينَ آمَنُواْ وَعَمِلُواْ الصَّالِحَاتِ يَهْدِيهِمْ
رَبُّهُمْ بِإِيمَانِهِمْ تَجْرِي مِن تَحْتِهِمُ الأَنْهَارُ فِي جَنَّاتِ النَّعِيمِ (٩) دَعْوَاهُمْ فِيهَا
سُبْحَانَكَ اللَّهُمَّ وَتَحِيَّتُهُمْ فِيهَا سَلاَمٌ وَآخِرُ دَعْوَاهُمْ أَنِ الْحَمْدُ لِلّهِ رَبِّ
الْعَالَمِينَ (١٠) وَلَوْ يُعَجِّلُ اللّهُ لِلنَّاسِ الشَّرَّ اسْتِعْجَالَهُم بِالْخَيْرِ لَقُضِيَ إِلَيْهِمْ أَجَلُهُمْ
فَنَذَرُ الَّذِينَ لاَ يَرْجُونَ لِقَاءنَا فِي طُغْيَانِهِمْ يَعْمَهُونَ (١١) وَإِذَا مَسَّ الإِنسَانَ الضُّرُّ
دَعَانَا لِجَنبِهِ أَوْ قَاعِدًا أَوْ قَآئِمًا فَلَمَّا كَشَفْنَا عَنْهُ ضُرَّهُ مَرَّ كَأَن لَّمْ يَدْعُنَا إِلَى ضُرٍّ
مَّسَّهُ كَذَلِكَ زُيِّنَ لِلْمُسْرِفِينَ مَا كَانُواْ يَعْمَلُونَ (١٢) وَلَقَدْ أَهْلَكْنَا الْقُرُونَ مِن قَبْلِكُمْ
لَمَّا ظَلَمُواْ وَجَاءتْهُمْ رُسُلُهُم بِالْبَيِّنَاتِ وَمَا كَانُواْ لِيُؤْمِنُواْ كَذَلِكَ نَجْزِي الْقَوْمَ
الْمُجْرِمِينَ (١٣) ثُمَّ جَعَلْنَاكُمْ خَلاَئِفَ فِي الأَرْضِ مِن بَعْدِهِم لِنَنظُرَ كَيْفَ
تَعْمَلُونَ (١٤) وَإِذَا تُتْلَى عَلَيْهِمْ آيَاتُنَا بَيِّنَاتٍ قَالَ الَّذِينَ لاَ يَرْجُونَ لِقَاءنَا ائْتِ
بِقُرْآنٍ غَيْرِ هَذَا أَوْ بَدِّلْهُ قُلْ مَا يَكُونُ لِي أَنْ أُبَدِّلَهُ مِن تِلْقَاء نَفْسِي إِنْ أَتَّبِعُ إِلاَّ مَا
يُوحَى إِلَيَّ إِنِّي أَخَافُ إِنْ عَصَيْتُ رَبِّي عَذَابَ يَوْمٍ عَظِيمٍ (١٥) قُل لَّوْ شَاء اللّهُ مَا
تَلَوْتُهُ عَلَيْكُمْ وَلاَ أَدْرَاكُم بِهِ فَقَدْ لَبِثْتُ فِيكُمْ عُمُرًا مِّن قَبْلِهِ أَفَلاَ تَعْقِلُونَ (١٦) فَمَنْ
أَظْلَمُ مِمَّنِ افْتَرَى عَلَى اللّهِ كَذِبًا أَوْ كَذَّبَ بِآيَاتِهِ إِنَّهُ لاَ يُفْلِحُ
الْمُجْرِمُونَ (١٧) وَيَعْبُدُونَ مِن دُونِ اللّهِ مَا لاَ يَضُرُّهُمْ وَلاَ يَنفَعُهُمْ وَيَقُولُونَ
هَؤُلاء شُفَعَاؤُنَا عِندَ اللّهِ قُلْ أَتُنَبِّئُونَ اللّهَ بِمَا لاَ يَعْلَمُ فِي السَّمَاوَاتِ وَلاَ فِي الأَرْضِ
سُبْحَانَهُ وَتَعَالَى عَمَّا يُشْرِكُونَ (١٨) وَمَا كَانَ النَّاسُ إِلاَّ أُمَّةً وَاحِدَةً فَاخْتَلَفُواْ
وَلَوْلاَ كَلِمَةٌ سَبَقَتْ مِن رَّبِّكَ لَقُضِيَ بَيْنَهُمْ فِيمَا فِيهِ يَخْتَلِفُونَ (١٩) وَيَقُولُونَ لَوْلاَ
أُنزِلَ عَلَيْهِ آيَةٌ مِّن رَّبِّهِ فَقُلْ إِنَّمَا الْغَيْبُ لِلّهِ فَانْتَظِرُواْ إِنِّي مَعَكُم مِّنَ
الْمُنتَظِرِينَ (٢٠) وَإِذَا أَذَقْنَا النَّاسَ رَحْمَةً مِّن بَعْدِ ضَرَّاء مَسَّتْهُمْ إِذَا لَهُم مَّكْرٌ فِي

آيَاتِنَا قُلِ اللّهُ أَسْرَعُ مَكْرًا إِنَّ رُسُلَنَا يَكْتُبُونَ مَا تَمْكُرُونَ (٢١) هُوَ الَّذِي يُسَيِّرُكُمْ فِي الْبَرِّ وَالْبَحْرِ حَتَّى إِذَا كُنتُمْ فِي الْفُلْكِ وَجَرَيْنَ بِهِم بِرِيحٍ طَيِّبَةٍ وَفَرِحُواْ بِهَا جَاءتْهَا رِيحٌ عَاصِفٌ وَجَاءهُمُ الْمَوْجُ مِن كُلِّ مَكَانٍ وَظَنُّواْ أَنَّهُمْ أُحِيطَ بِهِمْ دَعَوُاْ اللّهَ مُخْلِصِينَ لَهُ الدِّينَ لَئِنْ أَنجَيْتَنَا مِنْ هَذِهِ لَنَكُونَنِّ مِنَ الشَّاكِرِينَ (٢٢) فَلَمَّا أَنجَاهُمْ إِذَا هُمْ يَبْغُونَ فِي الأَرْضِ بِغَيْرِ الْحَقِّ يَا أَيُّهَا النَّاسُ إِنَّمَا بَغْيُكُمْ عَلَى أَنفُسِكُم مَّتَاعَ الْحَيَاةِ الدُّنْيَا ثُمَّ إِلَينَا مَرْجِعُكُمْ فَنُنَبِّئُكُم بِمَا كُنتُمْ تَعْمَلُونَ (٢٣) إِنَّمَا مَثَلُ الْحَيَاةِ الدُّنْيَا كَمَاء أَنزَلْنَاهُ مِنَ السَّمَاء فَاخْتَلَطَ بِهِ نَبَاتُ الأَرْضِ مِمَّا يَأْكُلُ النَّاسُ وَالأَنْعَامُ حَتَّىَ إِذَا أَخَذَتِ الأَرْضُ زُخْرُفَهَا وَازَّيَّنَتْ وَظَنَّ أَهْلُهَا أَنَّهُمْ قَادِرُونَ عَلَيْهَآ أَتَاهَا أَمْرُنَا لَيْلاً أَوْ نَهَارًا فَجَعَلْنَاهَا حَصِيدًا كَأَن لَّمْ تَغْنَ بِالأَمْسِ كَذَلِكَ نُفَصِّلُ الآيَاتِ لِقَوْمٍ يَتَفَكَّرُونَ (٢٤) وَاللّهُ يَدْعُو إِلَى دَارِ السَّلاَمِ وَيَهْدِي مَن يَشَاء إِلَى صِرَاطٍ مُّسْتَقِيمٍ (٢٥) لِّلَّذِينَ أَحْسَنُواْ الْحُسْنَى وَزِيَادَةٌ وَلاَ يَرْهَقُ وُجُوهَهُمْ قَتَرٌ وَلاَ ذِلَّةٌ أُوْلَئِكَ أَصْحَابُ الْجَنَّةِ هُمْ فِيهَا خَالِدُونَ (٢٦) وَالَّذِينَ كَسَبُواْ السَّيِّئَاتِ جَزَاء سَيِّئَةٍ بِمِثْلِهَا وَتَرْهَقُهُمْ ذِلَّةٌ مَّا لَهُم مِّنَ اللّهِ مِنْ عَاصِمٍ كَأَنَّمَا أُغْشِيَتْ وُجُوهُهُمْ قِطَعًا مِّنَ اللَّيْلِ مُظْلِمًا أُوْلَئِكَ أَصْحَابُ النَّارِ هُمْ فِيهَا خَالِدُونَ (٢٧) وَيَوْمَ نَحْشُرُهُمْ جَمِيعًا ثُمَّ نَقُولُ لِلَّذِينَ أَشْرَكُواْ مَكَانَكُمْ أَنتُمْ وَشُرَكَآؤُكُمْ فَزَيَّلْنَا بَيْنَهُمْ وَقَالَ شُرَكَآؤُهُم مَّا كُنتُمْ إِيَّانَا تَعْبُدُونَ (٢٨) فَكَفَى بِاللّهِ شَهِيدًا بَيْنَنَا وَبَيْنَكُمْ إِن كُنَّا عَنْ عِبَادَتِكُمْ لَغَافِلِينَ (٢٩) هُنَالِكَ تَبْلُو كُلُّ نَفْسٍ مَّا أَسْلَفَتْ وَرُدُّواْ إِلَى اللّهِ مَوْلاَهُمُ الْحَقِّ وَضَلَّ عَنْهُم مَّا كَانُواْ يَفْتَرُونَ (٣٠) قُلْ مَن يَرْزُقُكُم مِّنَ السَّمَاء وَالأَرْضِ أَمَّن يَمْلِكُ السَّمْعَ والأَبْصَارَ وَمَن يُخْرِجُ الْحَيَّ مِنَ الْمَيِّتِ وَيُخْرِجُ الْمَيَّتَ مِنَ الْحَيِّ وَمَن يُدَبِّرُ الأَمْرَ فَسَيَقُولُونَ اللّهُ فَقُلْ أَفَلاَ تَتَّقُونَ (٣١) فَذَلِكُمُ اللّهُ رَبُّكُمُ الْحَقُّ فَمَاذَا بَعْدَ الْحَقِّ إِلاَّ الضَّلاَلُ فَأَنَّى تُصْرَفُونَ (٣٢) كَذَلِكَ حَقَّتْ كَلِمَتُ رَبِّكَ عَلَى الَّذِينَ فَسَقُواْ أَنَّهُمْ لاَ يُؤْمِنُونَ (٣٣) قُلْ هَلْ مِن شُرَكَآئِكُم مَّن يَبْدَأُ الْخَلْقَ ثُمَّ يُعِيدُهُ قُلِ اللّهُ يَبْدَأُ الْخَلْقَ ثُمَّ يُعِيدُهُ فَأَنَّى تُؤْفَكُونَ (٣٤) قُلْ هَلْ مِن شُرَكَآئِكُم مَّن يَهْدِي إِلَى الْحَقِّ قُلِ اللّهُ يَهْدِي لِلْحَقِّ أَفَمَن يَهْدِي إِلَى الْحَقِّ أَحَقُّ أَن يُتَّبَعَ أَمَّن لاَّ يَهِدِّيَ إِلاَّ أَن يُهْدَى فَمَا لَكُمْ كَيْفَ تَحْكُمُونَ (٣٥) وَمَا يَتَّبِعُ أَكْثَرُهُمْ إِلاَّ ظَنًّا إَنَّ الظَّنَّ لاَ يُغْنِي مِنَ الْحَقِّ شَيْئًا إِنَّ اللّهَ عَلَيمٌ بِمَا يَفْعَلُونَ (٣٦) وَمَا كَانَ هَذَا الْقُرْآنُ أَن يُفْتَرَى مِن دُونِ اللّهِ وَلَكِن تَصْدِيقَ الَّذِي بَيْنَ يَدَيْهِ وَتَفْصِيلَ الْكِتَابِ لاَ رَيْبَ فِيهِ مِن رَّبِّ الْعَالَمِينَ (٣٧) أَمْ يَقُولُونَ افْتَرَاهُ قُلْ فَأْتُواْ بِسُورَةٍ مِّثْلِهِ وَادْعُواْ مَنِ اسْتَطَعْتُم مِّن دُونِ اللّهِ إِن كُنتُمْ صَادِقِينَ (٣٨) بَلْ كَذَّبُواْ بِمَا لَمْ يُحِيطُواْ بِعِلْمِهِ وَلَمَّا يَأْتِهِمْ تَأْوِيلُهُ كَذَلِكَ كَذَّبَ الَّذِينَ مِن قَبْلِهِمْ فَانظُرْ كَيْفَ كَانَ عَاقِبَةُ الظَّالِمِينَ (٣٩) وَمِنهُم مَّن يُؤْمِنُ بِهِ وَمِنْهُم مَّن لاَّ يُؤْمِنُ بِهِ وَرَبُّكَ أَعْلَمُ بِالْمُفْسِدِينَ (٤٠) وَإِن كَذَّبُوكَ فَقُل لِّي

عَمَلِي وَلَكُمْ عَمَلُكُمْ أَنتُمْ بَرِيئُونَ مِمَّا أَعْمَلُ وَأَنَاْ بَرِيءٌ مِّمَّا تَعْمَلُونَ (٤١) وَمِنْهُم
مَّن يَسْتَمِعُونَ إِلَيْكَ أَفَأَنتَ تُسْمِعُ الصُّمَّ وَلَوْ كَانُواْ لاَ يَعْقِلُونَ (٤٢) وَمِنهُم مَّن
يَنظُرُ إِلَيْكَ أَفَأَنتَ تَهْدِي الْعُمْيَ وَلَوْ كَانُواْ لاَ يُبْصِرُونَ (٤٣) إِنَّ اللّهَ لاَ يَظْلِمُ
النَّاسَ شَيْئًا وَلَكِنَّ النَّاسَ أَنفُسَهُمْ يَظْلِمُونَ (٤٤) وَيَوْمَ يَحْشُرُهُمْ كَأَن لَّمْ يَلْبَثُواْ إِلاَّ
سَاعَةً مِّنَ النَّهَارِ يَتَعَارَفُونَ بَيْنَهُمْ قَدْ خَسِرَ الَّذِينَ كَذَّبُواْ بِلِقَاء اللّهِ وَمَا كَانُواْ
مُهْتَدِينَ (٤٥) وَإِمَّا نُرِيَنَّكَ بَعْضَ الَّذِي نَعِدُهُمْ أَوْ نَتَوَفَّيَنَّكَ فَإِلَيْنَا مَرْجِعُهُمْ ثُمَّ اللّهُ
شَهِيدٌ عَلَى مَا يَفْعَلُونَ (٤٦) وَلِكُلِّ أُمَّةٍ رَّسُولٌ فَإِذَا جَاء رَسُولُهُمْ قُضِيَ بَيْنَهُم
بِالْقِسْطِ وَهُمْ لاَ يُظْلَمُونَ (٤٧) وَيَقُولُونَ مَتَى هَذَا الْوَعْدُ إِن كُنتُمْ
صَادِقِينَ (٤٨) قُل لاَّ أَمْلِكُ لِنَفْسِي ضَرًّا وَلاَ نَفْعًا إِلاَّ مَا شَاء اللّهُ لِكُلِّ أُمَّةٍ أَجَلٌ إِذَا
جَاء أَجَلُهُمْ فَلاَ يَسْتَأْخِرُونَ سَاعَةً وَلاَ يَسْتَقْدِمُونَ (٤٩) قُلْ أَرَأَيْتُمْ إِنْ أَتَاكُمْ عَذَابُهُ
بَيَاتًا أَوْ نَهَارًا مَّاذَا يَسْتَعْجِلُ مِنْهُ الْمُجْرِمُونَ (٥٠) أَثُمَّ إِذَا مَا وَقَعَ آمَنتُم بِهِ آلآنَ
وَقَدْ كُنتُم بِهِ تَسْتَعْجِلُونَ (٥١) ثُمَّ قِيلَ لِلَّذِينَ ظَلَمُواْ ذُوقُواْ عَذَابَ الْخُلْدِ هَلْ تُجْزَوْنَ
إِلاَّ بِمَا كُنتُمْ تَكْسِبُونَ (٥٢) وَيَسْتَنبِئُونَكَ أَحَقٌّ هُوَ قُلْ إِي وَرَبِّي إِنَّهُ لَحَقٌّ وَمَا أَنتُمْ
بِمُعْجِزِينَ (٥٣) وَلَوْ أَنَّ لِكُلِّ نَفْسٍ ظَلَمَتْ مَا فِي الأَرْضِ لاَفْتَدَتْ بِهِ وَأَسَرُّواْ
النَّدَامَةَ لَمَّا رَأَوُاْ الْعَذَابَ وَقُضِيَ بَيْنَهُم بِالْقِسْطِ وَهُمْ لاَ يُظْلَمُونَ (٥٤) أَلا إِنَّ لِلّهِ مَا
فِي السَّمَاوَاتِ وَالأَرْضِ أَلاَ إِنَّ وَعْدَ اللّهِ حَقٌّ وَلَكِنَّ أَكْثَرَهُمْ لاَ يَعْلَمُونَ (٥٥) هُوَ
يُحْيِي وَيُمِيتُ وَإِلَيْهِ تُرْجَعُونَ (٥٦) يَا أَيُّهَا النَّاسُ قَدْ جَاءتْكُم مَّوْعِظَةٌ مِّن رَّبِّكُمْ
وَشِفَاء لِّمَا فِي الصُّدُورِ وَهُدًى وَرَحْمَةٌ لِّلْمُؤْمِنِينَ (٥٧) قُلْ بِفَضْلِ اللّهِ وَبِرَحْمَتِهِ
فَبِذَلِكَ فَلْيَفْرَحُواْ هُوَ خَيْرٌ مِّمَّا يَجْمَعُونَ (٥٨) قُلْ أَرَأَيْتُم مَّا أَنزَلَ اللّهُ لَكُم مِّن رِّزْقٍ
فَجَعَلْتُم مِّنْهُ حَرَامًا وَحَلاَلاً قُلْ آللّهُ أَذِنَ لَكُمْ أَمْ عَلَى اللّهِ تَفْتَرُونَ (٥٩) وَمَا ظَنُّ
الَّذِينَ يَفْتَرُونَ عَلَى اللّهِ الْكَذِبَ يَوْمَ الْقِيَامَةِ إِنَّ اللّهَ لَذُو فَضْلٍ عَلَى النَّاسِ وَلَكِنَّ
أَكْثَرَهُمْ لاَ يَشْكُرُونَ (٦٠) وَمَا تَكُونُ فِي شَأْنٍ وَمَا تَتْلُو مِنْهُ مِن قُرْآنٍ وَلاَ تَعْمَلُونَ
مِنْ عَمَلٍ إِلاَّ كُنَّا عَلَيْكُمْ شُهُودًا إِذْ تُفِيضُونَ فِيهِ وَمَا يَعْزُبُ عَن رَّبِّكَ مِن مِّثْقَالِ
ذَرَّةٍ فِي الأَرْضِ وَلاَ فِي السَّمَاء وَلاَ أَصْغَرَ مِن ذَلِكَ وَلا أَكْبَرَ إِلاَّ فِي كِتَابٍ
مُّبِينٍ (٦١) أَلا إِنَّ أَوْلِيَاء اللّهِ لاَ خَوْفٌ عَلَيْهِمْ وَلاَ هُمْ يَحْزَنُونَ (٦٢) الَّذِينَ آمَنُواْ
وَكَانُواْ يَتَّقُونَ (٦٣) لَهُمُ الْبُشْرَى فِي الْحَياةِ الدُّنْيَا وَفِي الآخِرَةِ لاَ تَبْدِيلَ لِكَلِمَاتِ
اللّهِ ذَلِكَ هُوَ الْفَوْزُ الْعَظِيمُ (٦٤) وَلاَ يَحْزُنكَ قَوْلُهُمْ إِنَّ الْعِزَّةَ لِلّهِ جَمِيعًا هُوَ السَّمِيعُ
الْعَلِيمُ (٦٥) أَلا إِنَّ لِلّهِ مَن فِي السَّمَاوَاتِ وَمَن فِي الأَرْضِ وَمَا يَتَّبِعُ الَّذِينَ يَدْعُونَ
مِن دُونِ اللّهِ شُرَكَاء إِن يَتَّبِعُونَ إِلاَّ الظَّنَّ وَإِنْ هُمْ إِلاَّ يَخْرُصُونَ (٦٦) هُوَ الَّذِي
جَعَلَ لَكُمُ اللَّيْلَ لِتَسْكُنُواْ فِيهِ وَالنَّهَارَ مُبْصِرًا إِنَّ فِي ذَلِكَ لآيَاتٍ لِّقَوْمٍ
يَسْمَعُونَ (٦٧) قَالُواْ اتَّخَذَ اللّهُ وَلَدًا سُبْحَانَهُ هُوَ الْغَنِيُّ لَهُ مَا فِي السَّمَاوَاتِ وَمَا فِي

الأَرْضِ إِنْ عِندَكُم مِّن سُلْطَانٍ بِهَذَا أَتقُولُونَ عَلَى اللّهِ مَا لاَ تَعْلَمُونَ (٦٨) قُلْ إِنَّ
الَّذِينَ يَفْتَرُونَ عَلَى اللّهِ الْكَذِبَ لاَ يُفْلِحُونَ (٦٩) مَتَاعٌ فِي الدُّنْيَا ثُمَّ إِلَيْنَا مَرْجِعُهُمْ
ثُمَّ نُذِيقُهُمُ الْعَذَابَ الشَّدِيدَ بِمَا كَانُواْ يَكْفُرُونَ (٧٠) وَاتْلُ عَلَيْهِمْ نَبَأَ نُوحٍ إِذْ قَالَ
لِقَوْمِهِ يَا قَوْمِ إِن كَانَ كَبُرَ عَلَيْكُم مَّقَامِي وَتَذْكِيرِي بِآيَاتِ اللّهِ فَعَلَى اللّهِ تَوَكَّلْتُ
فَأَجْمِعُواْ أَمْرَكُمْ وَشُرَكَاءكُمْ ثُمَّ لاَ يَكُنْ أَمْرُكُمْ عَلَيْكُمْ غُمَّةً ثُمَّ اقْضُواْ إِلَيَّ وَلاَ
تُنظِرُونِ (٧١) فَإِن تَوَلَّيْتُمْ فَمَا سَأَلْتُكُم مِّنْ أَجْرٍ إِنْ أَجْرِيَ إِلاَّ عَلَى اللّهِ وَأُمِرْتُ أَنْ
أَكُونَ مِنَ الْمُسْلِمِينَ (٧٢) فَكَذَّبُوهُ فَنَجَّيْنَاهُ وَمَن مَّعَهُ فِي الْفُلْكِ وَجَعَلْنَاهُمْ خَلاَئِفَ
وَأَغْرَقْنَا الَّذِينَ كَذَّبُواْ بِآيَاتِنَا فَانظُرْ كَيْفَ كَانَ عَاقِبَةُ الْمُنذَرِينَ (٧٣) ثُمَّ بَعَثْنَا مِن
بَعْدِهِ رُسُلاً إِلَى قَوْمِهِمْ فَجَآؤُوهُم بِالْبَيِّنَاتِ فَمَا كَانُواْ لِيُؤْمِنُواْ بِمَا كَذَّبُواْ بِهِ مِن قَبْلُ
كَذَلِكَ نَطْبَعُ عَلَى قُلوبِ الْمُعْتَدِينَ (٧٤) ثُمَّ بَعَثْنَا مِن بَعْدِهِم مُّوسَى وَهَارُونَ إِلَى
فِرْعَوْنَ وَمَلَئِهِ بِآيَاتِنَا فَاسْتَكْبَرُواْ وَكَانُواْ قَوْمًا مُّجْرِمِينَ (٧٥) فَلَمَّا جَاءهُمُ الْحَقُّ
مِنْ عِندِنَا قَالُواْ إِنَّ هَذَا لَسِحْرٌ مُّبِينٌ (٧٦) قَالَ مُوسَى أَتقُولُونَ لِلْحَقِّ لَمَّا جَاءكُمْ
أَسِحْرٌ هَذَا وَلاَ يُفْلِحُ السَّاحِرُونَ (٧٧) قَالُواْ أَجِئْتَنَا لِتَلْفِتَنَا عَمَّا وَجَدْنَا عَلَيْهِ آبَاءنَا
وَتَكُونَ لَكُمَا الْكِبْرِيَاء فِي الأَرْضِ وَمَا نَحْنُ لَكُمَا بِمُؤْمِنِينَ (٧٨) وَقَالَ فِرْعَوْنُ
ائْتُونِي بِكُلِّ سَاحِرٍ عَلِيمٍ (٧٩) فَلَمَّا جَاء السَّحَرَةُ قَالَ لَهُم مُّوسَى أَلْقُواْ مَا أَنتُم
مُّلْقُونَ (٨٠) فَلَمَّا أَلْقَواْ قَالَ مُوسَى مَا جِئْتُم بِهِ السِّحْرُ إِنَّ اللّهَ سَيُبْطِلُهُ إِنَّ اللّهَ لاَ
يُصْلِحُ عَمَلَ الْمُفْسِدِينَ (٨١) وَيُحِقُّ اللّهُ الْحَقَّ بِكَلِمَاتِهِ وَلَوْ كَرِهَ
الْمُجْرِمُونَ (٨٢) فَمَا آمَنَ لِمُوسَى إِلاَّ ذُرِّيَّةٌ مِّن قَوْمِهِ عَلَى خَوْفٍ مِّن فِرْعَوْنَ
وَمَلَئِهِمْ أَن يَفْتِنَهُمْ وَإِنَّ فِرْعَوْنَ لَعَالٍ فِي الأَرْضِ وَإِنَّهُ لَمِنَ الْمُسْرِفِينَ (٨٣) وَقَالَ
مُوسَى يَا قَوْمِ إِن كُنتُمْ آمَنتُم بِاللّهِ فَعَلَيْهِ تَوَكَّلُواْ إِن كُنتُم مُّسْلِمِينَ (٨٤) فَقَالُواْ عَلَى
اللّهِ تَوَكَّلْنَا رَبَّنَا لاَ تَجْعَلْنَا فِتْنَةً لِّلْقَوْمِ الظَّالِمِينَ (٨٥) وَنَجِّنَا بِرَحْمَتِكَ مِنَ الْقَوْمِ
الْكَافِرِينَ (٨٦) وَأَوْحَيْنَا إِلَى مُوسَى وَأَخِيهِ أَن تَبَوَّءَا لِقَوْمِكُمَا بِمِصْرَ بُيُوتًا
وَاجْعَلُواْ بُيُوتَكُمْ قِبْلَةً وَأَقِيمُواْ الصَّلاَةَ وَبَشِّرِ الْمُؤْمِنِينَ (٨٧) وَقَالَ مُوسَى رَبَّنَا
إِنَّكَ آتَيْتَ فِرْعَوْنَ وَمَلأهُ زِينَةً وَأَمْوَالاً فِي الْحَيَاةِ الدُّنْيَا رَبَّنَا لِيُضِلُّواْ عَن سَبِيلِكَ
رَبَّنَا اطْمِسْ عَلَى أَمْوَالِهِمْ وَاشْدُدْ عَلَى قُلُوبِهِمْ فَلاَ يُؤْمِنُواْ حَتَّى يَرَوُاْ الْعَذَابَ
الأَلِيمَ (٨٨) قَالَ قَدْ أُجِيبَت دَّعْوَتُكُمَا فَاسْتَقِيمَا وَلاَ تَتَّبِعَآنِّ سَبِيلَ الَّذِينَ لاَ
يَعْلَمُونَ (٨٩) وَجَاوَزْنَا بِبَنِي إِسْرَائِيلَ الْبَحْرَ فَأَتْبَعَهُمْ فِرْعَوْنُ وَجُنُودُهُ بَغْيًا وَعَدْوًا
حَتَّى إِذَا أَدْرَكَهُ الْغَرَقُ قَالَ آمَنتُ أَنَّهُ لا إِلِهَ إِلاَّ الَّذِي آمَنَتْ بِهِ بَنُو إِسْرَائِيلَ وَأَنَاْ
مِنَ الْمُسْلِمِينَ (٩٠) آلآنَ وَقَدْ عَصَيْتَ قَبْلُ وَكُنتَ مِنَ الْمُفْسِدِينَ (٩١) فَالْيَوْمَ
نُنَجِّيكَ بِبَدَنِكَ لِتَكُونَ لِمَنْ خَلْفَكَ آيَةً وَإِنَّ كَثِيرًا مِّنَ النَّاسِ عَنْ آيَاتِنَا
لَغَافِلُونَ (٩٢) وَلَقَدْ بَوَّأْنَا بَنِي إِسْرَائِيلَ مُبَوَّأَ صِدْقٍ وَرَزَقْنَاهُم مِّنَ الطَّيِّبَاتِ فَمَا

اخْتَلَفُواْ حَتَّى جَاءهُمُ الْعِلْمُ إِنَّ رَبَّكَ يَقْضِي بَيْنَهُمْ يَوْمَ الْقِيَامَةِ فِيمَا كَانُواْ فِيهِ
يَخْتَلِفُونَ (٩٣) فَإِن كُنتَ فِي شَكٍّ مِّمَّا أَنزَلْنَا إِلَيْكَ فَاسْأَلِ الَّذِينَ يَقْرَؤُونَ الْكِتَابَ
مِن قَبْلِكَ لَقَدْ جَاءكَ الْحَقُّ مِن رَّبِّكَ فَلاَ تَكُونَنَّ مِنَ الْمُمْتَرِينَ (٩٤) وَلاَ تَكُونَنَّ مِنَ
الَّذِينَ كَذَّبُواْ بِآيَاتِ اللّهِ فَتَكُونَ مِنَ الْخَاسِرِينَ (٩٥) إِنَّ الَّذِينَ حَقَّتْ عَلَيْهِمْ كَلِمَتُ
رَبِّكَ لاَ يُؤْمِنُونَ (٩٦) وَلَوْ جَاءتْهُمْ كُلُّ آيَةٍ حَتَّى يَرَوُاْ الْعَذَابَ الأَلِيمَ (٩٧) فَلَوْلاَ
كَانَتْ قَرْيَةٌ آمَنَتْ فَنَفَعَهَا إِيمَانُهَا إِلاَّ قَوْمَ يُونُسَ لَمَّآ آمَنُواْ كَشَفْنَا عَنْهُمْ عَذَابَ
الخِزْيِ فِي الْحَيَاةَ الدُّنْيَا وَمَتَّعْنَاهُمْ إِلَى حِينٍ (٩٨) وَلَوْ شَاء رَبُّكَ لآمَنَ مَن فِي
الأَرْضِ كُلُّهُمْ جَمِيعًا أَفَأَنتَ تُكْرِهُ النَّاسَ حَتَّى يَكُونُواْ مُؤْمِنِينَ (٩٩) وَمَا كَانَ
لِنَفْسٍ أَن تُؤْمِنَ إِلاَّ بِإِذْنِ اللّهِ وَيَجْعَلُ الرِّجْسَ عَلَى الَّذِينَ لاَ يَعْقِلُونَ (١٠٠) قُلِ
انظُرُواْ مَاذَا فِي السَّمَاوَاتِ وَالأَرْضِ وَمَا تُغْنِي الآيَاتُ وَالنُّذُرُ عَن قَوْمٍ لاَّ
يُؤْمِنُونَ (١٠١) فَهَلْ يَنتَظِرُونَ إِلاَّ مِثْلَ أَيَّامِ الَّذِينَ خَلَوْاْ مِن قَبْلِهِمْ قُلْ فَانتَظِرُواْ
إِنِّي مَعَكُم مِّنَ الْمُنتَظِرِينَ (١٠٢) ثُمَّ نُنَجِّي رُسُلَنَا وَالَّذِينَ آمَنُواْ كَذَلِكَ حَقًّا عَلَيْنَا
نُنجِ الْمُؤْمِنِينَ (١٠٣) قُلْ يَا أَيُّهَا النَّاسُ إِن كُنتُمْ فِي شَكٍّ مِّن دِينِي فَلاَ أَعْبُدُ الَّذِينَ
تَعْبُدُونَ مِن دُونِ اللّهِ وَلَكِنْ أَعْبُدُ اللّهَ الَّذِي يَتَوَفَّاكُمْ وَأُمِرْتُ أَنْ أَكُونَ مِنَ
الْمُؤْمِنِينَ (١٠٤) وَأَنْ أَقِمْ وَجْهَكَ لِلدِّينِ حَنِيفًا وَلاَ تَكُونَنَّ مِنَ
الْمُشْرِكِينَ (١٠٥) وَلاَ تَدْعُ مِن دُونِ اللّهِ مَا لاَ يَنفَعُكَ وَلاَ يَضُرُّكَ فَإِن فَعَلْتَ فَإِنَّكَ
إِذًا مِّنَ الظَّالِمِينَ (١٠٦) وَإِن يَمْسَسْكَ اللّهُ بِضُرٍّ فَلاَ كَاشِفَ لَهُ إِلاَّ هُوَ وَإِن يُرِدْكَ
بِخَيْرٍ فَلاَ رَآدَّ لِفَضْلِهِ يُصَيبُ بِهِ مَن يَشَاء مِنْ عِبَادِهِ وَهُوَ الْغَفُورُ
الرَّحِيمُ (١٠٧) قُلْ يَا أَيُّهَا النَّاسُ قَدْ جَاءكُمُ الْحَقُّ مِن رَّبِّكُمْ فَمَنِ اهْتَدَى فَإِنَّمَا
يَهْتَدِي لِنَفْسِهِ وَمَن ضَلَّ فَإِنَّمَا يَضِلُّ عَلَيْهَا وَمَا أَنَاْ عَلَيْكُم بِوَكِيلٍ (١٠٨) وَاتَّبِعْ مَا
يُوحَى إِلَيْكَ وَاصْبِرْ حَتَّىَ يَحْكُمَ اللّهُ وَهُوَ خَيْرُ الْحَاكِمِينَ (١٠٩

SOURATE HUD

سورة هود

الَر كِتَابٌ أُحْكِمَتْ آيَاتُهُ ثُمَّ فُصِّلَتْ مِن لَّدُنْ حَكِيمٍ خَبِيرٍ (١) أَلاَّ تَعْبُدُواْ إِلاَّ اللّهَ إِنَّنِي
لَكُم مِّنْهُ نَذِيرٌ وَبَشِيرٌ (٢) وَأَنِ اسْتَغْفِرُواْ رَبَّكُمْ ثُمَّ تُوبُواْ إِلَيْهِ يُمَتِّعْكُم مَّتَاعًا حَسَنًا
إِلَى أَجَلٍ مُّسَمًّى وَيُؤْتِ كُلَّ ذِي فَضْلٍ فَضْلَهُ وَإِن تَوَلَّوْاْ فَإِنِّيَ أَخَافُ عَلَيْكُمْ عَذَابَ
يَوْمٍ كَبِيرٍ (٣) إِلَى اللّهِ مَرْجِعُكُمْ وَهُوَ عَلَى كُلِّ شَيْءٍ قَدِيرٌ (٤) أَلا إِنَّهُمْ يَثْنُونَ
صُدُورَهُمْ لِيَسْتَخْفُواْ مِنْهُ أَلا حِينَ يَسْتَغْشُونَ ثِيَابَهُمْ يَعْلَمُ مَا يُسِرُّونَ وَمَا يُعْلِنُونَ

إِنَّهُ عَلِيمٌ بِذَاتِ الصُّدُورِ (٥) وَمَا مِن دَآبَّةٍ فِي الأَرْضِ إِلاَّ عَلَى اللّهِ رِزْقُهَا وَيَعْلَمُ مُسْتَقَرَّهَا وَمُسْتَوْدَعَهَا كُلٌّ فِي كِتَابٍ مُّبِينٍ (٦) وَهُوَ الَّذِي خَلَقَ السَّمَاوَاتِ وَالأَرْضَ فِي سِتَّةِ أَيَّامٍ وَكَانَ عَرْشُهُ عَلَى الْمَاء لِيَبْلُوَكُمْ أَيُّكُمْ أَحْسَنُ عَمَلاً وَلَئِن قُلْتَ إِنَّكُم مَّبْعُوثُونَ مِن بَعْدِ الْمَوْتِ لَيَقُولَنَّ الَّذِينَ كَفَرُواْ إِنْ هَذَا إِلاَّ سِحْرٌ مُّبِينٌ (٧) وَلَئِنْ أَخَّرْنَا عَنْهُمُ الْعَذَابَ إِلَى أُمَّةٍ مَّعْدُودَةٍ لَّيَقُولُنَّ مَا يَحْبِسُهُ أَلاَ يَوْمَ يَأْتِيهِمْ لَيْسَ مَصْرُوفًا عَنْهُمْ وَحَاقَ بِهِم مَّا كَانُواْ بِهِ يَسْتَهْزِؤُون (٨) وَلَئِنْ أَذَقْنَا الإِنْسَانَ مِنَّا رَحْمَةً ثُمَّ نَزَعْنَاهَا مِنْهُ إِنَّهُ لَيَئُوسٌ كَفُورٌ (٩) وَلَئِنْ أَذَقْنَاهُ نَعْمَاء بَعْدَ ضَرَّاء مَسَّتْهُ لَيَقُولَنَّ ذَهَبَ السَّيِّئَاتُ عَنِّي إِنَّهُ لَفَرِحٌ فَخُورٌ (١٠) إِلاَّ الَّذِينَ صَبَرُواْ وَعَمِلُواْ الصَّالِحَاتِ أُوْلَئِكَ لَهُم مَّغْفِرَةٌ وَأَجْرٌ كَبِيرٌ (١١) فَلَعَلَّكَ تَارِكٌ بَعْضَ مَا يُوحَى إِلَيْكَ وَضَآئِقٌ بِهِ صَدْرُكَ أَن يَقُولُواْ لَوْلاَ أُنزِلَ عَلَيْهِ كَنزٌ أَوْ جَاء مَعَهُ مَلَكٌ إِنَّمَا أَنتَ نَذِيرٌ وَاللّهُ عَلَى كُلِّ شَيْءٍ وَكِيلٌ (١٢) أَمْ يَقُولُونَ افْتَرَاهُ قُلْ فَأْتُواْ بِعَشْرِ سُوَرٍ مِّثْلِهِ مُفْتَرَيَاتٍ وَادْعُواْ مَنِ اسْتَطَعْتُم مِّن دُونِ اللّهِ إِن كُنتُمْ صَادِقِينَ (١٣) فَإِن لَّمْ يَسْتَجِيبُواْ لَكُمْ فَاعْلَمُواْ أَنَّمَا أُنزِلِ بِعِلْمِ اللّهِ وَأَن لاَّ إِلَهَ إِلاَّ هُوَ فَهَلْ أَنتُم مُّسْلِمُونَ (١٤) مَن كَانَ يُرِيدُ الْحَيَاةَ الدُّنْيَا وَزِينَتَهَا نُوَفِّ إِلَيْهِمْ أَعْمَالَهُمْ فِيهَا وَهُمْ فِيهَا لاَ يُبْخَسُونَ (١٥) أُوْلَئِكَ الَّذِينَ لَيْسَ لَهُمْ فِي الآخِرَةِ إِلاَّ النَّارُ وَحَبِطَ مَا صَنَعُواْ فِيهَا وَبَاطِلٌ مَّا كَانُواْ يَعْمَلُونَ (١٦) أَفَمَن كَانَ عَلَى بَيِّنَةٍ مِّن رَّبِّهِ وَيَتْلُوهُ شَاهِدٌ مِّنْهُ وَمِن قَبْلِهِ كِتَابُ مُوسَى إِمَامًا وَرَحْمَةً أُوْلَئِكَ يُؤْمِنُونَ بِهِ وَمَن يَكْفُرْ بِهِ مِنَ الأَحْزَابِ فَالنَّارُ مَوْعِدُهُ فَلاَ تَكُ فِي مِرْيَةٍ مِّنْهُ إِنَّهُ الْحَقُّ مِن رَّبِّكَ وَلَكِنَّ أَكْثَرَ النَّاسِ لاَ يُؤْمِنُونَ (١٧) وَمَنْ أَظْلَمُ مِمَّنِ افْتَرَى عَلَى اللّهِ كَذِبًا أُوْلَئِكَ يُعْرَضُونَ عَلَى رَبِّهِمْ وَيَقُولُ الأَشْهَادُ هَؤُلاء الَّذِينَ كَذَبُواْ عَلَى رَبِّهِمْ أَلاَ لَعْنَةُ اللّهِ عَلَى الظَّالِمِينَ (١٨) الَّذِينَ يَصُدُّونَ عَن سَبِيلِ اللّهِ وَيَبْغُونَهَا عِوَجًا وَهُم بِالآخِرَةِ هُمْ كَافِرُونَ (١٩) أُولَئِكَ لَمْ يَكُونُواْ مُعْجِزِينَ فِي الأَرْضِ وَمَا كَانَ لَهُم مِّن دُونِ اللّهِ مِنْ أَوْلِيَاء يُضَاعَفُ لَهُمُ الْعَذَابُ مَا كَانُواْ يَسْتَطِيعُونَ السَّمْعَ وَمَا كَانُواْ يُبْصِرُونَ (٢٠) أُوْلَئِكَ الَّذِينَ خَسِرُواْ أَنفُسَهُمْ وَضَلَّ عَنْهُم مَّا كَانُواْ يَفْتَرُونَ (٢١) لاَ جَرَمَ أَنَّهُمْ فِي الآخِرَةِ هُمُ الأَخْسَرُونَ (٢٢) إِنَّ الَّذِينَ آمَنُواْ وَعَمِلُواْ الصَّالِحَاتِ وَأَخْبَتُواْ إِلَى رَبِّهِمْ أُوْلَئِكَ أَصْحَابُ الجَنَّةِ هُمْ فِيهَا خَالِدُونَ (٢٣) مَثَلُ الْفَرِيقَيْنِ كَالأَعْمَى وَالأَصَمِّ وَالْبَصِيرِ وَالسَّمِيعِ هَلْ يَسْتَوِيَانِ مَثَلاً أَفَلاَ تَذَكَّرُونَ (٢٤) وَلَقَدْ أَرْسَلْنَا نُوحًا إِلَى قَوْمِهِ إِنِّي لَكُمْ نَذِيرٌ مُّبِينٌ (٢٥) أَن لاَّ تَعْبُدُواْ إِلاَّ اللّهَ إِنِّيَ أَخَافُ عَلَيْكُمْ عَذَابَ يَوْمٍ أَلِيمٍ (٢٦) فَقَالَ الْمَلأُ الَّذِينَ كَفَرُواْ مِن قِوْمِهِ مَا نَرَاكَ إِلاَّ بَشَرًا مِّثْلَنَا وَمَا نَرَاكَ اتَّبَعَكَ إِلاَّ الَّذِينَ هُمْ أَرَاذِلُنَا بَادِيَ الرَّأْيِ وَمَا نَرَى لَكُمْ عَلَيْنَا مِن فَضْلٍ بَلْ نَظُنُّكُمْ كَاذِبِينَ (٢٧) قَالَ يَا

قَوْمِ أَرَأَيْتُمْ إِن كُنتُ عَلَى بَيِّنَةٍ مِّن رَّبِّيَ وَآتَانِي رَحْمَةً مِّنْ عِندِهِ فَعُمِّيَتْ عَلَيْكُمْ أَنُلْزِمُكُمُوهَا وَأَنتُمْ لَهَا كَارِهُونَ (٢٨) وَيَا قَوْمِ لا أَسْأَلُكُمْ عَلَيْهِ مَالاً إِنْ أَجْرِيَ إِلاَّ عَلَى اللّهِ وَمَآ أَنَاْ بِطَارِدِ الَّذِينَ آمَنُواْ إِنَّهُم مُّلاَقُو رَبِّهِمْ وَلَكِنِّيَ أَرَاكُمْ قَوْمًا تَجْهَلُونَ (٢٩) وَيَا قَوْمِ مَن يَنصُرُنِي مِنَ اللّهِ إِن طَرَدتُّهُمْ أَفَلاَ تَذَكَّرُونَ (٣٠) وَلاَ أَقُولُ لَكُمْ عِندِي خَزَآئِنُ اللّهِ وَلاَ أَعْلَمُ الْغَيْبَ وَلاَ أَقُولُ إِنِّي مَلَكٌ وَلاَ أَقُولُ لِلَّذِينَ تَزْدَرِي أَعْيُنُكُمْ لَن يُؤْتِيَهُمُ اللّهُ خَيْرًا اللّهُ أَعْلَمُ بِمَا فِي أَنفُسِهِمْ إِنِّي إِذًا لَّمِنَ الظَّالِمِينَ (٣١) قَالُواْ يَا نُوحُ قَدْ جَادَلْتَنَا فَأَكْثَرْتَ جِدَالَنَا فَأْتَنِا بِمَا تَعِدُنَا إِن كُنتَ مِنَ الصَّادِقِينَ (٣٢) قَالَ إِنَّمَا يَأْتِيكُم بِهِ اللّهُ إِن شَاء وَمَا أَنتُم بِمُعْجِزِينَ (٣٣) وَلاَ يَنفَعُكُمْ نُصْحِي إِنْ أَرَدتُّ أَنْ أَنصَحَ لَكُمْ إِن كَانَ اللّهُ يُرِيدُ أَن يُغْوِيَكُمْ هُوَ رَبُّكُمْ وَإِلَيْهِ تُرْجَعُونَ (٣٤) أَمْ يَقُولُونَ افْتَرَاهُ قُلْ إِنِ افْتَرَيْتُهُ فَعَلَيَّ إِجْرَامِي وَأَنَاْ بَرِيءٌ مِّمَّا تُجْرَمُونَ (٣٥) وَأُوحِيَ إِلَى نُوحٍ أَنَّهُ لَن يُؤْمِنَ مِن قَوْمِكَ إِلاَّ مَن قَدْ آمَنَ فَلاَ تَبْتَئِسْ بِمَا كَانُواْ يَفْعَلُونَ (٣٦) وَاصْنَعِ الْفُلْكَ بِأَعْيُنِنَا وَوَحْيِنَا وَلاَ تُخَاطِبْنِي فِي الَّذِينَ ظَلَمُواْ إِنَّهُم مُّغْرَقُونَ (٣٧) وَيَصْنَعُ الْفُلْكَ وَكُلَّمَا مَرَّ عَلَيْهِ مَلأٌ مِّن قَوْمِهِ سَخِرُواْ مِنْهُ قَالَ إِن تَسْخَرُواْ مِنَّا فَإِنَّا نَسْخَرُ مِنكُمْ كَمَا تَسْخَرُونَ (٣٨) فَسَوْفَ تَعْلَمُونَ مَن يَأْتِيهِ عَذَابٌ يُخْزِيهِ وَيَحِلُّ عَلَيْهِ عَذَابٌ مُّقِيمٌ (٣٩) حَتَّى إِذَا جَاء أَمْرُنَا وَفَارَ التَّنُّورُ قُلْنَا احْمِلْ فِيهَا مِن كُلٍّ زَوْجَيْنِ اثْنَيْنِ وَأَهْلَكَ إِلاَّ مَن سَبَقَ عَلَيْهِ الْقَوْلُ وَمَنْ آمَنَ وَمَا آمَنَ مَعَهُ إِلاَّ قَلِيلٌ (٤٠) وَقَالَ ارْكَبُواْ فِيهَا بِسْمِ اللّهِ مَجْرَاهَا وَمُرْسَاهَا إِنَّ رَبِّي لَغَفُورٌ رَّحِيمٌ (٤١) وَهِيَ تَجْرِي بِهِمْ فِي مَوْجٍ كَالْجِبَالِ وَنَادَى نُوحٌ ابْنَهُ وَكَانَ فِي مَعْزِلٍ يَا بُنَيَّ ارْكَب مَّعَنَا وَلاَ تَكُن مَّعَ الْكَافِرِينَ (٤٢) قَالَ سَآوِي إِلَى جَبَلٍ يَعْصِمُنِي مِنَ الْمَاء قَالَ لاَ عَاصِمَ الْيَوْمَ مِنْ أَمْرِ اللّهِ إِلاَّ مَن رَّحِمَ وَحَالَ بَيْنَهُمَا الْمَوْجُ فَكَانَ مِنَ الْمُغْرَقِينَ (٤٣) وَقِيلَ يَا أَرْضُ ابْلَعِي مَاءكِ وَيَا سَمَاء أَقْلِعِي وَغِيضَ الْمَاء وَقُضِيَ الأَمْرُ وَاسْتَوَتْ عَلَى الْجُودِيِّ وَقِيلَ بُعْداً لِّلْقَوْمِ الظَّالِمِينَ (٤٤) وَنَادَى نُوحٌ رَّبَّهُ فَقَالَ رَبِّ إِنَّ ابُنِي مِنْ أَهْلِي وَإِنَّ وَعْدَكَ الْحَقُّ وَأَنتَ أَحْكَمُ الْحَاكِمِينَ (٤٥) قَالَ يَا نُوحُ إِنَّهُ لَيْسَ مِنْ أَهْلِكَ إِنَّهُ عَمَلٌ غَيْرُ صَالِحٍ فَلاَ تَسْأَلْنِ مَا لَيْسَ لَكَ بِهِ عِلْمٌ إِنِّي أَعِظُكَ أَن تَكُونَ مِنَ الْجَاهِلِينَ (٤٦) قَالَ رَبِّ إِنِّي أَعُوذُ بِكَ أَنْ أَسْأَلَكَ مَا لَيْسَ لِي بِهِ عِلْمٌ وَإِلاَّ تَغْفِرْ لِي وَتَرْحَمْنِي أَكُن مِّنَ الْخَاسِرِينَ (٤٧) قِيلَ يَا نُوحُ اهْبِطْ بِسَلاَمٍ مِّنَّا وَبَركَاتٍ عَلَيْكَ وَعَلَى أُمَمٍ مِّمَّن مَّعَكَ وَأُمَمٌ سَنُمَتِّعُهُمْ ثُمَّ يَمَسُّهُم مِّنَّا عَذَابٌ أَلِيمٌ (٤٨) تِلْكَ مِنْ أَنبَاء الْغَيْبِ نُوحِيهَا إِلَيْكَ مَا كُنتَ تَعْلَمُهَا أَنتَ وَلاَ قَوْمُكَ مِن قَبْلِ هَذَا فَاصْبِرْ إِنَّ الْعَاقِبَةَ لِلْمُتَّقِينَ (٤٩) وَإِلَى عَادٍ أَخَاهُمْ هُودًا قَالَ يَا قَوْمِ اعْبُدُواْ اللّهَ مَا لَكُم مِّنْ إِلَهٍ غَيْرُهُ إِنْ أَنتُمْ إِلاَّ مُفْتَرُونَ (٥٠) يَا قَوْمِ لا أَسْأَلُكُمْ عَلَيْهِ أَجْرًا إِنْ أَجْرِيَ إِلاَّ عَلَى الَّذِي

فَطَرَنِي أَفَلاَ تَعْقِلُونَ (٥١) وَيَا قَوْمِ اسْتَغْفِرُواْ رَبَّكُمْ ثُمَّ تُوبُواْ إِلَيْهِ يُرْسِلِ السَّمَاء
عَلَيْكُم مِّدْرَارًا وَيَزِدْكُمْ قُوَّةً إِلَى قُوَّتِكُمْ وَلاَ تَتَوَلَّوْاْ مُجْرِمِينَ (٥٢) قَالُواْ يَا هُودُ مَا
جِئْتَنَا بِبَيِّنَةٍ وَمَا نَحْنُ بِتَارِكِي آلِهَتِنَا عَن قَوْلِكَ وَمَا نَحْنُ لَكَ بِمُؤْمِنِينَ (٥٣) إِن
نَّقُولُ إِلاَّ اعْتَرَاكَ بَعْضُ آلِهَتِنَا بِسُوءٍ قَالَ إِنِّي أُشْهِدُ اللّهِ وَاشْهَدُواْ أَنِّي بَرِيءٌ مِّمَّا
تُشْرِكُونَ (٥٤) مِن دُونِهِ فَكِيدُونِي جَمِيعًا ثُمَّ لاَ تُنظِرُونِ (٥٥) إِنِّي تَوَكَّلْتُ عَلَى
اللّهِ رَبِّي وَرَبِّكُم مَّا مِن دَآبَّةٍ إِلاَّ هُوَ آخِذٌ بِنَاصِيَتِهَا إِنَّ رَبِّي عَلَى صِرَاطٍ
مُّسْتَقِيمٍ (٥٦) فَإِن تَوَلَّوْاْ فَقَدْ أَبْلَغْتُكُم مَّا أُرْسِلْتُ بِهِ إِلَيْكُمْ وَيَسْتَخْلِفُ رَبِّي قَوْمًا
غَيْرَكُمْ وَلاَ تَضُرُّونَهُ شَيْئًا إِنَّ رَبِّي عَلَىَ كُلِّ شَيْءٍ حَفِيظٌ (٥٧) وَلَمَّا جَاء أَمْرُنَا
نَجَّيْنَا هُودًا وَالَّذِينَ آمَنُواْ مَعَهُ بِرَحْمَةٍ مِّنَّا وَنَجَّيْنَاهُم مِّنْ عَذَابٍ غَلِيظٍ (٥٨) وَتِلْكَ
عَادٌ جَحَدُواْ بِآيَاتِ رَبِّهِمْ وَعَصَوْاْ رُسُلَهُ وَاتَّبَعُواْ أَمْرَ كُلِّ جَبَّارٍ
عَنِيدٍ (٥٩) وَأُتْبِعُواْ فِي هَذِهِ الدُّنْيَا لَعْنَةً وَيَوْمَ الْقِيَامَةِ أَلا إِنَّ عَادًا كَفَرُواْ رَبَّهُمْ أَلاَ
بُعْدًا لِّعَادٍ قَوْمِ هُودٍ (٦٠) وَإِلَى ثَمُودَ أَخَاهُمْ صَالِحًا قَالَ يَا قَوْمِ اعْبُدُواْ اللّهَ مَا لَكُم
مِّنْ إِلَهٍ غَيْرُهُ هُوَ أَنشَأَكُم مِّنَ الأَرْضِ وَاسْتَعْمَرَكُمْ فِيهَا فَاسْتَغْفِرُوهُ ثُمَّ تُوبُواْ إِلَيْهِ
إِنَّ رَبِّي قَرِيبٌ مُّجِيبٌ (٦١) قَالُواْ يَا صَالِحُ قَدْ كُنتَ فِينَا مَرْجُوًّا قَبْلَ هَذَا أَتَنْهَانَا
أَن نَّعْبُدَ مَا يَعْبُدُ آبَاؤُنَا وَإِنَّنَا لَفِي شَكٍّ مِّمَّا تَدْعُونَا إِلَيْهِ مُرِيبٍ (٦٢) قَالَ يَا قَوْمِ
أَرَأَيْتُمْ إِن كُنتُ عَلَى بَيِّنَةً مِّن رَّبِّي وَآتَانِي مِنْهُ رَحْمَةً فَمَن يَنصُرُنِي مِنَ اللّهِ إِنْ
عَصَيْتُهُ فَمَا تَزِيدُونَنِي غَيْرَ تَخْسِيرٍ (٦٣) وَيَا قَوْمِ هَذِهِ نَاقَةُ اللّهِ لَكُمْ آيَةً فَذَرُوهَا
تَأْكُلْ فِي أَرْضِ اللّهِ وَلاَ تَمَسُّوهَا بِسُوءٍ فَيَأْخُذَكُمْ عَذَابٌ قَرِيبٌ (٦٤) فَعَقَرُوهَا فَقَالَ
تَمَتَّعُواْ فِي دَارِكُمْ ثَلاَثَةَ أَيَّامٍ ذَلِكَ وَعْدٌ غَيْرُ مَكْذُوبٍ (٦٥) فَلَمَّا جَاء أَمْرُنَا نَجَّيْنَا
صَالِحًا وَالَّذِينَ آمَنُواْ مَعَهُ بِرَحْمَةٍ مِّنَّا وَمِنْ خِزْيِ يَوْمِئِذٍ إِنَّ رَبَّكَ هُوَ الْقَوِيُّ
الْعَزِيزُ (٦٦) وَأَخَذَ الَّذِينَ ظَلَمُواْ الصَّيْحَةُ فَأَصْبَحُواْ فِي دِيَارِهِمْ
جَاثِمِينَ (٦٧) كَأَن لَّمْ يَغْنَوْاْ فِيهَا أَلاَ إِنَّ ثَمُودَ كَفرُواْ رَبَّهُمْ أَلاَ بُعْدًا
لِّثَمُودَ (٦٨) وَلَقَدْ جَاءتْ رُسُلُنَا إِبْرَاهِيمَ بِالْبُشْرَى قَالُواْ سَلاَمًا قَالَ سَلاَمٌ فَمَا لَبِثَ
أَن جَاء بِعِجْلٍ حَنِيذٍ (٦٩) فَلَمَّا رَأَى أَيْدِيَهُمْ لاَ تَصِلُ إِلَيْهِ نَكِرَهُمْ وَأَوْجَسَ مِنْهُمْ
خِيفَةً قَالُواْ لاَ تَخَفْ إِنَّا أُرْسِلْنَا إِلَى قَوْمِ لُوطٍ (٧٠) وَامْرَأَتُهُ قَآئِمَةٌ فَضَحِكَتْ
فَبَشَّرْنَاهَا بِإِسْحَقَ وَمِن وَرَاء إِسْحَقَ يَعْقُوبَ (٧١) قَالَتْ يَا وَيْلَتَى أَأَلِدُ وَأَنَاْ عَجُوزٌ
وَهَذَا بَعْلِي شَيْخًا إِنَّ هَذَا لَشَيْءٌ عَجِيبٌ (٧٢) قَالُواْ أَتَعْجَبِينَ مِنْ أَمْرِ اللّهِ رَحْمَتُ
اللّهِ وَبَرَكَاتُهُ عَلَيْكُمْ أَهْلَ الْبَيْتِ إِنَّهُ حَمِيدٌ مَّجِيدٌ (٧٣) فَلَمَّا ذَهَبَ عَنْ إِبْرَاهِيمَ
الرَّوْعُ وَجَاءتْهُ الْبُشْرَى يُجَادِلُنَا فِي قَوْمِ لُوطٍ (٧٤) إِنَّ إِبْرَاهِيمَ لَحَلِيمٌ أَوَّاهٌ
مُّنِيبٌ (٧٥) يَا إِبْرَاهِيمُ أَعْرِضْ عَنْ هَذَا إِنَّهُ قَدْ جَاء أَمْرُ رَبِّكَ وَإِنَّهُمْ آتِيهِمْ عَذَابٌ
غَيْرُ مَرْدُودٍ (٧٦) وَلَمَّا جَاءتْ رُسُلُنَا لُوطًا سِيءَ بِهِمْ وَضَاقَ بِهِمْ ذَرْعًا وَقَالَ هَذَا

يَوْمٌ عَصِيبٌ (٧٧) وَجَاءهُ قَوْمُهُ يُهْرَعُونَ إِلَيْهِ وَمِن قَبْلُ كَانُواْ يَعْمَلُونَ السَّيِّئَاتِ
قَالَ يَا قَوْمِ هَؤُلاء بَنَاتِي هُنَّ أَطْهَرُ لَكُمْ فَاتَّقُواْ اللّهَ وَلاَ تُخْزُونِ فِي ضَيْفِي أَلَيْسَ
مِنكُمْ رَجُلٌ رَّشِيدٌ (٧٨) قَالُواْ لَقَدْ عَلِمْتَ مَا لَنَا فِي بَنَاتِكَ مِنْ حَقٍّ وَإِنَّكَ لَتَعْلَمُ مَا
نُرِيدُ (٧٩) قَالَ لَوْ أَنَّ لِي بِكُمْ قُوَّةً أَوْ آوِي إِلَى رُكْنٍ شَدِيدٍ (٨٠) قَالُواْ يَا لُوطُ إِنَّا
رُسُلُ رَبِّكَ لَن يَصِلُواْ إِلَيْكَ فَأَسْرِ بِأَهْلِكَ بِقِطْعٍ مِّنَ اللَّيْلِ وَلاَ يَلْتَفِتْ مِنكُمْ أَحَدٌ إِلاَّ
امْرَأَتَكَ إِنَّهُ مُصِيبُهَا مَا أَصَابَهُمْ إِنَّ مَوْعِدَهُمُ الصُّبْحُ أَلَيْسَ الصُّبْحُ
بِقَرِيبٍ (٨١) فَلَمَّا جَاء أَمْرُنَا جَعَلْنَا عَالِيَهَا سَافِلَهَا وَأَمْطَرْنَا عَلَيْهَا حِجَارَةً مِّن
سِجِّيلٍ مَّنضُودٍ (٨٢) مُّسَوَّمَةً عِندَ رَبِّكَ وَمَا هِيَ مِنَ الظَّالِمِينَ بِبَعِيدٍ (٨٣) وَإِلَى
مَدْيَنَ أَخَاهُمْ شُعَيْبًا قَالَ يَا قَوْمِ اعْبُدُواْ اللّهَ مَا لَكُم مِّنْ إِلَهٍ غَيْرُهُ وَلاَ تَنقُصُواْ
الْمِكْيَالَ وَالْمِيزَانَ إِنِّيَ أَرَاكُم بِخَيْرٍ وَإِنِّيَ أَخَافُ عَلَيْكُمْ عَذَابَ يَوْمٍ
مُّحِيطٍ (٨٤) وَيَا قَوْمِ أَوْفُواْ الْمِكْيَالَ وَالْمِيزَانَ بِالْقِسْطِ وَلاَ تَبْخَسُواْ النَّاسَ أَشْيَاءهُمْ
وَلاَ تَعْثَوْاْ فِي الأَرْضِ مُفْسِدِينَ (٨٥) بَقِيَّةُ اللّهِ خَيْرٌ لَّكُمْ إِن كُنتُم مُّؤْمِنِينَ وَمَا أَنَاْ
عَلَيْكُم بِحَفِيظٍ (٨٦) قَالُواْ يَا شُعَيْبُ أَصَلاَتُكَ تَأْمُرُكَ أَن نَّتْرُكَ مَا يَعْبُدُ آبَاؤُنَا أَوْ أَن
نَّفْعَلَ فِي أَمْوَالِنَا مَا نَشَاء إِنَّكَ لَأَنتَ الْحَلِيمُ الرَّشِيدُ (٨٧) قَالَ يَا قَوْمِ أَرَأَيْتُمْ إِن
كُنتُ عَلَىَ بَيِّنَةٍ مِّن رَّبِّي وَرَزَقَنِي مِنْهُ رِزْقًا حَسَنًا وَمَا أُرِيدُ أَنْ أُخَالِفَكُمْ إِلَى مَا
أَنْهَاكُمْ عَنْهُ إِنْ أُرِيدُ إِلاَّ الإِصْلاَحَ مَا اسْتَطَعْتُ وَمَا تَوْفِيقِي إِلاَّ بِاللّهِ عَلَيْهِ تَوَكَّلْتُ
وَإِلَيْهِ أُنِيبُ (٨٨) وَيَا قَوْمِ لاَ يَجْرِمَنَّكُمْ شِقَاقِي أَن يُصِيبَكُم مِّثْلُ مَا أَصَابَ قَوْمَ
نُوحٍ أَوْ قَوْمَ هُودٍ أَوْ قَوْمَ صَالِحٍ وَمَا قَوْمُ لُوطٍ مِّنكُم بِبَعِيدٍ (٨٩) وَاسْتَغْفِرُواْ رَبَّكُمْ
ثُمَّ تُوبُواْ إِلَيْهِ إِنَّ رَبِّي رَحِيمٌ وَدُودٌ (٩٠) قَالُواْ يَا شُعَيْبُ مَا نَفْقَهُ كَثِيرًا مِّمَّا تَقُولُ
وَإِنَّا لَنَرَاكَ فِينَا ضَعِيفًا وَلَوْلاَ رَهْطُكَ لَرَجَمْنَاكَ وَمَا أَنتَ عَلَيْنَا بِعَزِيزٍ (٩١) قَالَ
يَا قَوْمِ أَرَهْطِي أَعَزُّ عَلَيْكُم مِّنَ اللّهِ وَاتَّخَذْتُمُوهُ وَرَاءكُمْ ظِهْرِيًّا إِنَّ رَبِّي بِمَا
تَعْمَلُونَ مُحِيطٌ (٩٢) وَيَا قَوْمِ اعْمَلُواْ عَلَى مَكَانَتِكُمْ إِنِّي عَامِلٌ سَوْفَ تَعْلَمُونَ مَن
يَأْتِيهِ عَذَابٌ يُخْزِيهِ وَمَنْ هُوَ كَاذِبٌ وَارْتَقِبُواْ إِنِّي مَعَكُمْ رَقِيبٌ (٩٣) وَلَمَّا جَاء
أَمْرُنَا نَجَّيْنَا شُعَيْبًا وَالَّذِينَ آمَنُواْ مَعَهُ بِرَحْمَةٍ مَّنَّا وَأَخَذَتِ الَّذِينَ ظَلَمُواْ الصَّيْحَةُ
فَأَصْبَحُواْ فِي دِيَارِهِمْ جَاثِمِينَ (٩٤) كَأَن لَّمْ يَغْنَوْاْ فِيهَا أَلاَ بُعْدًا لِّمَدْيَنَ كَمَا بَعِدَتْ
ثَمُودُ (٩٥) وَلَقَدْ أَرْسَلْنَا مُوسَى بِآيَاتِنَا وَسُلْطَانٍ مُّبِينٍ (٩٦) إِلَى فِرْعَوْنَ وَمَلَئِهِ
فَاتَّبَعُواْ أَمْرَ فِرْعَوْنَ وَمَا أَمْرُ فِرْعَوْنَ بِرَشِيدٍ (٩٧) يَقْدُمُ قَوْمَهُ يَوْمَ الْقِيَامَةِ
فَأَوْرَدَهُمُ النَّارَ وَبِئْسَ الْوِرْدُ الْمَوْرُودُ (٩٨) وَأُتْبِعُواْ فِي هَذِهِ لَعْنَةً وَيَوْمَ الْقِيَامَةِ
بِئْسَ الرِّفْدُ الْمَرْفُودُ (٩٩) ذَلِكَ مِنْ أَنبَاء الْقُرَى نَقُصُّهُ عَلَيْكَ مِنْهَا قَآئِمٌ
وَحَصِيدٌ (١٠٠) وَمَا ظَلَمْنَاهُمْ وَلَكِن ظَلَمُواْ أَنفُسَهُمْ فَمَا أَغْنَتْ عَنْهُمْ آلِهَتُهُمُ الَّتِي
يَدْعُونَ مِن دُونِ اللّهِ مِن شَيْءٍ لِّمَّا جَاء أَمْرُ رَبِّكَ وَمَا زَادُوهُمْ غَيْرَ

تَتْبِيبٍ (١٠١) وَكَذَلِكَ أَخْذُ رَبِّكَ إِذَا أَخَذَ الْقُرَى وَهِيَ ظَالِمَةٌ إِنَّ أَخْذَهُ أَلِيمٌ
شَدِيدٌ (١٠٢) إِنَّ فِي ذَلِكَ لآيَةً لِّمَنْ خَافَ عَذَابَ الآخِرَةِ ذَلِكَ يَوْمٌ مَّجْمُوعٌ لَّهُ
النَّاسُ وَذَلِكَ يَوْمٌ مَّشْهُودٌ (١٠٣) وَمَا نُؤَخِّرُهُ إِلاَّ لأَجَلٍ مَّعْدُودٍ (١٠٤) يَوْمَ يَأْتِ لاَ
تَكَلَّمُ نَفْسٌ إِلاَّ بِإِذْنِهِ فَمِنْهُمْ شَقِيٌّ وَسَعِيدٌ (١٠٥) فَأَمَّا الَّذِينَ شَقُواْ فَفِي النَّارِ لَهُمْ فِيهَا
زَفِيرٌ وَشَهِيقٌ (١٠٦) خَالِدِينَ فِيهَا مَا دَامَتِ السَّمَاوَاتُ وَالأَرْضُ إِلاَّ مَا شَاء رَبُّكَ
إِنَّ رَبَّكَ فَعَّالٌ لِّمَا يُرِيدُ (١٠٧) وَأَمَّا الَّذِينَ سُعِدُواْ فَفِي الْجَنَّةِ خَالِدِينَ فِيهَا مَا
دَامَتِ السَّمَاوَاتُ وَالأَرْضُ إِلاَّ مَا شَاء رَبُّكَ عَطَاء غَيْرَ مَجْذُوذٍ (١٠٨) فَلاَ تَكُ
فِي مِرْيَةٍ مِّمَّا يَعْبُدُ هَؤُلاء مَا يَعْبُدُونَ إِلاَّ كَمَا يَعْبُدُ آبَاؤُهُم مِّن قَبْلُ وَإِنَّا لَمُوَفُّوهُمْ
نَصِيبَهُمْ غَيْرَ مَنقُوصٍ (١٠٩) وَلَقَدْ آتَيْنَا مُوسَى الْكِتَابَ فَاخْتُلِفَ فِيهِ وَلَوْلاَ كَلِمَةٌ
سَبَقَتْ مِن رَّبِّكَ لَقُضِيَ بَيْنَهُمْ وَإِنَّهُمْ لَفِي شَكٍّ مِّنْهُ مُرِيبٍ (١١٠) وَإِنَّ كُلاًّ لَّمَّا
لَيُوَفِّيَنَّهُمْ رَبُّكَ أَعْمَالَهُمْ إِنَّهُ بِمَا يَعْمَلُونَ خَبِيرٌ (١١١) فَاسْتَقِمْ كَمَا أُمِرْتَ وَمَن تَابَ
مَعَكَ وَلاَ تَطْغَوْاْ إِنَّهُ بِمَا تَعْمَلُونَ بَصِيرٌ (١١٢) وَلاَ تَرْكَنُواْ إِلَى الَّذِينَ ظَلَمُواْ
فَتَمَسَّكُمُ النَّارُ وَمَا لَكُم مِّن دُونِ اللّهِ مِنْ أَوْلِيَاء ثُمَّ لاَ تُنصَرُونَ (١١٣) وَأَقِمِ
الصَّلاَةَ طَرَفَيِ النَّهَارِ وَزُلَفاً مِّنَ اللَّيْلِ إِنَّ الْحَسَنَاتِ يُذْهِبْنَ السَّيِّئَاتِ ذَلِكَ ذِكْرَى
لِلذَّاكِرِينَ (١١٤) وَاصْبِرْ فَإِنَّ اللّهَ لاَ يُضِيعُ أَجْرَ الْمُحْسِنِينَ (١١٥) فَلَوْلاَ كَانَ مِنَ
الْقُرُونِ مِن قَبْلِكُمْ أُوْلُواْ بَقِيَّةٍ يَنْهَوْنَ عَنِ الْفَسَادِ فِي الأَرْضِ إِلاَّ قَلِيلاً مِّمَّنْ أَنجَيْنَا
مِنْهُمْ وَاتَّبَعَ الَّذِينَ ظَلَمُواْ مَا أُتْرِفُواْ فِيهِ وَكَانُواْ مُجْرِمِينَ (١١٦) وَمَا كَانَ رَبُّكَ
لِيُهْلِكَ الْقُرَى بِظُلْمٍ وَأَهْلُهَا مُصْلِحُونَ (١١٧) وَلَوْ شَاء رَبُّكَ لَجَعَلَ النَّاسَ أُمَّةً
وَاحِدَةً وَلاَ يَزَالُونَ مُخْتَلِفِينَ (١١٨) إِلاَّ مَن رَّحِمَ رَبُّكَ وَلِذَلِكَ خَلَقَهُمْ وَتَمَّتْ كَلِمَةُ
رَبِّكَ لأَمْلأَنَّ جَهَنَّمَ مِنَ الْجِنَّةِ وَالنَّاسِ أَجْمَعِينَ (١١٩) وَكُلاًّ نَّقُصُّ عَلَيْكَ مِنْ أَنبَاء
الرُّسُلِ مَا نُثَبِّتُ بِهِ فُؤَادَكَ وَجَاءكَ فِي هَذِهِ الْحَقُّ وَمَوْعِظَةٌ وَذِكْرَى
لِلْمُؤْمِنِينَ (١٢٠) وَقُل لِّلَّذِينَ لاَ يُؤْمِنُونَ اعْمَلُواْ عَلَى مَكَانَتِكُمْ إِنَّا
عَامِلُونَ (١٢١) وَانتَظِرُوا إِنَّا مُنتَظِرُونَ (١٢٢) وَلِلّهِ غَيْبُ السَّمَاوَاتِ وَالأَرْضِ
وَإِلَيْهِ يُرْجَعُ الأَمْرُ كُلُّهُ فَاعْبُدْهُ وَتَوَكَّلْ عَلَيْهِ وَمَا رَبُّكَ بِغَافِلٍ عَمَّا تَعْمَلُونَ (١٢٣

SOURATE YUSUF

سورة يوسف

الر تِلْكَ آيَاتُ الْكِتَابِ الْمُبِينِ (١) إِنَّا أَنزَلْنَاهُ قُرْآنًا عَرَبِيًّا لَّعَلَّكُمْ تَعْقِلُونَ (٢) نَحْنُ نَقُصُّ عَلَيْكَ أَحْسَنَ الْقَصَصِ بِمَا أَوْحَيْنَا إِلَيْكَ هَذَا الْقُرْآنَ وَإِن كُنتَ مِن قَبْلِهِ لَمِنَ الْغَافِلِينَ (٣) إِذْ قَالَ يُوسُفُ لِأَبِيهِ يَا أَبتِ إِنِّي رَأَيْتُ أَحَدَ عَشَرَ كَوْكَبًا وَالشَّمْسَ وَالْقَمَرَ رَأَيْتُهُمْ لِي سَاجِدِينَ (٤) قَالَ يَا بُنَيَّ لاَ تَقْصُصْ رُؤْيَاكَ عَلَى إِخْوَتِكَ فَيَكِيدُواْ لَكَ كَيْدًا إِنَّ الشَّيْطَانَ لِلإِنسَانِ عَدُوٌّ مُّبِينٌ (٥) وَكَذَلِكَ يَجْتَبِيكَ رَبُّكَ وَيُعَلِّمُكَ مِن تَأْوِيلِ الأَحَادِيثِ وَيُتِمُّ نِعْمَتَهُ عَلَيْكَ وَعَلَى آلِ يَعْقُوبَ كَمَا أَتَمَّهَا عَلَى أَبَوَيْكَ مِن قَبْلُ إِبْرَاهِيمَ وَإِسْحَقَ إِنَّ رَبَّكَ عَلِيمٌ حَكِيمٌ (٦) لَّقَدْ كَانَ فِي يُوسُفَ وَإِخْوَتِهِ آيَاتٌ لِّلسَّائِلِينَ (٧) إِذْ قَالُواْ لَيُوسُفُ وَأَخُوهُ أَحَبُّ إِلَى أَبِينَا مِنَّا وَنَحْنُ عُصْبَةٌ إِنَّ أَبَانَا لَفِي ضَلاَلٍ مُّبِينٍ (٨) اقْتُلُواْ يُوسُفَ أَوِ اطْرَحُوهُ أَرْضًا يَخْلُ لَكُمْ وَجْهُ أَبِيكُمْ وَتَكُونُواْ مِن بَعْدِهِ قَوْمًا صَالِحِينَ (٩) قَالَ قَآئِلٌ مَّنْهُمْ لاَ تَقْتُلُواْ يُوسُفَ وَأَلْقُوهُ فِي غَيَابَةِ الْجُبِّ يَلْتَقِطْهُ بَعْضُ السَّيَّارَةِ إِن كُنتُمْ فَاعِلِينَ (١٠) قَالُواْ يَا أَبَانَا مَا لَكَ لاَ تَأْمَنَّا عَلَى يُوسُفَ وَإِنَّا لَهُ لَنَاصِحُونَ (١١) أَرْسِلْهُ مَعَنَا غَدًا يَرْتَعْ وَيَلْعَبْ وَإِنَّا لَهُ لَحَافِظُونَ (١٢) قَالَ إِنِّي لَيَحْزُنُنِي أَن تَذْهَبُواْ بِهِ وَأَخَافُ أَن يَأْكُلَهُ الذِّئْبُ وَأَنتُمْ عَنْهُ غَافِلُونَ (١٣) قَالُواْ لَئِنْ أَكَلَهُ الذِّئْبُ وَنَحْنُ عُصْبَةٌ إِنَّا إِذًا لَّخَاسِرُونَ (١٤) فَلَمَّا ذَهَبُواْ بِهِ وَأَجْمَعُواْ أَن يَجْعَلُوهُ فِي غَيَابَةِ الْجُبِّ وَأَوْحَيْنَآ إِلَيْهِ لَتُنَبِّئَنَّهُم بِأَمْرِهِمْ هَذَا وَهُمْ لاَ يَشْعُرُونَ (١٥) وَجَاؤُواْ أَبَاهُمْ عِشَاء يَبْكُونَ (١٦) قَالُواْ يَا أَبَانَا إِنَّا ذَهَبْنَا نَسْتَبِقُ وَتَرَكْنَا يُوسُفَ عِندَ مَتَاعِنَا فَأَكَلَهُ الذِّئْبُ وَمَا أَنتَ بِمُؤْمِنٍ لِّنَا وَلَوْ كُنَّا صَادِقِينَ (١٧) وَجَآؤُوا عَلَى قَمِيصِهِ بِدَمٍ كَذِبٍ قَالَ بَلْ سَوَّلَتْ لَكُمْ أَنفُسُكُمْ أَمْرًا فَصَبْرٌ جَمِيلٌ وَاللّهُ الْمُسْتَعَانُ عَلَى مَا تَصِفُونَ (١٨) وَجَاءتْ سَيَّارَةٌ فَأَرْسَلُواْ وَارِدَهُمْ فَأَدْلَى دَلْوَهُ قَالَ يَا بُشْرَى هَذَا غُلاَمٌ وَأَسَرُّوهُ بِضَاعَةً وَاللّهُ عَلِيمٌ بِمَا يَعْمَلُونَ (١٩) وَشَرَوْهُ بِثَمَنٍ بَخْسٍ دَرَاهِمَ مَعْدُودَةٍ وَكَانُواْ فِيهِ مِنَ الزَّاهِدِينَ (٢٠) وَقَالَ الَّذِي اشْتَرَاهُ مِن مِّصْرَ لاِمْرَأَتِهِ أَكْرِمِي مَثْوَاهُ عَسَى أَن يَنفَعَنَا أَوْ نَتَّخِذَهُ وَلَدًا وَكَذَلِكَ مَكَّنِّا لِيُوسُفَ فِي الأَرْضِ وَلِنُعَلِّمَهُ مِن تَأْوِيلِ الأَحَادِيثِ وَاللّهُ غَالِبٌ عَلَى أَمْرِهِ وَلَكِنَّ أَكْثَرَ النَّاسِ لاَ يَعْلَمُونَ (٢١) وَلَمَّا بَلَغَ أَشُدَّهُ آتَيْنَاهُ حُكْمًا وَعِلْمًا وَكَذَلِكَ نَجْزِي الْمُحْسِنِينَ (٢٢) وَرَاوَدَتْهُ الَّتِي هُوَ فِي بَيْتِهَا عَن نَّفْسِهِ وَغَلَّقَتِ الأَبْوَابَ وَقَالَتْ هَيْتَ لَكَ قَالَ مَعَاذَ اللّهِ إِنَّهُ رَبِّي أَحْسَنَ مَثْوَايَ إِنَّهُ لاَ يُفْلِحُ الظَّالِمُونَ (٢٣) وَلَقَدْ هَمَّتْ بِهِ وَهَمَّ بِهَا لَوْلا أَن رَّأَى بُرْهَانَ رَبِّهِ كَذَلِكَ لِنَصْرِفَ عَنْهُ السُّوءَ وَالْفَحْشَاء إِنَّهُ مِنْ عِبَادِنَا الْمُخْلَصِينَ (٢٤) وَاسُتَبَقَا الْبَابَ وَقَدَّتْ قَمِيصَهُ مِن دُبُرٍ وَأَلْفَيَا سَيِّدَهَا لَدَى الْبَابِ قَالَتْ مَا جَزَاء مَنْ أَرَادَ بِأَهْلِكَ سُوَءًا إِلاَّ أَن يُسْجَنَ أَوْ عَذَابٌ أَلِيمٌ (٢٥) قَالَ هِيَ رَاوَدَتْنِي عَن نَّفْسِي وَشَهِدَ شَاهِدٌ مِّنْ أَهْلِهَا إِن كَانَ قَمِيصُهُ قُدَّ

مِن قُبُلٍ فَصَدَقَتْ وَهُوَ مِنَ الْكَاذِبِينَ (٢٦) وَإِنْ كَانَ قَمِيصُهُ قُدَّ مِن دُبُرٍ فَكَذَبَتْ
وَهُوَ مِن الصَّادِقِينَ (٢٧) فَلَمَّا رَأَى قَمِيصَهُ قُدَّ مِن دُبُرٍ قَالَ إِنَّهُ مِن كَيْدِكُنَّ إِنَّ
كَيْدَكُنَّ عَظِيمٌ (٢٨) يُوسُفُ أَعْرِضْ عَنْ هَذَا وَاسْتَغْفِرِي لِذَنبِكِ إِنَّكِ كُنتِ مِنَ
الْخَاطِئِينَ (٢٩) وَقَالَ نِسْوَةٌ فِي الْمَدِينَةِ امْرَأَةُ الْعَزِيزِ تُرَاوِدُ فَتَاهَا عَن نَّفْسِهِ قَدْ
شَغَفَهَا حُبًّا إِنَّا لَنَرَاهَا فِي ضَلاَلٍ مُّبِينٍ (٣٠) فَلَمَّا سَمِعَتْ بِمَكْرِهِنَّ أَرْسَلَتْ إِلَيْهِنَّ
وَأَعْتَدَتْ لَهُنَّ مُتَّكَأً وَآتَتْ كُلَّ وَاحِدَةٍ مِّنْهُنَّ سِكِّينًا وَقَالَتِ اخْرُجْ عَلَيْهِنَّ فَلَمَّا رَأَيْنَهُ
أَكْبَرْنَهُ وَقَطَّعْنَ أَيْدِيَهُنَّ وَقُلْنَ حَاشَ لِلّهِ مَا هَذَا بَشَرًا إِنْ هَذَا إِلاَّ مَلَكٌ
كَرِيمٌ (٣١) قَالَتْ فَذَلِكُنَّ الَّذِي لُمْتُنَّنِي فِيهِ وَلَقَدْ رَاوَدتُّهُ عَن نَّفْسِهِ فَاسْتَعْصَمَ وَلَئِن
لَّمْ يَفْعَلْ مَا آمُرُهُ لَيُسْجَنَنَّ وَلَيَكُونًا مِّنَ الصَّاغِرِينَ (٣٢) قَالَ رَبِّ السِّجْنُ أَحَبُّ
إِلَيَّ مِمَّا يَدْعُونَنِي إِلَيْهِ وَإِلاَّ تَصْرِفْ عَنِّي كَيْدَهُنَّ أَصْبُ إِلَيْهِنَّ وَأَكُن مِّنَ
الْجَاهِلِينَ (٣٣) فَاسْتَجَابَ لَهُ رَبُّهُ فَصَرَفَ عَنْهُ كَيْدَهُنَّ إِنَّهُ هُوَ السَّمِيعُ
الْعَلِيمُ (٣٤) ثُمَّ بَدَا لَهُم مِّن بَعْدِ مَا رَأَوُاْ الآيَاتِ لَيَسْجُنُنَّهُ حَتَّى حِينٍ (٣٥) وَدَخَلَ
مَعَهُ السِّجْنَ فَتَيَانَ قَالَ أَحَدُهُمَآ إِنِّي أَرَانِي أَعْصِرُ خَمْرًا وَقَالَ الآخَرُ إِنِّي أَرَانِي
أَحْمِلُ فَوْقَ رَأْسِي خُبْزًا تَأْكُلُ الطَّيْرُ مِنْهُ نَبِّئْنَا بِتَأْوِيلِهِ إِنَّا نَرَاكَ مِنَ
الْمُحْسِنِينَ (٣٦) قَالَ لاَ يَأْتِيكُمَا طَعَامٌ تُرْزَقَانِهِ إِلاَّ نَبَّأْتُكُمَا بِتَأْوِيلِهِ قَبْلَ أَن يَأْتِيَكُمَا
ذَلِكُمَا مِمَّا عَلَّمَنِي رَبِّي إِنِّي تَرَكْتُ مِلَّةَ قَوْمٍ لاَّ يُؤْمِنُونَ بِاللّهِ وَهُم بِالآخِرَةِ هُمْ
كَافِرُونَ (٣٧) وَاتَّبَعْتُ مِلَّةَ آبَآئِي إِبْرَاهِيمَ وَإِسْحَقَ وَيَعْقُوبَ مَا كَانَ لَنَا أَن نُّشْرِكَ
بِاللّهِ مِن شَيْءٍ ذَلِكَ مِن فَضْلِ اللّهِ عَلَيْنَا وَعَلَى النَّاسِ وَلَكِنَّ أَكْثَرَ النَّاسِ لاَ
يَشْكُرُونَ (٣٨) يَا صَاحِبَيِ السِّجْنِ أَأَرْبَابٌ مُّتَفَرِّقُونَ خَيْرٌ أَمِ اللّهُ الْوَاحِدُ
الْقَهَّارُ (٣٩) مَا تَعْبُدُونَ مِن دُونِهِ إِلاَّ أَسْمَاء سَمَّيْتُمُوهَا أَنتُمْ وَآبَآؤُكُم مَّا أَنزَلَ اللّهُ
بِهَا مِن سُلْطَانٍ إِنِ الْحُكْمُ إِلاَّ لِلّهِ أَمَرَ أَلاَّ تَعْبُدُواْ إِلاَّ إِيَّاهُ ذَلِكَ الدِّينُ الْقَيِّمُ وَلَكِنَّ أَكْثَرَ
النَّاسِ لاَ يَعْلَمُونَ (٤٠) يَا صَاحِبَيِ السِّجْنِ أَمَّا أَحَدُكُمَا فَيَسْقِي رَبَّهُ خَمْرًا وَأَمَّا
الآخَرُ فَيُصْلَبُ فَتَأْكُلُ الطَّيْرُ مِن رَّأْسِهِ قُضِيَ الأَمْرُ الَّذِي فِيهِ
تَسْتَفْتِيَانِ (٤١) وَقَالَ لِلَّذِي ظَنَّ أَنَّهُ نَاجٍ مِّنْهُمَا اذْكُرْنِي عِندَ رَبِّكَ فَأَنسَاهُ الشَّيْطَانُ
ذِكْرَ رَبِّهِ فَلَبِثَ فِي السِّجْنِ بِضْعَ سِنِينَ (٤٢) وَقَالَ الْمَلِكُ إِنِّي أَرَى سَبْعَ بَقَرَاتٍ
سِمَانٍ يَأْكُلُهُنَّ سَبْعٌ عِجَافٌ وَسَبْعَ سُنبُلاَتٍ خُضْرٍ وَأُخَرَ يَابِسَاتٍ يَا أَيُّهَا الْمَلأُ
أَفْتُونِي فِي رُؤْيَايَ إِن كُنتُمْ لِلرُّؤْيَا تَعْبُرُونَ (٤٣) قَالُواْ أَضْغَاثُ أَحْلاَمٍ وَمَا نَحْنُ
بِتَأْوِيلِ الأَحْلاَمِ بِعَالِمِينَ (٤٤) وَقَالَ الَّذِي نَجَا مِنْهُمَا وَادَّكَرَ بَعْدَ أُمَّةٍ أَنَاْ أُنَبِّئُكُم
بِتَأْوِيلِهِ فَأَرْسِلُونِ (٤٥) يُوسُفُ أَيُّهَا الصِّدِّيقُ أَفْتِنَا فِي سَبْعِ بَقَرَاتٍ سِمَانٍ يَأْكُلُهُنَّ
سَبْعٌ عِجَافٌ وَسَبْعِ سُنبُلاَتٍ خُضْرٍ وَأُخَرَ يَابِسَاتٍ لَّعَلِّي أَرْجِعُ إِلَى النَّاسِ لَعَلَّهُمْ
يَعْلَمُونَ (٤٦) قَالَ تَزْرَعُونَ سَبْعَ سِنِينَ دَأَبًا فَمَا حَصَدتُّمْ فَذَرُوهُ فِي سُنبُلِهِ إِلاَّ

قَلِيلاً مِّمَّا تَأْكُلُونَ (٤٧) ثُمَّ يَأْتِي مِن بَعْدِ ذَلِكَ سَبْعٌ شِدَادٌ يَأْكُلْنَ مَا قَدَّمْتُمْ لَهُنَّ إِلاَّ
قَلِيلاً مِّمَّا تُحْصِنُونَ (٤٨) ثُمَّ يَأْتِي مِن بَعْدِ ذَلِكَ عَامٌ فِيهِ يُغَاثُ النَّاسُ وَفِيهِ
يَعْصِرُونَ (٤٩) وَقَالَ الْمَلِكُ ائْتُونِي بِهِ فَلَمَّا جَاءهُ الرَّسُولُ قَالَ ارْجِعْ إِلَى رَبِّكَ
فَاسْأَلْهُ مَا بَالُ النِّسْوَةِ اللاَّتِي قَطَّعْنَ أَيْدِيَهُنَّ إِنَّ رَبِّي بِكَيْدِهِنَّ عَلِيمٌ (٥٠) قَالَ مَا
خَطْبُكُنَّ إِذْ رَاوَدتُّنَّ يُوسُفَ عَن نَّفْسِهِ قُلْنَ حَاشَ لِلّهِ مَا عَلِمْنَا عَلَيْهِ مِن سُوءٍ قَالَتِ
امْرَأَةُ الْعَزِيزِ الآنَ حَصْحَصَ الْحَقُّ أَنَاْ رَاوَدتُّهُ عَن نَّفْسِهِ وَإِنَّهُ لَمِنَ
الصَّادِقِينَ (٥١) ذَلِكَ لِيَعْلَمَ أَنِّي لَمْ أَخُنْهُ بِالْغَيْبِ وَأَنَّ اللّهَ لاَ يَهْدِي كَيْدَ
الْخَائِنِينَ (٥٢) وَمَا أُبَرِّئُ نَفْسِي إِنَّ النَّفْسَ لأَمَّارَةٌ بِالسُّوءِ إِلاَّ مَا رَحِمَ رَبِّيَ إِنَّ
رَبِّي غَفُورٌ رَّحِيمٌ (٥٣) وَقَالَ الْمَلِكُ ائْتُونِي بِهِ أَسْتَخْلِصْهُ لِنَفْسِي فَلَمَّا كَلَّمَهُ قَالَ
إِنَّكَ الْيَوْمَ لَدَيْنَا مِكِينٌ أَمِينٌ (٥٤) قَالَ اجْعَلْنِي عَلَى خَزَآئِنِ الأَرْضِ إِنِّي حَفِيظٌ
عَلِيمٌ (٥٥) وَكَذَلِكَ مَكَّنِّا لِيُوسُفَ فِي الأَرْضِ يَتَبَوَّأُ مِنْهَا حَيْثُ يَشَاء نُصِيبُ
بِرَحْمَتِنَا مَن نَّشَاء وَلاَ نُضِيعُ أَجْرَ الْمُحْسِنِينَ (٥٦) وَلَأَجْرُ الآخِرَةِ خَيْرٌ لِّلَّذِينَ
آمَنُواْ وَكَانُواْ يَتَّقُونَ (٥٧) وَجَاء إِخْوَةُ يُوسُفَ فَدَخَلُواْ عَلَيْهِ فَعَرَفَهُمْ وَهُمْ لَهُ
مُنكِرُونَ (٥٨) وَلَمَّا جَهَّزَهُم بِجَهَازِهِمْ قَالَ ائْتُونِي بِأَخٍ لَّكُم مِّنْ أَبِيكُمْ أَلاَ تَرَوْنَ
أَنِّي أُوفِي الْكَيْلَ وَأَنَاْ خَيْرُ الْمُنزِلِينَ (٥٩) فَإِن لَّمْ تَأْتُونِي بِهِ فَلاَ كَيْلَ لَكُمْ عِندِي
وَلاَ تَقْرَبُونِ (٦٠) قَالُواْ سَنُرَاوِدُ عَنْهُ أَبَاهُ وَإِنَّا لَفَاعِلُونَ (٦١) وَقَالَ لِفِتْيَانِهِ اجْعَلُواْ
بِضَاعَتَهُمْ فِي رِحَالِهِمْ لَعَلَّهُمْ يَعْرِفُونَهَا إِذَا انقَلَبُواْ إِلَى أَهْلِهِمْ لَعَلَّهُمْ
يَرْجِعُونَ (٦٢) فَلَمَّا رَجِعُوا إِلَى أَبِيهِمْ قَالُواْ يَا أَبَانَا مُنِعَ مِنَّا الْكَيْلُ فَأَرْسِلْ مَعَنَا
أَخَانَا نَكْتَلْ وَإِنَّا لَهُ لَحَافِظُونَ (٦٣) قَالَ هَلْ آمَنُكُمْ عَلَيْهِ إِلاَّ كَمَا أَمِنتُكُمْ عَلَى أَخِيهِ
مِن قَبْلُ فَاللّهُ خَيْرٌ حَافِظًا وَهُوَ أَرْحَمُ الرَّاحِمِينَ (٦٤) وَلَمَّا فَتَحُواْ مَتَاعَهُمْ وَجَدُواْ
بِضَاعَتَهُمْ رُدَّتْ إِلَيْهِمْ قَالُواْ يَا أَبَانَا مَا نَبْغِي هَذِهِ بِضَاعَتُنَا رُدَّتْ إِلَيْنَا وَنَمِيرُ أَهْلَنَا
وَنَحْفَظُ أَخَانَا وَنَزْدَادُ كَيْلَ بَعِيرٍ ذَلِكَ كَيْلٌ يَسِيرٌ (٦٥) قَالَ لَنْ أُرْسِلَهُ مَعَكُمْ حَتَّى
تُؤْتُونِ مَوْثِقًا مِّنَ اللّهِ لَتَأْتُنَّنِي بِهِ إِلاَّ أَن يُحَاطَ بِكُمْ فَلَمَّا آتَوْهُ مَوْثِقَهُمْ قَالَ اللّهُ عَلَى مَا
نَقُولُ وَكِيلٌ (٦٦) وَقَالَ يَا بَنِيَّ لاَ تَدْخُلُواْ مِن بَابٍ وَاحِدٍ وَادْخُلُواْ مِنْ أَبْوَابٍ
مُّتَفَرِّقَةٍ وَمَا أُغْنِي عَنكُم مِّنَ اللّهِ مِن شَيْءٍ إِنِ الْحُكْمُ إِلاَّ لِلّهِ عَلَيْهِ تَوَكَّلْتُ وَعَلَيْهِ
فَلْيَتَوَكَّلِ الْمُتَوَكِّلُونَ (٦٧) وَلَمَّا دَخَلُواْ مِنْ حَيْثُ أَمَرَهُمْ أَبُوهُم مَّا كَانَ يُغْنِي عَنْهُم
مِّنَ اللّهِ مِن شَيْءٍ إِلاَّ حَاجَةً فِي نَفْسِ يَعْقُوبَ قَضَاهَا وَإِنَّهُ لَذُو عِلْمٍ لِّمَا عَلَّمْنَاهُ
وَلَكِنَّ أَكْثَرَ النَّاسِ لاَ يَعْلَمُونَ (٦٨) وَلَمَّا دَخَلُواْ عَلَى يُوسُفَ آوَى إِلَيْهِ أَخَاهُ قَالَ
إِنِّي أَنَاْ أَخُوكَ فَلاَ تَبْتَئِسْ بِمَا كَانُواْ يَعْمَلُونَ (٦٩) فَلَمَّا جَهَّزَهُم بِجَهَازِهِمْ جَعَلَ
السِّقَايَةَ فِي رَحْلِ أَخِيهِ ثُمَّ أَذَّنَ مُؤَذِّنٌ أَيَّتُهَا الْعِيرُ إِنَّكُمْ لَسَارِقُونَ (٧٠) قَالُواْ
وَأَقْبَلُواْ عَلَيْهِم مَّاذَا تَفْقِدُونَ (٧١) قَالُواْ نَفْقِدُ صُوَاعَ الْمَلِكِ وَلِمَن جَاء بِهِ حِمْلُ

بَعِيرٍ وَأَنَاْ بِهِ زَعِيمٌ (٧٢) قَالُواْ تَاللّهِ لَقَدْ عَلِمْتُم مَّا جِئْنَا لِنُفْسِدَ فِي الأَرْضِ وَمَا كُنَّا
سَارِقِينَ (٧٣) قَالُواْ فَمَا جَزَآؤُهُ إِن كُنتُمْ كَاذِبِينَ (٧٤) قَالُواْ جَزَآؤُهُ مَن وُجِدَ فِي
رَحْلِهِ فَهُوَ جَزَاؤُهُ كَذَلِكَ نَجْزِي الظَّالِمِينَ (٧٥) فَبَدَأَ بِأَوْعِيَتِهِمْ قَبْلَ وِعَاء أَخِيهِ ثُمَّ
اسْتَخْرَجَهَا مِن وِعَاء أَخِيهِ كَذَلِكَ كِدْنَا لِيُوسُفَ مَا كَانَ لِيَأْخُذَ أَخَاهُ فِي دِينِ الْمَلِكِ
إِلاَّ أَن يَشَاء اللّهُ نَرْفَعُ دَرَجَاتٍ مِّن نَّشَاء وَفَوْقَ كُلِّ ذِي عِلْمٍ عَلِيمٌ (٧٦) قَالُواْ إِن
يَسْرِقْ فَقَدْ سَرَقَ أَخٌ لَّهُ مِن قَبْلُ فَأَسَرَّهَا يُوسُفُ فِي نَفْسِهِ وَلَمْ يُبْدِهَا لَهُمْ قَالَ أَنتُمْ
شَرٌّ مَّكَانًا وَاللّهُ أَعْلَمْ بِمَا تَصِفُونَ (٧٧) قَالُواْ يَا أَيُّهَا الْعَزِيزُ إِنَّ لَهُ أَبًا شَيْخًا كَبِيرًا
فَخُذْ أَحَدَنَا مَكَانَهُ إِنَّا نَرَاكَ مِنَ الْمُحْسِنِينَ (٧٨) قَالَ مَعَاذَ اللّهِ أَن نَّأْخُذَ إِلاَّ مَن
وَجَدْنَا مَتَاعَنَا عِندَهُ إِنَّآ إِذًا لَّظَالِمُونَ (٧٩) فَلَمَّا اسْتَيْأَسُواْ مِنْهُ خَلَصُواْ نَجِيًّا قَالَ
كَبِيرُهُمْ أَلَمْ تَعْلَمُواْ أَنَّ أَبَاكُمْ قَدْ أَخَذَ عَلَيْكُم مَّوْثِقًا مِّنَ اللّهِ وَمِن قَبْلُ مَا فَرَّطتُمْ فِي
يُوسُفَ فَلَنْ أَبْرَحَ الأَرْضَ حَتَّىَ يَأْذَنَ لِي أَبِي أَوْ يَحْكُمَ اللّهُ لِي وَهُوَ خَيْرُ
الْحَاكِمِينَ (٨٠) ارْجِعُواْ إِلَى أَبِيكُمْ فَقُولُواْ يَا أَبَانَا إِنَّ ابْنَكَ سَرَقَ وَمَا شَهِدْنَا إِلاَّ بِمَا
عَلِمْنَا وَمَا كُنَّا لِلْغَيْبِ حَافِظِينَ (٨١) وَاسْأَلِ الْقَرْيَةَ الَّتِي كُنَّا فِيهَا وَالْعِيْرَ الَّتِي
أَقْبَلْنَا فِيهَا وَإِنَّا لَصَادِقُونَ (٨٢) قَالَ بَلْ سَوَّلَتْ لَكُمْ أَنفُسُكُمْ أَمْرًا فَصَبْرٌ جَمِيلٌ
عَسَى اللّهُ أَن يَأْتِيَنِي بِهِمْ جَمِيعًا إِنَّهُ هُوَ الْعَلِيمُ الْحَكِيمُ (٨٣) وَتَوَلَّى عَنْهُمْ وَقَالَ يَا
أَسَفَى عَلَى يُوسُفَ وَابْيَضَّتْ عَيْنَاهُ مِنَ الْحُزْنِ فَهُوَ كَظِيمٌ (٨٤) قَالُواْ تَالله تَفْتَأُ
تَذْكُرُ يُوسُفَ حَتَّى تَكُونَ حَرَضًا أَوْ تَكُونَ مِنَ الْهَالِكِينَ (٨٥) قَالَ إِنَّمَا أَشْكُو بَثِّي
وَحُزْنِي إِلَى اللّهِ وَأَعْلَمُ مِنَ اللّهِ مَا لاَ تَعْلَمُونَ (٨٦) يَا بَنِيَّ اذْهَبُواْ فَتَحَسَّسُواْ مِن
يُوسُفَ وَأَخِيهِ وَلاَ تَيْأَسُواْ مِن رَّوْحِ اللّهِ إِنَّهُ لاَ يَيْأَسُ مِن رَّوْحِ اللّهِ إِلاَّ الْقَوْمُ
الْكَافِرُونَ (٨٧) فَلَمَّا دَخَلُواْ عَلَيْهِ قَالُواْ يَا أَيُّهَا الْعَزِيزُ مَسَّنَا وَأَهْلَنَا الضُّرُّ وَجِئْنَا
بِبِضَاعَةٍ مُّزْجَاةٍ فَأَوْفِ لَنَا الْكَيْلَ وَتَصَدَّقْ عَلَيْنَآ إِنَّ اللّهَ يَجْزِي
الْمُتَصَدِّقِينَ (٨٨) قَالَ هَلْ عَلِمْتُم مَّا فَعَلْتُم بِيُوسُفَ وَأَخِيهِ إِذْ أَنتُمْ
جَاهِلُونَ (٨٩) قَالُواْ أَإِنَّكَ لَأَنتَ يُوسُفُ قَالَ أَنَاْ يُوسُفُ وَهَذَا أَخِي قَدْ مَنَّ اللّهُ عَلَيْنَا
إِنَّهُ مَن يَتَّقِ وَيِصْبِرْ فَإِنَّ اللّهَ لاَ يُضِيعُ أَجْرَ الْمُحْسِنِينَ (٩٠) قَالُواْ تَاللّهِ لَقَدْ آثَرَكَ
اللّهُ عَلَيْنَا وَإِن كُنَّا لَخَاطِئِينَ (٩١) قَالَ لاَ تَثْرَيبَ عَلَيْكُمُ الْيَوْمَ يَغْفِرُ اللّهُ لَكُمْ وَهُوَ
أَرْحَمُ الرَّاحِمِينَ (٩٢) اذْهَبُواْ بِقَمِيصِي هَذَا فَأَلْقُوهُ عَلَى وَجْهِ أَبِي يَأْتِ بَصِيرًا
وَأْتُونِي بِأَهْلِكُمْ أَجْمَعِينَ (٩٣) وَلَمَّا فَصَلَتِ الْعِيرُ قَالَ أَبُوهُمْ إِنِّي لَأَجِدُ رِيحَ
يُوسُفَ لَوْلاَ أَن تُفَنِّدُونِ (٩٤) قَالُواْ تَاللّهِ إِنَّكَ لَفِي ضَلاَلِكَ الْقَدِيمِ (٩٥) فَلَمَّا أَن
جَاء الْبَشِيرُ أَلْقَاهُ عَلَى وَجْهِهِ فَارْتَدَّ بَصِيرًا قَالَ أَلَمْ أَقُل لَّكُمْ إِنِّي أَعْلَمُ مِنَ اللّهِ مَا لاَ
تَعْلَمُونَ (٩٦) قَالُواْ يَا أَبَانَا اسْتَغْفِرْ لَنَا ذُنُوبَنَا إِنَّا كُنَّا خَاطِئِينَ (٩٧) قَالَ سَوْفَ
أَسْتَغْفِرُ لَكُمْ رَبِّيَ إِنَّهُ هُوَ الْغَفُورُ الرَّحِيمُ (٩٨) فَلَمَّا دَخَلُواْ عَلَى يُوسُفَ آوَى إِلَيْهِ

أَبَوَيْهِ وَقَالَ ادْخُلُواْ مِصْرَ إِن شَاء اللّهُ آمِنِينَ (٩٩) وَرَفَعَ أَبَوَيْهِ عَلَى الْعَرْشِ وَخَرُّواْ لَهُ سُجَّدًا وَقَالَ يَا أَبَتِ هَذَا تَأْوِيلُ رُؤْيَايَ مِن قَبْلُ قَدْ جَعَلَهَا رَبِّي حَقًّا وَقَدْ أَحْسَنَ بَي إِذْ أَخْرَجَنِي مِنَ السِّجْنِ وَجَاء بِكُم مِّنَ الْبَدْوِ مِن بَعْدِ أَن نَّزَغَ الشَّيْطَانُ بَيْنِي وَبَيْنَ إِخْوَتِي إِنَّ رَبِّي لَطِيفٌ لِّمَا يَشَاء إِنَّهُ هُوَ الْعَلِيمُ الْحَكِيمُ (١٠٠) رَبِّ قَدْ آتَيْتَنِي مِنَ الْمُلْكِ وَعَلَّمْتَنِي مِن تَأْوِيلِ الأَحَادِيثِ فَاطِرَ السَّمَاوَاتِ وَالأَرْضِ أَنتَ وَلِيِّي فِي الدُّنُيَا وَالآخِرَةِ تَوَفَّنِي مُسْلِمًا وَأَلْحِقْنِي بِالصَّالِحِينَ (١٠١) ذَلِكَ مِنْ أَنبَاء الْغَيْبِ نُوحِيهِ إِلَيْكَ وَمَا كُنتَ لَدَيْهِمْ إِذْ أَجْمَعُواْ أَمْرَهُمْ وَهُمْ يَمْكُرُونَ (١٠٢) وَمَا أَكْثَرُ النَّاسِ وَلَوْ حَرَصْتَ بِمُؤْمِنِينَ (١٠٣) وَمَا تَسْأَلُهُمْ عَلَيْهِ مِنْ أَجْرٍ إِنْ هُوَ إِلاَّ ذِكْرٌ لِّلْعَالَمِينَ (١٠٤) وَكَأَيِّن مِّن آيَةٍ فِي السَّمَاوَاتِ وَالأَرْضِ يَمُرُّونَ عَلَيْهَا وَهُمْ عَنْهَا مُعْرِضُونَ (١٠٥) وَمَا يُؤْمِنُ أَكْثَرُهُمْ بِاللّهِ إِلاَّ وَهُم مُّشْرِكُونَ (١٠٦) أَفَأَمِنُواْ أَن تَأْتِيَهُمْ غَاشِيَةٌ مِّنْ عَذَابِ اللّهِ أَوْ تَأْتِيَهُمُ السَّاعَةُ بَغْتَةً وَهُمْ لاَ يَشْعُرُونَ (١٠٧) قُلْ هَذِهِ سَبِيلِي أَدْعُو إِلَى اللّهِ عَلَى بَصِيرَةٍ أَنَاْ وَمَنِ اتَّبَعَنِي وَسُبْحَانَ اللّهِ وَمَا أَنَاْ مِنَ الْمُشْرِكِينَ (١٠٨) وَمَا أَرْسَلْنَا مِن قَبْلِكَ إِلاَّ رِجَالاً نُّوحِي إِلَيْهِم مِّنْ أَهْلِ الْقُرَى أَفَلَمْ يَسِيرُواْ فِي الأَرْضِ فَيَنظُرُواْ كَيْفَ كَانَ عَاقِبَةُ الَّذِينَ مِن قَبْلِهِمْ وَلَدَارُ الآخِرَةِ خَيْرٌ لِّلَّذِينَ اتَّقَواْ أَفَلاَ تَعْقِلُونَ (١٠٩) حَتَّى إِذَا اسْتَيْأَسَ الرُّسُلُ وَظَنُّواْ أَنَّهُمْ قَدْ كُذِبُواْ جَاءهُمْ نَصْرُنَا فَنُجِّيَ مَن نَّشَاء وَلاَ يُرَدُّ بَأْسُنَا عَنِ الْقَوْمِ الْمُجْرِمِينَ (١١٠) لَقَدْ كَانَ فِي قَصَصِهِمْ عِبْرَةٌ لِّأُوْلِي الأَلْبَابِ مَا كَانَ حَدِيثًا يُفْتَرَى وَلَكِن تَصْدِيقَ الَّذِي بَيْنَ يَدَيْهِ وَتَفْصِيلَ كُلَّ شَيْءٍ وَهُدًى وَرَحْمَةً لِّقَوْمٍ يُؤْمِنُونَ (١١١

SOURATE AR RA'D
سورة الرّعد

المر تِلْكَ آيَاتُ الْكِتَابِ وَالَّذِيَ أُنزِلَ إِلَيْكَ مِن رَّبِّكَ الْحَقُّ وَلَكِنَّ أَكْثَرَ النَّاسِ لاَ يُؤْمِنُونَ (١) اللّهُ الَّذِي رَفَعَ السَّمَاوَاتِ بِغَيْرِ عَمَدٍ تَرَوْنَهَا ثُمَّ اسْتَوَى عَلَى الْعَرْشِ وَسَخَّرَ الشَّمْسَ وَالْقَمَرَ كُلٌّ يَجْرِي لأَجَلٍ مُّسَمًّى يُدَبِّرُ الأَمْرَ يُفَصِّلُ الآيَاتِ لَعَلَّكُم بِلِقَاء رَبِّكُمْ تُوقِنُونَ (٢) وَهُوَ الَّذِي مَدَّ الأَرْضَ وَجَعَلَ فِيهَا رَوَاسِيَ وَأَنْهَارًا وَمِن كُلِّ الثَّمَرَاتِ جَعَلَ فِيهَا زَوْجَيْنِ اثْنَيْنِ يُغْشِي اللَّيْلَ النَّهَارَ إِنَّ فِي ذَلِكَ لَآيَاتٍ لِّقَوْمٍ يَتَفَكَّرُونَ (٣) وَفِي الأَرْضِ قِطَعٌ مُّتَجَاوِرَاتٌ وَجَنَّاتٌ مِّنْ أَعْنَابٍ وَزَرْعٌ وَنَخِيلٌ صِنْوَانٌ وَغَيْرُ صِنْوَانٍ يُسْقَى بِمَاء وَاحِدٍ وَنُفَضِّلُ بَعْضَهَا عَلَى بَعْضٍ فِي الأُكُلِ

إِنَّ فِي ذَلِكَ لَآيَاتٍ لِّقَوْمٍ يَعْقِلُونَ (٤) وَإِن تَعْجَبْ فَعَجَبٌ قَوْلُهُمْ أَئِذَا كُنَّا تُرَابًا أَئِنَّا
لَفِي خَلْقٍ جَدِيدٍ أُوْلَئِكَ الَّذِينَ كَفَرُواْ بِرَبِّهِمْ وَأُوْلَئِكَ الأَغْلاَلُ فِي أَعْنَاقِهِمْ وَأُوْلَئِكَ
أَصْحَابُ النَّارِ هُمْ فِيهَا خَالِدونَ (٥) وَيَسْتَعْجِلُونَكَ بِالسَّيِّئَةِ قَبْلَ الْحَسَنَةِ وَقَدْ خَلَتْ
مِن قَبْلِهِمُ الْمَثُلاَتُ وَإِنَّ رَبَّكَ لَذُو مَغْفِرَةٍ لِّلنَّاسِ عَلَى ظُلْمِهِمْ وَإِنَّ رَبَّكَ لَشَدِيدُ
الْعِقَابِ (٦) وَيَقُولُ الَّذِينَ كَفَرُواْ لَوْلاَ أُنزِلَ عَلَيْهِ آيَةٌ مِّن رَّبِّهِ إِنَّمَا أَنتَ مُنذِرٌ وَلِكُلِّ
قَوْمٍ هَادٍ (٧) اللّهُ يَعْلَمُ مَا تَحْمِلُ كُلُّ أُنثَى وَمَا تَغِيضُ الأَرْحَامُ وَمَا تَزْدَادُ وَكُلُّ
شَيْءٍ عِندَهُ بِمِقْدَارٍ (٨) عَالِمُ الْغَيْبِ وَالشَّهَادَةِ الْكَبِيرُ الْمُتَعَالِ (٩) سَوَاء مِّنكُم مَّنْ
أَسَرَّ الْقَوْلَ وَمَن جَهَرَ بِهِ وَمَنْ هُوَ مُسْتَخْفٍ بِاللَّيْلِ وَسَارِبٌ بِالنَّهَارِ (١٠) لَهُ
مُعَقِّبَاتٌ مِّن بَيْنِ يَدَيْهِ وَمِنْ خَلْفِهِ يَحْفَظُونَهُ مِنْ أَمْرِ اللّهِ إِنَّ اللّهَ لاَ يُغَيِّرُ مَا بِقَوْمٍ
حَتَّى يُغَيِّرُواْ مَا بِأَنْفُسِهِمْ وَإِذَا أَرَادَ اللّهُ بِقَوْمٍ سُوءًا فَلاَ مَرَدَّ لَهُ وَمَا لَهُم مِّن دُونِهِ
مِن وَالٍ (١١) هُوَ الَّذِي يُرِيكُمُ الْبَرْقَ خَوْفًا وَطَمَعًا وَيُنْشِئُ السَّحَابَ
الثِّقَالَ (١٢) وَيُسَبِّحُ الرَّعْدُ بِحَمْدِهِ وَالْمَلاَئِكَةُ مِنْ خِيفَتِهِ وَيُرْسِلُ الصَّوَاعِقَ
فَيُصِيبُ بِهَا مَن يَشَاء وَهُمْ يُجَادِلُونَ فِي اللّهِ وَهُوَ شَدِيدُ الْمِحَالِ (١٣) لَهُ دَعْوَةُ
الْحَقِّ وَالَّذِينَ يَدْعُونَ مِن دُونِهِ لاَ يَسْتَجِيبُونَ لَهُم بِشَيْءٍ إِلاَّ كَبَاسِطِ كَفَّيْهِ إِلَى الْمَاء
لِيَبْلُغَ فَاهُ وَمَا هُوَ بِبَالِغِهِ وَمَا دُعَاء الْكَافِرِينَ إِلاَّ فِي ضَلاَلٍ (١٤) وَلِلّهِ يَسْجُدُ مَن
فِي السَّمَاوَاتِ وَالأَرْضِ طَوْعًا وَكَرْهًا وَظِلالُهُم بِالْغُدُوِّ وَالآصَالِ* (١٥) قُلْ مَن
رَّبُّ السَّمَاوَاتِ وَالأَرْضِ قُلِ اللّهُ قُلْ أَفَاتَّخَذْتُم مِّن دُونِهِ أَوْلِيَاء لاَ يَمْلِكُونَ لِأَنفُسِهِمْ
نَفْعًا وَلاَ ضَرًّا قُلْ هَلْ يَسْتَوِي الأَعْمَى وَالْبَصِيرُ أَمْ هَلْ تَسْتَوِي الظُّلُمَاتُ وَالنُّورُ
أَمْ جَعَلُواْ لِلّهِ شُرَكَاء خَلَقُواْ كَخَلْقِهِ فَتَشَابَهَ الْخَلْقُ عَلَيْهِمْ قُلِ اللّهُ خَالِقُ كُلِّ شَيْءٍ وَهُوَ
الْوَاحِدُ الْقَهَّارُ (١٦) أَنزَلَ مِنَ السَّمَاء مَاء فَسَالَتْ أَوْدِيَةٌ بِقَدَرِهَا فَاحْتَمَلَ السَّيْلُ
زَبَدًا رَّابِيًا وَمِمَّا يُوقِدُونَ عَلَيْهِ فِي النَّارِ ابْتِغَاء حِلْيَةٍ أَوْ مَتَاعٍ زَبَدٌ مِّثْلُهُ كَذَلِكَ
يَضْرِبُ اللّهُ الْحَقَّ وَالْبَاطِلَ فَأَمَّا الزَّبَدُ فَيَذْهَبُ جُفَاء وَأَمَّا مَا يَنفَعُ النَّاسَ فَيَمْكُثُ فِي
الأَرْضِ كَذَلِكَ يَضْرِبُ اللّهُ الأَمْثَالَ (١٧) لِلَّذِينَ اسْتَجَابُواْ لِرَبِّهِمُ الْحُسْنَى وَالَّذِينَ
لَمْ يَسْتَجِيبُواْ لَهُ لَوْ أَنَّ لَهُم مَّا فِي الأَرْضِ جَمِيعًا وَمِثْلَهُ مَعَهُ لاَفْتَدَوْاْ بِهِ أُوْلَئِكَ لَهُمْ
سُوءُ الْحِسَابِ وَمَأْوَاهُمْ جَهَنَّمُ وَبِئْسَ الْمِهَادُ (١٨) أَفَمَن يَعْلَمُ أَنَّمَا أُنزِلَ إِلَيْكَ مِن
رَبِّكَ الْحَقُّ كَمَنْ هُوَ أَعْمَى إِنَّمَا يَتَذَكَّرُ أُوْلُواْ الأَلْبَابِ (١٩) الَّذِينَ يُوفُونَ بِعَهْدِ اللّهِ
وَلاَ يِنقُضُونَ الْمِيثَاقَ (٢٠) وَالَّذِينَ يَصِلُونَ مَا أَمَرَ اللّهُ بِهِ أَن يُوصَلَ وَيَخْشَوْنَ
رَبَّهُمْ وَيَخَافُونَ سُوءَ الحِسَابِ (٢١) وَالَّذِينَ صَبَرُواْ ابْتِغَاء وَجْهِ رَبِّهِمْ وَأَقَامُواْ
الصَّلاَةَ وَأَنفَقُواْ مِمَّا رَزَقْنَاهُمْ سِرًّا وَعَلاَنِيَةً وَيَدْرَؤُونَ بِالْحَسَنَةِ السَّيِّئَةَ أُوْلَئِكَ لَهُمْ
عُقْبَى الدَّارِ (٢٢) جَنَّاتُ عَدْنٍ يَدْخُلُونَهَا وَمَنْ صَلَحَ مِنْ آبَائِهِمْ وَأَزْوَاجِهِمْ
وَذُرِّيَّاتِهِمْ وَالمَلاَئِكَةُ يَدْخُلُونَ عَلَيْهِم مِّن كُلِّ بَابٍ (٢٣) سَلاَمٌ عَلَيْكُم بِمَا صَبَرْتُمْ

فَنِعْمَ عُقْبَى الدَّارِ (٢٤) وَالَّذِينَ يَنقُضُونَ عَهْدَ اللّهِ مِن بَعْدِ مِيثَاقِهِ وَيَقْطَعُونَ مَآ أَمَرَ
اللّهُ بِهِ أَن يُوصَلَ وَيُفْسِدُونَ فِي الأَرْضِ أُوْلَئِكَ لَهُمُ اللَّعْنَةُ وَلَهُمْ سُوءُ
الدَّارِ (٢٥) اللّهُ يَبْسُطُ الرِّزْقَ لِمَنْ يَشَاء وَيَقَدِرُ وَفَرِحُواْ بِالْحَيَاةِ الدُّنْيَا وَمَا الْحَيَاةُ
الدُّنْيَا فِي الآخِرَةِ إِلاَّ مَتَاعٌ (٢٦) وَيَقُولُ الَّذِينَ كَفَرُواْ لَوْلاَ أُنزِلَ عَلَيْهِ آيَةٌ مِّن رَّبِّهِ
قُلْ إِنَّ اللّهَ يُضِلُّ مَن يَشَاء وَيَهْدِي إِلَيْهِ مَنْ أَنَابَ (٢٧) الَّذِينَ آمَنُواْ وَتَطْمَئِنُّ
قُلُوبُهُم بِذِكْرِ اللّهِ أَلاَ بِذِكْرِ اللّهِ تَطْمَئِنُّ الْقُلُوبُ (٢٨) الَّذِينَ آمَنُواْ وَعَمِلُواْ
الصَّالِحَاتِ طُوبَى لَهُمْ وَحُسْنُ مَآبٍ (٢٩) كَذَلِكَ أَرْسَلْنَاكَ فِي أُمَّةٍ قَدْ خَلَتْ مِن
قَبْلِهَا أُمَمٌ لِّتَتْلُوَ عَلَيْهِمُ الَّذِيَ أَوْحَيْنَا إِلَيْكَ وَهُمْ يَكْفُرُونَ بِالرَّحْمَنِ قُلْ هُوَ رَبِّي لا إِلَهَ
إِلاَّ هُوَ عَلَيْهِ تَوَكَّلْتُ وَإِلَيْهِ مَتَابِ (٣٠) وَلَوْ أَنَّ قُرْآنًا سُيِّرَتْ بِهِ الْجِبَالُ أَوْ قُطِّعَتْ
بِهِ الأَرْضُ أَوْ كُلِّمَ بِهِ الْمَوْتَى بَل لِّلّهِ الأَمْرُ جَمِيعًا أَفَلَمْ يَيْأَسِ الَّذِينَ آمَنُواْ أَن لَّوْ
يَشَاء اللّهُ لَهَدَى النَّاسَ جَمِيعًا وَلاَ يَزَالُ الَّذِينَ كَفَرُواْ تُصِيبُهُم بِمَا صَنَعُواْ قَارِعَةٌ أَوْ
تَحُلُّ قَرِيبًا مِّن دَارِهِمْ حَتَّى يَأْتِيَ وَعْدُ اللّهِ إِنَّ اللّهَ لاَ يُخْلِفُ الْمِيعَادَ (٣١) وَلَقَدِ
اسْتُهْزِىءَ بِرُسُلٍ مِّن قَبْلِكَ فَأَمْلَيْتُ لِلَّذِينَ كَفَرُواْ ثُمَّ أَخَذْتُهُمْ فَكَيْفَ كَانَ
عِقَابِ (٣٢) أَفَمَنْ هُوَ قَآئِمٌ عَلَى كُلِّ نَفْسٍ بِمَا كَسَبَتْ وَجَعَلُواْ لِلّهِ شُرَكَاء قُلْ
سَمُّوهُمْ أَمْ تُنَبِّئُونَهُ بِمَا لاَ يَعْلَمُ فِي الأَرْضِ أَم بِظَاهِرٍ مِّنَ الْقَوْلِ بَلْ زُيِّنَ لِلَّذِينَ
كَفَرُواْ مَكْرُهُمْ وَصُدُّواْ عَنِ السَّبِيلِ وَمَن يُضْلِلِ اللّهُ فَمَا لَهُ مِنْ هَادٍ (٣٣) لَّهُمْ
عَذَابٌ فِي الْحَيَاةِ الدُّنْيَا وَلَعَذَابُ الآخِرَةِ أَشَقُّ وَمَا لَهُم مِّنَ اللّهِ مِن وَاقٍ (٣٤) مَّثَلُ
الْجَنَّةِ الَّتِي وُعِدَ الْمُتَّقُونَ تَجْرِي مِن تَحْتِهَا الأَنْهَارُ أُكُلُهَا دَآئِمٌ وِظِلُّهَا تِلْكَ عُقْبَى
الَّذِينَ اتَّقَواْ وَّعُقْبَى الْكَافِرِينَ النَّارُ (٣٥) وَالَّذِينَ آتَيْنَاهُمُ الْكِتَابَ يَفْرَحُونَ بِمَا أُنزِلَ
إِلَيْكَ وَمِنَ الأَحْزَابِ مَن يُنكِرُ بَعْضَهُ قُلْ إِنَّمَا أُمِرْتُ أَنْ أَعْبُدَ اللّهَ وَلا أُشْرِكَ بِهِ
إِلَيْهِ أَدْعُو وَإِلَيْهِ مَآبِ (٣٦) وَكَذَلِكَ أَنزَلْنَاهُ حُكْمًا عَرَبِيًّا وَلَئِنِ اتَّبَعْتَ أَهْوَاءهُم بَعْدَ
مَا جَاءكَ مِنَ الْعِلْمِ مَا لَكَ مِنَ اللّهِ مِن وَلِيٍّ وَلاَ وَاقٍ (٣٧) وَلَقَدْ أَرْسَلْنَا رُسُلاً مِّن
قَبْلِكَ وَجَعَلْنَا لَهُمْ أَزْوَاجًا وَذُرِّيَّةً وَمَا كَانَ لِرَسُولٍ أَن يَأْتِيَ بِآيَةٍ إِلاَّ بِإِذْنِ اللّهِ لِكُلِّ
أَجَلٍ كِتَابٌ (٣٨) يَمْحُو اللّهُ مَا يَشَاء وَيُثْبِتُ وَعِندَهُ أُمُّ الْكِتَابِ (٣٩) وَإِن مَّا نُرِيَنَّكَ
بَعْضَ الَّذِي نَعِدُهُمْ أَوْ نَتَوَفَّيَنَّكَ فَإِنَّمَا عَلَيْكَ الْبَلاَغُ وَعَلَيْنَا الْحِسَابُ (٤٠) أَوَلَمْ
يَرَوْاْ أَنَّا نَأْتِي الأَرْضَ نَنقُصُهَا مِنْ أَطْرَافِهَا وَاللّهُ يَحْكُمُ لاَ مُعَقِّبَ لِحُكْمِهِ وَهُوَ
سَرِيعُ الْحِسَابِ (٤١) وَقَدْ مَكَرَ الَّذِينَ مِن قَبْلِهِمْ فَلِلّهِ الْمَكْرُ جَمِيعًا يَعْلَمُ مَا تَكْسِبُ
كُلُّ نَفْسٍ وَسَيَعْلَمُ الْكُفَّارُ لِمَنْ عُقْبَى الدَّارِ (٤٢) وَيَقُولُ الَّذِينَ كَفَرُواْ لَسْتَ مُرْسَلاً
قُلْ كَفَى بِاللّهِ شَهِيدًا بَيْنِي وَبَيْنَكُمْ وَمَنْ عِندَهُ عِلْمُ الْكِتَابِ (٤٣)

SOURATE IBRAHIM

سورة إبراهيم

الَر كِتَابٌ أَنزَلْنَاهُ إِلَيْكَ لِتُخْرِجَ النَّاسَ مِنَ الظُّلُمَاتِ إِلَى النُّورِ بِإِذْنِ رَبِّهِمْ إِلَى
صِرَاطِ الْعَزِيزِ الْحَمِيدِ (١) اللّهِ الَّذِي لَهُ مَا فِي السَّمَاوَاتِ وَمَا فِي الأَرْضِ وَوَيْلٌ
لِّلْكَافِرِينَ مِنْ عَذَابٍ شَدِيدٍ (٢) الَّذِينَ يَسْتَحِبُّونَ الْحَيَاةَ الدُّنْيَا عَلَى الآخِرَةِ
وَيَصُدُّونَ عَن سَبِيلِ اللّهِ وَيَبْغُونَهَا عِوَجًا أُوْلَئِكَ فِي ضَلاَلٍ بَعِيدٍ (٣) وَمَا أَرْسَلْنَا
مِن رَّسُولٍ إِلاَّ بِلِسَانِ قَوْمِهِ لِيُبَيِّنَ لَهُمْ فَيُضِلُّ اللّهُ مَن يَشَاء وَيَهْدِي مَن يَشَاء وَهُوَ
الْعَزِيزُ الْحَكِيمُ (٤) وَلَقَدْ أَرْسَلْنَا مُوسَى بِآيَاتِنَا أَنْ أَخْرِجْ قَوْمَكَ مِنَ الظُّلُمَاتِ إِلَى
النُّورِ وَذَكِّرْهُمْ بِأَيَّامِ اللّهِ إِنَّ فِي ذَلِكَ لآيَاتٍ لِّكُلِّ صَبَّارٍ شَكُورٍ (٥) وَإِذْ قَالَ مُوسَى
لِقَوْمِهِ اذْكُرُواْ نِعْمَةَ اللّهِ عَلَيْكُمْ إِذْ أَنجَاكُم مِّنْ آلِ فِرْعَوْنَ يَسُومُونَكُمْ سُوءَ الْعَذَابِ
وَيُذَبِّحُونَ أَبْنَاءكُمْ وَيَسْتَحْيُونَ نِسَاءكُمْ وَفِي ذَلِكُم بَلاء مِّن رَّبِّكُمْ عَظِيمٌ (٦) وَإِذْ
تَأَذَّنَ رَبُّكُمْ لَئِن شَكَرْتُمْ لأَزِيدَنَّكُمْ وَلَئِن كَفَرْتُمْ إِنَّ عَذَابِي لَشَدِيدٌ (٧) وَقَالَ مُوسَى
إِن تَكْفُرُواْ أَنتُمْ وَمَن فِي الأَرْضِ جَمِيعًا فَإِنَّ اللّهَ لَغَنِيٌّ حَمِيدٌ (٨) أَلَمْ يَأْتِكُمْ نَبَأُ
الَّذِينَ مِن قَبْلِكُمْ قَوْمِ نُوحٍ وَعَادٍ وَثَمُودَ وَالَّذِينَ مِن بَعْدِهِمْ لاَ يَعْلَمُهُمْ إِلاَّ اللّهُ جَاءتْهُمْ
رُسُلُهُم بِالْبَيِّنَاتِ فَرَدُّواْ أَيْدِيَهُمْ فِي أَفْوَاهِهِمْ وَقَالُواْ إِنَّا كَفَرْنَا بِمَا أُرْسِلْتُم بِهِ وَإِنَّا لَفِي
شَكٍّ مِّمَّا تَدْعُونَنَا إِلَيْهِ مُرِيبٍ (٩) قَالَتْ رُسُلُهُمْ أَفِي اللّهِ شَكٌّ فَاطِرِ السَّمَاوَاتِ
وَالأَرْضِ يَدْعُوكُمْ لِيَغْفِرَ لَكُم مِّن ذُنُوبِكُمْ وَيُؤَخِّرَكُمْ إِلَى أَجَلٍ مُّسَمًّى قَالُواْ إِنْ أَنتُمْ
إِلاَّ بَشَرٌ مِّثْلُنَا تُرِيدُونَ أَن تَصُدُّونَا عَمَّا كَانَ يَعْبُدُ آبَآؤُنَا فَأْتُونَا بِسُلْطَانٍ
مُّبِينٍ (١٠) قَالَتْ لَهُمْ رُسُلُهُمْ إِن نَّحْنُ إِلاَّ بَشَرٌ مِّثْلُكُمْ وَلَكِنَّ اللّهَ يَمُنُّ عَلَى مَن يَشَاء
مِنْ عِبَادِهِ وَمَا كَانَ لَنَا أَن نَّأْتِيَكُم بِسُلْطَانٍ إِلاَّ بِإِذْنِ اللّهِ وَعلَى اللّهِ فَلْيَتَوَكَّلِ
الْمُؤْمِنُونَ (١١) وَمَا لَنَا أَلاَّ نَتَوَكَّلَ عَلَى اللّهِ وَقَدْ هَدَانَا سُبُلَنَا وَلَنَصْبِرَنَّ عَلَى مَا
آذَيْتُمُونَا وَعَلَى اللّهِ فَلْيَتَوَكَّلِ الْمُتَوَكِّلُونَ (١٢) وَقَالَ الَّذِينَ كَفَرُواْ لِرُسُلِهِمْ
لَنُخْرِجَنَّكُم مِّنْ أَرْضِنَا أَوْ لَتَعُودُنَّ فِي مِلَّتِنَا فَأَوْحَى إِلَيْهِمْ رَبُّهُمْ لَنُهْلِكَنَّ
الظَّالِمِينَ (١٣) وَلَنُسْكِنَنَّكُمُ الأَرْضَ مِن بَعْدِهِمْ ذَلِكَ لِمَنْ خَافَ مَقَامِي وَخَافَ
وَعِيدِ (١٤) وَاسْتَفْتَحُواْ وَخَابَ كُلُّ جَبَّارٍ عَنِيدٍ (١٥) مِّن وَرَآئِهِ جَهَنَّمُ وَيُسْقَى مِن
مَّاء صَدِيدٍ (١٦) يَتَجَرَّعُهُ وَلاَ يَكَادُ يُسِيغُهُ وَيَأْتِيهِ الْمَوْتُ مِن كُلِّ مَكَانٍ وَمَا هُوَ
بِمَيِّتٍ وَمِن وَرَآئِهِ عَذَابٌ غَلِيظٌ (١٧) مَّثَلُ الَّذِينَ كَفَرُواْ بِرَبِّهِمْ أَعْمَالُهُمْ كَرَمَادٍ
اشْتَدَّتْ بِهِ الرِّيحُ فِي يَوْمٍ عَاصِفٍ لاَّ يَقْدِرُونَ مِمَّا كَسَبُواْ عَلَى شَيْءٍ ذَلِكَ هُوَ
الضَّلاَلُ الْبَعِيدُ (١٨) أَلَمْ تَرَ أَنَّ اللّهَ خَلَقَ السَّمَاوَاتِ وَالأَرْضَ بِالْحقِّ إِن يَشَأْ
يُذْهِبْكُمْ وَيَأْتِ بِخَلْقٍ جَدِيدٍ (١٩) وَمَا ذَلِكَ عَلَى اللّهِ بِعَزِيزٍ (٢٠) وَبَرَزُواْ لِلّهِ

جَمِيعًا فَقَالَ الضُّعَفَاء لِلَّذِينَ اسْتَكْبَرُواْ إِنَّا كُنَّا لَكُمْ تَبَعًا فَهَلْ أَنتُم مُّغْنُونَ عَنَّا مِنْ
عَذَابِ اللّهِ مِن شَيْءٍ قَالُواْ لَوْ هَدَانَا اللّهُ لَهَدَيْنَاكُمْ سَوَاء عَلَيْنَآ أَجَزِعْنَا أَمْ صَبَرْنَا مَا
لَنَا مِن مَّحِيصٍ (٢١) وَقَالَ الشَّيْطَانُ لَمَّا قُضِيَ الأَمْرُ إِنَّ اللّهَ وَعَدَكُمْ وَعْدَ الْحَقِّ
وَوَعَدتُّكُمْ فَأَخْلَفْتُكُمْ وَمَا كَانَ لِيَ عَلَيْكُم مِّن سُلْطَانٍ إِلاَّ أَن دَعَوْتُكُمْ فَاسْتَجَبْتُمْ لِي
فَلاَ تَلُومُونِي وَلُومُواْ أَنفُسَكُم مَّا أَنَاْ بِمُصْرِخِكُمْ وَمَا أَنتُمْ بِمُصْرِخِيَّ إِنِّي كَفَرْتُ بِمَآ
أَشْرَكْتُمُونِ مِن قَبْلُ إِنَّ الظَّالِمِينَ لَهُمْ عَذَابٌ أَلِيمٌ (٢٢) وَأُدْخِلَ الَّذِينَ آمَنُواْ
وَعَمِلُواْ الصَّالِحَاتِ جَنَّاتٍ تَجْرِي مِن تَحْتِهَا الأَنْهَارُ خَالِدِينَ فِيهَا بِإِذْنِ رَبِّهِمْ
تَحِيَّتُهُمْ فِيهَا سَلاَمٌ (٢٣) أَلَمْ تَرَ كَيْفَ ضَرَبَ اللّهُ مَثَلاً كَلِمَةً طَيِّبَةً كَشَجَرةٍ طَيِّبَةٍ
أَصْلُهَا ثَابِتٌ وَفَرْعُهَا فِي السَّمَاء (٢٤) تُؤْتِي أُكُلَهَا كُلَّ حِينٍ بِإِذْنِ رَبِّهَا وَيَضْرِبُ
اللّهُ الأَمْثَالَ لِلنَّاسِ لَعَلَّهُمْ يَتَذَكَّرُونَ (٢٥) وَمَثلُ كَلِمَةٍ خَبِيثَةٍ كَشَجَرَةٍ خَبِيثَةٍ اجْتُثَّتْ
مِن فَوْقِ الأَرْضِ مَا لَهَا مِن قَرَارٍ (٢٦) يُثَبِّتُ اللّهُ الَّذِينَ آمَنُواْ بِالْقَوْلِ الثَّابِتِ فِي
الْحَيَاةِ الدُّنْيَا وَفِي الآخِرَةِ وَيُضِلُّ اللّهُ الظَّالِمِينَ وَيَفْعَلُ اللّهُ مَا يَشَاء (٢٧) أَلَمْ تَرَ
إِلَى الَّذِينَ بَدَّلُواْ نِعْمَةَ اللّهِ كُفْرًا وَأَحَلُّواْ قَوْمَهُمْ دَارَ الْبَوَارِ (٢٨) جَهَنَّمَ يَصْلَوْنَهَا
وَبِئْسَ الْقَرَارُ (٢٩) وَجَعَلُواْ لِلّهِ أَندَادًا لِّيُضِلُّواْ عَن سَبِيلِهِ قُلْ تَمَتَّعُواْ فَإِنَّ مَصِيرَكُمْ
إِلَى النَّارِ (٣٠) قُل لِّعِبَادِيَ الَّذِينَ آمَنُواْ يُقِيمُواْ الصَّلاَةَ وَيُنفِقُواْ مِمَّا رَزَقْنَاهُمْ سِرًّا
وَعَلانِيَةً مِّن قَبْلِ أَن يَأْتِيَ يَوْمٌ لاَّ بَيْعٌ فِيهِ وَلاَ خِلاَلٌ (٣١) اللّهُ الَّذِي خَلَقَ
السَّمَاوَاتِ وَالأَرْضَ وَأَنزَلَ مِنَ السَّمَاء مَاء فَأَخْرَجَ بِهِ مِنَ الثَّمَرَاتِ رِزْقًا لَّكُمْ
وَسَخَّرَ لَكُمُ الْفُلْكَ لِتَجْرِيَ فِي الْبَحْرِ بِأَمْرِهِ وَسَخَّرَ لَكُمُ الأَنْهَارَ (٣٢) وَسَخَّر لَكُمُ
الشَّمْسَ وَالْقَمَرَ دَآئِبَينَ وَسَخَّرَ لَكُمُ اللَّيْلَ وَالنَّهَارَ (٣٣) وَآتَاكُم مِّن كُلِّ مَا سَأَلْتُمُوهُ
وَإِن تَعُدُّواْ نِعْمَتَ اللّهِ لاَ تُحْصُوهَا إِنَّ الإِنسَانَ لَظَلُومٌ كَفَّارٌ (٣٤) وَإِذْ قَالَ إِبْرَاهِيمُ
رَبِّ اجْعَلْ هَذَا الْبَلَدَ آمِنًا وَاجْنُبْنِي وَبَنِيَّ أَن نَّعْبُدَ الأَصْنَامَ (٣٥) رَبِّ إِنَّهُنَّ أَضْلَلْنَ
كَثِيرًا مِّنَ النَّاسِ فَمَن تَبِعَنِي فَإِنَّهُ مِنِّي وَمَنْ عَصَانِي فَإِنَّكَ غَفُورٌ رَّحِيمٌ (٣٦) رَّبَّنَا
إِنِّي أَسْكَنتُ مِن ذُرِّيَّتِي بِوَادٍ غَيْرِ ذِي زَرْعٍ عِندَ بَيْتِكَ الْمُحَرَّمِ رَبَّنَا لِيُقِيمُواْ
الصَّلاَةَ فَاجْعَلْ أَفْئِدَةً مِّنَ النَّاسِ تَهْوِي إِلَيْهِمْ وَارْزُقْهُم مِّنَ الثَّمَرَاتِ لَعَلَّهُمْ
يَشْكُرُونَ (٣٧) رَبَّنَا إِنَّكَ تَعْلَمُ مَا نُخْفِي وَمَا نُعْلِنُ وَمَا يَخْفَى عَلَى اللّهِ مِن شَيْءٍ
فَي الأَرْضِ وَلاَ فِي السَّمَاء (٣٨) الْحَمْدُ لِلّهِ الَّذِي وَهَبَ لِي عَلَى الْكِبَرِ إِسْمَاعِيلَ
وَإِسْحَقَ إِنَّ رَبِّي لَسَمِيعُ الدُّعَاء (٣٩) رَبِّ اجْعَلْنِي مُقِيمَ الصَّلاَةِ وَمِن ذُرِّيَّتِي رَبَّنَا
وَتَقَبَّلْ دُعَاء (٤٠) رَبَّنَا اغْفِرْ لِي وَلِوَالِدَيَّ وَلِلْمُؤْمِنِينَ يَوْمَ يَقُومُ
الْحِسَابُ (٤١) وَلاَ تَحْسَبَنَّ اللّهَ غَافِلاً عَمَّا يَعْمَلُ الظَّالِمُونَ إِنَّمَا يُؤَخِّرُهُمْ لِيَوْمٍ
تَشْخَصُ فِيهِ الأَبْصَارُ (٤٢) مُهْطِعِينَ مُقْنِعِي رُءُوسِهِمْ لاَ يَرْتَدُّ إِلَيْهِمْ طَرْفُهُمْ
وَأَفْئِدَتُهُمْ هَوَاء (٤٣) وَأَنذِرِ النَّاسَ يَوْمَ يَأْتِيهِمُ الْعَذَابُ فَيَقُولُ الَّذِينَ ظَلَمُواْ رَبَّنَا

أَخِّرْنَا إِلَى أَجَلٍ قَرِيبٍ نُّجِبْ دَعْوَتَكَ وَنَتَّبِعِ الرُّسُلَ أَوَلَمْ تَكُونُواْ أَقْسَمْتُم مِّن قَبْلُ مَا
لَكُم مِّن زَوَالٍ (٤٤) وَسَكَنتُمْ فِي مَسَاكِنِ الَّذِينَ ظَلَمُواْ أَنفُسَهُمْ وَتَبَيَّنَ لَكُمْ كَيْفَ
فَعَلْنَا بِهِمْ وَضَرَبْنَا لَكُمُ الأَمْثَالَ (٤٥) وَقَدْ مَكَرُواْ مَكْرَهُمْ وَعِندَ اللّهِ مَكْرُهُمْ وَإِن
كَانَ مَكْرُهُمْ لِتَزُولَ مِنْهُ الْجِبَالُ (٤٦) فَلاَ تَحْسَبَنَّ اللّهَ مُخْلِفَ وَعْدِهِ رُسُلَهُ إِنَّ اللّهَ
عَزِيزٌ ذُو انْتِقَامٍ (٤٧) يَوْمَ تُبَدَّلُ الأَرْضُ غَيْرَ الأَرْضِ وَالسَّمَاوَاتُ وَبَرَزُواْ للّهِ
الْوَاحِدِ الْقَهَّارِ (٤٨) وَتَرَى الْمُجْرِمِينَ يَوْمَئِذٍ مُّقَرَّنِينَ فِي
الأَصْفَادِ (٤٩) سَرَابِيلُهُم مِّن قَطِرَانٍ وَتَغْشَى وُجُوهَهُمْ النَّارُ (٥٠) لِيَجْزِي اللّهُ
كُلَّ نَفْسٍ مَّا كَسَبَتْ إِنَّ اللّهَ سَرِيعُ الْحِسَابِ (٥١) هَذَا بَلاَغٌ لِّلنَّاسِ وَلِيُنذَرُواْ بِهِ
وَلِيَعْلَمُواْ أَنَّمَا هُوَ إِلَهٌ وَاحِدٌ وَلِيَذَّكَّرَ أُوْلُواْ الأَلْبَابِ (٥٢

SOURATE AL HIJR
سورة الحجر

الَر تِلْكَ آيَاتُ الْكِتَابِ وَقُرْآنٍ مُّبِينٍ (١) رُّبَمَا يَوَدُّ الَّذِينَ كَفَرُواْ لَوْ كَانُواْ
مُسْلِمِينَ (٢) ذَرْهُمْ يَأْكُلُواْ وَيَتَمَتَّعُواْ وَيُلْهِهِمُ الأَمَلُ فَسَوْفَ يَعْلَمُونَ (٣) وَمَا أَهْلَكْنَا
مِن قَرْيَةٍ إِلاَّ وَلَهَا كِتَابٌ مَّعْلُومٌ (٤) مَّا تَسْبِقُ مِنْ أُمَّةٍ أَجَلَهَا وَمَا
يَسْتَأْخِرُونَ (٥) وَقَالُواْ يَا أَيُّهَا الَّذِي نُزِّلَ عَلَيْهِ الذِّكْرُ إِنَّكَ لَمَجْنُونٌ (٦) لَّوْ مَا تَأْتِينَا
بِالْمَلائِكَةِ إِن كُنتَ مِنَ الصَّادِقِينَ (٧) مَا نُنَزِّلُ الْمَلائِكَةَ إِلاَّ بِالحَقِّ وَمَا كَانُواْ إِذًا
مُّنظَرِينَ (٨) إِنَّا نَحْنُ نَزَّلْنَا الذِّكْرَ وَإِنَّا لَهُ لَحَافِظُونَ (٩) وَلَقَدْ أَرْسَلْنَا مِن قَبْلِكَ فِي
شِيَعِ الأَوَّلِينَ (١٠) وَمَا يَأْتِيهِم مِّن رَّسُولٍ إِلاَّ كَانُواْ بِهِ يَسْتَهْزِؤُونَ (١١) كَذَلِكَ
نَسْلُكُهُ فِي قُلُوبِ الْمُجْرِمِينَ (١٢) لاَ يُؤْمِنُونَ بِهِ وَقَدْ خَلَتْ سُنَّةُ
الأَوَّلِينَ (١٣) وَلَوْ فَتَحْنَا عَلَيْهِم بَابًا مِّنَ السَّمَاءِ فَظَلُّواْ فِيهِ يَعْرُجُونَ (١٤) لَقَالُواْ
إِنَّمَا سُكِّرَتْ أَبْصَارُنَا بَلْ نَحْنُ قَوْمٌ مَّسْحُورُونَ (١٥) وَلَقَدْ جَعَلْنَا فِي السَّمَاءِ
بُرُوجًا وَزَيَّنَّاهَا لِلنَّاظِرِينَ (١٦) وَحَفِظْنَاهَا مِن كُلِّ شَيْطَانٍ رَّجِيمٍ (١٧) إِلاَّ مَنِ
اسْتَرَقَ السَّمْعَ فَأَتْبَعَهُ شِهَابٌ مُّبِينٌ (١٨) وَالأَرْضَ مَدَدْنَاهَا وَأَلْقَيْنَا فِيهَا رَوَاسِيَ
وَأَنبَتْنَا فِيهَا مِن كُلِّ شَيْءٍ مَّوْزُونٍ (١٩) وَجَعَلْنَا لَكُمْ فِيهَا مَعَايِشَ وَمَن لَّسْتُمْ لَهُ
بِرَازِقِينَ (٢٠) وَإِن مِّن شَيْءٍ إِلاَّ عِندَنَا خَزَائِنُهُ وَمَا نُنَزِّلُهُ إِلاَّ بِقَدَرٍ
مَّعْلُومٍ (٢١) وَأَرْسَلْنَا الرِّيَاحَ لَوَاقِحَ فَأَنزَلْنَا مِنَ السَّمَاءِ مَاءً فَأَسْقَيْنَاكُمُوهُ وَمَا أَنتُمْ
لَهُ بِخَازِنِينَ (٢٢) وَإِنَّا لَنَحْنُ نُحْيِي وَنُمِيتُ وَنَحْنُ الْوَارِثُونَ (٢٣) وَلَقَدْ عَلِمْنَا
الْمُسْتَقْدِمِينَ مِنكُمْ وَلَقَدْ عَلِمْنَا الْمُسْتَأْخِرِينَ (٢٤) وَإِنَّ رَبَّكَ هُوَ يَحْشُرُهُمْ إِنَّهُ حَكِيمٌ

عَلِيمٌ (٢٥) وَلَقَدْ خَلَقْنَا الإِنسَانَ مِن صَلْصَالٍ مِّنْ حَمَإٍ مَّسْنُونٍ (٢٦) وَالْجَآنَّ
خَلَقْنَاهُ مِن قَبْلُ مِن نَّارِ السَّمُومِ (٢٧) وَإِذْ قَالَ رَبُّكَ لِلْمَلاَئِكَةِ إِنِّي خَالِقٌ بَشَرًا مِّن
صَلْصَالٍ مِّنْ حَمَإٍ مَّسْنُونٍ (٢٨) فَإِذَا سَوَّيْتُهُ وَنَفَخْتُ فِيهِ مِن رُّوحِي فَقَعُواْ لَهُ
سَاجِدِينَ (٢٩) فَسَجَدَ الْمَلآئِكَةُ كُلُّهُمْ أَجْمَعُونَ (٣٠) إِلاَّ إِبْلِيسَ أَبَى أَن يَكُونَ مَعَ
السَّاجِدِينَ (٣١) قَالَ يَا إِبْلِيسُ مَا لَكَ أَلاَّ تَكُونَ مَعَ السَّاجِدِينَ (٣٢) قَالَ لَمْ أَكُن
لِّأَسْجُدَ لِبَشَرٍ خَلَقْتَهُ مِن صَلْصَالٍ مِّنْ حَمَإٍ مَّسْنُونٍ (٣٣) قَالَ فَاخْرُجْ مِنْهَا فَإِنَّكَ
رَجِيمٌ (٣٤) وَإِنَّ عَلَيْكَ اللَّعْنَةَ إِلَى يَوْمِ الدِّينِ (٣٥) قَالَ رَبِّ فَأَنظِرْنِي إِلَى يَوْمِ
يُبْعَثُونَ (٣٦) قَالَ فَإِنَّكَ مِنَ الْمُنظَرِينَ (٣٧) إِلَى يَوْمِ الْوَقْتِ الْمَعْلُومِ (٣٨) قَالَ
رَبِّ بِمَآ أَغْوَيْتَنِي لأُزَيِّنَنَّ لَهُمْ فِي الأَرْضِ وَلأُغْوِيَنَّهُمْ أَجْمَعِينَ (٣٩) إِلاَّ عِبَادَكَ
مِنْهُمُ الْمُخْلَصِينَ (٤٠) قَالَ هَذَا صِرَاطٌ عَلَيَّ مُسْتَقِيمٌ (٤١) إِنَّ عِبَادِي لَيْسَ لَكَ
عَلَيْهِمْ سُلْطَانٌ إِلاَّ مَنِ اتَّبَعَكَ مِنَ الْغَاوِينَ (٤٢) وَإِنَّ جَهَنَّمَ لَمَوْعِدُهُمْ
أَجْمَعِينَ (٤٣) لَهَا سَبْعَةُ أَبْوَابٍ لِّكُلِّ بَابٍ مِّنْهُمْ جُزْءٌ مَّقْسُومٌ (٤٤) إِنَّ الْمُتَّقِينَ فِي
جَنَّاتٍ وَعُيُونٍ (٤٥) ادْخُلُوهَا بِسَلاَمٍ آمِنِينَ (٤٦) وَنَزَعْنَا مَا فِي صُدُورِهِم مِّنْ
غِلٍّ إِخْوَانًا عَلَى سُرُرٍ مُّتَقَابِلِينَ (٤٧) لاَ يَمَسُّهُمْ فِيهَا نَصَبٌ وَمَا هُم مِّنْهَا
بِمُخْرَجِينَ (٤٨) نَبِّئْ عِبَادِي أَنِّي أَنَا الْغَفُورُ الرَّحِيمُ (٤٩) وَ أَنَّ عَذَابِي هُوَ
الْعَذَابُ الأَلِيمَ (٥٠) وَنَبِّئْهُمْ عَن ضَيْفِ إِبْرَاهِيمَ (٥١) إِذْ دَخَلُواْ عَلَيْهِ فَقَالُواْ
سَلامًا قَالَ إِنَّا مِنكُمْ وَجِلُونَ (٥٢) قَالُواْ لاَ تَوْجَلْ إِنَّا نُبَشِّرُكَ بِغُلامٍ
عَلِيمٍ (٥٣) قَالَ أَبَشَّرْتُمُونِي عَلَى أَن مَّسَّنِيَ الْكِبَرُ فَبِمَ تُبَشِّرُونَ (٥٤) قَالُواْ
بَشَّرْنَاكَ بِالْحَقِّ فَلاَ تَكُن مِّنَ الْقَانِطِينَ (٥٥) قَالَ وَمَن يَقْنَطُ مِن رَّحْمَةِ رَبِّهِ إِلاَّ
الضَّآلُّونَ (٥٦) قَالَ فَمَا خَطْبُكُمْ أَيُّهَا الْمُرْسَلُونَ (٥٧) قَالُواْ إِنَّا أُرْسِلْنَا إِلَى قَوْمٍ
مُّجْرِمِينَ (٥٨) إِلاَّ آلَ لُوطٍ إِنَّا لَمُنَجُّوهُمْ أَجْمَعِينَ (٥٩) إِلاَّ امْرَأَتَهُ قَدَّرْنَا إِنَّهَا لَمِنَ
الْغَابِرِينَ (٦٠) فَلَمَّا جَاءَ آلَ لُوطٍ الْمُرْسَلُونَ (٦١) قَالَ إِنَّكُمْ قَوْمٌ
مُّنكَرُونَ (٦٢) قَالُواْ بَلْ جِئْنَاكَ بِمَا كَانُواْ فِيهِ يَمْتَرُونَ (٦٣) وَأَتَيْنَاكَ بِالْحَقِّ وَإِنَّا
لَصَادِقُونَ (٦٤) فَأَسْرِ بِأَهْلِكَ بِقِطْعٍ مِّنَ اللَّيْلِ وَاتَّبِعْ أَدْبَارَهُمْ وَلاَ يَلْتَفِتْ مِنكُمْ أَحَدٌ
وَامْضُواْ حَيْثُ تُؤْمَرُونَ (٦٥) وَقَضَيْنَا إِلَيْهِ ذَلِكَ الأَمْرَ أَنَّ دَابِرَ هَؤُلاء مَقْطُوعٌ
مُّصْبِحِينَ (٦٦) وَجَاء أَهْلُ الْمَدِينَةِ يَسْتَبْشِرُونَ (٦٧) قَالَ إِنَّ هَؤُلاء ضَيْفِي فَلاَ
تَفْضَحُونِ (٦٨) وَاتَّقُوا اللَّهَ وَلاَ تُخْزُونِ (٦٩) قَالُوا أَوَلَمْ نَنْهَكَ عَنِ
الْعَالَمِينَ (٧٠) قَالَ هَؤُلاء بَنَاتِي إِن كُنتُمْ فَاعِلِينَ (٧١) لَعَمْرُكَ إِنَّهُمْ لَفِي سَكْرَتِهِمْ
يَعْمَهُونَ (٧٢) فَأَخَذَتْهُمُ الصَّيْحَةُ مُشْرِقِينَ (٧٣) فَجَعَلْنَا عَالِيَهَا سَافِلَهَا وَأَمْطَرْنَا
عَلَيْهِمْ حِجَارَةً مِّن سِجِّيلٍ (٧٤) إِنَّ فِي ذَلِكَ لآيَاتٍ لِّلْمُتَوَسِّمِينَ (٧٥) وَإِنَّهَا لَبِسَبِيلٍ
مُّقِيمٍ (٧٦) إِنَّ فِي ذَلِكَ لآيَةً لِّلْمُؤْمِنِينَ (٧٧) وَإِن كَانَ أَصْحَابُ الأَيْكَةِ

لَظَالِمِينَ (٧٨) فَانتَقَمْنَا مِنْهُمْ وَإِنَّهُمَا لَبِإِمَامٍ مُّبِينٍ (٧٩) وَلَقَدْ كَذَّبَ أَصْحَابُ
الحِجْرِ الْمُرْسَلِينَ (٨٠) وَآتَيْنَاهُمْ آيَاتِنَا فَكَانُواْ عَنْهَا مُعْرِضِينَ (٨١) وَكَانُواْ
يَنْحِتُونَ مِنَ الْجِبَالِ بُيُوتًا آمِنِينَ (٨٢) فَأَخَذَتْهُمُ الصَّيْحَةُ مُصْبِحِينَ (٨٣) فَمَا
أَغْنَى عَنْهُم مَّا كَانُواْ يَكْسِبُونَ (٨٤) وَمَا خَلَقْنَا السَّمَاوَاتِ وَالأَرْضَ وَمَا بَيْنَهُمَا إِلاَّ
بِالْحَقِّ وَإِنَّ السَّاعَةَ لآتِيَةٌ فَاصْفَحِ الصَّفْحَ الْجَمِيلَ (٨٥) إِنَّ رَبَّكَ هُوَ الْخَلاَّقُ
الْعَلِيمُ (٨٦) وَلَقَدْ آتَيْنَاكَ سَبْعًا مِّنَ الْمَثَانِي وَالْقُرْآنَ الْعَظِيمَ (٨٧) لاَ تَمُدَّنَّ عَيْنَيْكَ
إِلَى مَا مَتَّعْنَا بِهِ أَزْوَاجًا مِّنْهُمْ وَلاَ تَحْزَنْ عَلَيْهِمْ وَاخْفِضْ جَنَاحَكَ
لِلْمُؤْمِنِينَ (٨٨) وَقُلْ إِنِّي أَنَا النَّذِيرُ الْمُبِينُ (٨٩) كَمَا أَنزَلْنَا عَلَى
الْمُقْتَسِمِينَ (٩٠) الَّذِينَ جَعَلُوا الْقُرْآنَ عِضِينَ (٩١) فَوَرَبِّكَ لَنَسْأَلَنَّهُمْ
أَجْمَعِينَ (٩٢) عَمَّا كَانُوا يَعْمَلُونَ (٩٣) فَاصْدَعْ بِمَا تُؤْمَرُ وَأَعْرِضْ عَنِ
الْمُشْرِكِينَ (٩٤) إِنَّا كَفَيْنَاكَ الْمُسْتَهْزِئِينَ (٩٥) الَّذِينَ يَجْعَلُونَ مَعَ اللهِ إِلهًا آخَرَ
فَسَوْفَ يَعْلَمُونَ (٩٦) وَلَقَدْ نَعْلَمُ أَنَّكَ يَضِيقُ صَدْرُكَ بِمَا يَقُولُونَ (٩٧) فَسَبِّحْ
بِحَمْدِ رَبِّكَ وَكُن مِّنَ السَّاجِدِينَ (٩٨) وَاعْبُدْ رَبَّكَ حَتَّى يَأْتِيَكَ الْيَقِينُ (٩٩

SOURATE AN NAHL
سورة النحل

أَتَى أَمْرُ اللهِ فَلاَ تَسْتَعْجِلُوهُ سُبْحَانَهُ وَتَعَالَى عَمَّا يُشْرِكُونَ (١) يُنَزِّلُ الْمَلآئِكَةَ
بِالْرُّوحِ مِنْ أَمْرِهِ عَلَى مَن يَشَاء مِنْ عِبَادِهِ أَنْ أَنذِرُواْ أَنَّهُ لاَ إِلَهَ إِلاَّ أَنَاْ
فَاتَّقُونِ (٢) خَلَقَ السَّمَاوَاتِ وَالأَرْضَ بِالْحَقِّ تَعَالَى عَمَّا يُشْرِكُونَ (٣) خَلَقَ
الإِنسَانَ مِن نُّطْفَةٍ فَإِذَا هُوَ خَصِيمٌ مُّبِينٌ (٤) وَالأَنْعَامَ خَلَقَهَا لَكُمْ فِيهَا دِفْءٌ وَمَنَافِعُ
وَمِنْهَا تَأْكُلُونَ (٥) وَلَكُمْ فِيهَا جَمَالٌ حِينَ تُرِيحُونَ وَحِينَ تَسْرَحُونَ (٦) وَتَحْمِلُ
أَثْقَالَكُمْ إِلَى بَلَدٍ لَّمْ تَكُونُواْ بَالِغِيهِ إِلاَّ بِشِقِّ الأَنفُسِ إِنَّ رَبَّكُمْ لَرَؤُوفٌ
رَّحِيمٌ (٧) وَالْخَيْلَ وَالْبِغَالَ وَالْحَمِيرَ لِتَرْكَبُوهَا وَزِينَةً وَيَخْلُقُ مَا لاَ
تَعْلَمُونَ (٨) وَعَلَى اللهِ قَصْدُ السَّبِيلِ وَمِنْهَا جَآئِرٌ وَلَوْ شَاء لَهَدَاكُمْ
أَجْمَعِينَ (٩) هُوَ الَّذِي أَنزَلَ مِنَ السَّمَاء مَاء لَّكُم مِّنْهُ شَرَابٌ وَمِنْهُ شَجَرٌ فِيهِ
تُسِيمُونَ (١٠) يُنبِتُ لَكُم بِهِ الزَّرْعَ وَالزَّيْتُونَ وَالنَّخِيلَ وَالأَعْنَابَ وَمِن كُلِّ
الثَّمَرَاتِ إِنَّ فِي ذَلِكَ لآيَةً لِّقَوْمٍ يَتَفَكَّرُونَ (١١) وَسَخَّرَ لَكُمُ اللَّيْلَ وَالْنَّهَارَ وَالشَّمْسَ
وَالْقَمَرَ وَالْنُّجُومُ مُسَخَّرَاتٌ بِأَمْرِهِ إِنَّ فِي ذَلِكَ لآيَاتٍ لِّقَوْمٍ يَعْقِلُونَ (١٢) وَمَا ذَرَأَ

لَكُمْ فِي الأَرْضِ مُخْتَلِفًا أَلْوَانُهُ إِنَّ فِي ذَلِكَ لآيَةً لِّقَوْمٍ يَذَّكَّرُونَ (١٣) وَهُوَ الَّذِي
سَخَّرَ الْبَحْرَ لِتَأْكُلُواْ مِنْهُ لَحْمًا طَرِيًّا وَتَسْتَخْرِجُواْ مِنْهُ حِلْيَةً تَلْبَسُونَهَا وَتَرَى الْفُلْكَ
مَوَاخِرَ فِيهِ وَلِتَبْتَغُواْ مِن فَضْلِهِ وَلَعَلَّكُمْ تَشْكُرُونَ (١٤) وَأَلْقَى فِي الأَرْضِ
رَوَاسِيَ أَن تَمِيدَ بِكُمْ وَأَنْهَارًا وَسُبُلاً لَّعَلَّكُمْ تَهْتَدُونَ (١٥) وَعَلامَاتٍ وَبِالنَّجْمِ هُمْ
يَهْتَدُونَ (١٦) أَفَمَن يَخْلُقُ كَمَن لاَّ يَخْلُقُ أَفَلا تَذَكَّرُونَ (١٧) وَإِن تَعُدُّواْ نِعْمَةَ اللّهِ
لاَ تُحْصُوهَا إِنَّ اللّهَ لَغَفُورٌ رَّحِيمٌ (١٨) وَاللّهُ يَعْلَمُ مَا تُسِرُّونَ وَمَا
تُعْلِنُونَ (١٩) وَالَّذِينَ يَدْعُونَ مِن دُونِ اللّهِ لاَ يَخْلُقُونَ شَيْئًا وَهُمْ
يُخْلَقُونَ (٢٠) أَمْوَاتٌ غَيْرُ أَحْيَاء وَمَا يَشْعُرُونَ أَيَّانَ يُبْعَثُونَ (٢١) إِلَهُكُمْ إِلَهٌ
وَاحِدٌ فَالَّذِينَ لاَ يُؤْمِنُونَ بِالآخِرَةِ قُلُوبُهُم مُّنكِرَةٌ وَهُم مُّسْتَكْبِرُونَ (٢٢) لاَ جَرَمَ أَنَّ
اللّهَ يَعْلَمُ مَا يُسِرُّونَ وَمَا يُعْلِنُونَ إِنَّهُ لاَ يُحِبُّ الْمُسْتَكْبِرِينَ (٢٣) وَإِذَا قِيلَ لَهُم مَّاذَا
أَنزَلَ رَبُّكُمْ قَالُواْ أَسَاطِيرُ الأَوَّلِينَ (٢٤) لِيَحْمِلُواْ أَوْزَارَهُمْ كَامِلَةً يَوْمَ الْقِيَامَةِ وَمِنْ
أَوْزَارِ الَّذِينَ يُضِلُّونَهُم بِغَيْرِ عِلْمٍ أَلاَ سَاء مَا يَزِرُونَ (٢٥) قَدْ مَكَرَ الَّذِينَ مِن
قَبْلِهِمْ فَأَتَى اللّهُ بُنْيَانَهُم مِّنَ الْقَوَاعِدِ فَخَرَّ عَلَيْهِمُ السَّقْفُ مِن فَوْقِهِمْ وَأَتَاهُمُ الْعَذَابُ
مِنْ حَيْثُ لاَ يَشْعُرُونَ (٢٦) ثُمَّ يَوْمَ الْقِيَامَةِ يُخْزِيهِمْ وَيَقُولُ أَيْنَ شُرَكَآئِيَ الَّذِينَ
كُنتُمْ تُشَاقُّونَ فِيهِمْ قَالَ الَّذِينَ أُوتُواْ الْعِلْمَ إِنَّ الْخِزْيَ الْيَوْمَ وَالْسُّوءَ عَلَى
الْكَافِرِينَ (٢٧) الَّذِينَ تَتَوَفَّاهُمُ الْمَلائِكَةُ ظَالِمِي أَنفُسِهِمْ فَأَلْقَوُاْ السَّلَمَ مَا كُنَّا نَعْمَلُ
مِن سُوءٍ بَلَى إِنَّ اللّهَ عَلِيمٌ بِمَا كُنتُمْ تَعْمَلُونَ (٢٨) فَادْخُلُواْ أَبْوَابَ جَهَنَّمَ خَالِدِينَ
فِيهَا فَلَبِئْسَ مَثْوَى الْمُتَكَبِّرِينَ (٢٩) وَقِيلَ لِلَّذِينَ اتَّقَوْاْ مَاذَا أَنزَلَ رَبُّكُمْ قَالُواْ خَيْرًا
لِّلَّذِينَ أَحْسَنُواْ فِي هَذِهِ الدُّنْيَا حَسَنَةٌ وَلَدَارُ الآخِرَةِ خَيْرٌ وَلَنِعْمَ دَارُ
الْمُتَّقِينَ (٣٠) جَنَّاتُ عَدْنٍ يَدْخُلُونَهَا تَجْرِي مِن تَحْتِهَا الأَنْهَارُ لَهُمْ فِيهَا مَا
يَشَآؤُونَ كَذَلِكَ يَجْزِي اللّهُ الْمُتَّقِينَ (٣١) الَّذِينَ تَتَوَفَّاهُمُ الْمَلآئِكَةُ طَيِّبِينَ يَقُولُونَ
سَلامٌ عَلَيْكُمُ ادْخُلُواْ الْجَنَّةَ بِمَا كُنتُمْ تَعْمَلُونَ (٣٢) هَلْ يَنظُرُونَ إِلاَّ أَن تَأْتِيَهُمُ
الْمَلائِكَةُ أَوْ يَأْتِيَ أَمْرُ رَبِّكَ كَذَلِكَ فَعَلَ الَّذِينَ مِن قَبْلِهِمْ وَمَا ظَلَمَهُمُ اللّهُ وَلَكِن كَانُواْ
أَنفُسَهُمْ يَظْلِمُونَ (٣٣) فَأَصَابَهُمْ سَيِّئَاتُ مَا عَمِلُواْ وَحَاقَ بِهِم مَّا كَانُواْ بِهِ
يَسْتَهْزِؤُونَ (٣٤) وَقَالَ الَّذِينَ أَشْرَكُواْ لَوْ شَاء اللّهُ مَا عَبَدْنَا مِن دُونِهِ مِن شَيْءٍ
نَّحْنُ وَلا آبَاؤُنَا وَلاَ حَرَّمْنَا مِن دُونِهِ مِن شَيْءٍ كَذَلِكَ فَعَلَ الَّذِينَ مِن قَبْلِهِمْ فَهَلْ
عَلَى الرُّسُلِ إِلاَّ الْبَلاغُ الْمُبِينُ (٣٥) وَلَقَدْ بَعَثْنَا فِي كُلِّ أُمَّةٍ رَّسُولاً أَنِ اعْبُدُواْ اللّهَ
وَاجْتَنِبُواْ الطَّاغُوتَ فَمِنْهُم مَّنْ هَدَى اللّهُ وَمِنْهُم مَّنْ حَقَّتْ عَلَيْهِ الضَّلالَةُ فَسِيرُواْ
فِي الأَرْضِ فَانظُرُواْ كَيْفَ كَانَ عَاقِبَةُ الْمُكَذِّبِينَ (٣٦) إِن تَحْرِصْ عَلَى هُدَاهُمْ
فَإِنَّ اللّهَ لاَ يَهْدِي مَن يُضِلُّ وَمَا لَهُم مِّن نَّاصِرِينَ (٣٧) وَأَقْسَمُواْ بِاللّهِ جَهْدَ أَيْمَانِهِمْ
لاَ يَبْعَثُ اللّهُ مَن يَمُوتُ بَلَى وَعْدًا عَلَيْهِ حَقًّا وَلَكِنَّ أَكْثَرَ النَّاسِ لاَ

يَعْلَمُونَ (٣٨) لِيُبَيِّنَ لَهُمُ الَّذِي يَخْتَلِفُونَ فِيهِ وَلِيَعْلَمَ الَّذِينَ كَفَرُواْ أَنَّهُمْ كَانُواْ
كَاذِبِينَ (٣٩) إِنَّمَا قَوْلُنَا لِشَيْءٍ إِذَا أَرَدْنَاهُ أَن نَّقُولَ لَهُ كُن فَيَكُونُ (٤٠) وَالَّذِينَ
هَاجَرُواْ فِي اللّهِ مِن بَعْدِ مَا ظُلِمُواْ لَنُبَوِّئَنَّهُمْ فِي الدُّنْيَا حَسَنَةً وَلَأَجْرُ الآخِرَةِ أَكْبَرُ
لَوْ كَانُواْ يَعْلَمُونَ (٤١) الَّذِينَ صَبَرُواْ وَعَلَى رَبِّهِمْ يَتَوَكَّلُونَ (٤٢) وَمَا أَرْسَلْنَا مِن
قَبْلِكَ إِلاَّ رِجَالاً نُّوحِي إِلَيْهِمْ فَاسْأَلُواْ أَهْلَ الذِّكْرِ إِن كُنتُمْ لاَ تَعْلَمُونَ (٤٣) بِالْبَيِّنَاتِ
وَالزُّبُرِ وَأَنزَلْنَا إِلَيْكَ الذِّكْرَ لِتُبَيِّنَ لِلنَّاسِ مَا نُزِّلَ إِلَيْهِمْ وَلَعَلَّهُمْ
يَتَفَكَّرُونَ (٤٤) أَفَأَمِنَ الَّذِينَ مَكَرُواْ السَّيِّئَاتِ أَن يَخْسِفَ اللّهُ بِهِمُ الأَرْضَ أَوْ يَأْتِيَهُمُ
الْعَذَابُ مِنْ حَيْثُ لاَ يَشْعُرُونَ (٤٥) أَوْ يَأْخُذَهُمْ فِي تَقَلُّبِهِمْ فَمَا هُم
بِمُعْجِزِينَ (٤٦) أَوْ يَأْخُذَهُمْ عَلَى تَخَوُّفٍ فَإِنَّ رَبَّكُمْ لَرؤُوفٌ رَّحِيمٌ (٤٧) أَوَ لَمْ
يَرَوْاْ إِلَى مَا خَلَقَ اللّهُ مِن شَيْءٍ يَتَفَيَّأُ ظِلاَلُهُ عَنِ الْيَمِينِ وَالْشَّمَآئِلِ سُجَّدًا لِلّهِ وَهُمْ
دَاخِرُونَ (٤٨) وَلِلّهِ يَسْجُدُ مَا فِي السَّمَاوَاتِ وَمَا فِي الأَرْضِ مِن دَآبَّةٍ وَالْمَلآئِكَةُ
وَهُمْ لاَ يَسْتَكْبِرُونَ (٤٩) يَخَافُونَ رَبَّهُم مِّن فَوْقِهِمْ وَيَفْعَلُونَ مَا
يُؤْمَرُونَ* (٥٠) وَقَالَ اللّهُ لاَ تَتَّخِذُواْ إِلهَيْنِ اثْنَيْنِ إِنَّمَا هُوَ إِلهٌ وَاحِدٌ فَإيَّايَ
فَارْهَبُونِ (٥١) وَلَهُ مَا فِي الْسَّمَاوَاتِ وَالأَرْضِ وَلَهُ الدِّينُ وَاصِبًا أَفَغَيْرَ اللّهِ
تَتَّقُونَ (٥٢) وَمَا بِكُم مِّن نِّعْمَةٍ فَمِنَ اللّهِ ثُمَّ إِذَا مَسَّكُمُ الضُّرُّ فَإِلَيْهِ
تَجْأَرُونَ (٥٣) ثُمَّ إِذَا كَشَفَ الضُّرَّ عَنكُمْ إِذَا فَرِيقٌ مِّنكُم بِرَبِّهِمْ
يُشْرِكُونَ (٥٤) لِيَكْفُرُواْ بِمَا آتَيْنَاهُمْ فَتَمَتَّعُواْ فَسَوْفَ تَعْلَمُونَ (٥٥) وَيَجْعَلُونَ لِمَا
لاَ يَعْلَمُونَ نَصِيبًا مِّمَّا رَزَقْنَاهُمْ تَاللّهِ لَتُسْأَلُنَّ عَمَّا كُنتُمْ تَفْتَرُونَ (٥٦) وَيَجْعَلُونَ لِلّهِ
الْبَنَاتِ سُبْحَانَهُ وَلَهُم مَّا يَشْتَهُونَ (٥٧) وَإِذَا بُشِّرَ أَحَدُهُمْ بِالأُنثَى ظَلَّ وَجْهُهُ
مُسْوَدًّا وَهُوَ كَظِيمٌ (٥٨) يَتَوَارَى مِنَ الْقَوْمِ مِن سُوءِ مَا بُشِّرَ بِهِ أَيُمْسِكُهُ عَلَى
هُونٍ أَمْ يَدُسُّهُ فِي التُّرَابِ أَلاَ سَاء مَا يَحْكُمُونَ (٥٩) لِلَّذِينَ لاَ يُؤْمِنُونَ بِالآخِرَةِ
مَثَلُ السَّوْءِ وَلِلّهِ الْمَثَلُ الأَعْلَىَ وَهُوَ الْعَزِيزُ الْحَكِيمُ (٦٠) وَلَوْ يُؤَاخِذُ اللّهُ النَّاسَ
بِظُلْمِهِم مَّا تَرَكَ عَلَيْهَا مِن دَآبَّةٍ وَلَكِن يُؤَخِّرُهُمْ إلَى أَجَلٍ مُّسَمًّى فَإِذَا جَاء أَجَلُهُمْ لاَ
يَسْتَأْخِرُونَ سَاعَةً وَلاَ يَسْتَقْدِمُونَ (٦١) وَيَجْعَلُونَ لِلّهِ مَا يَكْرَهُونَ وَتَصِفُ أَلْسِنَتُهُمُ
الْكَذِبَ أَنَّ لَهُمُ الْحُسْنَى لاَ جَرَمَ أَنَّ لَهُمُ الْنَّارَ وَأَنَّهُم مُّفْرَطُونَ (٦٢) تَاللّهِ لَقَدْ أَرْسَلْنَا
إِلَى أُمَمٍ مِّن قَبْلِكَ فَزَيَّنَ لَهُمُ الشَّيْطَانُ أَعْمَالَهُمْ فَهُوَ وَلِيُّهُمُ الْيَوْمَ وَلَهُمْ عَذَابٌ
أَلِيمٌ (٦٣) وَمَا أَنزَلْنَا عَلَيْكَ الْكِتَابَ إِلاَّ لِتُبَيِّنَ لَهُمُ الَّذِي اخْتَلَفُواْ فِيهِ وَهُدًى وَرَحْمَةً
لِّقَوْمٍ يُؤْمِنُونَ (٦٤) وَاللّهُ أَنزَلَ مِنَ الْسَّمَاء مَاء فَأَحْيَا بِهِ الأَرْضَ بَعْدَ مَوْتِهَا إِنَّ فِي
ذَلِكَ لآيَةً لِّقَوْمٍ يَسْمَعُونَ (٦٥) وَإِنَّ لَكُمْ فِي الأَنْعَامِ لَعِبْرَةً نُّسْقِيكُم مِّمَّا فِي بُطُونِهِ
مِن بَيْنِ فَرْثٍ وَدَمٍ لَّبَنًا خَالِصًا سَآئِغًا لِلشَّارِبِينَ (٦٦) وَمِن ثَمَرَاتِ النَّخِيلِ
وَالأَعْنَابِ تَتَّخِذُونَ مِنْهُ سَكَرًا وَرِزْقًا حَسَنًا إِنَّ فِي ذَلِكَ لآيَةً لِّقَوْمٍ

يَعْقِلُونَ (٦٧) وَأَوْحَى رَبُّكَ إِلَى النَّحْلِ أَنِ اتَّخِذِي مِنَ الْجِبَالِ بُيُوتًا وَمِنَ الشَّجَرِ
وَمِمَّا يَعْرِشُونَ (٦٨) ثُمَّ كُلِي مِن كُلِّ الثَّمَرَاتِ فَاسْلُكِي سُبُلَ رَبِّكِ ذُلُلاً يَخْرُجُ مِن
بُطُونِهَا شَرَابٌ مُّخْتَلِفٌ أَلْوَانُهُ فِيهِ شِفَاء لِلنَّاسِ إِنَّ فِي ذَلِكَ لآيَةً لِّقَوْمٍ
يَتَفَكَّرُونَ (٦٩) وَاللّهُ خَلَقَكُمْ ثُمَّ يَتَوَفَّاكُمْ وَمِنكُم مَّن يُرَدُّ إِلَى أَرْذَلِ الْعُمُرِ لِكَيْ لاَ
يَعْلَمَ بَعْدَ عِلْمٍ شَيْئًا إِنَّ اللّهَ عَلِيمٌ قَدِيرٌ (٧٠) وَاللّهُ فَضَّلَ بَعْضَكُمْ عَلَى بَعْضٍ فِي
الْرِّزْقِ فَمَا الَّذِينَ فُضِّلُواْ بِرَآدِّي رِزْقِهِمْ عَلَى مَا مَلَكَتْ أَيْمَانُهُمْ فَهُمْ فِيهِ سَوَاء
أَفَبِنِعْمَةِ اللّهِ يَجْحَدُونَ (٧١) وَاللّهُ جَعَلَ لَكُم مِّنْ أَنفُسِكُمْ أَزْوَاجًا وَجَعَلَ لَكُم مِّنْ
أَزْوَاجِكُم بَنِينَ وَحَفَدَةً وَرَزَقَكُم مِّنَ الطَّيِّبَاتِ أَفَبِالْبَاطِلِ يُؤْمِنُونَ وَبِنِعْمَتِ اللّهِ هُمْ
يَكْفُرُونَ (٧٢) وَيَعْبُدُونَ مِن دُونِ اللّهِ مَا لاَ يَمْلِكُ لَهُمْ رِزْقًا مِّنَ السَّمَاوَاتِ
وَالأَرْضِ شَيْئًا وَلاَ يَسْتَطِيعُونَ (٧٣) فَلاَ تَضْرِبُواْ لِلّهِ الأَمْثَالَ إِنَّ اللّهَ يَعْلَمُ وَأَنتُمْ لاَ
تَعْلَمُونَ (٧٤) ضَرَبَ اللّهُ مَثَلاً عَبْدًا مَّمْلُوكًا لاَّ يَقْدِرُ عَلَى شَيْءٍ وَمَن رَّزَقْنَاهُ مِنَّا
رِزْقًا حَسَنًا فَهُوَ يُنفِقُ مِنْهُ سِرًّا وَجَهْرًا هَلْ يَسْتَوُونَ الْحَمْدُ لِلّهِ بَلْ أَكْثَرُهُمْ لاَ
يَعْلَمُونَ (٧٥) وَضَرَبَ اللّهُ مَثَلاً رَّجُلَيْنِ أَحَدُهُمَا أَبْكَمُ لاَ يَقْدِرُ عَلَىَ شَيْءٍ وَهُوَ كَلٌّ
عَلَى مَوْلاهُ أَيْنَمَا يُوَجِّههُّ لاَ يَأْتِ بِخَيْرٍ هَلْ يَسْتَوِي هُوَ وَمَن يَأْمُرُ بِالْعَدْلِ وَهُوَ
عَلَى صِرَاطٍ مُّسْتَقِيمٍ (٧٦) وَلِلّهِ غَيْبُ السَّمَاوَاتِ وَالأَرْضِ وَمَا أَمْرُ السَّاعَةِ إِلاَّ
كَلَمْحِ الْبَصَرِ أَوْ هُوَ أَقْرَبُ إِنَّ اللّهَ عَلَى كُلِّ شَيْءٍ قَدِيرٌ (٧٧) وَاللّهُ أَخْرَجَكُم مِّن
بُطُونِ أُمَّهَاتِكُمْ لاَ تَعْلَمُونَ شَيْئًا وَجَعَلَ لَكُمُ الْسَّمْعَ وَالأَبْصَارَ وَالأَفْئِدَةَ لَعَلَّكُمْ
تَشْكُرُونَ (٧٨) أَلَمْ يَرَوْاْ إِلَى الطَّيْرِ مُسَخَّرَاتٍ فِي جَوِّ السَّمَاء مَا يُمْسِكُهُنَّ إِلاَّ اللّهُ
إِنَّ فِي ذَلِكَ لَآيَاتٍ لِّقَوْمٍ يُؤْمِنُونَ (٧٩) وَاللّهُ جَعَلَ لَكُم مِّن بُيُوتِكُمْ سَكَنًا وَجَعَلَ لَكُم
مِّن جُلُودِ الأَنْعَامِ بُيُوتًا تَسْتَخِفُّونَهَا يَوْمَ ظَعْنِكُمْ وَيَوْمَ إِقَامَتِكُمْ وَمِنْ أَصْوَافِهَا
وَأَوْبَارِهَا وَأَشْعَارِهَا أَثَاثًا وَمَتَاعًا إِلَى حِينٍ (٨٠) وَاللّهُ جَعَلَ لَكُم مِّمَّا خَلَقَ ظِلاَلاً
وَجَعَلَ لَكُم مِّنَ الْجِبَالِ أَكْنَانًا وَجَعَلَ لَكُمْ سَرَابِيلَ تَقِيكُمُ الْحَرَّ وَسَرَابِيلَ تَقِيكُم بَأْسَكُمْ
كَذَلِكَ يُتِمُّ نِعْمَتَهُ عَلَيْكُمْ لَعَلَّكُمْ تُسْلِمُونَ (٨١) فَإِن تَوَلَّوْاْ فَإِنَّمَا عَلَيْكَ الْبَلاَغُ
الْمُبِينُ (٨٢) يَعْرِفُونَ نِعْمَتَ اللّهِ ثُمَّ يُنكِرُونَهَا وَأَكْثَرُهُمُ الْكَافِرُونَ (٨٣) وَيَوْمَ
نَبْعَثُ مِن كُلِّ أُمَّةٍ شَهِيدًا ثُمَّ لاَ يُؤْذَنُ لِلَّذِينَ كَفَرُواْ وَلاَ هُمْ يُسْتَعْتَبُونَ (٨٤) وَإِذَا
رَأى الَّذِينَ ظَلَمُواْ الْعَذَابَ فَلاَ يُخَفَّفُ عَنْهُمْ وَلاَ هُمْ يُنظَرُونَ (٨٥) وَإِذَا رَأى
الَّذِينَ أَشْرَكُواْ شُرَكَاءهُمْ قَالُواْ رَبَّنَا هَؤُلاء شُرَكَآؤُنَا الَّذِينَ كُنَّا نَدْعُوْ مِن دُونِكَ
فَأَلْقَوْا إِلَيْهِمُ الْقَوْلَ إِنَّكُمْ لَكَاذِبُونَ (٨٦) وَأَلْقَوْاْ إِلَى اللّهِ يَوْمَئِذٍ السَّلَمَ وَضَلَّ عَنْهُم مَّا
كَانُواْ يَفْتَرُونَ (٨٧) الَّذِينَ كَفَرُواْ وَصَدُّواْ عَن سَبِيلِ اللّهِ زِدْنَاهُمْ عَذَابًا فَوْقَ
الْعَذَابِ بِمَا كَانُواْ يُفْسِدُونَ (٨٨) وَيَوْمَ نَبْعَثُ فِي كُلِّ أُمَّةٍ شَهِيدًا عَلَيْهِم مِّنْ أَنفُسِهِمْ
وَجِئْنَا بِكَ شَهِيدًا عَلَى هَؤُلاء وَنَزَّلْنَا عَلَيْكَ الْكِتَابَ تِبْيَانًا لِّكُلِّ شَيْءٍ وَهُدًى وَرَحْمَةً

وَبُشْرَى لِلْمُسْلِمِينَ (٨٩) إِنَّ اللّهَ يَأْمُرُ بِالْعَدْلِ وَالإِحْسَانِ وَإِيتَاء ذِي الْقُرْبَى وَيَنْهَى
عَنِ الْفَحْشَاء وَالْمُنكَرِ وَالْبَغْيِ يَعِظُكُمْ لَعَلَّكُمْ تَذَكَّرُونَ (٩٠) وَأَوْفُواْ بِعَهْدِ اللّهِ إِذَا
عَاهَدتُّمْ وَلاَ تَنقُضُواْ الأَيْمَانَ بَعْدَ تَوْكِيدِهَا وَقَدْ جَعَلْتُمُ اللّهَ عَلَيْكُمْ كَفِيلاً إِنَّ اللّهَ يَعْلَمُ
مَا تَفْعَلُونَ (٩١) وَلاَ تَكُونُواْ كَالَّتِي نَقَضَتْ غَزْلَهَا مِن بَعْدِ قُوَّةٍ أَنكَاثًا تَتَّخِذُونَ
أَيْمَانَكُمْ دَخَلاً بَيْنَكُمْ أَن تَكُونَ أُمَّةٌ هِيَ أَرْبَى مِنْ أُمَّةٍ إِنَّمَا يَبْلُوكُمُ اللّهُ بِهِ وَلَيُبَيِّنَنَّ لَكُمْ
يَوْمَ الْقِيَامَةِ مَا كُنتُمْ فِيهِ تَخْتَلِفُونَ (٩٢) وَلَوْ شَاء اللّهُ لَجَعَلَكُمْ أُمَّةً وَاحِدَةً وَلكِن
يُضِلُّ مَن يَشَاء وَيَهْدِي مَن يَشَاء وَلَتُسْأَلُنَّ عَمَّا كُنتُمْ تَعْمَلُونَ (٩٣) وَلاَ تَتَّخِذُواْ
أَيْمَانَكُمْ دَخَلاً بَيْنَكُمْ فَتَزِلَّ قَدَمٌ بَعْدَ ثُبُوتِهَا وَتَذُوقُواْ الْسُّوءَ بِمَا صَدَدتُّمْ عَن سَبِيلِ اللّهِ
وَلَكُمْ عَذَابٌ عَظِيمٌ (٩٤) وَلاَ تَشْتَرُواْ بِعَهْدِ اللّهِ ثَمَنًا قَلِيلاً إِنَّمَا عِنْدَ اللّهِ هُوَ خَيْرٌ لَّكُمْ
إِن كُنتُمْ تَعْلَمُونَ (٩٥) مَا عِندَكُمْ يَنفَدُ وَمَا عِندَ اللّهِ بَاقٍ وَلَنَجْزِيَنَّ الَّذِينَ صَبَرُواْ
أَجْرَهُم بِأَحْسَنِ مَا كَانُواْ يَعْمَلُونَ (٩٦) مَنْ عَمِلَ صَالِحًا مِّن ذَكَرٍ أَوْ أُنثَى وَهُوَ
مُؤْمِنٌ فَلَنُحْيِيَنَّهُ حَيَاةً طَيِّبَةً وَلَنَجْزِيَنَّهُمْ أَجْرَهُم بِأَحْسَنِ مَا كَانُواْ يَعْمَلُونَ (٩٧) فَإِذَا
قَرَأْتَ الْقُرْآنَ فَاسْتَعِذْ بِاللّهِ مِنَ الشَّيْطَانِ الرَّجِيمِ (٩٨) إِنَّهُ لَيْسَ لَهُ سُلْطَانٌ عَلَى
الَّذِينَ آمَنُواْ وَعَلَى رَبِّهِمْ يَتَوَكَّلُونَ (٩٩) إِنَّمَا سُلْطَانُهُ عَلَى الَّذِينَ يَتَوَلَّوْنَهُ وَالَّذِينَ
هُم بِهِ مُشْرِكُونَ (١٠٠) وَإِذَا بَدَّلْنَا آيَةً مَّكَانَ آيَةٍ وَاللّهُ أَعْلَمُ بِمَا يُنَزِّلُ قَالُواْ إِنَّمَا
أَنتَ مُفْتَرٍ بَلْ أَكْثَرُهُمْ لاَ يَعْلَمُونَ (١٠١) قُلْ نَزَّلَهُ رُوحُ الْقُدُسِ مِن رَّبِّكَ بِالْحَقِّ
لِيُثَبِّتَ الَّذِينَ آمَنُواْ وَهُدًى وَبُشْرَى لِلْمُسْلِمِينَ (١٠٢) وَلَقَدْ نَعْلَمُ أَنَّهُمْ يَقُولُونَ إِنَّمَا
يُعَلِّمُهُ بَشَرٌ لِّسَانُ الَّذِي يُلْحِدُونَ إِلَيْهِ أَعْجَمِيٌّ وَهَذَا لِسَانٌ عَرَبِيٌّ مُّبِينٌ (١٠٣) إِنَّ
الَّذِينَ لاَ يُؤْمِنُونَ بِآيَاتِ اللّهِ لاَ يَهْدِيهِمُ اللّهُ وَلَهُمْ عَذَابٌ أَلِيمٌ (١٠٤) إِنَّمَا يَفْتَرِي
الْكَذِبَ الَّذِينَ لاَ يُؤْمِنُونَ بِآيَاتِ اللّهِ وَأُوْلئِكَ هُمُ الْكَاذِبُونَ (١٠٥) مَن كَفَرَ بِاللّهِ مِن
بَعْدِ إيمَانِهِ إِلاَّ مَنْ أُكْرِهَ وَقَلْبُهُ مُطْمَئِنٌّ بِالإِيمَانِ وَلَكِن مَّن شَرَحَ بِالْكُفْرِ صَدْرًا
فَعَلَيْهِمْ غَضَبٌ مِّنَ اللّهِ وَلَهُمْ عَذَابٌ عَظِيمٌ (١٠٦) ذَلِكَ بِأَنَّهُمُ اسْتَحَبُّواْ الْحَيَاةَ الْدُّنْيَا
عَلَى الآخِرَةِ وَأَنَّ اللّهَ لاَ يَهْدِي الْقَوْمَ الْكَافِرِينَ (١٠٧) أُولَئِكَ الَّذِينَ طَبَعَ اللّهُ عَلَى
قُلُوبِهِمْ وَسَمْعِهِمْ وَأَبْصَارِهِمْ وَأُولَئِكَ هُمُ الْغَافِلُونَ (١٠٨) لاَ جَرَمَ أَنَّهُمْ فِي الآخِرَةِ
هُمُ الْخَاسِرونَ (١٠٩) ثُمَّ إِنَّ رَبَّكَ لِلَّذِينَ هَاجَرُواْ مِن بَعْدِ مَا فُتِنُواْ ثُمَّ جَاهَدُواْ
وَصَبَرُواْ إِنَّ رَبَّكَ مِن بَعْدِهَا لَغَفُورٌ رَّحِيمٌ (١١٠) يَوْمَ تَأْتِي كُلُّ نَفْسٍ تُجَادِلُ عَن
نَّفْسِهَا وَتُوَفَّى كُلُّ نَفْسٍ مَّا عَمِلَتْ وَهُمْ لاَ يُظْلَمُونَ (١١١) وَضَرَبَ اللّهُ مَثَلاً قَرْيَةً
كَانَتْ آمِنَةً مُّطْمَئِنَّةً يَأْتِيهَا رِزْقُهَا رَغَدًا مِّن كُلِّ مَكَانٍ فَكَفَرَتْ بِأَنْعُمِ اللّهِ فَأَذَاقَهَا اللّهُ
لِبَاسَ الْجُوعِ وَالْخَوْفِ بِمَا كَانُواْ يَصْنَعُونَ (١١٢) وَلَقَدْ جَاءهُمْ رَسُولٌ مِّنْهُمْ
فَكَذَّبُوهُ فَأَخَذَهُمُ الْعَذَابُ وَهُمْ ظَالِمُونَ (١١٣) فَكُلُواْ مِمَّا رَزَقَكُمُ اللّهُ حَلالاً طَيِّبًا
وَاشْكُرُواْ نِعْمَتَ اللّهِ إِن كُنتُمْ إِيَّاهُ تَعْبُدُونَ (١١٤) إِنَّمَا حَرَّمَ عَلَيْكُمُ الْمَيْتَةَ وَالْدَّمَ

وَلَحْمَ الْخنزِيرِ وَمَآ أُهِلَّ لِغَيْرِ اللّهِ بِهِ فَمَنِ اضْطُرَّ غَيْرَ بَاغٍ وَلاَ عَادٍ فَإِنَّ اللّهَ غَفُورٌ
رَّحِيمٌ (١١٥) وَلاَ تَقُولُواْ لِمَا تَصِفُ أَلْسِنَتُكُمُ الْكَذِبَ هَذَا حَلاَلٌ وَهَذَا حَرَامٌ لِّتَفْتَرُواْ
عَلَى اللّهِ الْكَذِبَ إِنَّ الَّذِينَ يَفْتَرُونَ عَلَى اللّهِ الْكَذِبَ لاَ يُفْلِحُونَ (١١٦) مَتَاعٌ قَلِيلٌ
وَلَهُمْ عَذَابٌ أَلِيمٌ (١١٧) وَعَلَى الَّذِينَ هَادُواْ حَرَّمْنَا مَا قَصَصْنَا عَلَيْكَ مِن قَبْلُ وَمَا
ظَلَمْنَاهُمْ وَلَكِن كَانُواْ أَنفُسَهُمْ يَظْلِمُونَ (١١٨) ثُمَّ إِنَّ رَبَّكَ لِلَّذِينَ عَمِلُواْ السُّوءَ
بِجَهَالَةٍ ثُمَّ تَابُواْ مِن بَعْدِ ذَلِكَ وَأَصْلَحُواْ إِنَّ رَبَّكَ مِن بَعْدِهَا لَغَفُورٌ
رَّحِيمٌ (١١٩) إِنَّ إِبْرَاهِيمَ كَانَ أُمَّةً قَانِتًا لِلّهِ حَنِيفًا وَلَمْ يَكُ مِنَ
الْمُشْرِكِينَ (١٢٠) شَاكِرًا لِّأَنْعُمِهِ اجْتَبَاهُ وَهَدَاهُ إِلَى صِرَاطٍ
مُّسْتَقِيمٍ (١٢١) وَآتَيْنَاهُ فِي الْدُّنْيَا حَسَنَةً وَإِنَّهُ فِي الآخِرَةِ لَمِنَ
الصَّالِحِينَ (١٢٢) ثُمَّ أَوْحَيْنَا إِلَيْكَ أَنِ اتَّبِعْ مِلَّةَ إِبْرَاهِيمَ حَنِيفًا وَمَا كَانَ مِنَ
الْمُشْرِكِينَ (١٢٣) إِنَّمَا جُعِلَ السَّبْتُ عَلَى الَّذِينَ اخْتَلَفُواْ فِيهِ وَإِنَّ رَبَّكَ لَيَحْكُمُ
بَيْنَهُمْ يَوْمَ الْقِيَامَةِ فِيمَا كَانُواْ فِيهِ يَخْتَلِفُونَ (١٢٤) ادْعُ إِلِى سَبِيلِ رَبِّكَ بِالْحِكْمَةِ
وَالْمَوْعِظَةِ الْحَسَنَةِ وَجَادِلْهُم بِالَّتِي هِيَ أَحْسَنُ إِنَّ رَبَّكَ هُوَ أَعْلَمُ بِمَن ضَلَّ عَن
سَبِيلِهِ وَهُوَ أَعْلَمُ بِالْمُهْتَدِينَ (١٢٥) وَإِنْ عَاقَبْتُمْ فَعَاقِبُواْ بِمِثْلِ مَا عُوقِبْتُم بِهِ وَلَئِن
صَبَرْتُمْ لَهُوَ خَيْرٌ لِّلصَّابِرينَ (١٢٦) وَاصْبِرْ وَمَا صَبْرُكَ إِلاَّ بِاللّهِ وَلاَ تَحْزَنْ
عَلَيْهِمْ وَلاَ تَكُ فِي ضَيْقٍ مِّمَّا يَمْكُرُونَ (١٢٧) إِنَّ اللّهَ مَعَ الَّذِينَ اتَّقَواْ وَّالَّذِينَ هُم
مُّحْسِنُونَ (١٢٨

SOURATE AL ISRA

سورة الإسراء

سُبْحَانَ الَّذِي أَسْرَى بِعَبْدِهِ لَيْلاً مِّنَ الْمَسْجِدِ الْحَرَامِ إِلَى الْمَسْجِدِ الأَقْصَى الَّذِي
بَارَكْنَا حَوْلَهُ لِنُرِيَهُ مِنْ آيَاتِنَا إِنَّهُ هُوَ السَّمِيعُ البَصِيرُ (١) وَآتَيْنَا مُوسَى الْكِتَابَ
وَجَعَلْنَاهُ هُدًى لِّبَنِي إِسْرَائِيلَ أَلاَّ تَتَّخِذُواْ مِن دُونِي وَكِيلاً (٢) ذُرِّيَّةَ مَنْ حَمَلْنَا مَعَ
نُوحٍ إِنَّهُ كَانَ عَبْدًا شَكُورًا (٣) وَقَضَيْنَا إِلَى بَنِي إِسْرَائِيلَ فِي الْكِتَابِ لَتُفْسِدُنَّ فِي
الأَرْضِ مَرَّتَيْنِ وَلَتَعْلُنَّ عُلُوًّا كَبِيرًا (٤) فَإِذَا جَاء وَعْدُ أُولاهُمَا بَعَثْنَا عَلَيْكُمْ عِبَادًا
لَّنَا أُوْلِي بَأْسٍ شَدِيدٍ فَجَاسُواْ خِلاَلَ الدِّيَارِ وَكَانَ وَعْدًا مَّفْعُولاً (٥) ثُمَّ رَدَدْنَا لَكُمُ
الْكَرَّةَ عَلَيْهِمْ وَأَمْدَدْنَاكُم بِأَمْوَالٍ وَبَنِينَ وَجَعَلْنَاكُمْ أَكْثَرَ نَفِيرًا (٦) إِنْ أَحْسَنتُمْ
أَحْسَنتُمْ لِأَنفُسِكُمْ وَإِنْ أَسَأْتُمْ فَلَهَا فَإِذَا جَاء وَعْدُ الآخِرَةِ لِيَسُوؤُواْ وُجُوهَكُمْ
وَلِيَدْخُلُواْ الْمَسْجِدَ كَمَا دَخَلُوهُ أَوَّلَ مَرَّةٍ وَلِيُتَبِّرُواْ مَا عَلَوْاْ تَتْبِيرًا (٧) عَسَى رَبُّكُمْ

أَن يَرْحَمَكُمْ وَإِنْ عُدتُّمْ عُدْنَا وَجَعَلْنَا جَهَنَّمَ لِلْكَافِرِينَ حَصِيرًا (٨) إِنَّ هَذَا الْقُرْآنَ
يِهْدِي لِلَّتِي هِيَ أَقْوَمُ وَيُبَشِّرُ الْمُؤْمِنِينَ الَّذِينَ يَعْمَلُونَ الصَّالِحَاتِ أَنَّ لَهُمْ أَجْرًا
كَبِيرًا (٩) وأَنَّ الَّذِينَ لاَ يُؤْمِنُونَ بِالآخِرَةِ أَعْتَدْنَا لَهُمْ عَذَابًا أَلِيمًا (١٠) وَيَدْعُ
الإِنسَانُ بِالشَّرِّ دُعَاءهُ بِالْخَيْرِ وَكَانَ الإِنسَانُ عَجُولاً (١١) وَجَعَلْنَا اللَّيْلَ وَالنَّهَارَ
آيَتَيْنِ فَمَحَوْنَا آيَةَ اللَّيْلِ وَجَعَلْنَا آيَةَ النَّهَارِ مُبْصِرَةً لِتَبْتَغُواْ فَضْلاً مِّن رَّبِّكُمْ
وَلِتَعْلَمُواْ عَدَدَ السِّنِينَ وَالْحِسَابَ وَكُلَّ شَيْءٍ فَصَّلْنَاهُ تَفْصِيلاً (١٢) وَكُلَّ إِنسَانٍ
أَلْزَمْنَاهُ طَآئِرَهُ فِي عُنُقِهِ وَنُخْرِجُ لَهُ يَوْمَ الْقِيَامَةِ كِتَابًا يَلْقَاهُ مَنشُورًا (١٣) اقْرَأْ
كَتَابَكَ كَفَى بِنَفْسِكَ الْيَوْمَ عَلَيْكَ حَسِيبًا (١٤) مَّنِ اهْتَدَى فَإِنَّمَا يَهْتَدِي لِنَفْسِهِ وَمَن
ضَلَّ فَإِنَّمَا يَضِلُّ عَلَيْهَا وَلاَ تَزِرُ وَازِرَةٌ وِزْرَ أُخْرَى وَمَا كُنَّا مُعَذِّبِينَ حَتَّى نَبْعَثَ
رَسُولاً (١٥) وَإِذَا أَرَدْنَا أَن نُّهْلِكَ قَرْيَةً أَمَرْنَا مُتْرَفِيهَا فَفَسَقُواْ فِيهَا فَحَقَّ عَلَيْهَا
الْقَوْلُ فَدَمَّرْنَاهَا تَدْمِيرًا (١٦) وَكَمْ أَهْلَكْنَا مِنَ الْقُرُونِ مِن بَعْدِ نُوحٍ وَكَفَى بِرَبِّكَ
بِذُنُوبِ عِبَادِهِ خَبِيرًا بَصِيرًا (١٧) مَّن كَانَ يُرِيدُ الْعَاجِلَةَ عَجَّلْنَا لَهُ فِيهَا مَا نَشَاء
لِمَن نُّرِيدُ ثُمَّ جَعَلْنَا لَهُ جَهَنَّمَ يَصْلاهَا مَذْمُومًا مَّدْحُورًا (١٨) وَمَنْ أَرَادَ الآخِرَةَ
وَسَعَى لَهَا سَعْيَهَا وَهُوَ مُؤْمِنٌ فَأُولَئِكَ كَانَ سَعْيُهُم مَّشْكُورًا (١٩) كُلاًّ نُّمِدُّ هَؤُلاء
وَهَؤُلاء مِنْ عَطَاء رَبِّكَ وَمَا كَانَ عَطَاء رَبِّكَ مَحْظُورًا (٢٠) انظُرْ كَيْفَ فَضَّلْنَا
بَعْضَهُمْ عَلَى بَعْضٍ وَلَلآخِرَةُ أَكْبَرُ دَرَجَاتٍ وَأَكْبَرُ تَفْضِيلاً (٢١) لاَّ تَجْعَل مَعَ اللّهِ
إِلَهًا آخَرَ فَتَقْعُدَ مَذْمُومًا مَّخْذُولاً (٢٢) وَقَضَى رَبُّكَ أَلاَّ تَعْبُدُواْ إِلاَّ إِيَّاهُ وَبِالْوَالِدَيْنِ
إِحْسَانًا إِمَّا يَبْلُغَنَّ عِندَكَ الْكِبَرَ أَحَدُهُمَا أَوْ كِلاَهُمَا فَلاَ تَقُل لَّهُمَآ أُفٍّ وَلاَ تَنْهَرْهُمَا
وَقُل لَّهُمَا قَوْلاً كَرِيمًا (٢٣) وَاخْفِضْ لَهُمَا جَنَاحَ الذُّلِّ مِنَ الرَّحْمَةِ وَقُل رَّبِّ
ارْحَمْهُمَا كَمَا رَبَّيَانِي صَغِيرًا (٢٤) رَّبُّكُمْ أَعْلَمُ بِمَا فِي نُفُوسِكُمْ إِن تَكُونُواْ
صَالِحِينَ فَإِنَّهُ كَانَ لِلأَوَّابِينَ غَفُورًا (٢٥) وَآتِ ذَا الْقُرْبَى حَقَّهُ وَالْمِسْكِينَ وَابْنَ
السَّبِيلِ وَلاَ تُبَذِّرْ تَبْذِيرًا (٢٦) إِنَّ الْمُبَذِّرِينَ كَانُواْ إِخْوَانَ الشَّيَاطِينِ وَكَانَ
الشَّيْطَانُ لِرَبِّهِ كَفُورًا (٢٧) وَإِمَّا تُعْرِضَنَّ عَنْهُمُ ابْتِغَاء رَحْمَةٍ مِّن رَّبِّكَ تَرْجُوهَا
فَقُل لَّهُمْ قَوْلاً مَّيْسُورًا (٢٨) وَلاَ تَجْعَلْ يَدَكَ مَغْلُولَةً إِلَى عُنُقِكَ وَلاَ تَبْسُطْهَا كُلَّ
الْبَسْطِ فَتَقْعُدَ مَلُومًا مَّحْسُورًا (٢٩) إِنَّ رَبَّكَ يَبْسُطُ الرِّزْقَ لِمَن يَشَاء وَيَقْدِرُ إِنَّهُ
كَانَ بِعِبَادِهِ خَبِيرًا بَصِيرًا (٣٠) وَلاَ تَقْتُلُواْ أَوْلادَكُمْ خَشْيَةَ إِمْلاقٍ نَّحْنُ نَرْزُقُهُمْ
وَإِيَّاكُم إنَّ قَتْلَهُمْ كَانَ خِطْءًا كَبِيرًا (٣١) وَلاَ تَقْرَبُواْ الزِّنَى إِنَّهُ كَانَ فَاحِشَةً وَسَاء
سَبِيلاً (٣٢) وَلاَ تَقْتُلُواْ النَّفْسَ الَّتِي حَرَّمَ اللّهُ إِلاَّ بِالحَقِّ وَمَن قُتِلَ مَظْلُومًا فَقَدْ
جَعَلْنَا لِوَلِيِّهِ سُلْطَانًا فَلاَ يُسْرِف فِّي الْقَتْلِ إِنَّهُ كَانَ مَنْصُورًا (٣٣) وَلاَ تَقْرَبُواْ مَالَ
الْيَتِيمِ إِلاَّ بِالَّتِي هِيَ أَحْسَنُ حَتَّى يَبْلُغَ أَشُدَّهُ وَأَوْفُواْ بِالْعَهْدِ إِنَّ الْعَهْدَ كَانَ
مَسْؤُولاً (٣٤) وَأَوْفُوا الْكَيْلَ إِذا كِلْتُمْ وَزِنُواْ بِالقِسْطَاسِ الْمُسْتَقِيمِ ذَلِكَ خَيْرٌ

وَأَحْسَنُ تَأْوِيلاً (٣٥) وَلاَ تَقْفُ مَا لَيْسَ لَكَ بِهِ عِلْمٌ إِنَّ السَّمْعَ وَالْبَصَرَ وَالْفُؤَادَ كُلُّ
أُولـئِكَ كَانَ عَنْهُ مَسْؤُولاً (٣٦) وَلاَ تَمْشِ فِي الأَرْضِ مَرَحًا إِنَّكَ لَن تَخْرِقَ
الأَرْضَ وَلَن تَبْلُغَ الْجِبَالَ طُولاً (٣٧) كُلُّ ذَلِكَ كَانَ سَيِّئُهُ عِنْدَ رَبِّكَ
مَكْرُوهًا (٣٨) ذَلِكَ مِمَّا أَوْحَى إِلَيْكَ رَبُّكَ مِنَ الْحِكْمَةِ وَلاَ تَجْعَلْ مَعَ اللّهِ إِلَهًا آخَرَ
فَتُلْقَى فِي جَهَنَّمَ مَلُومًا مَّدْحُورًا (٣٩) أَفَأَصْفَاكُمْ رَبُّكُم بِالْبَنِينَ وَاتَّخَذَ مِنَ الْمَلآئِكَةِ
إِنَاثًا إِنَّكُمْ لَتَقُولُونَ قَوْلاً عَظِيمًا (٤٠) وَلَقَدْ صَرَّفْنَا فِي هَذَا الْقُرْآنِ لِيَذَّكَّرُواْ وَمَا
يَزِيدُهُمْ إِلاَّ نُفُورًا (٤١) قُل لَّوْ كَانَ مَعَهُ آلِهَةٌ كَمَا يَقُولُونَ إِذًا لاَّبْتَغَوْاْ إِلَى ذِي
الْعَرْشِ سَبِيلاً (٤٢) سُبْحَانَهُ وَتَعَالَى عَمَّا يَقُولُونَ عُلُوًّا كَبِيرًا (٤٣) تُسَبِّحُ لَهُ
السَّمَاوَاتُ السَّبْعُ وَالأَرْضُ وَمَن فِيهِنَّ وَإِن مِّن شَيْءٍ إِلاَّ يُسَبِّحُ بِحَمْدِهِ وَلَكِن لاَّ
تَفْقَهُونَ تَسْبِيحَهُمْ إِنَّهُ كَانَ حَلِيمًا غَفُورًا (٤٤) وَإِذَا قَرَأْتَ الْقُرآنَ جَعَلْنَا بَيْنَكَ وَبَيْنَ
الَّذِينَ لاَ يُؤْمِنُونَ بِالآخِرَةِ حِجَابًا مَّسْتُورًا (٤٥) وَجَعَلْنَا عَلَى قُلُوبِهِمْ أَكِنَّةً أَن
يَفْقَهُوهُ وَفِي آذَانِهِمْ وَقْرًا وَإِذَا ذَكَرْتَ رَبَّكَ فِي الْقُرْآنِ وَحْدَهُ وَلَّوْاْ عَلَى أَدْبَارِهِمْ
نُفُورًا (٤٦) نَّحْنُ أَعْلَمُ بِمَا يَسْتَمِعُونَ بِهِ إِذْ يَسْتَمِعُونَ إِلَيْكَ وَإِذْ هُمْ نَجْوَى إِذْ يَقُولُ
الظَّالِمُونَ إِن تَتَّبِعُونَ إِلاَّ رَجُلاً مَّسْحُورًا (٤٧) انظُرْ كَيْفَ ضَرَبُواْ لَكَ الأَمْثَالَ
فَضَلُّواْ فَلاَ يَسْتَطِيعْونَ سَبِيلاً (٤٨) وَقَالُواْ أَئِذَا كُنَّا عِظَامًا وَرُفَاتًا أَإِنَّا لَمَبْعُوثُونَ
خَلْقًا جَدِيدًا (٤٩) قُل كُونُواْ حِجَارَةً أَوْ حَدِيدًا (٥٠) أَوْ خَلْقًا مِّمَّا يَكْبُرُ فِي
صُدُورِكُمْ فَسَيَقُولُونَ مَن يُعِيدُنَا قُلِ الَّذِي فَطَرَكُمْ أَوَّلَ مَرَّةٍ فَسَيُنْغِضُونَ إِلَيْكَ
رُؤُوسَهُمْ وَيَقُولُونَ مَتَى هُوَ قُلْ عَسَى أَن يَكُونَ قَرِيبًا (٥١) يَوْمَ يَدْعُوكُمْ
فَتَسْتَجِيبُونَ بِحَمْدِهِ وَتَظُنُّونَ إِن لَّبِثْتُمْ إِلاَّ قَلِيلاً (٥٢) وَقُل لِّعِبَادِي يَقُولُواْ الَّتِي هِيَ
أَحْسَنُ إِنَّ الشَّيْطَانَ يَنزَغُ بَيْنَهُمْ إِنَّ الشَّيْطَانَ كَانَ لِلإِنْسَانِ عَدُوًّا مُّبِينًا (٥٣) رَّبُّكُمْ
أَعْلَمُ بِكُمْ إِن يَشَأْ يَرْحَمْكُمْ أَوْ إِن يَشَأْ يُعَذِّبْكُمْ وَمَا أَرْسَلْنَاكَ عَلَيْهِمْ
وَكِيلاً (٥٤) وَرَبُّكَ أَعْلَمُ بِمَن فِي السَّمَاوَاتِ وَالأَرْضِ وَلَقَدْ فَضَّلْنَا بَعْضَ النَّبِيِّينَ
عَلَى بَعْضٍ وَآتَيْنَا دَاوُودَ زَبُورًا (٥٥) قُلِ ادْعُواْ الَّذِينَ زَعَمْتُم مِّن دُونِهِ فَلاَ
يَمْلِكُونَ كَشْفَ الضُّرِّ عَنكُمْ وَلاَ تَحْوِيلاً (٥٦) أُولَـئِكَ الَّذِينَ يَدْعُونَ يَبْتَغُونَ إِلَى
رَبِّهِمُ الْوَسِيلَةَ أَيُّهُمْ أَقْرَبُ وَيَرْجُونَ رَحْمَتَهُ وَيَخَافُونَ عَذَابَهُ إِنَّ عَذَابَ رَبِّكَ كَانَ
مَحْذُورًا (٥٧) وَإِن مَّن قَرْيَةٍ إِلاَّ نَحْنُ مُهْلِكُوهَا قَبْلَ يَوْمِ الْقِيَامَةِ أَوْ مُعَذِّبُوهَا عَذَابًا
شَدِيدًا كَانَ ذَلِك فِي الْكِتَابِ مَسْطُورًا (٥٨) وَمَا مَنَعَنَا أَن نُّرْسِلَ بِالآيَاتِ إِلاَّ أَن
كَذَّبَ بِهَا الأَوَّلُونَ وَآتَيْنَا ثَمُودَ النَّاقَةَ مُبْصِرَةً فَظَلَمُواْ بِهَا وَمَا نُرْسِلُ بِالآيَاتِ إِلاَّ
تَخْوِيفًا (٥٩) وَإِذْ قُلْنَا لَكَ إِنَّ رَبَّكَ أَحَاطَ بِالنَّاسِ وَمَا جَعَلْنَا الرُّؤيَا الَّتِي أَرَيْنَاكَ إِلاَّ
فِتْنَةً لِّلنَّاسِ وَالشَّجَرَةَ الْمَلْعُونَةَ فِي القُرْآنِ وَنُخَوِّفُهُمْ فَمَا يَزِيدُهُمْ إِلاَّ طُغْيَانًا
كَبِيرًا (٦٠) وَإِذْ قُلْنَا لِلْمَلاَئِكَةِ اسْجُدُواْ لآدَمَ فَسَجَدُواْ إَلاَّ إِبْلِيسَ قَالَ أَأَسْجُدُ لِمَنْ

خَلَقْتَ طِينًا (٦١) قَالَ أَرَأَيْتَكَ هَذَا الَّذِي كَرَّمْتَ عَلَيَّ لَئِنْ أَخَّرْتَنِ إِلَى يَوْمِ الْقِيَامَةِ
لأَحْتَنِكَنَّ ذُرِّيَّتَهُ إِلاَّ قَلِيلاً (٦٢) قَالَ اذْهَبْ فَمَن تَبِعَكَ مِنْهُمْ فَإِنَّ جَهَنَّمَ جَزَآؤُكُمْ
جَزَاء مَّوْفُورًا (٦٣) وَاسْتَفْزِزْ مَنِ اسْتَطَعْتَ مِنْهُمْ بِصَوْتِكَ وَأَجْلِبْ عَلَيْهِم بِخَيْلِكَ
وَرَجِلِكَ وَشَارِكْهُمْ فِي الأَمْوَالِ وَالأَوْلادِ وَعِدْهُمْ وَمَا يَعِدُهُمُ الشَّيْطَانُ إِلاَّ
غُرُورًا (٦٤) إِنَّ عِبَادِي لَيْسَ لَكَ عَلَيْهِمْ سُلْطَانٌ وَكَفَى بِرَبِّكَ وَكِيلاً (٦٥) رَّبُّكُمُ
الَّذِي يُزْجِي لَكُمُ الْفُلْكَ فِي الْبَحْرِ لِتَبْتَغُواْ مِن فَضْلِهِ إِنَّهُ كَانَ بِكُمْ رَحِيمًا (٦٦) وَإِذَا
مَسَّكُمُ الْضُّرُّ فِي الْبَحْرِ ضَلَّ مَن تَدْعُونَ إِلاَّ إِيَّاهُ فَلَمَّا نَجَّاكُمْ إِلَى الْبَرِّ أَعْرَضْتُمْ
وَكَانَ الإِنْسَانُ كَفُورًا (٦٧) أَفَأَمِنتُمْ أَن يَخْسِفَ بِكُمْ جَانِبَ الْبَرِّ أَوْ يُرْسِلَ عَلَيْكُمْ
حَاصِبًا ثُمَّ لاَ تَجِدُواْ لَكُمْ وَكِيلاً (٦٨) أَمْ أَمِنتُمْ أَن يُعِيدَكُمْ فِيهِ تَارَةً أُخْرَى فَيُرْسِلَ
عَلَيْكُمْ قَاصِفا مِّنَ الرِّيحِ فَيُغْرِقَكُم بِمَا كَفَرْتُمْ ثُمَّ لاَ تَجِدُواْ لَكُمْ عَلَيْنَا بِهِ
تَبِيعًا (٦٩) وَلَقَدْ كَرَّمْنَا بَنِي آدَمَ وَحَمَلْنَاهُمْ فِي الْبَرِّ وَالْبَحْرِ وَرَزَقْنَاهُم مِّنَ
الطَّيِّبَاتِ وَفَضَّلْنَاهُمْ عَلَى كَثِيرٍ مِّمَّنْ خَلَقْنَا تَفْضِيلاً (٧٠) يَوْمَ نَدْعُو كُلَّ أُنَاسٍ
بِإِمَامِهِمْ فَمَنْ أُوتِيَ كِتَابَهُ بِيَمِينِهِ فَأُوْلَـئِكَ يَقْرَؤُونَ كِتَابَهُمْ وَلاَ يُظْلَمُونَ
فَتِيلاً (٧١) وَمَن كَانَ فِي هَـذِهِ أَعْمَى فَهُوَ فِي الآخِرَةِ أَعْمَى وَأَضَلُّ
سَبِيلاً (٧٢) وَإِن كَادُواْ لَيَفْتِنُونَكَ عَنِ الَّذِي أَوْحَيْنَا إِلَيْكَ لِتفْتَرِيَ عَلَيْنَا غَيْرَهُ وَإِذًا
لاَّتَّخَذُوكَ خَلِيلاً (٧٣) وَلَوْلاَ أَن ثَبَّتْنَاكَ لَقَدْ كِدتَّ تَرْكَنُ إِلَيْهِمْ شَيْئًا قَلِيلاً (٧٤) إِذاً
لَّأَذَقْنَاكَ ضِعْفَ الْحَيَاةِ وَضِعْفَ الْمَمَاتِ ثُمَّ لاَ تَجِدُ لَكَ عَلَيْنَا نَصِيرًا (٧٥) وَإِن
كَادُواْ لَيَسْتَفِزُّونَكَ مِنَ الأَرْضِ لِيُخْرِجوكَ مِنْهَا وَإِذًا لاَّ يَلْبَثُونَ خِلافَكَ إِلاَّ
قَلِيلاً (٧٦) سُنَّةَ مَن قَدْ أَرْسَلْنَا قَبْلَكَ مِن رُّسُلِنَا وَلاَ تَجِدُ لِسُنَّتِنَا تَحْوِيلاً (٧٧) أَقِمِ
الصَّلاَةَ لِدُلُوكِ الشَّمْسِ إِلَى غَسَقِ اللَّيْلِ وَقُرْآنَ الْفَجْرِ إِنَّ قُرْآنَ الْفَجْرِ كَانَ
مَشْهُودًا (٧٨) وَمِنَ اللَّيْلِ فَتَهَجَّدْ بِهِ نَافِلَةً لَّكَ عَسَى أَن يَبْعَثَكَ رَبُّكَ مَقَامًا
مَّحْمُودًا (٧٩) وَقُل رَّبِّ أَدْخِلْنِي مُدْخَلَ صِدْقٍ وَأَخْرِجْنِي مُخْرَجَ صِدْقٍ وَاجْعَل
لِّي مِن لَّدُنكَ سُلْطَانًا نَّصِيرًا (٨٠) وَقُلْ جَاء الْحَقُّ وَزَهَقَ الْبَاطِلُ إِنَّ الْبَاطِلَ كَانَ
زَهُوقًا (٨١) وَنُنَزِّلُ مِنَ الْقُرْآنِ مَا هُوَ شِفَاء وَرَحْمَةٌ لِّلْمُؤْمِنِينَ وَلاَ يَزِيدُ الظَّالِمِينَ
إَلاَّ خَسَارًا (٨٢) وَإِذَآ أَنْعَمْنَا عَلَى الإِنسَانِ أَعْرَضَ وَنَأَى بِجَانِبِهِ وَإِذَا مَسَّهُ الشَّرُّ
كَانَ يَؤُوسًا (٨٣) قُلْ كُلٌّ يَعْمَلُ عَلَى شَاكِلَتِهِ فَرَبُّكُمْ أَعْلَمُ بِمَنْ هُوَ أَهْدَى
سَبِيلاً (٨٤) وَيَسْأَلُونَكَ عَنِ الرُّوحِ قُلِ الرُّوحُ مِنْ أَمْرِ رَبِّي وَمَا أُوتِيتُم مِّن الْعِلْمِ
إِلاَّ قَلِيلاً (٨٥) وَلَئِن شِئْنَا لَنَذْهَبَنَّ بِالَّذِي أَوْحَيْنَا إِلَيْكَ ثُمَّ لاَ تَجِدُ لَكَ بِهِ عَلَيْنَا
وَكِيلاً (٨٦) إِلاَّ رَحْمَةً مِّن رَّبِّكَ إِنَّ فَضْلَهُ كَانَ عَلَيْكَ كَبِيرًا (٨٧) قُل لَّئِنِ
اجْتَمَعَتِ الإِنسُ وَالْجِنُّ عَلَى أَن يَأْتُواْ بِمِثْلِ هَـذَا الْقُرْآنِ لاَ يَأْتُونَ بِمِثْلِهِ وَلَوْ كَانَ
بَعْضُهُمْ لِبَعْضٍ ظَهِيرًا (٨٨) وَلَقَدْ صَرَّفْنَا لِلنَّاسِ فِي هَـذَا الْقُرْآنِ مِن كُلِّ مَثَلٍ فَأَبَى

أَكْثَرُ النَّاسِ إِلاَّ كُفُورًا (٨٩) وَقَالُواْ لَن نُّؤْمِنَ لَكَ حَتَّى تَفْجُرَ لَنَا مِنَ الأَرْضِ
يَنبُوعًا (٩٠) أَوْ تَكُونَ لَكَ جَنَّةٌ مِّن نَّخِيلٍ وَعِنَبٍ فَتُفَجِّرَ الأَنْهَارَ خِلالَهَا
تَفْجِيرًا (٩١) أَوْ تُسْقِطَ السَّمَاء كَمَا زَعَمْتَ عَلَيْنَا كِسَفًا أَوْ تَأْتِيَ بِاللّهِ وَالْمَلآئِكَةِ
قَبِيلاً (٩٢) أَوْ يَكُونَ لَكَ بَيْتٌ مِّن زُخْرُفٍ أَوْ تَرْقَى فِي السَّمَاء وَلَن نُّؤْمِنَ لِرُقِيِّكَ
حَتَّى تُنَزِّلَ عَلَيْنَا كِتَابًا نَّقْرَؤُهُ قُلْ سُبْحَانَ رَبِّي هَلْ كُنتُ إَلاَّ بَشَرًا
رَّسُولاً (٩٣) وَمَا مَنَعَ النَّاسَ أَن يُؤْمِنُواْ إِذْ جَاءهُمُ الْهُدَى إِلاَّ أَن قَالُواْ أَبَعَثَ اللّهُ
بَشَرًا رَّسُولاً (٩٤) قُل لَّوْ كَانَ فِي الأَرْضِ مَلآئِكَةٌ يَمْشُونَ مُطْمَئِنِّينَ لَنَزَّلْنَا عَلَيْهِم
مِّنَ السَّمَاء مَلَكًا رَّسُولاً (٩٥) قُلْ كَفَى بِاللّهِ شَهِيدًا بَيْنِي وَبَيْنَكُمْ إِنَّهُ كَانَ بِعِبَادِهِ
خَبِيرًا بَصِيرًا (٩٦) وَمَن يَهْدِ اللّهُ فَهُوَ الْمُهْتَدِ وَمَن يُضْلِلْ فَلَن تَجِدَ لَهُمْ أَوْلِيَاء مِن
دُونِهِ وَنَحْشُرُهُمْ يَوْمَ الْقِيَامَةِ عَلَى وُجُوهِهِمْ عُمْيًا وَبُكْمًا وَصُمًّا مَّأْوَاهُمْ جَهَنَّمُ كُلَّمَا
خَبَتْ زِدْنَاهُمْ سَعِيرًا (٩٧) ذَلِكَ جَزَآؤُهُم بِأَنَّهُمْ كَفَرُواْ بِآيَاتِنَا وَقَالُواْ أَئِذَا كُنَّا
عِظَامًا وَرُفَاتًا أَإِنَّا لَمَبْعُوثُونَ خَلْقًا جَدِيدًا (٩٨) أَوَلَمْ يَرَوْاْ أَنَّ اللّهَ الَّذِي خَلَقَ
السَّمَاوَاتِ وَالأَرْضَ قَادِرٌ عَلَى أَن يَخْلُقَ مِثْلَهُمْ وَجَعَلَ لَهُمْ أَجَلاً لاَّ رَيْبَ فِيهِ فَأَبَى
الظَّالِمُونَ إَلاَّ كُفُورًا (٩٩) قُل لَّوْ أَنتُمْ تَمْلِكُونَ خَزَآئِنَ رَحْمَةِ رَبِّي إِذًا لَّأَمْسَكْتُمْ
خَشْيَةَ الإِنفَاقِ وَكَانَ الإنسَانُ قَتُورًا (١٠٠) وَلَقَدْ آتَيْنَا مُوسَى تِسْعَ آيَاتٍ بَيِّنَاتٍ
فَاسْأَلْ بَنِي إِسْرَائِيلَ إِذْ جَاءهُمْ فَقَالَ لَهُ فِرْعَوْنُ إِنِّي لَأَظُنُّكَ يَا مُوسَى
مَسْحُورًا (١٠١) قَالَ لَقَدْ عَلِمْتَ مَا أَنزَلَ هَؤُلاء إِلاَّ رَبُّ السَّمَاوَاتِ وَالأَرْضِ
بَصَآئِرَ وَإِنِّي لَأَظُنُّكَ يَا فِرْعَونُ مَثْبُورًا (١٠٢) فَأَرَادَ أَن يَسْتَفِزَّهُم مِّنَ الأَرْضِ
فَأَغْرَقْنَاهُ وَمَن مَّعَهُ جَمِيعًا (١٠٣) وَقُلْنَا مِن بَعْدِهِ لِبَنِي إِسْرَائِيلَ اسْكُنُواْ الأَرْضَ
فَإِذَا جَاء وَعْدُ الآخِرَةِ جِئْنَا بِكُمْ لَفِيفًا (١٠٤) وَبِالْحَقِّ أَنزَلْنَاهُ وَبِالْحَقِّ نَزَلَ وَمَا
أَرْسَلْنَاكَ إِلاَّ مُبَشِّرًا وَنَذِيرًا (١٠٥) وَقُرْآناً فَرَقْنَاهُ لِتَقْرَأَهُ عَلَى النَّاسِ عَلَى مُكْثٍ
وَنَزَّلْنَاهُ تَنزِيلاً (١٠٦) قُلْ آمِنُواْ بِهِ أَوْ لاَ تُؤْمِنُواْ إِنَّ الَّذِينَ أُوتُواْ الْعِلْمَ مِن قَبْلِهِ إِذَا
يُتْلَى عَلَيْهِمْ يَخِرُّونَ لِلأَذْقَانِ سُجَّدًا (١٠٧) وَيَقُولُونَ سُبْحَانَ رَبِّنَا إِن كَانَ وَعْدُ
رَبِّنَا لَمَفْعُولاً (١٠٨) وَيَخِرُّونَ لِلأَذْقَانِ يَبْكُونَ وَيَزِيدُهُمْ خُشُوعًا* (١٠٩) قُلِ
ادْعُواْ اللّهَ أَوِ ادْعُواْ الرَّحْمَنَ أَيًّا مَّا تَدْعُواْ فَلَهُ الأَسْمَاء الْحُسْنَى وَلاَ تَجْهَرْ
بِصَلاَتِكَ وَلاَ تُخَافِتْ بِهَا وَابْتَغِ بَيْنَ ذَلِكَ سَبِيلاً (١١٠) وَقُلِ الْحَمْدُ لِلّهِ الَّذِي لَمْ
يَتَّخِذْ وَلَدًا وَلَم يَكُن لَّهُ شَرِيكٌ فِي الْمُلْكِ وَلَمْ يَكُن لَّهُ وَلِيٌّ مِّنَ الذُّلَّ وَكَبِّرْهُ
تَكْبِيرًا (١١١

SOURATE AL KAHF

سورة الكهف

الْحَمْدُ لِلَّهِ الَّذِي أَنزَلَ عَلَى عَبْدِهِ الْكِتَابَ وَلَمْ يَجْعَل لَّهُ عِوَجَا (١) قَيِّمًا لِّيُنذِرَ بَأْسًا
شَدِيدًا مِن لَّدُنْهُ وَيُبَشِّرَ الْمُؤْمِنِينَ الَّذِينَ يَعْمَلُونَ الصَّالِحَاتِ أَنَّ لَهُمْ أَجْرًا
حَسَنًا (٢) مَاكِثِينَ فِيهِ أَبَدًا (٣) وَيُنذِرَ الَّذِينَ قَالُوا اتَّخَذَ اللَّهُ وَلَدًا (٤) مَّا لَهُم بِهِ مِنْ
عِلْمٍ وَلَا لِآبَائِهِمْ كَبُرَتْ كَلِمَةً تَخْرُجُ مِنْ أَفْوَاهِهِمْ إِن يَقُولُونَ إِلَّا كَذِبًا (٥) فَلَعَلَّكَ
بَاخِعٌ نَّفْسَكَ عَلَى آثَارِهِمْ إِن لَّمْ يُؤْمِنُوا بِهَذَا الْحَدِيثِ أَسَفًا (٦) إِنَّا جَعَلْنَا مَا عَلَى
الْأَرْضِ زِينَةً لَّهَا لِنَبْلُوَهُمْ أَيُّهُمْ أَحْسَنُ عَمَلًا (٧) وَإِنَّا لَجَاعِلُونَ مَا عَلَيْهَا صَعِيدًا
جُرُزًا (٨) أَمْ حَسِبْتَ أَنَّ أَصْحَابَ الْكَهْفِ وَالرَّقِيمِ كَانُوا مِنْ آيَاتِنَا عَجَبًا (٩) إِذْ
أَوَى الْفِتْيَةُ إِلَى الْكَهْفِ فَقَالُوا رَبَّنَا آتِنَا مِن لَّدُنكَ رَحْمَةً وَهَيِّئْ لَنَا مِنْ أَمْرِنَا
رَشَدًا (١٠) فَضَرَبْنَا عَلَى آذَانِهِمْ فِي الْكَهْفِ سِنِينَ عَدَدًا (١١) ثُمَّ بَعَثْنَاهُمْ لِنَعْلَمَ
أَيُّ الْحِزْبَيْنِ أَحْصَى لِمَا لَبِثُوا أَمَدًا (١٢) نَحْنُ نَقُصُّ عَلَيْكَ نَبَأَهُم بِالْحَقِّ إِنَّهُمْ فِتْيَةٌ
آمَنُوا بِرَبِّهِمْ وَزِدْنَاهُمْ هُدًى (١٣) وَرَبَطْنَا عَلَى قُلُوبِهِمْ إِذْ قَامُوا فَقَالُوا رَبُّنَا رَبُّ
السَّمَاوَاتِ وَالْأَرْضِ لَن نَّدْعُوَ مِن دُونِهِ إِلَهًا لَّقَدْ قُلْنَا إِذًا شَطَطًا (١٤) هَؤُلَاءِ قَوْمُنَا
اتَّخَذُوا مِن دُونِهِ آلِهَةً لَّوْلَا يَأْتُونَ عَلَيْهِم بِسُلْطَانٍ بَيِّنٍ فَمَنْ أَظْلَمُ مِمَّنِ افْتَرَى عَلَى
اللَّهِ كَذِبًا (١٥) وَإِذِ اعْتَزَلْتُمُوهُمْ وَمَا يَعْبُدُونَ إِلَّا اللَّهَ فَأْوُوا إِلَى الْكَهْفِ يَنشُرْ لَكُمْ
رَبُّكُم مِّن رَّحمته وَيُهَيِّئْ لَكُم مِّنْ أَمْرِكُم مِّرْفَقًا (١٦) وَتَرَى الشَّمْسَ إِذَا طَلَعَت
تَّزَاوَرُ عَن كَهْفِهِمْ ذَاتَ الْيَمِينِ وَإِذَا غَرَبَت تَّقْرِضُهُمْ ذَاتَ الشِّمَالِ وَهُمْ فِي فَجْوَةٍ
مِّنْهُ ذَلِكَ مِنْ آيَاتِ اللَّهِ مَن يَهْدِ اللَّهُ فَهُوَ الْمُهْتَدِي وَمَن يُضْلِلْ فَلَن تَجِدَ لَهُ وَلِيًّا
مُّرْشِدًا (١٧) وَتَحْسَبُهُمْ أَيْقَاظًا وَهُمْ رُقُودٌ وَنُقَلِّبُهُمْ ذَاتَ الْيَمِينِ وَذَاتَ الشِّمَالِ
وَكَلْبُهُم بَاسِطٌ ذِرَاعَيْهِ بِالْوَصِيدِ لَوِ اطَّلَعْتَ عَلَيْهِمْ لَوَلَّيْتَ مِنْهُمْ فِرَارًا وَلَمُلِئْتَ مِنْهُمْ
رُعْبًا (١٨) وَكَذَلِكَ بَعَثْنَاهُمْ لِيَتَسَاءَلُوا بَيْنَهُمْ قَالَ قَائِلٌ مِّنْهُمْ كَمْ لَبِثْتُمْ قَالُوا لَبِثْنَا
يَوْمًا أَوْ بَعْضَ يَوْمٍ قَالُوا رَبُّكُمْ أَعْلَمُ بِمَا لَبِثْتُمْ فَابْعَثُوا أَحَدَكُم بِوَرِقِكُمْ هَذِهِ إِلَى
الْمَدِينَةِ فَلْيَنظُرْ أَيُّهَا أَزْكَى طَعَامًا فَلْيَأْتِكُم بِرِزْقٍ مِّنْهُ وَلْيَتَلَطَّفْ وَلَا يُشْعِرَنَّ بِكُمْ
أَحَدًا (١٩) إِنَّهُمْ إِن يَظْهَرُوا عَلَيْكُمْ يَرْجُمُوكُمْ أَوْ يُعِيدُوكُمْ فِي مِلَّتِهِمْ وَلَن تُفْلِحُوا
إِذًا أَبَدًا (٢٠) وَكَذَلِكَ أَعْثَرْنَا عَلَيْهِمْ لِيَعْلَمُوا أَنَّ وَعْدَ اللَّهِ حَقٌّ وَأَنَّ السَّاعَةَ لَا رَيْبَ
فِيهَا إِذْ يَتَنَازَعُونَ بَيْنَهُمْ أَمْرَهُمْ فَقَالُوا ابْنُوا عَلَيْهِم بُنْيَانًا رَّبُّهُمْ أَعْلَمُ بِهِمْ قَالَ الَّذِينَ
غَلَبُوا عَلَى أَمْرِهِمْ لَنَتَّخِذَنَّ عَلَيْهِم مَّسْجِدًا (٢١) سَيَقُولُونَ ثَلَاثَةٌ رَّابِعُهُمْ كَلْبُهُمْ
وَيَقُولُونَ خَمْسَةٌ سَادِسُهُمْ كَلْبُهُمْ رَجْمًا بِالْغَيْبِ وَيَقُولُونَ سَبْعَةٌ وَثَامِنُهُمْ كَلْبُهُمْ قُل
رَّبِّي أَعْلَمُ بِعِدَّتِهِم مَّا يَعْلَمُهُمْ إِلَّا قَلِيلٌ فَلَا تُمَارِ فِيهِمْ إِلَّا مِرَاء ظَاهِرًا وَلَا تَسْتَفْتِ
فِيهِم مِّنْهُمْ أَحَدًا (٢٢) وَلَا تَقُولَنَّ لِشَيْءٍ إِنِّي فَاعِلٌ ذَلِكَ غَدًا (٢٣) إِلَّا أَن يَشَاءَ اللَّهُ
وَاذْكُر رَّبَّكَ إِذَا نَسِيتَ وَقُلْ عَسَى أَن يَهْدِيَنِ رَبِّي لِأَقْرَبَ مِنْ هَذَا

رَشَدًا (٢٤) وَلَبِثُوا فِي كَهْفِهِمْ ثَلَاثَ مِائَةٍ سِنِينَ وَازْدَادُوا تِسْعًا (٢٥) قُلِ اللَّهُ أَعْلَمُ
بِمَا لَبِثُوا لَهُ غَيْبُ السَّمَاوَاتِ وَالْأَرْضِ أَبْصِرْ بِهِ وَأَسْمِعْ مَا لَهُم مِّن دُونِهِ مِن وَلِيٍّ
وَلَا يُشْرِكُ فِي حُكْمِهِ أَحَدًا (٢٦) وَاتْلُ مَا أُوحِيَ إِلَيْكَ مِن كِتَابِ رَبِّكَ لَا مُبَدِّلَ
لِكَلِمَاتِهِ وَلَن تَجِدَ مِن دُونِهِ مُلْتَحَدًا (٢٧) وَاصْبِرْ نَفْسَكَ مَعَ الَّذِينَ يَدْعُونَ رَبَّهُم
بِالْغَدَاةِ وَالْعَشِيِّ يُرِيدُونَ وَجْهَهُ وَلَا تَعْدُ عَيْنَاكَ عَنْهُمْ تُرِيدُ زِينَةَ الْحَيَاةِ الدُّنْيَا وَلَا
تُطِعْ مَنْ أَغْفَلْنَا قَلْبَهُ عَن ذِكْرِنَا وَاتَّبَعَ هَوَاهُ وَكَانَ أَمْرُهُ فُرُطًا (٢٨) وَقُلِ الْحَقُّ مِن
رَّبِّكُمْ فَمَن شَاءَ فَلْيُؤْمِن وَمَن شَاءَ فَلْيَكْفُرْ إِنَّا أَعْتَدْنَا لِلظَّالِمِينَ نَارًا أَحَاطَ بِهِمْ
سُرَادِقُهَا وَإِن يَسْتَغِيثُوا يُغَاثُوا بِمَاءٍ كَالْمُهْلِ يَشْوِي الْوُجُوهَ بِئْسَ الشَّرَابُ وَسَاءَتْ
مُرْتَفَقًا (٢٩) إِنَّ الَّذِينَ آمَنُوا وَعَمِلُوا الصَّالِحَاتِ إِنَّا لَا نُضِيعُ أَجْرَ مَنْ أَحْسَنَ
عَمَلًا (٣٠) أُولَٰئِكَ لَهُمْ جَنَّاتُ عَدْنٍ تَجْرِي مِن تَحْتِهِمُ الْأَنْهَارُ يُحَلَّوْنَ فِيهَا مِنْ
أَسَاوِرَ مِن ذَهَبٍ وَيَلْبَسُونَ ثِيَابًا خُضْرًا مِّن سُندُسٍ وَإِسْتَبْرَقٍ مُّتَّكِئِينَ فِيهَا عَلَى
الْأَرَائِكِ نِعْمَ الثَّوَابُ وَحَسُنَتْ مُرْتَفَقًا (٣١) وَاضْرِبْ لَهُم مَّثَلًا رَّجُلَيْنِ جَعَلْنَا
لِأَحَدِهِمَا جَنَّتَيْنِ مِنْ أَعْنَابٍ وَحَفَفْنَاهُمَا بِنَخْلٍ وَجَعَلْنَا بَيْنَهُمَا زَرْعًا (٣٢) كِلْتَا
الْجَنَّتَيْنِ آتَتْ أُكُلَهَا وَلَمْ تَظْلِمْ مِنْهُ شَيْئًا وَفَجَّرْنَا خِلَالَهُمَا نَهَرًا (٣٣) وَكَانَ لَهُ ثَمَرٌ
فَقَالَ لِصَاحِبِهِ وَهُوَ يُحَاوِرُهُ أَنَا أَكْثَرُ مِنكَ مَالًا وَأَعَزُّ نَفَرًا (٣٤) وَدَخَلَ جَنَّتَهُ وَهُوَ
ظَالِمٌ لِّنَفْسِهِ قَالَ مَا أَظُنُّ أَن تَبِيدَ هَٰذِهِ أَبَدًا (٣٥) وَمَا أَظُنُّ السَّاعَةَ قَائِمَةً وَلَئِن
رُّدِدتُّ إِلَى رَبِّي لَأَجِدَنَّ خَيْرًا مِّنْهَا مُنقَلَبًا (٣٦) قَالَ لَهُ صَاحِبُهُ وَهُوَ يُحَاوِرُهُ
أَكَفَرْتَ بِالَّذِي خَلَقَكَ مِن تُرَابٍ ثُمَّ مِن نُّطْفَةٍ ثُمَّ سَوَّاكَ رَجُلًا (٣٧) لَّكِنَّا هُوَ اللَّهُ
رَبِّي وَلَا أُشْرِكُ بِرَبِّي أَحَدًا (٣٨) وَلَوْلَا إِذْ دَخَلْتَ جَنَّتَكَ قُلْتَ مَا شَاءَ اللَّهُ لَا قُوَّةَ
إِلَّا بِاللَّهِ إِن تُرَنِ أَنَا أَقَلَّ مِنكَ مَالًا وَوَلَدًا (٣٩) فَعَسَى رَبِّي أَن يُؤْتِيَنِ خَيْرًا مِّن
جَنَّتِكَ وَيُرْسِلَ عَلَيْهَا حُسْبَانًا مِّنَ السَّمَاءِ فَتُصْبِحَ صَعِيدًا زَلَقًا (٤٠) أَوْ يُصْبِحَ
مَاؤُهَا غَوْرًا فَلَن تَسْتَطِيعَ لَهُ طَلَبًا (٤١) وَأُحِيطَ بِثَمَرِهِ فَأَصْبَحَ يُقَلِّبُ كَفَّيْهِ عَلَى مَا
أَنفَقَ فِيهَا وَهِيَ خَاوِيَةٌ عَلَى عُرُوشِهَا وَيَقُولُ يَا لَيْتَنِي لَمْ أُشْرِكْ بِرَبِّي
أَحَدًا (٤٢) وَلَمْ تَكُن لَّهُ فِئَةٌ يَنصُرُونَهُ مِن دُونِ اللَّهِ وَمَا كَانَ مُنتَصِرًا (٤٣) هُنَالِكَ
الْوَلَايَةُ لِلَّهِ الْحَقِّ هُوَ خَيْرٌ ثَوَابًا وَخَيْرٌ عُقْبًا (٤٤) وَاضْرِبْ لَهُم مَّثَلَ الْحَيَاةِ الدُّنْيَا
كَمَاءٍ أَنزَلْنَاهُ مِنَ السَّمَاءِ فَاخْتَلَطَ بِهِ نَبَاتُ الْأَرْضِ فَأَصْبَحَ هَشِيمًا تَذْرُوهُ الرِّيَاحُ
وَكَانَ اللَّهُ عَلَى كُلِّ شَيْءٍ مُّقْتَدِرًا (٤٥) الْمَالُ وَالْبَنُونَ زِينَةُ الْحَيَاةِ الدُّنْيَا وَالْبَاقِيَاتُ
الصَّالِحَاتُ خَيْرٌ عِندَ رَبِّكَ ثَوَابًا وَخَيْرٌ أَمَلًا (٤٦) وَيَوْمَ نُسَيِّرُ الْجِبَالَ وَتَرَى
الْأَرْضَ بَارِزَةً وَحَشَرْنَاهُمْ فَلَمْ نُغَادِرْ مِنْهُمْ أَحَدًا (٤٧) وَعُرِضُوا عَلَى رَبِّكَ صَفًّا
لَّقَدْ جِئْتُمُونَا كَمَا خَلَقْنَاكُمْ أَوَّلَ مَرَّةٍ بَلْ زَعَمْتُمْ أَلَّن نَّجْعَلَ لَكُم مَّوْعِدًا (٤٨) وَوُضِعَ
الْكِتَابُ فَتَرَى الْمُجْرِمِينَ مُشْفِقِينَ مِمَّا فِيهِ وَيَقُولُونَ يَا. وَيْلَتَنَا مَالِ هَٰذَا الْكِتَابِ لَا

يُغَادِرُ صَغِيرَةً وَلَا كَبِيرَةً إِلَّا أَحْصَاهَا وَوَجَدُوا مَا عَمِلُوا حَاضِرًا وَلَا يَظْلِمُ رَبُّكَ
أَحَدًا (٤٩) وَإِذْ قُلْنَا لِلْمَلَائِكَةِ اسْجُدُوا لِآدَمَ فَسَجَدُوا إِلَّا إِبْلِيسَ كَانَ مِنَ الْجِنِّ فَفَسَقَ
عَنْ أَمْرِ رَبِّهِ أَفَتَتَّخِذُونَهُ وَذُرِّيَّتَهُ أَوْلِيَاءَ مِن دُونِي وَهُمْ لَكُمْ عَدُوٌّ بِئْسَ لِلظَّالِمِينَ
بَدَلًا (٥٠) مَا أَشْهَدتُّهُمْ خَلْقَ السَّمَاوَاتِ وَالْأَرْضِ وَلَا خَلْقَ أَنفُسِهِمْ وَمَا كُنتُ مُتَّخِذَ
الْمُضِلِّينَ عَضُدًا (٥١) وَيَوْمَ يَقُولُ نَادُوا شُرَكَائِيَ الَّذِينَ زَعَمْتُمْ فَدَعَوْهُمْ فَلَمْ
يَسْتَجِيبُوا لَهُمْ وَجَعَلْنَا بَيْنَهُم مَّوْبِقًا (٥٢) وَرَأَى الْمُجْرِمُونَ النَّارَ فَظَنُّوا أَنَّهُم
مُّوَاقِعُوهَا وَلَمْ يَجِدُوا عَنْهَا مَصْرِفًا (٥٣) وَلَقَدْ صَرَّفْنَا فِي هَذَا الْقُرْآنِ لِلنَّاسِ مِن
كُلِّ مَثَلٍ وَكَانَ الْإِنسَانُ أَكْثَرَ شَيْءٍ جَدَلًا (٥٤) وَمَا مَنَعَ النَّاسَ أَن يُؤْمِنُوا إِذْ
جَاءَهُمُ الْهُدَى وَيَسْتَغْفِرُوا رَبَّهُمْ إِلَّا أَن تَأْتِيَهُمْ سُنَّةُ الْأَوَّلِينَ أَوْ يَأْتِيَهُمُ الْعَذَابُ
قُبُلًا (٥٥) وَمَا نُرْسِلُ الْمُرْسَلِينَ إِلَّا مُبَشِّرِينَ وَمُنذِرِينَ وَيُجَادِلُ الَّذِينَ كَفَرُوا
بِالْبَاطِلِ لِيُدْحِضُوا بِهِ الْحَقَّ وَاتَّخَذُوا آيَاتِي وَمَا أُنذِرُوا هُزُوًا (٥٦) وَمَنْ أَظْلَمُ
مِمَّن ذُكِّرَ بِآيَاتِ رَبِّهِ فَأَعْرَضَ عَنْهَا وَنَسِيَ مَا قَدَّمَتْ يَدَاهُ إِنَّا جَعَلْنَا عَلَى قُلُوبِهِمْ
أَكِنَّةً أَن يَفْقَهُوهُ وَفِي آذَانِهِمْ وَقْرًا وَإِن تَدْعُهُمْ إِلَى الْهُدَى فَلَن يَهْتَدُوا إِذًا
أَبَدًا (٥٧) وَرَبُّكَ الْغَفُورُ ذُو الرَّحْمَةِ لَوْ يُؤَاخِذُهُم بِمَا كَسَبُوا لَعَجَّلَ لَهُمُ الْعَذَابَ بَل
لَّهُم مَّوْعِدٌ لَّن يَجِدُوا مِن دُونِهِ مَوْئِلًا (٥٨) وَتِلْكَ الْقُرَى أَهْلَكْنَاهُمْ لَمَّا ظَلَمُوا
وَجَعَلْنَا لِمَهْلِكِهِم مَّوْعِدًا (٥٩) وَإِذْ قَالَ مُوسَى لِفَتَاهُ لَا أَبْرَحُ حَتَّى أَبْلُغَ مَجْمَعَ
الْبَحْرَيْنِ أَوْ أَمْضِيَ حُقُبًا (٦٠) فَلَمَّا بَلَغَا مَجْمَعَ بَيْنِهِمَا نَسِيَا حُوتَهُمَا فَاتَّخَذَ سَبِيلَهُ
فِي الْبَحْرِ سَرَبًا (٦١) فَلَمَّا جَاوَزَا قَالَ لِفَتَاهُ آتِنَا غَدَاءَنَا لَقَدْ لَقِينَا مِن سَفَرِنَا هَذَا
نَصَبًا (٦٢) قَالَ أَرَأَيْتَ إِذْ أَوَيْنَا إِلَى الصَّخْرَةِ فَإِنِّي نَسِيتُ الْحُوتَ وَمَا أَنسَانِيهُ إِلَّا
الشَّيْطَانُ أَنْ أَذْكُرَهُ وَاتَّخَذَ سَبِيلَهُ فِي الْبَحْرِ عَجَبًا (٦٣) قَالَ ذَلِكَ مَا كُنَّا نَبْغِ فَارْتَدَّا
عَلَى آثَارِهِمَا قَصَصًا (٦٤) فَوَجَدَا عَبْدًا مِّنْ عِبَادِنَا آتَيْنَاهُ رَحْمَةً مِّنْ عِندِنَا
وَعَلَّمْنَاهُ مِن لَّدُنَّا عِلْمًا (٦٥) قَالَ لَهُ مُوسَى هَلْ أَتَّبِعُكَ عَلَى أَن تُعَلِّمَنِ مِمَّا عُلِّمْتَ
رُشْدًا (٦٦) قَالَ إِنَّكَ لَن تَسْتَطِيعَ مَعِيَ صَبْرًا (٦٧) وَكَيْفَ تَصْبِرُ عَلَى مَا لَمْ
تُحِطْ بِهِ خُبْرًا (٦٨) قَالَ سَتَجِدُنِي إِن شَاءَ اللَّهُ صَابِرًا وَلَا أَعْصِي لَكَ
أَمْرًا (٦٩) قَالَ فَإِنِ اتَّبَعْتَنِي فَلَا تَسْأَلْنِي عَن شَيْءٍ حَتَّى أُحْدِثَ لَكَ مِنْهُ
ذِكْرًا (٧٠) فَانطَلَقَا حَتَّى إِذَا رَكِبَا فِي السَّفِينَةِ خَرَقَهَا قَالَ أَخَرَقْتَهَا لِتُغْرِقَ أَهْلَهَا
لَقَدْ جِئْتَ شَيْئًا إِمْرًا (٧١) قَالَ أَلَمْ أَقُلْ إِنَّكَ لَن تَسْتَطِيعَ مَعِيَ صَبْرًا (٧٢) قَالَ لَا
تُؤَاخِذْنِي بِمَا نَسِيتُ وَلَا تُرْهِقْنِي مِنْ أَمْرِي عُسْرًا (٧٣) فَانطَلَقَا حَتَّى إِذَا لَقِيَا
غُلَامًا فَقَتَلَهُ قَالَ أَقَتَلْتَ نَفْسًا زَكِيَّةً بِغَيْرِ نَفْسٍ لَّقَدْ جِئْتَ شَيْئًا نُّكْرًا (٧٤) قَالَ أَلَمْ
أَقُل لَّكَ إِنَّكَ لَن تَسْتَطِيعَ مَعِيَ صَبْرًا (٧٥) قَالَ إِن سَأَلْتُكَ عَن شَيْءٍ بَعْدَهَا فَلَا
تُصَاحِبْنِي قَدْ بَلَغْتَ مِن لَّدُنِّي عُذْرًا (٧٦) فَانطَلَقَا حَتَّى إِذَا أَتَيَا أَهْلَ قَرْيَةٍ اسْتَطْعَمَا

أَهْلَهَا فَأَبَوْا أَن يُضَيِّفُوهُمَا فَوَجَدَا فِيهَا جِدَارًا يُرِيدُ أَنْ يَنقَضَّ فَأَقَامَهُ قَالَ لَوْ شِئْتَ
لَاتَّخَذْتَ عَلَيْهِ أَجْرًا (٧٧) قَالَ هَذَا فِرَاقُ بَيْنِي وَبَيْنِكَ سَأُنَبِّئُكَ بِتَأْوِيلِ مَا لَمْ تَسْتَطِع
عَّلَيْهِ صَبْرًا (٧٨) أَمَّا السَّفِينَةُ فَكَانَتْ لِمَسَاكِينَ يَعْمَلُونَ فِي الْبَحْرِ فَأَرَدتُّ أَنْ
أَعِيبَهَا وَكَانَ وَرَاءَهُم مَّلِكٌ يَأْخُذُ كُلَّ سَفِينَةٍ غَصْبًا (٧٩) وَأَمَّا الْغُلَامُ فَكَانَ أَبَوَاهُ
مُؤْمِنَيْنِ فَخَشِينَا أَن يُرْهِقَهُمَا طُغْيَانًا وَكُفْرًا (٨٠) فَأَرَدْنَا أَن يُبْدِلَهُمَا رَبُّهُمَا خَيْرًا
مِّنْهُ زَكَاةً وَأَقْرَبَ رُحْمًا (٨١) وَأَمَّا الْجِدَارُ فَكَانَ لِغُلَامَيْنِ يَتِيمَيْنِ فِي الْمَدِينَةِ
وَكَانَ تَحْتَهُ كَنزٌ لَّهُمَا وَكَانَ أَبُوهُمَا صَالِحًا فَأَرَادَ رَبُّكَ أَنْ يَبْلُغَا أَشُدَّهُمَا
وَيَسْتَخْرِجَا كَنزَهُمَا رَحْمَةً مِّن رَّبِّكَ وَمَا فَعَلْتُهُ عَنْ أَمْرِي ذَلِكَ تَأْوِيلُ مَا لَمْ تَسْطِع
عَّلَيْهِ صَبْرًا (٨٢) وَيَسْأَلُونَكَ عَن ذِي الْقَرْنَيْنِ قُلْ سَأَتْلُو عَلَيْكُم مِّنْهُ
ذِكْرًا (٨٣) إِنَّا مَكَّنَّا لَهُ فِي الْأَرْضِ وَآتَيْنَاهُ مِن كُلِّ شَيْءٍ سَبَبًا (٨٤) فَأَتْبَعَ
سَبَبًا (٨٥) حَتَّى إِذَا بَلَغَ مَغْرِبَ الشَّمْسِ وَجَدَهَا تَغْرُبُ فِي عَيْنٍ حَمِئَةٍ وَوَجَدَ
عِندَهَا قَوْمًا قُلْنَا يَا ذَا الْقَرْنَيْنِ إِمَّا أَن تُعَذِّبَ وَإِمَّا أَن تَتَّخِذَ فِيهِمْ حُسْنًا (٨٦) قَالَ
أَمَّا مَن ظَلَمَ فَسَوْفَ نُعَذِّبُهُ ثُمَّ يُرَدُّ إِلَى رَبِّهِ فَيُعَذِّبُهُ عَذَابًا نُّكْرًا (٨٧) وَأَمَّا مَنْ آمَنَ
وَعَمِلَ صَالِحًا فَلَهُ جَزَاءً الْحُسْنَى وَسَنَقُولُ لَهُ مِنْ أَمْرِنَا يُسْرًا (٨٨) ثُمَّ أَتْبَعَ
سَبَبًا (٨٩) حَتَّى إِذَا بَلَغَ مَطْلِعَ الشَّمْسِ وَجَدَهَا تَطْلُعُ عَلَى قَوْمٍ لَّمْ نَجْعَل لَّهُم مِّن
دُونِهَا سِتْرًا (٩٠) كَذَلِكَ وَقَدْ أَحَطْنَا بِمَا لَدَيْهِ خُبْرًا (٩١) ثُمَّ أَتْبَعَ سَبَبًا (٩٢) حَتَّى
إِذَا بَلَغَ بَيْنَ السَّدَّيْنِ وَجَدَ مِن دُونِهِمَا قَوْمًا لَّا يَكَادُونَ يَفْقَهُونَ قَوْلًا (٩٣) قَالُوا يَا
ذَا الْقَرْنَيْنِ إِنَّ يَأْجُوجَ وَمَأْجُوجَ مُفْسِدُونَ فِي الْأَرْضِ فَهَلْ نَجْعَلُ لَكَ خَرْجًا عَلَى
أَن تَجْعَلَ بَيْنَنَا وَبَيْنَهُمْ سَدًّا (٩٤) قَالَ مَا مَكَّنِّي فِيهِ رَبِّي خَيْرٌ فَأَعِينُونِي بِقُوَّةٍ
أَجْعَلْ بَيْنَكُمْ وَبَيْنَهُمْ رَدْمًا (٩٥) آتُونِي زُبَرَ الْحَدِيدِ حَتَّى إِذَا سَاوَى بَيْنَ الصَّدَفَيْنِ
قَالَ انفُخُوا حَتَّى إِذَا جَعَلَهُ نَارًا قَالَ آتُونِي أُفْرِغْ عَلَيْهِ قِطْرًا (٩٦) فَمَا اسْطَاعُوا
أَن يَظْهَرُوهُ وَمَا اسْتَطَاعُوا لَهُ نَقْبًا (٩٧) قَالَ هَذَا رَحْمَةٌ مِّن رَّبِّي فَإِذَا جَاءَ وَعْدُ
رَبِّي جَعَلَهُ دَكَّاءَ وَكَانَ وَعْدُ رَبِّي حَقًّا (٩٨) وَتَرَكْنَا بَعْضَهُمْ يَوْمَئِذٍ يَمُوجُ فِي
بَعْضٍ وَنُفِخَ فِي الصُّورِ فَجَمَعْنَاهُمْ جَمْعًا (٩٩) وَعَرَضْنَا جَهَنَّمَ يَوْمَئِذٍ لِّلْكَافِرِينَ
عَرْضًا (١٠٠) الَّذِينَ كَانَتْ أَعْيُنُهُمْ فِي غِطَاءٍ عَن ذِكْرِي وَكَانُوا لَا يَسْتَطِيعُونَ
سَمْعًا (١٠١) أَفَحَسِبَ الَّذِينَ كَفَرُوا أَن يَتَّخِذُوا عِبَادِي مِن دُونِي أَوْلِيَاءَ إِنَّا أَعْتَدْنَا
جَهَنَّمَ لِلْكَافِرِينَ نُزُلًا (١٠٢) قُلْ هَلْ نُنَبِّئُكُم بِالْأَخْسَرِينَ أَعْمَالًا (١٠٣) الَّذِينَ ضَلَّ
سَعْيُهُمْ فِي الْحَيَاةِ الدُّنْيَا وَهُمْ يَحْسَبُونَ أَنَّهُمْ يُحْسِنُونَ صُنْعًا (١٠٤) أُولَئِكَ الَّذِينَ
كَفَرُوا بِآيَاتِ رَبِّهِمْ وَلِقَائِهِ فَحَبِطَتْ أَعْمَالُهُمْ فَلَا نُقِيمُ لَهُمْ يَوْمَ الْقِيَامَةِ
وَزْنًا (١٠٥) ذَلِكَ جَزَاؤُهُمْ جَهَنَّمُ بِمَا كَفَرُوا وَاتَّخَذُوا آيَاتِي وَرُسُلِي
هُزُوًا (١٠٦) إِنَّ الَّذِينَ آمَنُوا وَعَمِلُوا الصَّالِحَاتِ كَانَتْ لَهُمْ جَنَّاتُ الْفِرْدَوْسِ

نُزُلًا (١٠٧) خَالِدِينَ فِيهَا لَا يَبْغُونَ عَنْهَا حِوَلًا (١٠٨) قُل لَّوْ كَانَ الْبَحْرُ مِدَادًا
لِّكَلِمَاتِ رَبِّي لَنَفِدَ الْبَحْرُ قَبْلَ أَن تَنفَدَ كَلِمَاتُ رَبِّي وَلَوْ جِئْنَا بِمِثْلِهِ مَدَدًا (١٠٩) قُلْ
إِنَّمَا أَنَا بَشَرٌ مِّثْلُكُمْ يُوحَى إِلَيَّ أَنَّمَا إِلَهُكُمْ إِلَهٌ وَاحِدٌ فَمَن كَانَ يَرْجُو لِقَاء رَبِّهِ
فَلْيَعْمَلْ عَمَلًا صَالِحًا وَلَا يُشْرِكْ بِعِبَادَةِ رَبِّهِ أَحَدًا (١١٠

SOURATE MARYAM

سورة مريم

كهيعص (١) ذِكْرُ رَحْمَةِ رَبِّكَ عَبْدَهُ زَكَرِيَّا (٢) إِذْ نَادَى رَبَّهُ نِدَاء خَفِيًّا (٣) قَالَ
رَبِّ إِنِّي وَهَنَ الْعَظْمُ مِنِّي وَاشْتَعَلَ الرَّأْسُ شَيْبًا وَلَمْ أَكُن بِدُعَائِكَ رَبِّ
شَقِيًّا (٤) وَإِنِّي خِفْتُ الْمَوَالِيَ مِن وَرَائِي وَكَانَتِ امْرَأَتِي عَاقِرًا فَهَبْ لِي مِن
لَّدُنكَ وَلِيًّا (٥) يَرِثُنِي وَيَرِثُ مِنْ آلِ يَعْقُوبَ وَاجْعَلْهُ رَبِّ رَضِيًّا (٦) يَا زَكَرِيَّا إِنَّا
نُبَشِّرُكَ بِغُلَامٍ اسْمُهُ يَحْيَى لَمْ نَجْعَل لَّهُ مِن قَبْلُ سَمِيًّا (٧) قَالَ رَبِّ أَنَّى يَكُونُ لِي
غُلَامٌ وَكَانَتِ امْرَأَتِي عَاقِرًا وَقَدْ بَلَغْتُ مِنَ الْكِبَرِ عِتِيًّا (٨) قَالَ كَذَلِكَ قَالَ رَبُّكَ هُوَ
عَلَيَّ هَيِّنٌ وَقَدْ خَلَقْتُكَ مِن قَبْلُ وَلَمْ تَكُ شَيْئًا (٩) قَالَ رَبِّ اجْعَل لِّي آيَةً قَالَ آيَتُكَ
أَلَّا تُكَلِّمَ النَّاسَ ثَلَاثَ لَيَالٍ سَوِيًّا (١٠) فَخَرَجَ عَلَى قَوْمِهِ مِنَ الْمِحْرَابِ فَأَوْحَى
إِلَيْهِمْ أَن سَبِّحُوا بُكْرَةً وَعَشِيًّا (١١) يَا يَحْيَى خُذِ الْكِتَابَ بِقُوَّةٍ وَآتَيْنَاهُ الْحُكْمَ
صَبِيًّا (١٢) وَحَنَانًا مِّن لَّدُنَّا وَزَكَاةً وَكَانَ تَقِيًّا (١٣) وَبَرًّا بِوَالِدَيْهِ وَلَمْ يَكُن جَبَّارًا
عَصِيًّا (١٤) وَسَلَامٌ عَلَيْهِ يَوْمَ وُلِدَ وَيَوْمَ يَمُوتُ وَيَوْمَ يُبْعَثُ حَيًّا (١٥) وَاذْكُرْ فِي
الْكِتَابِ مَرْيَمَ إِذِ انتَبَذَتْ مِنْ أَهْلِهَا مَكَانًا شَرْقِيًّا (١٦) فَاتَّخَذَتْ مِن دُونِهِمْ حِجَابًا
فَأَرْسَلْنَا إِلَيْهَا رُوحَنَا فَتَمَثَّلَ لَهَا بَشَرًا سَوِيًّا (١٧) قَالَتْ إِنِّي أَعُوذُ بِالرَّحْمَن مِنكَ
إِن كُنتَ تَقِيًّا (١٨) قَالَ إِنَّمَا أَنَا رَسُولُ رَبِّكِ لِأَهَبَ لَكِ غُلَامًا زَكِيًّا (١٩) قَالَتْ
أَنَّى يَكُونُ لِي غُلَامٌ وَلَمْ يَمْسَسْنِي بَشَرٌ وَلَمْ أَكُ بَغِيًّا (٢٠) قَالَ كَذَلِكِ قَالَ رَبُّكِ هُوَ
عَلَيَّ هَيِّنٌ وَلِنَجْعَلَهُ آيَةً لِلنَّاسِ وَرَحْمَةً مِّنَّا وَكَانَ أَمْرًا مَّقْضِيًّا (٢١) فَحَمَلَتْهُ
فَانتَبَذَتْ بِهِ مَكَانًا قَصِيًّا (٢٢) فَأَجَاءهَا الْمَخَاضُ إِلَى جِذْعِ النَّخْلَةِ قَالَتْ يَا لَيْتَنِي
مِتُّ قَبْلَ هَذَا وَكُنتُ نَسْيًا مَّنسِيًّا (٢٣) فَنَادَاهَا مِن تَحْتِهَا أَلَّا تَحْزَنِي قَدْ جَعَلَ رَبُّكِ
تَحْتَكِ سَرِيًّا (٢٤) وَهُزِّي إِلَيْكِ بِجِذْعِ النَّخْلَةِ تُسَاقِطْ عَلَيْكِ رُطَبًا جَنِيًّا (٢٥) فَكُلِي
وَاشْرَبِي وَقَرِّي عَيْنًا فَإِمَّا تَرَيِنَّ مِنَ الْبَشَرِ أَحَدًا فَقُولِي إِنِّي نَذَرْتُ لِلرَّحْمَنِ صَوْمًا
فَلَنْ أُكَلِّمَ الْيَوْمَ إِنسِيًّا (٢٦) فَأَتَتْ بِهِ قَوْمَهَا تَحْمِلُهُ قَالُوا يَا مَرْيَمُ لَقَدْ جِئْتِ شَيْئًا
فَرِيًّا (٢٧) يَا أُخْتَ هَارُونَ مَا كَانَ أَبُوكِ امْرَأَ سَوْءٍ وَمَا كَانَتْ أُمُّكِ

بغِيًّا (٢٨) فَأَشَارَتْ إِلَيْهِ قَالُوا كَيْفَ نُكَلِّمُ مَن كَانَ فِي الْمَهْدِ صَبِيًّا (٢٩) قَالَ إِنِّي عَبْدُ اللَّهِ آتَانِيَ الْكِتَابَ وَجَعَلَنِي نَبِيًّا (٣٠) وَجَعَلَنِي مُبَارَكًا أَيْنَ مَا كُنتُ وَأَوْصَانِي بِالصَّلَاةِ وَالزَّكَاةِ مَا دُمْتُ حَيًّا (٣١) وَبَرًّا بِوَالِدَتِي وَلَمْ يَجْعَلْنِي جَبَّارًا شَقِيًّا (٣٢) وَالسَّلَامُ عَلَيَّ يَوْمَ وُلِدتُّ وَيَوْمَ أَمُوتُ وَيَوْمَ أُبْعَثُ حَيًّا (٣٣) ذَٰلِكَ عِيسَى ابْنُ مَرْيَمَ قَوْلَ الْحَقِّ الَّذِي فِيهِ يَمْتَرُونَ (٣٤) مَا كَانَ لِلَّهِ أَن يَتَّخِذَ مِن وَلَدٍ سُبْحَانَهُ إِذَا قَضَىٰ أَمْرًا فَإِنَّمَا يَقُولُ لَهُ كُن فَيَكُونُ (٣٥) وَإِنَّ اللَّهَ رَبِّي وَرَبُّكُمْ فَاعْبُدُوهُ هَٰذَا صِرَاطٌ مُّسْتَقِيمٌ (٣٦) فَاخْتَلَفَ الْأَحْزَابُ مِن بَيْنِهِمْ فَوَيْلٌ لِّلَّذِينَ كَفَرُوا مِن مَّشْهَدِ يَوْمٍ عَظِيمٍ (٣٧) أَسْمِعْ بِهِمْ وَأَبْصِرْ يَوْمَ يَأْتُونَنَا لَٰكِنِ الظَّالِمُونَ الْيَوْمَ فِي ضَلَالٍ مُّبِينٍ (٣٨) وَأَنذِرْهُمْ يَوْمَ الْحَسْرَةِ إِذْ قُضِيَ الْأَمْرُ وَهُمْ فِي غَفْلَةٍ وَهُمْ لَا يُؤْمِنُونَ (٣٩) إِنَّا نَحْنُ نَرِثُ الْأَرْضَ وَمَنْ عَلَيْهَا وَإِلَيْنَا يُرْجَعُونَ (٤٠) وَاذْكُرْ فِي الْكِتَابِ إِبْرَاهِيمَ إِنَّهُ كَانَ صِدِّيقًا نَّبِيًّا (٤١) إِذْ قَالَ لِأَبِيهِ يَا أَبَتِ لِمَ تَعْبُدُ مَا لَا يَسْمَعُ وَلَا يُبْصِرُ وَلَا يُغْنِي عَنكَ شَيْئًا (٤٢) يَا أَبَتِ إِنِّي قَدْ جَاءَنِي مِنَ الْعِلْمِ مَا لَمْ يَأْتِكَ فَاتَّبِعْنِي أَهْدِكَ صِرَاطًا سَوِيًّا (٤٣) يَا أَبَتِ لَا تَعْبُدِ الشَّيْطَانَ إِنَّ الشَّيْطَانَ كَانَ لِلرَّحْمَٰنِ عَصِيًّا (٤٤) يَا أَبَتِ إِنِّي أَخَافُ أَن يَمَسَّكَ عَذَابٌ مِّنَ الرَّحْمَٰنِ فَتَكُونَ لِلشَّيْطَانِ وَلِيًّا (٤٥) قَالَ أَرَاغِبٌ أَنتَ عَنْ آلِهَتِي يَا إِبْرَاهِيمُ لَئِن لَّمْ تَنتَهِ لَأَرْجُمَنَّكَ وَاهْجُرْنِي مَلِيًّا (٤٦) قَالَ سَلَامٌ عَلَيْكَ سَأَسْتَغْفِرُ لَكَ رَبِّي إِنَّهُ كَانَ بِي حَفِيًّا (٤٧) وَأَعْتَزِلُكُمْ وَمَا تَدْعُونَ مِن دُونِ اللَّهِ وَأَدْعُو رَبِّي عَسَىٰ أَلَّا أَكُونَ بِدُعَاءِ رَبِّي شَقِيًّا (٤٨) فَلَمَّا اعْتَزَلَهُمْ وَمَا يَعْبُدُونَ مِن دُونِ اللَّهِ وَهَبْنَا لَهُ إِسْحَاقَ وَيَعْقُوبَ وَكُلًّا جَعَلْنَا نَبِيًّا (٤٩) وَوَهَبْنَا لَهُم مِّن رَّحْمَتِنَا وَجَعَلْنَا لَهُمْ لِسَانَ صِدْقٍ عَلِيًّا (٥٠) وَاذْكُرْ فِي الْكِتَابِ مُوسَىٰ إِنَّهُ كَانَ مُخْلَصًا وَكَانَ رَسُولًا نَّبِيًّا (٥١) وَنَادَيْنَاهُ مِن جَانِبِ الطُّورِ الْأَيْمَنِ وَقَرَّبْنَاهُ نَجِيًّا (٥٢) وَوَهَبْنَا لَهُ مِن رَّحْمَتِنَا أَخَاهُ هَارُونَ نَبِيًّا (٥٣) وَاذْكُرْ فِي الْكِتَابِ إِسْمَاعِيلَ إِنَّهُ كَانَ صَادِقَ الْوَعْدِ وَكَانَ رَسُولًا نَّبِيًّا (٥٤) وَكَانَ يَأْمُرُ أَهْلَهُ بِالصَّلَاةِ وَالزَّكَاةِ وَكَانَ عِندَ رَبِّهِ مَرْضِيًّا (٥٥) وَاذْكُرْ فِي الْكِتَابِ إِدْرِيسَ إِنَّهُ كَانَ صِدِّيقًا نَّبِيًّا (٥٦) وَرَفَعْنَاهُ مَكَانًا عَلِيًّا (٥٧) أُولَٰئِكَ الَّذِينَ أَنْعَمَ اللَّهُ عَلَيْهِم مِّنَ النَّبِيِّينَ مِن ذُرِّيَّةِ آدَمَ وَمِمَّنْ حَمَلْنَا مَعَ نُوحٍ وَمِن ذُرِّيَّةِ إِبْرَاهِيمَ وَإِسْرَائِيلَ وَمِمَّنْ هَدَيْنَا وَاجْتَبَيْنَا إِذَا تُتْلَىٰ عَلَيْهِمْ آيَاتُ الرَّحْمَٰنِ خَرُّوا سُجَّدًا وَبُكِيًّا* (٥٨) فَخَلَفَ مِن بَعْدِهِمْ خَلْفٌ أَضَاعُوا الصَّلَاةَ وَاتَّبَعُوا الشَّهَوَاتِ فَسَوْفَ يَلْقَوْنَ غَيًّا (٥٩) إِلَّا مَن تَابَ وَآمَنَ وَعَمِلَ صَالِحًا فَأُولَٰئِكَ يَدْخُلُونَ الْجَنَّةَ وَلَا يُظْلَمُونَ شَيْئًا (٦٠) جَنَّاتِ عَدْنٍ الَّتِي وَعَدَ الرَّحْمَٰنُ عِبَادَهُ بِالْغَيْبِ إِنَّهُ كَانَ وَعْدُهُ مَأْتِيًّا (٦١) لَا يَسْمَعُونَ فِيهَا لَغْوًا إِلَّا سَلَامًا وَلَهُمْ رِزْقُهُمْ فِيهَا بُكْرَةً وَعَشِيًّا (٦٢) تِلْكَ الْجَنَّةُ الَّتِي نُورِثُ مِنْ عِبَادِنَا مَن كَانَ

تَقِيًّا (٦٣) وَمَا نَتَنَزَّلُ إِلَّا بِأَمْرِ رَبِّكَ لَهُ مَا بَيْنَ أَيْدِينَا وَمَا خَلْفَنَا وَمَا بَيْنَ ذَلِكَ وَمَا كَانَ رَبُّكَ نَسِيًّا (٦٤) رَبُّ السَّمَاوَاتِ وَالْأَرْضِ وَمَا بَيْنَهُمَا فَاعْبُدْهُ وَاصْطَبِرْ لِعِبَادَتِهِ هَلْ تَعْلَمُ لَهُ سَمِيًّا (٦٥) وَيَقُولُ الْإِنسَانُ أَئِذَا مَا مِتُّ لَسَوْفَ أُخْرَجُ حَيًّا (٦٦) أَوَلَا يَذْكُرُ الْإِنسَانُ أَنَّا خَلَقْنَاهُ مِن قَبْلُ وَلَمْ يَكُ شَيْئًا (٦٧) فَوَرَبِّكَ لَنَحْشُرَنَّهُمْ وَالشَّيَاطِينَ ثُمَّ لَنُحْضِرَنَّهُمْ حَوْلَ جَهَنَّمَ جِثِيًّا (٦٨) ثُمَّ لَنَنزِعَنَّ مِن كُلِّ شِيعَةٍ أَيُّهُمْ أَشَدُّ عَلَى الرَّحْمَنِ عِتِيًّا (٦٩) ثُمَّ لَنَحْنُ أَعْلَمُ بِالَّذِينَ هُمْ أَوْلَى بِهَا صِلِيًّا (٧٠) وَإِن مِّنكُمْ إِلَّا وَارِدُهَا كَانَ عَلَى رَبِّكَ حَتْمًا مَّقْضِيًّا (٧١) ثُمَّ نُنَجِّي الَّذِينَ اتَّقَوا وَّنَذَرُ الظَّالِمِينَ فِيهَا جِثِيًّا (٧٢) وَإِذَا تُتْلَى عَلَيْهِمْ آيَاتُنَا بَيِّنَاتٍ قَالَ الَّذِينَ كَفَرُوا لِلَّذِينَ آمَنُوا أَيُّ الْفَرِيقَيْنِ خَيْرٌ مَّقَامًا وَأَحْسَنُ نَدِيًّا (٧٣) وَكَمْ أَهْلَكْنَا قَبْلَهُم مِّن قَرْنٍ هُمْ أَحْسَنُ أَثَاثًا وَرِئْيًا (٧٤) قُلْ مَن كَانَ فِي الضَّلَالَةِ فَلْيَمْدُدْ لَهُ الرَّحْمَنُ مَدًّا حَتَّى إِذَا رَأَوْا مَا يُوعَدُونَ إِمَّا الْعَذَابَ وَإِمَّا السَّاعَةَ فَسَيَعْلَمُونَ مَنْ هُوَ شَرٌّ مَّكَانًا وَأَضْعَفُ جُندًا (٧٥) وَيَزِيدُ اللهُ الَّذِينَ اهْتَدَوْا هُدًى وَالْبَاقِيَاتُ الصَّالِحَاتُ خَيْرٌ عِندَ رَبِّكَ ثَوَابًا وَخَيْرٌ مَّرَدًّا (٧٦) أَفَرَأَيْتَ الَّذِي كَفَرَ بِآيَاتِنَا وَقَالَ لَأُوتَيَنَّ مَالًا وَوَلَدًا (٧٧) أَطَّلَعَ الْغَيْبَ أَمِ اتَّخَذَ عِندَ الرَّحْمَنِ عَهْدًا (٧٨) كَلَّا سَنَكْتُبُ مَا يَقُولُ وَنَمُدُّ لَهُ مِنَ الْعَذَابِ مَدًّا (٧٩) وَنَرِثُهُ مَا يَقُولُ وَيَأْتِينَا فَرْدًا (٨٠) وَاتَّخَذُوا مِن دُونِ اللهِ آلِهَةً لِّيَكُونُوا لَهُمْ عِزًّا (٨١) كَلَّا سَيَكْفُرُونَ بِعِبَادَتِهِمْ وَيَكُونُونَ عَلَيْهِمْ ضِدًّا (٨٢) أَلَمْ تَرَ أَنَّا أَرْسَلْنَا الشَّيَاطِينَ عَلَى الْكَافِرِينَ تَؤُزُّهُمْ أَزًّا (٨٣) فَلَا تَعْجَلْ عَلَيْهِمْ إِنَّمَا نَعُدُّ لَهُمْ عَدًّا (٨٤) يَوْمَ نَحْشُرُ الْمُتَّقِينَ إِلَى الرَّحْمَنِ وَفْدًا (٨٥) وَنَسُوقُ الْمُجْرِمِينَ إِلَى جَهَنَّمَ وِرْدًا (٨٦) لَا يَمْلِكُونَ الشَّفَاعَةَ إِلَّا مَنِ اتَّخَذَ عِندَ الرَّحْمَنِ عَهْدًا (٨٧) وَقَالُوا اتَّخَذَ الرَّحْمَنُ وَلَدًا (٨٨) لَقَدْ جِئْتُمْ شَيْئًا إِدًّا (٨٩) تَكَادُ السَّمَاوَاتُ يَتَفَطَّرْنَ مِنْهُ وَتَنشَقُّ الْأَرْضُ وَتَخِرُّ الْجِبَالُ هَدًّا (٩٠) أَن دَعَوْا لِلرَّحْمَنِ وَلَدًا (٩١) وَمَا يَنبَغِي لِلرَّحْمَنِ أَن يَتَّخِذَ وَلَدًا (٩٢) إِن كُلُّ مَن فِي السَّمَاوَاتِ وَالْأَرْضِ إِلَّا آتِي الرَّحْمَنِ عَبْدًا (٩٣) لَقَدْ أَحْصَاهُمْ وَعَدَّهُمْ عَدًّا (٩٤) وَكُلُّهُمْ آتِيهِ يَوْمَ الْقِيَامَةِ فَرْدًا (٩٥) إِنَّ الَّذِينَ آمَنُوا وَعَمِلُوا الصَّالِحَاتِ سَيَجْعَلُ لَهُمُ الرَّحْمَنُ وُدًّا (٩٦) فَإِنَّمَا يَسَّرْنَاهُ بِلِسَانِكَ لِتُبَشِّرَ بِهِ الْمُتَّقِينَ وَتُنذِرَ بِهِ قَوْمًا لُّدًّا (٩٧) وَكَمْ أَهْلَكْنَا قَبْلَهُم مِّن قَرْنٍ هَلْ تُحِسُّ مِنْهُم مِّنْ أَحَدٍ أَوْ تَسْمَعُ لَهُمْ رِكْزًا (٩٨

SOURATE TA HA

سورة طه

طه (١) مَا أَنزَلْنَا عَلَيْكَ الْقُرْآنَ لِتَشْقَى (٢) إِلَّا تَذْكِرَةً لِّمَن يَخْشَى (٣) تَنزِيلاً
مِّمَّنْ خَلَقَ الْأَرْضَ وَالسَّمَاوَاتِ الْعُلَى (٤) الرَّحْمَنُ عَلَى الْعَرْشِ اسْتَوَى (٥) لَهُ
مَا فِي السَّمَاوَاتِ وَمَا فِي الْأَرْضِ وَمَا بَيْنَهُمَا وَمَا تَحْتَ الثَّرَى (٦) وَإِن تَجْهَرْ
بِالْقَوْلِ فَإِنَّهُ يَعْلَمُ السِّرَّ وَأَخْفَى (٧) اللَّهُ لَا إِلَهَ إِلَّا هُوَ لَهُ الْأَسْمَاء الْحُسْنَى (٨) وَهَلْ
أَتَاكَ حَدِيثُ مُوسَى (٩) إِذْ رَأَى نَارًا فَقَالَ لِأَهْلِهِ امْكُثُوا إِنِّي آنَسْتُ نَارًا لَّعَلِّي
آتِيكُم مِّنْهَا بِقَبَسٍ أَوْ أَجِدُ عَلَى النَّارِ هُدًى (١٠) فَلَمَّا أَتَاهَا نُودِي يَا
مُوسَى (١١) إِنِّي أَنَا رَبُّكَ فَاخْلَعْ نَعْلَيْكَ إِنَّكَ بِالْوَادِ الْمُقَدَّسِ طُوًى (١٢) وَأَنَا
اخْتَرْتُكَ فَاسْتَمِعْ لِمَا يُوحَى (١٣) إِنَّنِي أَنَا اللَّهُ لَا إِلَهَ إِلَّا أَنَا فَاعْبُدْنِي وَأَقِمِ الصَّلَاةَ
لِذِكْرِي (١٤) إِنَّ السَّاعَةَ ءاَتِيَةٌ أَكَادُ أُخْفِيهَا لِتُجْزَى كُلُّ نَفْسٍ بِمَا تَسْعَى (١٥) فَلاَ
يَصُدَّنَّكَ عَنْهَا مَنْ لاَ يُؤْمِنُ بِهَا وَاتَّبَعَ هَوَاهُ فَتَرْدَى (١٦) وَمَا تِلْكَ بِيَمِينِكَ يَا
مُوسَى (١٧) قَالَ هِيَ عَصَايَ أَتَوَكَّأُ عَلَيْهَا وَأَهُشُّ بِهَا عَلَى غَنَمِي وَلِيَ فِيهَا
مَآرِبُ أُخْرَى (١٨) قَالَ أَلْقِهَا يَا مُوسَى (١٩) فَأَلْقَاهَا فَإِذَا هِيَ حَيَّةٌ
تَسْعَى (٢٠) قَالَ خُذْهَا وَلَا تَخَفْ سَنُعِيدُهَا سِيرَتَهَا الْأُولَى (٢١) وَاضْمُمْ يَدَكَ
إِلَى جَنَاحِكَ تَخْرُجْ بَيْضَاء مِنْ غَيْرِ سُوءٍ آيَةً أُخْرَى (٢٢) لِنُرِيَكَ مِنْ آيَاتِنَا
الْكُبْرَى (٢٣) اذْهَبْ إِلَى فِرْعَوْنَ إِنَّهُ طَغَى (٢٤) قَالَ رَبِّ اشْرَحْ لِي
صَدْرِي (٢٥) وَيَسِّرْ لِي أَمْرِي (٢٦) وَاحْلُلْ عُقْدَةً مِّن لِّسَانِي (٢٧) يَفْقَهُوا
قَوْلِي (٢٨) وَاجْعَل لِّي وَزِيرًا مِّنْ أَهْلِي (٢٩) هَارُونَ أَخِي (٣٠) اشْدُدْ بِهِ
أَزْرِي (٣١) وَأَشْرِكْهُ فِي أَمْرِي (٣٢) كَيْ نُسَبِّحَكَ كَثِيرًا (٣٣) وَنَذْكُرَكَ
كَثِيرًا (٣٤) إِنَّكَ كُنتَ بِنَا بَصِيرًا (٣٥) قَالَ قَدْ أُوتِيتَ سُؤْلَكَ يَا
مُوسَى (٣٦) وَلَقَدْ مَنَنَّا عَلَيْكَ مَرَّةً أُخْرَى (٣٧) إِذْ أَوْحَيْنَا إِلَى أُمِّكَ مَا
يُوحَى (٣٨) أَنِ اقْذِفِيهِ فِي التَّابُوتِ فَاقْذِفِيهِ فِي الْيَمِّ فَلْيُلْقِهِ الْيَمُّ بِالسَّاحِلِ يَأْخُذْهُ
عَدُوٌّ لِّي وَعَدُوٌّ لَّهُ وَأَلْقَيْتُ عَلَيْكَ مَحَبَّةً مِّنِّي وَلِتُصْنَعَ عَلَى عَيْنِي (٣٩) إِذْ تَمْشِي
أُخْتُكَ فَتَقُولُ هَلْ أَدُلُّكُمْ عَلَى مَن يَكْفُلُهُ فَرَجَعْنَاكَ إِلَى أُمِّكَ كَيْ تَقَرَّ عَيْنُهَا وَلَا
تَحْزَنَ وَقَتَلْتَ نَفْسًا فَنَجَّيْنَاكَ مِنَ الْغَمِّ وَفَتَنَّاكَ فُتُونًا فَلَبِثْتَ سِنِينَ فِي أَهْلِ مَدْيَنَ ثُمَّ
جِئْتَ عَلَى قَدَرٍ يَا مُوسَى (٤٠) وَاصْطَنَعْتُكَ لِنَفْسِي (٤١) اذْهَبْ أَنتَ وَأَخُوكَ
بِآيَاتِي وَلَا تَنِيَا فِي ذِكْرِي (٤٢) اذْهَبَا إِلَى فِرْعَوْنَ إِنَّهُ طَغَى (٤٣) فَقُولَا لَهُ قَوْلًا
لَّيِّنًا لَّعَلَّهُ يَتَذَكَّرُ أَوْ يَخْشَى (٤٤) قَالَا رَبَّنَا إِنَّنَا نَخَافُ أَن يَفْرُطَ عَلَيْنَا أَوْ أَن
يَطْغَى (٤٥) قَالَ لَا تَخَافَا إِنَّنِي مَعَكُمَا أَسْمَعُ وَأَرَى (٤٦) فَأْتِيَاهُ فَقُولَا إِنَّا رَسُولَا
رَبِّكَ فَأَرْسِلْ مَعَنَا بَنِي إِسْرَائِيلَ وَلَا تُعَذِّبْهُمْ قَدْ جِئْنَاكَ بِآيَةٍ مِّن رَّبِّكَ وَالسَّلَامُ عَلَى
مَنِ اتَّبَعَ الْهُدَى (٤٧) إِنَّا قَدْ أُوحِيَ إِلَيْنَا أَنَّ الْعَذَابَ عَلَى مَن كَذَّبَ
وَتَوَلَّى (٤٨) قَالَ فَمَن رَّبُّكُمَا يَا مُوسَى (٤٩) قَالَ رَبُّنَا الَّذِي أَعْطَى كُلَّ شَيْءٍ

خَلْقَهُ ثُمَّ هَدَى (٥٠) قَالَ فَمَا بَالُ الْقُرُونِ الْأُولَى (٥١) قَالَ عِلْمُهَا عِندَ رَبِّي فِي كِتَابٍ لَّا يَضِلُّ رَبِّي وَلَا يَنسَى (٥٢) الَّذِي جَعَلَ لَكُمُ الْأَرْضَ مَهْدًا وَسَلَكَ لَكُمْ فِيهَا سُبُلًا وَأَنزَلَ مِنَ السَّمَاءِ مَاءً فَأَخْرَجْنَا بِهِ أَزْوَاجًا مِّن نَّبَاتٍ شَتَّى (٥٣) كُلُوا وَارْعَوْا أَنْعَامَكُمْ إِنَّ فِي ذَٰلِكَ لَآيَاتٍ لِّأُولِي النُّهَى (٥٤) مِنْهَا خَلَقْنَاكُمْ وَفِيهَا نُعِيدُكُمْ وَمِنْهَا نُخْرِجُكُمْ تَارَةً أُخْرَى (٥٥) وَلَقَدْ أَرَيْنَاهُ آيَاتِنَا كُلَّهَا فَكَذَّبَ وَأَبَى (٥٦) قَالَ أَجِئْتَنَا لِتُخْرِجَنَا مِنْ أَرْضِنَا بِسِحْرِكَ يَا مُوسَى (٥٧) فَلَنَأْتِيَنَّكَ بِسِحْرٍ مِّثْلِهِ فَاجْعَلْ بَيْنَنَا وَبَيْنَكَ مَوْعِدًا لَّا نُخْلِفُهُ نَحْنُ وَلَا أَنتَ مَكَانًا سُوًى (٥٨) قَالَ مَوْعِدُكُمْ يَوْمُ الزِّينَةِ وَأَن يُحْشَرَ النَّاسُ ضُحًى (٥٩) فَتَوَلَّى فِرْعَوْنُ فَجَمَعَ كَيْدَهُ ثُمَّ أَتَى (٦٠) قَالَ لَهُم مُّوسَى وَيْلَكُمْ لَا تَفْتَرُوا عَلَى اللَّهِ كَذِبًا فَيُسْحِتَكُم بِعَذَابٍ وَقَدْ خَابَ مَنِ افْتَرَى (٦١) فَتَنَازَعُوا أَمْرَهُم بَيْنَهُمْ وَأَسَرُّوا النَّجْوَى (٦٢) قَالُوا إِنْ هَٰذَانِ لَسَاحِرَانِ يُرِيدَانِ أَن يُخْرِجَاكُم مِّنْ أَرْضِكُم بِسِحْرِهِمَا وَيَذْهَبَا بِطَرِيقَتِكُمُ الْمُثْلَى (٦٣) فَأَجْمِعُوا كَيْدَكُمْ ثُمَّ ائْتُوا صَفًّا وَقَدْ أَفْلَحَ الْيَوْمَ مَنِ اسْتَعْلَى (٦٤) قَالُوا يَا مُوسَى إِمَّا أَن تُلْقِيَ وَإِمَّا أَن نَّكُونَ أَوَّلَ مَنْ أَلْقَى (٦٥) قَالَ بَلْ أَلْقُوا فَإِذَا حِبَالُهُمْ وَعِصِيُّهُمْ يُخَيَّلُ إِلَيْهِ مِن سِحْرِهِمْ أَنَّهَا تَسْعَى (٦٦) فَأَوْجَسَ فِي نَفْسِهِ خِيفَةً مُّوسَى (٦٧) قُلْنَا لَا تَخَفْ إِنَّكَ أَنتَ الْأَعْلَى (٦٨) وَأَلْقِ مَا فِي يَمِينِكَ تَلْقَفْ مَا صَنَعُوا إِنَّمَا صَنَعُوا كَيْدُ سَاحِرٍ وَلَا يُفْلِحُ السَّاحِرُ حَيْثُ أَتَى (٦٩) فَأُلْقِيَ السَّحَرَةُ سُجَّدًا قَالُوا آمَنَّا بِرَبِّ هَارُونَ وَمُوسَى (٧٠) قَالَ آمَنتُمْ لَهُ قَبْلَ أَنْ آذَنَ لَكُمْ إِنَّهُ لَكَبِيرُكُمُ الَّذِي عَلَّمَكُمُ السِّحْرَ فَلَأُقَطِّعَنَّ أَيْدِيَكُمْ وَأَرْجُلَكُم مِّنْ خِلَافٍ وَلَأُصَلِّبَنَّكُمْ فِي جُذُوعِ النَّخْلِ وَلَتَعْلَمُنَّ أَيُّنَا أَشَدُّ عَذَابًا وَأَبْقَى (٧١) قَالُوا لَن نُّؤْثِرَكَ عَلَى مَا جَاءَنَا مِنَ الْبَيِّنَاتِ وَالَّذِي فَطَرَنَا فَاقْضِ مَا أَنتَ قَاضٍ إِنَّمَا تَقْضِي هَٰذِهِ الْحَيَاةَ الدُّنْيَا (٧٢) إِنَّا آمَنَّا بِرَبِّنَا لِيَغْفِرَ لَنَا خَطَايَانَا وَمَا أَكْرَهْتَنَا عَلَيْهِ مِنَ السِّحْرِ وَاللَّهُ خَيْرٌ وَأَبْقَى (٧٣) إِنَّهُ مَن يَأْتِ رَبَّهُ مُجْرِمًا فَإِنَّ لَهُ جَهَنَّمَ لَا يَمُوتُ فِيهَا وَلَا يَحْيَى (٧٤) وَمَن يَأْتِهِ مُؤْمِنًا قَدْ عَمِلَ الصَّالِحَاتِ فَأُولَٰئِكَ لَهُمُ الدَّرَجَاتُ الْعُلَى (٧٥) جَنَّاتُ عَدْنٍ تَجْرِي مِن تَحْتِهَا الْأَنْهَارُ خَالِدِينَ فِيهَا وَذَٰلِكَ جَزَاءُ مَن تَزَكَّى (٧٦) وَلَقَدْ أَوْحَيْنَا إِلَى مُوسَى أَنْ أَسْرِ بِعِبَادِي فَاضْرِبْ لَهُمْ طَرِيقًا فِي الْبَحْرِ يَبَسًا لَّا تَخَافُ دَرَكًا وَلَا تَخْشَى (٧٧) فَأَتْبَعَهُمْ فِرْعَوْنُ بِجُنُودِهِ فَغَشِيَهُم مِّنَ الْيَمِّ مَا غَشِيَهُمْ (٧٨) وَأَضَلَّ فِرْعَوْنُ قَوْمَهُ وَمَا هَدَى (٧٩) يَا بَنِي إِسْرَائِيلَ قَدْ أَنجَيْنَاكُم مِّنْ عَدُوِّكُمْ وَوَاعَدْنَاكُمْ جَانِبَ الطُّورِ الْأَيْمَنَ وَنَزَّلْنَا عَلَيْكُمُ الْمَنَّ وَالسَّلْوَى (٨٠) كُلُوا مِن طَيِّبَاتِ مَا رَزَقْنَاكُمْ وَلَا تَطْغَوْا فِيهِ فَيَحِلَّ عَلَيْكُمْ غَضَبِي وَمَن يَحْلِلْ عَلَيْهِ غَضَبِي فَقَدْ هَوَى (٨١) وَإِنِّي لَغَفَّارٌ لِّمَن تَابَ وَآمَنَ وَعَمِلَ صَالِحًا ثُمَّ اهْتَدَى (٨٢) وَمَا أَعْجَلَكَ عَن قَوْمِكَ يَا مُوسَى (٨٣) قَالَ هُمْ أُولَاءِ

عَلَى أَثَرِي وَعَجِلْتُ إِلَيْكَ رَبِّ لِتَرْضَى (٨٤) قَالَ فَإِنَّا قَدْ فَتَنَّا قَوْمَكَ مِن بَعْدِكَ وَأَضَلَّهُمُ السَّامِرِيُّ (٨٥) فَرَجَعَ مُوسَى إِلَى قَوْمِهِ غَضْبَانَ أَسِفًا قَالَ يَا قَوْمِ أَلَمْ يَعِدْكُمْ رَبُّكُمْ وَعْدًا حَسَنًا أَفَطَالَ عَلَيْكُمُ الْعَهْدُ أَمْ أَرَدتُّمْ أَن يَحِلَّ عَلَيْكُمْ غَضَبٌ مِّن رَّبِّكُمْ فَأَخْلَفْتُم مَّوْعِدِي (٨٦) قَالُوا مَا أَخْلَفْنَا مَوْعِدَكَ بِمَلْكِنَا وَلَكِنَّا حُمِّلْنَا أَوْزَارًا مِّن زِينَةِ الْقَوْمِ فَقَذَفْنَاهَا فَكَذَلِكَ أَلْقَى السَّامِرِيُّ (٨٧) فَأَخْرَجَ لَهُمْ عِجْلًا جَسَدًا لَّهُ خُوَارٌ فَقَالُوا هَذَا إِلَهُكُمْ وَإِلَهُ مُوسَى فَنَسِيَ (٨٨) أَفَلَا يَرَوْنَ أَلَّا يَرْجِعُ إِلَيْهِمْ قَوْلًا وَلَا يَمْلِكُ لَهُمْ ضَرًّا وَلَا نَفْعًا (٨٩) وَلَقَدْ قَالَ لَهُمْ هَارُونُ مِن قَبْلُ يَا قَوْمِ إِنَّمَا فُتِنتُم بِهِ وَإِنَّ رَبَّكُمُ الرَّحْمَنُ فَاتَّبِعُونِي وَأَطِيعُوا أَمْرِي (٩٠) قَالُوا لَن نَّبْرَحَ عَلَيْهِ عَاكِفِينَ حَتَّى يَرْجِعَ إِلَيْنَا مُوسَى (٩١) قَالَ يَا هَارُونُ مَا مَنَعَكَ إِذْ رَأَيْتَهُمْ ضَلُّوا (٩٢) أَلَّا تَتَّبِعَنِ أَفَعَصَيْتَ أَمْرِي (٩٣) قَالَ يَا ابْنَ أُمَّ لَا تَأْخُذْ بِلِحْيَتِي وَلَا بِرَأْسِي إِنِّي خَشِيتُ أَن تَقُولَ فَرَّقْتَ بَيْنَ بَنِي إِسْرَائِيلَ وَلَمْ تَرْقُبْ قَوْلِي (٩٤) قَالَ فَمَا خَطْبُكَ يَا سَامِرِيُّ (٩٥) قَالَ بَصُرْتُ بِمَا لَمْ يَبْصُرُوا بِهِ فَقَبَضْتُ قَبْضَةً مِّنْ أَثَرِ الرَّسُولِ فَنَبَذْتُهَا وَكَذَلِكَ سَوَّلَتْ لِي نَفْسِي (٩٦) قَالَ فَاذْهَبْ فَإِنَّ لَكَ فِي الْحَيَاةِ أَن تَقُولَ لَا مِسَاسَ وَإِنَّ لَكَ مَوْعِدًا لَّن تُخْلَفَهُ وَانظُرْ إِلَى إِلَهِكَ الَّذِي ظَلْتَ عَلَيْهِ عَاكِفًا لَّنُحَرِّقَنَّهُ ثُمَّ لَنَنسِفَنَّهُ فِي الْيَمِّ نَسْفًا (٩٧) إِنَّمَا إِلَهُكُمُ اللَّهُ الَّذِي لَا إِلَهَ إِلَّا هُوَ وَسِعَ كُلَّ شَيْءٍ عِلْمًا (٩٨) كَذَلِكَ نَقُصُّ عَلَيْكَ مِنْ أَنبَاءِ مَا قَدْ سَبَقَ وَقَدْ آتَيْنَاكَ مِن لَّدُنَّا ذِكْرًا (٩٩) مَّنْ أَعْرَضَ عَنْهُ فَإِنَّهُ يَحْمِلُ يَوْمَ الْقِيَامَةِ وِزْرًا (١٠٠) خَالِدِينَ فِيهِ وَسَاءَ لَهُمْ يَوْمَ الْقِيَامَةِ حِمْلًا (١٠١) يَوْمَ يُنفَخُ فِي الصُّورِ وَنَحْشُرُ الْمُجْرِمِينَ يَوْمَئِذٍ زُرْقًا (١٠٢) يَتَخَافَتُونَ بَيْنَهُمْ إِن لَّبِثْتُمْ إِلَّا عَشْرًا (١٠٣) نَّحْنُ أَعْلَمُ بِمَا يَقُولُونَ إِذْ يَقُولُ أَمْثَلُهُمْ طَرِيقَةً إِن لَّبِثْتُمْ إِلَّا يَوْمًا (١٠٤) وَيَسْأَلُونَكَ عَنِ الْجِبَالِ فَقُلْ يَنسِفُهَا رَبِّي نَسْفًا (١٠٥) فَيَذَرُهَا قَاعًا صَفْصَفًا (١٠٦) لَّا تَرَى فِيهَا عِوَجًا وَلَا أَمْتًا (١٠٧) يَوْمَئِذٍ يَتَّبِعُونَ الدَّاعِيَ لَا عِوَجَ لَهُ وَخَشَعَتِ الْأَصْوَاتُ لِلرَّحْمَنِ فَلَا تَسْمَعُ إِلَّا هَمْسًا (١٠٨) يَوْمَئِذٍ لَّا تَنفَعُ الشَّفَاعَةُ إِلَّا مَنْ أَذِنَ لَهُ الرَّحْمَنُ وَرَضِيَ لَهُ قَوْلًا (١٠٩) يَعْلَمُ مَا بَيْنَ أَيْدِيهِمْ وَمَا خَلْفَهُمْ وَلَا يُحِيطُونَ بِهِ عِلْمًا (١١٠) وَعَنَتِ الْوُجُوهُ لِلْحَيِّ الْقَيُّومِ وَقَدْ خَابَ مَنْ حَمَلَ ظُلْمًا (١١١) وَمَن يَعْمَلْ مِنَ الصَّالِحَاتِ وَهُوَ مُؤْمِنٌ فَلَا يَخَافُ ظُلْمًا وَلَا هَضْمًا (١١٢) وَكَذَلِكَ أَنزَلْنَاهُ قُرْآنًا عَرَبِيًّا وَصَرَّفْنَا فِيهِ مِنَ الْوَعِيدِ لَعَلَّهُمْ يَتَّقُونَ أَوْ يُحْدِثُ لَهُمْ ذِكْرًا (١١٣) فَتَعَالَى اللَّهُ الْمَلِكُ الْحَقُّ وَلَا تَعْجَلْ بِالْقُرْآنِ مِن قَبْلِ أَن يُقْضَى إِلَيْكَ وَحْيُهُ وَقُل رَّبِّ زِدْنِي عِلْمًا (١١٤) وَلَقَدْ عَهِدْنَا إِلَى آدَمَ مِن قَبْلُ فَنَسِيَ وَلَمْ نَجِدْ لَهُ عَزْمًا (١١٥) وَإِذْ قُلْنَا لِلْمَلَائِكَةِ اسْجُدُوا لِآدَمَ فَسَجَدُوا إِلَّا إِبْلِيسَ أَبَى (١١٦) فَقُلْنَا يَا آدَمُ إِنَّ هَذَا عَدُوٌّ لَّكَ وَلِزَوْجِكَ فَلَا يُخْرِجَنَّكُمَا مِنَ الْجَنَّةِ فَتَشْقَى (١١٧) إِنَّ لَكَ

أَلَّا تَجُوعَ فِيهَا وَلَا تَعْرَى (١١٨) وَأَنَّكَ لَا تَظْمَأُ فِيهَا وَلَا
تَضْحَى (١١٩) فَوَسْوَسَ إِلَيْهِ الشَّيْطَانُ قَالَ يَا آدَمُ هَلْ أَدُلُّكَ عَلَى شَجَرَةِ الْخُلْدِ
وَمُلْكٍ لَّا يَبْلَى (١٢٠) فَأَكَلَا مِنْهَا فَبَدَتْ لَهُمَا سَوْآتُهُمَا وَطَفِقَا يَخْصِفَانِ عَلَيْهِمَا مِن
وَرَقِ الْجَنَّةِ وَعَصَى آدَمُ رَبَّهُ فَغَوَى (١٢١) ثُمَّ اجْتَبَاهُ رَبُّهُ فَتَابَ عَلَيْهِ
وَهَدَى (١٢٢) قَالَ اهْبِطَا مِنْهَا جَمِيعًا بَعْضُكُمْ لِبَعْضٍ عَدُوٌّ فَإِمَّا يَأْتِيَنَّكُم مِّنِّي هُدًى
فَمَنِ اتَّبَعَ هُدَايَ فَلَا يَضِلُّ وَلَا يَشْقَى (١٢٣) وَمَنْ أَعْرَضَ عَن ذِكْرِي فَإِنَّ لَهُ
مَعِيشَةً ضَنكًا وَنَحْشُرُهُ يَوْمَ الْقِيَامَةِ أَعْمَى (١٢٤) قَالَ رَبِّ لِمَ حَشَرْتَنِي أَعْمَى
وَقَدْ كُنتُ بَصِيرًا (١٢٥) قَالَ كَذَلِكَ أَتَتْكَ آيَاتُنَا فَنَسِيتَهَا وَكَذَلِكَ الْيَوْمَ
تُنسَى (١٢٦) وَكَذَلِكَ نَجْزِي مَنْ أَسْرَفَ وَلَمْ يُؤْمِن بِآيَاتِ رَبِّهِ وَلَعَذَابُ الْآخِرَةِ
أَشَدُّ وَأَبْقَى (١٢٧) أَفَلَمْ يَهْدِ لَهُمْ كَمْ أَهْلَكْنَا قَبْلَهُم مِّنَ الْقُرُونِ يَمْشُونَ فِي مَسَاكِنِهِمْ
إِنَّ فِي ذَلِكَ لَآيَاتٍ لِّأُوْلِي النُّهَى (١٢٨) وَلَوْلَا كَلِمَةٌ سَبَقَتْ مِن رَّبِّكَ لَكَانَ لِزَامًا
وَأَجَلٌ مُسَمًّى (١٢٩) فَاصْبِرْ عَلَى مَا يَقُولُونَ وَسَبِّحْ بِحَمْدِ رَبِّكَ قَبْلَ طُلُوعِ
الشَّمْسِ وَقَبْلَ غُرُوبِهَا وَمِنْ آنَاءِ اللَّيْلِ فَسَبِّحْ وَأَطْرَافَ النَّهَارِ لَعَلَّكَ
تَرْضَى (١٣٠) وَلَا تَمُدَّنَّ عَيْنَيْكَ إِلَى مَا مَتَّعْنَا بِهِ أَزْوَاجًا مِّنْهُمْ زَهْرَةَ الْحَيَاةِ الدُّنيَا
لِنَفْتِنَهُمْ فِيهِ وَرِزْقُ رَبِّكَ خَيْرٌ وَأَبْقَى (١٣١) وَأْمُرْ أَهْلَكَ بِالصَّلَاةِ وَاصْطَبِرْ عَلَيْهَا
لَا نَسْأَلُكَ رِزْقًا نَّحْنُ نَرْزُقُكَ وَالْعَاقِبَةُ لِلتَّقْوَى (١٣٢) وَقَالُوا لَوْلَا يَأْتِينَا بِآيَةٍ مِّن
رَّبِّهِ أَوَلَمْ تَأْتِهِم بَيِّنَةُ مَا فِي الصُّحُفِ الْأُولَى (١٣٣) وَلَوْ أَنَّا أَهْلَكْنَاهُم بِعَذَابٍ مِّن
قَبْلِهِ لَقَالُوا رَبَّنَا لَوْلَا أَرْسَلْتَ إِلَيْنَا رَسُولًا فَنَتَّبِعَ آيَاتِكَ مِن قَبْلِ أَن نَّذِلَّ
وَنَخْزَى (١٣٤) قُلْ كُلٌّ مُّتَرَبِّصٌ فَتَرَبَّصُوا فَسَتَعْلَمُونَ مَنْ أَصْحَابُ الصِّرَاطِ
السَّوِيِّ وَمَنِ اهْتَدَى (١٣٥

SOURATE AL ANBIYA

سورة الأنبياء

اقْتَرَبَ لِلنَّاسِ حِسَابُهُمْ وَهُمْ فِي غَفْلَةٍ مَّعْرِضُونَ (١) مَا يَأْتِيهِم مِّن ذِكْرٍ مِّن رَّبِّهِم
مُّحْدَثٍ إِلَّا اسْتَمَعُوهُ وَهُمْ يَلْعَبُونَ (٢) لَاهِيَةً قُلُوبُهُمْ وَأَسَرُّوا النَّجْوَى الَّذِينَ ظَلَمُوا
هَلْ هَذَا إِلَّا بَشَرٌ مِّثْلُكُمْ أَفَتَأْتُونَ السِّحْرَ وَأَنتُمْ تُبْصِرُونَ (٣) قَالَ رَبِّي يَعْلَمُ الْقَوْلَ
فِي السَّمَاءِ وَالْأَرْضِ وَهُوَ السَّمِيعُ الْعَلِيمُ (٤) بَلْ قَالُوا أَضْغَاثُ أَحْلَامٍ بَلِ افْتَرَاهُ
بَلْ هُوَ شَاعِرٌ فَلْيَأْتِنَا بِآيَةٍ كَمَا أُرْسِلَ الْأَوَّلُونَ (٥) مَا آمَنَتْ قَبْلَهُم مِّن قَرْيَةٍ
أَهْلَكْنَاهَا أَفَهُمْ يُؤْمِنُونَ (٦) وَمَا أَرْسَلْنَا قَبْلَكَ إِلَّا رِجَالًا نُّوحِي إِلَيْهِمْ فَاسْأَلُوا أَهْلَ

الذِّكْرِ إِن كُنتُمْ لاَ تَعْلَمُونَ (٧) وَمَا جَعَلْنَاهُمْ جَسَدًا لَّا يَأْكُلُونَ الطَّعَامَ وَمَا كَانُوا خَالِدِينَ (٨) ثُمَّ صَدَقْنَاهُمُ الْوَعْدَ فَأَنجَيْنَاهُمْ وَمَن نَّشَاء وَأَهْلَكْنَا الْمُسْرِفِينَ (٩) لَقَدْ أَنزَلْنَا إِلَيْكُمْ كِتَابًا فِيهِ ذِكْرُكُمْ أَفَلَا تَعْقِلُونَ (١٠) وَكَمْ قَصَمْنَا مِن قَرْيَةٍ كَانَتْ ظَالِمَةً وَأَنشَأْنَا بَعْدَهَا قَوْمًا آخَرِينَ (١١) فَلَمَّا أَحَسُّوا بَأْسَنَا إِذَا هُم مِّنْهَا يَرْكُضُونَ (١٢) لَا تَرْكُضُوا وَارْجِعُوا إِلَى مَا أُتْرِفْتُمْ فِيهِ وَمَسَاكِنِكُمْ لَعَلَّكُمْ تُسْأَلُونَ (١٣) قَالُوا يَا وَيْلَنَا إِنَّا كُنَّا ظَالِمِينَ (١٤) فَمَا زَالَت تِّلْكَ دَعْوَاهُمْ حَتَّى جَعَلْنَاهُمْ حَصِيدًا خَامِدِينَ (١٥) وَمَا خَلَقْنَا السَّمَاء وَالْأَرْضَ وَمَا بَيْنَهُمَا لَاعِبِينَ (١٦) لَوْ أَرَدْنَا أَن نَّتَّخِذَ لَهْوًا لَّاتَّخَذْنَاهُ مِن لَّدُنَّا إِن كُنَّا فَاعِلِينَ (١٧) بَلْ نَقْذِفُ بِالْحَقِّ عَلَى الْبَاطِلِ فَيَدْمَغُهُ فَإِذَا هُوَ زَاهِقٌ وَلَكُمُ الْوَيْلُ مِمَّا تَصِفُونَ (١٨) وَلَهُ مَن فِي السَّمَاوَاتِ وَالْأَرْضِ وَمَنْ عِندَهُ لَا يَسْتَكْبِرُونَ عَنْ عِبَادَتِهِ وَلَا يَسْتَحْسِرُونَ (١٩) يُسَبِّحُونَ اللَّيْلَ وَالنَّهَارَ لَا يَفْتُرُونَ (٢٠) أَمِ اتَّخَذُوا آلِهَةً مِّنَ الْأَرْضِ هُمْ يُنشِرُونَ (٢١) لَوْ كَانَ فِيهِمَا آلِهَةٌ إِلَّا اللَّهُ لَفَسَدَتَا فَسُبْحَانَ اللَّهِ رَبِّ الْعَرْشِ عَمَّا يَصِفُونَ (٢٢) لَا يُسْأَلُ عَمَّا يَفْعَلُ وَهُمْ يُسْأَلُونَ (٢٣) أَمِ اتَّخَذُوا مِن دُونِهِ آلِهَةً قُلْ هَاتُوا بُرْهَانَكُمْ هَذَا ذِكْرُ مَن مَّعِيَ وَذِكْرُ مَن قَبْلِي بَلْ أَكْثَرُهُمْ لَا يَعْلَمُونَ الْحَقَّ فَهُم مُّعْرِضُونَ (٢٤) وَمَا أَرْسَلْنَا مِن قَبْلِكَ مِن رَّسُولٍ إِلَّا نُوحِي إِلَيْهِ أَنَّهُ لَا إِلَهَ إِلَّا أَنَا فَاعْبُدُونِ (٢٥) وَقَالُوا اتَّخَذَ الرَّحْمَنُ وَلَدًا سُبْحَانَهُ بَلْ عِبَادٌ مُّكْرَمُونَ (٢٦) لَا يَسْبِقُونَهُ بِالْقَوْلِ وَهُم بِأَمْرِهِ يَعْمَلُونَ (٢٧) يَعْلَمُ مَا بَيْنَ أَيْدِيهِمْ وَمَا خَلْفَهُمْ وَلَا يَشْفَعُونَ إِلَّا لِمَنِ ارْتَضَى وَهُم مِّنْ خَشْيَتِهِ مُشْفِقُونَ (٢٨) وَمَن يَقُلْ مِنْهُمْ إِنِّي إِلَهٌ مِّن دُونِهِ فَذَلِكَ نَجْزِيهِ جَهَنَّمَ كَذَلِكَ نَجْزِي الظَّالِمِينَ (٢٩) أَوَلَمْ يَرَ الَّذِينَ كَفَرُوا أَنَّ السَّمَاوَاتِ وَالْأَرْضَ كَانَتَا رَتْقًا فَفَتَقْنَاهُمَا وَجَعَلْنَا مِنَ الْمَاء كُلَّ شَيْءٍ حَيٍّ أَفَلَا يُؤْمِنُونَ (٣٠) وَجَعَلْنَا فِي الْأَرْضِ رَوَاسِيَ أَن تَمِيدَ بِهِمْ وَجَعَلْنَا فِيهَا فِجَاجًا سُبُلًا لَعَلَّهُمْ يَهْتَدُونَ (٣١) وَجَعَلْنَا السَّمَاء سَقْفًا مَّحْفُوظًا وَهُمْ عَنْ آيَاتِهَا مُعْرِضُونَ (٣٢) وَهُوَ الَّذِي خَلَقَ اللَّيْلَ وَالنَّهَارَ وَالشَّمْسَ وَالْقَمَرَ كُلٌّ فِي فَلَكٍ يَسْبَحُونَ (٣٣) وَمَا جَعَلْنَا لِبَشَرٍ مِّن قَبْلِكَ الْخُلْدَ أَفَإِن مِّتَّ فَهُمُ الْخَالِدُونَ (٣٤) كُلُّ نَفْسٍ ذَائِقَةُ الْمَوْتِ وَنَبْلُوكُم بِالشَّرِّ وَالْخَيْرِ فِتْنَةً وَإِلَيْنَا تُرْجَعُونَ (٣٥) وَإِذَا رَآكَ الَّذِينَ كَفَرُوا إِن يَتَّخِذُونَكَ إِلَّا هُزُوًا أَهَذَا الَّذِي يَذْكُرُ آلِهَتَكُمْ وَهُم بِذِكْرِ الرَّحْمَنِ هُمْ كَافِرُونَ (٣٦) خُلِقَ الْإِنسَانُ مِنْ عَجَلٍ سَأُرِيكُمْ آيَاتِي فَلَا تَسْتَعْجِلُونِ (٣٧) وَيَقُولُونَ مَتَى هَذَا الْوَعْدُ إِن كُنتُمْ صَادِقِينَ (٣٨) لَوْ يَعْلَمُ الَّذِينَ كَفَرُوا حِينَ لَا يَكُفُّونَ عَن وُجُوهِهِمُ النَّارَ وَلَا عَن ظُهُورِهِمْ وَلَا هُمْ يُنصَرُونَ (٣٩) بَلْ تَأْتِيهِم بَغْتَةً فَتَبْهَتُهُمْ فَلَا يَسْتَطِيعُونَ رَدَّهَا وَلَا هُمْ يُنظَرُونَ (٤٠) وَلَقَدِ اسْتُهْزِئَ بِرُسُلٍ مِّن قَبْلِكَ فَحَاقَ بِالَّذِينَ سَخِرُوا مِنْهُم مَّا كَانُوا

بِهِ يَسْتَهْزِؤُون (٤١) قُلْ مَن يَكْلَؤُكُم بِاللَّيْلِ وَالنَّهَارِ مِنَ الرَّحْمَنِ بَلْ هُمْ عَن ذِكْرِ رَبِّهِم مُّعْرِضُونَ (٤٢) أَمْ لَهُمْ آلِهَةٌ تَمْنَعُهُم مِّن دُونِنَا لَا يَسْتَطِيعُونَ نَصْرَ أَنفُسِهِمْ وَلَا هُم مِّنَّا يُصْحَبُونَ (٤٣) بَلْ مَتَّعْنَا هَؤُلَاءِ وَآبَاءهُمْ حَتَّى طَالَ عَلَيْهِمُ الْعُمُرُ أَفَلَا يَرَوْنَ أَنَّا نَأْتِي الْأَرْضَ نَنقُصُهَا مِنْ أَطْرَافِهَا أَفَهُمُ الْغَالِبُونَ (٤٤) قُلْ إِنَّمَا أُنذِرُكُم بِالْوَحْيِ وَلَا يَسْمَعُ الصُّمُّ الدُّعَاءِ إِذَا مَا يُنذَرُونَ (٤٥) وَلَئِن مَّسَّتْهُمْ نَفْحَةٌ مِّنْ عَذَابِ رَبِّكَ لَيَقُولُنَّ يَا وَيْلَنَا إِنَّا كُنَّا ظَالِمِينَ (٤٦) وَنَضَعُ الْمَوَازِينَ الْقِسْطَ لِيَوْمِ الْقِيَامَةِ فَلَا تُظْلَمُ نَفْسٌ شَيْئًا وَإِن كَانَ مِثْقَالَ حَبَّةٍ مِّنْ خَرْدَلٍ أَتَيْنَا بِهَا وَكَفَى بِنَا حَاسِبِينَ (٤٧) وَلَقَدْ آتَيْنَا مُوسَى وَهَارُونَ الْفُرْقَانَ وَضِيَاءً وَذِكْرًا لِّلْمُتَّقِينَ (٤٨) الَّذِينَ يَخْشَوْنَ رَبَّهُم بِالْغَيْبِ وَهُم مِّنَ السَّاعَةِ مُشْفِقُونَ (٤٩) وَهَذَا ذِكْرٌ مُّبَارَكٌ أَنزَلْنَاهُ أَفَأَنتُمْ لَهُ مُنكِرُونَ (٥٠) وَلَقَدْ آتَيْنَا إِبْرَاهِيمَ رُشْدَهُ مِن قَبْلُ وَكُنَّا بِه عَالِمِينَ (٥١) إِذْ قَالَ لِأَبِيهِ وَقَوْمِهِ مَا هَذِهِ التَّمَاثِيلُ الَّتِي أَنتُمْ لَهَا عَاكِفُونَ (٥٢) قَالُوا وَجَدْنَا آبَاءنَا لَهَا عَابِدِينَ (٥٣) قَالَ لَقَدْ كُنتُمْ أَنتُمْ وَآبَاؤُكُمْ فِي ضَلَالٍ مُّبِينٍ (٥٤) قَالُوا أَجِئْتَنَا بِالْحَقِّ أَمْ أَنتَ مِنَ اللَّاعِبِينَ (٥٥) قَالَ بَل رَّبُّكُمْ رَبُّ السَّمَاوَاتِ وَالْأَرْضِ الَّذِي فَطَرَهُنَّ وَأَنَا عَلَى ذَلِكُم مِّنَ الشَّاهِدِينَ (٥٦) وَتَاللَّهِ لَأَكِيدَنَّ أَصْنَامَكُم بَعْدَ أَن تُوَلُّوا مُدْبِرِينَ (٥٧) فَجَعَلَهُمْ جُذَاذًا إِلَّا كَبِيرًا لَّهُمْ لَعَلَّهُمْ إِلَيْهِ يَرْجِعُونَ (٥٨) قَالُوا مَن فَعَلَ هَذَا بِآلِهَتِنَا إِنَّهُ لَمِنَ الظَّالِمِينَ (٥٩) قَالُوا سَمِعْنَا فَتًى يَذْكُرُهُمْ يُقَالُ لَهُ إِبْرَاهِيمُ (٦٠) قَالُوا فَأْتُوا بِهِ عَلَى أَعْيُنِ النَّاسِ لَعَلَّهُمْ يَشْهَدُونَ (٦١) قَالُوا أَأَنتَ فَعَلْتَ هَذَا بِآلِهَتِنَا يَا إِبْرَاهِيمُ (٦٢) قَالَ بَلْ فَعَلَهُ كَبِيرُهُمْ هَذَا فَاسْأَلُوهُمْ إِن كَانُوا يَنطِقُونَ (٦٣) فَرَجَعُوا إِلَى أَنفُسِهِمْ فَقَالُوا إِنَّكُمْ أَنتُمُ الظَّالِمُونَ (٦٤) ثُمَّ نُكِسُوا عَلَى رُؤُوسِهِمْ لَقَدْ عَلِمْتَ مَا هَؤُلَاءِ يَنطِقُونَ (٦٥) قَالَ أَفَتَعْبُدُونَ مِن دُونِ اللَّهِ مَا لَا يَنفَعُكُمْ شَيْئًا وَلَا يَضُرُّكُمْ (٦٦) أُفٍّ لَّكُمْ وَلِمَا تَعْبُدُونَ مِن دُونِ اللَّهِ أَفَلَا تَعْقِلُونَ (٦٧) قَالُوا حَرِّقُوهُ وَانصُرُوا آلِهَتَكُمْ إِن كُنتُمْ فَاعِلِينَ (٦٨) قُلْنَا يَا نَارُ كُونِي بَرْدًا وَسَلَامًا عَلَى إِبْرَاهِيمَ (٦٩) وَأَرَادُوا بِهِ كَيْدًا فَجَعَلْنَاهُمُ الْأَخْسَرِينَ (٧٠) وَنَجَّيْنَاهُ وَلُوطًا إِلَى الْأَرْضِ الَّتِي بَارَكْنَا فِيهَا لِلْعَالَمِينَ (٧١) وَوَهَبْنَا لَهُ إِسْحَقَ وَيَعْقُوبَ نَافِلَةً وَكُلًّا جَعَلْنَا صَالِحِينَ (٧٢) وَجَعَلْنَاهُمْ أَئِمَّةً يَهْدُونَ بِأَمْرِنَا وَأَوْحَيْنَا إِلَيْهِمْ فِعْلَ الْخَيْرَاتِ وَإِقَامَ الصَّلَاةِ وَإِيتَاءَ الزَّكَاةِ وَكَانُوا لَنَا عَابِدِينَ (٧٣) وَلُوطًا آتَيْنَاهُ حُكْمًا وَعِلْمًا وَنَجَّيْنَاهُ مِنَ الْقَرْيَةِ الَّتِي كَانَت تَّعْمَلُ الْخَبَائِثَ إِنَّهُمْ كَانُوا قَوْمَ سَوْءٍ فَاسِقِينَ (٧٤) وَأَدْخَلْنَاهُ فِي رَحْمَتِنَا إِنَّهُ مِنَ الصَّالِحِينَ (٧٥) وَنُوحًا إِذْ نَادَى مِن قَبْلُ فَاسْتَجَبْنَا لَهُ فَنَجَّيْنَاهُ وَأَهْلَهُ مِنَ الْكَرْبِ الْعَظِيمِ (٧٦) وَنَصَرْنَاهُ مِنَ الْقَوْمِ الَّذِينَ كَذَّبُوا بِآيَاتِنَا إِنَّهُمْ كَانُوا قَوْمَ سَوْءٍ فَأَغْرَقْنَاهُمْ أَجْمَعِينَ (٧٧) وَدَاوُودَ وَسُلَيْمَانَ إِذْ يَحْكُمَانِ فِي الْحَرْثِ إِذْ

نَفَشَتْ فِيهِ غَنَمُ الْقَوْمِ وَكُنَّا لِحُكْمِهِمْ شَاهِدِينَ (٧٨) فَفَهَّمْنَاهَا سُلَيْمَانَ وَكُلًّا آتَيْنَا
حُكْمًا وَعِلْمًا وَسَخَّرْنَا مَعَ دَاوُودَ الْجِبَالَ يُسَبِّحْنَ وَالطَّيْرَ وَكُنَّا
فَاعِلِينَ (٧٩) وَعَلَّمْنَاهُ صَنْعَةَ لَبُوسٍ لَّكُمْ لِتُحْصِنَكُم مِّن بَأْسِكُمْ فَهَلْ أَنتُمْ
شَاكِرُونَ (٨٠) وَلِسُلَيْمَانَ الرِّيحَ عَاصِفَةً تَجْرِي بِأَمْرِهِ إِلَى الْأَرْضِ الَّتِي بَارَكْنَا
فِيهَا وَكُنَّا بِكُلِّ شَيْءٍ عَالِمِينَ (٨١) وَمِنَ الشَّيَاطِينِ مَن يَغُوصُونَ لَهُ وَيَعْمَلُونَ
عَمَلًا دُونَ ذَلِكَ وَكُنَّا لَهُمْ حَافِظِينَ (٨٢) وَأَيُّوبَ إِذْ نَادَى رَبَّهُ أَنِّي مَسَّنِيَ الضُّرُّ
وَأَنتَ أَرْحَمُ الرَّاحِمِينَ (٨٣) فَاسْتَجَبْنَا لَهُ فَكَشَفْنَا مَا بِهِ مِن ضُرٍّ وَآتَيْنَاهُ أَهْلَهُ
وَمِثْلَهُم مَّعَهُمْ رَحْمَةً مِّنْ عِندِنَا وَذِكْرَى لِلْعَابِدِينَ (٨٤) وَإِسْمَاعِيلَ وَإِدْرِيسَ وَذَا
الْكِفْلِ كُلٌّ مِّنَ الصَّابِرِينَ (٨٥) وَأَدْخَلْنَاهُمْ فِي رَحْمَتِنَا إِنَّهُم مِّنَ
الصَّالِحِينَ (٨٦) وَذَا النُّونِ إِذ ذَّهَبَ مُغَاضِبًا فَظَنَّ أَن لَّن نَّقْدِرَ عَلَيْهِ فَنَادَى فِي
الظُّلُمَاتِ أَن لَّا إِلَهَ إِلَّا أَنتَ سُبْحَانَكَ إِنِّي كُنتُ مِنَ الظَّالِمِينَ (٨٧) فَاسْتَجَبْنَا لَهُ
وَنَجَّيْنَاهُ مِنَ الْغَمِّ وَكَذَلِكَ نُنجِي الْمُؤْمِنِينَ (٨٨) وَزَكَرِيَّا إِذْ نَادَى رَبَّهُ رَبِّ لَا
تَذَرْنِي فَرْدًا وَأَنتَ خَيْرُ الْوَارِثِينَ (٨٩) فَاسْتَجَبْنَا لَهُ وَوَهَبْنَا لَهُ يَحْيَى وَأَصْلَحْنَا لَهُ
زَوْجَهُ إِنَّهُمْ كَانُوا يُسَارِعُونَ فِي الْخَيْرَاتِ وَيَدْعُونَنَا رَغَبًا وَرَهَبًا وَكَانُوا لَنَا
خَاشِعِينَ (٩٠) وَالَّتِي أَحْصَنَتْ فَرْجَهَا فَنَفَخْنَا فِيهَا مِن رُّوحِنَا وَجَعَلْنَاهَا وَابْنَهَا آيَةً
لِّلْعَالَمِينَ (٩١) إِنَّ هَذِهِ أُمَّتُكُمْ أُمَّةً وَاحِدَةً وَأَنَا رَبُّكُمْ فَاعْبُدُونِ (٩٢) وَتَقَطَّعُوا
أَمْرَهُم بَيْنَهُمْ كُلٌّ إِلَيْنَا رَاجِعُونَ (٩٣) فَمَن يَعْمَلْ مِنَ الصَّالِحَاتِ وَهُوَ مُؤْمِنٌ فَلَا
كُفْرَانَ لِسَعْيِهِ وَإِنَّا لَهُ كَاتِبُونَ (٩٤) وَحَرَامٌ عَلَى قَرْيَةٍ أَهْلَكْنَاهَا أَنَّهُمْ لَا
يَرْجِعُونَ (٩٥) حَتَّى إِذَا فُتِحَتْ يَأْجُوجُ وَمَأْجُوجُ وَهُم مِّن كُلِّ حَدَبٍ
يَنسِلُونَ (٩٦) وَاقْتَرَبَ الْوَعْدُ الْحَقُّ فَإِذَا هِيَ شَاخِصَةٌ أَبْصَارُ الَّذِينَ كَفَرُوا يَا
وَيْلَنَا قَدْ كُنَّا فِي غَفْلَةٍ مِّنْ هَذَا بَلْ كُنَّا ظَالِمِينَ (٩٧) إِنَّكُمْ وَمَا تَعْبُدُونَ مِن دُونِ اللَّهِ
حَصَبُ جَهَنَّمَ أَنتُمْ لَهَا وَارِدُونَ (٩٨) لَوْ كَانَ هَؤُلَاءِ آلِهَةً مَّا وَرَدُوهَا وَكُلٌّ فِيهَا
خَالِدُونَ (٩٩) لَهُمْ فِيهَا زَفِيرٌ وَهُمْ فِيهَا لَا يَسْمَعُونَ (١٠٠) إِنَّ الَّذِينَ سَبَقَتْ لَهُم
مِّنَّا الْحُسْنَى أُولَئِكَ عَنْهَا مُبْعَدُونَ (١٠١) لَا يَسْمَعُونَ حَسِيسَهَا وَهُمْ فِي مَا
اشْتَهَتْ أَنفُسُهُمْ خَالِدُونَ (١٠٢) لَا يَحْزُنُهُمُ الْفَزَعُ الْأَكْبَرُ وَتَتَلَقَّاهُمُ الْمَلَائِكَةُ هَذَا
يَوْمُكُمُ الَّذِي كُنتُمْ تُوعَدُونَ (١٠٣) يَوْمَ نَطْوِي السَّمَاءَ كَطَيِّ السِّجِلِّ لِلْكُتُبِ كَمَا
بَدَأْنَا أَوَّلَ خَلْقٍ نُّعِيدُهُ وَعْدًا عَلَيْنَا إِنَّا كُنَّا فَاعِلِينَ (١٠٤) وَلَقَدْ كَتَبْنَا فِي الزَّبُورِ مِن
بَعْدِ الذِّكْرِ أَنَّ الْأَرْضَ يَرِثُهَا عِبَادِيَ الصَّالِحُونَ (١٠٥) إِنَّ فِي هَذَا لَبَلَاغًا لِّقَوْمٍ
عَابِدِينَ (١٠٦) وَمَا أَرْسَلْنَاكَ إِلَّا رَحْمَةً لِّلْعَالَمِينَ (١٠٧) قُلْ إِنَّمَا يُوحَى إِلَيَّ أَنَّمَا
إِلَهُكُمْ إِلَهٌ وَاحِدٌ فَهَلْ أَنتُم مُّسْلِمُونَ (١٠٨) فَإِن تَوَلَّوْا فَقُلْ آذَنتُكُمْ عَلَى سَوَاءٍ وَإِنْ
أَدْرِي أَقَرِيبٌ أَم بَعِيدٌ مَّا تُوعَدُونَ (١٠٩) إِنَّهُ يَعْلَمُ الْجَهْرَ مِنَ الْقَوْلِ وَيَعْلَمُ مَا

تَكْتُمُونَ (١١٠) وَإِنْ أَدْرِي لَعَلَّهُ فِتْنَةٌ لَّكُمْ وَمَتَاعٌ إِلَى حِينٍ (١١١) قَالَ رَبِّ احْكُم
بِالْحَقِّ وَرَبُّنَا الرَّحْمَنُ الْمُسْتَعَانُ عَلَى مَا تَصِفُونَ (١١٢

SOURATE AL HAJJ
سورة الحج

يَا أَيُّهَا النَّاسُ اتَّقُوا رَبَّكُمْ إِنَّ زَلْزَلَةَ السَّاعَةِ شَيْءٌ عَظِيمٌ (١) يَوْمَ تَرَوْنَهَا تَذْهَلُ كُلُّ
مُرْضِعَةٍ عَمَّا أَرْضَعَتْ وَتَضَعُ كُلُّ ذَاتِ حَمْلٍ حَمْلَهَا وَتَرَى النَّاسَ سُكَارَى وَمَا
هُم بِسُكَارَى وَلَكِنَّ عَذَابَ اللَّهِ شَدِيدٌ (٢) وَمِنَ النَّاسِ مَن يُجَادِلُ فِي اللَّهِ بِغَيْرِ عِلْمٍ
وَيَتَّبِعُ كُلَّ شَيْطَانٍ مَّرِيدٍ (٣) كُتِبَ عَلَيْهِ أَنَّهُ مَن تَوَلَّاهُ فَأَنَّهُ يُضِلُّهُ وَيَهْدِيهِ إِلَى
عَذَابِ السَّعِيرِ (٤) يَا أَيُّهَا النَّاسُ إِن كُنتُمْ فِي رَيْبٍ مِّنَ الْبَعْثِ فَإِنَّا خَلَقْنَاكُم مِّن
تُرَابٍ ثُمَّ مِن نُّطْفَةٍ ثُمَّ مِنْ عَلَقَةٍ ثُمَّ مِن مُّضْغَةٍ مُّخَلَّقَةٍ وَغَيْرِ مُخَلَّقَةٍ لِّنُبَيِّنَ لَكُمْ وَنُقِرُّ
فِي الْأَرْحَامِ مَا نَشَاءُ إِلَى أَجَلٍ مُّسَمًّى ثُمَّ نُخْرِجُكُمْ طِفْلًا ثُمَّ لِتَبْلُغُوا أَشُدَّكُمْ وَمِنكُم
مَّن يُتَوَفَّى وَمِنكُم مَّن يُرَدُّ إِلَى أَرْذَلِ الْعُمُرِ لِكَيْلَا يَعْلَمَ مِن بَعْدِ عِلْمٍ شَيْئًا وَتَرَى
الْأَرْضَ هَامِدَةً فَإِذَا أَنزَلْنَا عَلَيْهَا الْمَاءَ اهْتَزَّتْ وَرَبَتْ وَأَنبَتَتْ مِن كُلِّ زَوْجٍ
بَهِيجٍ (٥) ذَلِكَ بِأَنَّ اللَّهَ هُوَ الْحَقُّ وَأَنَّهُ يُحْيِي الْمَوْتَى وَأَنَّهُ عَلَى كُلِّ شَيْءٍ
قَدِيرٌ (٦) وَأَنَّ السَّاعَةَ آتِيَةٌ لَّا رَيْبَ فِيهَا وَأَنَّ اللَّهَ يَبْعَثُ مَن فِي الْقُبُورِ (٧) وَمِنَ
النَّاسِ مَن يُجَادِلُ فِي اللَّهِ بِغَيْرِ عِلْمٍ وَلَا هُدًى وَلَا كِتَابٍ مُّنِيرٍ (٨) ثَانِيَ عِطْفِهِ
لِيُضِلَّ عَن سَبِيلِ اللَّهِ لَهُ فِي الدُّنْيَا خِزْيٌ وَنُذِيقُهُ يَوْمَ الْقِيَامَةِ عَذَابَ
الْحَرِيقِ (٩) ذَلِكَ بِمَا قَدَّمَتْ يَدَاكَ وَأَنَّ اللَّهَ لَيْسَ بِظَلَّامٍ لِّلْعَبِيدِ (١٠) وَمِنَ النَّاسِ
مَن يَعْبُدُ اللَّهَ عَلَى حَرْفٍ فَإِنْ أَصَابَهُ خَيْرٌ اطْمَأَنَّ بِهِ وَإِنْ أَصَابَتْهُ فِتْنَةٌ انقَلَبَ عَلَى
وَجْهِهِ خَسِرَ الدُّنْيَا وَالْآخِرَةَ ذَلِكَ هُوَ الْخُسْرَانُ الْمُبِينُ (١١) يَدْعُو مِن دُونِ اللَّهِ مَا
لَا يَضُرُّهُ وَمَا لَا يَنفَعُهُ ذَلِكَ هُوَ الضَّلَالُ الْبَعِيدُ (١٢) يَدْعُو لَمَن ضَرُّهُ أَقْرَبُ مِن
نَّفْعِهِ لَبِئْسَ الْمَوْلَى وَلَبِئْسَ الْعَشِيرُ (١٣) إِنَّ اللَّهَ يُدْخِلُ الَّذِينَ آمَنُوا وَعَمِلُوا
الصَّالِحَاتِ جَنَّاتٍ تَجْرِي مِن تَحْتِهَا الْأَنْهَارُ إِنَّ اللَّهَ يَفْعَلُ مَا يُرِيدُ (١٤) مَن كَانَ
يَظُنُّ أَن لَّن يَنصُرَهُ اللَّهُ فِي الدُّنْيَا وَالْآخِرَةِ فَلْيَمْدُدْ بِسَبَبٍ إِلَى السَّمَاءِ ثُمَّ لْيَقْطَعْ
فَلْيَنظُرْ هَلْ يُذْهِبَنَّ كَيْدُهُ مَا يَغِيظُ (١٥) وَكَذَلِكَ أَنزَلْنَاهُ آيَاتٍ بَيِّنَاتٍ وَأَنَّ اللَّهَ يَهْدِي
مَن يُرِيدُ (١٦) إِنَّ الَّذِينَ آمَنُوا وَالَّذِينَ هَادُوا وَالصَّابِئِينَ وَالنَّصَارَى وَالْمَجُوسَ
وَالَّذِينَ أَشْرَكُوا إِنَّ اللَّهَ يَفْصِلُ بَيْنَهُمْ يَوْمَ الْقِيَامَةِ إِنَّ اللَّهَ عَلَى كُلِّ شَيْءٍ
شَهِيدٌ (١٧) أَلَمْ تَرَ أَنَّ اللَّهَ يَسْجُدُ لَهُ مَن فِي السَّمَاوَاتِ وَمَن فِي الْأَرْضِ وَالشَّمْسُ
وَالْقَمَرُ وَالنُّجُومُ وَالْجِبَالُ وَالشَّجَرُ وَالدَّوَابُّ وَكَثِيرٌ مِّنَ النَّاسِ وَكَثِيرٌ حَقَّ عَلَيْهِ

الْعَذَابُ وَمَن يُهِنِ اللَّهُ فَمَا لَهُ مِن مُّكْرِمٍ إِنَّ اللَّهَ يَفْعَلُ مَا يَشَاءُ* (١٨) هَذَانِ
خَصْمَانِ اخْتَصَمُوا فِي رَبِّهِمْ فَالَّذِينَ كَفَرُوا قُطِّعَتْ لَهُمْ ثِيَابٌ مِّن نَّارٍ يُصَبُّ مِن
فَوْقِ رُؤُوسِهِمُ الْحَمِيمُ (١٩) يُصْهَرُ بِهِ مَا فِي بُطُونِهِمْ وَالْجُلُودُ (٢٠) وَلَهُم مَّقَامِعُ
مِنْ حَدِيدٍ (٢١) كُلَّمَا أَرَادُوا أَن يَخْرُجُوا مِنْهَا مِنْ غَمٍّ أُعِيدُوا فِيهَا وَذُوقُوا عَذَابَ
الْحَرِيقِ (٢٢) إِنَّ اللَّهَ يُدْخِلُ الَّذِينَ آمَنُوا وَعَمِلُوا الصَّالِحَاتِ جَنَّاتٍ تَجْرِي مِن
تَحْتِهَا الْأَنْهَارُ يُحَلَّوْنَ فِيهَا مِنْ أَسَاوِرَ مِن ذَهَبٍ وَلُؤْلُؤًا وَلِبَاسُهُمْ فِيهَا
حَرِيرٌ (٢٣) وَهُدُوا إِلَى الطَّيِّبِ مِنَ الْقَوْلِ وَهُدُوا إِلَى صِرَاطِ الْحَمِيدِ (٢٤) إِنَّ
الَّذِينَ كَفَرُوا وَيَصُدُّونَ عَن سَبِيلِ اللَّهِ وَالْمَسْجِدِ الْحَرَامِ الَّذِي جَعَلْنَاهُ لِلنَّاسِ سَوَاءً
الْعَاكِفُ فِيهِ وَالْبَادِ وَمَن يُرِدْ فِيهِ بِإِلْحَادٍ بِظُلْمٍ نُّذِقْهُ مِنْ عَذَابٍ أَلِيمٍ (٢٥) وَإِذْ بَوَّأْنَا
لِإِبْرَاهِيمَ مَكَانَ الْبَيْتِ أَن لَّا تُشْرِكْ بِي شَيْئًا وَطَهِّرْ بَيْتِيَ لِلطَّائِفِينَ وَالْقَائِمِينَ
وَالرُّكَّعِ السُّجُودِ (٢٦) وَأَذِّن فِي النَّاسِ بِالْحَجِّ يَأْتُوكَ رِجَالًا وَعَلَى كُلِّ ضَامِرٍ
يَأْتِينَ مِن كُلِّ فَجٍّ عَمِيقٍ (٢٧) لِيَشْهَدُوا مَنَافِعَ لَهُمْ وَيَذْكُرُوا اسْمَ اللَّهِ فِي أَيَّامٍ
مَّعْلُومَاتٍ عَلَى مَا رَزَقَهُم مِّن بَهِيمَةِ الْأَنْعَامِ فَكُلُوا مِنْهَا وَأَطْعِمُوا الْبَائِسَ
الْفَقِيرَ (٢٨) ثُمَّ لْيَقْضُوا تَفَثَهُمْ وَلْيُوفُوا نُذُورَهُمْ وَلْيَطَّوَّفُوا بِالْبَيْتِ
الْعَتِيقِ (٢٩) ذَلِكَ وَمَن يُعَظِّمْ حُرُمَاتِ اللَّهِ فَهُوَ خَيْرٌ لَّهُ عِندَ رَبِّهِ وَأُحِلَّتْ لَكُمُ
الْأَنْعَامُ إِلَّا مَا يُتْلَى عَلَيْكُمْ فَاجْتَنِبُوا الرِّجْسَ مِنَ الْأَوْثَانِ وَاجْتَنِبُوا قَوْلَ
الزُّورِ (٣٠) حُنَفَاءَ لِلَّهِ غَيْرَ مُشْرِكِينَ بِهِ وَمَن يُشْرِكْ بِاللَّهِ فَكَأَنَّمَا خَرَّ مِنَ السَّمَاءِ
فَتَخْطَفُهُ الطَّيْرُ أَوْ تَهْوِي بِهِ الرِّيحُ فِي مَكَانٍ سَحِيقٍ (٣١) ذَلِكَ وَمَن يُعَظِّمْ شَعَائِرَ
اللَّهِ فَإِنَّهَا مِن تَقْوَى الْقُلُوبِ (٣٢) لَكُمْ فِيهَا مَنَافِعُ إِلَى أَجَلٍ مُّسَمًّى ثُمَّ مَحِلُّهَا إِلَى
الْبَيْتِ الْعَتِيقِ (٣٣) وَلِكُلِّ أُمَّةٍ جَعَلْنَا مَنسَكًا لِّيَذْكُرُوا اسْمَ اللَّهِ عَلَى مَا رَزَقَهُم مِّن
بَهِيمَةِ الْأَنْعَامِ فَإِلَهُكُمْ إِلَهٌ وَاحِدٌ فَلَهُ أَسْلِمُوا وَبَشِّرِ الْمُخْبِتِينَ (٣٤) الَّذِينَ إِذَا ذُكِرَ اللَّهُ
وَجِلَتْ قُلُوبُهُمْ وَالصَّابِرِينَ عَلَى مَا أَصَابَهُمْ وَالْمُقِيمِي الصَّلَاةِ وَمِمَّا رَزَقْنَاهُمْ
يُنفِقُونَ (٣٥) وَالْبُدْنَ جَعَلْنَاهَا لَكُم مِّن شَعَائِرِ اللَّهِ لَكُمْ فِيهَا خَيْرٌ فَاذْكُرُوا اسْمَ اللَّهِ
عَلَيْهَا صَوَافَّ فَإِذَا وَجَبَتْ جُنُوبُهَا فَكُلُوا مِنْهَا وَأَطْعِمُوا الْقَانِعَ وَالْمُعْتَرَّ كَذَلِكَ
سَخَّرْنَاهَا لَكُمْ لَعَلَّكُمْ تَشْكُرُونَ (٣٦) لَن يَنَالَ اللَّهَ لُحُومُهَا وَلَا دِمَاؤُهَا وَلَكِن يَنَالُهُ
التَّقْوَى مِنكُمْ كَذَلِكَ سَخَّرَهَا لَكُمْ لِتُكَبِّرُوا اللَّهَ عَلَى مَا هَدَاكُمْ وَبَشِّرِ
الْمُحْسِنِينَ (٣٧) إِنَّ اللَّهَ يُدَافِعُ عَنِ الَّذِينَ آمَنُوا إِنَّ اللَّهَ لَا يُحِبُّ كُلَّ خَوَّانٍ
كَفُورٍ (٣٨) أُذِنَ لِلَّذِينَ يُقَاتَلُونَ بِأَنَّهُمْ ظُلِمُوا وَإِنَّ اللَّهَ عَلَى نَصْرِهِمْ
لَقَدِيرٌ (٣٩) الَّذِينَ أُخْرِجُوا مِن دِيَارِهِم بِغَيْرِ حَقٍّ إِلَّا أَن يَقُولُوا رَبُّنَا اللَّهُ وَلَوْلَا دَفْعُ
اللَّهِ النَّاسَ بَعْضَهُم بِبَعْضٍ لَّهُدِّمَتْ صَوَامِعُ وَبِيَعٌ وَصَلَوَاتٌ وَمَسَاجِدُ يُذْكَرُ فِيهَا
اسْمُ اللَّهِ كَثِيرًا وَلَيَنصُرَنَّ اللَّهُ مَن يَنصُرُهُ إِنَّ اللَّهَ لَقَوِيٌّ عَزِيزٌ (٤٠) الَّذِينَ إِن

مَّكَّنَّاهُمْ فِي الْأَرْضِ أَقَامُوا الصَّلَاةَ وَآتَوُا الزَّكَاةَ وَأَمَرُوا بِالْمَعْرُوفِ وَنَهَوْا عَنِ الْمُنكَرِ وَلِلَّهِ عَاقِبَةُ الْأُمُورِ (٤١) وَإِن يُكَذِّبُوكَ فَقَدْ كَذَّبَتْ قَبْلَهُمْ قَوْمُ نُوحٍ وَعَادٌ وَثَمُودُ (٤٢) وَقَوْمُ إِبْرَاهِيمَ وَقَوْمُ لُوطٍ (٤٣) وَأَصْحَابُ مَدْيَنَ وَكُذِّبَ مُوسَىٰ فَأَمْلَيْتُ لِلْكَافِرِينَ ثُمَّ أَخَذْتُهُمْ فَكَيْفَ كَانَ نَكِيرِ (٤٤) فَكَأَيِّن مِّن قَرْيَةٍ أَهْلَكْنَاهَا وَهِيَ ظَالِمَةٌ فَهِيَ خَاوِيَةٌ عَلَىٰ عُرُوشِهَا وَبِئْرٍ مُّعَطَّلَةٍ وَقَصْرٍ مَّشِيدٍ (٤٥) أَفَلَمْ يَسِيرُوا فِي الْأَرْضِ فَتَكُونَ لَهُمْ قُلُوبٌ يَعْقِلُونَ بِهَا أَوْ آذَانٌ يَسْمَعُونَ بِهَا فَإِنَّهَا لَا تَعْمَى الْأَبْصَارُ وَلَٰكِن تَعْمَى الْقُلُوبُ الَّتِي فِي الصُّدُورِ (٤٦) وَيَسْتَعْجِلُونَكَ بِالْعَذَابِ وَلَن يُخْلِفَ اللَّهُ وَعْدَهُ وَإِنَّ يَوْمًا عِندَ رَبِّكَ كَأَلْفِ سَنَةٍ مِّمَّا تَعُدُّونَ (٤٧) وَكَأَيِّن مِّن قَرْيَةٍ أَمْلَيْتُ لَهَا وَهِيَ ظَالِمَةٌ ثُمَّ أَخَذْتُهَا وَإِلَيَّ الْمَصِيرُ (٤٨) قُلْ يَا أَيُّهَا النَّاسُ إِنَّمَا أَنَا لَكُمْ نَذِيرٌ مُّبِينٌ (٤٩) فَالَّذِينَ آمَنُوا وَعَمِلُوا الصَّالِحَاتِ لَهُم مَّغْفِرَةٌ وَرِزْقٌ كَرِيمٌ (٥٠) وَالَّذِينَ سَعَوْا فِي آيَاتِنَا مُعَاجِزِينَ أُولَٰئِكَ أَصْحَابُ الْجَحِيمِ (٥١) وَمَا أَرْسَلْنَا مِن قَبْلِكَ مِن رَّسُولٍ وَلَا نَبِيٍّ إِلَّا إِذَا تَمَنَّىٰ أَلْقَى الشَّيْطَانُ فِي أُمْنِيَّتِهِ فَيَنسَخُ اللَّهُ مَا يُلْقِي الشَّيْطَانُ ثُمَّ يُحْكِمُ اللَّهُ آيَاتِهِ وَاللَّهُ عَلِيمٌ حَكِيمٌ (٥٢) لِّيَجْعَلَ مَا يُلْقِي الشَّيْطَانُ فِتْنَةً لِّلَّذِينَ فِي قُلُوبِهِم مَّرَضٌ وَالْقَاسِيَةِ قُلُوبُهُمْ وَإِنَّ الظَّالِمِينَ لَفِي شِقَاقٍ بَعِيدٍ (٥٣) وَلِيَعْلَمَ الَّذِينَ أُوتُوا الْعِلْمَ أَنَّهُ الْحَقُّ مِن رَّبِّكَ فَيُؤْمِنُوا بِهِ فَتُخْبِتَ لَهُ قُلُوبُهُمْ وَإِنَّ اللَّهَ لَهَادِ الَّذِينَ آمَنُوا إِلَىٰ صِرَاطٍ مُّسْتَقِيمٍ (٥٤) وَلَا يَزَالُ الَّذِينَ كَفَرُوا فِي مِرْيَةٍ مِّنْهُ حَتَّىٰ تَأْتِيَهُمُ السَّاعَةُ بَغْتَةً أَوْ يَأْتِيَهُمْ عَذَابُ يَوْمٍ عَقِيمٍ (٥٥) الْمُلْكُ يَوْمَئِذٍ لِّلَّهِ يَحْكُمُ بَيْنَهُمْ فَالَّذِينَ آمَنُوا وَعَمِلُوا الصَّالِحَاتِ فِي جَنَّاتِ النَّعِيمِ (٥٦) وَالَّذِينَ كَفَرُوا وَكَذَّبُوا بِآيَاتِنَا فَأُولَٰئِكَ لَهُمْ عَذَابٌ مُّهِينٌ (٥٧) وَالَّذِينَ هَاجَرُوا فِي سَبِيلِ اللَّهِ ثُمَّ قُتِلُوا أَوْ مَاتُوا لَيَرْزُقَنَّهُمُ اللَّهُ رِزْقًا حَسَنًا وَإِنَّ اللَّهَ لَهُوَ خَيْرُ الرَّازِقِينَ (٥٨) لَيُدْخِلَنَّهُم مُّدْخَلًا يَرْضَوْنَهُ وَإِنَّ اللَّهَ لَعَلِيمٌ حَلِيمٌ (٥٩) ذَٰلِكَ وَمَنْ عَاقَبَ بِمِثْلِ مَا عُوقِبَ بِهِ ثُمَّ بُغِيَ عَلَيْهِ لَيَنصُرَنَّهُ اللَّهُ إِنَّ اللَّهَ لَعَفُوٌّ غَفُورٌ (٦٠) ذَٰلِكَ بِأَنَّ اللَّهَ يُولِجُ اللَّيْلَ فِي النَّهَارِ وَيُولِجُ النَّهَارَ فِي اللَّيْلِ وَأَنَّ اللَّهَ سَمِيعٌ بَصِيرٌ (٦١) ذَٰلِكَ بِأَنَّ اللَّهَ هُوَ الْحَقُّ وَأَنَّ مَا يَدْعُونَ مِن دُونِهِ هُوَ الْبَاطِلُ وَأَنَّ اللَّهَ هُوَ الْعَلِيُّ الْكَبِيرُ (٦٢) أَلَمْ تَرَ أَنَّ اللَّهَ أَنزَلَ مِنَ السَّمَاءِ مَاءً فَتُصْبِحُ الْأَرْضُ مُخْضَرَّةً إِنَّ اللَّهَ لَطِيفٌ خَبِيرٌ (٦٣) لَّهُ مَا فِي السَّمَاوَاتِ وَمَا فِي الْأَرْضِ وَإِنَّ اللَّهَ لَهُوَ الْغَنِيُّ الْحَمِيدُ (٦٤) أَلَمْ تَرَ أَنَّ اللَّهَ سَخَّرَ لَكُم مَّا فِي الْأَرْضِ وَالْفُلْكَ تَجْرِي فِي الْبَحْرِ بِأَمْرِهِ وَيُمْسِكُ السَّمَاءَ أَن تَقَعَ عَلَى الْأَرْضِ إِلَّا بِإِذْنِهِ إِنَّ اللَّهَ بِالنَّاسِ لَرَءُوفٌ رَّحِيمٌ (٦٥) وَهُوَ الَّذِي أَحْيَاكُمْ ثُمَّ يُمِيتُكُمْ ثُمَّ يُحْيِيكُمْ إِنَّ الْإِنسَانَ لَكَفُورٌ (٦٦) لِّكُلِّ أُمَّةٍ جَعَلْنَا مَنسَكًا هُمْ نَاسِكُوهُ فَلَا يُنَازِعُنَّكَ فِي الْأَمْرِ وَادْعُ إِلَىٰ رَبِّكَ إِنَّكَ لَعَلَىٰ هُدًى مُّسْتَقِيمٍ (٦٧) وَإِن جَادَلُوكَ فَقُلِ اللَّهُ أَعْلَمُ بِمَا

تَعْمَلُونَ (٦٨) اللَّهُ يَحْكُمُ بَيْنَكُمْ يَوْمَ الْقِيَامَةِ فِيمَا كُنتُمْ فِيهِ تَخْتَلِفُونَ (٦٩) أَلَمْ تَعْلَمْ
أَنَّ اللَّهَ يَعْلَمُ مَا فِي السَّمَاءِ وَالْأَرْضِ إِنَّ ذَلِكَ فِي كِتَابٍ إِنَّ ذَلِكَ عَلَى اللَّهِ
يَسِيرٌ (٧٠) وَيَعْبُدُونَ مِن دُونِ اللَّهِ مَا لَمْ يُنَزِّلْ بِهِ سُلْطَانًا وَمَا لَيْسَ لَهُم بِهِ عِلْمٌ
وَمَا لِلظَّالِمِينَ مِن نَّصِيرٍ (٧١) وَإِذَا تُتْلَى عَلَيْهِمْ آيَاتُنَا بَيِّنَاتٍ تَعْرِفُ فِي وُجُوهِ
الَّذِينَ كَفَرُوا الْمُنكَرَ يَكَادُونَ يَسْطُونَ بِالَّذِينَ يَتْلُونَ عَلَيْهِمْ آيَاتِنَا قُلْ أَفَأُنَبِّئُكُم بِشَرٍّ
مِّن ذَلِكُمُ النَّارُ وَعَدَهَا اللَّهُ الَّذِينَ كَفَرُوا وَبِئْسَ الْمَصِيرُ (٧٢) يَا أَيُّهَا النَّاسُ ضُرِبَ
مَثَلٌ فَاسْتَمِعُوا لَهُ إِنَّ الَّذِينَ تَدْعُونَ مِن دُونِ اللَّهِ لَن يَخْلُقُوا ذُبَابًا وَلَوِ اجْتَمَعُوا لَهُ
وَإِن يَسْلُبْهُمُ الذُّبَابُ شَيْئًا لَّا يَسْتَنقِذُوهُ مِنْهُ ضَعُفَ الطَّالِبُ وَالْمَطْلُوبُ (٧٣) مَا
قَدَرُوا اللَّهَ حَقَّ قَدْرِهِ إِنَّ اللَّهَ لَقَوِيٌّ عَزِيزٌ (٧٤) اللَّهُ يَصْطَفِي مِنَ الْمَلَائِكَةِ رُسُلًا
وَمِنَ النَّاسِ إِنَّ اللَّهَ سَمِيعٌ بَصِيرٌ (٧٥) يَعْلَمُ مَا بَيْنَ أَيْدِيهِمْ وَمَا خَلْفَهُمْ وَإِلَى اللَّهِ
تُرْجَعُ الْأُمُورُ (٧٦) يَا أَيُّهَا الَّذِينَ آمَنُوا ارْكَعُوا وَاسْجُدُوا وَاعْبُدُوا رَبَّكُمْ وَافْعَلُوا
الْخَيْرَ لَعَلَّكُمْ تُفْلِحُونَ* (٧٧) وَجَاهِدُوا فِي اللَّهِ حَقَّ جِهَادِهِ هُوَ اجْتَبَاكُمْ وَمَا جَعَلَ
عَلَيْكُمْ فِي الدِّينِ مِنْ حَرَجٍ مِّلَّةَ أَبِيكُمْ إِبْرَاهِيمَ هُوَ سَمَّاكُمُ الْمُسْلِمِينَ مِن قَبْلُ وَفِي
هَذَا لِيَكُونَ الرَّسُولُ شَهِيدًا عَلَيْكُمْ وَتَكُونُوا شُهَدَاءَ عَلَى النَّاسِ فَأَقِيمُوا الصَّلَاةَ
وَآتُوا الزَّكَاةَ وَاعْتَصِمُوا بِاللَّهِ هُوَ مَوْلَاكُمْ فَنِعْمَ الْمَوْلَى وَنِعْمَ النَّصِيرُ (٧٨

SOURATE AL MU'MINUN
سورة المؤمنون

قَدْ أَفْلَحَ الْمُؤْمِنُونَ (١) الَّذِينَ هُمْ فِي صَلَاتِهِمْ خَاشِعُونَ (٢) وَالَّذِينَ هُمْ عَنِ اللَّغْوِ
مُعْرِضُونَ (٣) وَالَّذِينَ هُمْ لِلزَّكَاةِ فَاعِلُونَ (٤) وَالَّذِينَ هُمْ لِفُرُوجِهِمْ
حَافِظُونَ (٥) إِلَّا عَلَى أَزْوَاجِهِمْ أَوْ مَا مَلَكَتْ أَيْمَانُهُمْ فَإِنَّهُمْ غَيْرُ مَلُومِينَ (٦) فَمَنِ
ابْتَغَى وَرَاءَ ذَلِكَ فَأُولَئِكَ هُمُ الْعَادُونَ (٧) وَالَّذِينَ هُمْ لِأَمَانَاتِهِمْ وَعَهْدِهِمْ
رَاعُونَ (٨) وَالَّذِينَ هُمْ عَلَى صَلَوَاتِهِمْ يُحَافِظُونَ (٩) أُولَئِكَ هُمُ
الْوَارِثُونَ (١٠) الَّذِينَ يَرِثُونَ الْفِرْدَوْسَ هُمْ فِيهَا خَالِدُونَ (١١) وَلَقَدْ خَلَقْنَا
الْإِنسَانَ مِن سُلَالَةٍ مِّن طِينٍ (١٢) ثُمَّ جَعَلْنَاهُ نُطْفَةً فِي قَرَارٍ مَّكِينٍ (١٣) ثُمَّ خَلَقْنَا
النُّطْفَةَ عَلَقَةً فَخَلَقْنَا الْعَلَقَةَ مُضْغَةً فَخَلَقْنَا الْمُضْغَةَ عِظَامًا فَكَسَوْنَا الْعِظَامَ لَحْمًا ثُمَّ
أَنشَأْنَاهُ خَلْقًا آخَرَ فَتَبَارَكَ اللَّهُ أَحْسَنُ الْخَالِقِينَ (١٤) ثُمَّ إِنَّكُم بَعْدَ ذَلِكَ
لَمَيِّتُونَ (١٥) ثُمَّ إِنَّكُمْ يَوْمَ الْقِيَامَةِ تُبْعَثُونَ (١٦) وَلَقَدْ خَلَقْنَا فَوْقَكُمْ سَبْعَ طَرَائِقَ
وَمَا كُنَّا عَنِ الْخَلْقِ غَافِلِينَ (١٧) وَأَنزَلْنَا مِنَ السَّمَاءِ مَاءً بِقَدَرٍ فَأَسْكَنَّاهُ فِي

الْأَرْضِ وَإِنَّا عَلَى ذَهَابٍ بِهِ لَقَادِرُونَ (١٨) فَأَنشَأْنَا لَكُم بِهِ جَنَّاتٍ مِّن نَّخِيلٍ
وَأَعْنَابٍ لَّكُمْ فِيهَا فَوَاكِهُ كَثِيرَةٌ وَمِنْهَا تَأْكُلُونَ (١٩) وَشَجَرَةً تَخْرُجُ مِن طُورِ
سَيْنَاءَ تَنبُتُ بِالدُّهْنِ وَصِبْغٍ لِّلْآكِلِينَ (٢٠) وَإِنَّ لَكُمْ فِي الْأَنْعَامِ لَعِبْرَةً نُّسْقِيكُم مِّمَّا
فِي بُطُونِهَا وَلَكُمْ فِيهَا مَنَافِعُ كَثِيرَةٌ وَمِنْهَا تَأْكُلُونَ (٢١) وَعَلَيْهَا وَعَلَى الْفُلْكِ
تُحْمَلُونَ (٢٢) وَلَقَدْ أَرْسَلْنَا نُوحًا إِلَى قَوْمِهِ فَقَالَ يَا قَوْمِ اعْبُدُوا اللَّهَ مَا لَكُم مِّنْ إِلَهٍ
غَيْرُهُ أَفَلَا تَتَّقُونَ (٢٣) فَقَالَ الْمَلَأُ الَّذِينَ كَفَرُوا مِن قَوْمِهِ مَا هَذَا إِلَّا بَشَرٌ مِّثْلُكُمْ
يُرِيدُ أَن يَتَفَضَّلَ عَلَيْكُمْ وَلَوْ شَاءَ اللَّهُ لَأَنزَلَ مَلَائِكَةً مَّا سَمِعْنَا بِهَذَا فِي آبَائِنَا
الْأَوَّلِينَ (٢٤) إِنْ هُوَ إِلَّا رَجُلٌ بِهِ جِنَّةٌ فَتَرَبَّصُوا بِهِ حَتَّى حِينٍ (٢٥) قَالَ رَبِّ
انصُرْنِي بِمَا كَذَّبُونِ (٢٦) فَأَوْحَيْنَا إِلَيْهِ أَنِ اصْنَعِ الْفُلْكَ بِأَعْيُنِنَا وَوَحْيِنَا فَإِذَا جَاءَ
أَمْرُنَا وَفَارَ التَّنُّورُ فَاسْلُكْ فِيهَا مِن كُلٍّ زَوْجَيْنِ اثْنَيْنِ وَأَهْلَكَ إِلَّا مَن سَبَقَ عَلَيْهِ
الْقَوْلُ مِنْهُمْ وَلَا تُخَاطِبْنِي فِي الَّذِينَ ظَلَمُوا إِنَّهُم مُّغْرَقُونَ (٢٧) فَإِذَا اسْتَوَيْتَ أَنتَ
وَمَن مَّعَكَ عَلَى الْفُلْكِ فَقُلِ الْحَمْدُ لِلَّهِ الَّذِي نَجَّانَا مِنَ الْقَوْمِ الظَّالِمِينَ (٢٨) وَقُل
رَّبِّ أَنزِلْنِي مُنزَلًا مُّبَارَكًا وَأَنتَ خَيْرُ الْمُنزِلِينَ (٢٩) إِنَّ فِي ذَلِكَ لَآيَاتٍ وَإِن كُنَّا
لَمُبْتَلِينَ (٣٠) ثُمَّ أَنشَأْنَا مِن بَعْدِهِمْ قَرْنًا آخَرِينَ (٣١) فَأَرْسَلْنَا فِيهِمْ رَسُولًا مِّنْهُمْ
أَنِ اعْبُدُوا اللَّهَ مَا لَكُم مِّنْ إِلَهٍ غَيْرُهُ أَفَلَا تَتَّقُونَ (٣٢) وَقَالَ الْمَلَأُ مِن قَوْمِهِ الَّذِينَ
كَفَرُوا وَكَذَّبُوا بِلِقَاءِ الْآخِرَةِ وَأَتْرَفْنَاهُمْ فِي الْحَيَاةِ الدُّنْيَا مَا هَذَا إِلَّا بَشَرٌ مِّثْلُكُمْ يَأْكُلُ
مِمَّا تَأْكُلُونَ مِنْهُ وَيَشْرَبُ مِمَّا تَشْرَبُونَ (٣٣) وَلَئِنْ أَطَعْتُم بَشَرًا مِّثْلَكُمْ إِنَّكُمْ إِذًا
لَّخَاسِرُونَ (٣٤) أَيَعِدُكُمْ أَنَّكُمْ إِذَا مِتُّمْ وَكُنتُمْ تُرَابًا وَعِظَامًا أَنَّكُم
مُّخْرَجُونَ (٣٥) هَيْهَاتَ هَيْهَاتَ لِمَا تُوعَدُونَ (٣٦) إِنْ هِيَ إِلَّا حَيَاتُنَا الدُّنْيَا
نَمُوتُ وَنَحْيَا وَمَا نَحْنُ بِمَبْعُوثِينَ (٣٧) إِنْ هُوَ إِلَّا رَجُلٌ افْتَرَى عَلَى اللَّهِ كَذِبًا وَمَا
نَحْنُ لَهُ بِمُؤْمِنِينَ (٣٨) قَالَ رَبِّ انصُرْنِي بِمَا كَذَّبُونِ (٣٩) قَالَ عَمَّا قَلِيلٍ
لَّيُصْبِحُنَّ نَادِمِينَ (٤٠) فَأَخَذَتْهُمُ الصَّيْحَةُ بِالْحَقِّ فَجَعَلْنَاهُمْ غُثَاءً فَبُعْدًا لِّلْقَوْمِ
الظَّالِمِينَ (٤١) ثُمَّ أَنشَأْنَا مِن بَعْدِهِمْ قُرُونًا آخَرِينَ (٤٢) مَا تَسْبِقُ مِنْ أُمَّةٍ أَجَلَهَا
وَمَا يَسْتَأْخِرُونَ (٤٣) ثُمَّ أَرْسَلْنَا رُسُلَنَا تَتْرَا كُلَّ مَا جَاءَ أُمَّةً رَّسُولُهَا كَذَّبُوهُ فَأَتْبَعْنَا
بَعْضَهُم بَعْضًا وَجَعَلْنَاهُمْ أَحَادِيثَ فَبُعْدًا لِّقَوْمٍ لَّا يُؤْمِنُونَ (٤٤) ثُمَّ أَرْسَلْنَا مُوسَى
وَأَخَاهُ هَارُونَ بِآيَاتِنَا وَسُلْطَانٍ مُّبِينٍ (٤٥) إِلَى فِرْعَوْنَ وَمَلَئِهِ فَاسْتَكْبَرُوا وَكَانُوا
قَوْمًا عَالِينَ (٤٦) فَقَالُوا أَنُؤْمِنُ لِبَشَرَيْنِ مِثْلِنَا وَقَوْمُهُمَا لَنَا
عَابِدُونَ (٤٧) فَكَذَّبُوهُمَا فَكَانُوا مِنَ الْمُهْلَكِينَ (٤٨) وَلَقَدْ آتَيْنَا مُوسَى الْكِتَابَ
لَعَلَّهُمْ يَهْتَدُونَ (٤٩) وَجَعَلْنَا ابْنَ مَرْيَمَ وَأُمَّهُ آيَةً وَآوَيْنَاهُمَا إِلَى رَبْوَةٍ ذَاتِ قَرَارٍ
وَمَعِينٍ (٥٠) يَا أَيُّهَا الرُّسُلُ كُلُوا مِنَ الطَّيِّبَاتِ وَاعْمَلُوا صَالِحًا إِنِّي بِمَا تَعْمَلُونَ
عَلِيمٌ (٥١) وَإِنَّ هَذِهِ أُمَّتُكُمْ أُمَّةً وَاحِدَةً وَأَنَا رَبُّكُمْ فَاتَّقُونِ (٥٢) فَتَقَطَّعُوا أَمْرَهُم

بَيْنَهُمْ زُبُرًا كُلُّ حِزْبٍ بِمَا لَدَيْهِمْ فَرِحُونَ (٥٣) فَذَرْهُمْ فِي غَمْرَتِهِمْ حَتَّى
حِينٍ (٥٤) أَيَحْسَبُونَ أَنَّمَا نُمِدُّهُم بِهِ مِن مَّالٍ وَبَنِينَ (٥٥) نُسَارِعُ لَهُمْ فِي
الْخَيْرَاتِ بَل لَّا يَشْعُرُونَ (٥٦) إِنَّ الَّذِينَ هُم مِّنْ خَشْيَةِ رَبِّهِم
مُّشْفِقُونَ (٥٧) وَالَّذِينَ هُم بِآيَاتِ رَبِّهِمْ يُؤْمِنُونَ (٥٨) وَالَّذِينَ هُم بِرَبِّهِمْ لَا
يُشْرِكُونَ (٥٩) وَالَّذِينَ يُؤْتُونَ مَا آتَوا وَّقُلُوبُهُمْ وَجِلَةٌ أَنَّهُمْ إِلَى رَبِّهِمْ
رَاجِعُونَ (٦٠) أُوْلَئِكَ يُسَارِعُونَ فِي الْخَيْرَاتِ وَهُمْ لَهَا سَابِقُونَ (٦١) وَلَا نُكَلِّفُ
نَفْسًا إِلَّا وُسْعَهَا وَلَدَيْنَا كِتَابٌ يَنطِقُ بِالْحَقِّ وَهُمْ لَا يُظْلَمُونَ (٦٢) بَلْ قُلُوبُهُمْ فِي
غَمْرَةٍ مِّنْ هَذَا وَلَهُمْ أَعْمَالٌ مِن دُونِ ذَلِكَ هُمْ لَهَا عَامِلُونَ (٦٣) حَتَّى إِذَا أَخَذْنَا
مُتْرَفِيهِم بِالْعَذَابِ إِذَا هُمْ يَجْأَرُونَ (٦٤) لَا تَجْأَرُوا الْيَوْمَ إِنَّكُم مِّنَّا لَا
تُنصَرُونَ (٦٥) قَدْ كَانَتْ آيَاتِي تُتْلَى عَلَيْكُمْ فَكُنتُمْ عَلَى أَعْقَابِكُمْ
تَنكِصُونَ (٦٦) مُسْتَكْبِرِينَ بِهِ سَامِرًا تَهْجُرُونَ (٦٧) أَفَلَمْ يَدَّبَّرُوا الْقَوْلَ أَمْ جَاءهُم
مَّا لَمْ يَأْتِ آبَاءهُمُ الْأَوَّلِينَ (٦٨) أَمْ لَمْ يَعْرِفُوا رَسُولَهُمْ فَهُمْ لَهُ مُنكِرُونَ (٦٩) أَمْ
يَقُولُونَ بِهِ جِنَّةٌ بَلْ جَاءهُم بِالْحَقِّ وَأَكْثَرُهُمْ لِلْحَقِّ كَارِهُونَ (٧٠) وَلَوِ اتَّبَعَ الْحَقُّ
أَهْوَاءهُمْ لَفَسَدَتِ السَّمَاوَاتُ وَالْأَرْضُ وَمَن فِيهِنَّ بَلْ أَتَيْنَاهُم بِذِكْرِهِمْ فَهُمْ عَن
ذِكْرِهِم مُّعْرِضُونَ (٧١) أَمْ تَسْأَلُهُمْ خَرْجًا فَخَرَاجُ رَبِّكَ خَيْرٌ وَهُوَ خَيْرُ
الرَّازِقِينَ (٧٢) وَإِنَّكَ لَتَدْعُوهُمْ إِلَى صِرَاطٍ مُّسْتَقِيمٍ (٧٣) وَإِنَّ الَّذِينَ لَا يُؤْمِنُونَ
بِالْآخِرَةِ عَنِ الصِّرَاطِ لَنَاكِبُونَ (٧٤) وَلَوْ رَحِمْنَاهُمْ وَكَشَفْنَا مَا بِهِم مِّن ضُرٍّ
لَّلَجُّوا فِي طُغْيَانِهِمْ يَعْمَهُونَ (٧٥) وَلَقَدْ أَخَذْنَاهُم بِالْعَذَابِ فَمَا اسْتَكَانُوا لِرَبِّهِمْ وَمَا
يَتَضَرَّعُونَ (٧٦) حَتَّى إِذَا فَتَحْنَا عَلَيْهِم بَابًا ذَا عَذَابٍ شَدِيدٍ إِذَا هُمْ فِيهِ
مُبْلِسُونَ (٧٧) وَهُوَ الَّذِي أَنشَأَ لَكُمُ السَّمْعَ وَالْأَبْصَارَ وَالْأَفْئِدَةَ قَلِيلًا مَّا
تَشْكُرُونَ (٧٨) وَهُوَ الَّذِي ذَرَأَكُمْ فِي الْأَرْضِ وَإِلَيْهِ تُحْشَرُونَ (٧٩) وَهُوَ الَّذِي
يُحْيِي وَيُمِيتُ وَلَهُ اخْتِلَافُ اللَّيْلِ وَالنَّهَارِ أَفَلَا تَعْقِلُونَ (٨٠) بَلْ قَالُوا مِثْلَ مَا قَالَ
الْأَوَّلُونَ (٨١) قَالُوا أَئِذَا مِتْنَا وَكُنَّا تُرَابًا وَعِظَامًا أَئِنَّا لَمَبْعُوثُونَ (٨٢) لَقَدْ وُعِدْنَا
نَحْنُ وَآبَاؤُنَا هَذَا مِن قَبْلُ إِنْ هَذَا إِلَّا أَسَاطِيرُ الْأَوَّلِينَ (٨٣) قُل لِّمَنِ الْأَرْضُ وَمَن
فِيهَا إِن كُنتُمْ تَعْلَمُونَ (٨٤) سَيَقُولُونَ لِلَّهِ قُلْ أَفَلَا تَذَكَّرُونَ (٨٥) قُلْ مَن رَّبُّ
السَّمَاوَاتِ السَّبْعِ وَرَبُّ الْعَرْشِ الْعَظِيمِ (٨٦) سَيَقُولُونَ لِلَّهِ قُلْ أَفَلَا
تَتَّقُونَ (٨٧) قُلْ مَن بِيَدِهِ مَلَكُوتُ كُلِّ شَيْءٍ وَهُوَ يُجِيرُ وَلَا يُجَارُ عَلَيْهِ إِن كُنتُمْ
تَعْلَمُونَ (٨٨) سَيَقُولُونَ لِلَّهِ قُلْ فَأَنَّى تُسْحَرُونَ (٨٩) بَلْ أَتَيْنَاهُم بِالْحَقِّ وَإِنَّهُمْ
لَكَاذِبُونَ (٩٠) مَا اتَّخَذَ اللَّهُ مِن وَلَدٍ وَمَا كَانَ مَعَهُ مِنْ إِلَهٍ إِذًا لَّذَهَبَ كُلُّ إِلَهٍ بِمَا
خَلَقَ وَلَعَلَا بَعْضُهُمْ عَلَى بَعْضٍ سُبْحَانَ اللَّهِ عَمَّا يَصِفُونَ (٩١) عَالِمِ الْغَيْبِ
وَالشَّهَادَةِ فَتَعَالَى عَمَّا يُشْرِكُونَ (٩٢) قُل رَّبِّ إِمَّا تُرِيَنِّي مَا يُوعَدُونَ (٩٣) رَبِّ

فَلَا تَجْعَلْنِي فِي الْقَوْمِ الظَّالِمِينَ (٩٤) وَإِنَّا عَلَى أَن نُّرِيَكَ مَا نَعِدُهُمْ
لَقَادِرُونَ (٩٥) ادْفَعْ بِالَّتِي هِيَ أَحْسَنُ السَّيِّئَةَ نَحْنُ أَعْلَمُ بِمَا يَصِفُونَ (٩٦) وَقُل
رَّبِّ أَعُوذُ بِكَ مِنْ هَمَزَاتِ الشَّيَاطِينِ (٩٧) وَأَعُوذُ بِكَ رَبِّ أَن
يَحْضُرُونِ (٩٨) حَتَّى إِذَا جَاءَ أَحَدَهُمُ الْمَوْتُ قَالَ رَبِّ ارْجِعُونِ (٩٩) لَعَلِّي
أَعْمَلُ صَالِحًا فِيمَا تَرَكْتُ كَلَّا إِنَّهَا كَلِمَةٌ هُوَ قَائِلُهَا وَمِن وَرَائِهِم بَرْزَخٌ إِلَى يَوْمِ
يُبْعَثُونَ (١٠٠) فَإِذَا نُفِخَ فِي الصُّورِ فَلَا أَنسَابَ بَيْنَهُمْ يَوْمَئِذٍ وَلَا
يَتَسَاءَلُونَ (١٠١) فَمَن ثَقُلَتْ مَوَازِينُهُ فَأُولَئِكَ هُمُ الْمُفْلِحُونَ (١٠٢) وَمَنْ خَفَّتْ
مَوَازِينُهُ فَأُولَئِكَ الَّذِينَ خَسِرُوا أَنفُسَهُمْ فِي جَهَنَّمَ خَالِدُونَ (١٠٣) تَلْفَحُ وُجُوهَهُمُ
النَّارُ وَهُمْ فِيهَا كَالِحُونَ (١٠٤) أَلَمْ تَكُنْ آيَاتِي تُتْلَى عَلَيْكُمْ فَكُنتُم بِهَا
تُكَذِّبُونَ (١٠٥) قَالُوا رَبَّنَا غَلَبَتْ عَلَيْنَا شِقْوَتُنَا وَكُنَّا قَوْمًا ضَالِّينَ (١٠٦) رَبَّنَا
أَخْرِجْنَا مِنْهَا فَإِنْ عُدْنَا فَإِنَّا ظَالِمُونَ (١٠٧) قَالَ اخْسَئُوا فِيهَا وَلَا
تُكَلِّمُونِ (١٠٨) إِنَّهُ كَانَ فَرِيقٌ مِّنْ عِبَادِي يَقُولُونَ رَبَّنَا آمَنَّا فَاغْفِرْ لَنَا وَارْحَمْنَا
وَأَنتَ خَيْرُ الرَّاحِمِينَ (١٠٩) فَاتَّخَذْتُمُوهُمْ سِخْرِيًّا حَتَّى أَنسَوْكُمْ ذِكْرِي وَكُنتُم
مِّنْهُمْ تَضْحَكُونَ (١١٠) إِنِّي جَزَيْتُهُمُ الْيَوْمَ بِمَا صَبَرُوا أَنَّهُمْ هُمُ
الْفَائِزُونَ (١١١) قَالَ كَمْ لَبِثْتُمْ فِي الْأَرْضِ عَدَدَ سِنِينَ (١١٢) قَالُوا لَبِثْنَا يَوْمًا أَوْ
بَعْضَ يَوْمٍ فَاسْأَلِ الْعَادِّينَ (١١٣) قَالَ إِن لَّبِثْتُمْ إِلَّا قَلِيلًا لَّوْ أَنَّكُمْ كُنتُمْ
تَعْلَمُونَ (١١٤) أَفَحَسِبْتُمْ أَنَّمَا خَلَقْنَاكُمْ عَبَثًا وَأَنَّكُمْ إِلَيْنَا لَا
تُرْجَعُونَ (١١٥) فَتَعَالَى اللَّهُ الْمَلِكُ الْحَقُّ لَا إِلَٰهَ إِلَّا هُوَ رَبُّ الْعَرْشِ
الْكَرِيمِ (١١٦) وَمَن يَدْعُ مَعَ اللَّهِ إِلَٰهًا آخَرَ لَا بُرْهَانَ لَهُ بِهِ فَإِنَّمَا حِسَابُهُ عِندَ رَبِّهِ
إِنَّهُ لَا يُفْلِحُ الْكَافِرُونَ (١١٧) وَقُل رَّبِّ اغْفِرْ وَارْحَمْ وَأَنتَ خَيْرُ الرَّاحِمِينَ (١١٨

SOURATE AN NUR
سورة النّور

سُورَةٌ أَنزَلْنَاهَا وَفَرَضْنَاهَا وَأَنزَلْنَا فِيهَا آيَاتٍ بَيِّنَاتٍ لَّعَلَّكُمْ تَذَكَّرُونَ (١) الزَّانِيَةُ
وَالزَّانِي فَاجْلِدُوا كُلَّ وَاحِدٍ مِّنْهُمَا مِئَةَ جَلْدَةٍ وَلَا تَأْخُذْكُم بِهِمَا رَأْفَةٌ فِي دِينِ اللَّهِ إِن
كُنتُمْ تُؤْمِنُونَ بِاللَّهِ وَالْيَوْمِ الْآخِرِ وَلْيَشْهَدْ عَذَابَهُمَا طَائِفَةٌ مِّنَ الْمُؤْمِنِينَ (٢) الزَّانِي
لَا يَنكِحُ إِلَّا زَانِيَةً أَوْ مُشْرِكَةً وَالزَّانِيَةُ لَا يَنكِحُهَا إِلَّا زَانٍ أَوْ مُشْرِكٌ وَحُرِّمَ ذَٰلِكَ

عَلَى الْمُؤْمِنِينَ (٣) وَالَّذِينَ يَرْمُونَ الْمُحْصَنَاتِ ثُمَّ لَمْ يَأْتُوا بِأَرْبَعَةِ شُهَدَاء فَاجْلِدُوهُمْ ثَمَانِينَ جَلْدَةً وَلَا تَقْبَلُوا لَهُمْ شَهَادَةً أَبَدًا وَأُوْلَئِكَ هُمُ الْفَاسِقُونَ (٤) إِلَّا الَّذِينَ تَابُوا مِن بَعْدِ ذَلِكَ وَأَصْلَحُوا فَإِنَّ اللَّهَ غَفُورٌ رَّحِيمٌ (٥) وَالَّذِينَ يَرْمُونَ أَزْوَاجَهُمْ وَلَمْ يَكُن لَّهُمْ شُهَدَاء إِلَّا أَنفُسُهُمْ فَشَهَادَةُ أَحَدِهِمْ أَرْبَعُ شَهَادَاتٍ بِاللَّهِ إِنَّهُ لَمِنَ الصَّادِقِينَ (٦) وَالْخَامِسَةُ أَنَّ لَعْنَتَ اللَّهِ عَلَيْهِ إِن كَانَ مِنَ الْكَاذِبِينَ وَيَدْرَأُ (٧) عَنْهَا الْعَذَابَ أَنْ تَشْهَدَ أَرْبَعَ شَهَادَاتٍ بِاللَّهِ إِنَّهُ لَمِنَ الْكَاذِبِينَ (٨) وَالْخَامِسَةَ أَنَّ غَضَبَ اللَّهِ عَلَيْهَا إِن كَانَ مِنَ الصَّادِقِينَ (٩) وَلَوْلَا فَضْلُ اللَّهِ عَلَيْكُمْ وَرَحْمَتُهُ وَأَنَّ اللَّهَ تَوَّابٌ حَكِيمٌ (١٠) إِنَّ الَّذِينَ جَاؤُوا بِالْإِفْكِ عُصْبَةٌ مِّنكُمْ لَا تَحْسَبُوهُ شَرًّا لَّكُم بَلْ هُوَ خَيْرٌ لَّكُمْ لِكُلِّ امْرِئٍ مِّنْهُم مَّا اكْتَسَبَ مِنَ الْإِثْمِ وَالَّذِي تَوَلَّى كِبْرَهُ مِنْهُمْ لَهُ عَذَابٌ عَظِيمٌ (١١) لَوْلَا إِذْ سَمِعْتُمُوهُ ظَنَّ الْمُؤْمِنُونَ وَالْمُؤْمِنَاتُ بِأَنفُسِهِمْ خَيْرًا وَقَالُوا هَذَا إِفْكٌ مُّبِينٌ (١٢) لَوْلَا جَاؤُوا عَلَيْهِ بِأَرْبَعَةِ شُهَدَاء فَإِذْ لَمْ يَأْتُوا بِالشُّهَدَاء فَأُوْلَئِكَ عِندَ اللَّهِ هُمُ الْكَاذِبُونَ (١٣) وَلَوْلَا فَضْلُ اللَّهِ عَلَيْكُمْ وَرَحْمَتُهُ فِي الدُّنْيَا وَالْآخِرَةِ لَمَسَّكُمْ فِي مَا أَفَضْتُمْ فِيهِ عَذَابٌ عَظِيمٌ (١٤) إِذْ تَلَقَّوْنَهُ بِأَلْسِنَتِكُمْ وَتَقُولُونَ بِأَفْوَاهِكُم مَّا لَيْسَ لَكُم بِهِ عِلْمٌ وَتَحْسَبُونَهُ هَيِّنًا وَهُوَ عِندَ اللَّهِ عَظِيمٌ (١٥) وَلَوْلَا إِذْ سَمِعْتُمُوهُ قُلْتُم مَّا يَكُونُ لَنَا أَن نَّتَكَلَّمَ بِهَذَا سُبْحَانَكَ هَذَا بُهْتَانٌ عَظِيمٌ (١٦) يَعِظُكُمُ اللَّهُ أَن تَعُودُوا لِمِثْلِهِ أَبَدًا إِن كُنتُم مُّؤْمِنِينَ (١٧) وَيُبَيِّنُ اللَّهُ لَكُمُ الْآيَاتِ وَاللَّهُ عَلِيمٌ حَكِيمٌ (١٨) إِنَّ الَّذِينَ يُحِبُّونَ أَن تَشِيعَ الْفَاحِشَةُ فِي الَّذِينَ آمَنُوا لَهُمْ عَذَابٌ أَلِيمٌ فِي الدُّنْيَا وَالْآخِرَةِ وَاللَّهُ يَعْلَمُ وَأَنتُمْ لَا تَعْلَمُونَ (١٩) وَلَوْلَا فَضْلُ اللَّهِ عَلَيْكُمْ وَرَحْمَتُهُ وَأَنَّ اللَّهَ رَؤُوفٌ رَحِيمٌ (٢٠) يَا أَيُّهَا الَّذِينَ آمَنُوا لَا تَتَّبِعُوا خُطُوَاتِ الشَّيْطَانِ وَمَن يَتَّبِعْ خُطُوَاتِ الشَّيْطَانِ فَإِنَّهُ يَأْمُرُ بِالْفَحْشَاء وَالْمُنكَرِ وَلَوْلَا فَضْلُ اللَّهِ عَلَيْكُمْ وَرَحْمَتُهُ مَا زَكَا مِنكُم مِّنْ أَحَدٍ أَبَدًا وَلَكِنَّ اللَّهَ يُزَكِّي مَن يَشَاءُ وَاللَّهُ سَمِيعٌ عَلِيمٌ (٢١) وَلَا يَأْتَلِ أُوْلُوا الْفَضْلِ مِنكُمْ وَالسَّعَةِ أَن يُؤْتُوا أُوْلِي الْقُرْبَى وَالْمَسَاكِينَ وَالْمُهَاجِرِينَ فِي سَبِيلِ اللَّهِ وَلْيَعْفُوا وَلْيَصْفَحُوا أَلَا تُحِبُّونَ أَن يَغْفِرَ اللَّهُ لَكُمْ وَاللَّهُ غَفُورٌ رَّحِيمٌ (٢٢) إِنَّ الَّذِينَ يَرْمُونَ الْمُحْصَنَاتِ الْغَافِلَاتِ الْمُؤْمِنَاتِ لُعِنُوا فِي الدُّنْيَا وَالْآخِرَةِ وَلَهُمْ عَذَابٌ عَظِيمٌ (٢٣) يَوْمَ تَشْهَدُ عَلَيْهِمْ أَلْسِنَتُهُمْ وَأَيْدِيهِمْ وَأَرْجُلُهُم بِمَا كَانُوا يَعْمَلُونَ (٢٤) يَوْمَئِذٍ يُوَفِّيهِمُ اللَّهُ دِينَهُمُ الْحَقَّ وَيَعْلَمُونَ أَنَّ اللَّهَ هُوَ الْحَقُّ الْمُبِينُ (٢٥) الْخَبِيثَاتُ لِلْخَبِيثِينَ وَالْخَبِيثُونَ لِلْخَبِيثَاتِ وَالطَّيِّبَاتُ لِلطَّيِّبِينَ وَالطَّيِّبُونَ لِلطَّيِّبَاتِ أُوْلَئِكَ مُبَرَّؤُونَ مِمَّا يَقُولُونَ لَهُم مَّغْفِرَةٌ وَرِزْقٌ كَرِيمٌ (٢٦) يَا أَيُّهَا الَّذِينَ آمَنُوا لَا تَدْخُلُوا بُيُوتًا غَيْرَ بُيُوتِكُمْ حَتَّى تَسْتَأْنِسُوا وَتُسَلِّمُوا عَلَى أَهْلِهَا ذَلِكُمْ خَيْرٌ لَّكُمْ لَعَلَّكُمْ تَذَكَّرُونَ (٢٧) فَإِن لَّمْ تَجِدُوا فِيهَا أَحَدًا فَلَا تَدْخُلُوهَا حَتَّى

يُؤْذَنَ لَكُمْ وَإِن قِيلَ لَكُمُ ارْجِعُوا فَارْجِعُوا هُوَ أَزْكَى لَكُمْ وَاللَّهُ بِمَا تَعْمَلُونَ
عَلِيمٌ (٢٨) لَّيْسَ عَلَيْكُمْ جُنَاحٌ أَن تَدْخُلُوا بُيُوتًا غَيْرَ مَسْكُونَةٍ فِيهَا مَتَاعٌ لَّكُمْ وَاللَّهُ
يَعْلَمُ مَا تُبْدُونَ وَمَا تَكْتُمُونَ (٢٩) قُل لِّلْمُؤْمِنِينَ يَغُضُّوا مِنْ أَبْصَارِهِمْ وَيَحْفَظُوا
فُرُوجَهُمْ ذَلِكَ أَزْكَى لَهُمْ إِنَّ اللَّهَ خَبِيرٌ بِمَا يَصْنَعُونَ (٣٠) وَقُل لِّلْمُؤْمِنَاتِ
يَغْضُضْنَ مِنْ أَبْصَارِهِنَّ وَيَحْفَظْنَ فُرُوجَهُنَّ وَلَا يُبْدِينَ زِينَتَهُنَّ إِلَّا مَا ظَهَرَ مِنْهَا
وَلْيَضْرِبْنَ بِخُمُرِهِنَّ عَلَى جُيُوبِهِنَّ وَلَا يُبْدِينَ زِينَتَهُنَّ إِلَّا لِبُعُولَتِهِنَّ أَوْ آبَائِهِنَّ أَوْ
آبَاءِ بُعُولَتِهِنَّ أَوْ أَبْنَائِهِنَّ أَوْ أَبْنَاءِ بُعُولَتِهِنَّ أَوْ إِخْوَانِهِنَّ أَوْ بَنِي إِخْوَانِهِنَّ أَوْ بَنِي
أَخَوَاتِهِنَّ أَوْ نِسَائِهِنَّ أَوْ مَا مَلَكَتْ أَيْمَانُهُنَّ أَوِ التَّابِعِينَ غَيْرِ أُوْلِي الْإِرْبَةِ مِنَ
الرِّجَالِ أَوِ الطِّفْلِ الَّذِينَ لَمْ يَظْهَرُوا عَلَى عَوْرَاتِ النِّسَاءِ وَلَا يَضْرِبْنَ بِأَرْجُلِهِنَّ
لِيُعْلَمَ مَا يُخْفِينَ مِن زِينَتِهِنَّ وَتُوبُوا إِلَى اللَّهِ جَمِيعًا أَيُّهَا الْمُؤْمِنُونَ لَعَلَّكُمْ
تُفْلِحُونَ (٣١) وَأَنكِحُوا الْأَيَامَى مِنكُمْ وَالصَّالِحِينَ مِنْ عِبَادِكُمْ وَإِمَائِكُمْ إِن يَكُونُوا
فُقَرَاءَ يُغْنِهِمُ اللَّهُ مِن فَضْلِهِ وَاللَّهُ وَاسِعٌ عَلِيمٌ (٣٢) وَلْيَسْتَعْفِفِ الَّذِينَ لَا يَجِدُونَ
نِكَاحًا حَتَّى يُغْنِيَهُمُ اللَّهُ مِن فَضْلِهِ وَالَّذِينَ يَبْتَغُونَ الْكِتَابَ مِمَّا مَلَكَتْ أَيْمَانُكُمْ
فَكَاتِبُوهُمْ إِنْ عَلِمْتُمْ فِيهِمْ خَيْرًا وَآتُوهُم مِّن مَّالِ اللَّهِ الَّذِي آتَاكُمْ وَلَا تُكْرِهُوا فَتَيَاتِكُمْ
عَلَى الْبِغَاءِ إِنْ أَرَدْنَ تَحَصُّنًا لِّتَبْتَغُوا عَرَضَ الْحَيَاةِ الدُّنْيَا وَمَن يُكْرِههُّنَّ فَإِنَّ اللَّهَ
مِن بَعْدِ إِكْرَاهِهِنَّ غَفُورٌ رَّحِيمٌ (٣٣) وَلَقَدْ أَنزَلْنَا إِلَيْكُمْ آيَاتٍ مُّبَيِّنَاتٍ وَمَثَلًا مِّنَ
الَّذِينَ خَلَوْا مِن قَبْلِكُمْ وَمَوْعِظَةً لِّلْمُتَّقِينَ (٣٤) اللَّهُ نُورُ السَّمَاوَاتِ وَالْأَرْضِ مَثَلُ
نُورِهِ كَمِشْكَاةٍ فِيهَا مِصْبَاحٌ الْمِصْبَاحُ فِي زُجَاجَةٍ الزُّجَاجَةُ كَأَنَّهَا كَوْكَبٌ دُرِّيٌّ
يُوقَدُ مِن شَجَرَةٍ مُّبَارَكَةٍ زَيْتُونِةٍ لَّا شَرْقِيَّةٍ وَلَا غَرْبِيَّةٍ يَكَادُ زَيْتُهَا يُضِيءُ وَلَوْ لَمْ
تَمْسَسْهُ نَارٌ نُّورٌ عَلَى نُورٍ يَهْدِي اللَّهُ لِنُورِهِ مَن يَشَاءُ وَيَضْرِبُ اللَّهُ الْأَمْثَالَ لِلنَّاسِ
وَاللَّهُ بِكُلِّ شَيْءٍ عَلِيمٌ (٣٥) فِي بُيُوتٍ أَذِنَ اللَّهُ أَن تُرْفَعَ وَيُذْكَرَ فِيهَا اسْمُهُ يُسَبِّحُ لَهُ
فِيهَا بِالْغُدُوِّ وَالْآصَالِ (٣٦) رِجَالٌ لَّا تُلْهِيهِمْ تِجَارَةٌ وَلَا بَيْعٌ عَن ذِكْرِ اللَّهِ وَإِقَامِ
الصَّلَاةِ وَإِيتَاءِ الزَّكَاةِ يَخَافُونَ يَوْمًا تَتَقَلَّبُ فِيهِ الْقُلُوبُ وَالْأَبْصَارُ (٣٧) لِيَجْزِيَهُمُ
اللَّهُ أَحْسَنَ مَا عَمِلُوا وَيَزِيدَهُم مِّن فَضْلِهِ وَاللَّهُ يَرْزُقُ مَن يَشَاءُ بِغَيْرِ
حِسَابٍ (٣٨) وَالَّذِينَ كَفَرُوا أَعْمَالُهُمْ كَسَرَابٍ بِقِيعَةٍ يَحْسَبُهُ الظَّمْآنُ مَاءً حَتَّى إِذَا
جَاءَهُ لَمْ يَجِدْهُ شَيْئًا وَوَجَدَ اللَّهَ عِندَهُ فَوَفَّاهُ حِسَابَهُ وَاللَّهُ سَرِيعُ الْحِسَابِ (٣٩) أَوْ
كَظُلُمَاتٍ فِي بَحْرٍ لُّجِّيٍّ يَغْشَاهُ مَوْجٌ مِّن فَوْقِهِ مَوْجٌ مِّن فَوْقِهِ سَحَابٌ ظُلُمَاتٌ
بَعْضُهَا فَوْقَ بَعْضٍ إِذَا أَخْرَجَ يَدَهُ لَمْ يَكَدْ يَرَاهَا وَمَن لَّمْ يَجْعَلِ اللَّهُ لَهُ نُورًا فَمَا لَهُ
مِن نُّورٍ (٤٠) أَلَمْ تَرَ أَنَّ اللَّهَ يُسَبِّحُ لَهُ مَن فِي السَّمَاوَاتِ وَالْأَرْضِ وَالطَّيْرُ
صَافَّاتٍ كُلٌّ قَدْ عَلِمَ صَلَاتَهُ وَتَسْبِيحَهُ وَاللَّهُ عَلِيمٌ بِمَا يَفْعَلُونَ (٤١) وَلِلَّهِ مُلْكُ
السَّمَاوَاتِ وَالْأَرْضِ وَإِلَى اللَّهِ الْمَصِيرُ (٤٢) أَلَمْ تَرَ أَنَّ اللَّهَ يُزْجِي سَحَابًا ثُمَّ

يُؤَلِّفُ بَيْنَهُ ثُمَّ يَجْعَلُهُ رُكَامًا فَتَرَى الْوَدْقَ يَخْرُجُ مِنْ خِلَالِهِ وَيُنَزِّلُ مِنَ السَّمَاءِ مِن
جِبَالٍ فِيهَا مِن بَرَدٍ فَيُصِيبُ بِهِ مَن يَشَاءُ وَيَصْرِفُهُ عَن مَّن يَشَاءُ يَكَادُ سَنَا بَرْقِهِ
يَذْهَبُ بِالْأَبْصَارِ (٤٣) يُقَلِّبُ اللَّهُ اللَّيْلَ وَالنَّهَارَ إِنَّ فِي ذَلِكَ لَعِبْرَةً لِّأُولِي
الْأَبْصَارِ (٤٤) وَاللَّهُ خَلَقَ كُلَّ دَابَّةٍ مِّن مَّاءٍ فَمِنْهُم مَّن يَمْشِي عَلَى بَطْنِهِ وَمِنْهُم
مَّن يَمْشِي عَلَى رِجْلَيْنِ وَمِنْهُم مَّن يَمْشِي عَلَى أَرْبَعٍ يَخْلُقُ اللَّهُ مَا يَشَاءُ إِنَّ اللَّهَ
عَلَى كُلِّ شَيْءٍ قَدِيرٌ (٤٥) لَّقَدْ أَنزَلْنَا آيَاتٍ مُّبَيِّنَاتٍ وَاللَّهُ يَهْدِي مَن يَشَاءُ إِلَى
صِرَاطٍ مُّسْتَقِيمٍ (٤٦) وَيَقُولُونَ آمَنَّا بِاللَّهِ وَبِالرَّسُولِ وَأَطَعْنَا ثُمَّ يَتَوَلَّى فَرِيقٌ مِّنْهُم
مِّن بَعْدِ ذَلِكَ وَمَا أُولَئِكَ بِالْمُؤْمِنِينَ (٤٧) وَإِذَا دُعُوا إِلَى اللَّهِ وَرَسُولِهِ لِيَحْكُمَ بَيْنَهُمْ
إِذَا فَرِيقٌ مِّنْهُم مُّعْرِضُونَ (٤٨) وَإِن يَكُن لَّهُمُ الْحَقُّ يَأْتُوا إِلَيْهِ مُذْعِنِينَ (٤٩) أَفِي
قُلُوبِهِم مَّرَضٌ أَمِ ارْتَابُوا أَمْ يَخَافُونَ أَن يَحِيفَ اللَّهُ عَلَيْهِمْ وَرَسُولُهُ بَلْ أُولَئِكَ هُمُ
الظَّالِمُونَ (٥٠) إِنَّمَا كَانَ قَوْلَ الْمُؤْمِنِينَ إِذَا دُعُوا إِلَى اللَّهِ وَرَسُولِهِ لِيَحْكُمَ بَيْنَهُمْ
أَن يَقُولُوا سَمِعْنَا وَأَطَعْنَا وَأُولَئِكَ هُمُ الْمُفْلِحُونَ (٥١) وَمَن يُطِعِ اللَّهَ وَرَسُولَهُ
وَيَخْشَ اللَّهَ وَيَتَّقْهِ فَأُولَئِكَ هُمُ الْفَائِزُونَ (٥٢) وَأَقْسَمُوا بِاللَّهِ جَهْدَ أَيْمَانِهِمْ لَئِنْ
أَمَرْتَهُمْ لَيَخْرُجُنَّ قُل لَّا تُقْسِمُوا طَاعَةٌ مَّعْرُوفَةٌ إِنَّ اللَّهَ خَبِيرٌ بِمَا تَعْمَلُونَ (٥٣) قُلْ
أَطِيعُوا اللَّهَ وَأَطِيعُوا الرَّسُولَ فَإِن تَوَلَّوْا فَإِنَّمَا عَلَيْهِ مَا حُمِّلَ وَعَلَيْكُم مَّا حُمِّلْتُمْ وَإِن
تُطِيعُوهُ تَهْتَدُوا وَمَا عَلَى الرَّسُولِ إِلَّا الْبَلَاغُ الْمُبِينُ (٥٤) وَعَدَ اللَّهُ الَّذِينَ آمَنُوا
مِنكُمْ وَعَمِلُوا الصَّالِحَاتِ لَيَسْتَخْلِفَنَّهُمْ فِي الْأَرْضِ كَمَا اسْتَخْلَفَ الَّذِينَ مِن قَبْلِهِمْ
وَلَيُمَكِّنَنَّ لَهُمْ دِينَهُمُ الَّذِي ارْتَضَى لَهُمْ وَلَيُبَدِّلَنَّهُم مِّن بَعْدِ خَوْفِهِمْ أَمْنًا يَعْبُدُونَنِي لَا
يُشْرِكُونَ بِي شَيْئًا وَمَن كَفَرَ بَعْدَ ذَلِكَ فَأُولَئِكَ هُمُ الْفَاسِقُونَ (٥٥) وَأَقِيمُوا الصَّلَاةَ
وَآتُوا الزَّكَاةَ وَأَطِيعُوا الرَّسُولَ لَعَلَّكُمْ تُرْحَمُونَ (٥٦) لَا تَحْسَبَنَّ الَّذِينَ كَفَرُوا
مُعْجِزِينَ فِي الْأَرْضِ وَمَأْوَاهُمُ النَّارُ وَلَبِئْسَ الْمَصِيرُ (٥٧) يَا أَيُّهَا الَّذِينَ آمَنُوا
لِيَسْتَأْذِنكُمُ الَّذِينَ مَلَكَتْ أَيْمَانُكُمْ وَالَّذِينَ لَمْ يَبْلُغُوا الْحُلُمَ مِنكُمْ ثَلَاثَ مَرَّاتٍ مِّن قَبْلِ
صَلَاةِ الْفَجْرِ وَحِينَ تَضَعُونَ ثِيَابَكُم مِّنَ الظَّهِيرَةِ وَمِن بَعْدِ صَلَاةِ الْعِشَاءِ ثَلَاثُ
عَوْرَاتٍ لَّكُمْ لَيْسَ عَلَيْكُمْ وَلَا عَلَيْهِمْ جُنَاحٌ بَعْدَهُنَّ طَوَّافُونَ عَلَيْكُم بَعْضُكُمْ عَلَى
بَعْضٍ كَذَلِكَ يُبَيِّنُ اللَّهُ لَكُمُ الْآيَاتِ وَاللَّهُ عَلِيمٌ حَكِيمٌ (٥٨) وَإِذَا بَلَغَ الْأَطْفَالُ مِنكُمُ
الْحُلُمَ فَلْيَسْتَأْذِنُوا كَمَا اسْتَأْذَنَ الَّذِينَ مِن قَبْلِهِمْ كَذَلِكَ يُبَيِّنُ اللَّهُ لَكُمْ آيَاتِهِ وَاللَّهُ عَلِيمٌ
حَكِيمٌ (٥٩) وَالْقَوَاعِدُ مِنَ النِّسَاءِ اللَّاتِي لَا يَرْجُونَ نِكَاحًا فَلَيْسَ عَلَيْهِنَّ جُنَاحٌ أَن
يَضَعْنَ ثِيَابَهُنَّ غَيْرَ مُتَبَرِّجَاتٍ بِزِينَةٍ وَأَن يَسْتَعْفِفْنَ خَيْرٌ لَّهُنَّ وَاللَّهُ سَمِيعٌ
عَلِيمٌ (٦٠) لَّيْسَ عَلَى الْأَعْمَى حَرَجٌ وَلَا عَلَى الْأَعْرَجِ حَرَجٌ وَلَا عَلَى الْمَرِيضِ
حَرَجٌ وَلَا عَلَى أَنفُسِكُمْ أَن تَأْكُلُوا مِن بُيُوتِكُمْ أَوْ بُيُوتِ آبَائِكُمْ أَوْ بُيُوتِ أُمَّهَاتِكُمْ أَوْ
بُيُوتِ إِخْوَانِكُمْ أَوْ بُيُوتِ أَخَوَاتِكُمْ أَوْ بُيُوتِ أَعْمَامِكُمْ أَوْ بُيُوتِ عَمَّاتِكُمْ أَوْ بُيُوتِ

أَخْوَالِكُمْ أَوْ بُيُوتِ خَالَاتِكُمْ أَوْ مَا مَلَكْتُم مَّفَاتِحَهُ أَوْ صَدِيقِكُمْ لَيْسَ عَلَيْكُمْ جُنَاحٌ أَن
تَأْكُلُوا جَمِيعًا أَوْ أَشْتَاتًا فَإِذَا دَخَلْتُم بُيُوتًا فَسَلِّمُوا عَلَى أَنفُسِكُمْ تَحِيَّةً مِّنْ عِندِ اللَّهِ
مُبَارَكَةً طَيِّبَةً كَذَٰلِكَ يُبَيِّنُ اللَّهُ لَكُمُ الْآيَاتِ لَعَلَّكُمْ تَعْقِلُونَ (٦١) إِنَّمَا الْمُؤْمِنُونَ الَّذِينَ
آمَنُوا بِاللَّهِ وَرَسُولِهِ وَإِذَا كَانُوا مَعَهُ عَلَىٰ أَمْرٍ جَامِعٍ لَّمْ يَذْهَبُوا حَتَّىٰ يَسْتَأْذِنُوهُ إِنَّ
الَّذِينَ يَسْتَأْذِنُونَكَ أُولَٰئِكَ الَّذِينَ يُؤْمِنُونَ بِاللَّهِ وَرَسُولِهِ فَإِذَا اسْتَأْذَنُوكَ لِبَعْضِ شَأْنِهِمْ
فَأْذَن لِّمَن شِئْتَ مِنْهُمْ وَاسْتَغْفِرْ لَهُمُ اللَّهَ إِنَّ اللَّهَ غَفُورٌ رَّحِيمٌ (٦٢) لَّا تَجْعَلُوا دُعَاءَ
الرَّسُولِ بَيْنَكُمْ كَدُعَاءِ بَعْضِكُم بَعْضًا قَدْ يَعْلَمُ اللَّهُ الَّذِينَ يَتَسَلَّلُونَ مِنكُمْ لِوَاذًا فَلْيَحْذَرِ
الَّذِينَ يُخَالِفُونَ عَنْ أَمْرِهِ أَن تُصِيبَهُمْ فِتْنَةٌ أَوْ يُصِيبَهُمْ عَذَابٌ أَلِيمٌ (٦٣) أَلَا إِنَّ لِلَّهِ
مَا فِي السَّمَاوَاتِ وَالْأَرْضِ قَدْ يَعْلَمُ مَا أَنتُمْ عَلَيْهِ وَيَوْمَ يُرْجَعُونَ إِلَيْهِ فَيُنَبِّئُهُم بِمَا
عَمِلُوا وَاللَّهُ بِكُلِّ شَيْءٍ عَلِيمٌ (٦٤

SOURATE AL FURQAN

سورة الفرقان

تَبَارَكَ الَّذِي نَزَّلَ الْفُرْقَانَ عَلَىٰ عَبْدِهِ لِيَكُونَ لِلْعَالَمِينَ نَذِيرًا (١) الَّذِي لَهُ مُلْكُ
السَّمَاوَاتِ وَالْأَرْضِ وَلَمْ يَتَّخِذْ وَلَدًا وَلَمْ يَكُن لَّهُ شَرِيكٌ فِي الْمُلْكِ وَخَلَقَ كُلَّ شَيْءٍ
فَقَدَّرَهُ تَقْدِيرًا (٢) وَاتَّخَذُوا مِن دُونِهِ آلِهَةً لَّا يَخْلُقُونَ شَيْئًا وَهُمْ يُخْلَقُونَ وَلَا
يَمْلِكُونَ لِأَنفُسِهِمْ ضَرًّا وَلَا نَفْعًا وَلَا يَمْلِكُونَ مَوْتًا وَلَا حَيَاةً وَلَا نُشُورًا (٣) وَقَالَ
الَّذِينَ كَفَرُوا إِنْ هَٰذَا إِلَّا إِفْكٌ افْتَرَاهُ وَأَعَانَهُ عَلَيْهِ قَوْمٌ آخَرُونَ فَقَدْ جَاءُوا ظُلْمًا
وَزُورًا (٤) وَقَالُوا أَسَاطِيرُ الْأَوَّلِينَ اكْتَتَبَهَا فَهِيَ تُمْلَىٰ عَلَيْهِ بُكْرَةً
وَأَصِيلًا (٥) قُلْ أَنزَلَهُ الَّذِي يَعْلَمُ السِّرَّ فِي السَّمَاوَاتِ وَالْأَرْضِ إِنَّهُ كَانَ غَفُورًا
رَّحِيمًا (٦) وَقَالُوا مَالِ هَٰذَا الرَّسُولِ يَأْكُلُ الطَّعَامَ وَيَمْشِي فِي الْأَسْوَاقِ لَوْلَا أُنزِلَ
إِلَيْهِ مَلَكٌ فَيَكُونَ مَعَهُ نَذِيرًا (٧) أَوْ يُلْقَىٰ إِلَيْهِ كَنزٌ أَوْ تَكُونُ لَهُ جَنَّةٌ يَأْكُلُ مِنْهَا وَقَالَ
الظَّالِمُونَ إِن تَتَّبِعُونَ إِلَّا رَجُلًا مَّسْحُورًا (٨) انظُرْ كَيْفَ ضَرَبُوا لَكَ الْأَمْثَالَ
فَضَلُّوا فَلَا يَسْتَطِيعُونَ سَبِيلًا (٩) تَبَارَكَ الَّذِي إِن شَاءَ جَعَلَ لَكَ خَيْرًا مِّن ذَٰلِكَ
جَنَّاتٍ تَجْرِي مِن تَحْتِهَا الْأَنْهَارُ وَيَجْعَل لَّكَ قُصُورًا (١٠) بَلْ كَذَّبُوا بِالسَّاعَةِ
وَأَعْتَدْنَا لِمَن كَذَّبَ بِالسَّاعَةِ سَعِيرًا (١١) إِذَا رَأَتْهُم مِّن مَّكَانٍ بَعِيدٍ سَمِعُوا لَهَا
تَغَيُّظًا وَزَفِيرًا (١٢) وَإِذَا أُلْقُوا مِنْهَا مَكَانًا ضَيِّقًا مُّقَرَّنِينَ دَعَوْا هُنَالِكَ
ثُبُورًا (١٣) لَّا تَدْعُوا الْيَوْمَ ثُبُورًا وَاحِدًا وَادْعُوا ثُبُورًا كَثِيرًا (١٤) قُلْ أَذَٰلِكَ خَيْرٌ
أَمْ جَنَّةُ الْخُلْدِ الَّتِي وُعِدَ الْمُتَّقُونَ كَانَتْ لَهُمْ جَزَاءً وَمَصِيرًا (١٥) لَّهُمْ فِيهَا مَا

يَشَاؤُونَ خَالِدِينَ كَانَ عَلَى رَبِّكَ وَعْدًا مَسْؤُولًا (١٦) وَيَوْمَ يَحْشُرُهُمْ وَمَا يَعْبُدُونَ
مِن دُونِ اللَّهِ فَيَقُولُ أَأَنتُمْ أَضْلَلْتُمْ عِبَادِي هَؤُلَاءِ أَمْ هُمْ ضَلُّوا السَّبِيلَ (١٧) قَالُوا
سُبْحَانَكَ مَا كَانَ يَنبَغِي لَنَا أَن نَّتَّخِذَ مِن دُونِكَ مِنْ أَوْلِيَاءَ وَلَكِن مَّتَّعْتَهُمْ وَآبَاءَهُمْ
حَتَّى نَسُوا الذِّكْرَ وَكَانُوا قَوْمًا بُورًا (١٨) فَقَدْ كَذَّبُوكُم بِمَا تَقُولُونَ فَمَا تَسْتَطِيعُونَ
صَرْفًا وَلَا نَصْرًا وَمَن يَظْلِم مِّنكُمْ نُذِقْهُ عَذَابًا كَبِيرًا (١٩) وَمَا أَرْسَلْنَا قَبْلَكَ مِنَ
الْمُرْسَلِينَ إِلَّا إِنَّهُمْ لَيَأْكُلُونَ الطَّعَامَ وَيَمْشُونَ فِي الْأَسْوَاقِ وَجَعَلْنَا بَعْضَكُمْ لِبَعْضٍ
فِتْنَةً أَتَصْبِرُونَ وَكَانَ رَبُّكَ بَصِيرًا (٢٠) وَقَالَ الَّذِينَ لَا يَرْجُونَ لِقَاءَنَا لَوْلَا أُنزِلَ
عَلَيْنَا الْمَلَائِكَةُ أَوْ نَرَى رَبَّنَا لَقَدِ اسْتَكْبَرُوا فِي أَنفُسِهِمْ وَعَتَوْ عُتُوًّا كَبِيرًا (٢١) يَوْمَ
يَرَوْنَ الْمَلَائِكَةَ لَا بُشْرَى يَوْمَئِذٍ لِّلْمُجْرِمِينَ وَيَقُولُونَ حِجْرًا
مَّحْجُورًا (٢٢) وَقَدِمْنَا إِلَى مَا عَمِلُوا مِنْ عَمَلٍ فَجَعَلْنَاهُ هَبَاءً
مَّنثُورًا (٢٣) أَصْحَابُ الْجَنَّةِ يَوْمَئِذٍ خَيْرٌ مُّسْتَقَرًّا وَأَحْسَنُ مَقِيلًا (٢٤) وَيَوْمَ تَشَقَّقُ
السَّمَاءُ بِالْغَمَامِ وَنُزِّلَ الْمَلَائِكَةُ تَنزِيلًا (٢٥) الْمُلْكُ يَوْمَئِذٍ الْحَقُّ لِلرَّحْمَنِ وَكَانَ
يَوْمًا عَلَى الْكَافِرِينَ عَسِيرًا (٢٦) وَيَوْمَ يَعَضُّ الظَّالِمُ عَلَى يَدَيْهِ يَقُولُ يَا لَيْتَنِي
اتَّخَذْتُ مَعَ الرَّسُولِ سَبِيلًا (٢٧) يَا وَيْلَتَى لَيْتَنِي لَمْ أَتَّخِذْ فُلَانًا خَلِيلًا (٢٨) لَقَدْ
أَضَلَّنِي عَنِ الذِّكْرِ بَعْدَ إِذْ جَاءَنِي وَكَانَ الشَّيْطَانُ لِلْإِنسَانِ خَذُولًا (٢٩) وَقَالَ
الرَّسُولُ يَا رَبِّ إِنَّ قَوْمِي اتَّخَذُوا هَذَا الْقُرْآنَ مَهْجُورًا (٣٠) وَكَذَلِكَ جَعَلْنَا لِكُلِّ
نَبِيٍّ عَدُوًّا مِّنَ الْمُجْرِمِينَ وَكَفَى بِرَبِّكَ هَادِيًا وَنَصِيرًا (٣١) وَقَالَ الَّذِينَ كَفَرُوا
لَوْلَا نُزِّلَ عَلَيْهِ الْقُرْآنُ جُمْلَةً وَاحِدَةً كَذَلِكَ لِنُثَبِّتَ بِهِ فُؤَادَكَ وَرَتَّلْنَاهُ
تَرْتِيلًا (٣٢) وَلَا يَأْتُونَكَ بِمَثَلٍ إِلَّا جِئْنَاكَ بِالْحَقِّ وَأَحْسَنَ تَفْسِيرًا (٣٣) الَّذِينَ
يُحْشَرُونَ عَلَى وُجُوهِهِمْ إِلَى جَهَنَّمَ أُوْلَئِكَ شَرٌّ مَّكَانًا وَأَضَلُّ سَبِيلًا (٣٤) وَلَقَدْ آتَيْنَا
مُوسَى الْكِتَابَ وَجَعَلْنَا مَعَهُ أَخَاهُ هَارُونَ وَزِيرًا (٣٥) فَقُلْنَا اذْهَبَا إِلَى الْقَوْمِ الَّذِينَ
كَذَّبُوا بِآيَاتِنَا فَدَمَّرْنَاهُمْ تَدْمِيرًا (٣٦) وَقَوْمَ نُوحٍ لَّمَّا كَذَّبُوا الرُّسُلَ أَغْرَقْنَاهُمْ
وَجَعَلْنَاهُمْ لِلنَّاسِ آيَةً وَأَعْتَدْنَا لِلظَّالِمِينَ عَذَابًا أَلِيمًا (٣٧) وَعَادًا وَثَمُودَ وَأَصْحَابَ
الرَّسِّ وَقُرُونًا بَيْنَ ذَلِكَ كَثِيرًا (٣٨) وَكُلًّا ضَرَبْنَا لَهُ الْأَمْثَالَ وَكُلًّا تَبَّرْنَا
تَتْبِيرًا (٣٩) وَلَقَدْ أَتَوْا عَلَى الْقَرْيَةِ الَّتِي أُمْطِرَتْ مَطَرَ السَّوْءِ أَفَلَمْ يَكُونُوا يَرَوْنَهَا
بَلْ كَانُوا لَا يَرْجُونَ نُشُورًا (٤٠) وَإِذَا رَأَوْكَ إِن يَتَّخِذُونَكَ إِلَّا هُزُوًا أَهَذَا الَّذِي
بَعَثَ اللَّهُ رَسُولًا (٤١) إِن كَادَ لَيُضِلُّنَا عَنْ آلِهَتِنَا لَوْلَا أَن صَبَرْنَا عَلَيْهَا وَسَوْفَ
يَعْلَمُونَ حِينَ يَرَوْنَ الْعَذَابَ مَنْ أَضَلُّ سَبِيلًا (٤٢) أَرَأَيْتَ مَنِ اتَّخَذَ إِلَهَهُ هَوَاهُ
أَفَأَنتَ تَكُونُ عَلَيْهِ وَكِيلًا (٤٣) أَمْ تَحْسَبُ أَنَّ أَكْثَرَهُمْ يَسْمَعُونَ أَوْ يَعْقِلُونَ إِنْ هُمْ
إِلَّا كَالْأَنْعَامِ بَلْ هُمْ أَضَلُّ سَبِيلًا (٤٤) أَلَمْ تَرَ إِلَى رَبِّكَ كَيْفَ مَدَّ الظِّلَّ وَلَوْ شَاءَ
لَجَعَلَهُ سَاكِنًا ثُمَّ جَعَلْنَا الشَّمْسَ عَلَيْهِ دَلِيلًا (٤٥) ثُمَّ قَبَضْنَاهُ إِلَيْنَا قَبْضًا

يَسِيرًا (٤٦) وَهُوَ الَّذِي جَعَلَ لَكُمُ اللَّيْلَ لِبَاسًا وَالنَّوْمَ سُبَاتًا وَجَعَلَ النَّهَارَ نُشُورًا (٤٧) وَهُوَ الَّذِي أَرْسَلَ الرِّيَاحَ بُشْرًا بَيْنَ يَدَيْ رَحْمَتِهِ وَأَنزَلْنَا مِنَ السَّمَاءِ مَاءً طَهُورًا (٤٨) لِنُحْيِيَ بِهِ بَلْدَةً مَّيْتًا وَنُسْقِيَهُ مِمَّا خَلَقْنَا أَنْعَامًا وَأَنَاسِيَّ كَثِيرًا (٤٩) وَلَقَدْ صَرَّفْنَاهُ بَيْنَهُمْ لِيَذَّكَّرُوا فَأَبَىٰ أَكْثَرُ النَّاسِ إِلَّا كُفُورًا (٥٠) وَلَوْ شِئْنَا لَبَعَثْنَا فِي كُلِّ قَرْيَةٍ نَّذِيرًا (٥١) فَلَا تُطِعِ الْكَافِرِينَ وَجَاهِدْهُم بِهِ جِهَادًا كَبِيرًا (٥٢) وَهُوَ الَّذِي مَرَجَ الْبَحْرَيْنِ هَٰذَا عَذْبٌ فُرَاتٌ وَهَٰذَا مِلْحٌ أُجَاجٌ وَجَعَلَ بَيْنَهُمَا بَرْزَخًا وَحِجْرًا مَّحْجُورًا (٥٣) وَهُوَ الَّذِي خَلَقَ مِنَ الْمَاءِ بَشَرًا فَجَعَلَهُ نَسَبًا وَصِهْرًا وَكَانَ رَبُّكَ قَدِيرًا (٥٤) وَيَعْبُدُونَ مِن دُونِ اللَّهِ مَا لَا يَنفَعُهُمْ وَلَا يَضُرُّهُمْ وَكَانَ الْكَافِرُ عَلَىٰ رَبِّهِ ظَهِيرًا (٥٥) وَمَا أَرْسَلْنَاكَ إِلَّا مُبَشِّرًا وَنَذِيرًا (٥٦) قُلْ مَا أَسْأَلُكُمْ عَلَيْهِ مِنْ أَجْرٍ إِلَّا مَن شَاءَ أَن يَتَّخِذَ إِلَىٰ رَبِّهِ سَبِيلًا (٥٧) وَتَوَكَّلْ عَلَى الْحَيِّ الَّذِي لَا يَمُوتُ وَسَبِّحْ بِحَمْدِهِ وَكَفَىٰ بِهِ بِذُنُوبِ عِبَادِهِ خَبِيرًا (٥٨) الَّذِي خَلَقَ السَّمَاوَاتِ وَالْأَرْضَ وَمَا بَيْنَهُمَا فِي سِتَّةِ أَيَّامٍ ثُمَّ اسْتَوَىٰ عَلَى الْعَرْشِ الرَّحْمَٰنُ فَاسْأَلْ بِهِ خَبِيرًا (٥٩) وَإِذَا قِيلَ لَهُمُ اسْجُدُوا لِلرَّحْمَٰنِ قَالُوا وَمَا الرَّحْمَٰنُ أَنَسْجُدُ لِمَا تَأْمُرُنَا وَزَادَهُمْ نُفُورًا* (٦٠) تَبَارَكَ الَّذِي جَعَلَ فِي السَّمَاءِ بُرُوجًا وَجَعَلَ فِيهَا سِرَاجًا وَقَمَرًا مُّنِيرًا (٦١) وَهُوَ الَّذِي جَعَلَ اللَّيْلَ وَالنَّهَارَ خِلْفَةً لِّمَنْ أَرَادَ أَن يَذَّكَّرَ أَوْ أَرَادَ شُكُورًا (٦٢) وَعِبَادُ الرَّحْمَٰنِ الَّذِينَ يَمْشُونَ عَلَى الْأَرْضِ هَوْنًا وَإِذَا خَاطَبَهُمُ الْجَاهِلُونَ قَالُوا سَلَامًا (٦٣) وَالَّذِينَ يَبِيتُونَ لِرَبِّهِمْ سُجَّدًا وَقِيَامًا (٦٤) وَالَّذِينَ يَقُولُونَ رَبَّنَا اصْرِفْ عَنَّا عَذَابَ جَهَنَّمَ إِنَّ عَذَابَهَا كَانَ غَرَامًا (٦٥) إِنَّهَا سَاءَتْ مُسْتَقَرًّا وَمُقَامًا (٦٦) وَالَّذِينَ إِذَا أَنفَقُوا لَمْ يُسْرِفُوا وَلَمْ يَقْتُرُوا وَكَانَ بَيْنَ ذَٰلِكَ قَوَامًا (٦٧) وَالَّذِينَ لَا يَدْعُونَ مَعَ اللَّهِ إِلَٰهًا آخَرَ وَلَا يَقْتُلُونَ النَّفْسَ الَّتِي حَرَّمَ اللَّهُ إِلَّا بِالْحَقِّ وَلَا يَزْنُونَ وَمَن يَفْعَلْ ذَٰلِكَ يَلْقَ أَثَامًا (٦٨) يُضَاعَفْ لَهُ الْعَذَابُ يَوْمَ الْقِيَامَةِ وَيَخْلُدْ فِيهِ مُهَانًا (٦٩) إِلَّا مَن تَابَ وَآمَنَ وَعَمِلَ عَمَلًا صَالِحًا فَأُولَٰئِكَ يُبَدِّلُ اللَّهُ سَيِّئَاتِهِمْ حَسَنَاتٍ وَكَانَ اللَّهُ غَفُورًا رَّحِيمًا (٧٠) وَمَن تَابَ وَعَمِلَ صَالِحًا فَإِنَّهُ يَتُوبُ إِلَى اللَّهِ مَتَابًا (٧١) وَالَّذِينَ لَا يَشْهَدُونَ الزُّورَ وَإِذَا مَرُّوا بِاللَّغْوِ مَرُّوا كِرَامًا (٧٢) وَالَّذِينَ إِذَا ذُكِّرُوا بِآيَاتِ رَبِّهِمْ لَمْ يَخِرُّوا عَلَيْهَا صُمًّا وَعُمْيَانًا (٧٣) وَالَّذِينَ يَقُولُونَ رَبَّنَا هَبْ لَنَا مِنْ أَزْوَاجِنَا وَذُرِّيَّاتِنَا قُرَّةَ أَعْيُنٍ وَاجْعَلْنَا لِلْمُتَّقِينَ إِمَامًا (٧٤) أُولَٰئِكَ يُجْزَوْنَ الْغُرْفَةَ بِمَا صَبَرُوا وَيُلَقَّوْنَ فِيهَا تَحِيَّةً وَسَلَامًا (٧٥) خَالِدِينَ فِيهَا حَسُنَتْ مُسْتَقَرًّا وَمُقَامًا (٧٦) قُلْ مَا يَعْبَأُ بِكُمْ رَبِّي لَوْلَا دُعَاؤُكُمْ فَقَدْ كَذَّبْتُمْ فَسَوْفَ يَكُونُ لِزَامًا (٧٧

SOURATE ASH SHU'ARA

سورة الشعراء

طسم (١) تِلْكَ آيَاتُ الْكِتَابِ الْمُبِينِ (٢) لَعَلَّكَ بَاخِعٌ نَّفْسَكَ أَلَّا يَكُونُوا
مُؤْمِنِينَ (٣) إِن نَّشَأْ نُنَزِّلْ عَلَيْهِم مِّنَ السَّمَاءِ آيَةً فَظَلَّتْ أَعْنَاقُهُمْ لَهَا
خَاضِعِينَ (٤) وَمَا يَأْتِيهِم مِّنْ ذِكْرٍ مِّنَ الرَّحْمَنِ مُحْدَثٍ إِلَّا كَانُوا عَنْهُ
مُعْرِضِينَ (٥) فَقَدْ كَذَّبُوا فَسَيَأْتِيهِمْ أَنبَاءُ مَا كَانُوا بِهِ يَسْتَهْزِئُون (٦) أَوَلَمْ يَرَوْا
إِلَى الْأَرْضِ كَمْ أَنبَتْنَا فِيهَا مِن كُلِّ زَوْجٍ كَرِيمٍ (٧) إِنَّ فِي ذَلِكَ لَآيَةً وَمَا كَانَ
أَكْثَرُهُم مُّؤْمِنِينَ (٨) وَإِنَّ رَبَّكَ لَهُوَ الْعَزِيزُ الرَّحِيمُ (٩) وَإِذْ نَادَى رَبُّكَ مُوسَى أَنِ
ائْتِ الْقَوْمَ الظَّالِمِينَ (١٠) قَوْمَ فِرْعَوْنَ أَلَا يَتَّقُونَ (١١) قَالَ رَبِّ إِنِّي أَخَافُ أَن
يُكَذِّبُونِ (١٢) وَيَضِيقُ صَدْرِي وَلَا يَنطَلِقُ لِسَانِي فَأَرْسِلْ إِلَى
هَارُونَ (١٣) وَلَهُمْ عَلَيَّ ذَنبٌ فَأَخَافُ أَن يَقْتُلُونِ (١٤) قَالَ كَلَّا فَاذْهَبَا بِآيَاتِنَا إِنَّا
مَعَكُم مُّسْتَمِعُونَ (١٥) فَأْتِيَا فِرْعَوْنَ فَقُولَا إِنَّا رَسُولُ رَبِّ الْعَالَمِينَ (١٦) أَنْ
أَرْسِلْ مَعَنَا بَنِي إِسْرَائِيلَ (١٧) قَالَ أَلَمْ نُرَبِّكَ فِينَا وَلِيدًا وَلَبِثْتَ فِينَا مِنْ عُمُرِكَ
سِنِينَ (١٨) وَفَعَلْتَ فَعْلَتَكَ الَّتِي فَعَلْتَ وَأَنتَ مِنَ الْكَافِرِينَ (١٩) قَالَ فَعَلْتُهَا إِذًا
وَأَنَا مِنَ الضَّالِّينَ (٢٠) فَفَرَرْتُ مِنكُمْ لَمَّا خِفْتُكُمْ فَوَهَبَ لِي رَبِّي حُكْمًا وَجَعَلَنِي
مِنَ الْمُرْسَلِينَ (٢١) وَتِلْكَ نِعْمَةٌ تَمُنُّهَا عَلَيَّ أَنْ عَبَّدتَّ بَنِي إِسْرَائِيلَ (٢٢) قَالَ
فِرْعَوْنُ وَمَا رَبُّ الْعَالَمِينَ (٢٣) قَالَ رَبُّ السَّمَاوَاتِ وَالْأَرْضِ وَمَا بَيْنَهُمَا إِن
كُنتُم مُّوقِنِينَ (٢٤) قَالَ لِمَنْ حَوْلَهُ أَلَا تَسْتَمِعُونَ (٢٥) قَالَ رَبُّكُمْ وَرَبُّ آبَائِكُمُ
الْأَوَّلِينَ (٢٦) قَالَ إِنَّ رَسُولَكُمُ الَّذِي أُرْسِلَ إِلَيْكُمْ لَمَجْنُونٌ (٢٧) قَالَ رَبُّ
الْمَشْرِقِ وَالْمَغْرِبِ وَمَا بَيْنَهُمَا إِن كُنتُمْ تَعْقِلُونَ (٢٨) قَالَ لَئِنِ اتَّخَذْتَ إِلَهًا غَيْرِي
لَأَجْعَلَنَّكَ مِنَ الْمَسْجُونِينَ (٢٩) قَالَ أَوَلَوْ جِئْتُكَ بِشَيْءٍ مُّبِينٍ (٣٠) قَالَ فَأْتِ بِهِ إِن
كُنتَ مِنَ الصَّادِقِينَ (٣١) فَأَلْقَى عَصَاهُ فَإِذَا هِيَ ثُعْبَانٌ مُّبِينٌ (٣٢) وَنَزَعَ يَدَهُ فَإِذَا
هِيَ بَيْضَاءُ لِلنَّاظِرِينَ (٣٣) قَالَ لِلْمَلَإِ حَوْلَهُ إِنَّ هَذَا لَسَاحِرٌ عَلِيمٌ (٣٤) يُرِيدُ أَن
يُخْرِجَكُم مِّنْ أَرْضِكُم بِسِحْرِهِ فَمَاذَا تَأْمُرُونَ (٣٥) قَالُوا أَرْجِهِ وَأَخَاهُ وَابْعَثْ فِي
الْمَدَائِنِ حَاشِرِينَ (٣٦) يَأْتُوكَ بِكُلِّ سَحَّارٍ عَلِيمٍ (٣٧) فَجُمِعَ السَّحَرَةُ لِمِيقَاتِ يَوْمٍ
مَّعْلُومٍ (٣٨) وَقِيلَ لِلنَّاسِ هَلْ أَنتُم مُّجْتَمِعُونَ (٣٩) لَعَلَّنَا نَتَّبِعُ السَّحَرَةَ إِن كَانُوا
هُمُ الْغَالِبِينَ (٤٠) فَلَمَّا جَاءَ السَّحَرَةُ قَالُوا لِفِرْعَوْنَ أَئِنَّ لَنَا لَأَجْرًا إِن كُنَّا نَحْنُ
الْغَالِبِينَ (٤١) قَالَ نَعَمْ وَإِنَّكُمْ إِذًا لَّمِنَ الْمُقَرَّبِينَ (٤٢) قَالَ لَهُم مُّوسَى أَلْقُوا مَا أَنتُم
مُّلْقُونَ (٤٣) فَأَلْقَوْا حِبَالَهُمْ وَعِصِيَّهُمْ وَقَالُوا بِعِزَّةِ فِرْعَوْنَ إِنَّا لَنَحْنُ
الْغَالِبُونَ (٤٤) فَأَلْقَى مُوسَى عَصَاهُ فَإِذَا هِيَ تَلْقَفُ مَا يَأْفِكُونَ (٤٥) فَأُلْقِيَ

السَّحَرَةُ سَاجِدِينَ (٤٦) قَالُوا آمَنَّا بِرَبِّ الْعَالَمِينَ (٤٧) رَبِّ مُوسَى
وَهَارُونَ (٤٨) قَالَ آمَنتُمْ لَهُ قَبْلَ أَنْ آذَنَ لَكُمْ إِنَّهُ لَكَبِيرُكُمُ الَّذِي عَلَّمَكُمُ السِّحْرَ
فَلَسَوْفَ تَعْلَمُونَ لَأُقَطِّعَنَّ أَيْدِيَكُمْ وَأَرْجُلَكُم مِّنْ خِلَافٍ وَلَأُصَلِّبَنَّكُمْ
أَجْمَعِينَ (٤٩) قَالُوا لَا ضَيْرَ إِنَّا إِلَى رَبِّنَا مُنقَلِبُونَ (٥٠) إِنَّا نَطْمَعُ أَن يَغْفِرَ لَنَا
رَبُّنَا خَطَايَانَا أَن كُنَّا أَوَّلَ الْمُؤْمِنِينَ (٥١) وَأَوْحَيْنَا إِلَى مُوسَى أَنْ أَسْرِ بِعِبَادِي
إِنَّكُم مُّتَّبَعُونَ (٥٢) فَأَرْسَلَ فِرْعَوْنُ فِي الْمَدَائِنِ حَاشِرِينَ (٥٣) إِنَّ هَؤُلَاءِ
لَشِرْذِمَةٌ قَلِيلُونَ (٥٤) وَإِنَّهُمْ لَنَا لَغَائِظُونَ (٥٥) وَإِنَّا لَجَمِيعٌ
حَاذِرُونَ (٥٦) فَأَخْرَجْنَاهُم مِّن جَنَّاتٍ وَعُيُونٍ (٥٧) وَكُنُوزٍ وَمَقَامٍ
كَرِيمٍ (٥٨) كَذَلِكَ وَأَوْرَثْنَاهَا بَنِي إِسْرَائِيلَ (٥٩) فَأَتْبَعُوهُم مُّشْرِقِينَ (٦٠) فَلَمَّا
تَرَاءَى الْجَمْعَانِ قَالَ أَصْحَابُ مُوسَى إِنَّا لَمُدْرَكُونَ (٦١) قَالَ كَلَّا إِنَّ مَعِيَ رَبِّي
سَيَهْدِينِ (٦٢) فَأَوْحَيْنَا إِلَى مُوسَى أَنِ اضْرِب بِّعَصَاكَ الْبَحْرَ فَانفَلَقَ فَكَانَ كُلُّ
فِرْقٍ كَالطَّوْدِ الْعَظِيمِ (٦٣) وَأَزْلَفْنَا ثَمَّ الْآخَرِينَ (٦٤) وَأَنجَيْنَا مُوسَى وَمَن مَّعَهُ
أَجْمَعِينَ (٦٥) ثُمَّ أَغْرَقْنَا الْآخَرِينَ (٦٦) إِنَّ فِي ذَلِكَ لَآيَةً وَمَا كَانَ أَكْثَرُهُم
مُّؤْمِنِينَ (٦٧) وَإِنَّ رَبَّكَ لَهُوَ الْعَزِيزُ الرَّحِيمُ (٦٨) وَاتْلُ عَلَيْهِمْ نَبَأَ
إِبْرَاهِيمَ (٦٩) إِذْ قَالَ لِأَبِيهِ وَقَوْمِهِ مَا تَعْبُدُونَ (٧٠) قَالُوا نَعْبُدُ أَصْنَامًا فَنَظَلُّ لَهَا
عَاكِفِينَ (٧١) قَالَ هَلْ يَسْمَعُونَكُمْ إِذْ تَدْعُونَ (٧٢) أَوْ يَنفَعُونَكُمْ أَوْ
يَضُرُّونَ (٧٣) قَالُوا بَلْ وَجَدْنَا آبَاءَنَا كَذَلِكَ يَفْعَلُونَ (٧٤) قَالَ أَفَرَأَيْتُم مَّا كُنتُمْ
تَعْبُدُونَ (٧٥) أَنتُمْ وَآبَاؤُكُمُ الْأَقْدَمُونَ (٧٦) فَإِنَّهُمْ عَدُوٌّ لِّي إِلَّا رَبَّ
الْعَالَمِينَ (٧٧) الَّذِي خَلَقَنِي فَهُوَ يَهْدِينِ (٧٨) وَالَّذِي هُوَ يُطْعِمُنِي
وَيَسْقِينِ (٧٩) وَإِذَا مَرِضْتُ فَهُوَ يَشْفِينِ (٨٠) وَالَّذِي يُمِيتُنِي ثُمَّ
يُحْيِينِ (٨١) وَالَّذِي أَطْمَعُ أَن يَغْفِرَ لِي خَطِيئَتِي يَوْمَ الدِّينِ (٨٢) رَبِّ هَبْ لِي
حُكْمًا وَأَلْحِقْنِي بِالصَّالِحِينَ (٨٣) وَاجْعَل لِّي لِسَانَ صِدْقٍ فِي
الْآخِرِينَ (٨٤) وَاجْعَلْنِي مِن وَرَثَةِ جَنَّةِ النَّعِيمِ (٨٥) وَاغْفِرْ لِأَبِي إِنَّهُ كَانَ مِنَ
الضَّالِّينَ (٨٦) وَلَا تُخْزِنِي يَوْمَ يُبْعَثُونَ (٨٧) يَوْمَ لَا يَنفَعُ مَالٌ وَلَا
بَنُونَ (٨٨) إِلَّا مَنْ أَتَى اللَّهَ بِقَلْبٍ سَلِيمٍ (٨٩) وَأُزْلِفَتِ الْجَنَّةُ
لِلْمُتَّقِينَ (٩٠) وَبُرِّزَتِ الْجَحِيمُ لِلْغَاوِينَ (٩١) وَقِيلَ لَهُمْ أَيْنَ مَا كُنتُمْ
تَعْبُدُونَ (٩٢) مِن دُونِ اللَّهِ هَلْ يَنصُرُونَكُمْ أَوْ يَنتَصِرُونَ (٩٣) فَكُبْكِبُوا فِيهَا هُمْ
وَالْغَاوُونَ (٩٤) وَجُنُودُ إِبْلِيسَ أَجْمَعُونَ (٩٥) قَالُوا وَهُمْ فِيهَا
يَخْتَصِمُونَ (٩٦) تَاللَّهِ إِن كُنَّا لَفِي ضَلَالٍ مُّبِينٍ (٩٧) إِذْ نُسَوِّيكُم بِرَبِّ
الْعَالَمِينَ (٩٨) وَمَا أَضَلَّنَا إِلَّا الْمُجْرِمُونَ (٩٩) فَمَا لَنَا مِن شَافِعِينَ (١٠٠) وَلَا
صَدِيقٍ حَمِيمٍ (١٠١) فَلَوْ أَنَّ لَنَا كَرَّةً فَنَكُونَ مِنَ الْمُؤْمِنِينَ (١٠٢) إِنَّ فِي ذَلِكَ

لَآيَةً وَمَا كَانَ أَكْثَرُهُم مُّؤْمِنِينَ (١٠٣) وَإِنَّ رَبَّكَ لَهُوَ الْعَزِيزُ
الرَّحِيمُ (١٠٤) كَذَّبَتْ قَوْمُ نُوحٍ الْمُرْسَلِينَ (١٠٥) إِذْ قَالَ لَهُمْ أَخُوهُمْ نُوحٌ أَلَا
تَتَّقُونَ (١٠٦) إِنِّي لَكُمْ رَسُولٌ أَمِينٌ (١٠٧) فَاتَّقُوا اللَّهَ وَأَطِيعُونِ (١٠٨) وَمَا
أَسْأَلُكُمْ عَلَيْهِ مِنْ أَجْرٍ إِنْ أَجْرِيَ إِلَّا عَلَى رَبِّ الْعَالَمِينَ (١٠٩) فَاتَّقُوا اللَّهَ
وَأَطِيعُونِ (١١٠) قَالُوا أَنُؤْمِنُ لَكَ وَاتَّبَعَكَ الْأَرْذَلُونَ (١١١) قَالَ وَمَا عِلْمِي بِمَا
كَانُوا يَعْمَلُونَ (١١٢) إِنْ حِسَابُهُمْ إِلَّا عَلَى رَبِّي لَوْ تَشْعُرُونَ (١١٣) وَمَا أَنَا
بِطَارِدِ الْمُؤْمِنِينَ (١١٤) إِنْ أَنَا إِلَّا نَذِيرٌ مُّبِينٌ (١١٥) قَالُوا لَئِن لَّمْ تَنتَهِ يَا نُوحُ
لَتَكُونَنَّ مِنَ الْمَرْجُومِينَ (١١٦) قَالَ رَبِّ إِنَّ قَوْمِي كَذَّبُونِ (١١٧) فَافْتَحْ بَيْنِي
وَبَيْنَهُمْ فَتْحًا وَنَجِّنِي وَمَن مَّعِي مِنَ الْمُؤْمِنِينَ (١١٨) فَأَنجَيْنَاهُ وَمَن مَّعَهُ فِي الْفُلْكِ
الْمَشْحُونِ (١١٩) ثُمَّ أَغْرَقْنَا بَعْدُ الْبَاقِينَ (١٢٠) إِنَّ فِي ذَلِكَ لَآيَةً وَمَا كَانَ
أَكْثَرُهُم مُّؤْمِنِينَ (١٢١) وَإِنَّ رَبَّكَ لَهُوَ الْعَزِيزُ الرَّحِيمُ (١٢٢) كَذَّبَتْ عَادٌ
الْمُرْسَلِينَ (١٢٣) إِذْ قَالَ لَهُمْ أَخُوهُمْ هُودٌ أَلَا تَتَّقُونَ (١٢٤) إِنِّي لَكُمْ رَسُولٌ
أَمِينٌ (١٢٥) فَاتَّقُوا اللَّهَ وَأَطِيعُونِ (١٢٦) وَمَا أَسْأَلُكُمْ عَلَيْهِ مِنْ أَجْرٍ إِنْ أَجْرِيَ
إِلَّا عَلَى رَبِّ الْعَالَمِينَ (١٢٧) أَتَبْنُونَ بِكُلِّ رِيعٍ آيَةً تَعْبَثُونَ (١٢٨) وَتَتَّخِذُونَ
مَصَانِعَ لَعَلَّكُمْ تَخْلُدُونَ (١٢٩) وَإِذَا بَطَشْتُم بَطَشْتُمْ جَبَّارِينَ (١٣٠) فَاتَّقُوا اللَّهَ
وَأَطِيعُونِ (١٣١) وَاتَّقُوا الَّذِي أَمَدَّكُم بِمَا تَعْلَمُونَ (١٣٢) أَمَدَّكُم بِأَنْعَامٍ
وَبَنِينَ (١٣٣) وَجَنَّاتٍ وَعُيُونٍ (١٣٤) إِنِّي أَخَافُ عَلَيْكُمْ عَذَابَ يَوْمٍ
عَظِيمٍ (١٣٥) قَالُوا سَوَاءٌ عَلَيْنَا أَوَعَظْتَ أَمْ لَمْ تَكُن مِّنَ الْوَاعِظِينَ (١٣٦) إِنْ هَذَا
إِلَّا خُلُقُ الْأَوَّلِينَ (١٣٧) وَمَا نَحْنُ بِمُعَذَّبِينَ (١٣٨) فَكَذَّبُوهُ فَأَهْلَكْنَاهُمْ إِنَّ فِي ذَلِكَ
لَآيَةً وَمَا كَانَ أَكْثَرُهُم مُّؤْمِنِينَ (١٣٩) وَإِنَّ رَبَّكَ لَهُوَ الْعَزِيزُ
الرَّحِيمُ (١٤٠) كَذَّبَتْ ثَمُودُ الْمُرْسَلِينَ (١٤١) إِذْ قَالَ لَهُمْ أَخُوهُمْ صَالِحٌ أَلَا
تَتَّقُونَ (١٤٢) إِنِّي لَكُمْ رَسُولٌ أَمِينٌ (١٤٣) فَاتَّقُوا اللَّهَ وَأَطِيعُونِ (١٤٤) وَمَا
أَسْأَلُكُمْ عَلَيْهِ مِنْ أَجْرٍ إِنْ أَجْرِيَ إِلَّا عَلَى رَبِّ الْعَالَمِينَ (١٤٥) أَتُتْرَكُونَ فِي مَا
هَاهُنَا آمِنِينَ (١٤٦) فِي جَنَّاتٍ وَعُيُونٍ (١٤٧) وَزُرُوعٍ وَنَخْلٍ طَلْعُهَا
هَضِيمٌ (١٤٨) وَتَنْحِتُونَ مِنَ الْجِبَالِ بُيُوتًا فَارِهِينَ (١٤٩) فَاتَّقُوا اللَّهَ
وَأَطِيعُونِ (١٥٠) وَلَا تُطِيعُوا أَمْرَ الْمُسْرِفِينَ (١٥١) الَّذِينَ يُفْسِدُونَ فِي الْأَرْضِ
وَلَا يُصْلِحُونَ (١٥٢) قَالُوا إِنَّمَا أَنتَ مِنَ الْمُسَحَّرِينَ (١٥٣) مَا أَنتَ إِلَّا بَشَرٌ
مِّثْلُنَا فَأْتِ بِآيَةٍ إِن كُنتَ مِنَ الصَّادِقِينَ (١٥٤) قَالَ هَذِهِ نَاقَةٌ لَّهَا شِرْبٌ وَلَكُمْ شِرْبُ
يَوْمٍ مَّعْلُومٍ (١٥٥) وَلَا تَمَسُّوهَا بِسُوءٍ فَيَأْخُذَكُمْ عَذَابُ يَوْمٍ
عَظِيمٍ (١٥٦) فَعَقَرُوهَا فَأَصْبَحُوا نَادِمِينَ (١٥٧) فَأَخَذَهُمُ الْعَذَابُ إِنَّ فِي ذَلِكَ
لَآيَةً وَمَا كَانَ أَكْثَرُهُم مُّؤْمِنِينَ (١٥٨) وَإِنَّ رَبَّكَ لَهُوَ الْعَزِيزُ

الرَّحِيمُ (١٥٩) كَذَّبَتْ قَوْمُ لُوطٍ الْمُرْسَلِينَ (١٦٠) إِذْ قَالَ لَهُمْ أَخُوهُمْ لُوطٌ أَلَا
تَتَّقُونَ (١٦١) إِنِّي لَكُمْ رَسُولٌ أَمِينٌ (١٦٢) فَاتَّقُوا اللَّهَ وَأَطِيعُونِ (١٦٣) وَمَا
أَسْأَلُكُمْ عَلَيْهِ مِنْ أَجْرٍ إِنْ أَجْرِيَ إِلَّا عَلَىٰ رَبِّ الْعَالَمِينَ (١٦٤) أَتَأْتُونَ الذُّكْرَانَ
مِنَ الْعَالَمِينَ (١٦٥) وَتَذَرُونَ مَا خَلَقَ لَكُمْ رَبُّكُمْ مِنْ أَزْوَاجِكُمْ بَلْ أَنْتُمْ قَوْمٌ
عَادُونَ (١٦٦) قَالُوا لَئِنْ لَمْ تَنْتَهِ يَا لُوطُ لَتَكُونَنَّ مِنَ الْمُخْرَجِينَ (١٦٧) قَالَ إِنِّي
لِعَمَلِكُمْ مِنَ الْقَالِينَ (١٦٨) رَبِّ نَجِّنِي وَأَهْلِي مِمَّا يَعْمَلُونَ (١٦٩) فَنَجَّيْنَاهُ وَأَهْلَهُ
أَجْمَعِينَ (١٧٠) إِلَّا عَجُوزًا فِي الْغَابِرِينَ (١٧١) ثُمَّ دَمَّرْنَا
الْآخَرِينَ (١٧٢) وَأَمْطَرْنَا عَلَيْهِمْ مَطَرًا فَسَاءَ مَطَرُ الْمُنْذَرِينَ (١٧٣) إِنَّ فِي ذَٰلِكَ
لَآيَةً وَمَا كَانَ أَكْثَرُهُمْ مُؤْمِنِينَ (١٧٤) وَإِنَّ رَبَّكَ لَهُوَ الْعَزِيزُ
الرَّحِيمُ (١٧٥) كَذَّبَ أَصْحَابُ الْأَيْكَةِ الْمُرْسَلِينَ (١٧٦) إِذْ قَالَ لَهُمْ شُعَيْبٌ أَلَا
تَتَّقُونَ (١٧٧) إِنِّي لَكُمْ رَسُولٌ أَمِينٌ (١٧٨) فَاتَّقُوا اللَّهَ وَأَطِيعُونِ (١٧٩) وَمَا
أَسْأَلُكُمْ عَلَيْهِ مِنْ أَجْرٍ إِنْ أَجْرِيَ إِلَّا عَلَىٰ رَبِّ الْعَالَمِينَ (١٨٠) أَوْفُوا الْكَيْلَ وَلَا
تَكُونُوا مِنَ الْمُخْسِرِينَ (١٨١) وَزِنُوا بِالْقِسْطَاسِ الْمُسْتَقِيمِ (١٨٢) وَلَا تَبْخَسُوا
النَّاسَ أَشْيَاءَهُمْ وَلَا تَعْثَوْا فِي الْأَرْضِ مُفْسِدِينَ (١٨٣) وَاتَّقُوا الَّذِي خَلَقَكُمْ
وَالْجِبِلَّةَ الْأَوَّلِينَ (١٨٤) قَالُوا إِنَّمَا أَنْتَ مِنَ الْمُسَحَّرِينَ (١٨٥) وَمَا أَنْتَ إِلَّا بَشَرٌ
مِثْلُنَا وَإِنْ نَظُنُّكَ لَمِنَ الْكَاذِبِينَ (١٨٦) فَأَسْقِطْ عَلَيْنَا كِسَفًا مِنَ السَّمَاءِ إِنْ كُنْتَ مِنَ
الصَّادِقِينَ (١٨٧) قَالَ رَبِّي أَعْلَمُ بِمَا تَعْمَلُونَ (١٨٨) فَكَذَّبُوهُ فَأَخَذَهُمْ عَذَابُ يَوْمِ
الظُّلَّةِ إِنَّهُ كَانَ عَذَابَ يَوْمٍ عَظِيمٍ (١٨٩) إِنَّ فِي ذَٰلِكَ لَآيَةً وَمَا كَانَ أَكْثَرُهُمْ
مُؤْمِنِينَ (١٩٠) وَإِنَّ رَبَّكَ لَهُوَ الْعَزِيزُ الرَّحِيمُ (١٩١) وَإِنَّهُ لَتَنْزِيلُ رَبِّ
الْعَالَمِينَ (١٩٢) نَزَلَ بِهِ الرُّوحُ الْأَمِينُ (١٩٣) عَلَىٰ قَلْبِكَ لِتَكُونَ مِنَ
الْمُنْذِرِينَ (١٩٤) بِلِسَانٍ عَرَبِيٍّ مُبِينٍ (١٩٥) وَإِنَّهُ لَفِي زُبُرِ الْأَوَّلِينَ (١٩٦) أَوَلَمْ
يَكُنْ لَهُمْ آيَةً أَنْ يَعْلَمَهُ عُلَمَاءُ بَنِي إِسْرَائِيلَ (١٩٧) وَلَوْ نَزَّلْنَاهُ عَلَىٰ بَعْضِ
الْأَعْجَمِينَ (١٩٨) فَقَرَأَهُ عَلَيْهِمْ مَا كَانُوا بِهِ مُؤْمِنِينَ (١٩٩) كَذَٰلِكَ سَلَكْنَاهُ فِي
قُلُوبِ الْمُجْرِمِينَ (٢٠٠) لَا يُؤْمِنُونَ بِهِ حَتَّىٰ يَرَوُا الْعَذَابَ الْأَلِيمَ (٢٠١) فَيَأْتِيَهُمْ
بَغْتَةً وَهُمْ لَا يَشْعُرُونَ (٢٠٢) فَيَقُولُوا هَلْ نَحْنُ مُنْظَرُونَ (٢٠٣) أَفَبِعَذَابِنَا
يَسْتَعْجِلُونَ (٢٠٤) أَفَرَأَيْتَ إِنْ مَتَّعْنَاهُمْ سِنِينَ (٢٠٥) ثُمَّ جَاءَهُمْ مَا كَانُوا
يُوعَدُونَ (٢٠٦) مَا أَغْنَىٰ عَنْهُمْ مَا كَانُوا يُمَتَّعُونَ (٢٠٧) وَمَا أَهْلَكْنَا مِنْ قَرْيَةٍ إِلَّا
لَهَا مُنْذِرُونَ (٢٠٨) ذِكْرَىٰ وَمَا كُنَّا ظَالِمِينَ (٢٠٩) وَمَا تَنَزَّلَتْ بِهِ
الشَّيَاطِينُ (٢١٠) وَمَا يَنْبَغِي لَهُمْ وَمَا يَسْتَطِيعُونَ (٢١١) إِنَّهُمْ عَنِ السَّمْعِ
لَمَعْزُولُونَ (٢١٢) فَلَا تَدْعُ مَعَ اللَّهِ إِلَٰهًا آخَرَ فَتَكُونَ مِنَ الْمُعَذَّبِينَ (٢١٣) وَأَنْذِرْ
عَشِيرَتَكَ الْأَقْرَبِينَ (٢١٤) وَاخْفِضْ جَنَاحَكَ لِمَنِ اتَّبَعَكَ مِنَ

الْمُؤْمِنِينَ (٢١٥) فَإِنْ عَصَوْكَ فَقُلْ إِنِّي بَرِيءٌ مِّمَّا تَعْمَلُونَ (٢١٦) وَتَوَكَّلْ عَلَى
الْعَزِيزِ الرَّحِيمِ (٢١٧) الَّذِي يَرَاكَ حِينَ تَقُومُ (٢١٨) وَتَقَلُّبَكَ فِي
السَّاجِدِينَ (٢١٩) إِنَّهُ هُوَ السَّمِيعُ الْعَلِيمُ (٢٢٠) هَلْ أُنَبِّئُكُمْ عَلَى مَن تَنَزَّلُ
الشَّيَاطِينُ (٢٢١) تَنَزَّلُ عَلَى كُلِّ أَفَّاكٍ أَثِيمٍ (٢٢٢) يُلْقُونَ السَّمْعَ وَأَكْثَرُهُمْ
كَاذِبُونَ (٢٢٣) وَالشُّعَرَاء يَتَّبِعُهُمُ الْغَاوُونَ (٢٢٤) أَلَمْ تَرَ أَنَّهُمْ فِي كُلِّ وَادٍ
يَهِيمُونَ (٢٢٥) وَأَنَّهُمْ يَقُولُونَ مَا لَا يَفْعَلُونَ (٢٢٦) إِلَّا الَّذِينَ آمَنُوا وَعَمِلُوا
الصَّالِحَاتِ وَذَكَرُوا اللَّهَ كَثِيرًا وَانتَصَرُوا مِن بَعْدِ مَا ظُلِمُوا وَسَيَعْلَمُ الَّذِينَ ظَلَمُوا
أَيَّ مُنقَلَبٍ يَنقَلِبُونَ (٢٢٧

SOURATE AN NAML

سورة النمل

طس تِلْكَ آيَاتُ الْقُرْآنِ وَكِتَابٍ مُّبِينٍ (١) هُدًى وَبُشْرَى لِلْمُؤْمِنِينَ (٢) الَّذِينَ
يُقِيمُونَ الصَّلَاةَ وَيُؤْتُونَ الزَّكَاةَ وَهُم بِالْآخِرَةِ هُمْ يُوقِنُونَ (٣) إِنَّ الَّذِينَ لَا يُؤْمِنُونَ
بِالْآخِرَةِ زَيَّنَّا لَهُمْ أَعْمَالَهُمْ فَهُمْ يَعْمَهُونَ (٤) أُوْلَئِكَ الَّذِينَ لَهُمْ سُوءُ الْعَذَابِ وَهُمْ
فِي الْآخِرَةِ هُمُ الْأَخْسَرُونَ (٥) وَإِنَّكَ لَتُلَقَّى الْقُرْآنَ مِن لَّدُنْ حَكِيمٍ عَلِيمٍ (٦) إِذْ قَالَ
مُوسَى لِأَهْلِهِ إِنِّي آنَسْتُ نَارًا سَآتِيكُم مِّنْهَا بِخَبَرٍ أَوْ آتِيكُم بِشِهَابٍ قَبَسٍ لَّعَلَّكُمْ
تَصْطَلُونَ (٧) فَلَمَّا جَاءهَا نُودِيَ أَن بُورِكَ مَن فِي النَّارِ وَمَنْ حَوْلَهَا وَسُبْحَانَ اللَّهِ
رَبِّ الْعَالَمِينَ (٨) يَا مُوسَى إِنَّهُ أَنَا اللَّهُ الْعَزِيزُ الْحَكِيمُ (٩) وَأَلْقِ عَصَاكَ فَلَمَّا
رَآهَا تَهْتَزُّ كَأَنَّهَا جَانٌّ وَلَّى مُدْبِرًا وَلَمْ يُعَقِّبْ يَا مُوسَى لَا تَخَفْ إِنِّي لَا يَخَافُ لَدَيَّ
الْمُرْسَلُونَ (١٠) إِلَّا مَن ظَلَمَ ثُمَّ بَدَّلَ حُسْنًا بَعْدَ سُوءٍ فَإِنِّي غَفُورٌ
رَّحِيمٌ (١١) وَأَدْخِلْ يَدَكَ فِي جَيْبِكَ تَخْرُجْ بَيْضَاء مِنْ غَيْرِ سُوءٍ فِي تِسْعِ آيَاتٍ
إِلَى فِرْعَوْنَ وَقَوْمِهِ إِنَّهُمْ كَانُوا قَوْمًا فَاسِقِينَ (١٢) فَلَمَّا جَاءتْهُمْ آيَاتُنَا مُبْصِرَةً
قَالُوا هَذَا سِحْرٌ مُّبِينٌ (١٣) وَجَحَدُوا بِهَا وَاسْتَيْقَنَتْهَا أَنفُسُهُمْ ظُلْمًا وَعُلُوًّا فَانظُرْ
كَيْفَ كَانَ عَاقِبَةُ الْمُفْسِدِينَ (١٤) وَلَقَدْ آتَيْنَا دَاوُودَ وَسُلَيْمَانَ عِلْمًا وَقَالَا الْحَمْدُ لِلَّهِ
الَّذِي فَضَّلَنَا عَلَى كَثِيرٍ مِّنْ عِبَادِهِ الْمُؤْمِنِينَ (١٥) وَوَرِثَ سُلَيْمَانُ دَاوُودَ وَقَالَ يَا
أَيُّهَا النَّاسُ عُلِّمْنَا مَنطِقَ الطَّيْرِ وَأُوتِينَا مِن كُلِّ شَيْءٍ إِنَّ هَذَا لَهُوَ الْفَضْلُ
الْمُبِينُ (١٦) وَحُشِرَ لِسُلَيْمَانَ جُنُودُهُ مِنَ الْجِنِّ وَالْإِنسِ وَالطَّيْرِ فَهُمْ
يُوزَعُونَ (١٧) حَتَّى إِذَا أَتَوْا عَلَى وَادِي النَّمْلِ قَالَتْ نَمْلَةٌ يَا أَيُّهَا النَّمْلُ ادْخُلُوا
مَسَاكِنَكُمْ لَا يَحْطِمَنَّكُمْ سُلَيْمَانُ وَجُنُودُهُ وَهُمْ لَا يَشْعُرُونَ (١٨) فَتَبَسَّمَ ضَاحِكًا مِّن

قَوْلِهَا وَقَالَ رَبِّ أَوْزِعْنِي أَنْ أَشْكُرَ نِعْمَتَكَ الَّتِي أَنْعَمْتَ عَلَيَّ وَعَلَى وَالِدَيَّ وَأَنْ
أَعْمَلَ صَالِحًا تَرْضَاهُ وَأَدْخِلْنِي بِرَحْمَتِكَ فِي عِبَادِكَ الصَّالِحِينَ (١٩) وَتَفَقَّدَ الطَّيْرَ
فَقَالَ مَا لِيَ لَا أَرَى الْهُدْهُدَ أَمْ كَانَ مِنَ الْغَائِبِينَ (٢٠) لَأُعَذِّبَنَّهُ عَذَابًا شَدِيدًا أَوْ
لَأَذْبَحَنَّهُ أَوْ لَيَأْتِيَنِّي بِسُلْطَانٍ مُبِينٍ (٢١) فَمَكَثَ غَيْرَ بَعِيدٍ فَقَالَ أَحَطْتُ بِمَا لَمْ تُحِطْ
بِهِ وَجِئْتُكَ مِنْ سَبَإٍ بِنَبَإٍ يَقِينٍ (٢٢) إِنِّي وَجَدْتُ امْرَأَةً تَمْلِكُهُمْ وَأُوتِيَتْ مِنْ كُلِّ
شَيْءٍ وَلَهَا عَرْشٌ عَظِيمٌ (٢٣) وَجَدْتُهَا وَقَوْمَهَا يَسْجُدُونَ لِلشَّمْسِ مِنْ دُونِ اللَّهِ
وَزَيَّنَ لَهُمُ الشَّيْطَانُ أَعْمَالَهُمْ فَصَدَّهُمْ عَنِ السَّبِيلِ فَهُمْ لَا يَهْتَدُونَ (٢٤) أَلَّا
يَسْجُدُوا لِلَّهِ الَّذِي يُخْرِجُ الْخَبْءَ فِي السَّمَاوَاتِ وَالْأَرْضِ وَيَعْلَمُ مَا تُخْفُونَ وَمَا
تُعْلِنُونَ (٢٥) اللَّهُ لَا إِلَٰهَ إِلَّا هُوَ رَبُّ الْعَرْشِ الْعَظِيمِ* (٢٦) قَالَ سَنَنْظُرُ أَصَدَقْتَ
أَمْ كُنْتَ مِنَ الْكَاذِبِينَ (٢٧) اذْهَبْ بِكِتَابِي هَٰذَا فَأَلْقِهْ إِلَيْهِمْ ثُمَّ تَوَلَّ عَنْهُمْ فَانْظُرْ مَاذَا
يَرْجِعُونَ (٢٨) قَالَتْ يَا أَيُّهَا الْمَلَأُ إِنِّي أُلْقِيَ إِلَيَّ كِتَابٌ كَرِيمٌ (٢٩) إِنَّهُ مِنْ
سُلَيْمَانَ وَإِنَّهُ بِسْمِ اللَّهِ الرَّحْمَٰنِ الرَّحِيمِ (٣٠) أَلَّا تَعْلُوا عَلَيَّ وَأْتُونِي
مُسْلِمِينَ (٣١) قَالَتْ يَا أَيُّهَا الْمَلَأُ أَفْتُونِي فِي أَمْرِي مَا كُنْتُ قَاطِعَةً أَمْرًا حَتَّىٰ
تَشْهَدُونِ (٣٢) قَالُوا نَحْنُ أُولُو قُوَّةٍ وَأُولُو بَأْسٍ شَدِيدٍ وَالْأَمْرُ إِلَيْكِ فَانْظُرِي مَاذَا
تَأْمُرِينَ (٣٣) قَالَتْ إِنَّ الْمُلُوكَ إِذَا دَخَلُوا قَرْيَةً أَفْسَدُوهَا وَجَعَلُوا أَعِزَّةَ أَهْلِهَا أَذِلَّةً
وَكَذَٰلِكَ يَفْعَلُونَ (٣٤) وَإِنِّي مُرْسِلَةٌ إِلَيْهِمْ بِهَدِيَّةٍ فَنَاظِرَةٌ بِمَ يَرْجِعُ
الْمُرْسَلُونَ (٣٥) فَلَمَّا جَاءَ سُلَيْمَانَ قَالَ أَتُمِدُّونَنِ بِمَالٍ فَمَا آتَانِيَ اللَّهُ خَيْرٌ مِمَّا آتَاكُمْ
بَلْ أَنْتُمْ بِهَدِيَّتِكُمْ تَفْرَحُونَ (٣٦) ارْجِعْ إِلَيْهِمْ فَلَنَأْتِيَنَّهُمْ بِجُنُودٍ لَا قِبَلَ لَهُمْ بِهَا
وَلَنُخْرِجَنَّهُمْ مِنْهَا أَذِلَّةً وَهُمْ صَاغِرُونَ (٣٧) قَالَ يَا أَيُّهَا الْمَلَأُ أَيُّكُمْ يَأْتِينِي بِعَرْشِهَا
قَبْلَ أَنْ يَأْتُونِي مُسْلِمِينَ (٣٨) قَالَ عِفْرِيتٌ مِنَ الْجِنِّ أَنَا آتِيكَ بِهِ قَبْلَ أَنْ تَقُومَ مِنْ
مَقَامِكَ وَإِنِّي عَلَيْهِ لَقَوِيٌّ أَمِينٌ (٣٩) قَالَ الَّذِي عِنْدَهُ عِلْمٌ مِنَ الْكِتَابِ أَنَا آتِيكَ بِهِ
قَبْلَ أَنْ يَرْتَدَّ إِلَيْكَ طَرْفُكَ فَلَمَّا رَآهُ مُسْتَقِرًّا عِنْدَهُ قَالَ هَٰذَا مِنْ فَضْلِ رَبِّي لِيَبْلُوَنِي
أَأَشْكُرُ أَمْ أَكْفُرُ وَمَنْ شَكَرَ فَإِنَّمَا يَشْكُرُ لِنَفْسِهِ وَمَنْ كَفَرَ فَإِنَّ رَبِّي غَنِيٌّ
كَرِيمٌ (٤٠) قَالَ نَكِّرُوا لَهَا عَرْشَهَا نَنْظُرْ أَتَهْتَدِي أَمْ تَكُونُ مِنَ الَّذِينَ لَا
يَهْتَدُونَ (٤١) فَلَمَّا جَاءَتْ قِيلَ أَهَٰكَذَا عَرْشُكِ قَالَتْ كَأَنَّهُ هُوَ وَأُوتِينَا الْعِلْمَ مِنْ قَبْلِهَا
وَكُنَّا مُسْلِمِينَ (٤٢) وَصَدَّهَا مَا كَانَتْ تَعْبُدُ مِنْ دُونِ اللَّهِ إِنَّهَا كَانَتْ مِنْ قَوْمٍ
كَافِرِينَ (٤٣) قِيلَ لَهَا ادْخُلِي الصَّرْحَ فَلَمَّا رَأَتْهُ حَسِبَتْهُ لُجَّةً وَكَشَفَتْ عَنْ سَاقَيْهَا
قَالَ إِنَّهُ صَرْحٌ مُمَرَّدٌ مِنْ قَوَارِيرَ قَالَتْ رَبِّ إِنِّي ظَلَمْتُ نَفْسِي وَأَسْلَمْتُ مَعَ
سُلَيْمَانَ لِلَّهِ رَبِّ الْعَالَمِينَ (٤٤) وَلَقَدْ أَرْسَلْنَا إِلَىٰ ثَمُودَ أَخَاهُمْ صَالِحًا أَنِ اعْبُدُوا
اللَّهَ فَإِذَا هُمْ فَرِيقَانِ يَخْتَصِمُونَ (٤٥) قَالَ يَا قَوْمِ لِمَ تَسْتَعْجِلُونَ بِالسَّيِّئَةِ قَبْلَ
الْحَسَنَةِ لَوْلَا تَسْتَغْفِرُونَ اللَّهَ لَعَلَّكُمْ تُرْحَمُونَ (٤٦) قَالُوا اطَّيَّرْنَا بِكَ وَبِمَنْ مَعَكَ

قَالَ طَائِرُكُمْ عِندَ اللَّهِ بَلْ أَنتُمْ قَوْمٌ تُفْتَنُونَ (٤٧) وَكَانَ فِي الْمَدِينَةِ تِسْعَةُ رَهْطٍ
يُفْسِدُونَ فِي الْأَرْضِ وَلَا يُصْلِحُونَ (٤٨) قَالُوا تَقَاسَمُوا بِاللَّهِ لَنُبَيِّتَنَّهُ وَأَهْلَهُ ثُمَّ
لَنَقُولَنَّ لِوَلِيِّهِ مَا شَهِدْنَا مَهْلِكَ أَهْلِهِ وَإِنَّا لَصَادِقُونَ (٤٩) وَمَكَرُوا مَكْرًا وَمَكَرْنَا
مَكْرًا وَهُمْ لَا يَشْعُرُونَ (٥٠) فَانظُرْ كَيْفَ كَانَ عَاقِبَةُ مَكْرِهِمْ أَنَّا دَمَّرْنَاهُمْ وَقَوْمَهُمْ
أَجْمَعِينَ (٥١) فَتِلْكَ بُيُوتُهُمْ خَاوِيَةً بِمَا ظَلَمُوا إِنَّ فِي ذَٰلِكَ لَآيَةً لِّقَوْمٍ
يَعْلَمُونَ (٥٢) وَأَنجَيْنَا الَّذِينَ آمَنُوا وَكَانُوا يَتَّقُونَ (٥٣) وَلُوطًا إِذْ قَالَ لِقَوْمِهِ
أَتَأْتُونَ الْفَاحِشَةَ وَأَنتُمْ تُبْصِرُونَ (٥٤) أَئِنَّكُمْ لَتَأْتُونَ الرِّجَالَ شَهْوَةً مِّن دُونِ النِّسَاءِ
بَلْ أَنتُمْ قَوْمٌ تَجْهَلُونَ (٥٥) فَمَا كَانَ جَوَابَ قَوْمِهِ إِلَّا أَن قَالُوا أَخْرِجُوا آلَ لُوطٍ مِّن
قَرْيَتِكُمْ إِنَّهُمْ أُنَاسٌ يَتَطَهَّرُونَ (٥٦) فَأَنجَيْنَاهُ وَأَهْلَهُ إِلَّا امْرَأَتَهُ قَدَّرْنَاهَا مِنَ
الْغَابِرِينَ (٥٧) وَأَمْطَرْنَا عَلَيْهِم مَّطَرًا فَسَاءَ مَطَرُ الْمُنذَرِينَ (٥٨) قُلِ الْحَمْدُ لِلَّهِ
وَسَلَامٌ عَلَىٰ عِبَادِهِ الَّذِينَ اصْطَفَىٰ آللَّهُ خَيْرٌ أَمَّا يُشْرِكُونَ (٥٩) أَمَّنْ خَلَقَ
السَّمَاوَاتِ وَالْأَرْضَ وَأَنزَلَ لَكُم مِّنَ السَّمَاءِ مَاءً فَأَنبَتْنَا بِهِ حَدَائِقَ ذَاتَ بَهْجَةٍ مَّا
كَانَ لَكُمْ أَن تُنبِتُوا شَجَرَهَا أَإِلَٰهٌ مَّعَ اللَّهِ بَلْ هُمْ قَوْمٌ يَعْدِلُونَ (٦٠) أَمَّن جَعَلَ
الْأَرْضَ قَرَارًا وَجَعَلَ خِلَالَهَا أَنْهَارًا وَجَعَلَ لَهَا رَوَاسِيَ وَجَعَلَ بَيْنَ الْبَحْرَيْنِ
حَاجِزًا أَإِلَٰهٌ مَّعَ اللَّهِ بَلْ أَكْثَرُهُمْ لَا يَعْلَمُونَ (٦١) أَمَّن يُجِيبُ الْمُضْطَرَّ إِذَا دَعَاهُ
وَيَكْشِفُ السُّوءَ وَيَجْعَلُكُمْ خُلَفَاءَ الْأَرْضِ أَإِلَٰهٌ مَّعَ اللَّهِ قَلِيلًا مَّا تَذَكَّرُونَ (٦٢) أَمَّن
يَهْدِيكُمْ فِي ظُلُمَاتِ الْبَرِّ وَالْبَحْرِ وَمَن يُرْسِلُ الرِّيَاحَ بُشْرًا بَيْنَ يَدَيْ رَحْمَتِهِ أَإِلَٰهٌ مَّعَ
اللَّهِ تَعَالَى اللَّهُ عَمَّا يُشْرِكُونَ (٦٣) أَمَّن يَبْدَأُ الْخَلْقَ ثُمَّ يُعِيدُهُ وَمَن يَرْزُقُكُم مِّنَ
السَّمَاءِ وَالْأَرْضِ أَإِلَٰهٌ مَّعَ اللَّهِ قُلْ هَاتُوا بُرْهَانَكُمْ إِن كُنتُمْ صَادِقِينَ (٦٤) قُل لَّا
يَعْلَمُ مَن فِي السَّمَاوَاتِ وَالْأَرْضِ الْغَيْبَ إِلَّا اللَّهُ وَمَا يَشْعُرُونَ أَيَّانَ
يُبْعَثُونَ (٦٥) بَلِ ادَّارَكَ عِلْمُهُمْ فِي الْآخِرَةِ بَلْ هُمْ فِي شَكٍّ مِّنْهَا بَلْ هُم مِّنْهَا
عَمُونَ (٦٦) وَقَالَ الَّذِينَ كَفَرُوا أَئِذَا كُنَّا تُرَابًا وَآبَاؤُنَا أَئِنَّا لَمُخْرَجُونَ (٦٧) لَقَدْ
وُعِدْنَا هَٰذَا نَحْنُ وَآبَاؤُنَا مِن قَبْلُ إِنْ هَٰذَا إِلَّا أَسَاطِيرُ الْأَوَّلِينَ (٦٨) قُلْ سِيرُوا فِي
الْأَرْضِ فَانظُرُوا كَيْفَ كَانَ عَاقِبَةُ الْمُجْرِمِينَ (٦٩) وَلَا تَحْزَنْ عَلَيْهِمْ وَلَا تَكُن
فِي ضَيْقٍ مِّمَّا يَمْكُرُونَ (٧٠) وَيَقُولُونَ مَتَىٰ هَٰذَا الْوَعْدُ إِن كُنتُمْ
صَادِقِينَ (٧١) قُلْ عَسَىٰ أَن يَكُونَ رَدِفَ لَكُم بَعْضُ الَّذِي تَسْتَعْجِلُونَ (٧٢) وَإِنَّ
رَبَّكَ لَذُو فَضْلٍ عَلَى النَّاسِ وَلَٰكِنَّ أَكْثَرَهُمْ لَا يَشْكُرُونَ (٧٣) وَإِنَّ رَبَّكَ لَيَعْلَمُ مَا
تُكِنُّ صُدُورُهُمْ وَمَا يُعْلِنُونَ (٧٤) وَمَا مِنْ غَائِبَةٍ فِي السَّمَاءِ وَالْأَرْضِ إِلَّا فِي
كِتَابٍ مُّبِينٍ (٧٥) إِنَّ هَٰذَا الْقُرْآنَ يَقُصُّ عَلَىٰ بَنِي إِسْرَائِيلَ أَكْثَرَ الَّذِي هُمْ فِيهِ
يَخْتَلِفُونَ (٧٦) وَإِنَّهُ لَهُدًى وَرَحْمَةٌ لِّلْمُؤْمِنِينَ (٧٧) إِنَّ رَبَّكَ يَقْضِي بَيْنَهُم بِحُكْمِهِ
وَهُوَ الْعَزِيزُ الْعَلِيمُ (٧٨) فَتَوَكَّلْ عَلَى اللَّهِ إِنَّكَ عَلَى الْحَقِّ الْمُبِينِ (٧٩) إِنَّكَ لَا

تُسْمِعُ الْمَوْتَى وَلَا تُسْمِعُ الصُّمَّ الدُّعَاءَ إِذَا وَلَّوْا مُدْبِرِينَ (٨٠) وَمَا أَنتَ بِهَادِي
الْعُمْيِ عَن ضَلَالَتِهِمْ إِن تُسْمِعُ إِلَّا مَن يُؤْمِنُ بِآيَاتِنَا فَهُم مُّسْلِمُونَ (٨١) وَإِذَا وَقَعَ
الْقَوْلُ عَلَيْهِمْ أَخْرَجْنَا لَهُمْ دَابَّةً مِّنَ الْأَرْضِ تُكَلِّمُهُمْ أَنَّ النَّاسَ كَانُوا بِآيَاتِنَا لَا
يُوقِنُونَ (٨٢) وَيَوْمَ نَحْشُرُ مِن كُلِّ أُمَّةٍ فَوْجًا مِّمَّن يُكَذِّبُ بِآيَاتِنَا فَهُمْ
يُوزَعُونَ (٨٣) حَتَّى إِذَا جَاؤُوا قَالَ أَكَذَّبْتُم بِآيَاتِي وَلَمْ تُحِيطُوا بِهَا عِلْمًا أَمَّاذَا
كُنتُمْ تَعْمَلُونَ (٨٤) وَوَقَعَ الْقَوْلُ عَلَيْهِم بِمَا ظَلَمُوا فَهُمْ لَا يَنطِقُونَ (٨٥) أَلَمْ يَرَوْا
أَنَّا جَعَلْنَا اللَّيْلَ لِيَسْكُنُوا فِيهِ وَالنَّهَارَ مُبْصِرًا إِنَّ فِي ذَلِكَ لَآيَاتٍ لِّقَوْمٍ
يُؤْمِنُونَ (٨٦) وَيَوْمَ يُنفَخُ فِي الصُّورِ فَفَزِعَ مَن فِي السَّمَاوَاتِ وَمَن فِي الْأَرْضِ
إِلَّا مَن شَاءَ اللَّهُ وَكُلٌّ أَتَوْهُ دَاخِرِينَ (٨٧) وَتَرَى الْجِبَالَ تَحْسَبُهَا جَامِدَةً وَهِيَ تَمُرُّ
مَرَّ السَّحَابِ صُنْعَ اللَّهِ الَّذِي أَتْقَنَ كُلَّ شَيْءٍ إِنَّهُ خَبِيرٌ بِمَا تَفْعَلُونَ (٨٨) مَن جَاءَ
بِالْحَسَنَةِ فَلَهُ خَيْرٌ مِّنْهَا وَهُم مِّن فَزَعٍ يَوْمَئِذٍ آمِنُونَ (٨٩) وَمَن جَاءَ بِالسَّيِّئَةِ فَكُبَّتْ
وُجُوهُهُمْ فِي النَّارِ هَلْ تُجْزَوْنَ إِلَّا مَا كُنتُمْ تَعْمَلُونَ (٩٠) إِنَّمَا أُمِرْتُ أَنْ أَعْبُدَ
رَبَّ هَذِهِ الْبَلْدَةِ الَّذِي حَرَّمَهَا وَلَهُ كُلُّ شَيْءٍ وَأُمِرْتُ أَنْ أَكُونَ مِنَ
الْمُسْلِمِينَ (٩١) وَأَنْ أَتْلُوَ الْقُرْآنَ فَمَنِ اهْتَدَى فَإِنَّمَا يَهْتَدِي لِنَفْسِهِ وَمَن ضَلَّ فَقُلْ
إِنَّمَا أَنَا مِنَ الْمُنذِرِينَ (٩٢) وَقُلِ الْحَمْدُ لِلَّهِ سَيُرِيكُمْ آيَاتِهِ فَتَعْرِفُونَهَا وَمَا رَبُّكَ
بِغَافِلٍ عَمَّا تَعْمَلُونَ (٩٣

SOURATE AL QASAS
سورة القصص

طسم (١) تِلْكَ آيَاتُ الْكِتَابِ الْمُبِينِ (٢) نَتْلُوا عَلَيْكَ مِن نَّبَإِ مُوسَى وَفِرْعَوْنَ
بِالْحَقِّ لِقَوْمٍ يُؤْمِنُونَ (٣) إِنَّ فِرْعَوْنَ عَلَا فِي الْأَرْضِ وَجَعَلَ أَهْلَهَا شِيَعًا
يَسْتَضْعِفُ طَائِفَةً مِّنْهُمْ يُذَبِّحُ أَبْنَاءَهُمْ وَيَسْتَحْيِي نِسَاءَهُمْ إِنَّهُ كَانَ مِنَ
الْمُفْسِدِينَ (٤) وَنُرِيدُ أَن نَّمُنَّ عَلَى الَّذِينَ اسْتُضْعِفُوا فِي الْأَرْضِ وَنَجْعَلَهُمْ أَئِمَّةً
وَنَجْعَلَهُمُ الْوَارِثِينَ (٥) وَنُمَكِّنَ لَهُمْ فِي الْأَرْضِ وَنُرِيَ فِرْعَوْنَ وَهَامَانَ
وَجُنُودَهُمَا مِنْهُم مَّا كَانُوا يَحْذَرُونَ (٦) وَأَوْحَيْنَا إِلَى أُمِّ مُوسَى أَنْ أَرْضِعِيهِ فَإِذَا
خِفْتِ عَلَيْهِ فَأَلْقِيهِ فِي الْيَمِّ وَلَا تَخَافِي وَلَا تَحْزَنِي إِنَّا رَادُّوهُ إِلَيْكِ وَجَاعِلُوهُ مِنَ
الْمُرْسَلِينَ (٧) فَالْتَقَطَهُ آلُ فِرْعَوْنَ لِيَكُونَ لَهُمْ عَدُوًّا وَحَزَنًا إِنَّ فِرْعَوْنَ وَهَامَانَ
وَجُنُودَهُمَا كَانُوا خَاطِئِينَ (٨) وَقَالَتِ امْرَأَتُ فِرْعَوْنَ قُرَّتُ عَيْنٍ لِّي وَلَكَ لَا
تَقْتُلُوهُ عَسَى أَن يَنفَعَنَا أَوْ نَتَّخِذَهُ وَلَدًا وَهُمْ لَا يَشْعُرُونَ (٩) وَأَصْبَحَ فُؤَادُ أُمِّ

مُوسَى فَارِغًا إِن كَادَتْ لَتُبْدِي بِهِ لَوْلَا أَن رَّبَطْنَا عَلَى قَلْبِهَا لِتَكُونَ مِنَ الْمُؤْمِنِينَ (١٠) وَقَالَتْ لِأُخْتِهِ قُصِّيهِ فَبَصُرَتْ بِهِ عَن جُنُبٍ وَهُمْ لَا يَشْعُرُونَ (١١) وَحَرَّمْنَا عَلَيْهِ الْمَرَاضِعَ مِن قَبْلُ فَقَالَتْ هَلْ أَدُلُّكُمْ عَلَى أَهْلِ بَيْتٍ يَكْفُلُونَهُ لَكُمْ وَهُمْ لَهُ نَاصِحُونَ (١٢) فَرَدَدْنَاهُ إِلَى أُمِّهِ كَيْ تَقَرَّ عَيْنُهَا وَلَا تَحْزَنَ وَلِتَعْلَمَ أَنَّ وَعْدَ اللَّهِ حَقٌّ وَلَكِنَّ أَكْثَرَهُمْ لَا يَعْلَمُونَ (١٣) وَلَمَّا بَلَغَ أَشُدَّهُ وَاسْتَوَى آتَيْنَاهُ حُكْمًا وَعِلْمًا وَكَذَلِكَ نَجْزِي الْمُحْسِنِينَ (١٤) وَدَخَلَ الْمَدِينَةَ عَلَى حِينِ غَفْلَةٍ مِّنْ أَهْلِهَا فَوَجَدَ فِيهَا رَجُلَيْنِ يَقْتَتِلَانِ هَذَا مِن شِيعَتِهِ وَهَذَا مِنْ عَدُوِّهِ فَاسْتَغَاثَهُ الَّذِي مِن شِيعَتِهِ عَلَى الَّذِي مِنْ عَدُوِّهِ فَوَكَزَهُ مُوسَى فَقَضَى عَلَيْهِ قَالَ هَذَا مِنْ عَمَلِ الشَّيْطَانِ إِنَّهُ عَدُوٌّ مُّضِلٌّ مُّبِينٌ (١٥) قَالَ رَبِّ إِنِّي ظَلَمْتُ نَفْسِي فَاغْفِرْ لِي فَغَفَرَ لَهُ إِنَّهُ هُوَ الْغَفُورُ الرَّحِيمُ (١٦) قَالَ رَبِّ بِمَا أَنْعَمْتَ عَلَيَّ فَلَنْ أَكُونَ ظَهِيرًا لِّلْمُجْرِمِينَ (١٧) فَأَصْبَحَ فِي الْمَدِينَةِ خَائِفًا يَتَرَقَّبُ فَإِذَا الَّذِي اسْتَنصَرَهُ بِالْأَمْسِ يَسْتَصْرِخُهُ قَالَ لَهُ مُوسَى إِنَّكَ لَغَوِيٌّ مُّبِينٌ (١٨) فَلَمَّا أَنْ أَرَادَ أَن يَبْطِشَ بِالَّذِي هُوَ عَدُوٌّ لَّهُمَا قَالَ يَا مُوسَى أَتُرِيدُ أَن تَقْتُلَنِي كَمَا قَتَلْتَ نَفْسًا بِالْأَمْسِ إِن تُرِيدُ إِلَّا أَن تَكُونَ جَبَّارًا فِي الْأَرْضِ وَمَا تُرِيدُ أَن تَكُونَ مِنَ الْمُصْلِحِينَ (١٩) وَجَاءَ رَجُلٌ مِّنْ أَقْصَى الْمَدِينَةِ يَسْعَى قَالَ يَا مُوسَى إِنَّ الْمَلَأَ يَأْتَمِرُونَ بِكَ لِيَقْتُلُوكَ فَاخْرُجْ إِنِّي لَكَ مِنَ النَّاصِحِينَ (٢٠) فَخَرَجَ مِنْهَا خَائِفًا يَتَرَقَّبُ قَالَ رَبِّ نَجِّنِي مِنَ الْقَوْمِ الظَّالِمِينَ (٢١) وَلَمَّا تَوَجَّهَ تِلْقَاءَ مَدْيَنَ قَالَ عَسَى رَبِّي أَن يَهْدِيَنِي سَوَاءَ السَّبِيلِ (٢٢) وَلَمَّا وَرَدَ مَاءَ مَدْيَنَ وَجَدَ عَلَيْهِ أُمَّةً مِّنَ النَّاسِ يَسْقُونَ وَوَجَدَ مِن دُونِهِمُ امْرَأَتَيْنِ تَذُودَانِ قَالَ مَا خَطْبُكُمَا قَالَتَا لَا نَسْقِي حَتَّى يُصْدِرَ الرِّعَاءُ وَأَبُونَا شَيْخٌ كَبِيرٌ (٢٣) فَسَقَى لَهُمَا ثُمَّ تَوَلَّى إِلَى الظِّلِّ فَقَالَ رَبِّ إِنِّي لِمَا أَنزَلْتَ إِلَيَّ مِنْ خَيْرٍ فَقِيرٌ (٢٤) فَجَاءَتْهُ إِحْدَاهُمَا تَمْشِي عَلَى اسْتِحْيَاءٍ قَالَتْ إِنَّ أَبِي يَدْعُوكَ لِيَجْزِيَكَ أَجْرَ مَا سَقَيْتَ لَنَا فَلَمَّا جَاءَهُ وَقَصَّ عَلَيْهِ الْقَصَصَ قَالَ لَا تَخَفْ نَجَوْتَ مِنَ الْقَوْمِ الظَّالِمِينَ (٢٥) قَالَتْ إِحْدَاهُمَا يَا أَبَتِ اسْتَأْجِرْهُ إِنَّ خَيْرَ مَنِ اسْتَأْجَرْتَ الْقَوِيُّ الْأَمِينُ (٢٦) قَالَ إِنِّي أُرِيدُ أَنْ أُنكِحَكَ إِحْدَى ابْنَتَيَّ هَاتَيْنِ عَلَى أَن تَأْجُرَنِي ثَمَانِيَ حِجَجٍ فَإِنْ أَتْمَمْتَ عَشْرًا فَمِنْ عِندِكَ وَمَا أُرِيدُ أَنْ أَشُقَّ عَلَيْكَ سَتَجِدُنِي إِن شَاءَ اللَّهُ مِنَ الصَّالِحِينَ (٢٧) قَالَ ذَلِكَ بَيْنِي وَبَيْنَكَ أَيَّمَا الْأَجَلَيْنِ قَضَيْتُ فَلَا عُدْوَانَ عَلَيَّ وَاللَّهُ عَلَى مَا نَقُولُ وَكِيلٌ (٢٨) فَلَمَّا قَضَى مُوسَىالْأَجَلَ وَسَارَ بِأَهْلِهِ آنَسَ مِن جَانِبِ الطُّورِ نَارًا قَالَ لِأَهْلِهِ امْكُثُوا إِنِّي آنَسْتُ نَارًا لَّعَلِّي آتِيكُم مِّنْهَا بِخَبَرٍ أَوْ جَذْوَةٍ مِّنَ النَّارِ لَعَلَّكُمْ تَصْطَلُونَ (٢٩) فَلَمَّا أَتَاهَا نُودِيَ مِن شَاطِئِ الْوَادِي الْأَيْمَنِ فِي الْبُقْعَةِ الْمُبَارَكَةِ مِنَ الشَّجَرَةِ أَن يَا مُوسَى إِنِّي أَنَا اللَّهُ رَبُّ الْعَالَمِينَ (٣٠) وَأَنْ أَلْقِ عَصَاكَ فَلَمَّا رَآهَا تَهْتَزُّ كَأَنَّهَا جَانٌّ وَلَّى مُدْبِرًا وَلَمْ يُعَقِّبْ

يَا مُوسَى أَقْبِلْ وَلَا تَخَفْ إِنَّكَ مِنَ الْآمِنِينَ (٣١) اسْلُكْ يَدَكَ فِي جَيْبِكَ تَخْرُجْ
بَيْضَاءَ مِنْ غَيْرِ سُوءٍ وَاضْمُمْ إِلَيْكَ جَنَاحَكَ مِنَ الرَّهْبِ فَذَانِكَ بُرْهَانَانِ مِن رَّبِّكَ
إِلَى فِرْعَوْنَ وَمَلَئِهِ إِنَّهُمْ كَانُوا قَوْمًا فَاسِقِينَ (٣٢) قَالَ رَبِّ إِنِّي قَتَلْتُ مِنْهُمْ نَفْسًا
فَأَخَافُ أَن يَقْتُلُونِ (٣٣) وَأَخِي هَارُونُ هُوَ أَفْصَحُ مِنِّي لِسَانًا فَأَرْسِلْهُ مَعِيَ رِدْءًا
يُصَدِّقُنِي إِنِّي أَخَافُ أَن يُكَذِّبُونِ (٣٤) قَالَ سَنَشُدُّ عَضُدَكَ بِأَخِيكَ وَنَجْعَلُ لَكُمَا
سُلْطَانًا فَلَا يَصِلُونَ إِلَيْكُمَا بِآيَاتِنَا أَنتُمَا وَمَنِ اتَّبَعَكُمَا الْغَالِبُونَ (٣٥) فَلَمَّا جَاءَهُم
مُّوسَى بِآيَاتِنَا بَيِّنَاتٍ قَالُوا مَا هَذَا إِلَّا سِحْرٌ مُّفْتَرًى وَمَا سَمِعْنَا بِهَذَا فِي آبَائِنَا
الْأَوَّلِينَ (٣٦) وَقَالَ مُوسَى رَبِّي أَعْلَمُ بِمَن جَاءَ بِالْهُدَى مِنْ عِندِهِ وَمَن تَكُونُ لَهُ
عَاقِبَةُ الدَّارِ إِنَّهُ لَا يُفْلِحُ الظَّالِمُونَ (٣٧) وَقَالَ فِرْعَوْنُ يَا أَيُّهَا الْمَلَأُ مَا عَلِمْتُ لَكُم
مِّنْ إِلَهٍ غَيْرِي فَأَوْقِدْ لِي يَا هَامَانُ عَلَى الطِّينِ فَاجْعَل لِّي صَرْحًا لَّعَلِّي أَطَّلِعُ إِلَى
إِلَهِ مُوسَى وَإِنِّي لَأَظُنُّهُ مِنَ الْكَاذِبِينَ (٣٨) وَاسْتَكْبَرَ هُوَ وَجُنُودُهُ فِي الْأَرْضِ
بِغَيْرِ الْحَقِّ وَظَنُّوا أَنَّهُمْ إِلَيْنَا لَا يُرْجَعُونَ (٣٩) فَأَخَذْنَاهُ وَجُنُودَهُ فَنَبَذْنَاهُمْ فِي الْيَمِّ
فَانظُرْ كَيْفَ كَانَ عَاقِبَةُ الظَّالِمِينَ (٤٠) وَجَعَلْنَاهُمْ أَئِمَّةً يَدْعُونَ إِلَى النَّارِ وَيَوْمَ
الْقِيَامَةِ لَا يُنصَرُونَ (٤١) وَأَتْبَعْنَاهُمْ فِي هَذِهِ الدُّنْيَا لَعْنَةً وَيَوْمَ الْقِيَامَةِ هُم مِّنَ
الْمَقْبُوحِينَ (٤٢) وَلَقَدْ آتَيْنَا مُوسَى الْكِتَابَ مِن بَعْدِ مَا أَهْلَكْنَا الْقُرُونَ الْأُولَى
بَصَائِرَ لِلنَّاسِ وَهُدًى وَرَحْمَةً لَّعَلَّهُمْ يَتَذَكَّرُونَ (٤٣) وَمَا كُنتَ بِجَانِبِ الْغَرْبِيِّ إِذْ
قَضَيْنَا إِلَى مُوسَى الْأَمْرَ وَمَا كُنتَ مِنَ الشَّاهِدِينَ (٤٤) وَلَكِنَّا أَنشَأْنَا قُرُونًا
فَتَطَاوَلَ عَلَيْهِمُ الْعُمُرُ وَمَا كُنتَ ثَاوِيًا فِي أَهْلِ مَدْيَنَ تَتْلُو عَلَيْهِمْ آيَاتِنَا وَلَكِنَّا كُنَّا
مُرْسِلِينَ (٤٥) وَمَا كُنتَ بِجَانِبِ الطُّورِ إِذْ نَادَيْنَا وَلَكِن رَّحْمَةً مِّن رَّبِّكَ لِتُنذِرَ
قَوْمًا مَّا أَتَاهُم مِّن نَّذِيرٍ مِّن قَبْلِكَ لَعَلَّهُمْ يَتَذَكَّرُونَ (٤٦) وَلَوْلَا أَن تُصِيبَهُم مُّصِيبَةٌ
بِمَا قَدَّمَتْ أَيْدِيهِمْ فَيَقُولُوا رَبَّنَا لَوْلَا أَرْسَلْتَ إِلَيْنَا رَسُولًا فَنَتَّبِعَ آيَاتِكَ وَنَكُونَ مِنَ
الْمُؤْمِنِينَ (٤٧) فَلَمَّا جَاءَهُمُ الْحَقُّ مِنْ عِندِنَا قَالُوا لَوْلَا أُوتِيَ مِثْلَ مَا أُوتِيَ مُوسَى
أَوَلَمْ يَكْفُرُوا بِمَا أُوتِيَ مُوسَى مِن قَبْلُ قَالُوا سِحْرَانِ تَظَاهَرَا وَقَالُوا إِنَّا بِكُلٍّ
كَافِرُونَ (٤٨) قُلْ فَأْتُوا بِكِتَابٍ مِّنْ عِندِ اللَّهِ هُوَ أَهْدَى مِنْهُمَا أَتَّبِعْهُ إِن كُنتُمْ
صَادِقِينَ (٤٩) فَإِن لَّمْ يَسْتَجِيبُوا لَكَ فَاعْلَمْ أَنَّمَا يَتَّبِعُونَ أَهْوَاءَهُمْ وَمَنْ أَضَلُّ مِمَّنِ
اتَّبَعَ هَوَاهُ بِغَيْرِ هُدًى مِّنَ اللَّهِ إِنَّ اللَّهَ لَا يَهْدِي الْقَوْمَ الظَّالِمِينَ (٥٠) وَلَقَدْ وَصَّلْنَا
لَهُمُ الْقَوْلَ لَعَلَّهُمْ يَتَذَكَّرُونَ (٥١) الَّذِينَ آتَيْنَاهُمُ الْكِتَابَ مِن قَبْلِهِ هُم بِهِ
يُؤْمِنُونَ (٥٢) وَإِذَا يُتْلَى عَلَيْهِمْ قَالُوا آمَنَّا بِهِ إِنَّهُ الْحَقُّ مِن رَّبِّنَا إِنَّا كُنَّا مِن قَبْلِهِ
مُسْلِمِينَ (٥٣) أُولَئِكَ يُؤْتَوْنَ أَجْرَهُم مَّرَّتَيْنِ بِمَا صَبَرُوا وَيَدْرَؤُونَ بِالْحَسَنَةِ
السَّيِّئَةَ وَمِمَّا رَزَقْنَاهُمْ يُنفِقُونَ (٥٤) وَإِذَا سَمِعُوا اللَّغْوَ أَعْرَضُوا عَنْهُ وَقَالُوا لَنَا
أَعْمَالُنَا وَلَكُمْ أَعْمَالُكُمْ سَلَامٌ عَلَيْكُمْ لَا نَبْتَغِي الْجَاهِلِينَ (٥٥) إِنَّكَ لَا تَهْدِي مَنْ

أَحْبَبْتَ وَلَكِنَّ اللَّهَ يَهْدِي مَن يَشَاءُ وَهُوَ أَعْلَمُ بِالْمُهْتَدِينَ (٥٦) وَقَالُوا إِن نَّتَّبِعِ الْهُدَى
مَعَكَ نُتَخَطَّفْ مِنْ أَرْضِنَا أَوَلَمْ نُمَكِّن لَّهُمْ حَرَمًا آمِنًا يُجْبَى إِلَيْهِ ثَمَرَاتُ كُلِّ شَيْءٍ
رِّزْقًا مِن لَّدُنَّا وَلَكِنَّ أَكْثَرَهُمْ لَا يَعْلَمُونَ (٥٧) وَكَمْ أَهْلَكْنَا مِن قَرْيَةٍ بَطِرَتْ
مَعِيشَتَهَا فَتِلْكَ مَسَاكِنُهُمْ لَمْ تُسْكَن مِّن بَعْدِهِمْ إِلَّا قَلِيلًا وَكُنَّا نَحْنُ
الْوَارِثِينَ (٥٨) وَمَا كَانَ رَبُّكَ مُهْلِكَ الْقُرَى حَتَّى يَبْعَثَ فِي أُمِّهَا رَسُولًا يَتْلُو
عَلَيْهِمْ آيَاتِنَا وَمَا كُنَّا مُهْلِكِي الْقُرَى إِلَّا وَأَهْلُهَا ظَالِمُونَ (٥٩) وَمَا أُوتِيتُم مِّن شَيْءٍ
فَمَتَاعُ الْحَيَاةِ الدُّنْيَا وَزِينَتُهَا وَمَا عِندَ اللَّهِ خَيْرٌ وَأَبْقَى أَفَلَا تَعْقِلُونَ (٦٠) أَفَمَن
وَعَدْنَاهُ وَعْدًا حَسَنًا فَهُوَ لَاقِيهِ كَمَن مَّتَّعْنَاهُ مَتَاعَ الْحَيَاةِ الدُّنْيَا ثُمَّ هُوَ يَوْمَ الْقِيَامَةِ
مِنَ الْمُحْضَرِينَ (٦١) وَيَوْمَ يُنَادِيهِمْ فَيَقُولُ أَيْنَ شُرَكَائِيَ الَّذِينَ كُنتُمْ
تَزْعُمُونَ (٦٢) قَالَ الَّذِينَ حَقَّ عَلَيْهِمُ الْقَوْلُ رَبَّنَا هَؤُلَاءِ الَّذِينَ أَغْوَيْنَا أَغْوَيْنَاهُمْ
كَمَا غَوَيْنَا تَبَرَّأْنَا إِلَيْكَ مَا كَانُوا إِيَّانَا يَعْبُدُونَ (٦٣) وَقِيلَ ادْعُوا شُرَكَاءَكُمْ فَدَعَوْهُمْ
فَلَمْ يَسْتَجِيبُوا لَهُمْ وَرَأَوُا الْعَذَابَ لَوْ أَنَّهُمْ كَانُوا يَهْتَدُونَ (٦٤) وَيَوْمَ يُنَادِيهِمْ فَيَقُولُ
مَاذَا أَجَبْتُمُ الْمُرْسَلِينَ (٦٥) فَعَمِيَتْ عَلَيْهِمُ الْأَنبَاءُ يَوْمَئِذٍ فَهُمْ لَا
يَتَسَاءَلُونَ (٦٦) فَأَمَّا مَن تَابَ وَآمَنَ وَعَمِلَ صَالِحًا فَعَسَى أَن يَكُونَ مِنَ
الْمُفْلِحِينَ (٦٧) وَرَبُّكَ يَخْلُقُ مَا يَشَاءُ وَيَخْتَارُ مَا كَانَ لَهُمُ الْخِيَرَةُ سُبْحَانَ اللَّهِ
وَتَعَالَى عَمَّا يُشْرِكُونَ (٦٨) وَرَبُّكَ يَعْلَمُ مَا تُكِنُّ صُدُورُهُمْ وَمَا
يُعْلِنُونَ (٦٩) وَهُوَ اللَّهُ لَا إِلَهَ إِلَّا هُوَ لَهُ الْحَمْدُ فِي الْأُولَى وَالْآخِرَةِ وَلَهُ الْحُكْمُ
وَإِلَيْهِ تُرْجَعُونَ (٧٠) قُلْ أَرَأَيْتُمْ إِن جَعَلَ اللَّهُ عَلَيْكُمُ اللَّيْلَ سَرْمَدًا إِلَى يَوْمِ الْقِيَامَةِ
مَنْ إِلَهٌ غَيْرُ اللَّهِ يَأْتِيكُم بِضِيَاءٍ أَفَلَا تَسْمَعُونَ (٧١) قُلْ أَرَأَيْتُمْ إِن جَعَلَ اللَّهُ عَلَيْكُمُ
النَّهَارَ سَرْمَدًا إِلَى يَوْمِ الْقِيَامَةِ مَنْ إِلَهٌ غَيْرُ اللَّهِ يَأْتِيكُم بِلَيْلٍ تَسْكُنُونَ فِيهِ أَفَلَا
تُبْصِرُونَ (٧٢) وَمِن رَّحْمَتِهِ جَعَلَ لَكُمُ اللَّيْلَ وَالنَّهَارَ لِتَسْكُنُوا فِيهِ وَلِتَبْتَغُوا مِن
فَضْلِهِ وَلَعَلَّكُمْ تَشْكُرُونَ (٧٣) وَيَوْمَ يُنَادِيهِمْ فَيَقُولُ أَيْنَ شُرَكَائِيَ الَّذِينَ كُنتُمْ
تَزْعُمُونَ (٧٤) وَنَزَعْنَا مِن كُلِّ أُمَّةٍ شَهِيدًا فَقُلْنَا هَاتُوا بُرْهَانَكُمْ فَعَلِمُوا أَنَّ الْحَقَّ
لِلَّهِ وَضَلَّ عَنْهُم مَّا كَانُوا يَفْتَرُونَ (٧٥) إِنَّ قَارُونَ كَانَ مِن قَوْمِ مُوسَى فَبَغَى
عَلَيْهِمْ وَآتَيْنَاهُ مِنَ الْكُنُوزِ مَا إِنَّ مَفَاتِحَهُ لَتَنُوءُ بِالْعُصْبَةِ أُولِي الْقُوَّةِ إِذْ قَالَ لَهُ قَوْمُهُ
لَا تَفْرَحْ إِنَّ اللَّهَ لَا يُحِبُّ الْفَرِحِينَ (٧٦) وَابْتَغِ فِيمَا آتَاكَ اللَّهُ الدَّارَ الْآخِرَةَ وَلَا
تَنسَ نَصِيبَكَ مِنَ الدُّنْيَا وَأَحْسِن كَمَا أَحْسَنَ اللَّهُ إِلَيْكَ وَلَا تَبْغِ الْفَسَادَ فِي الْأَرْضِ إِنَّ
اللَّهَ لَا يُحِبُّ الْمُفْسِدِينَ (٧٧) قَالَ إِنَّمَا أُوتِيتُهُ عَلَى عِلْمٍ عِندِي أَوَلَمْ يَعْلَمْ أَنَّ اللَّهَ قَدْ
أَهْلَكَ مِن قَبْلِهِ مِنَ الْقُرُونِ مَنْ هُوَ أَشَدُّ مِنْهُ قُوَّةً وَأَكْثَرُ جَمْعًا وَلَا يُسْأَلُ عَن ذُنُوبِهِمُ
الْمُجْرِمُونَ (٧٨) فَخَرَجَ عَلَى قَوْمِهِ فِي زِينَتِهِ قَالَ الَّذِينَ يُرِيدُونَ الْحَيَاةَ الدُّنْيَا يَا
لَيْتَ لَنَا مِثْلَ مَا أُوتِيَ قَارُونُ إِنَّهُ لَذُو حَظٍّ عَظِيمٍ (٧٩) وَقَالَ الَّذِينَ أُوتُوا الْعِلْمَ

وَيْلَكُمْ ثَوَابُ اللَّهِ خَيْرٌ لِّمَنْ آمَنَ وَعَمِلَ صَالِحًا وَلَا يُلَقَّاهَا إِلَّا
الصَّابِرُونَ (٨٠) فَخَسَفْنَا بِهِ وَبِدَارِهِ الْأَرْضَ فَمَا كَانَ لَهُ مِن فِئَةٍ يَنصُرُونَهُ مِن
دُونِ اللَّهِ وَمَا كَانَ مِنَ الْمُنتَصِرِينَ (٨١) وَأَصْبَحَ الَّذِينَ تَمَنَّوْا مَكَانَهُ بِالْأَمْسِ
يَقُولُونَ وَيْكَأَنَّ اللَّهَ يَبْسُطُ الرِّزْقَ لِمَن يَشَاءُ مِنْ عِبَادِهِ وَيَقْدِرُ لَوْلَا أَن مَّنَّ اللَّهُ عَلَيْنَا
لَخَسَفَ بِنَا وَيْكَأَنَّهُ لَا يُفْلِحُ الْكَافِرُونَ (٨٢) تِلْكَ الدَّارُ الْآخِرَةُ نَجْعَلُهَا لِلَّذِينَ لَا
يُرِيدُونَ عُلُوًّا فِي الْأَرْضِ وَلَا فَسَادًا وَالْعَاقِبَةُ لِلْمُتَّقِينَ (٨٣) مَن جَاء بِالْحَسَنَةِ فَلَهُ
خَيْرٌ مِّنْهَا وَمَن جَاء بِالسَّيِّئَةِ فَلَا يُجْزَى الَّذِينَ عَمِلُوا السَّيِّئَاتِ إِلَّا مَا كَانُوا
يَعْمَلُونَ (٨٤) إِنَّ الَّذِي فَرَضَ عَلَيْكَ الْقُرْآنَ لَرَادُّكَ إِلَى مَعَادٍ قُل رَّبِّي أَعْلَمُ مَن
جَاء بِالْهُدَى وَمَنْ هُوَ فِي ضَلَالٍ مُّبِينٍ (٨٥) وَمَا كُنتَ تَرْجُو أَن يُلْقَى إِلَيْكَ
الْكِتَابُ إِلَّا رَحْمَةً مِّن رَّبِّكَ فَلَا تَكُونَنَّ ظَهِيرًا لِّلْكَافِرِينَ (٨٦) وَلَا يَصُدُّنَّكَ عَنْ
آيَاتِ اللَّهِ بَعْدَ إِذْ أُنزِلَتْ إِلَيْكَ وَادْعُ إِلَى رَبِّكَ وَلَا تَكُونَنَّ مِنَ الْمُشْرِكِينَ (٨٧) وَلَا
تَدْعُ مَعَ اللَّهِ إِلَهًا آخَرَ لَا إِلَهَ إِلَّا هُوَ كُلُّ شَيْءٍ هَالِكٌ إِلَّا وَجْهَهُ لَهُ الْحُكْمُ وَإِلَيْهِ
تُرْجَعُونَ (٨٨

SOURATE AL ANKABOUT
سورة العنكبوت

الم (١) أَحَسِبَ النَّاسُ أَن يُتْرَكُوا أَن يَقُولُوا آمَنَّا وَهُمْ لَا يُفْتَنُونَ (٢) وَلَقَدْ فَتَنَّا
الَّذِينَ مِن قَبْلِهِمْ فَلَيَعْلَمَنَّ اللَّهُ الَّذِينَ صَدَقُوا وَلَيَعْلَمَنَّ الْكَاذِبِينَ (٣) أَمْ حَسِبَ الَّذِينَ
يَعْمَلُونَ السَّيِّئَاتِ أَن يَسْبِقُونَا سَاء مَا يَحْكُمُونَ (٤) مَن كَانَ يَرْجُو لِقَاء اللَّهِ فَإِنَّ
أَجَلَ اللَّهِ لَآتٍ وَهُوَ السَّمِيعُ الْعَلِيمُ (٥) وَمَن جَاهَدَ فَإِنَّمَا يُجَاهِدُ لِنَفْسِهِ إِنَّ اللَّهَ لَغَنِيٌّ
عَنِ الْعَالَمِينَ (٦) وَالَّذِينَ آمَنُوا وَعَمِلُوا الصَّالِحَاتِ لَنُكَفِّرَنَّ عَنْهُمْ سَيِّئَاتِهِمْ
وَلَنَجْزِيَنَّهُمْ أَحْسَنَ الَّذِي كَانُوا يَعْمَلُونَ (٧) وَوَصَّيْنَا الْإِنسَانَ بِوَالِدَيْهِ حُسْنًا وَإِن
جَاهَدَاكَ لِتُشْرِكَ بِي مَا لَيْسَ لَكَ بِهِ عِلْمٌ فَلَا تُطِعْهُمَا إِلَيَّ مَرْجِعُكُمْ فَأُنَبِّئُكُم بِمَا كُنتُمْ
تَعْمَلُونَ (٨) وَالَّذِينَ آمَنُوا وَعَمِلُوا الصَّالِحَاتِ لَنُدْخِلَنَّهُمْ فِي الصَّالِحِينَ (٩) وَمِنَ
النَّاسِ مَن يَقُولُ آمَنَّا بِاللَّهِ فَإِذَا أُوذِيَ فِي اللَّهِ جَعَلَ فِتْنَةَ النَّاسِ كَعَذَابِ اللَّهِ وَلَئِن جَاء
نَصْرٌ مِّن رَّبِّكَ لَيَقُولُنَّ إِنَّا كُنَّا مَعَكُمْ أَوَلَيْسَ اللَّهُ بِأَعْلَمَ بِمَا فِي صُدُورِ
الْعَالَمِينَ (١٠) وَلَيَعْلَمَنَّ اللَّهُ الَّذِينَ آمَنُوا وَلَيَعْلَمَنَّ الْمُنَافِقِينَ (١١) وَقَالَ الَّذِينَ
كَفَرُوا لِلَّذِينَ آمَنُوا اتَّبِعُوا سَبِيلَنَا وَلْنَحْمِلْ خَطَايَاكُمْ وَمَا هُم بِحَامِلِينَ مِنْ خَطَايَاهُم
مِّن شَيْءٍ إِنَّهُمْ لَكَاذِبُونَ (١٢) وَلَيَحْمِلُنَّ أَثْقَالَهُمْ وَأَثْقَالًا مَّعَ أَثْقَالِهِمْ وَلَيُسْأَلُنَّ يَوْمَ

الْقِيَامَةِ عَمَّا كَانُوا يَفْتَرُونَ (١٣) وَلَقَدْ أَرْسَلْنَا نُوحًا إِلَى قَوْمِهِ فَلَبِثَ فِيهِمْ أَلْفَ سَنَةٍ
إِلَّا خَمْسِينَ عَامًا فَأَخَذَهُمُ الطُّوفَانُ وَهُمْ ظَالِمُونَ (١٤) فَأَنجَيْنَاهُ وَأَصْحَابَ السَّفِينَةِ
وَجَعَلْنَاهَا آيَةً لِّلْعَالَمِينَ (١٥) وَإِبْرَاهِيمَ إِذْ قَالَ لِقَوْمِهِ اعْبُدُوا اللَّهَ وَاتَّقُوهُ ذَلِكُمْ خَيْرٌ
لَّكُمْ إِن كُنتُمْ تَعْلَمُونَ (١٦) إِنَّمَا تَعْبُدُونَ مِن دُونِ اللَّهِ أَوْثَانًا وَتَخْلُقُونَ إِفْكًا إِنَّ
الَّذِينَ تَعْبُدُونَ مِن دُونِ اللَّهِ لَا يَمْلِكُونَ لَكُمْ رِزْقًا فَابْتَغُوا عِندَ اللَّهِ الرِّزْقَ وَاعْبُدُوهُ
وَاشْكُرُوا لَهُ إِلَيْهِ تُرْجَعُونَ (١٧) وَإِن تُكَذِّبُوا فَقَدْ كَذَّبَ أُمَمٌ مِّن قَبْلِكُمْ وَمَا عَلَى
الرَّسُولِ إِلَّا الْبَلَاغُ الْمُبِينُ (١٨) أَوَلَمْ يَرَوْا كَيْفَ يُبْدِئُ اللَّهُ الْخَلْقَ ثُمَّ يُعِيدُهُ إِنَّ ذَلِكَ
عَلَى اللَّهِ يَسِيرٌ (١٩) قُلْ سِيرُوا فِي الْأَرْضِ فَانظُرُوا كَيْفَ بَدَأَ الْخَلْقَ ثُمَّ اللَّهُ يُنشِئُ
النَّشْأَةَ الْآخِرَةَ إِنَّ اللَّهَ عَلَى كُلِّ شَيْءٍ قَدِيرٌ (٢٠) يُعَذِّبُ مَن يَشَاءُ وَيَرْحَمُ مَن يَشَاءُ
وَإِلَيْهِ تُقْلَبُونَ (٢١) وَمَا أَنتُم بِمُعْجِزِينَ فِي الْأَرْضِ وَلَا فِي السَّمَاءِ وَمَا لَكُم مِّن
دُونِ اللَّهِ مِن وَلِيٍّ وَلَا نَصِيرٍ (٢٢) وَالَّذِينَ كَفَرُوا بِآيَاتِ اللَّهِ وَلِقَائِهِ أُولَئِكَ يَئِسُوا
مِن رَّحْمَتِي وَأُولَئِكَ لَهُمْ عَذَابٌ أَلِيمٌ (٢٣) فَمَا كَانَ جَوَابَ قَوْمِهِ إِلَّا أَن قَالُوا اقْتُلُوهُ
أَوْ حَرِّقُوهُ فَأَنجَاهُ اللَّهُ مِنَ النَّارِ إِنَّ فِي ذَلِكَ لَآيَاتٍ لِّقَوْمٍ يُؤْمِنُونَ (٢٤) وَقَالَ إِنَّمَا
اتَّخَذْتُم مِّن دُونِ اللَّهِ أَوْثَانًا مَّوَدَّةَ بَيْنِكُمْ فِي الْحَيَاةِ الدُّنْيَا ثُمَّ يَوْمَ الْقِيَامَةِ يَكْفُرُ بَعْضُكُم
بِبَعْضٍ وَيَلْعَنُ بَعْضُكُم بَعْضًا وَمَأْوَاكُمُ النَّارُ وَمَا لَكُم مِّن نَّاصِرِينَ (٢٥) فَآمَنَ لَهُ
لُوطٌ وَقَالَ إِنِّي مُهَاجِرٌ إِلَى رَبِّي إِنَّهُ هُوَ الْعَزِيزُ الْحَكِيمُ (٢٦) وَوَهَبْنَا لَهُ إِسْحَقَ
وَيَعْقُوبَ وَجَعَلْنَا فِي ذُرِّيَّتِهِ النُّبُوَّةَ وَالْكِتَابَ وَآتَيْنَاهُ أَجْرَهُ فِي الدُّنْيَا وَإِنَّهُ فِي الْآخِرَةِ
لَمِنَ الصَّالِحِينَ (٢٧) وَلُوطًا إِذْ قَالَ لِقَوْمِهِ إِنَّكُمْ لَتَأْتُونَ الْفَاحِشَةَ مَا سَبَقَكُم بِهَا مِنْ
أَحَدٍ مِّنَ الْعَالَمِينَ (٢٨) أَئِنَّكُمْ لَتَأْتُونَ الرِّجَالَ وَتَقْطَعُونَ السَّبِيلَ وَتَأْتُونَ فِي نَادِيكُمُ
الْمُنكَرَ فَمَا كَانَ جَوَابَ قَوْمِهِ إِلَّا أَن قَالُوا ائْتِنَا بِعَذَابِ اللَّهِ إِن كُنتَ مِنَ
الصَّادِقِينَ (٢٩) قَالَ رَبِّ انصُرْنِي عَلَى الْقَوْمِ الْمُفْسِدِينَ (٣٠) وَلَمَّا جَاءَتْ
رُسُلُنَا إِبْرَاهِيمَ بِالْبُشْرَى قَالُوا إِنَّا مُهْلِكُو أَهْلِ هَذِهِ الْقَرْيَةِ إِنَّ أَهْلَهَا كَانُوا
ظَالِمِينَ (٣١) قَالَ إِنَّ فِيهَا لُوطًا قَالُوا نَحْنُ أَعْلَمُ بِمَن فِيهَا لَنُنَجِّيَنَّهُ وَأَهْلَهُ إِلَّا
امْرَأَتَهُ كَانَتْ مِنَ الْغَابِرِينَ (٣٢) وَلَمَّا أَن جَاءَتْ رُسُلُنَا لُوطًا سِيءَ بِهِمْ وَضَاقَ
بِهِمْ ذَرْعًا وَقَالُوا لَا تَخَفْ وَلَا تَحْزَنْ إِنَّا مُنَجُّوكَ وَأَهْلَكَ إِلَّا امْرَأَتَكَ كَانَتْ مِنَ
الْغَابِرِينَ (٣٣) إِنَّا مُنزِلُونَ عَلَى أَهْلِ هَذِهِ الْقَرْيَةِ رِجْزًا مِّنَ السَّمَاءِ بِمَا كَانُوا
يَفْسُقُونَ (٣٤) وَلَقَد تَّرَكْنَا مِنْهَا آيَةً بَيِّنَةً لِّقَوْمٍ يَعْقِلُونَ (٣٥) وَإِلَى مَدْيَنَ أَخَاهُمْ
شُعَيْبًا فَقَالَ يَا قَوْمِ اعْبُدُوا اللَّهَ وَارْجُوا الْيَوْمَ الْآخِرَ وَلَا تَعْثَوْا فِي الْأَرْضِ
مُفْسِدِينَ (٣٦) فَكَذَّبُوهُ فَأَخَذَتْهُمُ الرَّجْفَةُ فَأَصْبَحُوا فِي دَارِهِمْ جَاثِمِينَ (٣٧) وَعَادًا
وَثَمُودَ وَقَد تَّبَيَّنَ لَكُم مِّن مَّسَاكِنِهِمْ وَزَيَّنَ لَهُمُ الشَّيْطَانُ أَعْمَالَهُمْ فَصَدَّهُمْ عَنِ
السَّبِيلِ وَكَانُوا مُسْتَبْصِرِينَ (٣٨) وَقَارُونَ وَفِرْعَوْنَ وَهَامَانَ وَلَقَدْ جَاءَهُم مُّوسَى

بِالْبَيِّنَاتِ فَاسْتَكْبَرُوا فِي الْأَرْضِ وَمَا كَانُوا سَابِقِينَ (٣٩) فَكُلًّا أَخَذْنَا بِذَنبِهِ فَمِنْهُم مَّنْ أَرْسَلْنَا عَلَيْهِ حَاصِبًا وَمِنْهُم مَّنْ أَخَذَتْهُ الصَّيْحَةُ وَمِنْهُم مَّنْ خَسَفْنَا بِهِ الْأَرْضَ وَمِنْهُم مَّنْ أَغْرَقْنَا وَمَا كَانَ اللَّهُ لِيَظْلِمَهُمْ وَلَكِن كَانُوا أَنفُسَهُمْ يَظْلِمُونَ (٤٠) مَثَلُ الَّذِينَ اتَّخَذُوا مِن دُونِ اللَّهِ أَوْلِيَاء كَمَثَلِ الْعَنكَبُوتِ اتَّخَذَتْ بَيْتًا وَإِنَّ أَوْهَنَ الْبُيُوتِ لَبَيْتُ الْعَنكَبُوتِ لَوْ كَانُوا يَعْلَمُونَ (٤١) إِنَّ اللَّهَ يَعْلَمُ مَا يَدْعُونَ مِن دُونِهِ مِن شَيْءٍ وَهُوَ الْعَزِيزُ الْحَكِيمُ (٤٢) وَتِلْكَ الْأَمْثَالُ نَضْرِبُهَا لِلنَّاسِ وَمَا يَعْقِلُهَا إِلَّا الْعَالِمُونَ (٤٣) خَلَقَ اللَّهُ السَّمَاوَاتِ وَالْأَرْضَ بِالْحَقِّ إِنَّ فِي ذَلِكَ لَآيَةً لِّلْمُؤْمِنِينَ (٤٤) اتْلُ مَا أُوحِيَ إِلَيْكَ مِنَ الْكِتَابِ وَأَقِمِ الصَّلَاةَ إِنَّ الصَّلَاةَ تَنْهَى عَنِ الْفَحْشَاء وَالْمُنكَرِ وَلَذِكْرُ اللَّهِ أَكْبَرُ وَاللَّهُ يَعْلَمُ مَا تَصْنَعُونَ (٤٥) وَلَا تُجَادِلُوا أَهْلَ الْكِتَابِ إِلَّا بِالَّتِي هِيَ أَحْسَنُ إِلَّا الَّذِينَ ظَلَمُوا مِنْهُمْ وَقُولُوا آمَنَّا بِالَّذِي أُنزِلَ إِلَيْنَا وَأُنزِلَ إِلَيْكُمْ وَإِلَهُنَا وَإِلَهُكُمْ وَاحِدٌ وَنَحْنُ لَهُ مُسْلِمُونَ (٤٦) وَكَذَلِكَ أَنزَلْنَا إِلَيْكَ الْكِتَابَ فَالَّذِينَ آتَيْنَاهُمُ الْكِتَابَ يُؤْمِنُونَ بِهِ وَمِنْ هَؤُلَاء مَن يُؤْمِنُ بِهِ وَمَا يَجْحَدُ بِآيَاتِنَا إِلَّا الْكَافِرُونَ (٤٧) وَمَا كُنتَ تَتْلُو مِن قَبْلِهِ مِن كِتَابٍ وَلَا تَخُطُّهُ بِيَمِينِكَ إِذًا لَّارْتَابَ الْمُبْطِلُونَ (٤٨) بَلْ هُوَ آيَاتٌ بَيِّنَاتٌ فِي صُدُورِ الَّذِينَ أُوتُوا الْعِلْمَ وَمَا يَجْحَدُ بِآيَاتِنَا إِلَّا الظَّالِمُونَ (٤٩) وَقَالُوا لَوْلَا أُنزِلَ عَلَيْهِ آيَاتٌ مِّن رَّبِّهِ قُلْ إِنَّمَا الْآيَاتُ عِندَ اللَّهِ وَإِنَّمَا أَنَا نَذِيرٌ مُّبِينٌ (٥٠) أَوَلَمْ يَكْفِهِمْ أَنَّا أَنزَلْنَا عَلَيْكَ الْكِتَابَ يُتْلَى عَلَيْهِمْ إِنَّ فِي ذَلِكَ لَرَحْمَةً وَذِكْرَى لِقَوْمٍ يُؤْمِنُونَ (٥١) قُلْ كَفَى بِاللَّهِ بَيْنِي وَبَيْنَكُمْ شَهِيدًا يَعْلَمُ مَا فِي السَّمَاوَاتِ وَالْأَرْضِ وَالَّذِينَ آمَنُوا بِالْبَاطِلِ وَكَفَرُوا بِاللَّهِ أُوْلَئِكَ هُمُ الْخَاسِرُونَ (٥٢) وَيَسْتَعْجِلُونَكَ بِالْعَذَابِ وَلَوْلَا أَجَلٌ مُّسَمًّى لَجَاءهُمُ الْعَذَابُ وَلَيَأْتِيَنَّهُم بَغْتَةً وَهُمْ لَا يَشْعُرُونَ (٥٣) يَسْتَعْجِلُونَكَ بِالْعَذَابِ وَإِنَّ جَهَنَّمَ لَمُحِيطَةٌ بِالْكَافِرِينَ (٥٤) يَوْمَ يَغْشَاهُمُ الْعَذَابُ مِن فَوْقِهِمْ وَمِن تَحْتِ أَرْجُلِهِمْ وَيَقُولُ ذُوقُوا مَا كُنتُمْ تَعْمَلُونَ (٥٥) يَا عِبَادِيَ الَّذِينَ آمَنُوا إِنَّ أَرْضِي وَاسِعَةٌ فَإِيَّايَ فَاعْبُدُونِ (٥٦) كُلُّ نَفْسٍ ذَائِقَةُ الْمَوْتِ ثُمَّ إِلَيْنَا تُرْجَعُونَ (٥٧) وَالَّذِينَ آمَنُوا وَعَمِلُوا الصَّالِحَاتِ لَنُبَوِّئَنَّهُم مِّنَ الْجَنَّةِ غُرَفًا تَجْرِي مِن تَحْتِهَا الْأَنْهَارُ خَالِدِينَ فِيهَا نِعْمَ أَجْرُ الْعَامِلِينَ (٥٨) الَّذِينَ صَبَرُوا وَعَلَى رَبِّهِمْ يَتَوَكَّلُونَ (٥٩) وَكَأَيِّن مِن دَابَّةٍ لَا تَحْمِلُ رِزْقَهَا اللَّهُ يَرْزُقُهَا وَإِيَّاكُمْ وَهُوَ السَّمِيعُ الْعَلِيمُ (٦٠) وَلَئِن سَأَلْتَهُم مَّنْ خَلَقَ السَّمَاوَاتِ وَالْأَرْضَ وَسَخَّرَ الشَّمْسَ وَالْقَمَرَ لَيَقُولُنَّ اللَّهُ فَأَنَّى يُؤْفَكُونَ (٦١) اللَّهُ يَبْسُطُ الرِّزْقَ لِمَن يَشَاء مِنْ عِبَادِهِ وَيَقْدِرُ لَهُ إِنَّ اللَّهَ بِكُلِّ شَيْءٍ عَلِيمٌ (٦٢) وَلَئِن سَأَلْتَهُم مَّن نَّزَّلَ مِنَ السَّمَاء مَاء فَأَحْيَا بِهِ الْأَرْضَ مِن بَعْدِ مَوْتِهَا لَيَقُولُنَّ اللَّهُ قُلِ الْحَمْدُ لِلَّهِ بَلْ أَكْثَرُهُمْ لَا يَعْقِلُونَ (٦٣) وَمَا هَذِهِ الْحَيَاةُ الدُّنْيَا إِلَّا لَهْوٌ وَلَعِبٌ وَإِنَّ الدَّارَ الْآخِرَةَ لَهِيَ الْحَيَوَانُ لَوْ كَانُوا يَعْلَمُونَ (٦٤) فَإِذَا رَكِبُوا فِي

الْفُلْكِ دَعَوُا اللَّهَ مُخْلِصِينَ لَهُ الدِّينَ فَلَمَّا نَجَّاهُمْ إِلَى الْبَرِّ إِذَا هُمْ يُشْرِكُونَ (٦٥) لِيَكْفُرُوا بِمَا آتَيْنَاهُمْ وَلِيَتَمَتَّعُوا فَسَوْفَ يَعْلَمُونَ (٦٦) أَوَلَمْ يَرَوْا أَنَّا جَعَلْنَا حَرَمًا آمِنًا وَيُتَخَطَّفُ النَّاسُ مِنْ حَوْلِهِمْ أَفَبِالْبَاطِلِ يُؤْمِنُونَ وَبِنِعْمَةِ اللَّهِ يَكْفُرُونَ (٦٧) وَمَنْ أَظْلَمُ مِمَّنِ افْتَرَى عَلَى اللَّهِ كَذِبًا أَوْ كَذَّبَ بِالْحَقِّ لَمَّا جَاءَهُ أَلَيْسَ فِي جَهَنَّمَ مَثْوًى لِّلْكَافِرِينَ (٦٨) وَالَّذِينَ جَاهَدُوا فِينَا لَنَهْدِيَنَّهُمْ سُبُلَنَا وَإِنَّ اللَّهَ لَمَعَ الْمُحْسِنِينَ (٦٩

SOURATE AR RUM

سورة الروم

الم (١) غُلِبَتِ الرُّومُ (٢) فِي أَدْنَى الْأَرْضِ وَهُم مِّن بَعْدِ غَلَبِهِمْ سَيَغْلِبُونَ (٣) فِي بِضْعِ سِنِينَ لِلَّهِ الْأَمْرُ مِن قَبْلُ وَمِن بَعْدُ وَيَوْمَئِذٍ يَفْرَحُ الْمُؤْمِنُونَ (٤) بِنَصْرِ اللَّهِ يَنصُرُ مَن يَشَاءُ وَهُوَ الْعَزِيزُ الرَّحِيمُ (٥) وَعْدَ اللَّهِ لَا يُخْلِفُ اللَّهُ وَعْدَهُ وَلَكِنَّ أَكْثَرَ النَّاسِ لَا يَعْلَمُونَ (٦) يَعْلَمُونَ ظَاهِرًا مِّنَ الْحَيَاةِ الدُّنْيَا وَهُمْ عَنِ الْآخِرَةِ هُمْ غَافِلُونَ (٧) أَوَلَمْ يَتَفَكَّرُوا فِي أَنفُسِهِمْ مَا خَلَقَ اللَّهُ السَّمَاوَاتِ وَالْأَرْضَ وَمَا بَيْنَهُمَا إِلَّا بِالْحَقِّ وَأَجَلٍ مُّسَمًّى وَإِنَّ كَثِيرًا مِّنَ النَّاسِ بِلِقَاءِ رَبِّهِمْ لَكَافِرُونَ (٨) أَوَلَمْ يَسِيرُوا فِي الْأَرْضِ فَيَنظُرُوا كَيْفَ كَانَ عَاقِبَةُ الَّذِينَ مِن قَبْلِهِمْ كَانُوا أَشَدَّ مِنْهُمْ قُوَّةً وَأَثَارُوا الْأَرْضَ وَعَمَرُوهَا أَكْثَرَ مِمَّا عَمَرُوهَا وَجَاءَتْهُمْ رُسُلُهُم بِالْبَيِّنَاتِ فَمَا كَانَ اللَّهُ لِيَظْلِمَهُمْ وَلَكِن كَانُوا أَنفُسَهُمْ يَظْلِمُونَ (٩) ثُمَّ كَانَ عَاقِبَةَ الَّذِينَ أَسَاءُوا السُّوأَى أَن كَذَّبُوا بِآيَاتِ اللَّهِ وَكَانُوا بِهَا يَسْتَهْزِئُون (١٠) اللَّهُ يَبْدَأُ الْخَلْقَ ثُمَّ يُعِيدُهُ ثُمَّ إِلَيْهِ تُرْجَعُونَ (١١) وَيَوْمَ تَقُومُ السَّاعَةُ يُبْلِسُ الْمُجْرِمُونَ (١٢) وَلَمْ يَكُن لَّهُم مِّن شُرَكَائِهِمْ شُفَعَاءُ وَكَانُوا بِشُرَكَائِهِمْ كَافِرِينَ (١٣) وَيَوْمَ تَقُومُ السَّاعَةُ يَوْمَئِذٍ يَتَفَرَّقُونَ (١٤) فَأَمَّا الَّذِينَ آمَنُوا وَعَمِلُوا الصَّالِحَاتِ فَهُمْ فِي رَوْضَةٍ يُحْبَرُونَ (١٥) وَأَمَّا الَّذِينَ كَفَرُوا وَكَذَّبُوا بِآيَاتِنَا وَلِقَاءِ الْآخِرَةِ فَأُولَئِكَ فِي الْعَذَابِ مُحْضَرُونَ (١٦) فَسُبْحَانَ اللَّهِ حِينَ تُمْسُونَ وَحِينَ تُصْبِحُونَ (١٧) وَلَهُ الْحَمْدُ فِي السَّمَاوَاتِ وَالْأَرْضِ وَعَشِيًّا وَحِينَ تُظْهِرُونَ (١٨) يُخْرِجُ الْحَيَّ مِنَ الْمَيِّتِ وَيُخْرِجُ الْمَيِّتَ مِنَ الْحَيِّ وَيُحْيِي الْأَرْضَ بَعْدَ مَوْتِهَا وَكَذَلِكَ تُخْرَجُونَ (١٩) وَمِنْ آيَاتِهِ أَنْ خَلَقَكُم مِّن تُرَابٍ ثُمَّ إِذَا أَنتُم بَشَرٌ تَنتَشِرُونَ (٢٠) وَمِنْ آيَاتِهِ أَنْ خَلَقَ لَكُم مِّنْ أَنفُسِكُمْ أَزْوَاجًا لِّتَسْكُنُوا إِلَيْهَا وَجَعَلَ بَيْنَكُم مَّوَدَّةً وَرَحْمَةً إِنَّ فِي ذَلِكَ لَآيَاتٍ لِّقَوْمٍ يَتَفَكَّرُونَ (٢١) وَمِنْ آيَاتِهِ خَلْقُ السَّمَاوَاتِ وَالْأَرْضِ وَاخْتِلَافُ أَلْسِنَتِكُمْ وَأَلْوَانِكُمْ إِنَّ فِي ذَلِكَ لَآيَاتٍ لِّلْعَالِمِينَ (٢٢) وَمِنْ آيَاتِهِ مَنَامُكُم بِاللَّيْلِ وَالنَّهَارِ

وَابْتِغَاؤُكُم مِّن فَضْلِهِ إِنَّ فِي ذَلِكَ لَآيَاتٍ لِّقَوْمٍ يَسْمَعُونَ (٢٣) وَمِنْ آيَاتِهِ يُرِيكُمُ الْبَرْقَ خَوْفًا وَطَمَعًا وَيُنَزِّلُ مِنَ السَّمَاء مَاء فَيُحْيِي بِهِ الْأَرْضَ بَعْدَ مَوْتِهَا إِنَّ فِي ذَلِكَ لَآيَاتٍ لِّقَوْمٍ يَعْقِلُونَ (٢٤) وَمِنْ آيَاتِهِ أَن تَقُومَ السَّمَاء وَالْأَرْضُ بِأَمْرِهِ ثُمَّ إِذَا دَعَاكُمْ دَعْوَةً مِّنَ الْأَرْضِ إِذَا أَنتُمْ تَخْرُجُونَ (٢٥) وَلَهُ مَن فِي السَّمَاوَاتِ وَالْأَرْضِ كُلٌّ لَّهُ قَانِتُونَ (٢٦) وَهُوَ الَّذِي يَبْدَأُ الْخَلْقَ ثُمَّ يُعِيدُهُ وَهُوَ أَهْوَنُ عَلَيْهِ وَلَهُ الْمَثَلُ الْأَعْلَى فِي السَّمَاوَاتِ وَالْأَرْضِ وَهُوَ الْعَزِيزُ الْحَكِيمُ (٢٧) ضَرَبَ لَكُم مَّثَلًا مِنْ أَنفُسِكُمْ هَل لَّكُم مِّن مَّا مَلَكَتْ أَيْمَانُكُم مِّن شُرَكَاء فِي مَا رَزَقْنَاكُمْ فَأَنتُمْ فِيهِ سَوَاء تَخَافُونَهُمْ كَخِيفَتِكُمْ أَنفُسَكُمْ كَذَلِكَ نُفَصِّلُ الْآيَاتِ لِقَوْمٍ يَعْقِلُونَ (٢٨) بَلِ اتَّبَعَ الَّذِينَ ظَلَمُوا أَهْوَاءهُم بِغَيْرِ عِلْمٍ فَمَن يَهْدِي مَنْ أَضَلَّ اللَّهُ وَمَا لَهُم مِّن نَّاصِرِينَ (٢٩) فَأَقِمْ وَجْهَكَ لِلدِّينِ حَنِيفًا فِطْرَةَ اللَّهِ الَّتِي فَطَرَ النَّاسَ عَلَيْهَا لَا تَبْدِيلَ لِخَلْقِ اللَّهِ ذَلِكَ الدِّينُ الْقَيِّمُ وَلَكِنَّ أَكْثَرَ النَّاسِ لَا يَعْلَمُونَ (٣٠) مُنِيبِينَ إِلَيْهِ وَاتَّقُوهُ وَأَقِيمُوا الصَّلَاةَ وَلَا تَكُونُوا مِنَ الْمُشْرِكِينَ (٣١) مِنَ الَّذِينَ فَرَّقُوا دِينَهُمْ وَكَانُوا شِيَعًا كُلُّ حِزْبٍ بِمَا لَدَيْهِمْ فَرِحُونَ (٣٢) وَإِذَا مَسَّ النَّاسَ ضُرٌّ دَعَوْا رَبَّهُم مُّنِيبِينَ إِلَيْهِ ثُمَّ إِذَا أَذَاقَهُم مِّنْهُ رَحْمَةً إِذَا فَرِيقٌ مِّنْهُم بِرَبِّهِمْ يُشْرِكُونَ (٣٣) لِيَكْفُرُوا بِمَا آتَيْنَاهُمْ فَتَمَتَّعُوا فَسَوْفَ تَعْلَمُونَ (٣٤) أَمْ أَنزَلْنَا عَلَيْهِمْ سُلْطَانًا فَهُوَ يَتَكَلَّمُ بِمَا كَانُوا بِهِ يُشْرِكُونَ (٣٥) وَإِذَا أَذَقْنَا النَّاسَ رَحْمَةً فَرِحُوا بِهَا وَإِن تُصِبْهُمْ سَيِّئَةٌ بِمَا قَدَّمَتْ أَيْدِيهِمْ إِذَا هُمْ يَقْنَطُونَ (٣٦) أَوَلَمْ يَرَوْا أَنَّ اللَّهَ يَبْسُطُ الرِّزْقَ لِمَن يَشَاء وَيَقْدِرُ إِنَّ فِي ذَلِكَ لَآيَاتٍ لِّقَوْمٍ يُؤْمِنُونَ (٣٧) فَآتِ ذَا الْقُرْبَى حَقَّهُ وَالْمِسْكِينَ وَابْنَ السَّبِيلِ ذَلِكَ خَيْرٌ لِّلَّذِينَ يُرِيدُونَ وَجْهَ اللَّهِ وَأُوْلَئِكَ هُمُ الْمُفْلِحُونَ (٣٨) وَمَا آتَيْتُم مِّن رِّبًا لِّيَرْبُوَ فِي أَمْوَالِ النَّاسِ فَلَا يَرْبُو عِندَ اللَّهِ وَمَا آتَيْتُم مِّن زَكَاةٍ تُرِيدُونَ وَجْهَ اللَّهِ فَأُوْلَئِكَ هُمُ الْمُضْعِفُونَ (٣٩) اللَّهُ الَّذِي خَلَقَكُمْ ثُمَّ رَزَقَكُمْ ثُمَّ يُمِيتُكُمْ ثُمَّ يُحْيِيكُمْ هَلْ مِن شُرَكَائِكُم مَّن يَفْعَلُ مِن ذَلِكُم مِّن شَيْءٍ سُبْحَانَهُ وَتَعَالَى عَمَّا يُشْرِكُونَ (٤٠) ظَهَرَ الْفَسَادُ فِي الْبَرِّ وَالْبَحْرِ بِمَا كَسَبَتْ أَيْدِي النَّاسِ لِيُذِيقَهُم بَعْضَ الَّذِي عَمِلُوا لَعَلَّهُمْ يَرْجِعُونَ (٤١) قُلْ سِيرُوا فِي الْأَرْضِ فَانظُرُوا كَيْفَ كَانَ عَاقِبَةُ الَّذِينَ مِن قَبْلُ كَانَ أَكْثَرُهُم مُّشْرِكِينَ (٤٢) فَأَقِمْ وَجْهَكَ لِلدِّينِ الْقَيِّمِ مِن قَبْلِ أَن يَأْتِيَ يَوْمٌ لَّا مَرَدَّ لَهُ مِنَ اللَّهِ يَوْمَئِذٍ يَصَّدَّعُونَ (٤٣) مَن كَفَرَ فَعَلَيْهِ كُفْرُهُ وَمَنْ عَمِلَ صَالِحًا فَلِأَنفُسِهِمْ يَمْهَدُونَ (٤٤) لِيَجْزِيَ الَّذِينَ آمَنُوا وَعَمِلُوا الصَّالِحَاتِ مِن فَضْلِهِ إِنَّهُ لَا يُحِبُّ الْكَافِرِينَ (٤٥) وَمِنْ آيَاتِهِ أَن يُرْسِلَ الرِّيَاحَ مُبَشِّرَاتٍ وَلِيُذِيقَكُم مِّن رَّحْمَتِهِ وَلِتَجْرِيَ الْفُلْكُ بِأَمْرِهِ وَلِتَبْتَغُوا مِن فَضْلِهِ وَلَعَلَّكُمْ تَشْكُرُونَ (٤٦) وَلَقَدْ أَرْسَلْنَا مِن قَبْلِكَ رُسُلًا إِلَى قَوْمِهِمْ فَجَاؤُوهُم بِالْبَيِّنَاتِ فَانتَقَمْنَا مِنَ الَّذِينَ أَجْرَمُوا وَكَانَ حَقًّا عَلَيْنَا نَصْرُ الْمُؤْمِنِينَ (٤٧) اللَّهُ الَّذِي يُرْسِلُ الرِّيَاحَ

فَتُثِيرُ سَحَابًا فَيَبْسُطُهُ فِي السَّمَاء كَيْفَ يَشَاء وَيَجْعَلُهُ كِسَفًا فَتَرَى الْوَدْقَ يَخْرُجُ مِنْ
خِلَالِهِ فَإِذَا أَصَابَ بِهِ مَن يَشَاء مِنْ عِبَادِهِ إِذَا هُمْ يَسْتَبْشِرُونَ (٤٨) وَإِن كَانُوا مِن
قَبْلِ أَن يُنَزَّلَ عَلَيْهِم مِّن قَبْلِهِ لَمُبْلِسِينَ (٤٩) فَانظُرْ إِلَى آثَارِ رَحْمَتِ اللَّهِ كَيْفَ
يُحْيِي الْأَرْضَ بَعْدَ مَوْتِهَا إِنَّ ذَلِكَ لَمُحْيِي الْمَوْتَى وَهُوَ عَلَى كُلِّ شَيْءٍ
قَدِيرٌ (٥٠) وَلَئِنْ أَرْسَلْنَا رِيحًا فَرَأَوْهُ مُصْفَرًّا لَّظَلُّوا مِن بَعْدِهِ يَكْفُرُونَ (٥١) فَإِنَّكَ
لَا تُسْمِعُ الْمَوْتَى وَلَا تُسْمِعُ الصُّمَّ الدُّعَاء إِذَا وَلَّوْا مُدْبِرِينَ (٥٢) وَمَا أَنتَ بِهَادِي
الْعُمْيِ عَن ضَلَالَتِهِمْ إِن تُسْمِعُ إِلَّا مَن يُؤْمِنُ بِآيَاتِنَا فَهُم مُّسْلِمُونَ (٥٣) اللَّهُ الَّذِي
خَلَقَكُم مِّن ضَعْفٍ ثُمَّ جَعَلَ مِن بَعْدِ ضَعْفٍ قُوَّةً ثُمَّ جَعَلَ مِن بَعْدِ قُوَّةٍ ضَعْفًا وَشَيْبَةً
يَخْلُقُ مَا يَشَاء وَهُوَ الْعَلِيمُ الْقَدِيرُ (٥٤) وَيَوْمَ تَقُومُ السَّاعَةُ يُقْسِمُ الْمُجْرِمُونَ مَا
لَبِثُوا غَيْرَ سَاعَةٍ كَذَلِكَ كَانُوا يُؤْفَكُونَ (٥٥) وَقَالَ الَّذِينَ أُوتُوا الْعِلْمَ وَالْإِيمَانَ لَقَدْ
لَبِثْتُمْ فِي كِتَابِ اللَّهِ إِلَى يَوْمِ الْبَعْثِ فَهَذَا يَوْمُ الْبَعْثِ وَلَكِنَّكُمْ كُنتُمْ لَا
تَعْلَمُونَ (٥٦) فَيَوْمَئِذٍ لَّا يَنفَعُ الَّذِينَ ظَلَمُوا مَعْذِرَتُهُمْ وَلَا هُمْ يُسْتَعْتَبُونَ (٥٧) وَلَقَدْ
ضَرَبْنَا لِلنَّاسِ فِي هَذَا الْقُرْآنِ مِن كُلِّ مَثَلٍ وَلَئِن جِئْتَهُم بِآيَةٍ لَيَقُولَنَّ الَّذِينَ كَفَرُوا
إِنْ أَنتُمْ إِلَّا مُبْطِلُونَ (٥٨) كَذَلِكَ يَطْبَعُ اللَّهُ عَلَى قُلُوبِ الَّذِينَ لَا
يَعْلَمُونَ (٥٩) فَاصْبِرْ إِنَّ وَعْدَ اللَّهِ حَقٌّ وَلَا يَسْتَخِفَّنَّكَ الَّذِينَ لَا يُوقِنُونَ (٦٠

SOURATE LUQMAN
سورة لقمان

الم (١) تِلْكَ آيَاتُ الْكِتَابِ الْحَكِيمِ (٢) هُدًى وَرَحْمَةً لِّلْمُحْسِنِينَ (٣) الَّذِينَ يُقِيمُونَ
الصَّلَاةَ وَيُؤْتُونَ الزَّكَاةَ وَهُم بِالْآخِرَةِ هُمْ يُوقِنُونَ (٤) أُوْلَئِكَ عَلَى هُدًى مِّن رَّبِّهِمْ
وَأُوْلَئِكَ هُمُ الْمُفْلِحُونَ (٥) وَمِنَ النَّاسِ مَن يَشْتَرِي لَهْوَ الْحَدِيثِ لِيُضِلَّ عَن سَبِيلِ
اللَّهِ بِغَيْرِ عِلْمٍ وَيَتَّخِذَهَا هُزُوًا أُولَئِكَ لَهُمْ عَذَابٌ مُّهِينٌ (٦) وَإِذَا تُتْلَى عَلَيْهِ آيَاتُنَا
وَلَّى مُسْتَكْبِرًا كَأَن لَّمْ يَسْمَعْهَا كَأَنَّ فِي أُذُنَيْهِ وَقْرًا فَبَشِّرْهُ بِعَذَابٍ أَلِيمٍ (٧) إِنَّ الَّذِينَ
آمَنُوا وَعَمِلُوا الصَّالِحَاتِ لَهُمْ جَنَّاتُ النَّعِيمِ (٨) خَالِدِينَ فِيهَا وَعْدَ اللَّهِ حَقًّا وَهُوَ
الْعَزِيزُ الْحَكِيمُ (٩) خَلَقَ السَّمَاوَاتِ بِغَيْرِ عَمَدٍ تَرَوْنَهَا وَأَلْقَى فِي الْأَرْضِ رَوَاسِيَ
أَن تَمِيدَ بِكُمْ وَبَثَّ فِيهَا مِن كُلِّ دَابَّةٍ وَأَنزَلْنَا مِنَ السَّمَاء مَاء فَأَنبَتْنَا فِيهَا مِن كُلِّ
زَوْجٍ كَرِيمٍ (١٠) هَذَا خَلْقُ اللَّهِ فَأَرُونِي مَاذَا خَلَقَ الَّذِينَ مِن دُونِهِ بَلِ الظَّالِمُونَ
فِي ضَلَالٍ مُّبِينٍ (١١) وَلَقَدْ آتَيْنَا لُقْمَانَ الْحِكْمَةَ أَنِ اشْكُرْ لِلَّهِ وَمَن يَشْكُرْ فَإِنَّمَا
يَشْكُرُ لِنَفْسِهِ وَمَن كَفَرَ فَإِنَّ اللَّهَ غَنِيٌّ حَمِيدٌ (١٢) وَإِذْ قَالَ لُقْمَانُ لِابْنِهِ وَهُوَ يَعِظُهُ
يَا بُنَيَّ لَا تُشْرِكْ بِاللَّهِ إِنَّ الشِّرْكَ لَظُلْمٌ عَظِيمٌ (١٣) وَوَصَّيْنَا الْإِنسَانَ بِوَالِدَيْهِ

حَمَلَتْهُ أُمُّهُ وَهْنًا عَلَى وَهْنٍ وَفِصَالُهُ فِي عَامَيْنِ أَنِ اشْكُرْ لِي وَلِوَالِدَيْكَ إِلَيَّ
الْمَصِيرُ (١٤) وَإِن جَاهَدَاكَ عَلى أَن تُشْرِكَ بِي مَا لَيْسَ لَكَ بِهِ عِلْمٌ فَلَا تُطِعْهُمَا
وَصَاحِبْهُمَا فِي الدُّنْيَا مَعْرُوفًا وَاتَّبِعْ سَبِيلَ مَنْ أَنَابَ إِلَيَّ ثُمَّ إِلَيَّ مَرْجِعُكُمْ فَأُنَبِّئُكُم
بِمَا كُنتُمْ تَعْمَلُونَ (١٥) يَا بُنَيَّ إِنَّهَا إِن تَكُ مِثْقَالَ حَبَّةٍ مِّنْ خَرْدَلٍ فَتَكُن فِي صَخْرَةٍ
أَوْ فِي السَّمَاوَاتِ أَوْ فِي الْأَرْضِ يَأْتِ بِهَا اللَّهُ إِنَّ اللَّهَ لَطِيفٌ خَبِيرٌ (١٦) يَا بُنَيَّ أَقِمِ
الصَّلَاةَ وَأْمُرْ بِالْمَعْرُوفِ وَانْهَ عَنِ الْمُنكَرِ وَاصْبِرْ عَلَى مَا أَصَابَكَ إِنَّ ذَٰلِكَ مِنْ
عَزْمِ الْأُمُورِ (١٧) وَلَا تُصَعِّرْ خَدَّكَ لِلنَّاسِ وَلَا تَمْشِ فِي الْأَرْضِ مَرَحًا إِنَّ اللَّهَ لَا
يُحِبُّ كُلَّ مُخْتَالٍ فَخُورٍ (١٨) وَاقْصِدْ فِي مَشْيِكَ وَاغْضُضْ مِن صَوْتِكَ إِنَّ أَنكَرَ
الْأَصْوَاتِ لَصَوْتُ الْحَمِيرِ (١٩) أَلَمْ تَرَوْا أَنَّ اللَّهَ سَخَّرَ لَكُم مَّا فِي السَّمَاوَاتِ وَمَا
فِي الْأَرْضِ وَأَسْبَغَ عَلَيْكُمْ نِعَمَهُ ظَاهِرَةً وَبَاطِنَةً وَمِنَ النَّاسِ مَن يُجَادِلُ فِي اللَّهِ
بِغَيْرِ عِلْمٍ وَلَا هُدًى وَلَا كِتَابٍ مُّنِيرٍ (٢٠) وَإِذَا قِيلَ لَهُمُ اتَّبِعُوا مَا أَنزَلَ اللَّهُ قَالُوا
بَلْ نَتَّبِعُ مَا وَجَدْنَا عَلَيْهِ آبَاءَنَا أَوَلَوْ كَانَ الشَّيْطَانُ يَدْعُوهُمْ إِلَى عَذَابِ
السَّعِيرِ (٢١) وَمَن يُسْلِمْ وَجْهَهُ إِلَى اللَّهِ وَهُوَ مُحْسِنٌ فَقَدِ اسْتَمْسَكَ بِالْعُرْوَةِ الْوُثْقَى
وَإِلَى اللَّهِ عَاقِبَةُ الْأُمُورِ (٢٢) وَمَن كَفَرَ فَلَا يَحْزُنكَ كُفْرُهُ إِلَيْنَا مَرْجِعُهُمْ فَنُنَبِّئُهُم
بِمَا عَمِلُوا إِنَّ اللَّهَ عَلِيمٌ بِذَاتِ الصُّدُورِ (٢٣) نُمَتِّعُهُمْ قَلِيلًا ثُمَّ نَضْطَرُّهُمْ إِلَى عَذَابٍ
غَلِيظٍ (٢٤) وَلَئِن سَأَلْتَهُم مَّنْ خَلَقَ السَّمَاوَاتِ وَالْأَرْضَ لَيَقُولُنَّ اللَّهُ قُلِ الْحَمْدُ لِلَّهِ
بَلْ أَكْثَرُهُمْ لَا يَعْلَمُونَ (٢٥) لِلَّهِ مَا فِي السَّمَاوَاتِ وَالْأَرْضِ إِنَّ اللَّهَ هُوَ الْغَنِيُّ
الْحَمِيدُ (٢٦) وَلَوْ أَنَّمَا فِي الْأَرْضِ مِن شَجَرَةٍ أَقْلَامٌ وَالْبَحْرُ يَمُدُّهُ مِن بَعْدِهِ سَبْعَةُ
أَبْحُرٍ مَّا نَفِدَتْ كَلِمَاتُ اللَّهِ إِنَّ اللَّهَ عَزِيزٌ حَكِيمٌ (٢٧) مَّا خَلْقُكُمْ وَلَا بَعْثُكُمْ إِلَّا كَنَفْسٍ
وَاحِدَةٍ إِنَّ اللَّهَ سَمِيعٌ بَصِيرٌ (٢٨) أَلَمْ تَرَ أَنَّ اللَّهَ يُولِجُ اللَّيْلَ فِي النَّهَارِ وَيُولِجُ
النَّهَارَ فِي اللَّيْلِ وَسَخَّرَ الشَّمْسَ وَالْقَمَرَ كُلٌّ يَجْرِي إِلَى أَجَلٍ مُّسَمًّى وَأَنَّ اللَّهَ بِمَا
تَعْمَلُونَ خَبِيرٌ (٢٩) ذَٰلِكَ بِأَنَّ اللَّهَ هُوَ الْحَقُّ وَأَنَّ مَا يَدْعُونَ مِن دُونِهِ الْبَاطِلُ وَأَنَّ
اللَّهَ هُوَ الْعَلِيُّ الْكَبِيرُ (٣٠) أَلَمْ تَرَ أَنَّ الْفُلْكَ تَجْرِي فِي الْبَحْرِ بِنِعْمَتِ اللَّهِ لِيُرِيَكُم
مِّنْ آيَاتِهِ إِنَّ فِي ذَٰلِكَ لَآيَاتٍ لِّكُلِّ صَبَّارٍ شَكُورٍ (٣١) وَإِذَا غَشِيَهُم مَّوْجٌ كَالظُّلَلِ
دَعَوُا اللَّهَ مُخْلِصِينَ لَهُ الدِّينَ فَلَمَّا نَجَّاهُمْ إِلَى الْبَرِّ فَمِنْهُم مُّقْتَصِدٌ وَمَا يَجْحَدُ بِآيَاتِنَا
إِلَّا كُلُّ خَتَّارٍ كَفُورٍ (٣٢) يَا أَيُّهَا النَّاسُ اتَّقُوا رَبَّكُمْ وَاخْشَوْا يَوْمًا لَّا يَجْزِي وَالِدٌ
عَن وَلَدِهِ وَلَا مَوْلُودٌ هُوَ جَازٍ عَن وَالِدِهِ شَيْئًا إِنَّ وَعْدَ اللَّهِ حَقٌّ فَلَا تَغُرَّنَّكُمُ الْحَيَاةُ
الدُّنْيَا وَلَا يَغُرَّنَّكُم بِاللَّهِ الْغَرُورُ (٣٣) إِنَّ اللَّهَ عِندَهُ عِلْمُ السَّاعَةِ وَيُنَزِّلُ الْغَيْثَ
وَيَعْلَمُ مَا فِي الْأَرْحَامِ وَمَا تَدْرِي نَفْسٌ مَّاذَا تَكْسِبُ غَدًا وَمَا تَدْرِي نَفْسٌ بِأَيِّ
أَرْضٍ تَمُوتُ إِنَّ اللَّهَ عَلِيمٌ خَبِيرٌ (٣٤

SOURATE AS SAJDAH

سورة السجدة

الم (١) تَنزِيلُ الْكِتَابِ لَا رَيْبَ فِيهِ مِن رَّبِّ الْعَالَمِينَ (٢) أَمْ يَقُولُونَ افْتَرَاهُ بَلْ هُوَ
الْحَقُّ مِن رَّبِّكَ لِتُنذِرَ قَوْمًا مَّا أَتَاهُم مِّن نَّذِيرٍ مِّن قَبْلِكَ لَعَلَّهُمْ يَهْتَدُونَ (٣) اللَّهُ الَّذِي
خَلَقَ السَّمَاوَاتِ وَالْأَرْضَ وَمَا بَيْنَهُمَا فِي سِتَّةِ أَيَّامٍ ثُمَّ اسْتَوَى عَلَى الْعَرْشِ مَا لَكُم
مِّن دُونِهِ مِن وَلِيٍّ وَلَا شَفِيعٍ أَفَلَا تَتَذَكَّرُونَ (٤) يُدَبِّرُ الْأَمْرَ مِنَ السَّمَاءِ إِلَى
الْأَرْضِ ثُمَّ يَعْرُجُ إِلَيْهِ فِي يَوْمٍ كَانَ مِقْدَارُهُ أَلْفَ سَنَةٍ مِّمَّا تَعُدُّونَ (٥) ذَلِكَ عَالِمُ
الْغَيْبِ وَالشَّهَادَةِ الْعَزِيزُ الرَّحِيمُ (٦) الَّذِي أَحْسَنَ كُلَّ شَيْءٍ خَلَقَهُ وَبَدَأَ خَلْقَ
الْإِنسَانِ مِن طِينٍ (٧) ثُمَّ جَعَلَ نَسْلَهُ مِن سُلَالَةٍ مِّن مَّاءٍ مَّهِينٍ (٨) ثُمَّ سَوَّاهُ وَنَفَخَ
فِيهِ مِن رُّوحِهِ وَجَعَلَ لَكُمُ السَّمْعَ وَالْأَبْصَارَ وَالْأَفْئِدَةَ قَلِيلًا مَّا تَشْكُرُونَ (٩) وَقَالُوا
أَئِذَا ضَلَلْنَا فِي الْأَرْضِ أَئِنَّا لَفِي خَلْقٍ جَدِيدٍ بَلْ هُم بِلِقَاءِ رَبِّهِمْ كَافِرُونَ (١٠) قُلْ
يَتَوَفَّاكُم مَّلَكُ الْمَوْتِ الَّذِي وُكِّلَ بِكُمْ ثُمَّ إِلَى رَبِّكُمْ تُرْجَعُونَ (١١) وَلَوْ تَرَى إِذِ
الْمُجْرِمُونَ نَاكِسُو رُؤُوسِهِمْ عِندَ رَبِّهِمْ رَبَّنَا أَبْصَرْنَا وَسَمِعْنَا فَارْجِعْنَا نَعْمَلْ
صَالِحًا إِنَّا مُوقِنُونَ (١٢) وَلَوْ شِئْنَا لَآتَيْنَا كُلَّ نَفْسٍ هُدَاهَا وَلَكِنْ حَقَّ الْقَوْلُ مِنِّي
لَأَمْلَأَنَّ جَهَنَّمَ مِنَ الْجِنَّةِ وَالنَّاسِ أَجْمَعِينَ (١٣) فَذُوقُوا بِمَا نَسِيتُمْ لِقَاءَ يَوْمِكُمْ هَذَا
إِنَّا نَسِينَاكُمْ وَذُوقُوا عَذَابَ الْخُلْدِ بِمَا كُنتُمْ تَعْمَلُونَ (١٤) إِنَّمَا يُؤْمِنُ بِآيَاتِنَا الَّذِينَ
إِذَا ذُكِّرُوا بِهَا خَرُّوا سُجَّدًا وَسَبَّحُوا بِحَمْدِ رَبِّهِمْ وَهُمْ لَا
يَسْتَكْبِرُونَ* (١٥) تَتَجَافَى جُنُوبُهُمْ عَنِ الْمَضَاجِعِ يَدْعُونَ رَبَّهُمْ خَوْفًا وَطَمَعًا
وَمِمَّا رَزَقْنَاهُمْ يُنفِقُونَ (١٦) فَلَا تَعْلَمُ نَفْسٌ مَّا أُخْفِيَ لَهُم مِّن قُرَّةِ أَعْيُنٍ جَزَاءً بِمَا
كَانُوا يَعْمَلُونَ (١٧) أَفَمَن كَانَ مُؤْمِنًا كَمَن كَانَ فَاسِقًا لَّا يَسْتَوُونَ (١٨) أَمَّا الَّذِينَ
آمَنُوا وَعَمِلُوا الصَّالِحَاتِ فَلَهُمْ جَنَّاتُ الْمَأْوَى نُزُلًا بِمَا كَانُوا يَعْمَلُونَ (١٩) وَأَمَّا
الَّذِينَ فَسَقُوا فَمَأْوَاهُمُ النَّارُ كُلَّمَا أَرَادُوا أَن يَخْرُجُوا مِنْهَا أُعِيدُوا فِيهَا وَقِيلَ لَهُمْ
ذُوقُوا عَذَابَ النَّارِ الَّذِي كُنتُم بِهِ تُكَذِّبُونَ (٢٠) وَلَنُذِيقَنَّهُم مِّنَ الْعَذَابِ الْأَدْنَى دُونَ
الْعَذَابِ الْأَكْبَرِ لَعَلَّهُمْ يَرْجِعُونَ (٢١) وَمَنْ أَظْلَمُ مِمَّن ذُكِّرَ بِآيَاتِ رَبِّهِ ثُمَّ أَعْرَضَ
عَنْهَا إِنَّا مِنَ الْمُجْرِمِينَ مُنتَقِمُونَ (٢٢) وَلَقَدْ آتَيْنَا مُوسَى الْكِتَابَ فَلَا تَكُن فِي
مِرْيَةٍ مِّن لِّقَائِهِ وَجَعَلْنَاهُ هُدًى لِّبَنِي إِسْرَائِيلَ (٢٣) وَجَعَلْنَا مِنْهُمْ أَئِمَّةً يَهْدُونَ
بِأَمْرِنَا لَمَّا صَبَرُوا وَكَانُوا بِآيَاتِنَا يُوقِنُونَ (٢٤) إِنَّ رَبَّكَ هُوَ يَفْصِلُ بَيْنَهُمْ يَوْمَ
الْقِيَامَةِ فِيمَا كَانُوا فِيهِ يَخْتَلِفُونَ (٢٥) أَوَلَمْ يَهْدِ لَهُمْ كَمْ أَهْلَكْنَا مِن قَبْلِهِم مِّنَ الْقُرُونِ
يَمْشُونَ فِي مَسَاكِنِهِمْ إِنَّ فِي ذَلِكَ لَآيَاتٍ أَفَلَا يَسْمَعُونَ (٢٦) أَوَلَمْ يَرَوْا أَنَّا نَسُوقُ
الْمَاءَ إِلَى الْأَرْضِ الْجُرُزِ فَنُخْرِجُ بِهِ زَرْعًا تَأْكُلُ مِنْهُ أَنْعَامُهُمْ وَأَنفُسُهُمْ أَفَلَا

يُبْصِرُونَ (٢٧) وَيَقُولُونَ مَتَى هَذَا الْفَتْحُ إِن كُنتُمْ صَادِقِينَ (٢٨) قُلْ يَوْمَ الْفَتْحِ لَا
يَنفَعُ الَّذِينَ كَفَرُوا إِيمَانُهُمْ وَلَا هُمْ يُنظَرُونَ (٢٩) فَأَعْرِضْ عَنْهُمْ وَانتَظِرْ إِنَّهُم
مُّنتَظِرُونَ (٣٠

SOURATE AL AHZAB
سورة الأحزاب

يَا أَيُّهَا النَّبِيُّ اتَّقِ اللَّهَ وَلَا تُطِعِ الْكَافِرِينَ وَالْمُنَافِقِينَ إِنَّ اللَّهَ كَانَ عَلِيمًا
حَكِيمًا (١) وَاتَّبِعْ مَا يُوحَى إِلَيْكَ مِن رَّبِّكَ إِنَّ اللَّهَ كَانَ بِمَا تَعْمَلُونَ
خَبِيرًا (٢) وَتَوَكَّلْ عَلَى اللَّهِ وَكَفَى بِاللَّهِ وَكِيلًا (٣) مَّا جَعَلَ اللَّهُ لِرَجُلٍ مِّن قَلْبَيْنِ
فِي جَوْفِهِ وَمَا جَعَلَ أَزْوَاجَكُمُ اللَّائِي تُظَاهِرُونَ مِنْهُنَّ أُمَّهَاتِكُمْ وَمَا جَعَلَ أَدْعِيَاءَكُمْ
أَبْنَاءَكُمْ ذَلِكُمْ قَوْلُكُم بِأَفْوَاهِكُمْ وَاللَّهُ يَقُولُ الْحَقَّ وَهُوَ يَهْدِي السَّبِيلَ (٤) ادْعُوهُمْ
لِآبَائِهِمْ هُوَ أَقْسَطُ عِندَ اللَّهِ فَإِن لَّمْ تَعْلَمُوا آبَاءَهُمْ فَإِخْوَانُكُمْ فِي الدِّينِ وَمَوَالِيكُمْ
وَلَيْسَ عَلَيْكُمْ جُنَاحٌ فِيمَا أَخْطَأْتُم بِهِ وَلَكِن مَّا تَعَمَّدَتْ قُلُوبُكُمْ وَكَانَ اللَّهُ غَفُورًا
رَّحِيمًا (٥) النَّبِيُّ أَوْلَى بِالْمُؤْمِنِينَ مِنْ أَنفُسِهِمْ وَأَزْوَاجُهُ أُمَّهَاتُهُمْ وَأُولُو الْأَرْحَامِ
بَعْضُهُمْ أَوْلَى بِبَعْضٍ فِي كِتَابِ اللَّهِ مِنَ الْمُؤْمِنِينَ وَالْمُهَاجِرِينَ إِلَّا أَن تَفْعَلُوا إِلَى
أَوْلِيَائِكُم مَّعْرُوفًا كَانَ ذَلِكَ فِي الْكِتَابِ مَسْطُورًا (٦) وَإِذْ أَخَذْنَا مِنَ النَّبِيِّينَ مِيثَاقَهُمْ
وَمِنكَ وَمِن نُّوحٍ وَإِبْرَاهِيمَ وَمُوسَى وَعِيسَى ابْنِ مَرْيَمَ وَأَخَذْنَا مِنْهُم مِّيثَاقًا
غَلِيظًا (٧) لِيَسْأَلَ الصَّادِقِينَ عَن صِدْقِهِمْ وَأَعَدَّ لِلْكَافِرِينَ عَذَابًا أَلِيمًا (٨) يَا أَيُّهَا
الَّذِينَ آمَنُوا اذْكُرُوا نِعْمَةَ اللَّهِ عَلَيْكُمْ إِذْ جَاءَتْكُمْ جُنُودٌ فَأَرْسَلْنَا عَلَيْهِمْ رِيحًا وَجُنُودًا
لَّمْ تَرَوْهَا وَكَانَ اللَّهُ بِمَا تَعْمَلُونَ بَصِيرًا (٩) إِذْ جَاءُوكُم مِّن فَوْقِكُمْ وَمِنْ أَسْفَلَ
مِنكُمْ وَإِذْ زَاغَتِ الْأَبْصَارُ وَبَلَغَتِ الْقُلُوبُ الْحَنَاجِرَ وَتَظُنُّونَ بِاللَّهِ
الظُّنُونَا (١٠) هُنَالِكَ ابْتُلِيَ الْمُؤْمِنُونَ وَزُلْزِلُوا زِلْزَالًا شَدِيدًا (١١) وَإِذْ يَقُولُ
الْمُنَافِقُونَ وَالَّذِينَ فِي قُلُوبِهِم مَّرَضٌ مَّا وَعَدَنَا اللَّهُ وَرَسُولُهُ إِلَّا غُرُورًا (١٢) وَإِذْ
قَالَت طَّائِفَةٌ مِّنْهُمْ يَا أَهْلَ يَثْرِبَ لَا مُقَامَ لَكُمْ فَارْجِعُوا وَيَسْتَأْذِنُ فَرِيقٌ مِّنْهُمُ النَّبِيَّ
يَقُولُونَ إِنَّ بُيُوتَنَا عَوْرَةٌ وَمَا هِيَ بِعَوْرَةٍ إِن يُرِيدُونَ إِلَّا فِرَارًا (١٣) وَلَوْ دُخِلَتْ
عَلَيْهِم مِّنْ أَقْطَارِهَا ثُمَّ سُئِلُوا الْفِتْنَةَ لَآتَوْهَا وَمَا تَلَبَّثُوا بِهَا إِلَّا يَسِيرًا (١٤) وَلَقَدْ
كَانُوا عَاهَدُوا اللَّهَ مِن قَبْلُ لَا يُوَلُّونَ الْأَدْبَارَ وَكَانَ عَهْدُ اللَّهِ مَسْؤُولًا (١٥) قُل لَّن
يَنفَعَكُمُ الْفِرَارُ إِن فَرَرْتُم مِّنَ الْمَوْتِ أَوِ الْقَتْلِ وَإِذًا لَّا تُمَتَّعُونَ إِلَّا قَلِيلًا (١٦) قُلْ
مَن ذَا الَّذِي يَعْصِمُكُم مِّنَ اللَّهِ إِنْ أَرَادَ بِكُمْ سُوءًا أَوْ أَرَادَ بِكُمْ رَحْمَةً وَلَا يَجِدُونَ
لَهُم مِّن دُونِ اللَّهِ وَلِيًّا وَلَا نَصِيرًا (١٧) قَدْ يَعْلَمُ اللَّهُ الْمُعَوِّقِينَ مِنكُمْ وَالْقَائِلِينَ

لِإِخْوَانِهِمْ هَلُمَّ إِلَيْنَا وَلَا يَأْتُونَ الْبَأْسَ إِلَّا قَلِيلًا (١٨) أَشِحَّةً عَلَيْكُمْ فَإِذَا جَاءَ الْخَوْفُ
رَأَيْتَهُمْ يَنظُرُونَ إِلَيْكَ تَدُورُ أَعْيُنُهُمْ كَالَّذِي يُغْشَىٰ عَلَيْهِ مِنَ الْمَوْتِ فَإِذَا ذَهَبَ
الْخَوْفُ سَلَقُوكُم بِأَلْسِنَةٍ حِدَادٍ أَشِحَّةً عَلَى الْخَيْرِ أُولَٰئِكَ لَمْ يُؤْمِنُوا فَأَحْبَطَ اللَّهُ
أَعْمَالَهُمْ وَكَانَ ذَٰلِكَ عَلَى اللَّهِ يَسِيرًا (١٩) يَحْسَبُونَ الْأَحْزَابَ لَمْ يَذْهَبُوا وَإِن يَأْتِ
الْأَحْزَابُ يَوَدُّوا لَوْ أَنَّهُم بَادُونَ فِي الْأَعْرَابِ يَسْأَلُونَ عَنْ أَنبَائِكُمْ وَلَوْ كَانُوا فِيكُم
مَّا قَاتَلُوا إِلَّا قَلِيلًا (٢٠) لَقَدْ كَانَ لَكُمْ فِي رَسُولِ اللَّهِ أُسْوَةٌ حَسَنَةٌ لِّمَن كَانَ يَرْجُو
اللَّهَ وَالْيَوْمَ الْآخِرَ وَذَكَرَ اللَّهَ كَثِيرًا (٢١) وَلَمَّا رَأَى الْمُؤْمِنُونَ الْأَحْزَابَ قَالُوا هَٰذَا
مَا وَعَدَنَا اللَّهُ وَرَسُولُهُ وَصَدَقَ اللَّهُ وَرَسُولُهُ وَمَا زَادَهُمْ إِلَّا إِيمَانًا
وَتَسْلِيمًا (٢٢) مِّنَ الْمُؤْمِنِينَ رِجَالٌ صَدَقُوا مَا عَاهَدُوا اللَّهَ عَلَيْهِ فَمِنْهُم مَّن قَضَىٰ
نَحْبَهُ وَمِنْهُم مَّن يَنتَظِرُ وَمَا بَدَّلُوا تَبْدِيلًا (٢٣) لِّيَجْزِيَ اللَّهُ الصَّادِقِينَ بِصِدْقِهِمْ
وَيُعَذِّبَ الْمُنَافِقِينَ إِن شَاءَ أَوْ يَتُوبَ عَلَيْهِمْ إِنَّ اللَّهَ كَانَ غَفُورًا رَّحِيمًا (٢٤) وَرَدَّ
اللَّهُ الَّذِينَ كَفَرُوا بِغَيْظِهِمْ لَمْ يَنَالُوا خَيْرًا وَكَفَى اللَّهُ الْمُؤْمِنِينَ الْقِتَالَ وَكَانَ اللَّهُ قَوِيًّا
عَزِيزًا (٢٥) وَأَنزَلَ الَّذِينَ ظَاهَرُوهُم مِّنْ أَهْلِ الْكِتَابِ مِن صَيَاصِيهِمْ وَقَذَفَ فِي
قُلُوبِهِمُ الرُّعْبَ فَرِيقًا تَقْتُلُونَ وَتَأْسِرُونَ فَرِيقًا (٢٦) وَأَوْرَثَكُمْ أَرْضَهُمْ وَدِيَارَهُمْ
وَأَمْوَالَهُمْ وَأَرْضًا لَّمْ تَطَئُوهَا وَكَانَ اللَّهُ عَلَىٰ كُلِّ شَيْءٍ قَدِيرًا (٢٧) يَا أَيُّهَا النَّبِيُّ
قُل لِّأَزْوَاجِكَ إِن كُنتُنَّ تُرِدْنَ الْحَيَاةَ الدُّنْيَا وَزِينَتَهَا فَتَعَالَيْنَ أُمَتِّعْكُنَّ وَأُسَرِّحْكُنَّ
سَرَاحًا جَمِيلًا (٢٨) وَإِن كُنتُنَّ تُرِدْنَ اللَّهَ وَرَسُولَهُ وَالدَّارَ الْآخِرَةَ فَإِنَّ اللَّهَ أَعَدَّ
لِلْمُحْسِنَاتِ مِنكُنَّ أَجْرًا عَظِيمًا (٢٩) يَا نِسَاءَ النَّبِيِّ مَن يَأْتِ مِنكُنَّ بِفَاحِشَةٍ مُّبَيِّنَةٍ
يُضَاعَفْ لَهَا الْعَذَابُ ضِعْفَيْنِ وَكَانَ ذَٰلِكَ عَلَى اللَّهِ يَسِيرًا (٣٠) وَمَن يَقْنُتْ مِنكُنَّ
لِلَّهِ وَرَسُولِهِ وَتَعْمَلْ صَالِحًا نُّؤْتِهَا أَجْرَهَا مَرَّتَيْنِ وَأَعْتَدْنَا لَهَا رِزْقًا كَرِيمًا (٣١) يَا
نِسَاءَ النَّبِيِّ لَسْتُنَّ كَأَحَدٍ مِّنَ النِّسَاءِ إِنِ اتَّقَيْتُنَّ فَلَا تَخْضَعْنَ بِالْقَوْلِ فَيَطْمَعَ الَّذِي فِي
قَلْبِهِ مَرَضٌ وَقُلْنَ قَوْلًا مَّعْرُوفًا (٣٢) وَقَرْنَ فِي بُيُوتِكُنَّ وَلَا تَبَرَّجْنَ تَبَرُّجَ
الْجَاهِلِيَّةِ الْأُولَىٰ وَأَقِمْنَ الصَّلَاةَ وَآتِينَ الزَّكَاةَ وَأَطِعْنَ اللَّهَ وَرَسُولَهُ إِنَّمَا يُرِيدُ اللَّهُ
لِيُذْهِبَ عَنكُمُ الرِّجْسَ أَهْلَ الْبَيْتِ وَيُطَهِّرَكُمْ تَطْهِيرًا (٣٣) وَاذْكُرْنَ مَا يُتْلَىٰ فِي
بُيُوتِكُنَّ مِنْ آيَاتِ اللَّهِ وَالْحِكْمَةِ إِنَّ اللَّهَ كَانَ لَطِيفًا خَبِيرًا (٣٤) إِنَّ الْمُسْلِمِينَ
وَالْمُسْلِمَاتِ وَالْمُؤْمِنِينَ وَالْمُؤْمِنَاتِ وَالْقَانِتِينَ وَالْقَانِتَاتِ وَالصَّادِقِينَ وَالصَّادِقَاتِ
وَالصَّابِرِينَ وَالصَّابِرَاتِ وَالْخَاشِعِينَ وَالْخَاشِعَاتِ وَالْمُتَصَدِّقِينَ وَالْمُتَصَدِّقَاتِ
وَالصَّائِمِينَ وَالصَّائِمَاتِ وَالْحَافِظِينَ فُرُوجَهُمْ وَالْحَافِظَاتِ وَالذَّاكِرِينَ اللَّهَ كَثِيرًا
وَالذَّاكِرَاتِ أَعَدَّ اللَّهُ لَهُم مَّغْفِرَةً وَأَجْرًا عَظِيمًا (٣٥) وَمَا كَانَ لِمُؤْمِنٍ وَلَا مُؤْمِنَةٍ
إِذَا قَضَى اللَّهُ وَرَسُولُهُ أَمْرًا أَن يَكُونَ لَهُمُ الْخِيَرَةُ مِنْ أَمْرِهِمْ وَمَن يَعْصِ اللَّهَ
وَرَسُولَهُ فَقَدْ ضَلَّ ضَلَالًا مُّبِينًا (٣٦) وَإِذْ تَقُولُ لِلَّذِي أَنْعَمَ اللَّهُ عَلَيْهِ وَأَنْعَمْتَ عَلَيْهِ

أَمْسِكْ عَلَيْكَ زَوْجَكَ وَاتَّقِ اللَّهَ وَتُخْفِي فِي نَفْسِكَ مَا اللَّهُ مُبْدِيهِ وَتَخْشَى النَّاسَ وَاللَّهُ أَحَقُّ أَن تَخْشَاهُ فَلَمَّا قَضَى زَيْدٌ مِّنْهَا وَطَرًا زَوَّجْنَاكَهَا لِكَيْ لَا يَكُونَ عَلَى الْمُؤْمِنِينَ حَرَجٌ فِي أَزْوَاجِ أَدْعِيَائِهِمْ إِذَا قَضَوْا مِنْهُنَّ وَطَرًا وَكَانَ أَمْرُ اللَّهِ مَفْعُولًا (٣٧) مَّا كَانَ عَلَى النَّبِيِّ مِنْ حَرَجٍ فِيمَا فَرَضَ اللَّهُ لَهُ سُنَّةَ اللَّهِ فِي الَّذِينَ خَلَوْا مِن قَبْلُ وَكَانَ أَمْرُ اللَّهِ قَدَرًا مَّقْدُورًا (٣٨) الَّذِينَ يُبَلِّغُونَ رِسَالَاتِ اللَّهِ وَيَخْشَوْنَهُ وَلَا يَخْشَوْنَ أَحَدًا إِلَّا اللَّهَ وَكَفَى بِاللَّهِ حَسِيبًا (٣٩) مَّا كَانَ مُحَمَّدٌ أَبَا أَحَدٍ مِّن رِّجَالِكُمْ وَلَكِن رَّسُولَ اللَّهِ وَخَاتَمَ النَّبِيِّينَ وَكَانَ اللَّهُ بِكُلِّ شَيْءٍ عَلِيمًا (٤٠) يَا أَيُّهَا الَّذِينَ آمَنُوا اذْكُرُوا اللَّهَ ذِكْرًا كَثِيرًا (٤١) وَسَبِّحُوهُ بُكْرَةً وَأَصِيلًا (٤٢) هُوَ الَّذِي يُصَلِّي عَلَيْكُمْ وَمَلَائِكَتُهُ لِيُخْرِجَكُم مِّنَ الظُّلُمَاتِ إِلَى النُّورِ وَكَانَ بِالْمُؤْمِنِينَ رَحِيمًا (٤٣) تَحِيَّتُهُمْ يَوْمَ يَلْقَوْنَهُ سَلَامٌ وَأَعَدَّ لَهُمْ أَجْرًا كَرِيمًا (٤٤) يَا أَيُّهَا النَّبِيُّ إِنَّا أَرْسَلْنَاكَ شَاهِدًا وَمُبَشِّرًا وَنَذِيرًا (٤٥) وَدَاعِيًا إِلَى اللَّهِ بِإِذْنِهِ وَسِرَاجًا مُّنِيرًا (٤٦) وَبَشِّرِ الْمُؤْمِنِينَ بِأَنَّ لَهُم مِّنَ اللَّهِ فَضْلًا كَبِيرًا (٤٧) وَلَا تُطِعِ الْكَافِرِينَ وَالْمُنَافِقِينَ وَدَعْ أَذَاهُمْ وَتَوَكَّلْ عَلَى اللَّهِ وَكَفَى بِاللَّهِ وَكِيلًا (٤٨) يَا أَيُّهَا الَّذِينَ آمَنُوا إِذَا نَكَحْتُمُ الْمُؤْمِنَاتِ ثُمَّ طَلَّقْتُمُوهُنَّ مِن قَبْلِ أَن تَمَسُّوهُنَّ فَمَا لَكُمْ عَلَيْهِنَّ مِنْ عِدَّةٍ تَعْتَدُّونَهَا فَمَتِّعُوهُنَّ وَسَرِّحُوهُنَّ سَرَاحًا جَمِيلًا (٤٩) يَا أَيُّهَا النَّبِيُّ إِنَّا أَحْلَلْنَا لَكَ أَزْوَاجَكَ اللَّاتِي آتَيْتَ أُجُورَهُنَّ وَمَا مَلَكَتْ يَمِينُكَ مِمَّا أَفَاءَ اللَّهُ عَلَيْكَ وَبَنَاتِ عَمِّكَ وَبَنَاتِ عَمَّاتِكَ وَبَنَاتِ خَالِكَ وَبَنَاتِ خَالَاتِكَ اللَّاتِي هَاجَرْنَ مَعَكَ وَامْرَأَةً مُّؤْمِنَةً إِن وَهَبَتْ نَفْسَهَا لِلنَّبِيِّ إِنْ أَرَادَ النَّبِيُّ أَن يَسْتَنكِحَهَا خَالِصَةً لَّكَ مِن دُونِ الْمُؤْمِنِينَ قَدْ عَلِمْنَا مَا فَرَضْنَا عَلَيْهِمْ فِي أَزْوَاجِهِمْ وَمَا مَلَكَتْ أَيْمَانُهُمْ لِكَيْلَا يَكُونَ عَلَيْكَ حَرَجٌ وَكَانَ اللَّهُ غَفُورًا رَّحِيمًا (٥٠) تُرْجِي مَن تَشَاءُ مِنْهُنَّ وَتُؤْوِي إِلَيْكَ مَن تَشَاءُ وَمَنِ ابْتَغَيْتَ مِمَّنْ عَزَلْتَ فَلَا جُنَاحَ عَلَيْكَ ذَلِكَ أَدْنَى أَن تَقَرَّ أَعْيُنُهُنَّ وَلَا يَحْزَنَّ وَيَرْضَيْنَ بِمَا آتَيْتَهُنَّ كُلُّهُنَّ وَاللَّهُ يَعْلَمُ مَا فِي قُلُوبِكُمْ وَكَانَ اللَّهُ عَلِيمًا حَلِيمًا (٥١) لَا يَحِلُّ لَكَ النِّسَاءُ مِن بَعْدُ وَلَا أَن تَبَدَّلَ بِهِنَّ مِنْ أَزْوَاجٍ وَلَوْ أَعْجَبَكَ حُسْنُهُنَّ إِلَّا مَا مَلَكَتْ يَمِينُكَ وَكَانَ اللَّهُ عَلَى كُلِّ شَيْءٍ رَّقِيبًا (٥٢) يَا أَيُّهَا الَّذِينَ آمَنُوا لَا تَدْخُلُوا بُيُوتَ النَّبِيِّ إِلَّا أَن يُؤْذَنَ لَكُمْ إِلَى طَعَامٍ غَيْرَ نَاظِرِينَ إِنَاهُ وَلَكِنْ إِذَا دُعِيتُمْ فَادْخُلُوا فَإِذَا طَعِمْتُمْ فَانتَشِرُوا وَلَا مُسْتَأْنِسِينَ لِحَدِيثٍ إِنَّ ذَلِكُمْ كَانَ يُؤْذِي النَّبِيَّ فَيَسْتَحْيِي مِنكُمْ وَاللَّهُ لَا يَسْتَحْيِي مِنَ الْحَقِّ وَإِذَا سَأَلْتُمُوهُنَّ مَتَاعًا فَاسْأَلُوهُنَّ مِن وَرَاءِ حِجَابٍ ذَلِكُمْ أَطْهَرُ لِقُلُوبِكُمْ وَقُلُوبِهِنَّ وَمَا كَانَ لَكُمْ أَن تُؤْذُوا رَسُولَ اللَّهِ وَلَا أَن تَنكِحُوا أَزْوَاجَهُ مِن بَعْدِهِ أَبَدًا إِنَّ ذَلِكُمْ كَانَ عِندَ اللَّهِ عَظِيمًا (٥٣) إِن تُبْدُوا شَيْئًا أَوْ تُخْفُوهُ فَإِنَّ اللَّهَ كَانَ بِكُلِّ شَيْءٍ عَلِيمًا (٥٤) لَّا جُنَاحَ عَلَيْهِنَّ فِي آبَائِهِنَّ وَلَا أَبْنَائِهِنَّ وَلَا إِخْوَانِهِنَّ وَلَا أَبْنَاءِ إِخْوَانِهِنَّ وَلَا أَبْنَاءِ

أَخَوَاتِهِنَّ وَلَا نِسَائِهِنَّ وَلَا مَا مَلَكَتْ أَيْمَانُهُنَّ وَاتَّقِينَ اللَّهَ إِنَّ اللَّهَ كَانَ عَلَى كُلِّ شَيْءٍ
شَهِيدًا (٥٥) إِنَّ اللَّهَ وَمَلَائِكَتَهُ يُصَلُّونَ عَلَى النَّبِيِّ يَا أَيُّهَا الَّذِينَ آمَنُوا صَلُّوا عَلَيْهِ
وَسَلِّمُوا تَسْلِيمًا (٥٦) إِنَّ الَّذِينَ يُؤْذُونَ اللَّهَ وَرَسُولَهُ لَعَنَهُمُ اللَّهُ فِي الدُّنْيَا وَالْآخِرَةِ
وَأَعَدَّ لَهُمْ عَذَابًا مُهِينًا (٥٧) وَالَّذِينَ يُؤْذُونَ الْمُؤْمِنِينَ وَالْمُؤْمِنَاتِ بِغَيْرِ مَا اكْتَسَبُوا
فَقَدِ احْتَمَلُوا بُهْتَانًا وَإِثْمًا مُبِينًا (٥٨) يَا أَيُّهَا النَّبِيُّ قُلْ لِأَزْوَاجِكَ وَبَنَاتِكَ وَنِسَاءِ
الْمُؤْمِنِينَ يُدْنِينَ عَلَيْهِنَّ مِنْ جَلَابِيبِهِنَّ ذَلِكَ أَدْنَى أَنْ يُعْرَفْنَ فَلَا يُؤْذَيْنَ وَكَانَ اللَّهُ
غَفُورًا رَحِيمًا (٥٩) لَئِنْ لَمْ يَنْتَهِ الْمُنَافِقُونَ وَالَّذِينَ فِي قُلُوبِهِمْ مَرَضٌ وَالْمُرْجِفُونَ
فِي الْمَدِينَةِ لَنُغْرِيَنَّكَ بِهِمْ ثُمَّ لَا يُجَاوِرُونَكَ فِيهَا إِلَّا قَلِيلًا (٦٠) مَلْعُونِينَ أَيْنَمَا ثُقِفُوا
أُخِذُوا وَقُتِّلُوا تَقْتِيلًا (٦١) سُنَّةَ اللَّهِ فِي الَّذِينَ خَلَوْا مِنْ قَبْلُ وَلَنْ تَجِدَ لِسُنَّةِ اللَّهِ
تَبْدِيلًا (٦٢) يَسْأَلُكَ النَّاسُ عَنِ السَّاعَةِ قُلْ إِنَّمَا عِلْمُهَا عِنْدَ اللَّهِ وَمَا يُدْرِيكَ لَعَلَّ
السَّاعَةَ تَكُونُ قَرِيبًا (٦٣) إِنَّ اللَّهَ لَعَنَ الْكَافِرِينَ وَأَعَدَّ لَهُمْ سَعِيرًا (٦٤) خَالِدِينَ
فِيهَا أَبَدًا لَا يَجِدُونَ وَلِيًّا وَلَا نَصِيرًا (٦٥) يَوْمَ تُقَلَّبُ وُجُوهُهُمْ فِي النَّارِ يَقُولُونَ يَا
لَيْتَنَا أَطَعْنَا اللَّهَ وَأَطَعْنَا الرَّسُولَا (٦٦) وَقَالُوا رَبَّنَا إِنَّا أَطَعْنَا سَادَتَنَا وَكُبَرَاءَنَا
فَأَضَلُّونَا السَّبِيلَا (٦٧) رَبَّنَا آتِهِمْ ضِعْفَيْنِ مِنَ الْعَذَابِ وَالْعَنْهُمْ لَعْنًا كَبِيرًا (٦٨) يَا
أَيُّهَا الَّذِينَ آمَنُوا لَا تَكُونُوا كَالَّذِينَ آذَوْا مُوسَى فَبَرَّأَهُ اللَّهُ مِمَّا قَالُوا وَكَانَ عِنْدَ اللَّهِ
وَجِيهًا (٦٩) يَا أَيُّهَا الَّذِينَ آمَنُوا اتَّقُوا اللَّهَ وَقُولُوا قَوْلًا سَدِيدًا (٧٠) يُصْلِحْ لَكُمْ
أَعْمَالَكُمْ وَيَغْفِرْ لَكُمْ ذُنُوبَكُمْ وَمَنْ يُطِعِ اللَّهَ وَرَسُولَهُ فَقَدْ فَازَ فَوْزًا عَظِيمًا (٧١) إِنَّا
عَرَضْنَا الْأَمَانَةَ عَلَى السَّمَاوَاتِ وَالْأَرْضِ وَالْجِبَالِ فَأَبَيْنَ أَنْ يَحْمِلْنَهَا وَأَشْفَقْنَ
مِنْهَا وَحَمَلَهَا الْإِنْسَانُ إِنَّهُ كَانَ ظَلُومًا جَهُولًا (٧٢) لِيُعَذِّبَ اللَّهُ الْمُنَافِقِينَ
وَالْمُنَافِقَاتِ وَالْمُشْرِكِينَ وَالْمُشْرِكَاتِ وَيَتُوبَ اللَّهُ عَلَى الْمُؤْمِنِينَ وَالْمُؤْمِنَاتِ وَكَانَ
اللَّهُ غَفُورًا رَحِيمًا (٧٣

SOURATE SABA

سورة سبإ

الْحَمْدُ لِلَّهِ الَّذِي لَهُ مَا فِي السَّمَاوَاتِ وَمَا فِي الْأَرْضِ وَلَهُ الْحَمْدُ فِي الْآخِرَةِ وَهُوَ
الْحَكِيمُ الْخَبِيرُ (١) يَعْلَمُ مَا يَلِجُ فِي الْأَرْضِ وَمَا يَخْرُجُ مِنْهَا وَمَا يَنْزِلُ مِنَ السَّمَاءِ
وَمَا يَعْرُجُ فِيهَا وَهُوَ الرَّحِيمُ الْغَفُورُ (٢) وَقَالَ الَّذِينَ كَفَرُوا لَا تَأْتِينَا السَّاعَةُ قُلْ
بَلَى وَرَبِّي لَتَأْتِيَنَّكُمْ عَالِمِ الْغَيْبِ لَا يَعْزُبُ عَنْهُ مِثْقَالُ ذَرَّةٍ فِي السَّمَاوَاتِ وَلَا فِي
الْأَرْضِ وَلَا أَصْغَرُ مِنْ ذَلِكَ وَلَا أَكْبَرُ إِلَّا فِي كِتَابٍ مُبِينٍ (٣) لِيَجْزِيَ الَّذِينَ آمَنُوا

وَعَمِلُوا الصَّالِحَاتِ أُوْلَئِكَ لَهُم مَّغْفِرَةٌ وَرِزْقٌ كَرِيمٌ (٤) وَالَّذِينَ سَعَوْا فِي آيَاتِنَا مُعَاجِزِينَ أُوْلَئِكَ لَهُمْ عَذَابٌ مِّن رِّجْزٍ أَلِيمٌ (٥) وَيَرَى الَّذِينَ أُوتُوا الْعِلْمَ الَّذِي أُنزِلَ إِلَيْكَ مِن رَّبِّكَ هُوَ الْحَقَّ وَيَهْدِي إِلَى صِرَاطِ الْعَزِيزِ الْحَمِيدِ (٦) وَقَالَ الَّذِينَ كَفَرُوا هَلْ نَدُلُّكُمْ عَلَى رَجُلٍ يُنَبِّئُكُمْ إِذَا مُزِّقْتُمْ كُلَّ مُمَزَّقٍ إِنَّكُمْ لَفِي خَلْقٍ جَدِيدٍ (٧) أَفْتَرَى عَلَى اللَّهِ كَذِبًا أَم بِهِ جِنَّةٌ بَلِ الَّذِينَ لَا يُؤْمِنُونَ بِالْآخِرَةِ فِي الْعَذَابِ وَالضَّلَالِ الْبَعِيدِ (٨) أَفَلَمْ يَرَوْا إِلَى مَا بَيْنَ أَيْدِيهِمْ وَمَا خَلْفَهُم مِّنَ السَّمَاءِ وَالْأَرْضِ إِن نَّشَأْ نَخْسِفْ بِهِمُ الْأَرْضَ أَوْ نُسْقِطْ عَلَيْهِمْ كِسَفًا مِّنَ السَّمَاءِ إِنَّ فِي ذَلِكَ لَآيَةً لِّكُلِّ عَبْدٍ مُّنِيبٍ (٩) وَلَقَدْ آتَيْنَا دَاوُودَ مِنَّا فَضْلًا يَا جِبَالُ أَوِّبِي مَعَهُ وَالطَّيْرَ وَأَلَنَّا لَهُ الْحَدِيدَ (١٠) أَنِ اعْمَلْ سَابِغَاتٍ وَقَدِّرْ فِي السَّرْدِ وَاعْمَلُوا صَالِحًا إِنِّي بِمَا تَعْمَلُونَ بَصِيرٌ (١١) وَلِسُلَيْمَانَ الرِّيحَ غُدُوُّهَا شَهْرٌ وَرَوَاحُهَا شَهْرٌ وَأَسَلْنَا لَهُ عَيْنَ الْقِطْرِ وَمِنَ الْجِنِّ مَن يَعْمَلُ بَيْنَ يَدَيْهِ بِإِذْنِ رَبِّهِ وَمَن يَزِغْ مِنْهُمْ عَنْ أَمْرِنَا نُذِقْهُ مِنْ عَذَابِ السَّعِيرِ (١٢) يَعْمَلُونَ لَهُ مَا يَشَاءُ مِن مَّحَارِيبَ وَتَمَاثِيلَ وَجِفَانٍ كَالْجَوَابِ وَقُدُورٍ رَّاسِيَاتٍ اعْمَلُوا آلَ دَاوُودَ شُكْرًا وَقَلِيلٌ مِّنْ عِبَادِيَ الشَّكُورُ (١٣) فَلَمَّا قَضَيْنَا عَلَيْهِ الْمَوْتَ مَا دَلَّهُمْ عَلَى مَوْتِهِ إِلَّا دَابَّةُ الْأَرْضِ تَأْكُلُ مِنسَأَتَهُ فَلَمَّا خَرَّ تَبَيَّنَتِ الْجِنُّ أَن لَّوْ كَانُوا يَعْلَمُونَ الْغَيْبَ مَا لَبِثُوا فِي الْعَذَابِ الْمُهِينِ (١٤) لَقَدْ كَانَ لِسَبَإٍ فِي مَسْكَنِهِمْ آيَةٌ جَنَّتَانِ عَن يَمِينٍ وَشِمَالٍ كُلُوا مِن رِّزْقِ رَبِّكُمْ وَاشْكُرُوا لَهُ بَلْدَةٌ طَيِّبَةٌ وَرَبٌّ غَفُورٌ (١٥) فَأَعْرَضُوا فَأَرْسَلْنَا عَلَيْهِمْ سَيْلَ الْعَرِمِ وَبَدَّلْنَاهُم بِجَنَّتَيْهِمْ جَنَّتَيْنِ ذَوَاتَى أُكُلٍ خَمْطٍ وَأَثْلٍ وَشَيْءٍ مِّن سِدْرٍ قَلِيلٍ (١٦) ذَلِكَ جَزَيْنَاهُم بِمَا كَفَرُوا وَهَلْ نُجَازِي إِلَّا الْكَفُورَ (١٧) وَجَعَلْنَا بَيْنَهُمْ وَبَيْنَ الْقُرَى الَّتِي بَارَكْنَا فِيهَا قُرًى ظَاهِرَةً وَقَدَّرْنَا فِيهَا السَّيْرَ سِيرُوا فِيهَا لَيَالِيَ وَأَيَّامًا آمِنِينَ (١٨) فَقَالُوا رَبَّنَا بَاعِدْ بَيْنَ أَسْفَارِنَا وَظَلَمُوا أَنفُسَهُمْ فَجَعَلْنَاهُمْ أَحَادِيثَ وَمَزَّقْنَاهُمْ كُلَّ مُمَزَّقٍ إِنَّ فِي ذَلِكَ لَآيَاتٍ لِّكُلِّ صَبَّارٍ شَكُورٍ (١٩) وَلَقَدْ صَدَّقَ عَلَيْهِمْ إِبْلِيسُ ظَنَّهُ فَاتَّبَعُوهُ إِلَّا فَرِيقًا مِّنَ الْمُؤْمِنِينَ (٢٠) وَمَا كَانَ لَهُ عَلَيْهِم مِّن سُلْطَانٍ إِلَّا لِنَعْلَمَ مَن يُؤْمِنُ بِالْآخِرَةِ مِمَّنْ هُوَ مِنْهَا فِي شَكٍّ وَرَبُّكَ عَلَى كُلِّ شَيْءٍ حَفِيظٌ (٢١) قُلِ ادْعُوا الَّذِينَ زَعَمْتُم مِّن دُونِ اللَّهِ لَا يَمْلِكُونَ مِثْقَالَ ذَرَّةٍ فِي السَّمَاوَاتِ وَلَا فِي الْأَرْضِ وَمَا لَهُمْ فِيهِمَا مِن شِرْكٍ وَمَا لَهُ مِنْهُم مِّن ظَهِيرٍ (٢٢) وَلَا تَنفَعُ الشَّفَاعَةُ عِندَهُ إِلَّا لِمَنْ أَذِنَ لَهُ حَتَّى إِذَا فُزِّعَ عَن قُلُوبِهِمْ قَالُوا مَاذَا قَالَ رَبُّكُمْ قَالُوا الْحَقَّ وَهُوَ الْعَلِيُّ الْكَبِيرُ (٢٣) قُلْ مَن يَرْزُقُكُم مِّنَ السَّمَاوَاتِ وَالْأَرْضِ قُلِ اللَّهُ وَإِنَّا أَوْ إِيَّاكُمْ لَعَلَى هُدًى أَوْ فِي ضَلَالٍ مُّبِينٍ (٢٤) قُل لَّا تُسْأَلُونَ عَمَّا أَجْرَمْنَا وَلَا نُسْأَلُ عَمَّا تَعْمَلُونَ (٢٥) قُلْ يَجْمَعُ بَيْنَنَا رَبُّنَا ثُمَّ يَفْتَحُ بَيْنَنَا بِالْحَقِّ وَهُوَ الْفَتَّاحُ الْعَلِيمُ (٢٦) قُلْ أَرُونِيَ الَّذِينَ

أَلْحَقْتُم بِهِ شُرَكَاء كَلَّا بَلْ هُوَ اللَّهُ الْعَزِيزُ الْحَكِيمُ (٢٧) وَمَا أَرْسَلْنَاكَ إِلَّا كَافَّةً لِّلنَّاسِ بَشِيرًا وَنَذِيرًا وَلَكِنَّ أَكْثَرَ النَّاسِ لَا يَعْلَمُونَ (٢٨) وَيَقُولُونَ مَتَى هَذَا الْوَعْدُ إِن كُنتُمْ صَادِقِينَ (٢٩) قُل لَّكُم مِّيعَادُ يَوْمٍ لَّا تَسْتَأْخِرُونَ عَنْهُ سَاعَةً وَلَا تَسْتَقْدِمُونَ (٣٠) وَقَالَ الَّذِينَ كَفَرُوا لَن نُّؤْمِنَ بِهَذَا الْقُرْآنِ وَلَا بِالَّذِي بَيْنَ يَدَيْهِ وَلَوْ تَرَى إِذِ الظَّالِمُونَ مَوْقُوفُونَ عِندَ رَبِّهِمْ يَرْجِعُ بَعْضُهُمْ إِلَى بَعْضٍ الْقَوْلَ يَقُولُ الَّذِينَ اسْتُضْعِفُوا لِلَّذِينَ اسْتَكْبَرُوا لَوْلَا أَنتُمْ لَكُنَّا مُؤْمِنِينَ (٣١) قَالَ الَّذِينَ اسْتَكْبَرُوا لِلَّذِينَ اسْتُضْعِفُوا أَنَحْنُ صَدَدْنَاكُمْ عَنِ الْهُدَى بَعْدَ إِذْ جَاءكُم بَلْ كُنتُم مُّجْرِمِينَ (٣٢) وَقَالَ الَّذِينَ اسْتُضْعِفُوا لِلَّذِينَ اسْتَكْبَرُوا بَلْ مَكْرُ اللَّيْلِ وَالنَّهَارِ إِذْ تَأْمُرُونَنَا أَن نَّكْفُرَ بِاللَّهِ وَنَجْعَلَ لَهُ أَندَادًا وَأَسَرُّوا النَّدَامَةَ لَمَّا رَأَوُا الْعَذَابَ وَجَعَلْنَا الْأَغْلَالَ فِي أَعْنَاقِ الَّذِينَ كَفَرُوا هَلْ يُجْزَوْنَ إِلَّا مَا كَانُوا يَعْمَلُونَ (٣٣) وَمَا أَرْسَلْنَا فِي قَرْيَةٍ مِّن نَّذِيرٍ إِلَّا قَالَ مُتْرَفُوهَا إِنَّا بِمَا أُرْسِلْتُم بِهِ كَافِرُونَ (٣٤) وَقَالُوا نَحْنُ أَكْثَرُ أَمْوَالًا وَأَوْلَادًا وَمَا نَحْنُ بِمُعَذَّبِينَ (٣٥) قُلْ إِنَّ رَبِّي يَبْسُطُ الرِّزْقَ لِمَن يَشَاء وَيَقْدِرُ وَلَكِنَّ أَكْثَرَ النَّاسِ لَا يَعْلَمُونَ (٣٦) وَمَا أَمْوَالُكُمْ وَلَا أَوْلَادُكُم بِالَّتِي تُقَرِّبُكُمْ عِندَنَا زُلْفَى إِلَّا مَنْ آمَنَ وَعَمِلَ صَالِحًا فَأُوْلَئِكَ لَهُمْ جَزَاء الضِّعْفِ بِمَا عَمِلُوا وَهُمْ فِي الْغُرُفَاتِ آمِنُونَ (٣٧) وَالَّذِينَ يَسْعَوْنَ فِي آيَاتِنَا مُعَاجِزِينَ أُوْلَئِكَ فِي الْعَذَابِ مُحْضَرُونَ (٣٨) قُلْ إِنَّ رَبِّي يَبْسُطُ الرِّزْقَ لِمَن يَشَاء مِنْ عِبَادِهِ وَيَقْدِرُ لَهُ وَمَا أَنفَقْتُم مِّن شَيْءٍ فَهُوَ يُخْلِفُهُ وَهُوَ خَيْرُ الرَّازِقِينَ (٣٩) وَيَوْمَ يَحْشُرُهُمْ جَمِيعًا ثُمَّ يَقُولُ لِلْمَلَائِكَةِ أَهَؤُلَاء إِيَّاكُمْ كَانُوا يَعْبُدُونَ (٤٠) قَالُوا سُبْحَانَكَ أَنتَ وَلِيُّنَا مِن دُونِهِم بَلْ كَانُوا يَعْبُدُونَ الْجِنَّ أَكْثَرُهُم بِهِم مُّؤْمِنُونَ (٤١) فَالْيَوْمَ لَا يَمْلِكُ بَعْضُكُمْ لِبَعْضٍ نَّفْعًا وَلَا ضَرًّا وَنَقُولُ لِلَّذِينَ ظَلَمُوا ذُوقُوا عَذَابَ النَّارِ الَّتِي كُنتُم بِهَا تُكَذِّبُونَ (٤٢) وَإِذَا تُتْلَى عَلَيْهِمْ آيَاتُنَا بَيِّنَاتٍ قَالُوا مَا هَذَا إِلَّا رَجُلٌ يُرِيدُ أَن يَصُدَّكُمْ عَمَّا كَانَ يَعْبُدُ آبَاؤُكُمْ وَقَالُوا مَا هَذَا إِلَّا إِفْكٌ مُّفْتَرًى وَقَالَ الَّذِينَ كَفَرُوا لِلْحَقِّ لَمَّا جَاءهُمْ إِنْ هَذَا إِلَّا سِحْرٌ مُّبِينٌ (٤٣) وَمَا آتَيْنَاهُم مِّن كُتُبٍ يَدْرُسُونَهَا وَمَا أَرْسَلْنَا إِلَيْهِمْ قَبْلَكَ مِن نَّذِيرٍ (٤٤) وَكَذَّبَ الَّذِينَ مِن قَبْلِهِمْ وَمَا بَلَغُوا مِعْشَارَ مَا آتَيْنَاهُمْ فَكَذَّبُوا رُسُلِي فَكَيْفَ كَانَ نَكِيرِ (٤٥) قُلْ إِنَّمَا أَعِظُكُم بِوَاحِدَةٍ أَن تَقُومُوا لِلَّهِ مَثْنَى وَفُرَادَى ثُمَّ تَتَفَكَّرُوا مَا بِصَاحِبِكُم مِّن جِنَّةٍ إِنْ هُوَ إِلَّا نَذِيرٌ لَّكُم بَيْنَ يَدَيْ عَذَابٍ شَدِيدٍ (٤٦) قُلْ مَا سَأَلْتُكُم مِّنْ أَجْرٍ فَهُوَ لَكُمْ إِنْ أَجْرِيَ إِلَّا عَلَى اللَّهِ وَهُوَ عَلَى كُلِّ شَيْءٍ شَهِيدٌ (٤٧) قُلْ إِنَّ رَبِّي يَقْذِفُ بِالْحَقِّ عَلَّامُ الْغُيُوبِ (٤٨) قُلْ جَاء الْحَقُّ وَمَا يُبْدِئُ الْبَاطِلُ وَمَا يُعِيدُ (٤٩) قُلْ إِن ضَلَلْتُ فَإِنَّمَا أَضِلُّ عَلَى نَفْسِي وَإِنِ اهْتَدَيْتُ فَبِمَا يُوحِي إِلَيَّ رَبِّي إِنَّهُ سَمِيعٌ قَرِيبٌ (٥٠) وَلَوْ تَرَى إِذْ فَزِعُوا فَلَا فَوْتَ وَأُخِذُوا

مِن مَّكَانٍ قَرِيبٍ (٥١) وَقَالُوا آمَنَّا بِهِ وَأَنَّى لَهُمُ التَّنَاوُشُ مِن مَكَانٍ بَعِيدٍ (٥٢) وَقَدْ
كَفَرُوا بِهِ مِن قَبْلُ وَيَقْذِفُونَ بِالْغَيْبِ مِن مَّكَانٍ بَعِيدٍ (٥٣) وَحِيلَ بَيْنَهُمْ وَبَيْنَ مَا
يَشْتَهُونَ كَمَا فُعِلَ بِأَشْيَاعِهِم مِّن قَبْلُ إِنَّهُمْ كَانُوا فِي شَكٍّ مُّرِيبٍ (٥٤

SOURATE FATIR

سورة فاطر

الْحَمْدُ لِلَّهِ فَاطِرِ السَّمَاوَاتِ وَالْأَرْضِ جَاعِلِ الْمَلَائِكَةِ رُسُلًا أُولِي أَجْنِحَةٍ مَّثْنَى
وَثُلَاثَ وَرُبَاعَ يَزِيدُ فِي الْخَلْقِ مَا يَشَاءُ إِنَّ اللَّهَ عَلَى كُلِّ شَيْءٍ قَدِيرٌ (١) مَا يَفْتَحِ
اللَّهُ لِلنَّاسِ مِن رَّحْمَةٍ فَلَا مُمْسِكَ لَهَا وَمَا يُمْسِكْ فَلَا مُرْسِلَ لَهُ مِن بَعْدِهِ وَهُوَ
الْعَزِيزُ الْحَكِيمُ (٢) يَا أَيُّهَا النَّاسُ اذْكُرُوا نِعْمَتَ اللَّهِ عَلَيْكُمْ هَلْ مِنْ خَالِقٍ غَيْرُ اللَّهِ
يَرْزُقُكُم مِّنَ السَّمَاءِ وَالْأَرْضِ لَا إِلَهَ إِلَّا هُوَ فَأَنَّى تُؤْفَكُونَ (٣) وَإِن يُكَذِّبُوكَ فَقَدْ
كُذِّبَتْ رُسُلٌ مِّن قَبْلِكَ وَإِلَى اللَّهِ تُرْجَعُ الْأُمُورُ (٤) يَا أَيُّهَا النَّاسُ إِنَّ وَعْدَ اللَّهِ حَقٌّ
فَلَا تَغُرَّنَّكُمُ الْحَيَاةُ الدُّنْيَا وَلَا يَغُرَّنَّكُم بِاللَّهِ الْغَرُورُ (٥) إِنَّ الشَّيْطَانَ لَكُمْ عَدُوٌّ
فَاتَّخِذُوهُ عَدُوًّا إِنَّمَا يَدْعُو حِزْبَهُ لِيَكُونُوا مِنْ أَصْحَابِ السَّعِيرِ (٦) الَّذِينَ كَفَرُوا
لَهُمْ عَذَابٌ شَدِيدٌ وَالَّذِينَ آمَنُوا وَعَمِلُوا الصَّالِحَاتِ لَهُم مَّغْفِرَةٌ وَأَجْرٌ
كَبِيرٌ (٧) أَفَمَن زُيِّنَ لَهُ سُوءُ عَمَلِهِ فَرَآهُ حَسَنًا فَإِنَّ اللَّهَ يُضِلُّ مَن يَشَاءُ وَيَهْدِي مَن
يَشَاءُ فَلَا تَذْهَبْ نَفْسُكَ عَلَيْهِمْ حَسَرَاتٍ إِنَّ اللَّهَ عَلِيمٌ بِمَا يَصْنَعُونَ (٨) وَاللَّهُ الَّذِي
أَرْسَلَ الرِّيَاحَ فَتُثِيرُ سَحَابًا فَسُقْنَاهُ إِلَى بَلَدٍ مَّيِّتٍ فَأَحْيَيْنَا بِهِ الْأَرْضَ بَعْدَ مَوْتِهَا
كَذَلِكَ النُّشُورُ (٩) مَن كَانَ يُرِيدُ الْعِزَّةَ فَلِلَّهِ الْعِزَّةُ جَمِيعًا إِلَيْهِ يَصْعَدُ الْكَلِمُ الطَّيِّبُ
وَالْعَمَلُ الصَّالِحُ يَرْفَعُهُ وَالَّذِينَ يَمْكُرُونَ السَّيِّئَاتِ لَهُمْ عَذَابٌ شَدِيدٌ وَمَكْرُ أُولَئِكَ
هُوَ يَبُورُ (١٠) وَاللَّهُ خَلَقَكُم مِّن تُرَابٍ ثُمَّ مِن نُّطْفَةٍ ثُمَّ جَعَلَكُمْ أَزْوَاجًا وَمَا تَحْمِلُ
مِنْ أُنثَى وَلَا تَضَعُ إِلَّا بِعِلْمِهِ وَمَا يُعَمَّرُ مِن مُّعَمَّرٍ وَلَا يُنقَصُ مِنْ عُمُرِهِ إِلَّا فِي
كِتَابٍ إِنَّ ذَلِكَ عَلَى اللَّهِ يَسِيرٌ (١١) وَمَا يَسْتَوِي الْبَحْرَانِ هَذَا عَذْبٌ فُرَاتٌ سَائِغٌ
شَرَابُهُ وَهَذَا مِلْحٌ أُجَاجٌ وَمِن كُلٍّ تَأْكُلُونَ لَحْمًا طَرِيًّا وَتَسْتَخْرِجُونَ حِلْيَةً تَلْبَسُونَهَا
وَتَرَى الْفُلْكَ فِيهِ مَوَاخِرَ لِتَبْتَغُوا مِن فَضْلِهِ وَلَعَلَّكُمْ تَشْكُرُونَ (١٢) يُولِجُ اللَّيْلَ فِي
النَّهَارِ وَيُولِجُ النَّهَارَ فِي اللَّيْلِ وَسَخَّرَ الشَّمْسَ وَالْقَمَرَ كُلٌّ يَجْرِي لِأَجَلٍ مُّسَمًّى
ذَلِكُمُ اللَّهُ رَبُّكُمْ لَهُ الْمُلْكُ وَالَّذِينَ تَدْعُونَ مِن دُونِهِ مَا يَمْلِكُونَ مِن قِطْمِيرٍ (١٣) إِن
تَدْعُوهُمْ لَا يَسْمَعُوا دُعَاءَكُمْ وَلَوْ سَمِعُوا مَا اسْتَجَابُوا لَكُمْ وَيَوْمَ الْقِيَامَةِ يَكْفُرُونَ
بِشِرْكِكُمْ وَلَا يُنَبِّئُكَ مِثْلُ خَبِيرٍ (١٤) يَا أَيُّهَا النَّاسُ أَنتُمُ الْفُقَرَاءُ إِلَى اللَّهِ وَاللَّهُ هُوَ
الْغَنِيُّ الْحَمِيدُ (١٥) إِن يَشَأْ يُذْهِبْكُمْ وَيَأْتِ بِخَلْقٍ جَدِيدٍ (١٦) وَمَا ذَلِكَ عَلَى اللَّهِ

بِعَزِيزٍ (١٧) وَلَا تَزِرُ وَازِرَةٌ وِزْرَ أُخْرَىٰ وَإِن تَدْعُ مُثْقَلَةٌ إِلَىٰ حِمْلِهَا لَا يُحْمَلْ
مِنْهُ شَيْءٌ وَلَوْ كَانَ ذَا قُرْبَىٰ إِنَّمَا تُنذِرُ الَّذِينَ يَخْشَوْنَ رَبَّهُم بِالْغَيْبِ وَأَقَامُوا
الصَّلَاةَ وَمَن تَزَكَّىٰ فَإِنَّمَا يَتَزَكَّىٰ لِنَفْسِهِ وَإِلَى اللَّهِ الْمَصِيرُ (١٨) وَمَا يَسْتَوِي
الْأَعْمَىٰ وَالْبَصِيرُ (١٩) وَلَا الظُّلُمَاتُ وَلَا النُّورُ (٢٠) وَلَا الظِّلُّ وَلَا
الْحَرُورُ (٢١) وَمَا يَسْتَوِي الْأَحْيَاءُ وَلَا الْأَمْوَاتُ إِنَّ اللَّهَ يُسْمِعُ مَن يَشَاءُ وَمَا أَنتَ
بِمُسْمِعٍ مَّن فِي الْقُبُورِ (٢٢) إِنْ أَنتَ إِلَّا نَذِيرٌ (٢٣) إِنَّا أَرْسَلْنَاكَ بِالْحَقِّ بَشِيرًا
وَنَذِيرًا وَإِن مِّنْ أُمَّةٍ إِلَّا خَلَا فِيهَا نَذِيرٌ (٢٤) وَإِن يُكَذِّبُوكَ فَقَدْ كَذَّبَ الَّذِينَ مِن
قَبْلِهِمْ جَاءَتْهُمْ رُسُلُهُم بِالْبَيِّنَاتِ وَبِالزُّبُرِ وَبِالْكِتَابِ الْمُنِيرِ (٢٥) ثُمَّ أَخَذْتُ الَّذِينَ
كَفَرُوا فَكَيْفَ كَانَ نَكِيرِ (٢٦) أَلَمْ تَرَ أَنَّ اللَّهَ أَنزَلَ مِنَ السَّمَاءِ مَاءً فَأَخْرَجْنَا بِهِ
ثَمَرَاتٍ مُّخْتَلِفًا أَلْوَانُهَا وَمِنَ الْجِبَالِ جُدَدٌ بِيضٌ وَحُمْرٌ مُّخْتَلِفٌ أَلْوَانُهَا وَغَرَابِيبُ
سُودٌ (٢٧) وَمِنَ النَّاسِ وَالدَّوَابِّ وَالْأَنْعَامِ مُخْتَلِفٌ أَلْوَانُهُ كَذَٰلِكَ إِنَّمَا يَخْشَى اللَّهَ مِنْ
عِبَادِهِ الْعُلَمَاءُ إِنَّ اللَّهَ عَزِيزٌ غَفُورٌ (٢٨) إِنَّ الَّذِينَ يَتْلُونَ كِتَابَ اللَّهِ وَأَقَامُوا
الصَّلَاةَ وَأَنفَقُوا مِمَّا رَزَقْنَاهُمْ سِرًّا وَعَلَانِيَةً يَرْجُونَ تِجَارَةً لَّن تَبُورَ (٢٩) لِيُوَفِّيَهُمْ
أُجُورَهُمْ وَيَزِيدَهُم مِّن فَضْلِهِ إِنَّهُ غَفُورٌ شَكُورٌ (٣٠) وَالَّذِي أَوْحَيْنَا إِلَيْكَ مِنَ
الْكِتَابِ هُوَ الْحَقُّ مُصَدِّقًا لِّمَا بَيْنَ يَدَيْهِ إِنَّ اللَّهَ بِعِبَادِهِ لَخَبِيرٌ بَصِيرٌ (٣١) ثُمَّ أَوْرَثْنَا
الْكِتَابَ الَّذِينَ اصْطَفَيْنَا مِنْ عِبَادِنَا فَمِنْهُمْ ظَالِمٌ لِّنَفْسِهِ وَمِنْهُم مُّقْتَصِدٌ وَمِنْهُمْ سَابِقٌ
بِالْخَيْرَاتِ بِإِذْنِ اللَّهِ ذَٰلِكَ هُوَ الْفَضْلُ الْكَبِيرُ (٣٢) جَنَّاتُ عَدْنٍ يَدْخُلُونَهَا يُحَلَّوْنَ
فِيهَا مِنْ أَسَاوِرَ مِن ذَهَبٍ وَلُؤْلُؤًا وَلِبَاسُهُمْ فِيهَا حَرِيرٌ (٣٣) وَقَالُوا الْحَمْدُ لِلَّهِ الَّذِي
أَذْهَبَ عَنَّا الْحَزَنَ إِنَّ رَبَّنَا لَغَفُورٌ شَكُورٌ (٣٤) الَّذِي أَحَلَّنَا دَارَ الْمُقَامَةِ مِن فَضْلِهِ
لَا يَمَسُّنَا فِيهَا نَصَبٌ وَلَا يَمَسُّنَا فِيهَا لُغُوبٌ (٣٥) وَالَّذِينَ كَفَرُوا لَهُمْ نَارُ جَهَنَّمَ لَا
يُقْضَىٰ عَلَيْهِمْ فَيَمُوتُوا وَلَا يُخَفَّفُ عَنْهُم مِّنْ عَذَابِهَا كَذَٰلِكَ نَجْزِي كُلَّ
كَفُورٍ (٣٦) وَهُمْ يَصْطَرِخُونَ فِيهَا رَبَّنَا أَخْرِجْنَا نَعْمَلْ صَالِحًا غَيْرَ الَّذِي كُنَّا
نَعْمَلُ أَوَلَمْ نُعَمِّرْكُم مَّا يَتَذَكَّرُ فِيهِ مَن تَذَكَّرَ وَجَاءَكُمُ النَّذِيرُ فَذُوقُوا فَمَا لِلظَّالِمِينَ
مِن نَّصِيرٍ (٣٧) إِنَّ اللَّهَ عَالِمُ غَيْبِ السَّمَاوَاتِ وَالْأَرْضِ إِنَّهُ عَلِيمٌ بِذَاتِ
الصُّدُورِ (٣٨) هُوَ الَّذِي جَعَلَكُمْ خَلَائِفَ فِي الْأَرْضِ فَمَن كَفَرَ فَعَلَيْهِ كُفْرُهُ وَلَا
يَزِيدُ الْكَافِرِينَ كُفْرُهُمْ عِندَ رَبِّهِمْ إِلَّا مَقْتًا وَلَا يَزِيدُ الْكَافِرِينَ كُفْرُهُمْ إِلَّا
خَسَارًا (٣٩) قُلْ أَرَأَيْتُمْ شُرَكَاءَكُمُ الَّذِينَ تَدْعُونَ مِن دُونِ اللَّهِ أَرُونِي مَاذَا خَلَقُوا
مِنَ الْأَرْضِ أَمْ لَهُمْ شِرْكٌ فِي السَّمَاوَاتِ أَمْ آتَيْنَاهُمْ كِتَابًا فَهُمْ عَلَىٰ بَيِّنَةٍ مِّنْهُ بَلْ إِن
يَعِدُ الظَّالِمُونَ بَعْضُهُم بَعْضًا إِلَّا غُرُورًا (٤٠) إِنَّ اللَّهَ يُمْسِكُ السَّمَاوَاتِ وَالْأَرْضَ
أَن تَزُولَا وَلَئِن زَالَتَا إِنْ أَمْسَكَهُمَا مِنْ أَحَدٍ مِّن بَعْدِهِ إِنَّهُ كَانَ حَلِيمًا
غَفُورًا (٤١) وَأَقْسَمُوا بِاللَّهِ جَهْدَ أَيْمَانِهِمْ لَئِن جَاءَهُمْ نَذِيرٌ لَّيَكُونُنَّ أَهْدَىٰ مِنْ إِحْدَى

الْأُمَمِ فَلَمَّا جَاءَهُمْ نَذِيرٌ مَّا زَادَهُمْ إِلَّا نُفُورًا (٤٢) اسْتِكْبَارًا فِي الْأَرْضِ وَمَكْرَ
السَّيِّئِ وَلَا يَحِيقُ الْمَكْرُ السَّيِّئُ إِلَّا بِأَهْلِهِ فَهَلْ يَنظُرُونَ إِلَّا سُنَّتَ الْأَوَّلِينَ فَلَن تَجِدَ
لِسُنَّتِ اللَّهِ تَبْدِيلًا وَلَن تَجِدَ لِسُنَّتِ اللَّهِ تَحْوِيلًا (٤٣) أَوَلَمْ يَسِيرُوا فِي الْأَرْضِ
فَيَنظُرُوا كَيْفَ كَانَ عَاقِبَةُ الَّذِينَ مِن قَبْلِهِمْ وَكَانُوا أَشَدَّ مِنْهُمْ قُوَّةً وَمَا كَانَ اللَّهُ
لِيُعْجِزَهُ مِن شَيْءٍ فِي السَّمَاوَاتِ وَلَا فِي الْأَرْضِ إِنَّهُ كَانَ عَلِيمًا قَدِيرًا (٤٤) وَلَوْ
يُؤَاخِذُ اللَّهُ النَّاسَ بِمَا كَسَبُوا مَا تَرَكَ عَلَىٰ ظَهْرِهَا مِن دَابَّةٍ وَلَٰكِن يُؤَخِّرُهُمْ إِلَىٰ
أَجَلٍ مُّسَمًّى فَإِذَا جَاءَ أَجَلُهُمْ فَإِنَّ اللَّهَ كَانَ بِعِبَادِهِ بَصِيرًا (٤٥

SOURATE YA SIN

سورة يس

يس (١) وَالْقُرْآنِ الْحَكِيمِ (٢) إِنَّكَ لَمِنَ الْمُرْسَلِينَ (٣) عَلَىٰ صِرَاطٍ
مُّسْتَقِيمٍ (٤) تَنزِيلَ الْعَزِيزِ الرَّحِيمِ (٥) لِتُنذِرَ قَوْمًا مَّا أُنذِرَ آبَاؤُهُمْ فَهُمْ
غَافِلُونَ (٦) لَقَدْ حَقَّ الْقَوْلُ عَلَىٰ أَكْثَرِهِمْ فَهُمْ لَا يُؤْمِنُونَ (٧) إِنَّا جَعَلْنَا فِي
أَعْنَاقِهِمْ أَغْلَالاً فَهِيَ إِلَى الأَذْقَانِ فَهُم مُّقْمَحُونَ (٨) وَجَعَلْنَا مِن بَيْنِ أَيْدِيهِمْ سَدًّا
وَمِنْ خَلْفِهِمْ سَدًّا فَأَغْشَيْنَاهُمْ فَهُمْ لاَ يُبْصِرُونَ (٩) وَسَوَاءٌ عَلَيْهِمْ أَأَنذَرْتَهُمْ أَمْ لَمْ
تُنذِرْهُمْ لاَ يُؤْمِنُونَ (١٠) إِنَّمَا تُنذِرُ مَنِ اتَّبَعَ الذِّكْرَ وَخَشِيَ الرَّحْمَن بِالْغَيْبِ فَبَشِّرْهُ
بِمَغْفِرَةٍ وَأَجْرٍ كَرِيمٍ (١١) إِنَّا نَحْنُ نُحْيِي الْمَوْتَى وَنَكْتُبُ مَا قَدَّمُوا وَآثَارَهُمْ وَكُلَّ
شَيْءٍ أحْصَيْنَاهُ فِي إِمَامٍ مُبِينٍ (١٢) وَاضْرِبْ لَهُم مَّثَلاً أَصْحَابَ الْقَرْيَةِ إِذْ جَاءهَا
الْمُرْسَلُونَ (١٣) إِذْ أَرْسَلْنَا إِلَيْهِمُ اثْنَيْنِ فَكَذَّبُوهُمَا فَعَزَّزْنَا بِثَالِثٍ فَقَالُوا إِنَّا إِلَيْكُم
مُّرْسَلُونَ (١٤) قَالُوا مَا أَنتُمْ إِلاَّ بَشَرٌ مِّثْلُنَا وَمَا أَنزَلَ الرَّحْمن مِن شَيْءٍ إِنْ أَنتُمْ
إِلاَّ تَكْذِبُونَ (١٥) قَالُوا رَبُّنَا يَعْلَمُ إِنَّا إِلَيْكُمْ لَمُرْسَلُونَ (١٦) وَمَا عَلَيْنَا إِلاَّ الْبَلاَغُ
الْمُبِينُ (١٧) قَالُوا إِنَّا تَطَيَّرْنَا بِكُمْ لَئِن لَّمْ تَنتَهُوا لَنَرْجُمَنَّكُمْ وَلَيَمَسَّنَّكُم مِّنَّا عَذَابٌ
أَلِيمٌ (١٨) قَالُوا طَائِرُكُم مَعَكُمْ أَئِن ذُكِّرْتُم بَلْ أَنتُمْ قَوْمٌ مُّسْرِفُونَ (١٩) وَجَاء مِنْ
أَقْصَى الْمَدِينَةِ رَجُلٌ يَسْعَى قَالَ يَا قَوْمِ اتَّبِعُوا الْمُرْسَلِينَ (٢٠) اتَّبِعُوا مَن لاَّ
يَسْأَلُكُمْ أَجْرًا وَهُم مُّهْتَدُونَ (٢١) وَمَا لِي لاَ أَعْبُدُ الَّذِي فَطَرَنِي وَإِلَيْهِ
تُرْجَعُونَ (٢٢) أَأَتَّخِذُ مِن دُونِهِ آلِهَةً إِن يُرِدْنِ الرَّحْمَن بِضُرٍّ لاَّ تُغْنِ عَنِّي
شَفَاعَتُهُمْ شَيْئًا وَلاَ يُنقِذُونِ (٢٣) إِنِّي إِذًا لَّفِي ضَلاَلٍ مُّبِينٍ (٢٤) إِنِّي آمَنتُ بِرَبِّكُمْ
فَاسْمَعُونِ (٢٥) قِيلَ ادْخُلِ الْجَنَّةَ قَالَ يَا لَيْتَ قَوْمِي يَعْلَمُونَ (٢٦) بِمَا غَفَرَ لِي
رَبِّي وَجَعَلَنِي مِنَ الْمُكْرَمِينَ (٢٧) وَمَا أَنزَلْنَا عَلَى قَوْمِهِ مِن بَعْدِهِ مِنْ جُندٍ مِّنَ

السَّمَاء وَمَا كُنَّا مُنزِلِينَ (٢٨) إِن كَانَتْ إِلاَّ صَيْحَةً وَاحِدَةً فَإِذَا هُمْ خَامِدُونَ (٢٩) يَا حَسْرَةً عَلَى الْعِبَادِ مَا يَأْتِيهِم مِّن رَّسُولٍ إِلاَّ كَانُوا بِهِ يَسْتَهْزِؤُون (٣٠) أَلَمْ يَرَوْا كَمْ أَهْلَكْنَا قَبْلَهُم مِّنَ الْقُرُونِ أَنَّهُمْ إِلَيْهِمْ لاَ يَرْجِعُونَ (٣١) وَإِن كُلٌّ لَّمَّا جَمِيعٌ لَّدَيْنَا مُحْضَرُونَ (٣٢) وَآيَةٌ لَّهُمُ الأَرْضُ الْمَيْتَةُ أَحْيَيْنَاهَا وَأَخْرَجْنَا مِنْهَا حَبًّا فَمِنْهُ يَأْكُلُونَ (٣٣) وَجَعَلْنَا فِيهَا جَنَّاتٍ مِن نَّخِيلٍ وَأَعْنَابٍ وَفَجَّرْنَا فِيهَا مِنَ الْعُيُونِ (٣٤) لِيَأْكُلُوا مِن ثَمَرِهِ وَمَا عَمِلَتْهُ أَيْدِيهِمْ أَفَلاَ يَشْكُرُونَ (٣٥) سُبْحَانَ الَّذِي خَلَقَ الأَزْوَاجَ كُلَّهَا مِمَّا تُنبِتُ الأَرْضُ وَمِنْ أَنفُسِهِمْ وَمِمَّا لاَ يَعْلَمُونَ (٣٦) وَآيَةٌ لَّهُمْ اللَّيْلُ نَسْلَخُ مِنْهُ النَّهَارَ فَإِذَا هُم مُّظْلِمُونَ (٣٧) وَالشَّمْسُ تَجْرِي لِمُسْتَقَرٍّ لَّهَا ذَلِكَ تَقْدِيرُ الْعَزِيزِ الْعَلِيمِ (٣٨) وَالْقَمَرَ قَدَّرْنَاهُ مَنَازِلَ حَتَّى عَادَ كَالْعُرْجُونِ الْقَدِيمِ (٣٩) لاَ الشَّمْسُ يَنبَغِي لَهَا أَن تُدْرِكَ الْقَمَرَ وَلاَ اللَّيْلُ سَابِقُ النَّهَارِ وَكُلٌّ فِي فَلَكٍ يَسْبَحُونَ (٤٠) وَآيَةٌ لَّهُمْ أَنَّا حَمَلْنَا ذُرِّيَّتَهُمْ فِي الْفُلْكِ الْمَشْحُونِ (٤١) وَخَلَقْنَا لَهُم مِّن مِّثْلِهِ مَا يَرْكَبُونَ (٤٢) وَإِن نَّشَأْ نُغْرِقْهُمْ فَلاَ صَرِيخَ لَهُمْ وَلاَ هُمْ يُنقَذُونَ (٤٣) إِلاَّ رَحْمَةً مِّنَّا وَمَتَاعًا إِلَى حِينٍ (٤٤) وَإِذَا قِيلَ لَهُمُ اتَّقُوا مَا بَيْنَ أَيْدِيكُمْ وَمَا خَلْفَكُمْ لَعَلَّكُمْ تُرْحَمُونَ (٤٥) وَمَا تَأْتِيهِم مِّنْ آيَةٍ مِّنْ آيَاتِ رَبِّهِمْ إِلاَّ كَانُوا عَنْهَا مُعْرِضِينَ (٤٦) وَإِذَا قِيلَ لَهُمْ أَنفِقُوا مِمَّا رَزَقَكُمْ اللَّهُ قَالَ الَّذِينَ كَفَرُوا لِلَّذِينَ آمَنُوا أَنُطْعِمُ مَن لَّوْ يَشَاء اللَّهُ أَطْعَمَهُ إِنْ أَنتُمْ إِلاَّ فِي ضَلاَلٍ مُّبِينٍ (٤٧) وَيَقُولُونَ مَتَى هَذَا الْوَعْدُ إِن كُنتُمْ صَادِقِينَ (٤٨) مَا يَنظُرُونَ إِلاَّ صَيْحَةً وَاحِدَةً تَأْخُذُهُمْ وَهُمْ يَخِصِّمُونَ (٤٩) فَلاَ يَسْتَطِيعُونَ تَوْصِيَةً وَلاَ إِلَى أَهْلِهِمْ يَرْجِعُونَ (٥٠) وَنُفِخَ فِي الصُّورِ فَإِذَا هُم مِّنَ الأَجْدَاثِ إِلَى رَبِّهِمْ يَنسِلُونَ (٥١) قَالُوا يَا وَيْلَنَا مَن بَعَثَنَا مِن مَّرْقَدِنَا هَذَا مَا وَعَدَ الرَّحْمَنُ وَصَدَقَ الْمُرْسَلُونَ (٥٢) إِن كَانَتْ إِلاَّ صَيْحَةً وَاحِدَةً فَإِذَا هُمْ جَمِيعٌ لَّدَيْنَا مُحْضَرُونَ (٥٣) فَالْيَوْمَ لاَ تُظْلَمُ نَفْسٌ شَيْئًا وَلاَ تُجْزَوْنَ إِلاَّ مَا كُنتُمْ تَعْمَلُونَ (٥٤) إِنَّ أَصْحَابَ الْجَنَّةِ الْيَوْمَ فِي شُغُلٍ فَاكِهُونَ (٥٥) هُمْ وَأَزْوَاجُهُمْ فِي ظِلاَلٍ عَلَى الأَرَائِكِ مُتَّكِؤُونَ (٥٦) لَهُمْ فِيهَا فَاكِهَةٌ وَلَهُم مَّا يَدَّعُونَ (٥٧) سَلاَمٌ قَوْلاً مِن رَّبٍّ رَّحِيمٍ (٥٨) وَامْتَازُوا الْيَوْمَ أَيُّهَا الْمُجْرِمُونَ (٥٩) أَلَمْ أَعْهَدْ إِلَيْكُمْ يَا بَنِي آدَمَ أَن لاَّ تَعْبُدُوا الشَّيْطَانَ إِنَّهُ لَكُمْ عَدُوٌّ مُّبِينٌ (٦٠) وَأَنْ اعْبُدُونِي هَذَا صِرَاطٌ مُّسْتَقِيمٌ (٦١) وَلَقَدْ أَضَلَّ مِنكُمْ جِبِلاًّ كَثِيرًا أَفَلَمْ تَكُونُوا تَعْقِلُونَ (٦٢) هَذِهِ جَهَنَّمُ الَّتِي كُنتُمْ تُوعَدُونَ (٦٣) اصْلَوْهَا الْيَوْمَ بِمَا كُنتُمْ تَكْفُرُونَ (٦٤) الْيَوْمَ نَخْتِمُ عَلَى أَفْوَاهِهِمْ وَتُكَلِّمُنَا أَيْدِيهِمْ وَتَشْهَدُ أَرْجُلُهُم بِمَا كَانُوا يَكْسِبُونَ (٦٥) وَلَوْ نَشَاء لَطَمَسْنَا عَلَى أَعْيُنِهِمْ فَاسْتَبَقُوا الصِّرَاطَ فَأَنَّى يُبْصِرُونَ (٦٦) وَلَوْ نَشَاء

لَمَسَخْنَاهُمْ عَلَى مَكَانَتِهِمْ فَمَا اسْتَطَاعُوا مُضِيًّا وَلَا يَرْجِعُونَ (٦٧) وَمَنْ نُعَمِّرْهُ
نُنَكِّسْهُ فِي الْخَلْقِ أَفَلَا يَعْقِلُونَ (٦٨) وَمَا عَلَّمْنَاهُ الشِّعْرَ وَمَا يَنبَغِي لَهُ إِنْ هُوَ إِلَّا
ذِكْرٌ وَقُرْآنٌ مُّبِينٌ (٦٩) لِيُنذِرَ مَن كَانَ حَيًّا وَيَحِقَّ الْقَوْلُ عَلَى
الْكَافِرِينَ (٧٠) أَوَلَمْ يَرَوْا أَنَّا خَلَقْنَا لَهُم مِّمَّا عَمِلَتْ أَيْدِينَا أَنْعَامًا فَهُمْ لَهَا
مَالِكُونَ (٧١) وَذَلَّلْنَاهَا لَهُمْ فَمِنْهَا رَكُوبُهُمْ وَمِنْهَا يَأْكُلُونَ (٧٢) وَلَهُمْ فِيهَا مَنَافِعُ
وَمَشَارِبُ أَفَلَا يَشْكُرُونَ (٧٣) وَاتَّخَذُوا مِن دُونِ اللَّهِ آلِهَةً لَّعَلَّهُمْ
يُنصَرُونَ (٧٤) لَا يَسْتَطِيعُونَ نَصْرَهُمْ وَهُمْ لَهُمْ جُندٌ مُّحْضَرُونَ (٧٥) فَلَا
يَحْزُنكَ قَوْلُهُمْ إِنَّا نَعْلَمُ مَا يُسِرُّونَ وَمَا يُعْلِنُونَ (٧٦) أَوَلَمْ يَرَ الْإِنسَانُ أَنَّا خَلَقْنَاهُ
مِن نُّطْفَةٍ فَإِذَا هُوَ خَصِيمٌ مُّبِينٌ (٧٧) وَضَرَبَ لَنَا مَثَلًا وَنَسِيَ خَلْقَهُ قَالَ مَنْ يُحْيِي
الْعِظَامَ وَهِيَ رَمِيمٌ (٧٨) قُلْ يُحْيِيهَا الَّذِي أَنشَأَهَا أَوَّلَ مَرَّةٍ وَهُوَ بِكُلِّ خَلْقٍ
عَلِيمٌ (٧٩) الَّذِي جَعَلَ لَكُم مِّنَ الشَّجَرِ الْأَخْضَرِ نَارًا فَإِذَا أَنتُم مِّنْهُ
تُوقِدُونَ (٨٠) أَوَلَيْسَ الَّذِي خَلَقَ السَّمَاوَاتِ وَالْأَرْضَ بِقَادِرٍ عَلَى أَنْ يَخْلُقَ مِثْلَهُم
بَلَى وَهُوَ الْخَلَّاقُ الْعَلِيمُ (٨١) إِنَّمَا أَمْرُهُ إِذَا أَرَادَ شَيْئًا أَنْ يَقُولَ لَهُ كُن
فَيَكُونُ (٨٢) فَسُبْحَانَ الَّذِي بِيَدِهِ مَلَكُوتُ كُلِّ شَيْءٍ وَإِلَيْهِ تُرْجَعُونَ (٨٣

SOURATE AS SAFFAT
سورة الصّافّات

وَالصَّافَّاتِ صَفًّا (١) فَالزَّاجِرَاتِ زَجْرًا (٢) فَالتَّالِيَاتِ ذِكْرًا (٣) إِنَّ إِلَٰهَكُمْ
لَوَاحِدٌ (٤) رَبُّ السَّمَاوَاتِ وَالْأَرْضِ وَمَا بَيْنَهُمَا وَرَبُّ الْمَشَارِقِ (٥) إِنَّا زَيَّنَّا
السَّمَاءَ الدُّنْيَا بِزِينَةٍ الْكَوَاكِبِ (٦) وَحِفْظًا مِّن كُلِّ شَيْطَانٍ مَّارِدٍ (٧) لَا يَسَّمَّعُونَ
إِلَى الْمَلَإِ الْأَعْلَى وَيُقْذَفُونَ مِن كُلِّ جَانِبٍ (٨) دُحُورًا وَلَهُمْ عَذَابٌ
وَاصِبٌ (٩) إِلَّا مَنْ خَطِفَ الْخَطْفَةَ فَأَتْبَعَهُ شِهَابٌ ثَاقِبٌ (١٠) فَاسْتَفْتِهِمْ أَهُمْ أَشَدُّ
خَلْقًا أَم مَّنْ خَلَقْنَا إِنَّا خَلَقْنَاهُم مِّن طِينٍ لَّازِبٍ (١١) بَلْ عَجِبْتَ
وَيَسْخَرُونَ (١٢) وَإِذَا ذُكِّرُوا لَا يَذْكُرُونَ (١٣) وَإِذَا رَأَوْا آيَةً
يَسْتَسْخِرُونَ (١٤) وَقَالُوا إِنْ هَٰذَا إِلَّا سِحْرٌ مُّبِينٌ (١٥) أَئِذَا مِتْنَا وَكُنَّا تُرَابًا
وَعِظَامًا أَئِنَّا لَمَبْعُوثُونَ (١٦) أَوَآبَاؤُنَا الْأَوَّلُونَ (١٧) قُلْ نَعَمْ وَأَنتُمْ
دَاخِرُونَ (١٨) فَإِنَّمَا هِيَ زَجْرَةٌ وَاحِدَةٌ فَإِذَا هُمْ يَنظُرُونَ (١٩) وَقَالُوا يَا وَيْلَنَا هَٰذَا
يَوْمُ الدِّينِ (٢٠) هَٰذَا يَوْمُ الْفَصْلِ الَّذِي كُنتُم بِهِ تُكَذِّبُونَ (٢١) احْشُرُوا الَّذِينَ
ظَلَمُوا وَأَزْوَاجَهُمْ وَمَا كَانُوا يَعْبُدُونَ (٢٢) مِن دُونِ اللَّهِ فَاهْدُوهُمْ إِلَى صِرَاطِ

الْجَحِيمِ (٢٣) وَقِفُوهُمْ إِنَّهُم مَّسْئُولُونَ (٢٤) مَا لَكُمْ لَا تَنَاصَرُونَ (٢٥) بَلْ هُمُ الْيَوْمَ مُسْتَسْلِمُونَ (٢٦) وَأَقْبَلَ بَعْضُهُمْ عَلَى بَعْضٍ يَتَسَاءلُونَ (٢٧) قَالُوا إِنَّكُمْ كُنتُمْ تَأْتُونَنَا عَنِ الْيَمِينِ (٢٨) قَالُوا بَل لَّمْ تَكُونُوا مُؤْمِنِينَ (٢٩) وَمَا كَانَ لَنَا عَلَيْكُم مِّن سُلْطَانٍ بَلْ كُنتُمْ قَوْمًا طَاغِينَ (٣٠) فَحَقَّ عَلَيْنَا قَوْلُ رَبِّنَا إِنَّا لَذَائِقُونَ (٣١) فَأَغْوَيْنَاكُمْ إِنَّا كُنَّا غَاوِينَ (٣٢) فَإِنَّهُمْ يَوْمَئِذٍ فِي الْعَذَابِ مُشْتَرِكُونَ (٣٣) إِنَّا كَذَلِكَ نَفْعَلُ بِالْمُجْرِمِينَ (٣٤) إِنَّهُمْ كَانُوا إِذَا قِيلَ لَهُمْ لَا إِلَهَ إِلَّا اللَّهُ يَسْتَكْبِرُونَ (٣٥) وَيَقُولُونَ أَئِنَّا لَتَارِكُوا آلِهَتِنَا لِشَاعِرٍ مَّجْنُونٍ (٣٦) بَلْ جَاء بِالْحَقِّ وَصَدَّقَ الْمُرْسَلِينَ (٣٧) إِنَّكُمْ لَذَائِقُو الْعَذَابِ الْأَلِيمِ (٣٨) وَمَا تُجْزَوْنَ إِلَّا مَا كُنتُمْ تَعْمَلُونَ (٣٩) إِلَّا عِبَادَ اللَّهِ الْمُخْلَصِينَ (٤٠) أُوْلَئِكَ لَهُمْ رِزْقٌ مَّعْلُومٌ (٤١) فَوَاكِهُ وَهُم مُّكْرَمُونَ (٤٢) فِي جَنَّاتِ النَّعِيمِ (٤٣) عَلَى سُرُرٍ مُّتَقَابِلِينَ (٤٤) يُطَافُ عَلَيْهِم بِكَأْسٍ مِن مَّعِينٍ (٤٥) بَيْضَاء لَذَّةٍ لِّلشَّارِبِينَ (٤٦) لَا فِيهَا غَوْلٌ وَلَا هُمْ عَنْهَا يُنزَفُونَ (٤٧) وَعِندَهُمْ قَاصِرَاتُ الطَّرْفِ عِينٌ (٤٨) كَأَنَّهُنَّ بَيْضٌ مَّكْنُونٌ (٤٩) فَأَقْبَلَ بَعْضُهُمْ عَلَى بَعْضٍ يَتَسَاءلُونَ (٥٠) قَالَ قَائِلٌ مِّنْهُمْ إِنِّي كَانَ لِي قَرِينٌ (٥١) يَقُولُ أَئِنَّكَ لَمِنْ الْمُصَدِّقِينَ (٥٢) أَئِذَا مِتْنَا وَكُنَّا تُرَابًا وَعِظَامًا أَئِنَّا لَمَدِينُونَ (٥٣) قَالَ هَلْ أَنتُم مُّطَّلِعُونَ (٥٤) فَاطَّلَعَ فَرَآهُ فِي سَوَاء الْجَحِيمِ (٥٥) قَالَ تَاللَّهِ إِنْ كِدتَّ لَتُرْدِينِ (٥٦) وَلَوْلَا نِعْمَةُ رَبِّي لَكُنتُ مِنَ الْمُحْضَرِينَ (٥٧) أَفَمَا نَحْنُ بِمَيِّتِينَ (٥٨) إِلَّا مَوْتَتَنَا الْأُولَى وَمَا نَحْنُ بِمُعَذَّبِينَ (٥٩) إِنَّ هَذَا لَهُوَ الْفَوْزُ الْعَظِيمُ (٦٠) لِمِثْلِ هَذَا فَلْيَعْمَلْ الْعَامِلُونَ (٦١) أَذَلِكَ خَيْرٌ نُّزُلًا أَمْ شَجَرَةُ الزَّقُّومِ (٦٢) إِنَّا جَعَلْنَاهَا فِتْنَةً لِّلظَّالِمِينَ (٦٣) إِنَّهَا شَجَرَةٌ تَخْرُجُ فِي أَصْلِ الْجَحِيمِ (٦٤) طَلْعُهَا كَأَنَّهُ رُؤُوسُ الشَّيَاطِينِ (٦٥) فَإِنَّهُمْ لَآكِلُونَ مِنْهَا فَمَالِؤُونَ مِنْهَا الْبُطُونَ (٦٦) ثُمَّ إِنَّ لَهُمْ عَلَيْهَا لَشَوْبًا مِّنْ حَمِيمٍ (٦٧) ثُمَّ إِنَّ مَرْجِعَهُمْ لَإِلَى الْجَحِيمِ (٦٨) إِنَّهُمْ أَلْفَوْا آبَاءهُمْ ضَالِّينَ (٦٩) فَهُمْ عَلَى آثَارِهِمْ يُهْرَعُونَ (٧٠) وَلَقَدْ ضَلَّ قَبْلَهُمْ أَكْثَرُ الْأَوَّلِينَ (٧١) وَلَقَدْ أَرْسَلْنَا فِيهِم مُّنذِرِينَ (٧٢) فَانظُرْ كَيْفَ كَانَ عَاقِبَةُ الْمُنذَرِينَ (٧٣) إِلَّا عِبَادَ اللَّهِ الْمُخْلَصِينَ (٧٤) وَلَقَدْ نَادَانَا نُوحٌ فَلَنِعْمَ الْمُجِيبُونَ (٧٥) وَنَجَّيْنَاهُ وَأَهْلَهُ مِنَ الْكَرْبِ الْعَظِيمِ (٧٦) وَجَعَلْنَا ذُرِّيَّتَهُ هُمُ الْبَاقِينَ (٧٧) وَتَرَكْنَا عَلَيْهِ فِي الْآخِرِينَ (٧٨) سَلَامٌ عَلَى نُوحٍ فِي الْعَالَمِينَ (٧٩) إِنَّا كَذَلِكَ نَجْزِي الْمُحْسِنِينَ (٨٠) إِنَّهُ مِنْ عِبَادِنَا الْمُؤْمِنِينَ (٨١) ثُمَّ أَغْرَقْنَا الْآخَرِينَ (٨٢) وَإِنَّ مِن شِيعَتِهِ لَإِبْرَاهِيمَ (٨٣) إِذْ جَاء رَبَّهُ بِقَلْبٍ سَلِيمٍ (٨٤) إِذْ قَالَ لِأَبِيهِ وَقَوْمِهِ مَاذَا تَعْبُدُونَ (٨٥) أَئِفْكًا آلِهَةً دُونَ اللَّهِ تُرِيدُونَ (٨٦) فَمَا ظَنُّكُم بِرَبِّ

الْعَالَمِينَ (٨٧) فَنَظَرَ نَظْرَةً فِي النُّجُومِ (٨٨) فَقَالَ إِنِّي سَقِيمٌ (٨٩) فَتَوَلَّوْا عَنْهُ
مُدْبِرِينَ (٩٠) فَرَاغَ إِلَى آلِهَتِهِمْ فَقَالَ أَلَا تَأْكُلُونَ (٩١) مَا لَكُمْ لَا
تَنطِقُونَ (٩٢) فَرَاغَ عَلَيْهِمْ ضَرْبًا بِالْيَمِينِ (٩٣) فَأَقْبَلُوا إِلَيْهِ يَزِفُّونَ (٩٤) قَالَ
أَتَعْبُدُونَ مَا تَنْحِتُونَ (٩٥) وَاللَّهُ خَلَقَكُمْ وَمَا تَعْمَلُونَ (٩٦) قَالُوا ابْنُوا لَهُ بُنْيَانًا
فَأَلْقُوهُ فِي الْجَحِيمِ (٩٧) فَأَرَادُوا بِهِ كَيْدًا فَجَعَلْنَاهُمُ الْأَسْفَلِينَ (٩٨) وَقَالَ إِنِّي
ذَاهِبٌ إِلَى رَبِّي سَيَهْدِينِ (٩٩) رَبِّ هَبْ لِي مِنَ الصَّالِحِينَ (١٠٠) فَبَشَّرْنَاهُ
بِغُلَامٍ حَلِيمٍ (١٠١) فَلَمَّا بَلَغَ مَعَهُ السَّعْيَ قَالَ يَا بُنَيَّ إِنِّي أَرَى فِي الْمَنَامِ أَنِّي
أَذْبَحُكَ فَانظُرْ مَاذَا تَرَى قَالَ يَا أَبَتِ افْعَلْ مَا تُؤْمَرُ سَتَجِدُنِي إِن شَاءَ اللَّهُ مِنَ
الصَّابِرِينَ (١٠٢) فَلَمَّا أَسْلَمَا وَتَلَّهُ لِلْجَبِينِ (١٠٣) وَنَادَيْنَاهُ أَنْ يَا
إِبْرَاهِيمُ (١٠٤) قَدْ صَدَّقْتَ الرُّؤْيَا إِنَّا كَذَلِكَ نَجْزِي الْمُحْسِنِينَ (١٠٥) إِنَّ هَذَا لَهُوَ
الْبَلَاءُ الْمُبِينُ (١٠٦) وَفَدَيْنَاهُ بِذِبْحٍ عَظِيمٍ (١٠٧) وَتَرَكْنَا عَلَيْهِ فِي
الْآخِرِينَ (١٠٨) سَلَامٌ عَلَى إِبْرَاهِيمَ (١٠٩) كَذَلِكَ نَجْزِي الْمُحْسِنِينَ (١١٠) إِنَّهُ
مِنْ عِبَادِنَا الْمُؤْمِنِينَ (١١١) وَبَشَّرْنَاهُ بِإِسْحَقَ نَبِيًّا مِّنَ الصَّالِحِينَ (١١٢) وَبَارَكْنَا
عَلَيْهِ وَعَلَى إِسْحَقَ وَمِن ذُرِّيَّتِهِمَا مُحْسِنٌ وَظَالِمٌ لِّنَفْسِهِ مُبِينٌ (١١٣) وَلَقَدْ مَنَنَّا
عَلَى مُوسَى وَهَارُونَ (١١٤) وَنَجَّيْنَاهُمَا وَقَوْمَهُمَا مِنَ الْكَرْبِ
الْعَظِيمِ (١١٥) وَنَصَرْنَاهُمْ فَكَانُوا هُمُ الْغَالِبِينَ (١١٦) وَآتَيْنَاهُمَا الْكِتَابَ
الْمُسْتَبِينَ (١١٧) وَهَدَيْنَاهُمَا الصِّرَاطَ الْمُسْتَقِيمَ (١١٨) وَتَرَكْنَا عَلَيْهِمَا فِي
الْآخِرِينَ (١١٩) سَلَامٌ عَلَى مُوسَى وَهَارُونَ (١٢٠) إِنَّا كَذَلِكَ نَجْزِي
الْمُحْسِنِينَ (١٢١) إِنَّهُمَا مِنْ عِبَادِنَا الْمُؤْمِنِينَ (١٢٢) وَإِنَّ إِلْيَاسَ لَمِنَ
الْمُرْسَلِينَ (١٢٣) إِذْ قَالَ لِقَوْمِهِ أَلَا تَتَّقُونَ (١٢٤) أَتَدْعُونَ بَعْلًا وَتَذَرُونَ أَحْسَنَ
الْخَالِقِينَ (١٢٥) وَاللَّهَ رَبَّكُمْ وَرَبَّ آبَائِكُمُ الْأَوَّلِينَ (١٢٦) فَكَذَّبُوهُ فَإِنَّهُمْ
لَمُحْضَرُونَ (١٢٧) إِلَّا عِبَادَ اللَّهِ الْمُخْلَصِينَ (١٢٨) وَتَرَكْنَا عَلَيْهِ فِي
الْآخِرِينَ (١٢٩) سَلَامٌ عَلَى إِلْ يَاسِينَ (١٣٠) إِنَّا كَذَلِكَ نَجْزِي
الْمُحْسِنِينَ (١٣١) إِنَّهُ مِنْ عِبَادِنَا الْمُؤْمِنِينَ (١٣٢) وَإِنَّ لُوطًا لَّمِنَ
الْمُرْسَلِينَ (١٣٣) إِذْ نَجَّيْنَاهُ وَأَهْلَهُ أَجْمَعِينَ (١٣٤) إِلَّا عَجُوزًا فِي
الْغَابِرِينَ (١٣٥) ثُمَّ دَمَّرْنَا الْآخَرِينَ (١٣٦) وَإِنَّكُمْ لَتَمُرُّونَ عَلَيْهِم
مُّصْبِحِينَ (١٣٧) وَبِاللَّيْلِ أَفَلَا تَعْقِلُونَ (١٣٨) وَإِنَّ يُونُسَ لَمِنَ
الْمُرْسَلِينَ (١٣٩) إِذْ أَبَقَ إِلَى الْفُلْكِ الْمَشْحُونِ (١٤٠) فَسَاهَمَ فَكَانَ مِنَ
الْمُدْحَضِينَ (١٤١) فَالْتَقَمَهُ الْحُوتُ وَهُوَ مُلِيمٌ (١٤٢) فَلَوْلَا أَنَّهُ كَانَ مِنَ
الْمُسَبِّحِينَ (١٤٣) لَلَبِثَ فِي بَطْنِهِ إِلَى يَوْمِ يُبْعَثُونَ (١٤٤) فَنَبَذْنَاهُ بِالْعَرَاءِ وَهُوَ
سَقِيمٌ (١٤٥) وَأَنبَتْنَا عَلَيْهِ شَجَرَةً مِّن يَقْطِينٍ (١٤٦) وَأَرْسَلْنَاهُ إِلَى مِئَةِ أَلْفٍ أَوْ

يَزِيدُونَ (١٤٧) فَآمَنُوا فَمَتَّعْنَاهُمْ إِلَى حِينٍ (١٤٨) فَاسْتَفْتِهِمْ أَلِرَبِّكَ الْبَنَاتُ وَلَهُمُ الْبَنُونَ (١٤٩) أَمْ خَلَقْنَا الْمَلَائِكَةَ إِنَاثًا وَهُمْ شَاهِدُونَ (١٥٠) أَلَا إِنَّهُم مِّنْ إِفْكِهِمْ لَيَقُولُونَ (١٥١) وَلَدَ اللَّهُ وَإِنَّهُمْ لَكَاذِبُونَ (١٥٢) أَصْطَفَى الْبَنَاتِ عَلَى الْبَنِينَ (١٥٣) مَا لَكُمْ كَيْفَ تَحْكُمُونَ (١٥٤) أَفَلَا تَذَكَّرُونَ (١٥٥) أَمْ لَكُمْ سُلْطَانٌ مُّبِينٌ (١٥٦) فَأْتُوا بِكِتَابِكُمْ إِن كُنتُمْ صَادِقِينَ (١٥٧) وَجَعَلُوا بَيْنَهُ وَبَيْنَ الْجِنَّةِ نَسَبًا وَلَقَدْ عَلِمَتِ الْجِنَّةُ إِنَّهُمْ لَمُحْضَرُونَ (١٥٨) سُبْحَانَ اللَّهِ عَمَّا يَصِفُونَ (١٥٩) إِلَّا عِبَادَ اللَّهِ الْمُخْلَصِينَ (١٦٠) فَإِنَّكُمْ وَمَا تَعْبُدُونَ (١٦١) مَا أَنتُمْ عَلَيْهِ بِفَاتِنِينَ (١٦٢) إِلَّا مَنْ هُوَ صَالِ الْجَحِيمِ (١٦٣) وَمَا مِنَّا إِلَّا لَهُ مَقَامٌ مَّعْلُومٌ (١٦٤) وَإِنَّا لَنَحْنُ الصَّافُّونَ (١٦٥) وَإِنَّا لَنَحْنُ الْمُسَبِّحُونَ (١٦٦) وَإِن كَانُوا لَيَقُولُونَ (١٦٧) لَوْ أَنَّ عِندَنَا ذِكْرًا مِّنَ الْأَوَّلِينَ (١٦٨) لَكُنَّا عِبَادَ اللَّهِ الْمُخْلَصِينَ (١٦٩) فَكَفَرُوا بِهِ فَسَوْفَ يَعْلَمُونَ (١٧٠) وَلَقَدْ سَبَقَتْ كَلِمَتُنَا لِعِبَادِنَا الْمُرْسَلِينَ (١٧١) إِنَّهُمْ لَهُمُ الْمَنصُورُونَ (١٧٢) وَإِنَّ جُندَنَا لَهُمُ الْغَالِبُونَ (١٧٣) فَتَوَلَّ عَنْهُمْ حَتَّى حِينٍ (١٧٤) وَأَبْصِرْهُمْ فَسَوْفَ يُبْصِرُونَ (١٧٥) أَفَبِعَذَابِنَا يَسْتَعْجِلُونَ (١٧٦) فَإِذَا نَزَلَ بِسَاحَتِهِمْ فَسَاءَ صَبَاحُ الْمُنذَرِينَ (١٧٧) وَتَوَلَّ عَنْهُمْ حَتَّى حِينٍ (١٧٨) وَأَبْصِرْ فَسَوْفَ يُبْصِرُونَ (١٧٩) سُبْحَانَ رَبِّكَ رَبِّ الْعِزَّةِ عَمَّا يَصِفُونَ (١٨٠) وَسَلَامٌ عَلَى الْمُرْسَلِينَ (١٨١) وَالْحَمْدُ لِلَّهِ رَبِّ الْعَالَمِينَ (١٨٢

SOURATE SAD

سورة ص

ص وَالْقُرْآنِ ذِي الذِّكْرِ (١) بَلِ الَّذِينَ كَفَرُوا فِي عِزَّةٍ وَشِقَاقٍ (٢) كَمْ أَهْلَكْنَا مِن قَبْلِهِم مِّن قَرْنٍ فَنَادَوْا وَلَاتَ حِينَ مَنَاصٍ (٣) وَعَجِبُوا أَن جَاءَهُم مُّنذِرٌ مِّنْهُمْ وَقَالَ الْكَافِرُونَ هَذَا سَاحِرٌ كَذَّابٌ (٤) أَجَعَلَ الْآلِهَةَ إِلَهًا وَاحِدًا إِنَّ هَذَا لَشَيْءٌ عُجَابٌ (٥) وَانطَلَقَ الْمَلَأُ مِنْهُمْ أَنِ امْشُوا وَاصْبِرُوا عَلَى آلِهَتِكُمْ إِنَّ هَذَا لَشَيْءٌ يُرَادُ (٦) مَا سَمِعْنَا بِهَذَا فِي الْمِلَّةِ الْآخِرَةِ إِنْ هَذَا إِلَّا اخْتِلَاقٌ (٧) أَأُنزِلَ عَلَيْهِ

الذِّكْرُ مِن بَيْنِنَا بَلْ هُمْ فِي شَكٍّ مِّن ذِكْرِي بَل لَّمَّا يَذُوقُوا عَذَابِ (٨) أَمْ عِندَهُمْ خَزَائِنُ رَحْمَةِ رَبِّكَ الْعَزِيزِ الْوَهَّابِ (٩) أَمْ لَهُم مُّلْكُ السَّمَاوَاتِ وَالْأَرْضِ وَمَا بَيْنَهُمَا فَلْيَرْتَقُوا فِي الْأَسْبَابِ (١٠) جُندٌ مَّا هُنَالِكَ مَهْزُومٌ مِّنَ الْأَحْزَابِ (١١) كَذَّبَتْ قَبْلَهُمْ قَوْمُ نُوحٍ وَعَادٌ وَفِرْعَوْنُ ذُو الْأَوْتَادِ (١٢) وَثَمُودُ وَقَوْمُ لُوطٍ وَأَصْحَابُ الْأَيْكَةِ أُولَئِكَ الْأَحْزَابُ (١٣) إِن كُلٌّ إِلَّا كَذَّبَ الرُّسُلَ فَحَقَّ عِقَابِ (١٤) وَمَا يَنظُرُ هَؤُلَاءِ إِلَّا صَيْحَةً وَاحِدَةً مَّا لَهَا مِن فَوَاقٍ (١٥) وَقَالُوا رَبَّنَا عَجِّل لَّنَا قِطَّنَا قَبْلَ يَوْمِ الْحِسَابِ (١٦) اصْبِرْ عَلَى مَا يَقُولُونَ وَاذْكُرْ عَبْدَنَا دَاوُودَ ذَا الْأَيْدِ إِنَّهُ أَوَّابٌ (١٧) إِنَّا سَخَّرْنَا الْجِبَالَ مَعَهُ يُسَبِّحْنَ بِالْعَشِيِّ وَالْإِشْرَاقِ (١٨) وَالطَّيْرَ مَحْشُورَةً كُلٌّ لَّهُ أَوَّابٌ (١٩) وَشَدَدْنَا مُلْكَهُ وَآتَيْنَاهُ الْحِكْمَةَ وَفَصْلَ الْخِطَابِ (٢٠) وَهَلْ أَتَاكَ نَبَأُ الْخَصْمِ إِذْ تَسَوَّرُوا الْمِحْرَابَ (٢١) إِذْ دَخَلُوا عَلَى دَاوُودَ فَفَزِعَ مِنْهُمْ قَالُوا لَا تَخَفْ خَصْمَانِ بَغَى بَعْضُنَا عَلَى بَعْضٍ فَاحْكُم بَيْنَنَا بِالْحَقِّ وَلَا تُشْطِطْ وَاهْدِنَا إِلَى سَوَاءِ الصِّرَاطِ (٢٢) إِنَّ هَذَا أَخِي لَهُ تِسْعٌ وَتِسْعُونَ نَعْجَةً وَلِيَ نَعْجَةٌ وَاحِدَةٌ فَقَالَ أَكْفِلْنِيهَا وَعَزَّنِي فِي الْخِطَابِ (٢٣) قَالَ لَقَدْ ظَلَمَكَ بِسُؤَالِ نَعْجَتِكَ إِلَى نِعَاجِهِ وَإِنَّ كَثِيرًا مِّنَ الْخُلَطَاءِ لَيَبْغِي بَعْضُهُمْ عَلَى بَعْضٍ إِلَّا الَّذِينَ آمَنُوا وَعَمِلُوا الصَّالِحَاتِ وَقَلِيلٌ مَّا هُمْ وَظَنَّ دَاوُودُ أَنَّمَا فَتَنَّاهُ فَاسْتَغْفَرَ رَبَّهُ وَخَرَّ رَاكِعًا وَأَنَابَ/ (٢٤) فَغَفَرْنَا لَهُ ذَلِكَ وَإِنَّ لَهُ عِندَنَا لَزُلْفَى وَحُسْنَ مَآبٍ (٢٥) يَا دَاوُودُ إِنَّا جَعَلْنَاكَ خَلِيفَةً فِي الْأَرْضِ فَاحْكُم بَيْنَ النَّاسِ بِالْحَقِّ وَلَا تَتَّبِعِ الْهَوَى فَيُضِلَّكَ عَن سَبِيلِ اللَّهِ إِنَّ الَّذِينَ يَضِلُّونَ عَن سَبِيلِ اللَّهِ لَهُمْ عَذَابٌ شَدِيدٌ بِمَا نَسُوا يَوْمَ الْحِسَابِ (٢٦) وَمَا خَلَقْنَا السَّمَاءَ وَالْأَرْضَ وَمَا بَيْنَهُمَا بَاطِلًا ذَلِكَ ظَنُّ الَّذِينَ كَفَرُوا فَوَيْلٌ لِّلَّذِينَ كَفَرُوا مِنَ النَّارِ (٢٧) أَمْ نَجْعَلُ الَّذِينَ آمَنُوا وَعَمِلُوا الصَّالِحَاتِ كَالْمُفْسِدِينَ فِي الْأَرْضِ أَمْ نَجْعَلُ الْمُتَّقِينَ كَالْفُجَّارِ (٢٨) كِتَابٌ أَنزَلْنَاهُ إِلَيْكَ مُبَارَكٌ لِّيَدَّبَّرُوا آيَاتِهِ وَلِيَتَذَكَّرَ أُولُو الْأَلْبَابِ (٢٩) وَوَهَبْنَا لِدَاوُودَ سُلَيْمَانَ نِعْمَ الْعَبْدُ إِنَّهُ أَوَّابٌ (٣٠) إِذْ عُرِضَ عَلَيْهِ بِالْعَشِيِّ الصَّافِنَاتُ الْجِيَادُ (٣١) فَقَالَ إِنِّي أَحْبَبْتُ حُبَّ الْخَيْرِ عَن ذِكْرِ رَبِّي حَتَّى تَوَارَتْ بِالْحِجَابِ (٣٢) رُدُّوهَا عَلَيَّ فَطَفِقَ مَسْحًا بِالسُّوقِ وَالْأَعْنَاقِ (٣٣) وَلَقَدْ فَتَنَّا سُلَيْمَانَ وَأَلْقَيْنَا عَلَى كُرْسِيِّهِ جَسَدًا ثُمَّ أَنَابَ (٣٤) قَالَ رَبِّ اغْفِرْ لِي وَهَبْ لِي مُلْكًا لَّا يَنبَغِي لِأَحَدٍ مِّنْ بَعْدِي إِنَّكَ أَنتَ الْوَهَّابُ (٣٥) فَسَخَّرْنَا لَهُ الرِّيحَ تَجْرِي بِأَمْرِهِ رُخَاءً حَيْثُ أَصَابَ (٣٦) وَالشَّيَاطِينَ كُلَّ بَنَّاءٍ وَغَوَّاصٍ (٣٧) وَآخَرِينَ مُقَرَّنِينَ فِي الْأَصْفَادِ (٣٨) هَذَا عَطَاؤُنَا فَامْنُنْ أَوْ أَمْسِكْ بِغَيْرِ حِسَابٍ (٣٩) وَإِنَّ لَهُ عِندَنَا لَزُلْفَى وَحُسْنَ مَآبٍ (٤٠) وَاذْكُرْ عَبْدَنَا أَيُّوبَ إِذْ نَادَى رَبَّهُ أَنِّي مَسَّنِيَ الشَّيْطَانُ

بِنُصْبٍ وَعَذَابٍ (٤١) ارْكُضْ بِرِجْلِكَ هَذَا مُغْتَسَلٌ بَارِدٌ وَشَرَابٌ (٤٢) وَوَهَبْنَا لَهُ أَهْلَهُ وَمِثْلَهُم مَّعَهُمْ رَحْمَةً مِّنَّا وَذِكْرَى لِأُولِي الْأَلْبَابِ (٤٣) وَخُذْ بِيَدِكَ ضِغْثًا فَاضْرِب بِّهِ وَلَا تَحْنَثْ إِنَّا وَجَدْنَاهُ صَابِرًا نِعْمَ الْعَبْدُ إِنَّهُ أَوَّابٌ (٤٤) وَاذْكُرْ عِبَادَنَا إِبْرَاهِيمَ وَإِسْحَقَ وَيَعْقُوبَ أُولِي الْأَيْدِي وَالْأَبْصَارِ (٤٥) إِنَّا أَخْلَصْنَاهُم بِخَالِصَةٍ ذِكْرَى الدَّارِ (٤٦) وَإِنَّهُمْ عِندَنَا لَمِنَ الْمُصْطَفَيْنَ الْأَخْيَارِ (٤٧) وَاذْكُرْ إِسْمَاعِيلَ وَالْيَسَعَ وَذَا الْكِفْلِ وَكُلٌّ مِّنَ الْأَخْيَارِ (٤٨) هَذَا ذِكْرٌ وَإِنَّ لِلْمُتَّقِينَ لَحُسْنَ مَآبٍ (٤٩) جَنَّاتِ عَدْنٍ مُّفَتَّحَةً لَّهُمُ الْأَبْوَابُ (٥٠) مُتَّكِئِينَ فِيهَا يَدْعُونَ فِيهَا بِفَاكِهَةٍ كَثِيرَةٍ وَشَرَابٍ (٥١) وَعِندَهُمْ قَاصِرَاتُ الطَّرْفِ أَتْرَابٌ (٥٢) هَذَا مَا تُوعَدُونَ لِيَوْمِ الْحِسَابِ (٥٣) إِنَّ هَذَا لَرِزْقُنَا مَا لَهُ مِن نَّفَادٍ (٥٤) هَذَا وَإِنَّ لِلطَّاغِينَ لَشَرَّ مَآبٍ (٥٥) جَهَنَّمَ يَصْلَوْنَهَا فَبِئْسَ الْمِهَادُ (٥٦) هَذَا فَلْيَذُوقُوهُ حَمِيمٌ وَغَسَّاقٌ (٥٧) وَآخَرُ مِن شَكْلِهِ أَزْوَاجٌ (٥٨) هَذَا فَوْجٌ مُّقْتَحِمٌ مَّعَكُمْ لَا مَرْحَبًا بِهِمْ إِنَّهُمْ صَالُوا النَّارِ (٥٩) قَالُوا بَلْ أَنتُمْ لَا مَرْحَبًا بِكُمْ أَنتُمْ قَدَّمْتُمُوهُ لَنَا فَبِئْسَ الْقَرَارُ (٦٠) قَالُوا رَبَّنَا مَن قَدَّمَ لَنَا هَذَا فَزِدْهُ عَذَابًا ضِعْفًا فِي النَّارِ (٦١) وَقَالُوا مَا لَنَا لَا نَرَى رِجَالًا كُنَّا نَعُدُّهُم مِّنَ الْأَشْرَارِ (٦٢) أَتَّخَذْنَاهُمْ سِخْرِيًّا أَمْ زَاغَتْ عَنْهُمُ الْأَبْصَارُ (٦٣) إِنَّ ذَلِكَ لَحَقٌّ تَخَاصُمُ أَهْلِ النَّارِ (٦٤) قُلْ إِنَّمَا أَنَا مُنذِرٌ وَمَا مِنْ إِلَهٍ إِلَّا اللَّهُ الْوَاحِدُ الْقَهَّارُ (٦٥) رَبُّ السَّمَاوَاتِ وَالْأَرْضِ وَمَا بَيْنَهُمَا الْعَزِيزُ الْغَفَّارُ (٦٦) قُلْ هُوَ نَبَأٌ عَظِيمٌ (٦٧) أَنتُمْ عَنْهُ مُعْرِضُونَ (٦٨) مَا كَانَ لِيَ مِنْ عِلْمٍ بِالْمَلَإِ الْأَعْلَى إِذْ يَخْتَصِمُونَ (٦٩) إِن يُوحَى إِلَيَّ إِلَّا أَنَّمَا أَنَا نَذِيرٌ مُّبِينٌ (٧٠) إِذْ قَالَ رَبُّكَ لِلْمَلَائِكَةِ إِنِّي خَالِقٌ بَشَرًا مِن طِينٍ (٧١) فَإِذَا سَوَّيْتُهُ وَنَفَخْتُ فِيهِ مِن رُّوحِي فَقَعُوا لَهُ سَاجِدِينَ (٧٢) فَسَجَدَ الْمَلَائِكَةُ كُلُّهُمْ أَجْمَعُونَ (٧٣) إِلَّا إِبْلِيسَ اسْتَكْبَرَ وَكَانَ مِنَ الْكَافِرِينَ (٧٤) قَالَ يَا إِبْلِيسُ مَا مَنَعَكَ أَن تَسْجُدَ لِمَا خَلَقْتُ بِيَدَيَّ أَسْتَكْبَرْتَ أَمْ كُنتَ مِنَ الْعَالِينَ (٧٥) قَالَ أَنَا خَيْرٌ مِّنْهُ خَلَقْتَنِي مِن نَّارٍ وَخَلَقْتَهُ مِن طِينٍ (٧٦) قَالَ فَاخْرُجْ مِنْهَا فَإِنَّكَ رَجِيمٌ (٧٧) وَإِنَّ عَلَيْكَ لَعْنَتِي إِلَى يَوْمِ الدِّينِ (٧٨) قَالَ رَبِّ فَأَنظِرْنِي إِلَى يَوْمِ يُبْعَثُونَ (٧٩) قَالَ فَإِنَّكَ مِنَ الْمُنظَرِينَ (٨٠) إِلَى يَوْمِ الْوَقْتِ الْمَعْلُومِ (٨١) قَالَ فَبِعِزَّتِكَ لَأُغْوِيَنَّهُمْ أَجْمَعِينَ (٨٢) إِلَّا عِبَادَكَ مِنْهُمُ الْمُخْلَصِينَ (٨٣) قَالَ فَالْحَقُّ وَالْحَقَّ أَقُولُ (٨٤) لَأَمْلَأَنَّ جَهَنَّمَ مِنكَ وَمِمَّن تَبِعَكَ مِنْهُمْ أَجْمَعِينَ (٨٥) قُلْ مَا أَسْأَلُكُمْ عَلَيْهِ مِنْ أَجْرٍ وَمَا أَنَا مِنَ الْمُتَكَلِّفِينَ (٨٦) إِنْ هُوَ إِلَّا ذِكْرٌ لِّلْعَالَمِينَ (٨٧) وَلَتَعْلَمُنَّ نَبَأَهُ بَعْدَ حِينٍ (٨٨

SOURATE AZ ZUMAR

سورة الزمر

تَنزِيلُ الْكِتَابِ مِنَ اللَّهِ الْعَزِيزِ الْحَكِيمِ (١) إِنَّا أَنزَلْنَا إِلَيْكَ الْكِتَابَ بِالْحَقِّ فَاعْبُدِ اللَّهَ
مُخْلِصًا لَّهُ الدِّينَ (٢) أَلَا لِلَّهِ الدِّينُ الْخَالِصُ وَالَّذِينَ اتَّخَذُوا مِن دُونِهِ أَوْلِيَاءَ مَا
نَعْبُدُهُمْ إِلَّا لِيُقَرِّبُونَا إِلَى اللَّهِ زُلْفَى إِنَّ اللَّهَ يَحْكُمُ بَيْنَهُمْ فِي مَا هُمْ فِيهِ يَخْتَلِفُونَ إِنَّ اللَّهَ
لَا يَهْدِي مَنْ هُوَ كَاذِبٌ كَفَّارٌ (٣) لَوْ أَرَادَ اللَّهُ أَن يَتَّخِذَ وَلَدًا لَّاصْطَفَى مِمَّا يَخْلُقُ
مَا يَشَاءُ سُبْحَانَهُ هُوَ اللَّهُ الْوَاحِدُ الْقَهَّارُ (٤) خَلَقَ السَّمَاوَاتِ وَالْأَرْضَ بِالْحَقِّ
يُكَوِّرُ اللَّيْلَ عَلَى النَّهَارِ وَيُكَوِّرُ النَّهَارَ عَلَى اللَّيْلِ وَسَخَّرَ الشَّمْسَ وَالْقَمَرَ كُلٌّ
يَجْرِي لِأَجَلٍ مُّسَمًّى أَلَا هُوَ الْعَزِيزُ الْغَفَّارُ (٥) خَلَقَكُم مِّن نَّفْسٍ وَاحِدَةٍ ثُمَّ جَعَلَ
مِنْهَا زَوْجَهَا وَأَنزَلَ لَكُم مِّنَ الْأَنْعَامِ ثَمَانِيَةَ أَزْوَاجٍ يَخْلُقُكُمْ فِي بُطُونِ أُمَّهَاتِكُمْ خَلْقًا
مِن بَعْدِ خَلْقٍ فِي ظُلُمَاتٍ ثَلَاثٍ ذَلِكُمُ اللَّهُ رَبُّكُمْ لَهُ الْمُلْكُ لَا إِلَهَ إِلَّا هُوَ فَأَنَّى
تُصْرَفُونَ (٦) إِن تَكْفُرُوا فَإِنَّ اللَّهَ غَنِيٌّ عَنكُمْ وَلَا يَرْضَى لِعِبَادِهِ الْكُفْرَ وَإِن
تَشْكُرُوا يَرْضَهُ لَكُمْ وَلَا تَزِرُ وَازِرَةٌ وِزْرَ أُخْرَى ثُمَّ إِلَى رَبِّكُم مَّرْجِعُكُمْ فَيُنَبِّئُكُم
بِمَا كُنتُمْ تَعْمَلُونَ إِنَّهُ عَلِيمٌ بِذَاتِ الصُّدُورِ (٧) وَإِذَا مَسَّ الْإِنسَانَ ضُرٌّ دَعَا رَبَّهُ
مُنِيبًا إِلَيْهِ ثُمَّ إِذَا خَوَّلَهُ نِعْمَةً مِّنْهُ نَسِيَ مَا كَانَ يَدْعُو إِلَيْهِ مِن قَبْلُ وَجَعَلَ لِلَّهِ أَندَادًا
لِّيُضِلَّ عَن سَبِيلِهِ قُلْ تَمَتَّعْ بِكُفْرِكَ قَلِيلًا إِنَّكَ مِنْ أَصْحَابِ النَّارِ (٨) أَمَّنْ هُوَ قَانِتٌ
آنَاءَ اللَّيْلِ سَاجِدًا وَقَائِمًا يَحْذَرُ الْآخِرَةَ وَيَرْجُو رَحْمَةَ رَبِّهِ قُلْ هَلْ يَسْتَوِي الَّذِينَ
يَعْلَمُونَ وَالَّذِينَ لَا يَعْلَمُونَ إِنَّمَا يَتَذَكَّرُ أُولُوا الْأَلْبَابِ (٩) قُلْ يَا عِبَادِ الَّذِينَ آمَنُوا
اتَّقُوا رَبَّكُمْ لِلَّذِينَ أَحْسَنُوا فِي هَذِهِ الدُّنْيَا حَسَنَةٌ وَأَرْضُ اللَّهِ وَاسِعَةٌ إِنَّمَا يُوَفَّى
الصَّابِرُونَ أَجْرَهُم بِغَيْرِ حِسَابٍ (١٠) قُلْ إِنِّي أُمِرْتُ أَنْ أَعْبُدَ اللَّهَ مُخْلِصًا لَّهُ
الدِّينَ (١١) وَأُمِرْتُ لِأَنْ أَكُونَ أَوَّلَ الْمُسْلِمِينَ (١٢) قُلْ إِنِّي أَخَافُ إِنْ عَصَيْتُ
رَبِّي عَذَابَ يَوْمٍ عَظِيمٍ (١٣) قُلِ اللَّهَ أَعْبُدُ مُخْلِصًا لَّهُ دِينِي (١٤) فَاعْبُدُوا مَا شِئْتُم
مِّن دُونِهِ قُلْ إِنَّ الْخَاسِرِينَ الَّذِينَ خَسِرُوا أَنفُسَهُمْ وَأَهْلِيهِمْ يَوْمَ الْقِيَامَةِ أَلَا ذَلِكَ هُوَ
الْخُسْرَانُ الْمُبِينُ (١٥) لَهُم مِّن فَوْقِهِمْ ظُلَلٌ مِّنَ النَّارِ وَمِن تَحْتِهِمْ ظُلَلٌ ذَلِكَ
يُخَوِّفُ اللَّهُ بِهِ عِبَادَهُ يَا عِبَادِ فَاتَّقُونِ (١٦) وَالَّذِينَ اجْتَنَبُوا الطَّاغُوتَ أَن يَعْبُدُوهَا
وَأَنَابُوا إِلَى اللَّهِ لَهُمُ الْبُشْرَى فَبَشِّرْ عِبَادِ (١٧) الَّذِينَ يَسْتَمِعُونَ الْقَوْلَ فَيَتَّبِعُونَ
أَحْسَنَهُ أُولَئِكَ الَّذِينَ هَدَاهُمُ اللَّهُ وَأُولَئِكَ هُمْ أُولُوا الْأَلْبَابِ (١٨) أَفَمَنْ حَقَّ عَلَيْهِ
كَلِمَةُ الْعَذَابِ أَفَأَنتَ تُنقِذُ مَن فِي النَّارِ (١٩) لَكِنِ الَّذِينَ اتَّقَوْا رَبَّهُمْ لَهُمْ غُرَفٌ مِّن
فَوْقِهَا غُرَفٌ مَّبْنِيَّةٌ تَجْرِي مِن تَحْتِهَا الْأَنْهَارُ وَعْدَ اللَّهِ لَا يُخْلِفُ اللَّهُ
الْمِيعَادَ (٢٠) أَلَمْ تَرَ أَنَّ اللَّهَ أَنزَلَ مِنَ السَّمَاءِ مَاءً فَسَلَكَهُ يَنَابِيعَ فِي الْأَرْضِ ثُمَّ

يُخْرِجُ بِهِ زَرْعًا مُّخْتَلِفًا أَلْوَانُهُ ثُمَّ يَهِيجُ فَتَرَاهُ مُصْفَرًّا ثُمَّ يَجْعَلُهُ حُطَامًا إِنَّ فِي ذَٰلِكَ
لَذِكْرَىٰ لِأُولِي الْأَلْبَابِ (٢١) أَفَمَن شَرَحَ اللَّهُ صَدْرَهُ لِلْإِسْلَامِ فَهُوَ عَلَىٰ نُورٍ مِّن
رَّبِّهِ فَوَيْلٌ لِّلْقَاسِيَةِ قُلُوبُهُم مِّن ذِكْرِ اللَّهِ أُولَٰئِكَ فِي ضَلَالٍ مُّبِينٍ (٢٢) اللَّهُ نَزَّلَ
أَحْسَنَ الْحَدِيثِ كِتَابًا مُّتَشَابِهًا مَّثَانِيَ تَقْشَعِرُّ مِنْهُ جُلُودُ الَّذِينَ يَخْشَوْنَ رَبَّهُمْ ثُمَّ تَلِينُ
جُلُودُهُمْ وَقُلُوبُهُمْ إِلَىٰ ذِكْرِ اللَّهِ ذَٰلِكَ هُدَى اللَّهِ يَهْدِي بِهِ مَنْ يَشَاءُ وَمَن يُضْلِلِ اللَّهُ
فَمَا لَهُ مِنْ هَادٍ (٢٣) أَفَمَن يَتَّقِي بِوَجْهِهِ سُوءَ الْعَذَابِ يَوْمَ الْقِيَامَةِ وَقِيلَ لِلظَّالِمِينَ
ذُوقُوا مَا كُنتُمْ تَكْسِبُونَ (٢٤) كَذَّبَ الَّذِينَ مِن قَبْلِهِمْ فَأَتَاهُمُ الْعَذَابُ مِنْ حَيْثُ لَا
يَشْعُرُونَ (٢٥) فَأَذَاقَهُمُ اللَّهُ الْخِزْيَ فِي الْحَيَاةِ الدُّنْيَا وَلَعَذَابُ الْآخِرَةِ أَكْبَرُ لَوْ كَانُوا
يَعْلَمُونَ (٢٦) وَلَقَدْ ضَرَبْنَا لِلنَّاسِ فِي هَٰذَا الْقُرْآنِ مِن كُلِّ مَثَلٍ لَّعَلَّهُمْ
يَتَذَكَّرُونَ (٢٧) قُرْآنًا عَرَبِيًّا غَيْرَ ذِي عِوَجٍ لَّعَلَّهُمْ يَتَّقُونَ (٢٨) ضَرَبَ اللَّهُ مَثَلًا
رَّجُلًا فِيهِ شُرَكَاءُ مُتَشَاكِسُونَ وَرَجُلًا سَلَمًا لِّرَجُلٍ هَلْ يَسْتَوِيَانِ مَثَلًا الْحَمْدُ لِلَّهِ بَلْ
أَكْثَرُهُمْ لَا يَعْلَمُونَ (٢٩) إِنَّكَ مَيِّتٌ وَإِنَّهُم مَّيِّتُونَ (٣٠) ثُمَّ إِنَّكُمْ يَوْمَ الْقِيَامَةِ عِندَ
رَبِّكُمْ تَخْتَصِمُونَ (٣١) فَمَنْ أَظْلَمُ مِمَّن كَذَبَ عَلَى اللَّهِ وَكَذَّبَ بِالصِّدْقِ إِذْ جَاءَهُ
أَلَيْسَ فِي جَهَنَّمَ مَثْوًى لِّلْكَافِرِينَ (٣٢) وَالَّذِي جَاءَ بِالصِّدْقِ وَصَدَّقَ بِهِ أُولَٰئِكَ هُمُ
الْمُتَّقُونَ (٣٣) لَهُم مَّا يَشَاءُونَ عِندَ رَبِّهِمْ ذَٰلِكَ جَزَاءُ الْمُحْسِنِينَ (٣٤) لِيُكَفِّرَ اللَّهُ
عَنْهُمْ أَسْوَأَ الَّذِي عَمِلُوا وَيَجْزِيَهُمْ أَجْرَهُم بِأَحْسَنِ الَّذِي كَانُوا يَعْمَلُونَ (٣٥) أَلَيْسَ
اللَّهُ بِكَافٍ عَبْدَهُ وَيُخَوِّفُونَكَ بِالَّذِينَ مِن دُونِهِ وَمَن يُضْلِلِ اللَّهُ فَمَا لَهُ مِنْ
هَادٍ (٣٦) وَمَن يَهْدِ اللَّهُ فَمَا لَهُ مِن مُّضِلٍّ أَلَيْسَ اللَّهُ بِعَزِيزٍ ذِي انتِقَامٍ (٣٧) وَلَئِن
سَأَلْتَهُم مَّنْ خَلَقَ السَّمَاوَاتِ وَالْأَرْضَ لَيَقُولُنَّ اللَّهُ قُلْ أَفَرَأَيْتُم مَّا تَدْعُونَ مِن دُونِ
اللَّهِ إِنْ أَرَادَنِيَ اللَّهُ بِضُرٍّ هَلْ هُنَّ كَاشِفَاتُ ضُرِّهِ أَوْ أَرَادَنِي بِرَحْمَةٍ هَلْ هُنَّ
مُمْسِكَاتُ رَحْمَتِهِ قُلْ حَسْبِيَ اللَّهُ عَلَيْهِ يَتَوَكَّلُ الْمُتَوَكِّلُونَ (٣٨) قُلْ يَا قَوْمِ اعْمَلُوا
عَلَىٰ مَكَانَتِكُمْ إِنِّي عَامِلٌ فَسَوْفَ تَعْلَمُونَ (٣٩) مَن يَأْتِيهِ عَذَابٌ يُخْزِيهِ وَيَحِلُّ
عَلَيْهِ عَذَابٌ مُّقِيمٌ (٤٠) إِنَّا أَنزَلْنَا عَلَيْكَ الْكِتَابَ لِلنَّاسِ بِالْحَقِّ فَمَنِ اهْتَدَىٰ فَلِنَفْسِهِ
وَمَن ضَلَّ فَإِنَّمَا يَضِلُّ عَلَيْهَا وَمَا أَنتَ عَلَيْهِم بِوَكِيلٍ (٤١) اللَّهُ يَتَوَفَّى الْأَنفُسَ حِينَ
مَوْتِهَا وَالَّتِي لَمْ تَمُتْ فِي مَنَامِهَا فَيُمْسِكُ الَّتِي قَضَىٰ عَلَيْهَا الْمَوْتَ وَيُرْسِلُ
الْأُخْرَىٰ إِلَىٰ أَجَلٍ مُّسَمًّى إِنَّ فِي ذَٰلِكَ لَآيَاتٍ لِّقَوْمٍ يَتَفَكَّرُونَ (٤٢) أَمِ اتَّخَذُوا مِن
دُونِ اللَّهِ شُفَعَاءَ قُلْ أَوَلَوْ كَانُوا لَا يَمْلِكُونَ شَيْئًا وَلَا يَعْقِلُونَ (٤٣) قُل لِّلَّهِ الشَّفَاعَةُ
جَمِيعًا لَّهُ مُلْكُ السَّمَاوَاتِ وَالْأَرْضِ ثُمَّ إِلَيْهِ تُرْجَعُونَ (٤٤) وَإِذَا ذُكِرَ اللَّهُ وَحْدَهُ
اشْمَأَزَّتْ قُلُوبُ الَّذِينَ لَا يُؤْمِنُونَ بِالْآخِرَةِ وَإِذَا ذُكِرَ الَّذِينَ مِن دُونِهِ إِذَا هُمْ
يَسْتَبْشِرُونَ (٤٥) قُلِ اللَّهُمَّ فَاطِرَ السَّمَاوَاتِ وَالْأَرْضِ عَالِمَ الْغَيْبِ وَالشَّهَادَةِ أَنتَ
تَحْكُمُ بَيْنَ عِبَادِكَ فِي مَا كَانُوا فِيهِ يَخْتَلِفُونَ (٤٦) وَلَوْ أَنَّ لِلَّذِينَ ظَلَمُوا مَا فِي

الْأَرْضِ جَمِيعًا وَمِثْلَهُ مَعَهُ لَافْتَدَوْا بِهِ مِن سُوءِ الْعَذَابِ يَوْمَ الْقِيَامَةِ وَبَدَا لَهُم مِّنَ اللَّهِ مَا لَمْ يَكُونُوا يَحْتَسِبُونَ (٤٧) وَبَدَا لَهُمْ سَيِّئَاتُ مَا كَسَبُوا وَحَاقَ بِهِم مَّا كَانُوا بِهِ يَسْتَهْزِئُون (٤٨) فَإِذَا مَسَّ الْإِنسَانَ ضُرٌّ دَعَانَا ثُمَّ إِذَا خَوَّلْنَاهُ نِعْمَةً مِّنَّا قَالَ إِنَّمَا أُوتِيتُهُ عَلَىٰ عِلْمٍ بَلْ هِيَ فِتْنَةٌ وَلَٰكِنَّ أَكْثَرَهُمْ لَا يَعْلَمُونَ (٤٩) قَدْ قَالَهَا الَّذِينَ مِن قَبْلِهِمْ فَمَا أَغْنَىٰ عَنْهُم مَّا كَانُوا يَكْسِبُونَ (٥٠) فَأَصَابَهُمْ سَيِّئَاتُ مَا كَسَبُوا وَالَّذِينَ ظَلَمُوا مِنْ هَٰؤُلَاءِ سَيُصِيبُهُمْ سَيِّئَاتُ مَا كَسَبُوا وَمَا هُم بِمُعْجِزِينَ (٥١) أَوَلَمْ يَعْلَمُوا أَنَّ اللَّهَ يَبْسُطُ الرِّزْقَ لِمَن يَشَاءُ وَيَقْدِرُ إِنَّ فِي ذَٰلِكَ لَآيَاتٍ لِّقَوْمٍ يُؤْمِنُونَ (٥٢) قُلْ يَا عِبَادِيَ الَّذِينَ أَسْرَفُوا عَلَىٰ أَنفُسِهِمْ لَا تَقْنَطُوا مِن رَّحْمَةِ اللَّهِ إِنَّ اللَّهَ يَغْفِرُ الذُّنُوبَ جَمِيعًا إِنَّهُ هُوَ الْغَفُورُ الرَّحِيمُ (٥٣) وَأَنِيبُوا إِلَىٰ رَبِّكُمْ وَأَسْلِمُوا لَهُ مِن قَبْلِ أَن يَأْتِيَكُمُ الْعَذَابُ ثُمَّ لَا تُنصَرُونَ (٥٤) وَاتَّبِعُوا أَحْسَنَ مَا أُنزِلَ إِلَيْكُم مِّن رَّبِّكُم مِّن قَبْلِ أَن يَأْتِيَكُمُ الْعَذَابُ بَغْتَةً وَأَنتُمْ لَا تَشْعُرُونَ (٥٥) أَن تَقُولَ نَفْسٌ يَا حَسْرَتَىٰ عَلَىٰ مَا فَرَّطتُ فِي جَنبِ اللَّهِ وَإِن كُنتُ لَمِنَ السَّاخِرِينَ (٥٦) أَوْ تَقُولَ لَوْ أَنَّ اللَّهَ هَدَانِي لَكُنتُ مِنَ الْمُتَّقِينَ (٥٧) أَوْ تَقُولَ حِينَ تَرَى الْعَذَابَ لَوْ أَنَّ لِي كَرَّةً فَأَكُونَ مِنَ الْمُحْسِنِينَ (٥٨) بَلَىٰ قَدْ جَاءَتْكَ آيَاتِي فَكَذَّبْتَ بِهَا وَاسْتَكْبَرْتَ وَكُنتَ مِنَ الْكَافِرِينَ (٥٩) وَيَوْمَ الْقِيَامَةِ تَرَى الَّذِينَ كَذَبُوا عَلَى اللَّهِ وُجُوهُهُم مُّسْوَدَّةٌ أَلَيْسَ فِي جَهَنَّمَ مَثْوًى لِّلْمُتَكَبِّرِينَ (٦٠) وَيُنَجِّي اللَّهُ الَّذِينَ اتَّقَوْا بِمَفَازَتِهِمْ لَا يَمَسُّهُمُ السُّوءُ وَلَا هُمْ يَحْزَنُونَ (٦١) اللَّهُ خَالِقُ كُلِّ شَيْءٍ وَهُوَ عَلَىٰ كُلِّ شَيْءٍ وَكِيلٌ (٦٢) لَّهُ مَقَالِيدُ السَّمَاوَاتِ وَالْأَرْضِ وَالَّذِينَ كَفَرُوا بِآيَاتِ اللَّهِ أُولَٰئِكَ هُمُ الْخَاسِرُونَ (٦٣) قُلْ أَفَغَيْرَ اللَّهِ تَأْمُرُونِّي أَعْبُدُ أَيُّهَا الْجَاهِلُونَ (٦٤) وَلَقَدْ أُوحِيَ إِلَيْكَ وَإِلَى الَّذِينَ مِنْ قَبْلِكَ لَئِنْ أَشْرَكْتَ لَيَحْبَطَنَّ عَمَلُكَ وَلَتَكُونَنَّ مِنَ الْخَاسِرِينَ (٦٥) بَلِ اللَّهَ فَاعْبُدْ وَكُن مِّنَ الشَّاكِرِينَ (٦٦) وَمَا قَدَرُوا اللَّهَ حَقَّ قَدْرِهِ وَالْأَرْضُ جَمِيعًا قَبْضَتُهُ يَوْمَ الْقِيَامَةِ وَالسَّمَاوَاتُ مَطْوِيَّاتٌ بِيَمِينِهِ سُبْحَانَهُ وَتَعَالَىٰ عَمَّا يُشْرِكُونَ (٦٧) وَنُفِخَ فِي الصُّورِ فَصَعِقَ مَن فِي السَّمَاوَاتِ وَمَن فِي الْأَرْضِ إِلَّا مَن شَاءَ اللَّهُ ثُمَّ نُفِخَ فِيهِ أُخْرَىٰ فَإِذَا هُم قِيَامٌ يَنظُرُونَ (٦٨) وَأَشْرَقَتِ الْأَرْضُ بِنُورِ رَبِّهَا وَوُضِعَ الْكِتَابُ وَجِيءَ بِالنَّبِيِّينَ وَالشُّهَدَاءِ وَقُضِيَ بَيْنَهُم بِالْحَقِّ وَهُمْ لَا يُظْلَمُونَ (٦٩) وَوُفِّيَتْ كُلُّ نَفْسٍ مَّا عَمِلَتْ وَهُوَ أَعْلَمُ بِمَا يَفْعَلُونَ (٧٠) وَسِيقَ الَّذِينَ كَفَرُوا إِلَىٰ جَهَنَّمَ زُمَرًا حَتَّىٰ إِذَا جَاءُوهَا فُتِحَتْ أَبْوَابُهَا وَقَالَ لَهُمْ خَزَنَتُهَا أَلَمْ يَأْتِكُمْ رُسُلٌ مِّنكُمْ يَتْلُونَ عَلَيْكُمْ آيَاتِ رَبِّكُمْ وَيُنذِرُونَكُمْ لِقَاءَ يَوْمِكُمْ هَٰذَا قَالُوا بَلَىٰ وَلَٰكِنْ حَقَّتْ كَلِمَةُ الْعَذَابِ عَلَى الْكَافِرِينَ (٧١) قِيلَ ادْخُلُوا أَبْوَابَ جَهَنَّمَ خَالِدِينَ فِيهَا فَبِئْسَ مَثْوَى الْمُتَكَبِّرِينَ (٧٢) وَسِيقَ الَّذِينَ اتَّقَوْا رَبَّهُمْ إِلَى الْجَنَّةِ زُمَرًا حَتَّىٰ إِذَا جَاءُوهَا

وَفُتِحَتْ أَبْوَابُهَا وَقَالَ لَهُمْ خَزَنَتُهَا سَلَامٌ عَلَيْكُمْ طِبْتُمْ فَادْخُلُوهَا
خَالِدِينَ (٧٣) وَقَالُوا الْحَمْدُ لِلَّهِ الَّذِي صَدَقَنَا وَعْدَهُ وَأَوْرَثَنَا الْأَرْضَ نَتَبَوَّأُ مِنَ
الْجَنَّةِ حَيْثُ نَشَاءُ فَنِعْمَ أَجْرُ الْعَامِلِينَ (٧٤) وَتَرَى الْمَلَائِكَةَ حَافِّينَ مِنْ حَوْلِ
الْعَرْشِ يُسَبِّحُونَ بِحَمْدِ رَبِّهِمْ وَقُضِيَ بَيْنَهُم بِالْحَقِّ وَقِيلَ الْحَمْدُ لِلَّهِ رَبِّ
الْعَالَمِينَ (٧٥

SOURATE GHAFIR

سورة غافر

حم (١) تَنزِيلُ الْكِتَابِ مِنَ اللَّهِ الْعَزِيزِ الْعَلِيمِ (٢) غَافِرِ الذَّنبِ وَقَابِلِ التَّوْبِ شَدِيدِ
الْعِقَابِ ذِي الطَّوْلِ لَا إِلَٰهَ إِلَّا هُوَ إِلَيْهِ الْمَصِيرُ (٣) مَا يُجَادِلُ فِي آيَاتِ اللَّهِ إِلَّا
الَّذِينَ كَفَرُوا فَلَا يَغْرُرْكَ تَقَلُّبُهُمْ فِي الْبِلَادِ (٤) كَذَّبَتْ قَبْلَهُمْ قَوْمُ نُوحٍ وَالْأَحْزَابُ
مِن بَعْدِهِمْ وَهَمَّتْ كُلُّ أُمَّةٍ بِرَسُولِهِمْ لِيَأْخُذُوهُ وَجَادَلُوا بِالْبَاطِلِ لِيُدْحِضُوا بِهِ الْحَقَّ
فَأَخَذْتُهُمْ فَكَيْفَ كَانَ عِقَابِ (٥) وَكَذَٰلِكَ حَقَّتْ كَلِمَتُ رَبِّكَ عَلَى الَّذِينَ كَفَرُوا أَنَّهُمْ
أَصْحَابُ النَّارِ (٦) الَّذِينَ يَحْمِلُونَ الْعَرْشَ وَمَنْ حَوْلَهُ يُسَبِّحُونَ بِحَمْدِ رَبِّهِمْ
وَيُؤْمِنُونَ بِهِ وَيَسْتَغْفِرُونَ لِلَّذِينَ آمَنُوا رَبَّنَا وَسِعْتَ كُلَّ شَيْءٍ رَّحْمَةً وَعِلْمًا فَاغْفِرْ
لِلَّذِينَ تَابُوا وَاتَّبَعُوا سَبِيلَكَ وَقِهِمْ عَذَابَ الْجَحِيمِ (٧) رَبَّنَا وَأَدْخِلْهُمْ جَنَّاتِ عَدْنٍ
الَّتِي وَعَدتَّهُم وَمَن صَلَحَ مِنْ آبَائِهِمْ وَأَزْوَاجِهِمْ وَذُرِّيَّاتِهِمْ إِنَّكَ أَنتَ الْعَزِيزُ
الْحَكِيمُ (٨) وَقِهِمُ السَّيِّئَاتِ وَمَن تَقِ السَّيِّئَاتِ يَوْمَئِذٍ فَقَدْ رَحِمْتَهُ وَذَٰلِكَ هُوَ الْفَوْزُ
الْعَظِيمُ (٩) إِنَّ الَّذِينَ كَفَرُوا يُنَادَوْنَ لَمَقْتُ اللَّهِ أَكْبَرُ مِن مَّقْتِكُمْ أَنفُسَكُمْ إِذْ تُدْعَوْنَ
إِلَى الْإِيمَانِ فَتَكْفُرُونَ (١٠) قَالُوا رَبَّنَا أَمَتَّنَا اثْنَتَيْنِ وَأَحْيَيْتَنَا اثْنَتَيْنِ فَاعْتَرَفْنَا
بِذُنُوبِنَا فَهَلْ إِلَىٰ خُرُوجٍ مِّن سَبِيلٍ (١١) ذَٰلِكُم بِأَنَّهُ إِذَا دُعِيَ اللَّهُ وَحْدَهُ كَفَرْتُمْ وَإِن
يُشْرَكْ بِهِ تُؤْمِنُوا فَالْحُكْمُ لِلَّهِ الْعَلِيِّ الْكَبِيرِ (١٢) هُوَ الَّذِي يُرِيكُمْ آيَاتِهِ وَيُنَزِّلُ لَكُم
مِّنَ السَّمَاءِ رِزْقًا وَمَا يَتَذَكَّرُ إِلَّا مَن يُنِيبُ (١٣) فَادْعُوا اللَّهَ مُخْلِصِينَ لَهُ الدِّينَ
وَلَوْ كَرِهَ الْكَافِرُونَ (١٤) رَفِيعُ الدَّرَجَاتِ ذُو الْعَرْشِ يُلْقِي الرُّوحَ مِنْ أَمْرِهِ عَلَىٰ
مَن يَشَاءُ مِنْ عِبَادِهِ لِيُنذِرَ يَوْمَ التَّلَاقِ (١٥) يَوْمَ هُم بَارِزُونَ لَا يَخْفَىٰ عَلَى اللَّهِ
مِنْهُمْ شَيْءٌ لِّمَنِ الْمُلْكُ الْيَوْمَ لِلَّهِ الْوَاحِدِ الْقَهَّارِ (١٦) الْيَوْمَ تُجْزَىٰ كُلُّ نَفْسٍ بِمَا
كَسَبَتْ لَا ظُلْمَ الْيَوْمَ إِنَّ اللَّهَ سَرِيعُ الْحِسَابِ (١٧) وَأَنذِرْهُمْ يَوْمَ الْآزِفَةِ إِذِ الْقُلُوبُ
لَدَى الْحَنَاجِرِ كَاظِمِينَ مَا لِلظَّالِمِينَ مِنْ حَمِيمٍ وَلَا شَفِيعٍ يُطَاعُ (١٨) يَعْلَمُ خَائِنَةَ
الْأَعْيُنِ وَمَا تُخْفِي الصُّدُورُ (١٩) وَاللَّهُ يَقْضِي بِالْحَقِّ وَالَّذِينَ يَدْعُونَ مِن دُونِهِ لَا

يَقْضُونَ بِشَيْءٍ إِنَّ اللَّهَ هُوَ السَّمِيعُ الْبَصِيرُ (٢٠) أَوَلَمْ يَسِيرُوا فِي الْأَرْضِ
فَيَنظُرُوا كَيْفَ كَانَ عَاقِبَةُ الَّذِينَ كَانُوا مِن قَبْلِهِمْ كَانُوا هُمْ أَشَدَّ مِنْهُمْ قُوَّةً وَآثَارًا فِي
الْأَرْضِ فَأَخَذَهُمُ اللَّهُ بِذُنُوبِهِمْ وَمَا كَانَ لَهُم مِّنَ اللَّهِ مِن وَاقٍ (٢١) ذَٰلِكَ بِأَنَّهُمْ كَانَت
تَّأْتِيهِمْ رُسُلُهُم بِالْبَيِّنَاتِ فَكَفَرُوا فَأَخَذَهُمُ اللَّهُ إِنَّهُ قَوِيٌّ شَدِيدُ الْعِقَابِ (٢٢) وَلَقَدْ
أَرْسَلْنَا مُوسَىٰ بِآيَاتِنَا وَسُلْطَانٍ مُّبِينٍ (٢٣) إِلَىٰ فِرْعَوْنَ وَهَامَانَ وَقَارُونَ فَقَالُوا
سَاحِرٌ كَذَّابٌ (٢٤) فَلَمَّا جَاءَهُم بِالْحَقِّ مِنْ عِندِنَا قَالُوا اقْتُلُوا أَبْنَاءَ الَّذِينَ آمَنُوا
مَعَهُ وَاسْتَحْيُوا نِسَاءَهُمْ وَمَا كَيْدُ الْكَافِرِينَ إِلَّا فِي ضَلَالٍ (٢٥) وَقَالَ فِرْعَوْنُ
ذَرُونِي أَقْتُلْ مُوسَىٰ وَلْيَدْعُ رَبَّهُ إِنِّي أَخَافُ أَن يُبَدِّلَ دِينَكُمْ أَوْ أَن يُظْهِرَ فِي
الْأَرْضِ الْفَسَادَ (٢٦) وَقَالَ مُوسَىٰ إِنِّي عُذْتُ بِرَبِّي وَرَبِّكُم مِّن كُلِّ مُتَكَبِّرٍ لَّا
يُؤْمِنُ بِيَوْمِ الْحِسَابِ (٢٧) وَقَالَ رَجُلٌ مُّؤْمِنٌ مِّنْ آلِ فِرْعَوْنَ يَكْتُمُ إِيمَانَهُ أَتَقْتُلُونَ
رَجُلًا أَن يَقُولَ رَبِّيَ اللَّهُ وَقَدْ جَاءَكُم بِالْبَيِّنَاتِ مِن رَّبِّكُمْ وَإِن يَكُ كَاذِبًا فَعَلَيْهِ كَذِبُهُ
وَإِن يَكُ صَادِقًا يُصِبْكُم بَعْضُ الَّذِي يَعِدُكُمْ إِنَّ اللَّهَ لَا يَهْدِي مَنْ هُوَ مُسْرِفٌ
كَذَّابٌ (٢٨) يَا قَوْمِ لَكُمُ الْمُلْكُ الْيَوْمَ ظَاهِرِينَ فِي الْأَرْضِ فَمَن يَنصُرُنَا مِن بَأْسِ
اللَّهِ إِنْ جَاءَنَا قَالَ فِرْعَوْنُ مَا أُرِيكُمْ إِلَّا مَا أَرَىٰ وَمَا أَهْدِيكُمْ إِلَّا سَبِيلَ
الرَّشَادِ (٢٩) وَقَالَ الَّذِي آمَنَ يَا قَوْمِ إِنِّي أَخَافُ عَلَيْكُم مِّثْلَ يَوْمِ
الْأَحْزَابِ (٣٠) مِثْلَ دَأْبِ قَوْمِ نُوحٍ وَعَادٍ وَثَمُودَ وَالَّذِينَ مِن بَعْدِهِمْ وَمَا اللَّهُ يُرِيدُ
ظُلْمًا لِّلْعِبَادِ (٣١) وَيَا قَوْمِ إِنِّي أَخَافُ عَلَيْكُمْ يَوْمَ التَّنَادِ (٣٢) يَوْمَ تُوَلُّونَ مُدْبِرِينَ
مَا لَكُم مِّنَ اللَّهِ مِنْ عَاصِمٍ وَمَن يُضْلِلِ اللَّهُ فَمَا لَهُ مِنْ هَادٍ (٣٣) وَلَقَدْ جَاءَكُمْ
يُوسُفُ مِن قَبْلُ بِالْبَيِّنَاتِ فَمَا زِلْتُمْ فِي شَكٍّ مِّمَّا جَاءَكُم بِهِ حَتَّىٰ إِذَا هَلَكَ قُلْتُمْ لَن
يَبْعَثَ اللَّهُ مِن بَعْدِهِ رَسُولًا كَذَٰلِكَ يُضِلُّ اللَّهُ مَنْ هُوَ مُسْرِفٌ مُّرْتَابٌ (٣٤) الَّذِينَ
يُجَادِلُونَ فِي آيَاتِ اللَّهِ بِغَيْرِ سُلْطَانٍ أَتَاهُمْ كَبُرَ مَقْتًا عِندَ اللَّهِ وَعِندَ الَّذِينَ آمَنُوا
كَذَٰلِكَ يَطْبَعُ اللَّهُ عَلَىٰ كُلِّ قَلْبِ مُتَكَبِّرٍ جَبَّارٍ (٣٥) وَقَالَ فِرْعَوْنُ يَا هَامَانُ ابْنِ لِي
صَرْحًا لَّعَلِّي أَبْلُغُ الْأَسْبَابَ (٣٦) أَسْبَابَ السَّمَاوَاتِ فَأَطَّلِعَ إِلَىٰ إِلَٰهِ مُوسَىٰ وَإِنِّي
لَأَظُنُّهُ كَاذِبًا وَكَذَٰلِكَ زُيِّنَ لِفِرْعَوْنَ سُوءُ عَمَلِهِ وَصُدَّ عَنِ السَّبِيلِ وَمَا كَيْدُ فِرْعَوْنَ
إِلَّا فِي تَبَابٍ (٣٧) وَقَالَ الَّذِي آمَنَ يَا قَوْمِ اتَّبِعُونِ أَهْدِكُمْ سَبِيلَ الرَّشَادِ (٣٨) يَا
قَوْمِ إِنَّمَا هَٰذِهِ الْحَيَاةُ الدُّنْيَا مَتَاعٌ وَإِنَّ الْآخِرَةَ هِيَ دَارُ الْقَرَارِ (٣٩) مَنْ عَمِلَ سَيِّئَةً
فَلَا يُجْزَىٰ إِلَّا مِثْلَهَا وَمَنْ عَمِلَ صَالِحًا مِّن ذَكَرٍ أَوْ أُنثَىٰ وَهُوَ مُؤْمِنٌ فَأُولَٰئِكَ
يَدْخُلُونَ الْجَنَّةَ يُرْزَقُونَ فِيهَا بِغَيْرِ حِسَابٍ (٤٠) وَيَا قَوْمِ مَا لِي أَدْعُوكُمْ إِلَى النَّجَاةِ
وَتَدْعُونَنِي إِلَى النَّارِ (٤١) تَدْعُونَنِي لِأَكْفُرَ بِاللَّهِ وَأُشْرِكَ بِهِ مَا لَيْسَ لِي بِهِ عِلْمٌ
وَأَنَا أَدْعُوكُمْ إِلَى الْعَزِيزِ الْغَفَّارِ (٤٢) لَا جَرَمَ أَنَّمَا تَدْعُونَنِي إِلَيْهِ لَيْسَ لَهُ دَعْوَةٌ
فِي الدُّنْيَا وَلَا فِي الْآخِرَةِ وَأَنَّ مَرَدَّنَا إِلَى اللَّهِ وَأَنَّ الْمُسْرِفِينَ هُمْ أَصْحَابُ

النَّارِ (٤٣) فَسَتَذْكُرُونَ مَا أَقُولُ لَكُمْ وَأُفَوِّضُ أَمْرِي إِلَى اللَّهِ إِنَّ اللَّهَ بَصِيرٌ
بِالْعِبَادِ (٤٤) فَوَقَاهُ اللَّهُ سَيِّئَاتِ مَا مَكَرُوا وَحَاقَ بِآلِ فِرْعَوْنَ سُوءُ
الْعَذَابِ (٤٥) النَّارُ يُعْرَضُونَ عَلَيْهَا غُدُوًّا وَعَشِيًّا وَيَوْمَ تَقُومُ السَّاعَةُ أَدْخِلُوا آلَ
فِرْعَوْنَ أَشَدَّ الْعَذَابِ (٤٦) وَإِذْ يَتَحَاجُّونَ فِي النَّارِ فَيَقُولُ الضُّعَفَاءُ لِلَّذِينَ
اسْتَكْبَرُوا إِنَّا كُنَّا لَكُمْ تَبَعًا فَهَلْ أَنتُم مُّغْنُونَ عَنَّا نَصِيبًا مِّنَ النَّارِ (٤٧) قَالَ الَّذِينَ
اسْتَكْبَرُوا إِنَّا كُلٌّ فِيهَا إِنَّ اللَّهَ قَدْ حَكَمَ بَيْنَ الْعِبَادِ (٤٨) وَقَالَ الَّذِينَ فِي النَّارِ لِخَزَنَةِ
جَهَنَّمَ ادْعُوا رَبَّكُمْ يُخَفِّفْ عَنَّا يَوْمًا مِّنَ الْعَذَابِ (٤٩) قَالُوا أَوَلَمْ تَكُ تَأْتِيكُمْ رُسُلُكُم
بِالْبَيِّنَاتِ قَالُوا بَلَى قَالُوا فَادْعُوا وَمَا دُعَاءُ الْكَافِرِينَ إِلَّا فِي ضَلَالٍ (٥٠) إِنَّا
لَنَنصُرُ رُسُلَنَا وَالَّذِينَ آمَنُوا فِي الْحَيَاةِ الدُّنْيَا وَيَوْمَ يَقُومُ الْأَشْهَادُ (٥١) يَوْمَ لَا يَنفَعُ
الظَّالِمِينَ مَعْذِرَتُهُمْ وَلَهُمُ اللَّعْنَةُ وَلَهُمْ سُوءُ الدَّارِ (٥٢) وَلَقَدْ آتَيْنَا مُوسَى الْهُدَى
وَأَوْرَثْنَا بَنِي إِسْرَائِيلَ الْكِتَابَ (٥٣) هُدًى وَذِكْرَى لِأُولِي الْأَلْبَابِ (٥٤) فَاصْبِرْ
إِنَّ وَعْدَ اللَّهِ حَقٌّ وَاسْتَغْفِرْ لِذَنبِكَ وَسَبِّحْ بِحَمْدِ رَبِّكَ بِالْعَشِيِّ وَالْإِبْكَارِ (٥٥) إِنَّ
الَّذِينَ يُجَادِلُونَ فِي آيَاتِ اللَّهِ بِغَيْرِ سُلْطَانٍ أَتَاهُمْ إِن فِي صُدُورِهِمْ إِلَّا كِبْرٌ مَّا هُم
بِبَالِغِيهِ فَاسْتَعِذْ بِاللَّهِ إِنَّهُ هُوَ السَّمِيعُ الْبَصِيرُ (٥٦) لَخَلْقُ السَّمَاوَاتِ وَالْأَرْضِ أَكْبَرُ
مِنْ خَلْقِ النَّاسِ وَلَكِنَّ أَكْثَرَ النَّاسِ لَا يَعْلَمُونَ (٥٧) وَمَا يَسْتَوِي الْأَعْمَى وَالْبَصِيرُ
وَالَّذِينَ آمَنُوا وَعَمِلُوا الصَّالِحَاتِ وَلَا الْمُسِيءُ قَلِيلًا مَّا تَتَذَكَّرُونَ (٥٨) إِنَّ السَّاعَةَ
لَآتِيَةٌ لَّا رَيْبَ فِيهَا وَلَكِنَّ أَكْثَرَ النَّاسِ لَا يُؤْمِنُونَ (٥٩) وَقَالَ رَبُّكُمُ ادْعُونِي
أَسْتَجِبْ لَكُمْ إِنَّ الَّذِينَ يَسْتَكْبِرُونَ عَنْ عِبَادَتِي سَيَدْخُلُونَ جَهَنَّمَ دَاخِرِينَ (٦٠) اللَّهُ
الَّذِي جَعَلَ لَكُمُ اللَّيْلَ لِتَسْكُنُوا فِيهِ وَالنَّهَارَ مُبْصِرًا إِنَّ اللَّهَ لَذُو فَضْلٍ عَلَى النَّاسِ
وَلَكِنَّ أَكْثَرَ النَّاسِ لَا يَشْكُرُونَ (٦١) ذَلِكُمُ اللَّهُ رَبُّكُمْ خَالِقُ كُلِّ شَيْءٍ لَّا إِلَهَ إِلَّا هُوَ
فَأَنَّى تُؤْفَكُونَ (٦٢) كَذَلِكَ يُؤْفَكُ الَّذِينَ كَانُوا بِآيَاتِ اللَّهِ يَجْحَدُونَ (٦٣) اللَّهُ الَّذِي
جَعَلَ لَكُمُ الْأَرْضَ قَرَارًا وَالسَّمَاءَ بِنَاءً وَصَوَّرَكُمْ فَأَحْسَنَ صُوَرَكُمْ وَرَزَقَكُم مِّنَ
الطَّيِّبَاتِ ذَلِكُمُ اللَّهُ رَبُّكُمْ فَتَبَارَكَ اللَّهُ رَبُّ الْعَالَمِينَ (٦٤) هُوَ الْحَيُّ لَا إِلَهَ إِلَّا هُوَ
فَادْعُوهُ مُخْلِصِينَ لَهُ الدِّينَ الْحَمْدُ لِلَّهِ رَبِّ الْعَالَمِينَ (٦٥) قُلْ إِنِّي نُهِيتُ أَنْ أَعْبُدَ
الَّذِينَ تَدْعُونَ مِن دُونِ اللَّهِ لَمَّا جَاءَنِيَ الْبَيِّنَاتُ مِن رَّبِّي وَأُمِرْتُ أَنْ أُسْلِمَ لِرَبِّ
الْعَالَمِينَ (٦٦) هُوَ الَّذِي خَلَقَكُم مِّن تُرَابٍ ثُمَّ مِن نُّطْفَةٍ ثُمَّ مِنْ عَلَقَةٍ ثُمَّ يُخْرِجُكُمْ
طِفْلًا ثُمَّ لِتَبْلُغُوا أَشُدَّكُمْ ثُمَّ لِتَكُونُوا شُيُوخًا وَمِنكُم مَّن يُتَوَفَّى مِن قَبْلُ وَلِتَبْلُغُوا أَجَلًا
مُّسَمًّى وَلَعَلَّكُمْ تَعْقِلُونَ (٦٧) هُوَ الَّذِي يُحْيِي وَيُمِيتُ فَإِذَا قَضَى أَمْرًا فَإِنَّمَا يَقُولُ
لَهُ كُن فَيَكُونُ (٦٨) أَلَمْ تَرَ إِلَى الَّذِينَ يُجَادِلُونَ فِي آيَاتِ اللَّهِ أَنَّى
يُصْرَفُونَ (٦٩) الَّذِينَ كَذَّبُوا بِالْكِتَابِ وَبِمَا أَرْسَلْنَا بِهِ رُسُلَنَا فَسَوْفَ
يَعْلَمُونَ (٧٠) إِذِ الْأَغْلَالُ فِي أَعْنَاقِهِمْ وَالسَّلَاسِلُ يُسْحَبُونَ (٧١) فِي الْحَمِيمِ ثُمَّ

فِي النَّارِ يُسْجَرُونَ (٧٢) ثُمَّ قِيلَ لَهُمْ أَيْنَ مَا كُنتُمْ تُشْرِكُونَ (٧٣) مِن دُونِ اللَّهِ
قَالُوا ضَلُّوا عَنَّا بَل لَّمْ نَكُن نَّدْعُو مِن قَبْلُ شَيْئًا كَذَٰلِكَ يُضِلُّ اللَّهُ
الْكَافِرِينَ (٧٤) ذَٰلِكُم بِمَا كُنتُمْ تَفْرَحُونَ فِي الْأَرْضِ بِغَيْرِ الْحَقِّ وَبِمَا كُنتُمْ
تَمْرَحُونَ (٧٥) ادْخُلُوا أَبْوَابَ جَهَنَّمَ خَالِدِينَ فِيهَا فَبِئْسَ مَثْوَى
الْمُتَكَبِّرِينَ (٧٦) فَاصْبِرْ إِنَّ وَعْدَ اللَّهِ حَقٌّ فَإِمَّا نُرِيَنَّكَ بَعْضَ الَّذِي نَعِدُهُمْ أَوْ
نَتَوَفَّيَنَّكَ فَإِلَيْنَا يُرْجَعُونَ (٧٧) وَلَقَدْ أَرْسَلْنَا رُسُلًا مِّن قَبْلِكَ مِنْهُم مَّن قَصَصْنَا
عَلَيْكَ وَمِنْهُم مَّن لَّمْ نَقْصُصْ عَلَيْكَ وَمَا كَانَ لِرَسُولٍ أَن يَأْتِيَ بِآيَةٍ إِلَّا بِإِذْنِ اللَّهِ فَإِذَا
جَاءَ أَمْرُ اللَّهِ قُضِيَ بِالْحَقِّ وَخَسِرَ هُنَالِكَ الْمُبْطِلُونَ (٧٨) اللَّهُ الَّذِي جَعَلَ لَكُمُ
الْأَنْعَامَ لِتَرْكَبُوا مِنْهَا وَمِنْهَا تَأْكُلُونَ (٧٩) وَلَكُمْ فِيهَا مَنَافِعُ وَلِتَبْلُغُوا عَلَيْهَا حَاجَةً
فِي صُدُورِكُمْ وَعَلَيْهَا وَعَلَى الْفُلْكِ تُحْمَلُونَ (٨٠) وَيُرِيكُمْ آيَاتِهِ فَأَيَّ آيَاتِ اللَّهِ
تُنكِرُونَ (٨١) أَفَلَمْ يَسِيرُوا فِي الْأَرْضِ فَيَنظُرُوا كَيْفَ كَانَ عَاقِبَةُ الَّذِينَ مِن قَبْلِهِمْ
كَانُوا أَكْثَرَ مِنْهُمْ وَأَشَدَّ قُوَّةً وَآثَارًا فِي الْأَرْضِ فَمَا أَغْنَىٰ عَنْهُم مَّا كَانُوا
يَكْسِبُونَ (٨٢) فَلَمَّا جَاءَتْهُمْ رُسُلُهُم بِالْبَيِّنَاتِ فَرِحُوا بِمَا عِندَهُم مِّنَ الْعِلْمِ وَحَاقَ
بِهِم مَّا كَانُوا بِهِ يَسْتَهْزِئُونَ (٨٣) فَلَمَّا رَأَوْا بَأْسَنَا قَالُوا آمَنَّا بِاللَّهِ وَحْدَهُ وَكَفَرْنَا
بِمَا كُنَّا بِهِ مُشْرِكِينَ (٨٤) فَلَمْ يَكُ يَنفَعُهُمْ إِيمَانُهُمْ لَمَّا رَأَوْا بَأْسَنَا سُنَّتَ اللَّهِ الَّتِي قَدْ
خَلَتْ فِي عِبَادِهِ وَخَسِرَ هُنَالِكَ الْكَافِرُونَ (٨٥

SOURATE FUSSILAT

سورة فصّلت

حم (١) تَنزِيلٌ مِّنَ الرَّحْمَٰنِ الرَّحِيمِ (٢) كِتَابٌ فُصِّلَتْ آيَاتُهُ قُرْآنًا عَرَبِيًّا لِّقَوْمٍ
يَعْلَمُونَ (٣) بَشِيرًا وَنَذِيرًا فَأَعْرَضَ أَكْثَرُهُمْ فَهُمْ لَا يَسْمَعُونَ (٤) وَقَالُوا قُلُوبُنَا
فِي أَكِنَّةٍ مِّمَّا تَدْعُونَا إِلَيْهِ وَفِي آذَانِنَا وَقْرٌ وَمِن بَيْنِنَا وَبَيْنِكَ حِجَابٌ فَاعْمَلْ إِنَّنَا
عَامِلُونَ (٥) قُلْ إِنَّمَا أَنَا بَشَرٌ مِّثْلُكُمْ يُوحَىٰ إِلَيَّ أَنَّمَا إِلَٰهُكُمْ إِلَٰهٌ وَاحِدٌ فَاسْتَقِيمُوا إِلَيْهِ
وَاسْتَغْفِرُوهُ وَوَيْلٌ لِّلْمُشْرِكِينَ (٦) الَّذِينَ لَا يُؤْتُونَ الزَّكَاةَ وَهُم بِالْآخِرَةِ هُمْ

كَافِرُونَ (٧) إِنَّ الَّذِينَ آمَنُوا وَعَمِلُوا الصَّالِحَاتِ لَهُمْ أَجْرٌ غَيْرُ مَمْنُونٍ (٨) قُلْ
أَئِنَّكُمْ لَتَكْفُرُونَ بِالَّذِي خَلَقَ الْأَرْضَ فِي يَوْمَيْنِ وَتَجْعَلُونَ لَهُ أَندَادًا ذَٰلِكَ رَبُّ
الْعَالَمِينَ (٩) وَجَعَلَ فِيهَا رَوَاسِيَ مِن فَوْقِهَا وَبَارَكَ فِيهَا وَقَدَّرَ فِيهَا أَقْوَاتَهَا فِي
أَرْبَعَةِ أَيَّامٍ سَوَاءً لِّلسَّائِلِينَ (١٠) ثُمَّ اسْتَوَىٰ إِلَى السَّمَاءِ وَهِيَ دُخَانٌ فَقَالَ لَهَا
وَلِلْأَرْضِ ائْتِيَا طَوْعًا أَوْ كَرْهًا قَالَتَا أَتَيْنَا طَائِعِينَ (١١) فَقَضَاهُنَّ سَبْعَ سَمَاوَاتٍ
فِي يَوْمَيْنِ وَأَوْحَىٰ فِي كُلِّ سَمَاءٍ أَمْرَهَا وَزَيَّنَّا السَّمَاءَ الدُّنْيَا بِمَصَابِيحَ وَحِفْظًا ذَٰلِكَ
تَقْدِيرُ الْعَزِيزِ الْعَلِيمِ (١٢) فَإِنْ أَعْرَضُوا فَقُلْ أَنذَرْتُكُمْ صَاعِقَةً مِّثْلَ صَاعِقَةِ عَادٍ
وَثَمُودَ (١٣) إِذْ جَاءَتْهُمُ الرُّسُلُ مِن بَيْنِ أَيْدِيهِمْ وَمِنْ خَلْفِهِمْ أَلَّا تَعْبُدُوا إِلَّا اللَّهَ قَالُوا
لَوْ شَاءَ رَبُّنَا لَأَنزَلَ مَلَائِكَةً فَإِنَّا بِمَا أُرْسِلْتُم بِهِ كَافِرُونَ (١٤) فَأَمَّا عَادٌ فَاسْتَكْبَرُوا
فِي الْأَرْضِ بِغَيْرِ الْحَقِّ وَقَالُوا مَنْ أَشَدُّ مِنَّا قُوَّةً أَوَلَمْ يَرَوْا أَنَّ اللَّهَ الَّذِي خَلَقَهُمْ هُوَ
أَشَدُّ مِنْهُمْ قُوَّةً وَكَانُوا بِآيَاتِنَا يَجْحَدُونَ (١٥) فَأَرْسَلْنَا عَلَيْهِمْ رِيحًا صَرْصَرًا فِي
أَيَّامٍ نَّحِسَاتٍ لِّنُذِيقَهُمْ عَذَابَ الْخِزْيِ فِي الْحَيَاةِ الدُّنْيَا وَلَعَذَابُ الْآخِرَةِ أَخْزَىٰ وَهُمْ
لَا يُنصَرُونَ (١٦) وَأَمَّا ثَمُودُ فَهَدَيْنَاهُمْ فَاسْتَحَبُّوا الْعَمَىٰ عَلَى الْهُدَىٰ فَأَخَذَتْهُمْ
صَاعِقَةُ الْعَذَابِ الْهُونِ بِمَا كَانُوا يَكْسِبُونَ (١٧) وَنَجَّيْنَا الَّذِينَ آمَنُوا وَكَانُوا
يَتَّقُونَ (١٨) وَيَوْمَ يُحْشَرُ أَعْدَاءُ اللَّهِ إِلَى النَّارِ فَهُمْ يُوزَعُونَ (١٩) حَتَّىٰ إِذَا مَا
جَاءُوهَا شَهِدَ عَلَيْهِمْ سَمْعُهُمْ وَأَبْصَارُهُمْ وَجُلُودُهُم بِمَا كَانُوا يَعْمَلُونَ (٢٠) وَقَالُوا
لِجُلُودِهِمْ لِمَ شَهِدتُّمْ عَلَيْنَا قَالُوا أَنطَقَنَا اللَّهُ الَّذِي أَنطَقَ كُلَّ شَيْءٍ وَهُوَ خَلَقَكُمْ أَوَّلَ
مَرَّةٍ وَإِلَيْهِ تُرْجَعُونَ (٢١) وَمَا كُنتُمْ تَسْتَتِرُونَ أَن يَشْهَدَ عَلَيْكُمْ سَمْعُكُمْ وَلَا
أَبْصَارُكُمْ وَلَا جُلُودُكُمْ وَلَٰكِن ظَنَنتُمْ أَنَّ اللَّهَ لَا يَعْلَمُ كَثِيرًا مِّمَّا تَعْمَلُونَ (٢٢) وَذَٰلِكُمْ
ظَنُّكُمُ الَّذِي ظَنَنتُم بِرَبِّكُمْ أَرْدَاكُمْ فَأَصْبَحْتُم مِّنَ الْخَاسِرِينَ (٢٣) فَإِن يَصْبِرُوا
فَالنَّارُ مَثْوًى لَّهُمْ وَإِن يَسْتَعْتِبُوا فَمَا هُم مِّنَ الْمُعْتَبِينَ (٢٤) وَقَيَّضْنَا لَهُمْ قُرَنَاءَ
فَزَيَّنُوا لَهُم مَّا بَيْنَ أَيْدِيهِمْ وَمَا خَلْفَهُمْ وَحَقَّ عَلَيْهِمُ الْقَوْلُ فِي أُمَمٍ قَدْ خَلَتْ مِن قَبْلِهِم
مِّنَ الْجِنِّ وَالْإِنسِ إِنَّهُمْ كَانُوا خَاسِرِينَ (٢٥) وَقَالَ الَّذِينَ كَفَرُوا لَا تَسْمَعُوا لِهَٰذَا
الْقُرْآنِ وَالْغَوْا فِيهِ لَعَلَّكُمْ تَغْلِبُونَ (٢٦) فَلَنُذِيقَنَّ الَّذِينَ كَفَرُوا عَذَابًا شَدِيدًا
وَلَنَجْزِيَنَّهُمْ أَسْوَأَ الَّذِي كَانُوا يَعْمَلُونَ (٢٧) ذَٰلِكَ جَزَاءُ أَعْدَاءِ اللَّهِ النَّارُ لَهُمْ فِيهَا
دَارُ الْخُلْدِ جَزَاءً بِمَا كَانُوا بِآيَاتِنَا يَجْحَدُونَ (٢٨) وَقَالَ الَّذِينَ كَفَرُوا رَبَّنَا أَرِنَا
الَّذَيْنِ أَضَلَّانَا مِنَ الْجِنِّ وَالْإِنسِ نَجْعَلْهُمَا تَحْتَ أَقْدَامِنَا لِيَكُونَا مِنَ
الْأَسْفَلِينَ (٢٩) إِنَّ الَّذِينَ قَالُوا رَبُّنَا اللَّهُ ثُمَّ اسْتَقَامُوا تَتَنَزَّلُ عَلَيْهِمُ الْمَلَائِكَةُ أَلَّا
تَخَافُوا وَلَا تَحْزَنُوا وَأَبْشِرُوا بِالْجَنَّةِ الَّتِي كُنتُمْ تُوعَدُونَ (٣٠) نَحْنُ أَوْلِيَاؤُكُمْ فِي
الْحَيَاةِ الدُّنْيَا وَفِي الْآخِرَةِ وَلَكُمْ فِيهَا مَا تَشْتَهِي أَنفُسُكُمْ وَلَكُمْ فِيهَا مَا
تَدَّعُونَ (٣١) نُزُلًا مِّنْ غَفُورٍ رَّحِيمٍ (٣٢) وَمَنْ أَحْسَنُ قَوْلًا مِّمَّن دَعَا إِلَى اللَّهِ

وَعَمِلَ صَالِحًا وَقَالَ إِنَّنِي مِنَ الْمُسْلِمِينَ (٣٣) وَلَا تَسْتَوِي الْحَسَنَةُ وَلَا السَّيِّئَةُ
ادْفَعْ بِالَّتِي هِيَ أَحْسَنُ فَإِذَا الَّذِي بَيْنَكَ وَبَيْنَهُ عَدَاوَةٌ كَأَنَّهُ وَلِيٌّ حَمِيمٌ (٣٤) وَمَا
يُلَقَّاهَا إِلَّا الَّذِينَ صَبَرُوا وَمَا يُلَقَّاهَا إِلَّا ذُو حَظٍّ عَظِيمٍ (٣٥) وَإِمَّا يَنزَغَنَّكَ مِنَ
الشَّيْطَانِ نَزْغٌ فَاسْتَعِذْ بِاللَّهِ إِنَّهُ هُوَ السَّمِيعُ الْعَلِيمُ (٣٦) وَمِنْ آيَاتِهِ اللَّيْلُ وَالنَّهَارُ
وَالشَّمْسُ وَالْقَمَرُ لَا تَسْجُدُوا لِلشَّمْسِ وَلَا لِلْقَمَرِ وَاسْجُدُوا لِلَّهِ الَّذِي خَلَقَهُنَّ إِن كُنتُمْ
إِيَّاهُ تَعْبُدُونَ (٣٧) فَإِنِ اسْتَكْبَرُوا فَالَّذِينَ عِندَ رَبِّكَ يُسَبِّحُونَ لَهُ بِاللَّيْلِ وَالنَّهَارِ وَهُمْ
لَا يَسْأَمُونَ* (٣٨) وَمِنْ آيَاتِهِ أَنَّكَ تَرَى الْأَرْضَ خَاشِعَةً فَإِذَا أَنزَلْنَا عَلَيْهَا الْمَاءَ
اهْتَزَّتْ وَرَبَتْ إِنَّ الَّذِي أَحْيَاهَا لَمُحْيِي الْمَوْتَى إِنَّهُ عَلَى كُلِّ شَيْءٍ قَدِيرٌ (٣٩) إِنَّ
الَّذِينَ يُلْحِدُونَ فِي آيَاتِنَا لَا يَخْفَوْنَ عَلَيْنَا أَفَمَن يُلْقَى فِي النَّارِ خَيْرٌ أَم مَّن يَأْتِي آمِنًا
يَوْمَ الْقِيَامَةِ اعْمَلُوا مَا شِئْتُمْ إِنَّهُ بِمَا تَعْمَلُونَ بَصِيرٌ (٤٠) إِنَّ الَّذِينَ كَفَرُوا بِالذِّكْرِ
لَمَّا جَاءَهُمْ وَإِنَّهُ لَكِتَابٌ عَزِيزٌ (٤١) لَا يَأْتِيهِ الْبَاطِلُ مِن بَيْنِ يَدَيْهِ وَلَا مِنْ خَلْفِهِ
تَنزِيلٌ مِّنْ حَكِيمٍ حَمِيدٍ (٤٢) مَا يُقَالُ لَكَ إِلَّا مَا قَدْ قِيلَ لِلرُّسُلِ مِن قَبْلِكَ إِنَّ رَبَّكَ
لَذُو مَغْفِرَةٍ وَذُو عِقَابٍ أَلِيمٍ (٤٣) وَلَوْ جَعَلْنَاهُ قُرْآنًا أَعْجَمِيًّا لَّقَالُوا لَوْلَا فُصِّلَتْ
آيَاتُهُ أَأَعْجَمِيٌّ وَعَرَبِيٌّ قُلْ هُوَ لِلَّذِينَ آمَنُوا هُدًى وَشِفَاءٌ وَالَّذِينَ لَا يُؤْمِنُونَ فِي
آذَانِهِمْ وَقْرٌ وَهُوَ عَلَيْهِمْ عَمًى أُولَئِكَ يُنَادَوْنَ مِن مَّكَانٍ بَعِيدٍ (٤٤) وَلَقَدْ آتَيْنَا
مُوسَى الْكِتَابَ فَاخْتُلِفَ فِيهِ وَلَوْلَا كَلِمَةٌ سَبَقَتْ مِن رَّبِّكَ لَقُضِيَ بَيْنَهُمْ وَإِنَّهُمْ لَفِي
شَكٍّ مِّنْهُ مُرِيبٍ (٤٥) مَّنْ عَمِلَ صَالِحًا فَلِنَفْسِهِ وَمَنْ أَسَاءَ فَعَلَيْهَا وَمَا رَبُّكَ بِظَلَّامٍ
لِّلْعَبِيدِ (٤٦) إِلَيْهِ يُرَدُّ عِلْمُ السَّاعَةِ وَمَا تَخْرُجُ مِن ثَمَرَاتٍ مِّنْ أَكْمَامِهَا وَمَا تَحْمِلُ
مِنْ أُنثَى وَلَا تَضَعُ إِلَّا بِعِلْمِهِ وَيَوْمَ يُنَادِيهِمْ أَيْنَ شُرَكَائِي قَالُوا آذَنَّاكَ مَا مِنَّا مِن
شَهِيدٍ (٤٧) وَضَلَّ عَنْهُم مَّا كَانُوا يَدْعُونَ مِن قَبْلُ وَظَنُّوا مَا لَهُم مِّن
مَّحِيصٍ (٤٨) لَا يَسْأَمُ الْإِنسَانُ مِن دُعَاءِ الْخَيْرِ وَإِن مَّسَّهُ الشَّرُّ فَيَئُوسٌ
قَنُوطٌ (٤٩) وَلَئِنْ أَذَقْنَاهُ رَحْمَةً مِّنَّا مِن بَعْدِ ضَرَّاءَ مَسَّتْهُ لَيَقُولَنَّ هَذَا لِي وَمَا أَظُنُّ
السَّاعَةَ قَائِمَةً وَلَئِن رُّجِعْتُ إِلَى رَبِّي إِنَّ لِي عِندَهُ لَلْحُسْنَى فَلَنُنَبِّئَنَّ الَّذِينَ كَفَرُوا بِمَا
عَمِلُوا وَلَنُذِيقَنَّهُم مِّنْ عَذَابٍ غَلِيظٍ (٥٠) وَإِذَا أَنْعَمْنَا عَلَى الْإِنسَانِ أَعْرَضَ وَنَأَى
بِجَانِبِهِ وَإِذَا مَسَّهُ الشَّرُّ فَذُو دُعَاءٍ عَرِيضٍ (٥١) قُلْ أَرَأَيْتُمْ إِن كَانَ مِنْ عِندِ اللَّهِ ثُمَّ
كَفَرْتُم بِهِ مَنْ أَضَلُّ مِمَّنْ هُوَ فِي شِقَاقٍ بَعِيدٍ (٥٢) سَنُرِيهِمْ آيَاتِنَا فِي الْآفَاقِ وَفِي
أَنفُسِهِمْ حَتَّى يَتَبَيَّنَ لَهُمْ أَنَّهُ الْحَقُّ أَوَلَمْ يَكْفِ بِرَبِّكَ أَنَّهُ عَلَى كُلِّ شَيْءٍ
شَهِيدٌ (٥٣) أَلَا إِنَّهُمْ فِي مِرْيَةٍ مِّن لِّقَاءِ رَبِّهِمْ أَلَا إِنَّهُ بِكُلِّ شَيْءٍ مُّحِيطٌ (٥٤

حم (١) عسق (٢) كَذَلِكَ يُوحِي إِلَيْكَ وَإِلَى الَّذِينَ مِن قَبْلِكَ اللَّهُ الْعَزِيزُ الْحَكِيمُ (٣) لَهُ مَا فِي السَّمَاوَاتِ وَمَا فِي الْأَرْضِ وَهُوَ الْعَلِيُّ الْعَظِيمُ (٤) تَكَادُ السَّمَاوَاتُ يَتَفَطَّرْنَ مِن فَوْقِهِنَّ وَالْمَلَائِكَةُ يُسَبِّحُونَ بِحَمْدِ رَبِّهِمْ وَيَسْتَغْفِرُونَ لِمَن فِي الْأَرْضِ أَلَا إِنَّ اللَّهَ هُوَ الْغَفُورُ الرَّحِيمُ (٥) وَالَّذِينَ اتَّخَذُوا مِن دُونِهِ أَوْلِيَاء اللَّهُ حَفِيظٌ عَلَيْهِمْ وَمَا أَنتَ عَلَيْهِم بِوَكِيلٍ (٦) وَكَذَلِكَ أَوْحَيْنَا إِلَيْكَ قُرْآنًا عَرَبِيًّا لِّتُنذِرَ أُمَّ الْقُرَى وَمَنْ حَوْلَهَا وَتُنذِرَ يَوْمَ الْجَمْعِ لَا رَيْبَ فِيهِ فَرِيقٌ فِي الْجَنَّةِ وَفَرِيقٌ فِي السَّعِيرِ (٧) وَلَوْ شَاء اللَّهُ لَجَعَلَهُمْ أُمَّةً وَاحِدَةً وَلَكِن يُدْخِلُ مَن يَشَاء فِي رَحْمَتِهِ وَالظَّالِمُونَ مَا لَهُم مِّن وَلِيٍّ وَلَا نَصِيرٍ (٨) أَمِ اتَّخَذُوا مِن دُونِهِ أَوْلِيَاء فَاللَّهُ هُوَ الْوَلِيُّ وَهُوَ يُحْيِي الْمَوْتَى وَهُوَ عَلَى كُلِّ شَيْءٍ قَدِيرٌ (٩) وَمَا اخْتَلَفْتُمْ فِيهِ مِن شَيْءٍ فَحُكْمُهُ إِلَى اللَّهِ ذَلِكُمُ اللَّهُ رَبِّي عَلَيْهِ تَوَكَّلْتُ وَإِلَيْهِ أُنِيبُ (١٠) فَاطِرُ السَّمَاوَاتِ وَالْأَرْضِ جَعَلَ لَكُم مِّنْ أَنفُسِكُمْ أَزْوَاجًا وَمِنَ الْأَنْعَامِ أَزْوَاجًا يَذْرَؤُكُمْ فِيهِ لَيْسَ كَمِثْلِهِ شَيْءٌ وَهُوَ السَّمِيعُ البَصِيرُ (١١) لَهُ مَقَالِيدُ السَّمَاوَاتِ وَالْأَرْضِ يَبْسُطُ الرِّزْقَ لِمَن يَشَاء وَيَقْدِرُ إِنَّهُ بِكُلِّ شَيْءٍ عَلِيمٌ (١٢) شَرَعَ لَكُم مِّنَ الدِّينِ مَا وَصَّى بِهِ نُوحًا وَالَّذِي أَوْحَيْنَا إِلَيْكَ وَمَا وَصَّيْنَا بِهِ إِبْرَاهِيمَ وَمُوسَى وَعِيسَى أَنْ أَقِيمُوا الدِّينَ وَلَا تَتَفَرَّقُوا فِيهِ كَبُرَ عَلَى الْمُشْرِكِينَ مَا تَدْعُوهُمْ إِلَيْهِ اللَّهُ يَجْتَبِي إِلَيْهِ مَن يَشَاء وَيَهْدِي إِلَيْهِ مَن يُنِيبُ (١٣) وَمَا تَفَرَّقُوا إِلَّا مِن بَعْدِ مَا جَاءهُمُ الْعِلْمُ بَغْيًا بَيْنَهُمْ وَلَوْلَا كَلِمَةٌ سَبَقَتْ مِن رَّبِّكَ إِلَى أَجَلٍ مُّسَمًّى لَّقُضِيَ بَيْنَهُمْ وَإِنَّ الَّذِينَ أُورِثُوا الْكِتَابَ مِن بَعْدِهِمْ لَفِي شَكٍّ مِّنْهُ مُرِيبٍ (١٤) فَلِذَلِكَ فَادْعُ وَاسْتَقِمْ كَمَا أُمِرْتَ وَلَا تَتَّبِعْ أَهْوَاءهُمْ وَقُلْ آمَنتُ بِمَا أَنزَلَ اللَّهُ مِن كِتَابٍ وَأُمِرْتُ لِأَعْدِلَ بَيْنَكُمُ اللَّهُ رَبُّنَا وَرَبُّكُمْ لَنَا أَعْمَالُنَا وَلَكُمْ أَعْمَالُكُمْ لَا حُجَّةَ بَيْنَنَا وَبَيْنَكُمُ اللَّهُ يَجْمَعُ بَيْنَنَا وَإِلَيْهِ الْمَصِيرُ (١٥) وَالَّذِينَ يُحَاجُّونَ فِي اللَّهِ مِن بَعْدِ مَا اسْتُجِيبَ لَهُ حُجَّتُهُمْ دَاحِضَةٌ عِندَ رَبِّهِمْ وَعَلَيْهِمْ غَضَبٌ وَلَهُمْ عَذَابٌ شَدِيدٌ (١٦) اللَّهُ الَّذِي أَنزَلَ الْكِتَابَ بِالْحَقِّ وَالْمِيزَانَ وَمَا يُدْرِيكَ لَعَلَّ السَّاعَةَ قَرِيبٌ (١٧) يَسْتَعْجِلُ بِهَا الَّذِينَ لَا يُؤْمِنُونَ بِهَا وَالَّذِينَ آمَنُوا مُشْفِقُونَ مِنْهَا وَيَعْلَمُونَ أَنَّهَا الْحَقُّ أَلَا إِنَّ الَّذِينَ يُمَارُونَ فِي السَّاعَةِ لَفِي ضَلَالٍ بَعِيدٍ (١٨) اللَّهُ لَطِيفٌ بِعِبَادِهِ يَرْزُقُ مَن يَشَاء وَهُوَ الْقَوِيُّ الْعَزِيزُ (١٩) مَن كَانَ يُرِيدُ حَرْثَ الْآخِرَةِ نَزِدْ لَهُ فِي حَرْثِهِ وَمَن كَانَ يُرِيدُ حَرْثَ الدُّنْيَا نُؤتِهِ مِنْهَا وَمَا لَهُ فِي الْآخِرَةِ مِن نَّصِيبٍ (٢٠) أَمْ لَهُمْ شُرَكَاء شَرَعُوا لَهُم مِّنَ الدِّينِ مَا لَمْ يَأْذَن بِهِ اللَّهُ وَلَوْلَا كَلِمَةُ الْفَصْلِ لَقُضِيَ بَيْنَهُمْ وَإِنَّ الظَّالِمِينَ لَهُمْ عَذَابٌ أَلِيمٌ (٢١) تَرَى الظَّالِمِينَ مُشْفِقِينَ مِمَّا كَسَبُوا وَهُوَ وَاقِعٌ بِهِمْ وَالَّذِينَ آمَنُوا

وَعَمِلُوا الصَّالِحَاتِ فِي رَوْضَاتِ الْجَنَّاتِ لَهُم مَّا يَشَاؤُونَ عِندَ رَبِّهِمْ ذَلِكَ هُوَ
الْفَضْلُ الْكَبِيرُ (٢٢) ذَلِكَ الَّذِي يُبَشِّرُ اللَّهُ عِبَادَهُ الَّذِينَ آمَنُوا وَعَمِلُوا الصَّالِحَاتِ
قُل لَّا أَسْأَلُكُمْ عَلَيْهِ أَجْرًا إِلَّا الْمَوَدَّةَ فِي الْقُرْبَى وَمَن يَقْتَرِفْ حَسَنَةً نَّزِدْ لَهُ فِيهَا
حُسْنًا إِنَّ اللَّهَ غَفُورٌ شَكُورٌ (٢٣) أَمْ يَقُولُونَ افْتَرَى عَلَى اللَّهِ كَذِبًا فَإِن يَشَأِ اللَّهُ يَخْتِمْ
عَلَى قَلْبِكَ وَيَمْحُ اللَّهُ الْبَاطِلَ وَيُحِقُّ الْحَقَّ بِكَلِمَاتِهِ إِنَّهُ عَلِيمٌ بِذَاتِ
الصُّدُورِ (٢٤) وَهُوَ الَّذِي يَقْبَلُ التَّوْبَةَ عَنْ عِبَادِهِ وَيَعْفُو عَنِ السَّيِّئَاتِ وَيَعْلَمُ مَا
تَفْعَلُونَ (٢٥) وَيَسْتَجِيبُ الَّذِينَ آمَنُوا وَعَمِلُوا الصَّالِحَاتِ وَيَزِيدُهُم مِّن فَضْلِهِ
وَالْكَافِرُونَ لَهُمْ عَذَابٌ شَدِيدٌ (٢٦) وَلَوْ بَسَطَ اللَّهُ الرِّزْقَ لِعِبَادِهِ لَبَغَوْا فِي الْأَرْضِ
وَلَكِن يُنَزِّلُ بِقَدَرٍ مَّا يَشَاءُ إِنَّهُ بِعِبَادِهِ خَبِيرٌ بَصِيرٌ (٢٧) وَهُوَ الَّذِي يُنَزِّلُ الْغَيْثَ
مِن بَعْدِ مَا قَنَطُوا وَيَنشُرُ رَحْمَتَهُ وَهُوَ الْوَلِيُّ الْحَمِيدُ (٢٨) وَمِنْ آيَاتِهِ خَلْقُ
السَّمَاوَاتِ وَالْأَرْضِ وَمَا بَثَّ فِيهِمَا مِن دَابَّةٍ وَهُوَ عَلَى جَمْعِهِمْ إِذَا يَشَاءُ
قَدِيرٌ (٢٩) وَمَا أَصَابَكُم مِّن مُّصِيبَةٍ فَبِمَا كَسَبَتْ أَيْدِيكُمْ وَيَعْفُو عَن
كَثِيرٍ (٣٠) وَمَا أَنتُم بِمُعْجِزِينَ فِي الْأَرْضِ وَمَا لَكُم مِّن دُونِ اللَّهِ مِن وَلِيٍّ وَلَا
نَصِيرٍ (٣١) وَمِنْ آيَاتِهِ الْجَوَارِ فِي الْبَحْرِ كَالْأَعْلَامِ (٣٢) إِن يَشَأْ يُسْكِنِ الرِّيحَ
فَيَظْلَلْنَ رَوَاكِدَ عَلَى ظَهْرِهِ إِنَّ فِي ذَلِكَ لَآيَاتٍ لِّكُلِّ صَبَّارٍ شَكُورٍ (٣٣) أَوْ يُوبِقْهُنَّ
بِمَا كَسَبُوا وَيَعْفُ عَن كَثِيرٍ (٣٤) وَيَعْلَمَ الَّذِينَ يُجَادِلُونَ فِي آيَاتِنَا مَا لَهُم مِّن
مَّحِيصٍ (٣٥) فَمَا أُوتِيتُم مِّن شَيْءٍ فَمَتَاعُ الْحَيَاةِ الدُّنْيَا وَمَا عِندَ اللَّهِ خَيْرٌ وَأَبْقَى
لِلَّذِينَ آمَنُوا وَعَلَى رَبِّهِمْ يَتَوَكَّلُونَ (٣٦) وَالَّذِينَ يَجْتَنِبُونَ كَبَائِرَ الْإِثْمِ وَالْفَوَاحِشَ
وَإِذَا مَا غَضِبُوا هُمْ يَغْفِرُونَ (٣٧) وَالَّذِينَ اسْتَجَابُوا لِرَبِّهِمْ وَأَقَامُوا الصَّلَاةَ
وَأَمْرُهُمْ شُورَى بَيْنَهُمْ وَمِمَّا رَزَقْنَاهُمْ يُنفِقُونَ (٣٨) وَالَّذِينَ إِذَا أَصَابَهُمُ الْبَغْيُ هُمْ
يَنتَصِرُونَ (٣٩) وَجَزَاءُ سَيِّئَةٍ سَيِّئَةٌ مِّثْلُهَا فَمَنْ عَفَا وَأَصْلَحَ فَأَجْرُهُ عَلَى اللَّهِ إِنَّهُ لَا
يُحِبُّ الظَّالِمِينَ (٤٠) وَلَمَنِ انتَصَرَ بَعْدَ ظُلْمِهِ فَأُولَئِكَ مَا عَلَيْهِم مِّن
سَبِيلٍ (٤١) إِنَّمَا السَّبِيلُ عَلَى الَّذِينَ يَظْلِمُونَ النَّاسَ وَيَبْغُونَ فِي الْأَرْضِ بِغَيْرِ
الْحَقِّ أُولَئِكَ لَهُم عَذَابٌ أَلِيمٌ (٤٢) وَلَمَن صَبَرَ وَغَفَرَ إِنَّ ذَلِكَ لَمِنْ عَزْمِ
الْأُمُورِ (٤٣) وَمَن يُضْلِلِ اللَّهُ فَمَا لَهُ مِن وَلِيٍّ مِّن بَعْدِهِ وَتَرَى الظَّالِمِينَ لَمَّا رَأَوُا
الْعَذَابَ يَقُولُونَ هَلْ إِلَى مَرَدٍّ مِّن سَبِيلٍ (٤٤) وَتَرَاهُمْ يُعْرَضُونَ عَلَيْهَا خَاشِعِينَ
مِنَ الذُّلِّ يَنظُرُونَ مِن طَرْفٍ خَفِيٍّ وَقَالَ الَّذِينَ آمَنُوا إِنَّ الْخَاسِرِينَ الَّذِينَ خَسِرُوا
أَنفُسَهُمْ وَأَهْلِيهِمْ يَوْمَ الْقِيَامَةِ أَلَا إِنَّ الظَّالِمِينَ فِي عَذَابٍ مُّقِيمٍ (٤٥) وَمَا كَانَ لَهُم
مِّنْ أَوْلِيَاءَ يَنصُرُونَهُم مِّن دُونِ اللَّهِ وَمَن يُضْلِلِ اللَّهُ فَمَا لَهُ مِن
سَبِيلٍ (٤٦) اسْتَجِيبُوا لِرَبِّكُم مِّن قَبْلِ أَن يَأْتِيَ يَوْمٌ لَّا مَرَدَّ لَهُ مِنَ اللَّهِ مَا لَكُم مِّن
مَّلْجَأٍ يَوْمَئِذٍ وَمَا لَكُم مِّن نَّكِيرٍ (٤٧) فَإِنْ أَعْرَضُوا فَمَا أَرْسَلْنَاكَ عَلَيْهِمْ حَفِيظًا إِنْ

عَلَيْكَ إِلَّا الْبَلَاغُ وَإِنَّا إِذَا أَذَقْنَا الْإِنسَانَ مِنَّا رَحْمَةً فَرِحَ بِهَا وَإِن تُصِبْهُمْ سَيِّئَةٌ بِمَا
قَدَّمَتْ أَيْدِيهِمْ فَإِنَّ الْإِنسَانَ كَفُورٌ (٤٨) لِّلَّهِ مُلْكُ السَّمَاوَاتِ وَالْأَرْضِ يَخْلُقُ مَا
يَشَاءُ يَهَبُ لِمَنْ يَشَاءُ إِنَاثًا وَيَهَبُ لِمَن يَشَاءُ الذُّكُورَ (٤٩) أَوْ يُزَوِّجُهُمْ ذُكْرَانًا
وَإِنَاثًا وَيَجْعَلُ مَن يَشَاءُ عَقِيمًا إِنَّهُ عَلِيمٌ قَدِيرٌ (٥٠) وَمَا كَانَ لِبَشَرٍ أَن يُكَلِّمَهُ اللَّهُ
إِلَّا وَحْيًا أَوْ مِن وَرَاءِ حِجَابٍ أَوْ يُرْسِلَ رَسُولًا فَيُوحِيَ بِإِذْنِهِ مَا يَشَاءُ إِنَّهُ عَلِيٌّ
حَكِيمٌ (٥١) وَكَذَلِكَ. أَوْحَيْنَا إِلَيْكَ رُوحًا. مِّنْ. أَمْرِنَا. مَا. كُنتَ تَدْرِي مَا. الْكِتَابُ وَلَا
الْإِيمَانُ وَلَكِن جَعَلْنَاهُ نُورًا نَّهْدِي بِهِ مَنْ نَّشَاءُ مِنْ عِبَادِنَا وَإِنَّكَ لَتَهْدِي إِلَى صِرَاطٍ
مُّسْتَقِيمٍ (٥٢) صِرَاطِ اللَّهِ الَّذِي لَهُ مَا فِي السَّمَاوَاتِ وَمَا فِي الْأَرْضِ أَلَا إِلَى اللَّهِ
تَصِيرُ الْأُمُورُ (٥٣

SOURATE AZ ZUKHRUF

سورة الزخرف

حم (١) وَالْكِتَابِ الْمُبِينِ (٢) إِنَّا جَعَلْنَاهُ قُرْآنًا عَرَبِيًّا لَّعَلَّكُمْ تَعْقِلُونَ (٣) وَإِنَّهُ فِي
أُمِّ الْكِتَابِ لَدَيْنَا لَعَلِيٌّ حَكِيمٌ (٤) أَفَنَضْرِبُ عَنكُمُ الذِّكْرَ صَفْحًا أَن كُنتُمْ قَوْمًا
مُّسْرِفِينَ (٥) وَكَمْ أَرْسَلْنَا مِن نَّبِيٍّ فِي الْأَوَّلِينَ (٦) وَمَا يَأْتِيهِم مِّن نَّبِيٍّ إِلَّا كَانُوا
بِهِ يَسْتَهْزِؤُون (٧) فَأَهْلَكْنَا أَشَدَّ مِنْهُم بَطْشًا وَمَضَى مَثَلُ الْأَوَّلِينَ (٨) وَلَئِن
سَأَلْتَهُم مَّنْ خَلَقَ السَّمَاوَاتِ وَالْأَرْضَ لَيَقُولُنَّ خَلَقَهُنَّ الْعَزِيزُ الْعَلِيمُ (٩) الَّذِي جَعَلَ
لَكُمُ الْأَرْضَ مَهْدًا وَجَعَلَ لَكُمْ فِيهَا سُبُلًا لَّعَلَّكُمْ تَهْتَدُونَ (١٠) وَالَّذِي نَزَّلَ مِنَ
السَّمَاءِ مَاءً بِقَدَرٍ فَأَنشَرْنَا بِهِ بَلْدَةً مَّيْتًا كَذَلِكَ تُخْرَجُونَ (١١) وَالَّذِي خَلَقَ الْأَزْوَاجَ
كُلَّهَا وَجَعَلَ لَكُم مِّنَ الْفُلْكِ وَالْأَنْعَامِ مَا تَرْكَبُونَ (١٢) لِتَسْتَوُوا عَلَى ظُهُورِهِ ثُمَّ
تَذْكُرُوا نِعْمَةَ رَبِّكُمْ إِذَا اسْتَوَيْتُمْ عَلَيْهِ وَتَقُولُوا سُبْحَانَ الَّذِي سَخَّرَ لَنَا هَذَا وَمَا كُنَّا
لَهُ مُقْرِنِينَ (١٣) وَإِنَّا إِلَى رَبِّنَا لَمُنقَلِبُونَ (١٤) وَجَعَلُوا لَهُ مِنْ عِبَادِهِ جُزْءًا إِنَّ
الْإِنسَانَ لَكَفُورٌ مُّبِينٌ (١٥) أَمِ اتَّخَذَ مِمَّا يَخْلُقُ بَنَاتٍ وَأَصْفَاكُم بِالْبَنِينَ (١٦) وَإِذَا
بُشِّرَ أَحَدُهُم بِمَا ضَرَبَ لِلرَّحْمَنِ مَثَلًا ظَلَّ وَجْهُهُ مُسْوَدًّا وَهُوَ كَظِيمٌ (١٧) أَوَمَن
يُنَشَّأُ فِي الْحِلْيَةِ وَهُوَ فِي الْخِصَامِ غَيْرُ مُبِينٍ (١٨) وَجَعَلُوا الْمَلَائِكَةَ الَّذِينَ هُمْ
عِبَادُ الرَّحْمَنِ إِنَاثًا أَشَهِدُوا خَلْقَهُمْ سَتُكْتَبُ شَهَادَتُهُمْ وَيُسْأَلُونَ (١٩) وَقَالُوا لَوْ شَاءَ
الرَّحْمَنُ مَا عَبَدْنَاهُم مَّا لَهُم بِذَلِكَ مِنْ عِلْمٍ إِنْ هُمْ إِلَّا يَخْرُصُونَ (٢٠) أَمْ آتَيْنَاهُمْ
كِتَابًا مِّن قَبْلِهِ فَهُم بِهِ مُسْتَمْسِكُونَ (٢١) بَلْ قَالُوا إِنَّا وَجَدْنَا آبَاءَنَا عَلَى أُمَّةٍ وَإِنَّا
عَلَى آثَارِهِم مُّهْتَدُونَ (٢٢) وَكَذَلِكَ مَا أَرْسَلْنَا مِن قَبْلِكَ فِي قَرْيَةٍ مِّن نَّذِيرٍ إِلَّا قَالَ

مُتْرَفُوهَا إِنَّا وَجَدْنَا آبَاءنَا عَلَى أُمَّةٍ وَإِنَّا عَلَى آثَارِهِم مُّقْتَدُونَ (٢٣) قَالَ أَوَلَوْ
جِئْتُكُم بِأَهْدَى مِمَّا وَجَدتُّمْ عَلَيْهِ آبَاءكُمْ قَالُوا إِنَّا بِمَا أُرْسِلْتُم بِهِ
كَافِرُونَ (٢٤) فَانتَقَمْنَا مِنْهُمْ فَانظُرْ كَيْفَ كَانَ عَاقِبَةُ الْمُكَذِّبِينَ (٢٥) وَإِذْ قَالَ
إِبْرَاهِيمُ لِأَبِيهِ وَقَوْمِهِ إِنَّنِي بَرَاء مِّمَّا تَعْبُدُونَ (٢٦) إِلَّا الَّذِي فَطَرَنِي فَإِنَّهُ
سَيَهْدِينِ (٢٧) وَجَعَلَهَا كَلِمَةً بَاقِيَةً فِي عَقِبِهِ لَعَلَّهُمْ يَرْجِعُونَ (٢٨) بَلْ مَتَّعْتُ
هَؤُلَاء وَآبَاءهُمْ حَتَّى جَاءهُمُ الْحَقُّ وَرَسُولٌ مُّبِينٌ (٢٩) وَلَمَّا جَاءهُمُ الْحَقُّ قَالُوا
هَذَا سِحْرٌ وَإِنَّا بِهِ كَافِرُونَ (٣٠) وَقَالُوا لَوْلَا نُزِّلَ هَذَا الْقُرْآنُ عَلَى رَجُلٍ مِّنَ
الْقَرْيَتَيْنِ عَظِيمٍ (٣١) أَهُمْ يَقْسِمُونَ رَحْمَةَ رَبِّكَ نَحْنُ قَسَمْنَا بَيْنَهُم مَّعِيشَتَهُمْ فِي
الْحَيَاةِ الدُّنْيَا وَرَفَعْنَا بَعْضَهُمْ فَوْقَ بَعْضٍ دَرَجَاتٍ لِيَتَّخِذَ بَعْضُهُم بَعْضًا سُخْرِيًّا
وَرَحْمَتُ رَبِّكَ خَيْرٌ مِّمَّا يَجْمَعُونَ (٣٢) وَلَوْلَا أَن يَكُونَ النَّاسُ أُمَّةً وَاحِدَةً لَجَعَلْنَا
لِمَن يَكْفُرُ بِالرَّحْمَنِ لِبُيُوتِهِمْ سُقُفًا مِّن فَضَّةٍ وَمَعَارِجَ عَلَيْهَا
يَظْهَرُونَ (٣٣) وَلِبُيُوتِهِمْ أَبْوَابًا وَسُرُرًا عَلَيْهَا يَتَّكِؤُونَ (٣٤) وَزُخْرُفًا وَإِن كُلُّ
ذَلِكَ لَمَّا مَتَاعُ الْحَيَاةِ الدُّنْيَا وَالْآخِرَةُ عِندَ رَبِّكَ لِلْمُتَّقِينَ (٣٥) وَمَن يَعْشُ عَن ذِكْرِ
الرَّحْمَنِ نُقَيِّضْ لَهُ شَيْطَانًا فَهُوَ لَهُ قَرِينٌ (٣٦) وَإِنَّهُمْ لَيَصُدُّونَهُمْ عَنِ السَّبِيلِ
وَيَحْسَبُونَ أَنَّهُم مُّهْتَدُونَ (٣٧) حَتَّى إِذَا جَاءنَا قَالَ يَا لَيْتَ بَيْنِي وَبَيْنَكَ بُعْدَ
الْمَشْرِقَيْنِ فَبِئْسَ الْقَرِينُ (٣٨) وَلَن يَنفَعَكُمُ الْيَوْمَ إِذ ظَّلَمْتُمْ أَنَّكُمْ فِي الْعَذَابِ
مُشْتَرِكُونَ (٣٩) أَفَأَنتَ تُسْمِعُ الصُّمَّ أَوْ تَهْدِي الْعُمْيَ وَمَن كَانَ فِي ضَلَالٍ
مُّبِينٍ (٤٠) فَإِمَّا نَذْهَبَنَّ بِكَ فَإِنَّا مِنْهُم مُّنتَقِمُونَ (٤١) أَوْ نُرِيَنَّكَ الَّذِي وَعَدْنَاهُمْ فَإِنَّا
عَلَيْهِم مُّقْتَدِرُونَ (٤٢) فَاسْتَمْسِكْ بِالَّذِي أُوحِيَ إِلَيْكَ إِنَّكَ عَلَى صِرَاطٍ
مُّسْتَقِيمٍ (٤٣) وَإِنَّهُ لَذِكْرٌ لَّكَ وَلِقَوْمِكَ وَسَوْفَ تُسْأَلُونَ (٤٤) وَاسْأَلْ مَنْ أَرْسَلْنَا
مِن قَبْلِكَ مِن رُّسُلِنَا أَجَعَلْنَا مِن دُونِ الرَّحْمَنِ آلِهَةً يُعْبَدُونَ (٤٥) وَلَقَدْ أَرْسَلْنَا
مُوسَى بِآيَاتِنَا إِلَى فِرْعَوْنَ وَمَلَئِهِ فَقَالَ إِنِّي رَسُولُ رَبِّ الْعَالَمِينَ (٤٦) فَلَمَّا
جَاءهُم بِآيَاتِنَا إِذَا هُم مِّنْهَا يَضْحَكُونَ (٤٧) وَمَا نُرِيهِم مِّنْ آيَةٍ إِلَّا هِيَ أَكْبَرُ مِنْ
أُخْتِهَا وَأَخَذْنَاهُم بِالْعَذَابِ لَعَلَّهُمْ يَرْجِعُونَ (٤٨) وَقَالُوا يَا أَيُّهَا السَّاحِرُ ادْعُ لَنَا
رَبَّكَ بِمَا عَهِدَ عِندَكَ إِنَّنَا لَمُهْتَدُونَ (٤٩) فَلَمَّا كَشَفْنَا عَنْهُمُ الْعَذَابَ إِذَا هُمْ
يَنكُثُونَ (٥٠) وَنَادَى فِرْعَوْنُ فِي قَوْمِهِ قَالَ يَا قَوْمِ أَلَيْسَ لِي مُلْكُ مِصْرَ وَهَذِهِ
الْأَنْهَارُ تَجْرِي مِن تَحْتِي أَفَلَا تُبْصِرُونَ (٥١) أَمْ أَنَا خَيْرٌ مِّنْ هَذَا الَّذِي هُوَ مَهِينٌ
وَلَا يَكَادُ يُبِينُ (٥٢) فَلَوْلَا أُلْقِيَ عَلَيْهِ أَسْوِرَةٌ مِّن ذَهَبٍ أَوْ جَاء مَعَهُ الْمَلَائِكَةُ
مُقْتَرِنِينَ (٥٣) فَاسْتَخَفَّ قَوْمَهُ فَأَطَاعُوهُ إِنَّهُمْ كَانُوا قَوْمًا فَاسِقِينَ (٥٤) فَلَمَّا
آسَفُونَا انتَقَمْنَا مِنْهُمْ فَأَغْرَقْنَاهُمْ أَجْمَعِينَ (٥٥) فَجَعَلْنَاهُمْ سَلَفًا وَمَثَلًا
لِلْآخِرِينَ (٥٦) وَلَمَّا ضُرِبَ ابْنُ مَرْيَمَ مَثَلًا إِذَا قَوْمُكَ مِنْهُ يَصِدُّونَ (٥٧) وَقَالُوا

أَآلِهَتُنَا خَيْرٌ أَمْ هُوَ مَا ضَرَبُوهُ لَكَ إِلَّا جَدَلًا بَلْ هُمْ قَوْمٌ خَصِمُونَ (٥٨) إِنْ هُوَ إِلَّا
عَبْدٌ أَنْعَمْنَا عَلَيْهِ وَجَعَلْنَاهُ مَثَلًا لِّبَنِي إِسْرَائِيلَ (٥٩) وَلَوْ نَشَاءُ لَجَعَلْنَا مِنكُم مَّلَائِكَةً
فِي الْأَرْضِ يَخْلُفُونَ (٦٠) وَإِنَّهُ لَعِلْمٌ لِّلسَّاعَةِ فَلَا تَمْتَرُنَّ بِهَا وَاتَّبِعُونِ هَذَا صِرَاطٌ
مُّسْتَقِيمٌ (٦١) وَلَا يَصُدَّنَّكُمُ الشَّيْطَانُ إِنَّهُ لَكُمْ عَدُوٌّ مُّبِينٌ (٦٢) وَلَمَّا جَاءَ عِيسَى
بِالْبَيِّنَاتِ قَالَ قَدْ جِئْتُكُم بِالْحِكْمَةِ وَلِأُبَيِّنَ لَكُم بَعْضَ الَّذِي تَخْتَلِفُونَ فِيهِ فَاتَّقُوا اللَّهَ
وَأَطِيعُونِ (٦٣) إِنَّ اللَّهَ هُوَ رَبِّي وَرَبُّكُمْ فَاعْبُدُوهُ هَذَا صِرَاطٌ
مُّسْتَقِيمٌ (٦٤) فَاخْتَلَفَ الْأَحْزَابُ مِن بَيْنِهِمْ فَوَيْلٌ لِّلَّذِينَ ظَلَمُوا مِنْ عَذَابِ يَوْمٍ
أَلِيمٍ (٦٥) هَلْ يَنظُرُونَ إِلَّا السَّاعَةَ أَن تَأْتِيَهُم بَغْتَةً وَهُمْ لَا
يَشْعُرُونَ (٦٦) الْأَخِلَّاءُ يَوْمَئِذٍ بَعْضُهُمْ لِبَعْضٍ عَدُوٌّ إِلَّا الْمُتَّقِينَ (٦٧) يَا عِبَادِ لَا
خَوْفٌ عَلَيْكُمُ الْيَوْمَ وَلَا أَنتُمْ تَحْزَنُونَ (٦٨) الَّذِينَ آمَنُوا بِآيَاتِنَا وَكَانُوا
مُسْلِمِينَ (٦٩) ادْخُلُوا الْجَنَّةَ أَنتُمْ وَأَزْوَاجُكُمْ تُحْبَرُونَ (٧٠) يُطَافُ عَلَيْهِم
بِصِحَافٍ مِّن ذَهَبٍ وَأَكْوَابٍ وَفِيهَا مَا تَشْتَهِيهِ الْأَنفُسُ وَتَلَذُّ الْأَعْيُنُ وَأَنتُمْ فِيهَا
خَالِدُونَ (٧١) وَتِلْكَ الْجَنَّةُ الَّتِي أُورِثْتُمُوهَا بِمَا كُنتُمْ تَعْمَلُونَ (٧٢) لَكُمْ فِيهَا فَاكِهَةٌ
كَثِيرَةٌ مِّنْهَا تَأْكُلُونَ (٧٣) إِنَّ الْمُجْرِمِينَ فِي عَذَابِ جَهَنَّمَ خَالِدُونَ (٧٤) لَا يُفَتَّرُ
عَنْهُمْ وَهُمْ فِيهِ مُبْلِسُونَ (٧٥) وَمَا ظَلَمْنَاهُمْ وَلَكِن كَانُوا هُمُ
الظَّالِمِينَ (٧٦) وَنَادَوْا يَا مَالِكُ لِيَقْضِ عَلَيْنَا رَبُّكَ قَالَ إِنَّكُم مَّاكِثُونَ (٧٧) لَقَدْ
جِئْنَاكُم بِالْحَقِّ وَلَكِنَّ أَكْثَرَكُمْ لِلْحَقِّ كَارِهُونَ (٧٨) أَمْ أَبْرَمُوا أَمْرًا فَإِنَّا
مُبْرِمُونَ (٧٩) أَمْ يَحْسَبُونَ أَنَّا لَا نَسْمَعُ سِرَّهُمْ وَنَجْوَاهُم بَلَى وَرُسُلُنَا لَدَيْهِمْ
يَكْتُبُونَ (٨٠) قُلْ إِن كَانَ لِلرَّحْمَنِ وَلَدٌ فَأَنَا أَوَّلُ الْعَابِدِينَ (٨١) سُبْحَانَ رَبِّ
السَّمَاوَاتِ وَالْأَرْضِ رَبِّ الْعَرْشِ عَمَّا يَصِفُونَ (٨٢) فَذَرْهُمْ يَخُوضُوا وَيَلْعَبُوا
حَتَّى يُلَاقُوا يَوْمَهُمُ الَّذِي يُوعَدُونَ (٨٣) وَهُوَ الَّذِي فِي السَّمَاءِ إِلَهٌ وَفِي الْأَرْضِ
إِلَهٌ وَهُوَ الْحَكِيمُ الْعَلِيمُ (٨٤) وَتَبَارَكَ الَّذِي لَهُ مُلْكُ السَّمَاوَاتِ وَالْأَرْضِ وَمَا
بَيْنَهُمَا وَعِندَهُ عِلْمُ السَّاعَةِ وَإِلَيْهِ تُرْجَعُونَ (٨٥) وَلَا يَمْلِكُ الَّذِينَ يَدْعُونَ مِن دُونِهِ
الشَّفَاعَةَ إِلَّا مَن شَهِدَ بِالْحَقِّ وَهُمْ يَعْلَمُونَ (٨٦) وَلَئِن سَأَلْتَهُم مَّنْ خَلَقَهُمْ لَيَقُولُنَّ
اللَّهُ فَأَنَّى يُؤْفَكُونَ (٨٧) وَقِيلِهِ يَارَبِّ إِنَّ هَؤُلَاءِ قَوْمٌ لَّا يُؤْمِنُونَ (٨٨) فَاصْفَحْ
عَنْهُمْ وَقُلْ سَلَامٌ فَسَوْفَ يَعْلَمُونَ (٨٩

SOURATE AD DUKHAN
سورة الدخان

حم (١) وَالْكِتَابِ الْمُبِينِ (٢) إِنَّا أَنزَلْنَاهُ فِي لَيْلَةٍ مُّبَارَكَةٍ إِنَّا كُنَّا مُنذِرِينَ (٣) فِيهَا
يُفْرَقُ كُلُّ أَمْرٍ حَكِيمٍ (٤) أَمْرًا مِّنْ عِندِنَا إِنَّا كُنَّا مُرْسِلِينَ (٥) رَحْمَةً مِّن رَّبِّكَ إِنَّهُ
هُوَ السَّمِيعُ الْعَلِيمُ (٦) رَبِّ السَّمَاوَاتِ وَالْأَرْضِ وَمَا بَيْنَهُمَا إِن كُنتُم
مُّوقِنِينَ (٧) لَا إِلَهَ إِلَّا هُوَ يُحْيِي وَيُمِيتُ رَبُّكُمْ وَرَبُّ آبَائِكُمُ الْأَوَّلِينَ (٨) بَلْ هُمْ
فِي شَكٍّ يَلْعَبُونَ (٩) فَارْتَقِبْ يَوْمَ تَأْتِي السَّمَاءُ بِدُخَانٍ مُّبِينٍ (١٠) يَغْشَى النَّاسَ
هَذَا عَذَابٌ أَلِيمٌ (١١) رَبَّنَا اكْشِفْ عَنَّا الْعَذَابَ إِنَّا مُؤْمِنُونَ (١٢) أَنَّى لَهُمُ الذِّكْرَى
وَقَدْ جَاءَهُمْ رَسُولٌ مُّبِينٌ (١٣) ثُمَّ تَوَلَّوْا عَنْهُ وَقَالُوا مُعَلَّمٌ مَّجْنُونٌ (١٤) إِنَّا كَاشِفُو
الْعَذَابِ قَلِيلًا إِنَّكُمْ عَائِدُونَ (١٥) يَوْمَ نَبْطِشُ الْبَطْشَةَ الْكُبْرَى إِنَّا
مُنتَقِمُونَ (١٦) وَلَقَدْ فَتَنَّا قَبْلَهُمْ قَوْمَ فِرْعَوْنَ وَجَاءَهُمْ رَسُولٌ كَرِيمٌ (١٧) أَنْ أَدُّوا
إِلَيَّ عِبَادَ اللَّهِ إِنِّي لَكُمْ رَسُولٌ أَمِينٌ (١٨) وَأَن لَّا تَعْلُوا عَلَى اللَّهِ إِنِّي آتِيكُم بِسُلْطَانٍ
مُّبِينٍ (١٩) وَإِنِّي عُذْتُ بِرَبِّي وَرَبِّكُمْ أَن تَرْجُمُونِ (٢٠) وَإِن لَّمْ تُؤْمِنُوا لِي
فَاعْتَزِلُونِ (٢١) فَدَعَا رَبَّهُ أَنَّ هَؤُلَاءِ قَوْمٌ مُّجْرِمُونَ (٢٢) فَأَسْرِ بِعِبَادِي لَيْلًا إِنَّكُم
مُّتَّبَعُونَ (٢٣) وَاتْرُكِ الْبَحْرَ رَهْوًا إِنَّهُمْ جُندٌ مُّغْرَقُونَ (٢٤) كَمْ تَرَكُوا مِن جَنَّاتٍ
وَعُيُونٍ (٢٥) وَزُرُوعٍ وَمَقَامٍ كَرِيمٍ (٢٦) وَنَعْمَةٍ كَانُوا فِيهَا فَاكِهِينَ (٢٧) كَذَلِكَ
وَأَوْرَثْنَاهَا قَوْمًا آخَرِينَ (٢٨) فَمَا بَكَتْ عَلَيْهِمُ السَّمَاءُ وَالْأَرْضُ وَمَا كَانُوا
مُنظَرِينَ (٢٩) وَلَقَدْ نَجَّيْنَا بَنِي إِسْرَائِيلَ مِنَ الْعَذَابِ الْمُهِينِ (٣٠) مِن فِرْعَوْنَ إِنَّهُ
كَانَ عَالِيًا مِّنَ الْمُسْرِفِينَ (٣١) وَلَقَدِ اخْتَرْنَاهُمْ عَلَى عِلْمٍ عَلَى
الْعَالَمِينَ (٣٢) وَآتَيْنَاهُم مِّنَ الْآيَاتِ مَا فِيهِ بَلَاءٌ مُّبِينٌ (٣٣) إِنَّ هَؤُلَاءِ
لَيَقُولُونَ (٣٤) إِنْ هِيَ إِلَّا مَوْتَتُنَا الْأُولَى وَمَا نَحْنُ بِمُنشَرِينَ (٣٥) فَأْتُوا بِآبَائِنَا إِن
كُنتُمْ صَادِقِينَ (٣٦) أَهُمْ خَيْرٌ أَمْ قَوْمُ تُبَّعٍ وَالَّذِينَ مِن قَبْلِهِمْ أَهْلَكْنَاهُمْ إِنَّهُمْ كَانُوا
مُجْرِمِينَ (٣٧) وَمَا خَلَقْنَا السَّمَاوَاتِ وَالْأَرْضَ وَمَا بَيْنَهُمَا لَاعِبِينَ (٣٨) مَا
خَلَقْنَاهُمَا إِلَّا بِالْحَقِّ وَلَكِنَّ أَكْثَرَهُمْ لَا يَعْلَمُونَ (٣٩) إِنَّ يَوْمَ الْفَصْلِ مِيقَاتُهُمْ
أَجْمَعِينَ (٤٠) يَوْمَ لَا يُغْنِي مَوْلًى عَن مَّوْلًى شَيْئًا وَلَا هُمْ يُنصَرُونَ (٤١) إِلَّا مَن
رَّحِمَ اللَّهُ إِنَّهُ هُوَ الْعَزِيزُ الرَّحِيمُ (٤٢) إِنَّ شَجَرَةَ الزَّقُّومِ (٤٣) طَعَامُ
الْأَثِيمِ (٤٤) كَالْمُهْلِ يَغْلِي فِي الْبُطُونِ (٤٥) كَغَلْيِ الْحَمِيمِ (٤٦) خُذُوهُ فَاعْتِلُوهُ
إِلَى سَوَاءِ الْجَحِيمِ (٤٧) ثُمَّ صُبُّوا فَوْقَ رَأْسِهِ مِنْ عَذَابِ الْحَمِيمِ (٤٨) ذُقْ إِنَّكَ
أَنتَ الْعَزِيزُ الْكَرِيمُ (٤٩) إِنَّ هَذَا مَا كُنتُم بِهِ تَمْتَرُونَ (٥٠) إِنَّ الْمُتَّقِينَ فِي مَقَامٍ
أَمِينٍ (٥١) فِي جَنَّاتٍ وَعُيُونٍ (٥٢) يَلْبَسُونَ مِن سُندُسٍ وَإِسْتَبْرَقٍ
مُّتَقَابِلِينَ (٥٣) كَذَلِكَ وَزَوَّجْنَاهُم بِحُورٍ عِينٍ (٥٤) يَدْعُونَ فِيهَا بِكُلِّ فَاكِهَةٍ
آمِنِينَ (٥٥) لَا يَذُوقُونَ فِيهَا الْمَوْتَ إِلَّا الْمَوْتَةَ الْأُولَى وَوَقَاهُمْ عَذَابَ

الْجَحِيمِ (٥٦) فَضْلًا مِّن رَّبِّكَ ذَٰلِكَ هُوَ الْفَوْزُ الْعَظِيمُ (٥٧) فَإِنَّمَا يَسَّرْنَاهُ بِلِسَانِكَ
لَعَلَّهُمْ يَتَذَكَّرُونَ (٥٨) فَارْتَقِبْ إِنَّهُم مُّرْتَقِبُونَ (٥٩

SOURATE AL JATHIYA
سورة الجاثية

حم (١) تَنزِيلُ الْكِتَابِ مِنَ اللَّهِ الْعَزِيزِ الْحَكِيمِ (٢) إِنَّ فِي السَّمَاوَاتِ وَالْأَرْضِ
لَآيَاتٍ لِّلْمُؤْمِنِينَ (٣) وَفِي خَلْقِكُمْ وَمَا يَبُثُّ مِن دَابَّةٍ آيَاتٌ لِّقَوْمٍ
يُوقِنُونَ (٤) وَاخْتِلَافِ اللَّيْلِ وَالنَّهَارِ وَمَا أَنزَلَ اللَّهُ مِنَ السَّمَاءِ مِن رِّزْقٍ فَأَحْيَا بِهِ
الْأَرْضَ بَعْدَ مَوْتِهَا وَتَصْرِيفِ الرِّيَاحِ آيَاتٌ لِّقَوْمٍ يَعْقِلُونَ (٥) تِلْكَ آيَاتُ اللَّهِ نَتْلُوهَا
عَلَيْكَ بِالْحَقِّ فَبِأَيِّ حَدِيثٍ بَعْدَ اللَّهِ وَآيَاتِهِ يُؤْمِنُونَ (٦) وَيْلٌ لِّكُلِّ أَفَّاكٍ
أَثِيمٍ (٧) يَسْمَعُ آيَاتِ اللَّهِ تُتْلَىٰ عَلَيْهِ ثُمَّ يُصِرُّ مُسْتَكْبِرًا كَأَن لَّمْ يَسْمَعْهَا فَبَشِّرْهُ
بِعَذَابٍ أَلِيمٍ (٨) وَإِذَا عَلِمَ مِنْ آيَاتِنَا شَيْئًا اتَّخَذَهَا هُزُوًا أُولَٰئِكَ لَهُمْ عَذَابٌ
مُّهِينٌ (٩) مِن وَرَائِهِمْ جَهَنَّمُ وَلَا يُغْنِي عَنْهُم مَّا كَسَبُوا شَيْئًا وَلَا مَا اتَّخَذُوا مِن
دُونِ اللَّهِ أَوْلِيَاءَ وَلَهُمْ عَذَابٌ عَظِيمٌ (١٠) هَٰذَا هُدًى وَالَّذِينَ كَفَرُوا بِآيَاتِ رَبِّهِمْ لَهُمْ
عَذَابٌ مِّن رِّجْزٍ أَلِيمٌ (١١) اللَّهُ الَّذِي سَخَّرَ لَكُمُ الْبَحْرَ لِتَجْرِيَ الْفُلْكُ فِيهِ بِأَمْرِهِ
وَلِتَبْتَغُوا مِن فَضْلِهِ وَلَعَلَّكُمْ تَشْكُرُونَ (١٢) وَسَخَّرَ لَكُم مَّا فِي السَّمَاوَاتِ وَمَا فِي
الْأَرْضِ جَمِيعًا مِّنْهُ إِنَّ فِي ذَٰلِكَ لَآيَاتٍ لِّقَوْمٍ يَتَفَكَّرُونَ (١٣) قُل لِّلَّذِينَ آمَنُوا
يَغْفِرُوا لِلَّذِينَ لَا يَرْجُونَ أَيَّامَ اللَّهِ لِيَجْزِيَ قَوْمًا بِمَا كَانُوا يَكْسِبُونَ (١٤) مَنْ عَمِلَ
صَالِحًا فَلِنَفْسِهِ وَمَنْ أَسَاءَ فَعَلَيْهَا ثُمَّ إِلَىٰ رَبِّكُمْ تُرْجَعُونَ (١٥) وَلَقَدْ آتَيْنَا بَنِي
إِسْرَائِيلَ الْكِتَابَ وَالْحُكْمَ وَالنُّبُوَّةَ وَرَزَقْنَاهُم مِّنَ الطَّيِّبَاتِ وَفَضَّلْنَاهُمْ عَلَى
الْعَالَمِينَ (١٦) وَآتَيْنَاهُم بَيِّنَاتٍ مِّنَ الْأَمْرِ فَمَا اخْتَلَفُوا إِلَّا مِن بَعْدِ مَا جَاءَهُمُ الْعِلْمُ
بَغْيًا بَيْنَهُمْ إِنَّ رَبَّكَ يَقْضِي بَيْنَهُمْ يَوْمَ الْقِيَامَةِ فِيمَا كَانُوا فِيهِ يَخْتَلِفُونَ (١٧) ثُمَّ
جَعَلْنَاكَ عَلَىٰ شَرِيعَةٍ مِّنَ الْأَمْرِ فَاتَّبِعْهَا وَلَا تَتَّبِعْ أَهْوَاءَ الَّذِينَ لَا
يَعْلَمُونَ (١٨) إِنَّهُمْ لَن يُغْنُوا عَنكَ مِنَ اللَّهِ شَيْئًا وَإِنَّ الظَّالِمِينَ بَعْضُهُمْ أَوْلِيَاءُ
بَعْضٍ وَاللَّهُ وَلِيُّ الْمُتَّقِينَ (١٩) هَٰذَا بَصَائِرُ لِلنَّاسِ وَهُدًى وَرَحْمَةٌ لِّقَوْمٍ
يُوقِنُونَ (٢٠) أَمْ حَسِبَ الَّذِينَ اجْتَرَحُوا السَّيِّئَاتِ أَن نَّجْعَلَهُمْ كَالَّذِينَ آمَنُوا وَعَمِلُوا
الصَّالِحَاتِ سَوَاءً مَّحْيَاهُمْ وَمَمَاتُهُمْ سَاءَ مَا يَحْكُمُونَ (٢١) وَخَلَقَ اللَّهُ السَّمَاوَاتِ
وَالْأَرْضَ بِالْحَقِّ وَلِتُجْزَىٰ كُلُّ نَفْسٍ بِمَا كَسَبَتْ وَهُمْ لَا يُظْلَمُونَ (٢٢) أَفَرَأَيْتَ مَنِ
اتَّخَذَ إِلَٰهَهُ هَوَاهُ وَأَضَلَّهُ اللَّهُ عَلَىٰ عِلْمٍ وَخَتَمَ عَلَىٰ سَمْعِهِ وَقَلْبِهِ وَجَعَلَ عَلَىٰ بَصَرِهِ

غِشَاوَةً فَمَن يَهْدِيهِ مِن بَعْدِ اللَّهِ أَفَلَا تَذَكَّرُونَ (٢٣) وَقَالُوا مَا هِيَ إِلَّا حَيَاتُنَا الدُّنْيَا
نَمُوتُ وَنَحْيَا وَمَا يُهْلِكُنَا إِلَّا الدَّهْرُ وَمَا لَهُم بِذَٰلِكَ مِنْ عِلْمٍ إِنْ هُمْ إِلَّا
يَظُنُّونَ (٢٤) وَإِذَا تُتْلَىٰ عَلَيْهِمْ آيَاتُنَا بَيِّنَاتٍ مَّا كَانَ حُجَّتَهُمْ إِلَّا أَن قَالُوا ائْتُوا
بِآبَائِنَا إِن كُنتُمْ صَادِقِينَ (٢٥) قُلِ اللَّهُ يُحْيِيكُمْ ثُمَّ يُمِيتُكُمْ ثُمَّ يَجْمَعُكُمْ إِلَىٰ يَوْمِ الْقِيَامَةِ
لَا رَيْبَ فِيهِ وَلَٰكِنَّ أَكْثَرَ النَّاسِ لَا يَعْلَمُونَ (٢٦) وَلِلَّهِ مُلْكُ السَّمَاوَاتِ وَالْأَرْضِ
وَيَوْمَ تَقُومُ السَّاعَةُ يَوْمَئِذٍ يَخْسَرُ الْمُبْطِلُونَ (٢٧) وَتَرَىٰ كُلَّ أُمَّةٍ جَاثِيَةً كُلُّ أُمَّةٍ
تُدْعَىٰ إِلَىٰ كِتَابِهَا الْيَوْمَ تُجْزَوْنَ مَا كُنتُمْ تَعْمَلُونَ (٢٨) هَٰذَا كِتَابُنَا يَنطِقُ عَلَيْكُم
بِالْحَقِّ إِنَّا كُنَّا نَسْتَنسِخُ مَا كُنتُمْ تَعْمَلُونَ (٢٩) فَأَمَّا الَّذِينَ آمَنُوا وَعَمِلُوا الصَّالِحَاتِ
فَيُدْخِلُهُمْ رَبُّهُمْ فِي رَحْمَتِهِ ذَٰلِكَ هُوَ الْفَوْزُ الْمُبِينُ (٣٠) وَأَمَّا الَّذِينَ كَفَرُوا أَفَلَمْ تَكُنْ
آيَاتِي تُتْلَىٰ عَلَيْكُمْ فَاسْتَكْبَرْتُمْ وَكُنتُمْ قَوْمًا مُّجْرِمِينَ (٣١) وَإِذَا قِيلَ إِنَّ وَعْدَ اللَّهِ
حَقٌّ وَالسَّاعَةُ لَا رَيْبَ فِيهَا قُلْتُم مَّا نَدْرِي مَا السَّاعَةُ إِن نَّظُنُّ إِلَّا ظَنًّا وَمَا نَحْنُ
بِمُسْتَيْقِنِينَ (٣٢) وَبَدَا لَهُمْ سَيِّئَاتُ مَا عَمِلُوا وَحَاقَ بِهِم مَّا كَانُوا بِهِ
يَسْتَهْزِئُونَ (٣٣) وَقِيلَ الْيَوْمَ نَنسَاكُمْ كَمَا نَسِيتُمْ لِقَاءَ يَوْمِكُمْ هَٰذَا وَمَأْوَاكُمُ النَّارُ
وَمَا لَكُم مِّن نَّاصِرِينَ (٣٤) ذَٰلِكُم بِأَنَّكُمُ اتَّخَذْتُمْ آيَاتِ اللَّهِ هُزُوًا وَغَرَّتْكُمُ الْحَيَاةُ
الدُّنْيَا فَالْيَوْمَ لَا يُخْرَجُونَ مِنْهَا وَلَا هُمْ يُسْتَعْتَبُونَ (٣٥) فَلِلَّهِ الْحَمْدُ رَبِّ السَّمَاوَاتِ
وَرَبِّ الْأَرْضِ رَبِّ الْعَالَمِينَ (٣٦) وَلَهُ الْكِبْرِيَاءُ فِي السَّمَاوَاتِ وَالْأَرْضِ وَهُوَ
الْعَزِيزُ الْحَكِيمُ (٣٧

SOURATE AL AHQAF
سورة الأحقاف

حم (١) تَنزِيلُ الْكِتَابِ مِنَ اللَّهِ الْعَزِيزِ الْحَكِيمِ (٢) مَا خَلَقْنَا السَّمَاوَاتِ وَالْأَرْضَ
وَمَا بَيْنَهُمَا إِلَّا بِالْحَقِّ وَأَجَلٍ مُّسَمًّى وَالَّذِينَ كَفَرُوا عَمَّا أُنذِرُوا مُعْرِضُونَ (٣) قُلْ
أَرَأَيْتُم مَّا تَدْعُونَ مِن دُونِ اللَّهِ أَرُونِي مَاذَا خَلَقُوا مِنَ الْأَرْضِ أَمْ لَهُمْ شِرْكٌ فِي
السَّمَاوَاتِ ائْتُونِي بِكِتَابٍ مِّن قَبْلِ هَٰذَا أَوْ أَثَارَةٍ مِّنْ عِلْمٍ إِن كُنتُمْ
صَادِقِينَ (٤) وَمَنْ أَضَلُّ مِمَّن يَدْعُو مِن دُونِ اللَّهِ مَن لَّا يَسْتَجِيبُ لَهُ إِلَىٰ يَوْمِ
الْقِيَامَةِ وَهُمْ عَن دُعَائِهِمْ غَافِلُونَ (٥) وَإِذَا حُشِرَ النَّاسُ كَانُوا لَهُمْ أَعْدَاءً وَكَانُوا
بِعِبَادَتِهِمْ كَافِرِينَ (٦) وَإِذَا تُتْلَىٰ عَلَيْهِمْ آيَاتُنَا بَيِّنَاتٍ قَالَ الَّذِينَ كَفَرُوا لِلْحَقِّ لَمَّا
جَاءَهُمْ هَٰذَا سِحْرٌ مُّبِينٌ (٧) أَمْ يَقُولُونَ افْتَرَاهُ قُلْ إِنِ افْتَرَيْتُهُ فَلَا تَمْلِكُونَ لِي مِنَ
اللَّهِ شَيْئًا هُوَ أَعْلَمُ بِمَا تُفِيضُونَ فِيهِ كَفَىٰ بِهِ شَهِيدًا بَيْنِي وَبَيْنَكُمْ وَهُوَ الْغَفُورُ

الرَّحِيمُ (٨) قُلْ مَا كُنتُ بِدْعًا مِّنْ الرُّسُلِ وَمَا أَدْرِي مَا يُفْعَلُ بِي وَلَا بِكُمْ إِنْ أَتَّبِعُ
إِلَّا مَا يُوحَى إِلَيَّ وَمَا أَنَا إِلَّا نَذِيرٌ مُّبِينٌ (٩) قُلْ أَرَأَيْتُمْ إِن كَانَ مِنْ عِندِ اللَّهِ
وَكَفَرْتُم بِهِ وَشَهِدَ شَاهِدٌ مِّن بَنِي إِسْرَائِيلَ عَلَى مِثْلِهِ فَآمَنَ وَاسْتَكْبَرْتُمْ إِنَّ اللَّهَ لَا
يَهْدِي الْقَوْمَ الظَّالِمِينَ (١٠) وَقَالَ الَّذِينَ كَفَرُوا لِلَّذِينَ آمَنُوا لَوْ كَانَ خَيْرًا مَّا
سَبَقُونَا إِلَيْهِ وَإِذْ لَمْ يَهْتَدُوا بِهِ فَسَيَقُولُونَ هَذَا إِفْكٌ قَدِيمٌ (١١) وَمِن قَبْلِهِ كِتَابُ
مُوسَى إِمَامًا وَرَحْمَةً وَهَذَا كِتَابٌ مُّصَدِّقٌ لِّسَانًا عَرَبِيًّا لِّيُنذِرَ الَّذِينَ ظَلَمُوا وَبُشْرَى
لِلْمُحْسِنِينَ (١٢) إِنَّ الَّذِينَ قَالُوا رَبُّنَا اللَّهُ ثُمَّ اسْتَقَامُوا فَلَا خَوْفٌ عَلَيْهِمْ وَلَا هُمْ
يَحْزَنُونَ (١٣) أُولَئِكَ أَصْحَابُ الْجَنَّةِ خَالِدِينَ فِيهَا جَزَاء بِمَا كَانُوا
يَعْمَلُونَ (١٤) وَوَصَّيْنَا الْإِنسَانَ بِوَالِدَيْهِ إِحْسَانًا حَمَلَتْهُ أُمُّهُ كُرْهًا وَوَضَعَتْهُ كُرْهًا
وَحَمْلُهُ وَفِصَالُهُ ثَلَاثُونَ شَهْرًا حَتَّى إِذَا بَلَغَ أَشُدَّهُ وَبَلَغَ أَرْبَعِينَ سَنَةً قَالَ رَبِّ
أَوْزِعْنِي أَنْ أَشْكُرَ نِعْمَتَكَ الَّتِي أَنْعَمْتَ عَلَيَّ وَعَلَى وَالِدَيَّ وَأَنْ أَعْمَلَ صَالِحًا
تَرْضَاهُ وَأَصْلِحْ لِي فِي ذُرِّيَّتِي إِنِّي تُبْتُ إِلَيْكَ وَإِنِّي مِنَ الْمُسْلِمِينَ (١٥) أُولَئِكَ
الَّذِينَ نَتَقَبَّلُ عَنْهُمْ أَحْسَنَ مَا عَمِلُوا وَنَتَجَاوَزُ عَن سَيِّئَاتِهِمْ فِي أَصْحَابِ الْجَنَّةِ وَعْدَ
الصِّدْقِ الَّذِي كَانُوا يُوعَدُونَ (١٦) وَالَّذِي قَالَ لِوَالِدَيْهِ أُفٍّ لَّكُمَا أَتَعِدَانِنِي أَنْ
أُخْرَجَ وَقَدْ خَلَتْ الْقُرُونُ مِن قَبْلِي وَهُمَا يَسْتَغِيثَانِ اللَّهَ وَيْلَكَ آمِنْ إِنَّ وَعْدَ اللَّهِ حَقٌّ
فَيَقُولُ مَا هَذَا إِلَّا أَسَاطِيرُ الْأَوَّلِينَ (١٧) أُولَئِكَ الَّذِينَ حَقَّ عَلَيْهِمُ الْقَوْلُ فِي أُمَمٍ قَدْ
خَلَتْ مِن قَبْلِهِم مِّنَ الْجِنِّ وَالْإِنسِ إِنَّهُمْ كَانُوا خَاسِرِينَ (١٨) وَلِكُلٍّ دَرَجَاتٌ مِّمَّا
عَمِلُوا وَلِيُوَفِّيَهُمْ أَعْمَالَهُمْ وَهُمْ لَا يُظْلَمُونَ (١٩) وَيَوْمَ يُعْرَضُ الَّذِينَ كَفَرُوا عَلَى
النَّارِ أَذْهَبْتُمْ طَيِّبَاتِكُمْ فِي حَيَاتِكُمُ الدُّنْيَا وَاسْتَمْتَعْتُم بِهَا فَالْيَوْمَ تُجْزَوْنَ عَذَابَ الْهُونِ
بِمَا كُنتُمْ تَسْتَكْبِرُونَ فِي الْأَرْضِ بِغَيْرِ الْحَقِّ وَبِمَا كُنتُمْ تَفْسُقُونَ (٢٠) وَاذْكُرْ أَخَا
عَادٍ إِذْ أَنذَرَ قَوْمَهُ بِالْأَحْقَافِ وَقَدْ خَلَتِ النُّذُرُ مِن بَيْنِ يَدَيْهِ وَمِنْ خَلْفِهِ أَلَّا تَعْبُدُوا
إِلَّا اللَّهَ إِنِّي أَخَافُ عَلَيْكُمْ عَذَابَ يَوْمٍ عَظِيمٍ (٢١) قَالُوا أَجِئْتَنَا لِتَأْفِكَنَا عَنْ آلِهَتِنَا
فَأْتِنَا بِمَا تَعِدُنَا إِن كُنتَ مِنَ الصَّادِقِينَ (٢٢) قَالَ إِنَّمَا الْعِلْمُ عِندَ اللَّهِ وَأُبَلِّغُكُم مَّا
أُرْسِلْتُ بِهِ وَلَكِنِّي أَرَاكُمْ قَوْمًا تَجْهَلُونَ (٢٣) فَلَمَّا رَأَوْهُ عَارِضًا مُّسْتَقْبِلَ أَوْدِيَتِهِمْ
قَالُوا هَذَا عَارِضٌ مُّمْطِرُنَا بَلْ هُوَ مَا اسْتَعْجَلْتُم بِهِ رِيحٌ فِيهَا عَذَابٌ
أَلِيمٌ (٢٤) تُدَمِّرُ كُلَّ شَيْءٍ بِأَمْرِ رَبِّهَا فَأَصْبَحُوا لَا يُرَى إِلَّا مَسَاكِنُهُمْ كَذَلِكَ نَجْزِي
الْقَوْمَ الْمُجْرِمِينَ (٢٥) وَلَقَدْ مَكَّنَّاهُمْ فِيمَا إِن مَّكَّنَّاكُمْ فِيهِ وَجَعَلْنَا لَهُمْ سَمْعًا
وَأَبْصَارًا وَأَفْئِدَةً فَمَا أَغْنَى عَنْهُمْ سَمْعُهُمْ وَلَا أَبْصَارُهُمْ وَلَا أَفْئِدَتُهُم مِّن شَيْءٍ إِذْ
كَانُوا يَجْحَدُونَ بِآيَاتِ اللَّهِ وَحَاقَ بِهِم مَّا كَانُوا بِهِ يَسْتَهْزِؤُون (٢٦) وَلَقَدْ أَهْلَكْنَا مَا
حَوْلَكُم مِّنَ الْقُرَى وَصَرَّفْنَا الْآيَاتِ لَعَلَّهُمْ يَرْجِعُونَ (٢٧) فَلَوْلَا نَصَرَهُمُ الَّذِينَ
اتَّخَذُوا مِن دُونِ اللَّهِ قُرْبَانًا آلِهَةً بَلْ ضَلُّوا عَنْهُمْ وَذَلِكَ إِفْكُهُمْ وَمَا كَانُوا

يَفْتَرُونَ (٢٨) وَإِذْ صَرَفْنَا إِلَيْكَ نَفَرًا مِّنَ الْجِنِّ يَسْتَمِعُونَ الْقُرْآنَ فَلَمَّا حَضَرُوهُ
قَالُوا أَنصِتُوا فَلَمَّا قُضِيَ وَلَّوْا إِلَى قَوْمِهِم مُّنذِرِينَ (٢٩) قَالُوا يَا قَوْمَنَا إِنَّا سَمِعْنَا
كِتَابًا أُنزِلَ مِن بَعْدِ مُوسَى مُصَدِّقًا لِّمَا بَيْنَ يَدَيْهِ يَهْدِي إِلَى الْحَقِّ وَإِلَى طَرِيقٍ
مُّسْتَقِيمٍ (٣٠) يَا قَوْمَنَا أَجِيبُوا دَاعِيَ اللَّهِ وَآمِنُوا بِهِ يَغْفِرْ لَكُم مِّن ذُنُوبِكُمْ وَيُجِرْكُم
مِّنْ عَذَابٍ أَلِيمٍ (٣١) وَمَن لَّا يُجِبْ دَاعِيَ اللَّهِ فَلَيْسَ بِمُعْجِزٍ فِي الْأَرْضِ وَلَيْسَ لَهُ
مِن دُونِهِ أَوْلِيَاءُ أُوْلَئِكَ فِي ضَلَالٍ مُّبِينٍ (٣٢) أَوَلَمْ يَرَوْا أَنَّ اللَّهَ الَّذِي خَلَقَ
السَّمَاوَاتِ وَالْأَرْضَ وَلَمْ يَعْيَ بِخَلْقِهِنَّ بِقَادِرٍ عَلَى أَنْ يُحْيِيَ الْمَوْتَى بَلَى إِنَّهُ عَلَى
كُلِّ شَيْءٍ قَدِيرٌ (٣٣) وَيَوْمَ يُعْرَضُ الَّذِينَ كَفَرُوا عَلَى النَّارِ أَلَيْسَ هَذَا بِالْحَقِّ قَالُوا
بَلَى وَرَبِّنَا قَالَ فَذُوقُوا الْعَذَابَ بِمَا كُنتُمْ تَكْفُرُونَ (٣٤) فَاصْبِرْ كَمَا صَبَرَ أُوْلُوا
الْعَزْمِ مِنَ الرُّسُلِ وَلَا تَسْتَعْجِل لَّهُمْ كَأَنَّهُمْ يَوْمَ يَرَوْنَ مَا يُوعَدُونَ لَمْ يَلْبَثُوا إِلَّا
سَاعَةً مِّن نَّهَارٍ بَلَاغٌ فَهَلْ يُهْلَكُ إِلَّا الْقَوْمُ الْفَاسِقُونَ (٣٥

SOURATE MUHAMMAD
سورة محمّد

الَّذِينَ كَفَرُوا وَصَدُّوا عَن سَبِيلِ اللَّهِ أَضَلَّ أَعْمَالَهُمْ (١) وَالَّذِينَ آمَنُوا وَعَمِلُوا
الصَّالِحَاتِ وَآمَنُوا بِمَا نُزِّلَ عَلَى مُحَمَّدٍ وَهُوَ الْحَقُّ مِن رَّبِّهِمْ كَفَّرَ عَنْهُمْ سَيِّئَاتِهِمْ
وَأَصْلَحَ بَالَهُمْ (٢) ذَلِكَ بِأَنَّ الَّذِينَ كَفَرُوا اتَّبَعُوا الْبَاطِلَ وَأَنَّ الَّذِينَ آمَنُوا اتَّبَعُوا
الْحَقَّ مِن رَّبِّهِمْ كَذَلِكَ يَضْرِبُ اللَّهُ لِلنَّاسِ أَمْثَالَهُمْ (٣) فَإِذَا لَقِيتُمُ الَّذِينَ كَفَرُوا
فَضَرْبَ الرِّقَابِ حَتَّى إِذَا أَثْخَنتُمُوهُمْ فَشُدُّوا الْوَثَاقَ فَإِمَّا مَنًّا بَعْدُ وَإِمَّا فِدَاءً حَتَّى
تَضَعَ الْحَرْبُ أَوْزَارَهَا ذَلِكَ وَلَوْ يَشَاءُ اللَّهُ لَانتَصَرَ مِنْهُمْ وَلَكِن لِّيَبْلُوَ بَعْضَكُم
بِبَعْضٍ وَالَّذِينَ قُتِلُوا فِي سَبِيلِ اللَّهِ فَلَن يُضِلَّ أَعْمَالَهُمْ (٤) سَيَهْدِيهِمْ وَيُصْلِحُ
بَالَهُمْ (٥) وَيُدْخِلُهُمُ الْجَنَّةَ عَرَّفَهَا لَهُمْ (٦) يَا أَيُّهَا الَّذِينَ آمَنُوا إِن تَنصُرُوا اللَّهَ
يَنصُرْكُمْ وَيُثَبِّتْ أَقْدَامَكُمْ (٧) وَالَّذِينَ كَفَرُوا فَتَعْسًا لَّهُمْ وَأَضَلَّ أَعْمَالَهُمْ (٨) ذَلِكَ
بِأَنَّهُمْ كَرِهُوا مَا أَنزَلَ اللَّهُ فَأَحْبَطَ أَعْمَالَهُمْ (٩) أَفَلَمْ يَسِيرُوا فِي الْأَرْضِ فَيَنظُرُوا
كَيْفَ كَانَ عَاقِبَةُ الَّذِينَ مِن قَبْلِهِمْ دَمَّرَ اللَّهُ عَلَيْهِمْ وَلِلْكَافِرِينَ أَمْثَالُهَا (١٠) ذَلِكَ بِأَنَّ
اللَّهَ مَوْلَى الَّذِينَ آمَنُوا وَأَنَّ الْكَافِرِينَ لَا مَوْلَى لَهُمْ (١١) إِنَّ اللَّهَ يُدْخِلُ الَّذِينَ آمَنُوا
وَعَمِلُوا الصَّالِحَاتِ جَنَّاتٍ تَجْرِي مِن تَحْتِهَا الْأَنْهَارُ وَالَّذِينَ كَفَرُوا يَتَمَتَّعُونَ
وَيَأْكُلُونَ كَمَا تَأْكُلُ الْأَنْعَامُ وَالنَّارُ مَثْوًى لَّهُمْ (١٢) وَكَأَيِّن مِّن قَرْيَةٍ هِيَ أَشَدُّ قُوَّةً
مِّن قَرْيَتِكَ الَّتِي أَخْرَجَتْكَ أَهْلَكْنَاهُمْ فَلَا نَاصِرَ لَهُمْ (١٣) أَفَمَن كَانَ عَلَى بَيِّنَةٍ مِّن
رَّبِّهِ كَمَن زُيِّنَ لَهُ سُوءُ عَمَلِهِ وَاتَّبَعُوا أَهْوَاءَهُمْ (١٤) مَثَلُ الْجَنَّةِ الَّتِي وُعِدَ

الْمُتَّقُونَ فِيهَا أَنْهَارٌ مِّن مَّاءٍ غَيْرِ آسِنٍ وَأَنْهَارٌ مِن لَّبَنٍ لَّمْ يَتَغَيَّرْ طَعْمُهُ وَأَنْهَارٌ مِّنْ
خَمْرٍ لَّذَّةٍ لِّلشَّارِبِينَ وَأَنْهَارٌ مِّنْ عَسَلٍ مُّصَفًّى وَلَهُمْ فِيهَا مِن كُلِّ الثَّمَرَاتِ وَمَغْفِرَةٌ
مِّن رَّبِّهِمْ كَمَنْ هُوَ خَالِدٌ فِي النَّارِ وَسُقُوا مَاءً حَمِيمًا فَقَطَّعَ أَمْعَاءَهُمْ (١٥) وَمِنْهُم
مَّن يَسْتَمِعُ إِلَيْكَ حَتَّى إِذَا خَرَجُوا مِنْ عِندِكَ قَالُوا لِلَّذِينَ أُوتُوا الْعِلْمَ مَاذَا قَالَ آنِفًا
أُولَئِكَ الَّذِينَ طَبَعَ اللَّهُ عَلَى قُلُوبِهِمْ وَاتَّبَعُوا أَهْوَاءَهُمْ (١٦) وَالَّذِينَ اهْتَدَوْا زَادَهُمْ
هُدًى وَآتَاهُمْ تَقْوَاهُمْ (١٧) فَهَلْ يَنظُرُونَ إِلَّا السَّاعَةَ أَن تَأْتِيَهُم بَغْتَةً فَقَدْ جَاءَ
أَشْرَاطُهَا فَأَنَّى لَهُمْ إِذَا جَاءَتْهُمْ ذِكْرَاهُمْ (١٨) فَاعْلَمْ أَنَّهُ لَا إِلَهَ إِلَّا اللَّهُ وَاسْتَغْفِرْ
لِذَنبِكَ وَلِلْمُؤْمِنِينَ وَالْمُؤْمِنَاتِ وَاللَّهُ يَعْلَمُ مُتَقَلَّبَكُمْ وَمَثْوَاكُمْ (١٩) وَيَقُولُ الَّذِينَ آمَنُوا
لَوْلَا نُزِّلَتْ سُورَةٌ فَإِذَا أُنزِلَتْ سُورَةٌ مُّحْكَمَةٌ وَذُكِرَ فِيهَا الْقِتَالُ رَأَيْتَ الَّذِينَ فِي
قُلُوبِهِم مَّرَضٌ يَنظُرُونَ إِلَيْكَ نَظَرَ الْمَغْشِيِّ عَلَيْهِ مِنَ الْمَوْتِ فَأَوْلَى
لَهُمْ (٢٠) طَاعَةٌ وَقَوْلٌ مَّعْرُوفٌ فَإِذَا عَزَمَ الْأَمْرُ فَلَوْ صَدَقُوا اللَّهَ لَكَانَ خَيْرًا
لَّهُمْ (٢١) فَهَلْ عَسَيْتُمْ إِن تَوَلَّيْتُمْ أَن تُفْسِدُوا فِي الْأَرْضِ وَتُقَطِّعُوا
أَرْحَامَكُمْ (٢٢) أُولَئِكَ الَّذِينَ لَعَنَهُمُ اللَّهُ فَأَصَمَّهُمْ وَأَعْمَى أَبْصَارَهُمْ (٢٣) أَفَلَا
يَتَدَبَّرُونَ الْقُرْآنَ أَمْ عَلَى قُلُوبٍ أَقْفَالُهَا (٢٤) إِنَّ الَّذِينَ ارْتَدُّوا عَلَى أَدْبَارِهِم مِّن
بَعْدِ مَا تَبَيَّنَ لَهُمُ الْهُدَى الشَّيْطَانُ سَوَّلَ لَهُمْ وَأَمْلَى لَهُمْ (٢٥) ذَلِكَ بِأَنَّهُمْ قَالُوا لِلَّذِينَ
كَرِهُوا مَا نَزَّلَ اللَّهُ سَنُطِيعُكُمْ فِي بَعْضِ الْأَمْرِ وَاللَّهُ يَعْلَمُ إِسْرَارَهُمْ (٢٦) فَكَيْفَ إِذَا
تَوَفَّتْهُمُ الْمَلَائِكَةُ يَضْرِبُونَ وُجُوهَهُمْ وَأَدْبَارَهُمْ (٢٧) ذَلِكَ بِأَنَّهُمُ اتَّبَعُوا مَا أَسْخَطَ
اللَّهَ وَكَرِهُوا رِضْوَانَهُ فَأَحْبَطَ أَعْمَالَهُمْ (٢٨) أَمْ حَسِبَ الَّذِينَ فِي قُلُوبِهِم مَّرَضٌ أَن
لَّن يُخْرِجَ اللَّهُ أَضْغَانَهُمْ (٢٩) وَلَوْ نَشَاءُ لَأَرَيْنَاكَهُمْ فَلَعَرَفْتَهُم بِسِيمَاهُمْ وَلَتَعْرِفَنَّهُمْ
فِي لَحْنِ الْقَوْلِ وَاللَّهُ يَعْلَمُ أَعْمَالَكُمْ (٣٠) وَلَنَبْلُوَنَّكُمْ حَتَّى نَعْلَمَ الْمُجَاهِدِينَ مِنكُمْ
وَالصَّابِرِينَ وَنَبْلُوَ أَخْبَارَكُمْ (٣١) إِنَّ الَّذِينَ كَفَرُوا وَصَدُّوا عَن سَبِيلِ اللَّهِ وَشَاقُّوا
الرَّسُولَ مِن بَعْدِ مَا تَبَيَّنَ لَهُمُ الْهُدَى لَن يَضُرُّوا اللَّهَ شَيْئًا وَسَيُحْبِطُ
أَعْمَالَهُمْ (٣٢) يَا أَيُّهَا الَّذِينَ آمَنُوا أَطِيعُوا اللَّهَ وَأَطِيعُوا الرَّسُولَ وَلَا تُبْطِلُوا
أَعْمَالَكُمْ (٣٣) إِنَّ الَّذِينَ كَفَرُوا وَصَدُّوا عَن سَبِيلِ اللَّهِ ثُمَّ مَاتُوا وَهُمْ كُفَّارٌ فَلَن
يَغْفِرَ اللَّهُ لَهُمْ (٣٤) فَلَا تَهِنُوا وَتَدْعُوا إِلَى السَّلْمِ وَأَنتُمُ الْأَعْلَوْنَ وَاللَّهُ مَعَكُمْ وَلَن
يَتِرَكُمْ أَعْمَالَكُمْ (٣٥) إِنَّمَا الْحَيَاةُ الدُّنْيَا لَعِبٌ وَلَهْوٌ وَإِن تُؤْمِنُوا وَتَتَّقُوا يُؤْتِكُمْ
أُجُورَكُمْ وَلَا يَسْأَلْكُمْ أَمْوَالَكُمْ (٣٦) إِن يَسْأَلْكُمُوهَا فَيُحْفِكُمْ تَبْخَلُوا وَيُخْرِجْ
أَضْغَانَكُمْ (٣٧) هَاأَنتُمْ هَؤُلَاءِ تُدْعَوْنَ لِتُنفِقُوا فِي سَبِيلِ اللَّهِ فَمِنكُم مَّن يَبْخَلُ وَمَن
يَبْخَلْ فَإِنَّمَا يَبْخَلُ عَن نَّفْسِهِ وَاللَّهُ الْغَنِيُّ وَأَنتُمُ الْفُقَرَاءُ وَإِن تَتَوَلَّوْا يَسْتَبْدِلْ قَوْمًا
غَيْرَكُمْ ثُمَّ لَا يَكُونُوا أَمْثَالَكُمْ (٣٨

SOURATE AL FATH

سورة الفتح

إِنَّا فَتَحْنَا لَكَ فَتْحًا مُّبِينًا (١) لِيَغْفِرَ لَكَ اللَّهُ مَا تَقَدَّمَ مِن ذَنبِكَ وَمَا تَأَخَّرَ وَيُتِمَّ نِعْمَتَهُ
عَلَيْكَ وَيَهْدِيَكَ صِرَاطًا مُّسْتَقِيمًا (٢) وَيَنصُرَكَ اللَّهُ نَصْرًا عَزِيزًا (٣) هُوَ الَّذِي
أَنزَلَ السَّكِينَةَ فِي قُلُوبِ الْمُؤْمِنِينَ لِيَزْدَادُوا إِيمَانًا مَّعَ إِيمَانِهِمْ وَلِلَّهِ جُنُودُ السَّمَاوَاتِ
وَالْأَرْضِ وَكَانَ اللَّهُ عَلِيمًا حَكِيمًا (٤) لِيُدْخِلَ الْمُؤْمِنِينَ وَالْمُؤْمِنَاتِ جَنَّاتٍ تَجْرِي
مِن تَحْتِهَا الْأَنْهَارُ خَالِدِينَ فِيهَا وَيُكَفِّرَ عَنْهُمْ سَيِّئَاتِهِمْ وَكَانَ ذَٰلِكَ عِندَ اللَّهِ فَوْزًا
عَظِيمًا (٥) وَيُعَذِّبَ الْمُنَافِقِينَ وَالْمُنَافِقَاتِ وَالْمُشْرِكِينَ وَالْمُشْرِكَاتِ الظَّانِّينَ بِاللَّهِ
ظَنَّ السَّوْءِ عَلَيْهِمْ دَائِرَةُ السَّوْءِ وَغَضِبَ اللَّهُ عَلَيْهِمْ وَلَعَنَهُمْ وَأَعَدَّ لَهُمْ جَهَنَّمَ
وَسَاءَتْ مَصِيرًا (٦) وَلِلَّهِ جُنُودُ السَّمَاوَاتِ وَالْأَرْضِ وَكَانَ اللَّهُ عَزِيزًا
حَكِيمًا (٧) إِنَّا أَرْسَلْنَاكَ شَاهِدًا وَمُبَشِّرًا وَنَذِيرًا (٨) لِّتُؤْمِنُوا بِاللَّهِ وَرَسُولِهِ
وَتُعَزِّرُوهُ وَتُوَقِّرُوهُ وَتُسَبِّحُوهُ بُكْرَةً وَأَصِيلًا (٩) إِنَّ الَّذِينَ يُبَايِعُونَكَ إِنَّمَا يُبَايِعُونَ
اللَّهَ يَدُ اللَّهِ فَوْقَ أَيْدِيهِمْ فَمَن نَّكَثَ فَإِنَّمَا يَنكُثُ عَلَىٰ نَفْسِهِ وَمَنْ أَوْفَىٰ بِمَا عَاهَدَ عَلَيْهُ
اللَّهَ فَسَيُؤْتِيهِ أَجْرًا عَظِيمًا (١٠) سَيَقُولُ لَكَ الْمُخَلَّفُونَ مِنَ الْأَعْرَابِ شَغَلَتْنَا أَمْوَالُنَا
وَأَهْلُونَا فَاسْتَغْفِرْ لَنَا يَقُولُونَ بِأَلْسِنَتِهِم مَّا لَيْسَ فِي قُلُوبِهِمْ قُلْ فَمَن يَمْلِكُ لَكُم مِّنَ اللَّهِ
شَيْئًا إِنْ أَرَادَ بِكُمْ ضَرًّا أَوْ أَرَادَ بِكُمْ نَفْعًا بَلْ كَانَ اللَّهُ بِمَا تَعْمَلُونَ خَبِيرًا (١١) بَلْ
ظَنَنتُمْ أَن لَّن يَنقَلِبَ الرَّسُولُ وَالْمُؤْمِنُونَ إِلَىٰ أَهْلِيهِمْ أَبَدًا وَزُيِّنَ ذَٰلِكَ فِي قُلُوبِكُمْ
وَظَنَنتُمْ ظَنَّ السَّوْءِ وَكُنتُمْ قَوْمًا بُورًا (١٢) وَمَن لَّمْ يُؤْمِن بِاللَّهِ وَرَسُولِهِ فَإِنَّا أَعْتَدْنَا
لِلْكَافِرِينَ سَعِيرًا (١٣) وَلِلَّهِ مُلْكُ السَّمَاوَاتِ وَالْأَرْضِ يَغْفِرُ لِمَن يَشَاءُ وَيُعَذِّبُ مَن
يَشَاءُ وَكَانَ اللَّهُ غَفُورًا رَّحِيمًا (١٤) سَيَقُولُ الْمُخَلَّفُونَ إِذَا انطَلَقْتُمْ إِلَىٰ مَغَانِمَ
لِتَأْخُذُوهَا ذَرُونَا نَتَّبِعْكُمْ يُرِيدُونَ أَن يُبَدِّلُوا كَلَامَ اللَّهِ قُل لَّن تَتَّبِعُونَا كَذَٰلِكُمْ قَالَ اللَّهُ
مِن قَبْلُ فَسَيَقُولُونَ بَلْ تَحْسُدُونَنَا بَلْ كَانُوا لَا يَفْقَهُونَ إِلَّا قَلِيلًا (١٥) قُل لِّلْمُخَلَّفِينَ
مِنَ الْأَعْرَابِ سَتُدْعَوْنَ إِلَىٰ قَوْمٍ أُولِي بَأْسٍ شَدِيدٍ تُقَاتِلُونَهُمْ أَوْ يُسْلِمُونَ فَإِن
تُطِيعُوا يُؤْتِكُمُ اللَّهُ أَجْرًا حَسَنًا وَإِن تَتَوَلَّوْا كَمَا تَوَلَّيْتُم مِّن قَبْلُ يُعَذِّبْكُمْ عَذَابًا
أَلِيمًا (١٦) لَّيْسَ عَلَى الْأَعْمَىٰ حَرَجٌ وَلَا عَلَى الْأَعْرَجِ حَرَجٌ وَلَا عَلَى الْمَرِيضِ
حَرَجٌ وَمَن يُطِعِ اللَّهَ وَرَسُولَهُ يُدْخِلْهُ جَنَّاتٍ تَجْرِي مِن تَحْتِهَا الْأَنْهَارُ وَمَن يَتَوَلَّ
يُعَذِّبْهُ عَذَابًا أَلِيمًا (١٧) لَّقَدْ رَضِيَ اللَّهُ عَنِ الْمُؤْمِنِينَ إِذْ يُبَايِعُونَكَ تَحْتَ الشَّجَرَةِ
فَعَلِمَ مَا فِي قُلُوبِهِمْ فَأَنزَلَ السَّكِينَةَ عَلَيْهِمْ وَأَثَابَهُمْ فَتْحًا قَرِيبًا (١٨) وَمَغَانِمَ كَثِيرَةً
يَأْخُذُونَهَا وَكَانَ اللَّهُ عَزِيزًا حَكِيمًا (١٩) وَعَدَكُمُ اللَّهُ مَغَانِمَ كَثِيرَةً تَأْخُذُونَهَا فَعَجَّلَ

لَكُمْ هَذِهِ وَكَفَّ أَيْدِيَ النَّاسِ عَنكُمْ وَلِتَكُونَ آيَةً لِّلْمُؤْمِنِينَ وَيَهْدِيَكُمْ صِرَاطًا
مُّسْتَقِيمًا (٢٠) وَأُخْرَى لَمْ تَقْدِرُوا عَلَيْهَا قَدْ أَحَاطَ اللَّهُ بِهَا وَكَانَ اللَّهُ عَلَى كُلِّ شَيْءٍ
قَدِيرًا (٢١) وَلَوْ قَاتَلَكُمُ الَّذِينَ كَفَرُوا لَوَلَّوُا الْأَدْبَارَ ثُمَّ لَا يَجِدُونَ وَلِيًّا وَلَا
نَصِيرًا (٢٢) سُنَّةَ اللَّهِ الَّتِي قَدْ خَلَتْ مِن قَبْلُ وَلَن تَجِدَ لِسُنَّةِ اللَّهِ تَبْدِيلًا (٢٣) وَهُوَ
الَّذِي كَفَّ أَيْدِيَهُمْ عَنكُمْ وَأَيْدِيَكُمْ عَنْهُم بِبَطْنِ مَكَّةَ مِن بَعْدِ أَنْ أَظْفَرَكُمْ عَلَيْهِمْ وَكَانَ
اللَّهُ بِمَا تَعْمَلُونَ بَصِيرًا (٢٤) هُمُ الَّذِينَ كَفَرُوا وَصَدُّوكُمْ عَنِ الْمَسْجِدِ الْحَرَامِ
وَالْهَدْيَ مَعْكُوفًا أَن يَبْلُغَ مَحِلَّهُ وَلَوْلَا رِجَالٌ مُّؤْمِنُونَ وَنِسَاءٌ مُّؤْمِنَاتٌ لَّمْ تَعْلَمُوهُمْ
أَن تَطَؤُوهُمْ فَتُصِيبَكُم مِّنْهُم مَّعَرَّةٌ بِغَيْرِ عِلْمٍ لِّيُدْخِلَ اللَّهُ فِي رَحْمَتِهِ مَن يَشَاءُ لَوْ
تَزَيَّلُوا لَعَذَّبْنَا الَّذِينَ كَفَرُوا مِنْهُمْ عَذَابًا أَلِيمًا (٢٥) إِذْ جَعَلَ الَّذِينَ كَفَرُوا فِي قُلُوبِهِمُ
الْحَمِيَّةَ حَمِيَّةَ الْجَاهِلِيَّةِ فَأَنزَلَ اللَّهُ سَكِينَتَهُ عَلَى رَسُولِهِ وَعَلَى الْمُؤْمِنِينَ وَأَلْزَمَهُمْ
كَلِمَةَ التَّقْوَى وَكَانُوا أَحَقَّ بِهَا وَأَهْلَهَا وَكَانَ اللَّهُ بِكُلِّ شَيْءٍ عَلِيمًا (٢٦) لَقَدْ صَدَقَ
اللَّهُ رَسُولَهُ الرُّؤْيَا بِالْحَقِّ لَتَدْخُلُنَّ الْمَسْجِدَ الْحَرَامَ إِن شَاءَ اللَّهُ آمِنِينَ مُحَلِّقِينَ
رُؤُوسَكُمْ وَمُقَصِّرِينَ لَا تَخَافُونَ فَعَلِمَ مَا لَمْ تَعْلَمُوا فَجَعَلَ مِن دُونِ ذَلِكَ فَتْحًا
قَرِيبًا (٢٧) هُوَ الَّذِي أَرْسَلَ رَسُولَهُ بِالْهُدَى وَدِينِ الْحَقِّ لِيُظْهِرَهُ عَلَى الدِّينِ كُلِّهِ
وَكَفَى بِاللَّهِ شَهِيدًا (٢٨) مُّحَمَّدٌ رَّسُولُ اللَّهِ وَالَّذِينَ مَعَهُ أَشِدَّاءُ عَلَى الْكُفَّارِ رُحَمَاءُ
بَيْنَهُمْ تَرَاهُمْ رُكَّعًا سُجَّدًا يَبْتَغُونَ فَضْلًا مِّنَ اللَّهِ وَرِضْوَانًا سِيمَاهُمْ فِي وُجُوهِهِم
مِّنْ أَثَرِ السُّجُودِ ذَلِكَ مَثَلُهُمْ فِي التَّوْرَاةِ وَمَثَلُهُمْ فِي الْإِنجِيلِ كَزَرْعٍ أَخْرَجَ شَطْأَهُ
فَآزَرَهُ فَاسْتَغْلَظَ فَاسْتَوَى عَلَى سُوقِهِ يُعْجِبُ الزُّرَّاعَ لِيَغِيظَ بِهِمُ الْكُفَّارَ وَعَدَ اللَّهُ
الَّذِينَ آمَنُوا وَعَمِلُوا الصَّالِحَاتِ مِنْهُم مَّغْفِرَةً وَأَجْرًا عَظِيمًا (٢٩

SOURATE AL HUJURAT
سورة الحُجُرات

يَا أَيُّهَا الَّذِينَ آمَنُوا لَا تُقَدِّمُوا بَيْنَ يَدَيِ اللَّهِ وَرَسُولِهِ وَاتَّقُوا اللَّهَ إِنَّ اللَّهَ سَمِيعٌ
عَلِيمٌ (١) يَا أَيُّهَا الَّذِينَ آمَنُوا لَا تَرْفَعُوا أَصْوَاتَكُمْ فَوْقَ صَوْتِ النَّبِيِّ وَلَا تَجْهَرُوا
لَهُ بِالْقَوْلِ كَجَهْرِ بَعْضِكُمْ لِبَعْضٍ أَن تَحْبَطَ أَعْمَالُكُمْ وَأَنتُمْ لَا تَشْعُرُونَ (٢) إِنَّ
الَّذِينَ يَغُضُّونَ أَصْوَاتَهُمْ عِندَ رَسُولِ اللَّهِ أُولَئِكَ الَّذِينَ امْتَحَنَ اللَّهُ قُلُوبَهُمْ لِلتَّقْوَى

لَهُم مَّغْفِرَةٌ وَأَجْرٌ عَظِيمٌ (٣) إِنَّ الَّذِينَ يُنَادُونَكَ مِن وَرَاءِ الْحُجُرَاتِ أَكْثَرُهُمْ لَا
يَعْقِلُونَ (٤) وَلَوْ أَنَّهُمْ صَبَرُوا حَتَّى تَخْرُجَ إِلَيْهِمْ لَكَانَ خَيْرًا لَّهُمْ وَاللَّهُ غَفُورٌ
رَّحِيمٌ (٥) يَا أَيُّهَا الَّذِينَ آمَنُوا إِن جَاءَكُمْ فَاسِقٌ بِنَبَإٍ فَتَبَيَّنُوا أَن تُصِيبُوا قَوْمًا
بِجَهَالَةٍ فَتُصْبِحُوا عَلَى مَا فَعَلْتُمْ نَادِمِينَ (٦) وَاعْلَمُوا أَنَّ فِيكُمْ رَسُولَ اللَّهِ لَوْ
يُطِيعُكُمْ فِي كَثِيرٍ مِّنَ الْأَمْرِ لَعَنِتُّمْ وَلَكِنَّ اللَّهَ حَبَّبَ إِلَيْكُمُ الْإِيمَانَ وَزَيَّنَهُ فِي قُلُوبِكُمْ
وَكَرَّهَ إِلَيْكُمُ الْكُفْرَ وَالْفُسُوقَ وَالْعِصْيَانَ أُوْلَئِكَ هُمُ الرَّاشِدُونَ (٧) فَضْلًا مِّنَ اللَّهِ
وَنِعْمَةً وَاللَّهُ عَلِيمٌ حَكِيمٌ (٨) وَإِن طَائِفَتَانِ مِنَ الْمُؤْمِنِينَ اقْتَتَلُوا فَأَصْلِحُوا بَيْنَهُمَا
فَإِن بَغَتْ إِحْدَاهُمَا عَلَى الْأُخْرَى فَقَاتِلُوا الَّتِي تَبْغِي حَتَّى تَفِيءَ إِلَى أَمْرِ اللَّهِ فَإِن
فَاءَتْ فَأَصْلِحُوا بَيْنَهُمَا بِالْعَدْلِ وَأَقْسِطُوا إِنَّ اللَّهَ يُحِبُّ الْمُقْسِطِينَ (٩) إِنَّمَا
الْمُؤْمِنُونَ إِخْوَةٌ فَأَصْلِحُوا بَيْنَ أَخَوَيْكُمْ وَاتَّقُوا اللَّهَ لَعَلَّكُمْ تُرْحَمُونَ (١٠) يَا أَيُّهَا
الَّذِينَ آمَنُوا لَا يَسْخَرْ قَوْمٌ مِّن قَوْمٍ عَسَى أَن يَكُونُوا خَيْرًا مِّنْهُمْ وَلَا نِسَاءٌ مِّن نِّسَاءٍ
عَسَى أَن يَكُنَّ خَيْرًا مِّنْهُنَّ وَلَا تَلْمِزُوا أَنفُسَكُمْ وَلَا تَنَابَزُوا بِالْأَلْقَابِ بِئْسَ الِاسْمُ
الْفُسُوقُ بَعْدَ الْإِيمَانِ وَمَن لَّمْ يَتُبْ فَأُوْلَئِكَ هُمُ الظَّالِمُونَ (١١) يَا أَيُّهَا الَّذِينَ آمَنُوا
اجْتَنِبُوا كَثِيرًا مِّنَ الظَّنِّ إِنَّ بَعْضَ الظَّنِّ إِثْمٌ وَلَا تَجَسَّسُوا وَلَا يَغْتَب بَّعْضُكُم
بَعْضًا أَيُحِبُّ أَحَدُكُمْ أَن يَأْكُلَ لَحْمَ أَخِيهِ مَيْتًا فَكَرِهْتُمُوهُ وَاتَّقُوا اللَّهَ إِنَّ اللَّهَ تَوَّابٌ
رَّحِيمٌ (١٢) يَا أَيُّهَا النَّاسُ إِنَّا خَلَقْنَاكُم مِّن ذَكَرٍ وَأُنثَى وَجَعَلْنَاكُمْ شُعُوبًا وَقَبَائِلَ
لِتَعَارَفُوا إِنَّ أَكْرَمَكُمْ عِندَ اللَّهِ أَتْقَاكُمْ إِنَّ اللَّهَ عَلِيمٌ خَبِيرٌ (١٣) قَالَتِ الْأَعْرَابُ آمَنَّا
قُل لَّمْ تُؤْمِنُوا وَلَكِن قُولُوا أَسْلَمْنَا وَلَمَّا يَدْخُلِ الْإِيمَانُ فِي قُلُوبِكُمْ وَإِن تُطِيعُوا اللَّهَ
وَرَسُولَهُ لَا يَلِتْكُم مِّنْ أَعْمَالِكُمْ شَيْئًا إِنَّ اللَّهَ غَفُورٌ رَّحِيمٌ (١٤) إِنَّمَا الْمُؤْمِنُونَ
الَّذِينَ آمَنُوا بِاللَّهِ وَرَسُولِهِ ثُمَّ لَمْ يَرْتَابُوا وَجَاهَدُوا بِأَمْوَالِهِمْ وَأَنفُسِهِمْ فِي سَبِيلِ اللَّهِ
أُوْلَئِكَ هُمُ الصَّادِقُونَ (١٥) قُلْ أَتُعَلِّمُونَ اللَّهَ بِدِينِكُمْ وَاللَّهُ يَعْلَمُ مَا فِي السَّمَاوَاتِ
وَمَا فِي الْأَرْضِ وَاللَّهُ بِكُلِّ شَيْءٍ عَلِيمٌ (١٦) يَمُنُّونَ عَلَيْكَ أَنْ أَسْلَمُوا قُل لَّا تَمُنُّوا
عَلَيَّ إِسْلَامَكُم بَلِ اللَّهُ يَمُنُّ عَلَيْكُمْ أَنْ هَدَاكُمْ لِلْإِيمَانِ إِن كُنتُمْ صَادِقِينَ (١٧) إِنَّ اللَّهَ
يَعْلَمُ غَيْبَ السَّمَاوَاتِ وَالْأَرْضِ وَاللَّهُ بَصِيرٌ بِمَا تَعْمَلُونَ (١٨

SOURATE QAF

سورة ق

ق وَالْقُرْآنِ الْمَجِيدِ (١) بَلْ عَجِبُوا أَن جَاءَهُمْ مُنذِرٌ مِّنْهُمْ فَقَالَ الْكَافِرُونَ هَذَا شَيْءٌ
عَجِيبٌ (٢) أَئِذَا مِتْنَا وَكُنَّا تُرَابًا ذَلِكَ رَجْعٌ بَعِيدٌ (٣) قَدْ عَلِمْنَا مَا تَنقُصُ الْأَرْضُ
مِنْهُمْ وَعِندَنَا كِتَابٌ حَفِيظٌ (٤) بَلْ كَذَّبُوا بِالْحَقِّ لَمَّا جَاءَهُمْ فَهُمْ فِي أَمْرٍ
مَّرِيجٍ (٥) أَفَلَمْ يَنظُرُوا إِلَى السَّمَاءِ فَوْقَهُمْ كَيْفَ بَنَيْنَاهَا وَزَيَّنَّاهَا وَمَا لَهَا مِن

فُرُوجٍ (٦) وَالْأَرْضَ مَدَدْنَاهَا وَأَلْقَيْنَا فِيهَا رَوَاسِيَ وَأَنبَتْنَا فِيهَا مِن كُلِّ زَوْجٍ
بَهِيجٍ (٧) تَبْصِرَةً وَذِكْرَى لِكُلِّ عَبْدٍ مُّنِيبٍ (٨) وَنَزَّلْنَا مِنَ السَّمَاءِ مَاءً مُّبَارَكًا
فَأَنبَتْنَا بِهِ جَنَّاتٍ وَحَبَّ الْحَصِيدِ (٩) وَالنَّخْلَ بَاسِقَاتٍ لَّهَا طَلْعٌ نَّضِيدٌ (١٠) رِّزْقًا
لِّلْعِبَادِ وَأَحْيَيْنَا بِهِ بَلْدَةً مَّيْتًا كَذَلِكَ الْخُرُوجُ (١١) كَذَّبَتْ قَبْلَهُمْ قَوْمُ نُوحٍ وَأَصْحَابُ
الرَّسِّ وَثَمُودُ (١٢) وَعَادٌ وَفِرْعَوْنُ وَإِخْوَانُ لُوطٍ (١٣) وَأَصْحَابُ الْأَيْكَةِ وَقَوْمُ
تُبَّعٍ كُلٌّ كَذَّبَ الرُّسُلَ فَحَقَّ وَعِيدِ (١٤) أَفَعَيِينَا بِالْخَلْقِ الْأَوَّلِ بَلْ هُمْ فِي لَبْسٍ مِّنْ
خَلْقٍ جَدِيدٍ (١٥) وَلَقَدْ خَلَقْنَا الْإِنسَانَ وَنَعْلَمُ مَا تُوَسْوِسُ بِهِ نَفْسُهُ وَنَحْنُ أَقْرَبُ إِلَيْهِ
مِنْ حَبْلِ الْوَرِيدِ (١٦) إِذْ يَتَلَقَّى الْمُتَلَقِّيَانِ عَنِ الْيَمِينِ وَعَنِ الشِّمَالِ قَعِيدٌ (١٧) مَا
يَلْفِظُ مِن قَوْلٍ إِلَّا لَدَيْهِ رَقِيبٌ عَتِيدٌ (١٨) وَجَاءَتْ سَكْرَةُ الْمَوْتِ بِالْحَقِّ ذَلِكَ مَا
كُنتَ مِنْهُ تَحِيدُ (١٩) وَنُفِخَ فِي الصُّورِ ذَلِكَ يَوْمُ الْوَعِيدِ (٢٠) وَجَاءَتْ كُلُّ نَفْسٍ
مَّعَهَا سَائِقٌ وَشَهِيدٌ (٢١) لَّقَدْ كُنتَ فِي غَفْلَةٍ مِّنْ هَذَا فَكَشَفْنَا عَنكَ غِطَاءَكَ
فَبَصَرُكَ الْيَوْمَ حَدِيدٌ (٢٢) وَقَالَ قَرِينُهُ هَذَا مَا لَدَيَّ عَتِيدٌ (٢٣) أَلْقِيَا فِي جَهَنَّمَ كُلَّ
كَفَّارٍ عَنِيدٍ (٢٤) مَّنَّاعٍ لِّلْخَيْرِ مُعْتَدٍ مُّرِيبٍ (٢٥) الَّذِي جَعَلَ مَعَ اللَّهِ إِلَهًا آخَرَ
فَأَلْقِيَاهُ فِي الْعَذَابِ الشَّدِيدِ (٢٦) قَالَ قَرِينُهُ رَبَّنَا مَا أَطْغَيْتُهُ وَلَكِن كَانَ فِي ضَلَالٍ
بَعِيدٍ (٢٧) قَالَ لَا تَخْتَصِمُوا لَدَيَّ وَقَدْ قَدَّمْتُ إِلَيْكُم بِالْوَعِيدِ (٢٨) مَا يُبَدَّلُ الْقَوْلُ
لَدَيَّ وَمَا أَنَا بِظَلَّامٍ لِّلْعَبِيدِ (٢٩) يَوْمَ نَقُولُ لِجَهَنَّمَ هَلِ امْتَلَأْتِ وَتَقُولُ هَلْ مِن
مَّزِيدٍ (٣٠) وَأُزْلِفَتِ الْجَنَّةُ لِلْمُتَّقِينَ غَيْرَ بَعِيدٍ (٣١) هَذَا مَا تُوعَدُونَ لِكُلِّ أَوَّابٍ
حَفِيظٍ (٣٢) مَّنْ خَشِيَ الرَّحْمَنَ بِالْغَيْبِ وَجَاءَ بِقَلْبٍ مُّنِيبٍ (٣٣) ادْخُلُوهَا بِسَلَامٍ
ذَلِكَ يَوْمُ الْخُلُودِ (٣٤) لَهُم مَّا يَشَاءُونَ فِيهَا وَلَدَيْنَا مَزِيدٌ (٣٥) وَكَمْ أَهْلَكْنَا قَبْلَهُم
مِّن قَرْنٍ هُمْ أَشَدُّ مِنْهُم بَطْشًا فَنَقَّبُوا فِي الْبِلَادِ هَلْ مِن مَّحِيصٍ (٣٦) إِنَّ فِي ذَلِكَ
لَذِكْرَى لِمَن كَانَ لَهُ قَلْبٌ أَوْ أَلْقَى السَّمْعَ وَهُوَ شَهِيدٌ (٣٧) وَلَقَدْ خَلَقْنَا السَّمَاوَاتِ
وَالْأَرْضَ وَمَا بَيْنَهُمَا فِي سِتَّةِ أَيَّامٍ وَمَا مَسَّنَا مِن لُّغُوبٍ (٣٨) فَاصْبِرْ عَلَى مَا
يَقُولُونَ وَسَبِّحْ بِحَمْدِ رَبِّكَ قَبْلَ طُلُوعِ الشَّمْسِ وَقَبْلَ الْغُرُوبِ (٣٩) وَمِنَ اللَّيْلِ
فَسَبِّحْهُ وَأَدْبَارَ السُّجُودِ (٤٠) وَاسْتَمِعْ يَوْمَ يُنَادِ الْمُنَادِ مِن مَّكَانٍ قَرِيبٍ (٤١) يَوْمَ
يَسْمَعُونَ الصَّيْحَةَ بِالْحَقِّ ذَلِكَ يَوْمُ الْخُرُوجِ (٤٢) إِنَّا نَحْنُ نُحْيِي وَنُمِيتُ وَإِلَيْنَا
الْمَصِيرُ (٤٣) يَوْمَ تَشَقَّقُ الْأَرْضُ عَنْهُمْ سِرَاعًا ذَلِكَ حَشْرٌ عَلَيْنَا
يَسِيرٌ (٤٤) نَحْنُ أَعْلَمُ بِمَا يَقُولُونَ وَمَا أَنتَ عَلَيْهِم بِجَبَّارٍ فَذَكِّرْ بِالْقُرْآنِ مَن يَخَافُ
وَعِيدِ (٤٥

SOURATE ADH DHARIYAT

سورة الذاريات

وَالذَّارِيَاتِ ذَرْوًا (١) فَالْحَامِلَاتِ وِقْرًا (٢) فَالْجَارِيَاتِ يُسْرًا (٣) فَالْمُقَسِّمَاتِ
أَمْرًا (٤) إِنَّمَا تُوعَدُونَ لَصَادِقٌ (٥) وَإِنَّ الدِّينَ لَوَاقِعٌ (٦) وَالسَّمَاءِ ذَاتِ
الْحُبُكِ (٧) إِنَّكُمْ لَفِي قَوْلٍ مُّخْتَلِفٍ (٨) يُؤْفَكُ عَنْهُ مَنْ أُفِكَ (٩) قُتِلَ
الْخَرَّاصُونَ (١٠) الَّذِينَ هُمْ فِي غَمْرَةٍ سَاهُونَ (١١) يَسْأَلُونَ أَيَّانَ يَوْمُ
الدِّينِ (١٢) يَوْمَ هُمْ عَلَى النَّارِ يُفْتَنُونَ (١٣) ذُوقُوا فِتْنَتَكُمْ هَذَا الَّذِي كُنتُم بِهِ
تَسْتَعْجِلُونَ (١٤) إِنَّ الْمُتَّقِينَ فِي جَنَّاتٍ وَعُيُونٍ (١٥) آخِذِينَ مَا آتَاهُمْ رَبُّهُمْ إِنَّهُمْ
كَانُوا قَبْلَ ذَلِكَ مُحْسِنِينَ (١٦) كَانُوا قَلِيلًا مِّنَ اللَّيْلِ مَا يَهْجَعُونَ (١٧) وَبِالْأَسْحَارِ
هُمْ يَسْتَغْفِرُونَ (١٨) وَفِي أَمْوَالِهِمْ حَقٌّ لِّلسَّائِلِ وَالْمَحْرُومِ (١٩) وَفِي الْأَرْضِ
آيَاتٌ لِّلْمُوقِنِينَ (٢٠) وَفِي أَنفُسِكُمْ أَفَلَا تُبْصِرُونَ (٢١) وَفِي السَّمَاءِ رِزْقُكُمْ وَمَا
تُوعَدُونَ (٢٢) فَوَرَبِّ السَّمَاءِ وَالْأَرْضِ إِنَّهُ لَحَقٌّ مِّثْلَ مَا أَنَّكُمْ تَنطِقُونَ (٢٣) هَلْ
أَتَاكَ حَدِيثُ ضَيْفِ إِبْرَاهِيمَ الْمُكْرَمِينَ (٢٤) إِذْ دَخَلُوا عَلَيْهِ فَقَالُوا سَلَامًا قَالَ
سَلَامٌ قَوْمٌ مُّنكَرُونَ (٢٥) فَرَاغَ إِلَى أَهْلِهِ فَجَاءَ بِعِجْلٍ سَمِينٍ (٢٦) فَقَرَّبَهُ إِلَيْهِمْ
قَالَ أَلَا تَأْكُلُونَ (٢٧) فَأَوْجَسَ مِنْهُمْ خِيفَةً قَالُوا لَا تَخَفْ وَبَشَّرُوهُ بِغُلَامٍ
عَلِيمٍ (٢٨) فَأَقْبَلَتِ امْرَأَتُهُ فِي صَرَّةٍ فَصَكَّتْ وَجْهَهَا وَقَالَتْ عَجُوزٌ
عَقِيمٌ (٢٩) قَالُوا كَذَلِكَ قَالَ رَبُّكِ إِنَّهُ هُوَ الْحَكِيمُ الْعَلِيمُ (٣٠) قَالَ فَمَا خَطْبُكُمْ أَيُّهَا
الْمُرْسَلُونَ (٣١) قَالُوا إِنَّا أُرْسِلْنَا إِلَى قَوْمٍ مُّجْرِمِينَ (٣٢) لِنُرْسِلَ عَلَيْهِمْ حِجَارَةً
مِّن طِينٍ (٣٣) مُسَوَّمَةً عِندَ رَبِّكَ لِلْمُسْرِفِينَ (٣٤) فَأَخْرَجْنَا مَن كَانَ فِيهَا مِنَ
الْمُؤْمِنِينَ (٣٥) فَمَا وَجَدْنَا فِيهَا غَيْرَ بَيْتٍ مِّنَ الْمُسْلِمِينَ (٣٦) وَتَرَكْنَا فِيهَا آيَةً
لِّلَّذِينَ يَخَافُونَ الْعَذَابَ الْأَلِيمَ (٣٧) وَفِي مُوسَى إِذْ أَرْسَلْنَاهُ إِلَى فِرْعَوْنَ بِسُلْطَانٍ
مُّبِينٍ (٣٨) فَتَوَلَّى بِرُكْنِهِ وَقَالَ سَاحِرٌ أَوْ مَجْنُونٌ (٣٩) فَأَخَذْنَاهُ وَجُنُودَهُ فَنَبَذْنَاهُمْ
فِي الْيَمِّ وَهُوَ مُلِيمٌ (٤٠) وَفِي عَادٍ إِذْ أَرْسَلْنَا عَلَيْهِمُ الرِّيحَ الْعَقِيمَ (٤١) مَا تَذَرُ مِن
شَيْءٍ أَتَتْ عَلَيْهِ إِلَّا جَعَلَتْهُ كَالرَّمِيمِ (٤٢) وَفِي ثَمُودَ إِذْ قِيلَ لَهُمْ تَمَتَّعُوا حَتَّى
حِينٍ (٤٣) فَعَتَوْا عَنْ أَمْرِ رَبِّهِمْ فَأَخَذَتْهُمُ الصَّاعِقَةُ وَهُمْ يَنظُرُونَ (٤٤) فَمَا
اسْتَطَاعُوا مِن قِيَامٍ وَمَا كَانُوا مُنتَصِرِينَ (٤٥) وَقَوْمَ نُوحٍ مِّن قَبْلُ إِنَّهُمْ كَانُوا
قَوْمًا فَاسِقِينَ (٤٦) وَالسَّمَاءَ بَنَيْنَاهَا بِأَيْدٍ وَإِنَّا لَمُوسِعُونَ (٤٧) وَالْأَرْضَ فَرَشْنَاهَا
فَنِعْمَ الْمَاهِدُونَ (٤٨) وَمِن كُلِّ شَيْءٍ خَلَقْنَا زَوْجَيْنِ لَعَلَّكُمْ تَذَكَّرُونَ (٤٩) فَفِرُّوا
إِلَى اللَّهِ إِنِّي لَكُم مِّنْهُ نَذِيرٌ مُّبِينٌ (٥٠) وَلَا تَجْعَلُوا مَعَ اللَّهِ إِلَهًا آخَرَ إِنِّي لَكُم مِّنْهُ
نَذِيرٌ مُّبِينٌ (٥١) كَذَلِكَ مَا أَتَى الَّذِينَ مِن قَبْلِهِم مِّن رَّسُولٍ إِلَّا قَالُوا سَاحِرٌ أَوْ
مَجْنُونٌ (٥٢) أَتَوَاصَوْا بِهِ بَلْ هُمْ قَوْمٌ طَاغُونَ (٥٣) فَتَوَلَّ عَنْهُمْ فَمَا أَنتَ

بِمَلُومٍ (٥٤) وَذَكِّرْ فَإِنَّ الذِّكْرَى تَنفَعُ الْمُؤْمِنِينَ (٥٥) وَمَا خَلَقْتُ الْجِنَّ وَالْإِنسَ إِلَّا
لِيَعْبُدُونِ (٥٦) مَا أُرِيدُ مِنْهُم مِّن رِّزْقٍ وَمَا أُرِيدُ أَن يُطْعِمُونِ (٥٧) إِنَّ اللَّهَ هُوَ
الرَّزَّاقُ ذُو الْقُوَّةِ الْمَتِينُ (٥٨) فَإِنَّ لِلَّذِينَ ظَلَمُوا ذَنُوبًا مِّثْلَ ذَنُوبِ أَصْحَابِهِمْ فَلَا
يَسْتَعْجِلُونِ (٥٩) فَوَيْلٌ لِّلَّذِينَ كَفَرُوا مِن يَوْمِهِمُ الَّذِي يُوعَدُونَ (٦٠

SOURATE AT TUR
سورة الطور

وَالطُّورِ (١) وَكِتَابٍ مَّسْطُورٍ (٢) فِي رَقٍّ مَّنشُورٍ (٣) وَالْبَيْتِ
الْمَعْمُورِ (٤) وَالسَّقْفِ الْمَرْفُوعِ (٥) وَالْبَحْرِ الْمَسْجُورِ (٦) إِنَّ عَذَابَ رَبِّكَ
لَوَاقِعٌ (٧) مَا لَهُ مِن دَافِعٍ (٨) يَوْمَ تَمُورُ السَّمَاءُ مَوْرًا (٩) وَتَسِيرُ الْجِبَالُ
سَيْرًا (١٠) فَوَيْلٌ يَوْمَئِذٍ لِّلْمُكَذِّبِينَ (١١) الَّذِينَ هُمْ فِي خَوْضٍ يَلْعَبُونَ (١٢) يَوْمَ
يُدَعُّونَ إِلَىٰ نَارِ جَهَنَّمَ دَعًّا (١٣) هَٰذِهِ النَّارُ الَّتِي كُنتُم بِهَا تُكَذِّبُونَ (١٤) أَفَسِحْرٌ
هَٰذَا أَمْ أَنتُمْ لَا تُبْصِرُونَ (١٥) اصْلَوْهَا فَاصْبِرُوا أَوْ لَا تَصْبِرُوا سَوَاءٌ عَلَيْكُمْ إِنَّمَا
تُجْزَوْنَ مَا كُنتُمْ تَعْمَلُونَ (١٦) إِنَّ الْمُتَّقِينَ فِي جَنَّاتٍ وَنَعِيمٍ (١٧) فَاكِهِينَ بِمَا
آتَاهُمْ رَبُّهُمْ وَوَقَاهُمْ رَبُّهُمْ عَذَابَ الْجَحِيمِ (١٨) كُلُوا وَاشْرَبُوا هَنِيئًا بِمَا كُنتُمْ
تَعْمَلُونَ (١٩) مُتَّكِئِينَ عَلَىٰ سُرُرٍ مَّصْفُوفَةٍ وَزَوَّجْنَاهُم بِحُورٍ عِينٍ (٢٠) وَالَّذِينَ
آمَنُوا وَاتَّبَعَتْهُمْ ذُرِّيَّتُهُم بِإِيمَانٍ أَلْحَقْنَا بِهِمْ ذُرِّيَّتَهُمْ وَمَا أَلَتْنَاهُم مِّنْ عَمَلِهِم مِّن شَيْءٍ
كُلُّ امْرِئٍ بِمَا كَسَبَ رَهِينٌ (٢١) وَأَمْدَدْنَاهُم بِفَاكِهَةٍ وَلَحْمٍ مِّمَّا
يَشْتَهُونَ (٢٢) يَتَنَازَعُونَ فِيهَا كَأْسًا لَّا لَغْوٌ فِيهَا وَلَا تَأْثِيمٌ (٢٣) وَيَطُوفُ عَلَيْهِمْ
غِلْمَانٌ لَّهُمْ كَأَنَّهُمْ لُؤْلُؤٌ مَّكْنُونٌ (٢٤) وَأَقْبَلَ بَعْضُهُمْ عَلَىٰ بَعْضٍ
يَتَسَاءَلُونَ (٢٥) قَالُوا إِنَّا كُنَّا قَبْلُ فِي أَهْلِنَا مُشْفِقِينَ (٢٦) فَمَنَّ اللَّهُ عَلَيْنَا وَوَقَانَا
عَذَابَ السَّمُومِ (٢٧) إِنَّا كُنَّا مِن قَبْلُ نَدْعُوهُ إِنَّهُ هُوَ الْبَرُّ الرَّحِيمُ (٢٨) فَذَكِّرْ فَمَا
أَنتَ بِنِعْمَتِ رَبِّكَ بِكَاهِنٍ وَلَا مَجْنُونٍ (٢٩) أَمْ يَقُولُونَ شَاعِرٌ نَّتَرَبَّصُ بِهِ رَيْبَ
الْمَنُونِ (٣٠) قُلْ تَرَبَّصُوا فَإِنِّي مَعَكُم مِّنَ الْمُتَرَبِّصِينَ (٣١) أَمْ تَأْمُرُهُمْ أَحْلَامُهُم
بِهَٰذَا أَمْ هُمْ قَوْمٌ طَاغُونَ (٣٢) أَمْ يَقُولُونَ تَقَوَّلَهُ بَل لَّا يُؤْمِنُونَ (٣٣) فَلْيَأْتُوا
بِحَدِيثٍ مِّثْلِهِ إِن كَانُوا صَادِقِينَ (٣٤) أَمْ خُلِقُوا مِنْ غَيْرِ شَيْءٍ أَمْ هُمُ
الْخَالِقُونَ (٣٥) أَمْ خَلَقُوا السَّمَاوَاتِ وَالْأَرْضَ بَل لَّا يُوقِنُونَ (٣٦) أَمْ عِندَهُمْ
خَزَائِنُ رَبِّكَ أَمْ هُمُ الْمُصَيْطِرُونَ (٣٧) أَمْ لَهُمْ سُلَّمٌ يَسْتَمِعُونَ فِيهِ فَلْيَأْتِ مُسْتَمِعُهُم
بِسُلْطَانٍ مُّبِينٍ (٣٨) أَمْ لَهُ الْبَنَاتُ وَلَكُمُ الْبَنُونَ (٣٩) أَمْ تَسْأَلُهُمْ أَجْرًا فَهُم مِّن

مَّغْرَمٍ مُّثْقَلُونَ (٤٠) أَمْ عِندَهُمُ الْغَيْبُ فَهُمْ يَكْتُبُونَ (٤١) أَمْ يُرِيدُونَ كَيْدًا فَالَّذِينَ
كَفَرُوا هُمُ الْمَكِيدُونَ (٤٢) أَمْ لَهُمْ إِلَٰهٌ غَيْرُ اللَّهِ سُبْحَانَ اللَّهِ عَمَّا
يُشْرِكُونَ (٤٣) وَإِن يَرَوْا كِسْفًا مِّنَ السَّمَاءِ سَاقِطًا يَقُولُوا سَحَابٌ
مَّرْكُومٌ (٤٤) فَذَرْهُمْ حَتَّىٰ يُلَاقُوا يَوْمَهُمُ الَّذِي فِيهِ يُصْعَقُونَ (٤٥) يَوْمَ لَا يُغْنِي
عَنْهُمْ كَيْدُهُمْ شَيْئًا وَلَا هُمْ يُنصَرُونَ (٤٦) وَإِنَّ لِلَّذِينَ ظَلَمُوا عَذَابًا دُونَ ذَٰلِكَ وَلَٰكِنَّ
أَكْثَرَهُمْ لَا يَعْلَمُونَ (٤٧) وَاصْبِرْ لِحُكْمِ رَبِّكَ فَإِنَّكَ بِأَعْيُنِنَا وَسَبِّحْ بِحَمْدِ رَبِّكَ حِينَ
تَقُومُ (٤٨) وَمِنَ اللَّيْلِ فَسَبِّحْهُ وَإِدْبَارَ النُّجُومِ (٤٩

SOURATE AN NAJM

سورة النحم

وَالنَّجْمِ إِذَا هَوَىٰ (١) مَا ضَلَّ صَاحِبُكُمْ وَمَا غَوَىٰ (٢) وَمَا يَنطِقُ عَنِ
الْهَوَىٰ (٣) إِنْ هُوَ إِلَّا وَحْيٌ يُوحَىٰ (٤) عَلَّمَهُ شَدِيدُ الْقُوَىٰ (٥) ذُو مِرَّةٍ
فَاسْتَوَىٰ (٦) وَهُوَ بِالْأُفُقِ الْأَعْلَىٰ (٧) ثُمَّ دَنَا فَتَدَلَّىٰ (٨) فَكَانَ قَابَ قَوْسَيْنِ أَوْ
أَدْنَىٰ (٩) فَأَوْحَىٰ إِلَىٰ عَبْدِهِ مَا أَوْحَىٰ (١٠) مَا كَذَبَ الْفُؤَادُ مَا
رَأَىٰ (١١) أَفَتُمَارُونَهُ عَلَىٰ مَا يَرَىٰ (١٢) وَلَقَدْ رَآهُ نَزْلَةً أُخْرَىٰ (١٣) عِندَ سِدْرَةِ
الْمُنْتَهَىٰ (١٤) عِندَهَا جَنَّةُ الْمَأْوَىٰ (١٥) إِذْ يَغْشَى السِّدْرَةَ مَا يَغْشَىٰ (١٦) مَا
زَاغَ الْبَصَرُ وَمَا طَغَىٰ (١٧) لَقَدْ رَأَىٰ مِنْ آيَاتِ رَبِّهِ الْكُبْرَىٰ (١٨) أَفَرَأَيْتُمُ اللَّاتَ
وَالْعُزَّىٰ (١٩) وَمَنَاةَ الثَّالِثَةَ الْأُخْرَىٰ (٢٠) أَلَكُمُ الذَّكَرُ وَلَهُ الْأُنثَىٰ (٢١) تِلْكَ إِذًا
قِسْمَةٌ ضِيزَىٰ (٢٢) إِنْ هِيَ إِلَّا أَسْمَاءٌ سَمَّيْتُمُوهَا أَنتُمْ وَآبَاؤُكُم مَّا أَنزَلَ اللَّهُ بِهَا
مِن سُلْطَانٍ إِن يَتَّبِعُونَ إِلَّا الظَّنَّ وَمَا تَهْوَى الْأَنفُسُ وَلَقَدْ جَاءَهُم مِّن رَّبِّهِمُ
الْهُدَىٰ (٢٣) أَمْ لِلْإِنسَانِ مَا تَمَنَّىٰ (٢٤) فَلِلَّهِ الْآخِرَةُ وَالْأُولَىٰ (٢٥) وَكَم مِّن مَّلَكٍ
فِي السَّمَاوَاتِ لَا تُغْنِي شَفَاعَتُهُمْ شَيْئًا إِلَّا مِن بَعْدِ أَن يَأْذَنَ اللَّهُ لِمَن يَشَاءُ
وَيَرْضَىٰ (٢٦) إِنَّ الَّذِينَ لَا يُؤْمِنُونَ بِالْآخِرَةِ لَيُسَمُّونَ الْمَلَائِكَةَ تَسْمِيَةَ
الْأُنثَىٰ (٢٧) وَمَا لَهُم بِهِ مِنْ عِلْمٍ إِن يَتَّبِعُونَ إِلَّا الظَّنَّ وَإِنَّ الظَّنَّ لَا يُغْنِي مِنَ
الْحَقِّ شَيْئًا (٢٨) فَأَعْرِضْ عَن مَّن تَوَلَّىٰ عَن ذِكْرِنَا وَلَمْ يُرِدْ إِلَّا الْحَيَاةَ
الدُّنْيَا (٢٩) ذَٰلِكَ مَبْلَغُهُم مِّنَ الْعِلْمِ إِنَّ رَبَّكَ هُوَ أَعْلَمُ بِمَن ضَلَّ عَن سَبِيلِهِ وَهُوَ
أَعْلَمُ بِمَنِ اهْتَدَىٰ (٣٠) وَلِلَّهِ مَا فِي السَّمَاوَاتِ وَمَا فِي الْأَرْضِ لِيَجْزِيَ الَّذِينَ
أَسَاءُوا بِمَا عَمِلُوا وَيَجْزِيَ الَّذِينَ أَحْسَنُوا بِالْحُسْنَى (٣١) الَّذِينَ يَجْتَنِبُونَ كَبَائِرَ
الْإِثْمِ وَالْفَوَاحِشَ إِلَّا اللَّمَمَ إِنَّ رَبَّكَ وَاسِعُ الْمَغْفِرَةِ هُوَ أَعْلَمُ بِكُمْ إِذْ أَنشَأَكُم مِّنَ

الْأَرْضِ وَإِذْ أَنتُمْ أَجِنَّةٌ فِي بُطُونِ أُمَّهَاتِكُمْ فَلَا تُزَكُّوا أَنفُسَكُمْ هُوَ أَعْلَمُ بِمَنِ
اتَّقَى (٣٢) أَفَرَأَيْتَ الَّذِي تَوَلَّى (٣٣) وَأَعْطَى قَلِيلًا وَأَكْدَى (٣٤) أَعِندَهُ عِلْمُ
الْغَيْبِ فَهُوَ يَرَى (٣٥) أَمْ لَمْ يُنَبَّأْ بِمَا فِي صُحُفِ مُوسَى (٣٦) وَإِبْرَاهِيمَ الَّذِي
وَفَّى (٣٧) أَلَّا تَزِرُ وَازِرَةٌ وِزْرَ أُخْرَى (٣٨) وَأَن لَّيْسَ لِلْإِنسَانِ إِلَّا مَا
سَعَى (٣٩) وَأَنَّ سَعْيَهُ سَوْفَ يُرَى (٤٠) ثُمَّ يُجْزَاهُ الْجَزَاءَ الْأَوْفَى (٤١) وَأَنَّ
إِلَى رَبِّكَ الْمُنتَهَى (٤٢) وَأَنَّهُ هُوَ أَضْحَكَ وَأَبْكَى (٤٣) وَأَنَّهُ هُوَ أَمَاتَ
وَأَحْيَا (٤٤) وَأَنَّهُ خَلَقَ الزَّوْجَيْنِ الذَّكَرَ وَالْأُنثَى (٤٥) مِن نُّطْفَةٍ إِذَا
تُمْنَى (٤٦) وَأَنَّ عَلَيْهِ النَّشْأَةَ الْأُخْرَى (٤٧) وَأَنَّهُ هُوَ أَغْنَى وَأَقْنَى (٤٨) وَأَنَّهُ هُوَ
رَبُّ الشِّعْرَى (٤٩) وَأَنَّهُ أَهْلَكَ عَادًا الْأُولَى (٥٠) وَثَمُودَ فَمَا أَبْقَى (٥١) وَقَوْمَ
نُوحٍ مِّن قَبْلُ إِنَّهُمْ كَانُوا هُمْ أَظْلَمَ وَأَطْغَى (٥٢) وَالْمُؤْتَفِكَةَ أَهْوَى (٥٣) فَغَشَّاهَا
مَا غَشَّى (٥٤) فَبِأَيِّ آلَاءِ رَبِّكَ تَتَمَارَى (٥٥) هَذَا نَذِيرٌ مِّنَ النُّذُرِ
الْأُولَى (٥٦) أَزِفَتِ الْآزِفَةُ (٥٧) لَيْسَ لَهَا مِن دُونِ اللَّهِ كَاشِفَةٌ (٥٨) أَفَمِنْ هَذَا
الْحَدِيثِ تَعْجَبُونَ (٥٩) وَتَضْحَكُونَ وَلَا تَبْكُونَ (٦٠) وَأَنتُمْ
سَامِدُونَ (٦١) فَاسْجُدُوا لِلَّهِ وَاعْبُدُوا* (٦٢

SOURATE AL QAMAR
سورة القمر

اقْتَرَبَتِ السَّاعَةُ وَانشَقَّ الْقَمَرُ (١) وَإِن يَرَوْا آيَةً يُعْرِضُوا وَيَقُولُوا سِحْرٌ
مُّسْتَمِرٌّ (٢) وَكَذَّبُوا وَاتَّبَعُوا أَهْوَاءَهُمْ وَكُلُّ أَمْرٍ مُّسْتَقِرٌّ (٣) وَلَقَدْ جَاءَهُم مِّنَ
الْأَنبَاءِ مَا فِيهِ مُزْدَجَرٌ (٤) حِكْمَةٌ بَالِغَةٌ فَمَا تُغْنِ النُّذُرُ (٥) فَتَوَلَّ عَنْهُمْ يَوْمَ يَدْعُ
الدَّاعِ إِلَى شَيْءٍ نُّكُرٍ (٦) خُشَّعًا أَبْصَارُهُمْ يَخْرُجُونَ مِنَ الْأَجْدَاثِ كَأَنَّهُمْ جَرَادٌ
مُّنتَشِرٌ (٧) مُّهْطِعِينَ إِلَى الدَّاعِ يَقُولُ الْكَافِرُونَ هَذَا يَوْمٌ عَسِرٌ (٨) كَذَّبَتْ قَبْلَهُمْ
قَوْمُ نُوحٍ فَكَذَّبُوا عَبْدَنَا وَقَالُوا مَجْنُونٌ وَازْدُجِرَ (٩) فَدَعَا رَبَّهُ أَنِّي مَغْلُوبٌ
فَانتَصِرْ (١٠) فَفَتَحْنَا أَبْوَابَ السَّمَاءِ بِمَاءٍ مُّنْهَمِرٍ (١١) وَفَجَّرْنَا الْأَرْضَ عُيُونًا
فَالْتَقَى الْمَاءُ عَلَى أَمْرٍ قَدْ قُدِرَ (١٢) وَحَمَلْنَاهُ عَلَى ذَاتِ أَلْوَاحٍ
وَدُسُرٍ (١٣) تَجْرِي بِأَعْيُنِنَا جَزَاءً لِّمَن كَانَ كُفِرَ (١٤) وَلَقَد تَّرَكْنَاهَا آيَةً فَهَلْ مِن
مُّدَّكِرٍ (١٥) فَكَيْفَ كَانَ عَذَابِي وَنُذُرِ (١٦) وَلَقَدْ يَسَّرْنَا الْقُرْآنَ لِلذِّكْرِ فَهَلْ مِن
مُّدَّكِرٍ (١٧) كَذَّبَتْ عَادٌ فَكَيْفَ كَانَ عَذَابِي وَنُذُرِ (١٨) إِنَّا أَرْسَلْنَا عَلَيْهِمْ رِيحًا
صَرْصَرًا فِي يَوْمِ نَحْسٍ مُّسْتَمِرٍّ (١٩) تَنزِعُ النَّاسَ كَأَنَّهُمْ أَعْجَازُ نَخْلٍ

مُّنقَعِرٍ (٢٠) فَكَيْفَ كَانَ عَذَابِي وَنُذُرِ (٢١) وَلَقَدْ يَسَّرْنَا الْقُرْآنَ لِلذِّكْرِ فَهَلْ مِن
مُّدَّكِرٍ (٢٢) كَذَّبَتْ ثَمُودُ بِالنُّذُرِ (٢٣) فَقَالُوا أَبَشَرًا مِّنَّا وَاحِدًا نَّتَّبِعُهُ إِنَّا إِذًا لَّفِي
ضَلَالٍ وَسُعُرٍ (٢٤) أَؤُلْقِيَ الذِّكْرُ عَلَيْهِ مِن بَيْنِنَا بَلْ هُوَ كَذَّابٌ
أَشِرٌ (٢٥) سَيَعْلَمُونَ غَدًا مَّنِ الْكَذَّابُ الْأَشِرُ (٢٦) إِنَّا مُرْسِلُو النَّاقَةِ فِتْنَةً لَّهُمْ
فَارْتَقِبْهُمْ وَاصْطَبِرْ (٢٧) وَنَبِّئْهُمْ أَنَّ الْمَاءَ قِسْمَةٌ بَيْنَهُمْ كُلُّ شِرْبٍ
مُّحْتَضَرٌ (٢٨) فَنَادَوْا صَاحِبَهُمْ فَتَعَاطَىٰ فَعَقَرَ (٢٩) فَكَيْفَ كَانَ عَذَابِي
وَنُذُرِ (٣٠) إِنَّا أَرْسَلْنَا عَلَيْهِمْ صَيْحَةً وَاحِدَةً فَكَانُوا كَهَشِيمِ الْمُحْتَظِرِ (٣١) وَلَقَدْ
يَسَّرْنَا الْقُرْآنَ لِلذِّكْرِ فَهَلْ مِن مُّدَّكِرٍ (٣٢) كَذَّبَتْ قَوْمُ لُوطٍ بِالنُّذُرِ (٣٣) إِنَّا أَرْسَلْنَا
عَلَيْهِمْ حَاصِبًا إِلَّا آلَ لُوطٍ نَّجَّيْنَاهُم بِسَحَرٍ (٣٤) نِّعْمَةً مِّنْ عِندِنَا كَذَٰلِكَ نَجْزِي مَن
شَكَرَ (٣٥) وَلَقَدْ أَنذَرَهُم بَطْشَتَنَا فَتَمَارَوْا بِالنُّذُرِ (٣٦) وَلَقَدْ رَاوَدُوهُ عَن ضَيْفِهِ
فَطَمَسْنَا أَعْيُنَهُمْ فَذُوقُوا عَذَابِي وَنُذُرِ (٣٧) وَلَقَدْ صَبَّحَهُم بُكْرَةً عَذَابٌ
مُّسْتَقِرٌّ (٣٨) فَذُوقُوا عَذَابِي وَنُذُرِ (٣٩) وَلَقَدْ يَسَّرْنَا الْقُرْآنَ لِلذِّكْرِ فَهَلْ مِن
مُّدَّكِرٍ (٤٠) وَلَقَدْ جَاءَ آلَ فِرْعَوْنَ النُّذُرُ (٤١) كَذَّبُوا بِآيَاتِنَا كُلِّهَا فَأَخَذْنَاهُمْ أَخْذَ
عَزِيزٍ مُّقْتَدِرٍ (٤٢) أَكُفَّارُكُمْ خَيْرٌ مِّنْ أُولَٰئِكُمْ أَمْ لَكُم بَرَاءَةٌ فِي الزُّبُرِ (٤٣) أَمْ
يَقُولُونَ نَحْنُ جَمِيعٌ مُّنتَصِرٌ (٤٤) سَيُهْزَمُ الْجَمْعُ وَيُوَلُّونَ الدُّبُرَ (٤٥) بَلِ السَّاعَةُ
مَوْعِدُهُمْ وَالسَّاعَةُ أَدْهَىٰ وَأَمَرُّ (٤٦) إِنَّ الْمُجْرِمِينَ فِي ضَلَالٍ وَسُعُرٍ (٤٧) يَوْمَ
يُسْحَبُونَ فِي النَّارِ عَلَىٰ وُجُوهِهِمْ ذُوقُوا مَسَّ سَقَرَ (٤٨) إِنَّا كُلَّ شَيْءٍ خَلَقْنَاهُ
بِقَدَرٍ (٤٩) وَمَا أَمْرُنَا إِلَّا وَاحِدَةٌ كَلَمْحٍ بِالْبَصَرِ (٥٠) وَلَقَدْ أَهْلَكْنَا أَشْيَاعَكُمْ فَهَلْ
مِن مُّدَّكِرٍ (٥١) وَكُلُّ شَيْءٍ فَعَلُوهُ فِي الزُّبُرِ (٥٢) وَكُلُّ صَغِيرٍ وَكَبِيرٍ
مُّسْتَطَرٌ (٥٣) إِنَّ الْمُتَّقِينَ فِي جَنَّاتٍ وَنَهَرٍ (٥٤) فِي مَقْعَدِ صِدْقٍ عِندَ مَلِيكٍ
مُّقْتَدِرٍ (٥٥

SOURATE AR RAHMAN

سورة الرحمن

الرَّحْمَٰنُ (١) عَلَّمَ الْقُرْآنَ (٢) خَلَقَ الْإِنسَانَ (٣) عَلَّمَهُ الْبَيَانَ (٤) الشَّمْسُ وَالْقَمَرُ
بِحُسْبَانٍ (٥) وَالنَّجْمُ وَالشَّجَرُ يَسْجُدَانِ (٦) وَالسَّمَاءَ رَفَعَهَا وَوَضَعَ
الْمِيزَانَ (٧) أَلَّا تَطْغَوْا فِي الْمِيزَانِ (٨) وَأَقِيمُوا الْوَزْنَ بِالْقِسْطِ وَلَا تُخْسِرُوا
الْمِيزَانَ (٩) وَالْأَرْضَ وَضَعَهَا لِلْأَنَامِ (١٠) فِيهَا فَاكِهَةٌ وَالنَّخْلُ ذَاتُ

الْأَكْمَامِ (١١) وَالْحَبُّ ذُو الْعَصْفِ وَالرَّيْحَانُ (١٢) فَبِأَيِّ آلَاءِ رَبِّكُمَا
تُكَذِّبَانِ (١٣) خَلَقَ الْإِنسَانَ مِن صَلْصَالٍ كَالْفَخَّارِ (١٤) وَخَلَقَ الْجَانَّ مِن مَّارِجٍ
مِّن نَّارٍ (١٥) فَبِأَيِّ آلَاءِ رَبِّكُمَا تُكَذِّبَانِ (١٦) رَبُّ الْمَشْرِقَيْنِ وَرَبُّ
الْمَغْرِبَيْنِ (١٧) فَبِأَيِّ آلَاءِ رَبِّكُمَا تُكَذِّبَانِ (١٨) مَرَجَ الْبَحْرَيْنِ
يَلْتَقِيَانِ (١٩) بَيْنَهُمَا بَرْزَخٌ لَّا يَبْغِيَانِ (٢٠) فَبِأَيِّ آلَاءِ رَبِّكُمَا تُكَذِّبَانِ (٢١) يَخْرُجُ
مِنْهُمَا اللُّؤْلُؤُ وَالْمَرْجَانُ (٢٢) فَبِأَيِّ آلَاءِ رَبِّكُمَا تُكَذِّبَانِ (٢٣) وَلَهُ الْجَوَارِ
الْمُنشَآتُ فِي الْبَحْرِ كَالْأَعْلَامِ (٢٤) فَبِأَيِّ آلَاءِ رَبِّكُمَا تُكَذِّبَانِ (٢٥) كُلُّ مَنْ عَلَيْهَا
فَانٍ (٢٦) وَيَبْقَىٰ وَجْهُ رَبِّكَ ذُو الْجَلَالِ وَالْإِكْرَامِ (٢٧) فَبِأَيِّ آلَاءِ رَبِّكُمَا
تُكَذِّبَانِ (٢٨) يَسْأَلُهُ مَن فِي السَّمَاوَاتِ وَالْأَرْضِ كُلَّ يَوْمٍ هُوَ فِي شَأْنٍ (٢٩) فَبِأَيِّ
آلَاءِ رَبِّكُمَا تُكَذِّبَانِ (٣٠) سَنَفْرُغُ لَكُمْ أَيُّهَا الثَّقَلَانِ (٣١) فَبِأَيِّ آلَاءِ رَبِّكُمَا
تُكَذِّبَانِ (٣٢) يَا مَعْشَرَ الْجِنِّ وَالْإِنسِ إِنِ اسْتَطَعْتُمْ أَن تَنفُذُوا مِنْ أَقْطَارِ السَّمَاوَاتِ
وَالْأَرْضِ فَانفُذُوا لَا تَنفُذُونَ إِلَّا بِسُلْطَانٍ (٣٣) فَبِأَيِّ آلَاءِ رَبِّكُمَا
تُكَذِّبَانِ (٣٤) يُرْسَلُ عَلَيْكُمَا شُوَاظٌ مِّن نَّارٍ وَنُحَاسٌ فَلَا تَنتَصِرَانِ (٣٥) فَبِأَيِّ
آلَاءِ رَبِّكُمَا تُكَذِّبَانِ (٣٦) فَإِذَا انشَقَّتِ السَّمَاءُ فَكَانَتْ وَرْدَةً كَالدِّهَانِ (٣٧) فَبِأَيِّ
آلَاءِ رَبِّكُمَا تُكَذِّبَانِ (٣٨) فَيَوْمَئِذٍ لَّا يُسْأَلُ عَن ذَنبِهِ إِنسٌ وَلَا جَانٌّ (٣٩) فَبِأَيِّ آلَاءِ
رَبِّكُمَا تُكَذِّبَانِ (٤٠) يُعْرَفُ الْمُجْرِمُونَ بِسِيمَاهُمْ فَيُؤْخَذُ بِالنَّوَاصِي
وَالْأَقْدَامِ (٤١) فَبِأَيِّ آلَاءِ رَبِّكُمَا تُكَذِّبَانِ (٤٢) هَٰذِهِ جَهَنَّمُ الَّتِي يُكَذِّبُ بِهَا
الْمُجْرِمُونَ (٤٣) يَطُوفُونَ بَيْنَهَا وَبَيْنَ حَمِيمٍ آنٍ (٤٤) فَبِأَيِّ آلَاءِ رَبِّكُمَا
تُكَذِّبَانِ (٤٥) وَلِمَنْ خَافَ مَقَامَ رَبِّهِ جَنَّتَانِ (٤٦) فَبِأَيِّ آلَاءِ رَبِّكُمَا
تُكَذِّبَانِ (٤٧) ذَوَاتَا أَفْنَانٍ (٤٨) فَبِأَيِّ آلَاءِ رَبِّكُمَا تُكَذِّبَانِ (٤٩) فِيهِمَا عَيْنَانِ
تَجْرِيَانِ (٥٠) فَبِأَيِّ آلَاءِ رَبِّكُمَا تُكَذِّبَانِ (٥١) فِيهِمَا مِن كُلِّ فَاكِهَةٍ
زَوْجَانِ (٥٢) فَبِأَيِّ آلَاءِ رَبِّكُمَا تُكَذِّبَانِ (٥٣) مُتَّكِئِينَ عَلَىٰ فُرُشٍ بَطَائِنُهَا مِنْ
إِسْتَبْرَقٍ وَجَنَى الْجَنَّتَيْنِ دَانٍ (٥٤) فَبِأَيِّ آلَاءِ رَبِّكُمَا تُكَذِّبَانِ (٥٥) فِيهِنَّ قَاصِرَاتُ
الطَّرْفِ لَمْ يَطْمِثْهُنَّ إِنسٌ قَبْلَهُمْ وَلَا جَانٌّ (٥٦) فَبِأَيِّ آلَاءِ رَبِّكُمَا
تُكَذِّبَانِ (٥٧) كَأَنَّهُنَّ الْيَاقُوتُ وَالْمَرْجَانُ (٥٨) فَبِأَيِّ آلَاءِ رَبِّكُمَا
تُكَذِّبَانِ (٥٩) هَلْ جَزَاءُ الْإِحْسَانِ إِلَّا الْإِحْسَانُ (٦٠) فَبِأَيِّ آلَاءِ رَبِّكُمَا
تُكَذِّبَانِ (٦١) وَمِن دُونِهِمَا جَنَّتَانِ (٦٢) فَبِأَيِّ آلَاءِ رَبِّكُمَا
تُكَذِّبَانِ (٦٣) مُدْهَامَّتَانِ (٦٤) فَبِأَيِّ آلَاءِ رَبِّكُمَا تُكَذِّبَانِ (٦٥) فِيهِمَا عَيْنَانِ
نَضَّاخَتَانِ (٦٦) فَبِأَيِّ آلَاءِ رَبِّكُمَا تُكَذِّبَانِ (٦٧) فِيهِمَا فَاكِهَةٌ وَنَخْلٌ
وَرُمَّانٌ (٦٨) فَبِأَيِّ آلَاءِ رَبِّكُمَا تُكَذِّبَانِ (٦٩) فِيهِنَّ خَيْرَاتٌ حِسَانٌ (٧٠) فَبِأَيِّ
آلَاءِ رَبِّكُمَا تُكَذِّبَانِ (٧١) حُورٌ مَّقْصُورَاتٌ فِي الْخِيَامِ (٧٢) فَبِأَيِّ آلَاءِ رَبِّكُمَا

تُكَذِّبَانِ (٧٣) لَمْ يَطْمِثْهُنَّ إِنسٌ قَبْلَهُمْ وَلَا جَانٌّ (٧٤) فَبِأَيِّ آلَاءِ رَبِّكُمَا
تُكَذِّبَانِ (٧٥) مُتَّكِئِينَ عَلَى رَفْرَفٍ خُضْرٍ وَعَبْقَرِيٍّ حِسَانٍ (٧٦) فَبِأَيِّ آلَاءِ رَبِّكُمَا
تُكَذِّبَانِ (٧٧) تَبَارَكَ اسْمُ رَبِّكَ ذِي الْجَلَالِ وَالْإِكْرَامِ (٧٨

SOURATE AL WAQI'AH

سورة الواقيـة

إِذَا وَقَعَتِ الْوَاقِعَةُ (١) لَيْسَ لِوَقْعَتِهَا كَاذِبَةٌ (٢) خَافِضَةٌ رَّافِعَةٌ (٣) إِذَا رُجَّتِ
الْأَرْضُ رَجًّا (٤) وَبُسَّتِ الْجِبَالُ بَسًّا (٥) فَكَانَتْ هَبَاءً مُّنبَثًّا (٦) وَكُنتُمْ أَزْوَاجًا
ثَلَاثَةً (٧) فَأَصْحَابُ الْمَيْمَنَةِ مَا أَصْحَابُ الْمَيْمَنَةِ (٨) وَأَصْحَابُ الْمَشْأَمَةِ مَا
أَصْحَابُ الْمَشْأَمَةِ (٩) وَالسَّابِقُونَ السَّابِقُونَ (١٠) أُولَٰئِكَ الْمُقَرَّبُونَ (١١) فِي
جَنَّاتِ النَّعِيمِ (١٢) ثُلَّةٌ مِّنَ الْأَوَّلِينَ (١٣) وَقَلِيلٌ مِّنَ الْآخِرِينَ (١٤) عَلَىٰ سُرُرٍ
مَّوْضُونَةٍ (١٥) مُّتَّكِئِينَ عَلَيْهَا مُتَقَابِلِينَ (١٦) يَطُوفُ عَلَيْهِمْ وِلْدَانٌ
مُّخَلَّدُونَ (١٧) بِأَكْوَابٍ وَأَبَارِيقَ وَكَأْسٍ مِّن مَّعِينٍ (١٨) لَّا يُصَدَّعُونَ عَنْهَا وَلَا
يُنزِفُونَ (١٩) وَفَاكِهَةٍ مِّمَّا يَتَخَيَّرُونَ (٢٠) وَلَحْمِ طَيْرٍ مِّمَّا يَشْتَهُونَ (٢١) وَحُورٌ
عِينٌ (٢٢) كَأَمْثَالِ اللُّؤْلُؤِ الْمَكْنُونِ (٢٣) جَزَاءً بِمَا كَانُوا يَعْمَلُونَ (٢٤) لَا
يَسْمَعُونَ فِيهَا لَغْوًا وَلَا تَأْثِيمًا (٢٥) إِلَّا قِيلًا سَلَامًا سَلَامًا (٢٦) وَأَصْحَابُ الْيَمِينِ
مَا أَصْحَابُ الْيَمِينِ (٢٧) فِي سِدْرٍ مَّخْضُودٍ (٢٨) وَطَلْحٍ مَّنضُودٍ (٢٩) وَظِلٍّ
مَّمْدُودٍ (٣٠) وَمَاءٍ مَّسْكُوبٍ (٣١) وَفَاكِهَةٍ كَثِيرَةٍ (٣٢) لَّا مَقْطُوعَةٍ وَلَا
مَمْنُوعَةٍ (٣٣) وَفُرُشٍ مَّرْفُوعَةٍ (٣٤) إِنَّا أَنشَأْنَاهُنَّ إِنشَاءً (٣٥) فَجَعَلْنَاهُنَّ
أَبْكَارًا (٣٦) عُرُبًا أَتْرَابًا (٣٧) لِّأَصْحَابِ الْيَمِينِ (٣٨) ثُلَّةٌ مِّنَ
الْأَوَّلِينَ (٣٩) وَثُلَّةٌ مِّنَ الْآخِرِينَ (٤٠) وَأَصْحَابُ الشِّمَالِ مَا أَصْحَابُ
الشِّمَالِ (٤١) فِي سَمُومٍ وَحَمِيمٍ (٤٢) وَظِلٍّ مِّن يَحْمُومٍ (٤٣) لَّا بَارِدٍ وَلَا
كَرِيمٍ (٤٤) إِنَّهُمْ كَانُوا قَبْلَ ذَٰلِكَ مُتْرَفِينَ (٤٥) وَكَانُوا يُصِرُّونَ عَلَى الْحِنثِ
الْعَظِيمِ (٤٦) وَكَانُوا يَقُولُونَ أَئِذَا مِتْنَا وَكُنَّا تُرَابًا وَعِظَامًا أَئِنَّا لَمَبْعُوثُونَ (٤٧) أَوَ
آبَاؤُنَا الْأَوَّلُونَ (٤٨) قُلْ إِنَّ الْأَوَّلِينَ وَالْآخِرِينَ (٤٩) لَمَجْمُوعُونَ إِلَىٰ مِيقَاتِ يَوْمٍ
مَّعْلُومٍ (٥٠) ثُمَّ إِنَّكُمْ أَيُّهَا الضَّالُّونَ الْمُكَذِّبُونَ (٥١) لَآكِلُونَ مِن شَجَرٍ مِّن
زَقُّومٍ (٥٢) فَمَالِئُونَ مِنْهَا الْبُطُونَ (٥٣) فَشَارِبُونَ عَلَيْهِ مِنَ
الْحَمِيمِ (٥٤) فَشَارِبُونَ شُرْبَ الْهِيمِ (٥٥) هَٰذَا نُزُلُهُمْ يَوْمَ الدِّينِ (٥٦) نَحْنُ
خَلَقْنَاكُمْ فَلَوْلَا تُصَدِّقُونَ (٥٧) أَفَرَأَيْتُم مَّا تُمْنُونَ (٥٨) أَأَنتُمْ تَخْلُقُونَهُ أَمْ نَحْنُ

الْخَالِقُونَ (٥٩) نَحْنُ قَدَّرْنَا بَيْنَكُمُ الْمَوْتَ وَمَا نَحْنُ بِمَسْبُوقِينَ (٦٠) عَلَى أَن نُّبَدِّلَ
أَمْثَالَكُمْ وَنُنشِئَكُمْ فِي مَا لَا تَعْلَمُونَ (٦١) وَلَقَدْ عَلِمْتُمُ النَّشْأَةَ الْأُولَى فَلَوْلَا
تَذَكَّرُونَ (٦٢) أَفَرَأَيْتُم مَّا تَحْرُثُونَ (٦٣) أَأَنتُمْ تَزْرَعُونَهُ أَمْ نَحْنُ
الزَّارِعُونَ (٦٤) لَوْ نَشَاءُ لَجَعَلْنَاهُ حُطَامًا فَظَلْتُمْ تَفَكَّهُونَ (٦٥) إِنَّا
لَمُغْرَمُونَ (٦٦) بَلْ نَحْنُ مَحْرُومُونَ (٦٧) أَفَرَأَيْتُمُ الْمَاءَ الَّذِي
تَشْرَبُونَ (٦٨) أَأَنتُمْ أَنزَلْتُمُوهُ مِنَ الْمُزْنِ أَمْ نَحْنُ الْمُنزِلُونَ (٦٩) لَوْ نَشَاءُ جَعَلْنَاهُ
أُجَاجًا فَلَوْلَا تَشْكُرُونَ (٧٠) أَفَرَأَيْتُمُ النَّارَ الَّتِي تُورُونَ (٧١) أَأَنتُمْ أَنشَأْتُمْ
شَجَرَتَهَا أَمْ نَحْنُ الْمُنشِئُونَ (٧٢) نَحْنُ جَعَلْنَاهَا تَذْكِرَةً وَمَتَاعًا
لِّلْمُقْوِينَ (٧٣) فَسَبِّحْ بِاسْمِ رَبِّكَ الْعَظِيمِ (٧٤) فَلَا أُقْسِمُ بِمَوَاقِعِ النُّجُومِ (٧٥) وَإِنَّهُ
لَقَسَمٌ لَّوْ تَعْلَمُونَ عَظِيمٌ (٧٦) إِنَّهُ لَقُرْآنٌ كَرِيمٌ (٧٧) فِي كِتَابٍ مَّكْنُونٍ (٧٨) لَّا
يَمَسُّهُ إِلَّا الْمُطَهَّرُونَ (٧٩) تَنزِيلٌ مِّن رَّبِّ الْعَالَمِينَ (٨٠) أَفَبِهَذَا الْحَدِيثِ أَنتُم
مُّدْهِنُونَ (٨١) وَتَجْعَلُونَ رِزْقَكُمْ أَنَّكُمْ تُكَذِّبُونَ (٨٢) فَلَوْلَا إِذَا بَلَغَتِ
الْحُلْقُومَ (٨٣) وَأَنتُمْ حِينَئِذٍ تَنظُرُونَ (٨٤) وَنَحْنُ أَقْرَبُ إِلَيْهِ مِنكُمْ وَلَكِن لَّا
تُبْصِرُونَ (٨٥) فَلَوْلَا إِن كُنتُمْ غَيْرَ مَدِينِينَ (٨٦) تَرْجِعُونَهَا إِن كُنتُمْ
صَادِقِينَ (٨٧) فَأَمَّا إِن كَانَ مِنَ الْمُقَرَّبِينَ (٨٨) فَرَوْحٌ وَرَيْحَانٌ وَجَنَّةُ
نَعِيمٍ (٨٩) وَأَمَّا إِن كَانَ مِنْ أَصْحَابِ الْيَمِينِ (٩٠) فَسَلَامٌ لَّكَ مِنْ أَصْحَابِ
الْيَمِينِ (٩١) وَأَمَّا إِن كَانَ مِنَ الْمُكَذِّبِينَ الضَّالِّينَ (٩٢) فَنُزُلٌ مِّنْ
حَمِيمٍ (٩٣) وَتَصْلِيَةُ جَحِيمٍ (٩٤) إِنَّ هَذَا لَهُوَ حَقُّ الْيَقِينِ (٩٥) فَسَبِّحْ بِاسْمِ رَبِّكَ
الْعَظِيمِ (٩٦

SOURATE AL HADID
سورة الحديد

سَبَّحَ لِلَّهِ مَا فِي السَّمَاوَاتِ وَالْأَرْضِ وَهُوَ الْعَزِيزُ الْحَكِيمُ (١) لَهُ مُلْكُ السَّمَاوَاتِ
وَالْأَرْضِ يُحْيِي وَيُمِيتُ وَهُوَ عَلَى كُلِّ شَيْءٍ قَدِيرٌ (٢) هُوَ الْأَوَّلُ وَالْآخِرُ
وَالظَّاهِرُ وَالْبَاطِنُ وَهُوَ بِكُلِّ شَيْءٍ عَلِيمٌ (٣) هُوَ الَّذِي خَلَقَ السَّمَاوَاتِ وَالْأَرْضَ
فِي سِتَّةِ أَيَّامٍ ثُمَّ اسْتَوَى عَلَى الْعَرْشِ يَعْلَمُ مَا يَلِجُ فِي الْأَرْضِ وَمَا يَخْرُجُ مِنْهَا وَمَا

يَنزِلُ مِنَ السَّمَاء وَمَا يَعْرُجُ فِيهَا وَهُوَ مَعَكُمْ أَيْنَ مَا كُنتُمْ وَاللَّهُ بِمَا تَعْمَلُونَ
بَصِيرٌ (٤) لَهُ مُلْكُ السَّمَاوَاتِ وَالْأَرْضِ وَإِلَى اللَّهِ تُرْجَعُ الأُمُورُ (٥) يُولِجُ اللَّيْلَ
فِي النَّهَارِ وَيُولِجُ النَّهَارَ فِي اللَّيْلِ وَهُوَ عَلِيمٌ بِذَاتِ الصُّدُورِ (٦) آمِنُوا بِاللَّهِ
وَرَسُولِهِ وَأَنفِقُوا مِمَّا جَعَلَكُم مُّسْتَخْلَفِينَ فِيهِ فَالَّذِينَ آمَنُوا مِنكُمْ وَأَنفَقُوا لَهُمْ أَجْرٌ
كَبِيرٌ (٧) وَمَا لَكُمْ لَا تُؤْمِنُونَ بِاللَّهِ وَالرَّسُولُ يَدْعُوكُمْ لِتُؤْمِنُوا بِرَبِّكُمْ وَقَدْ أَخَذَ
مِيثَاقَكُمْ إِن كُنتُم مُّؤْمِنِينَ (٨) هُوَ الَّذِي يُنَزِّلُ عَلَى عَبْدِهِ آيَاتٍ بَيِّنَاتٍ لِيُخْرِجَكُم مِّنَ
الظُّلُمَاتِ إِلَى النُّورِ وَإِنَّ اللَّهَ بِكُمْ لَرَؤُوفٌ رَّحِيمٌ (٩) وَمَا لَكُمْ أَلَّا تُنفِقُوا فِي سَبِيلِ
اللَّهِ وَلِلَّهِ مِيرَاثُ السَّمَاوَاتِ وَالْأَرْضِ لَا يَسْتَوِي مِنكُم مَّنْ أَنفَقَ مِن قَبْلِ الْفَتْحِ
وَقَاتَلَ أُوْلَئِكَ أَعْظَمُ دَرَجَةً مِّنَ الَّذِينَ أَنفَقُوا مِن بَعْدُ وَقَاتَلُوا وَكُلًّا وَعَدَ اللَّهُ الْحُسْنَى
وَاللَّهُ بِمَا تَعْمَلُونَ خَبِيرٌ (١٠) مَن ذَا الَّذِي يُقْرِضُ اللَّهَ قَرْضًا حَسَنًا فَيُضَاعِفَهُ لَهُ
وَلَهُ أَجْرٌ كَرِيمٌ (١١) يَوْمَ تَرَى الْمُؤْمِنِينَ وَالْمُؤْمِنَاتِ يَسْعَى نُورُهُم بَيْنَ أَيْدِيهِمْ
وَبِأَيْمَانِهِم بُشْرَاكُمُ الْيَوْمَ جَنَّاتٌ تَجْرِي مِن تَحْتِهَا الْأَنْهَارُ خَالِدِينَ فِيهَا ذَلِكَ هُوَ
الْفَوْزُ الْعَظِيمُ (١٢) يَوْمَ يَقُولُ الْمُنَافِقُونَ وَالْمُنَافِقَاتُ لِلَّذِينَ آمَنُوا انظُرُونَا نَقْتَبِسْ
مِن نُّورِكُمْ قِيلَ ارْجِعُوا وَرَاءكُمْ فَالْتَمِسُوا نُورًا فَضُرِبَ بَيْنَهُم بِسُورٍ لَّهُ بَابٌ
بَاطِنُهُ فِيهِ الرَّحْمَةُ وَظَاهِرُهُ مِن قِبَلِهِ الْعَذَابُ (١٣) يُنَادُونَهُمْ أَلَمْ نَكُن مَّعَكُمْ قَالُوا
بَلَى وَلَكِنَّكُمْ فَتَنتُمْ أَنفُسَكُمْ وَتَرَبَّصْتُمْ وَارْتَبْتُمْ وَغَرَّتْكُمُ الْأَمَانِيُّ حَتَّى جَاء أَمْرُ اللَّهِ
وَغَرَّكُم بِاللَّهِ الْغَرُورُ (١٤) فَالْيَوْمَ لَا يُؤْخَذُ مِنكُمْ فِدْيَةٌ وَلَا مِنَ الَّذِينَ كَفَرُوا مَأْوَاكُمُ
النَّارُ هِيَ مَوْلَاكُمْ وَبِئْسَ الْمَصِيرُ (١٥) أَلَمْ يَأْنِ لِلَّذِينَ آمَنُوا أَن تَخْشَعَ قُلُوبُهُمْ
لِذِكْرِ اللَّهِ وَمَا نَزَلَ مِنَ الْحَقِّ وَلَا يَكُونُوا كَالَّذِينَ أُوتُوا الْكِتَابَ مِن قَبْلُ فَطَالَ عَلَيْهِمُ
الْأَمَدُ فَقَسَتْ قُلُوبُهُمْ وَكَثِيرٌ مِّنْهُمْ فَاسِقُونَ (١٦) اعْلَمُوا أَنَّ اللَّهَ يُحْيِي الْأَرْضَ بَعْدَ
مَوْتِهَا قَدْ بَيَّنَّا لَكُمُ الْآيَاتِ لَعَلَّكُمْ تَعْقِلُونَ (١٧) إِنَّ الْمُصَّدِّقِينَ وَالْمُصَّدِّقَاتِ
وَأَقْرَضُوا اللَّهَ قَرْضًا حَسَنًا يُضَاعَفُ لَهُمْ وَلَهُمْ أَجْرٌ كَرِيمٌ (١٨) وَالَّذِينَ آمَنُوا بِاللَّهِ
وَرُسُلِهِ أُوْلَئِكَ هُمُ الصِّدِّيقُونَ وَالشُّهَدَاء عِندَ رَبِّهِمْ لَهُمْ أَجْرُهُمْ وَنُورُهُمْ وَالَّذِينَ
كَفَرُوا وَكَذَّبُوا بِآيَاتِنَا أُوْلَئِكَ أَصْحَابُ الْجَحِيمِ (١٩) اعْلَمُوا أَنَّمَا الْحَيَاةُ الدُّنْيَا لَعِبٌ
وَلَهْوٌ وَزِينَةٌ وَتَفَاخُرٌ بَيْنَكُمْ وَتَكَاثُرٌ فِي الْأَمْوَالِ وَالْأَوْلَادِ كَمَثَلِ غَيْثٍ أَعْجَبَ
الْكُفَّارَ نَبَاتُهُ ثُمَّ يَهِيجُ فَتَرَاهُ مُصْفَرًّا ثُمَّ يَكُونُ حُطَامًا وَفِي الْآخِرَةِ عَذَابٌ شَدِيدٌ
وَمَغْفِرَةٌ مِّنَ اللَّهِ وَرِضْوَانٌ وَمَا الْحَيَاةُ الدُّنْيَا إِلَّا مَتَاعُ الْغُرُورِ (٢٠) سَابِقُوا إِلَى
مَغْفِرَةٍ مِّن رَّبِّكُمْ وَجَنَّةٍ عَرْضُهَا كَعَرْضِ السَّمَاء وَالْأَرْضِ أُعِدَّتْ لِلَّذِينَ آمَنُوا بِاللَّهِ
وَرُسُلِهِ ذَلِكَ فَضْلُ اللَّهِ يُؤْتِيهِ مَن يَشَاء وَاللَّهُ ذُو الْفَضْلِ الْعَظِيمِ (٢١) مَا أَصَابَ
مِن مُّصِيبَةٍ فِي الْأَرْضِ وَلَا فِي أَنفُسِكُمْ إِلَّا فِي كِتَابٍ مِّن قَبْلِ أَن نَّبْرَأَهَا إِنَّ ذَلِكَ
عَلَى اللَّهِ يَسِيرٌ (٢٢) لِكَيْلَا تَأْسَوْا عَلَى مَا فَاتَكُمْ وَلَا تَفْرَحُوا بِمَا آتَاكُمْ وَاللَّهُ لَا

يُحِبُّ كُلَّ مُخْتَالٍ فَخُورٍ (٢٣) الَّذِينَ يَبْخَلُونَ وَيَأْمُرُونَ النَّاسَ بِالْبُخْلِ وَمَن يَتَوَلَّ
فَإِنَّ اللَّهَ هُوَ الْغَنِيُّ الْحَمِيدُ (٢٤) لَقَدْ أَرْسَلْنَا رُسُلَنَا بِالْبَيِّنَاتِ وَأَنزَلْنَا مَعَهُمُ الْكِتَابَ
وَالْمِيزَانَ لِيَقُومَ النَّاسُ بِالْقِسْطِ وَأَنزَلْنَا الْحَدِيدَ فِيهِ بَأْسٌ شَدِيدٌ وَمَنَافِعُ لِلنَّاسِ وَلِيَعْلَمَ
اللَّهُ مَن يَنصُرُهُ وَرُسُلَهُ بِالْغَيْبِ إِنَّ اللَّهَ قَوِيٌّ عَزِيزٌ (٢٥) وَلَقَدْ أَرْسَلْنَا نُوحًا
وَإِبْرَاهِيمَ وَجَعَلْنَا فِي ذُرِّيَّتِهِمَا النُّبُوَّةَ وَالْكِتَابَ فَمِنْهُم مُّهْتَدٍ وَكَثِيرٌ مِّنْهُمْ
فَاسِقُونَ (٢٦) ثُمَّ قَفَّيْنَا عَلَىٰ آثَارِهِم بِرُسُلِنَا وَقَفَّيْنَا بِعِيسَى ابْنِ مَرْيَمَ وَآتَيْنَاهُ
الْإِنجِيلَ وَجَعَلْنَا فِي قُلُوبِ الَّذِينَ اتَّبَعُوهُ رَأْفَةً وَرَحْمَةً وَرَهْبَانِيَّةً ابْتَدَعُوهَا مَا
كَتَبْنَاهَا عَلَيْهِمْ إِلَّا ابْتِغَاءَ رِضْوَانِ اللَّهِ فَمَا رَعَوْهَا حَقَّ رِعَايَتِهَا فَآتَيْنَا الَّذِينَ آمَنُوا
مِنْهُمْ أَجْرَهُمْ وَكَثِيرٌ مِّنْهُمْ فَاسِقُونَ (٢٧) يَا أَيُّهَا الَّذِينَ آمَنُوا اتَّقُوا اللَّهَ وَآمِنُوا
بِرَسُولِهِ يُؤْتِكُمْ كِفْلَيْنِ مِن رَّحْمَتِهِ وَيَجْعَل لَّكُمْ نُورًا تَمْشُونَ بِهِ وَيَغْفِرْ لَكُمْ وَاللَّهُ
غَفُورٌ رَّحِيمٌ (٢٨) لِّئَلَّا يَعْلَمَ أَهْلُ الْكِتَابِ أَلَّا يَقْدِرُونَ عَلَىٰ شَيْءٍ مِّن فَضْلِ اللَّهِ
وَأَنَّ الْفَضْلَ بِيَدِ اللَّهِ يُؤْتِيهِ مَن يَشَاءُ وَاللَّهُ ذُو الْفَضْلِ الْعَظِيمِ (٢٩

SOURATE AL MUJADILA
سورة المجادلة

قَدْ سَمِعَ اللَّهُ قَوْلَ الَّتِي تُجَادِلُكَ فِي زَوْجِهَا وَتَشْتَكِي إِلَى اللَّهِ وَاللَّهُ يَسْمَعُ تَحَاوُرَكُمَا
إِنَّ اللَّهَ سَمِيعٌ بَصِيرٌ (١) الَّذِينَ يُظَاهِرُونَ مِنكُم مِّن نِّسَائِهِم مَّا هُنَّ أُمَّهَاتِهِمْ إِنْ
أُمَّهَاتُهُمْ إِلَّا اللَّائِي وَلَدْنَهُمْ وَإِنَّهُمْ لَيَقُولُونَ مُنكَرًا مِّنَ الْقَوْلِ وَزُورًا وَإِنَّ اللَّهَ لَعَفُوٌّ
غَفُورٌ (٢) وَالَّذِينَ يُظَاهِرُونَ مِن نِّسَائِهِمْ ثُمَّ يَعُودُونَ لِمَا قَالُوا فَتَحْرِيرُ رَقَبَةٍ مِّن
قَبْلِ أَن يَتَمَاسَّا ذَٰلِكُمْ تُوعَظُونَ بِهِ وَاللَّهُ بِمَا تَعْمَلُونَ خَبِيرٌ (٣) فَمَن لَّمْ يَجِدْ فَصِيَامُ
شَهْرَيْنِ مُتَتَابِعَيْنِ مِن قَبْلِ أَن يَتَمَاسَّا فَمَن لَّمْ يَسْتَطِعْ فَإِطْعَامُ سِتِّينَ مِسْكِينًا ذَٰلِكَ
لِتُؤْمِنُوا بِاللَّهِ وَرَسُولِهِ وَتِلْكَ حُدُودُ اللَّهِ وَلِلْكَافِرِينَ عَذَابٌ أَلِيمٌ (٤) إِنَّ الَّذِينَ
يُحَادُّونَ اللَّهَ وَرَسُولَهُ كُبِتُوا كَمَا كُبِتَ الَّذِينَ مِن قَبْلِهِمْ وَقَدْ أَنزَلْنَا آيَاتٍ بَيِّنَاتٍ
وَلِلْكَافِرِينَ عَذَابٌ مُّهِينٌ (٥) يَوْمَ يَبْعَثُهُمُ اللَّهُ جَمِيعًا فَيُنَبِّئُهُم بِمَا عَمِلُوا أَحْصَاهُ اللَّهُ
وَنَسُوهُ وَاللَّهُ عَلَىٰ كُلِّ شَيْءٍ شَهِيدٌ (٦) أَلَمْ تَرَ أَنَّ اللَّهَ يَعْلَمُ مَا فِي السَّمَاوَاتِ وَمَا فِي
الْأَرْضِ مَا يَكُونُ مِن نَّجْوَىٰ ثَلَاثَةٍ إِلَّا هُوَ رَابِعُهُمْ وَلَا خَمْسَةٍ إِلَّا هُوَ سَادِسُهُمْ وَلَا
أَدْنَىٰ مِن ذَٰلِكَ وَلَا أَكْثَرَ إِلَّا هُوَ مَعَهُمْ أَيْنَ مَا كَانُوا ثُمَّ يُنَبِّئُهُم بِمَا عَمِلُوا يَوْمَ الْقِيَامَةِ
إِنَّ اللَّهَ بِكُلِّ شَيْءٍ عَلِيمٌ (٧) أَلَمْ تَرَ إِلَى الَّذِينَ نُهُوا عَنِ النَّجْوَىٰ ثُمَّ يَعُودُونَ لِمَا
نُهُوا عَنْهُ وَيَتَنَاجَوْنَ بِالْإِثْمِ وَالْعُدْوَانِ وَمَعْصِيَتِ الرَّسُولِ وَإِذَا جَاءُوكَ حَيَّوْكَ بِمَا

لَمْ يُحَيِّكَ بِهِ اللَّهُ وَيَقُولُونَ فِي أَنفُسِهِمْ لَوْلَا يُعَذِّبُنَا اللَّهُ بِمَا نَقُولُ حَسْبُهُمْ جَهَنَّمُ
يَصْلَوْنَهَا فَبِئْسَ الْمَصِيرُ (٨) يَا أَيُّهَا الَّذِينَ آمَنُوا إِذَا تَنَاجَيْتُمْ فَلَا تَتَنَاجَوْا بِالْإِثْمِ
وَالْعُدْوَانِ وَمَعْصِيَتِ الرَّسُولِ وَتَنَاجَوْا بِالْبِرِّ وَالتَّقْوَى وَاتَّقُوا اللَّهَ الَّذِي إِلَيْهِ
تُحْشَرُونَ (٩) إِنَّمَا النَّجْوَى مِنَ الشَّيْطَانِ لِيَحْزُنَ الَّذِينَ آمَنُوا وَلَيْسَ بِضَارِّهِمْ شَيْئًا
إِلَّا بِإِذْنِ اللَّهِ وَعَلَى اللَّهِ فَلْيَتَوَكَّلِ الْمُؤْمِنُونَ (١٠) يَا أَيُّهَا الَّذِينَ آمَنُوا إِذَا قِيلَ لَكُمْ
تَفَسَّحُوا فِي الْمَجَالِسِ فَافْسَحُوا يَفْسَحِ اللَّهُ لَكُمْ وَإِذَا قِيلَ انشُزُوا فَانشُزُوا يَرْفَعِ اللَّهُ
الَّذِينَ آمَنُوا مِنكُمْ وَالَّذِينَ أُوتُوا الْعِلْمَ دَرَجَاتٍ وَاللَّهُ بِمَا تَعْمَلُونَ خَبِيرٌ (١١) يَا أَيُّهَا
الَّذِينَ آمَنُوا إِذَا نَاجَيْتُمُ الرَّسُولَ فَقَدِّمُوا بَيْنَ يَدَيْ نَجْوَاكُمْ صَدَقَةً ذَلِكَ خَيْرٌ لَّكُمْ
وَأَطْهَرُ فَإِن لَّمْ تَجِدُوا فَإِنَّ اللَّهَ غَفُورٌ رَّحِيمٌ (١٢) أَأَشْفَقْتُمْ أَن تُقَدِّمُوا بَيْنَ يَدَيْ
نَجْوَاكُمْ صَدَقَاتٍ فَإِذْ لَمْ تَفْعَلُوا وَتَابَ اللَّهُ عَلَيْكُمْ فَأَقِيمُوا الصَّلَاةَ وَآتُوا الزَّكَاةَ
وَأَطِيعُوا اللَّهَ وَرَسُولَهُ وَاللَّهُ خَبِيرٌ بِمَا تَعْمَلُونَ (١٣) أَلَمْ تَرَ إِلَى الَّذِينَ تَوَلَّوْا قَوْمًا
غَضِبَ اللَّهُ عَلَيْهِم مَّا هُم مِّنكُمْ وَلَا مِنْهُمْ وَيَحْلِفُونَ عَلَى الْكَذِبِ وَهُمْ
يَعْلَمُونَ (١٤) أَعَدَّ اللَّهُ لَهُمْ عَذَابًا شَدِيدًا إِنَّهُمْ سَاءَ مَا كَانُوا يَعْمَلُونَ (١٥) اتَّخَذُوا
أَيْمَانَهُمْ جُنَّةً فَصَدُّوا عَن سَبِيلِ اللَّهِ فَلَهُمْ عَذَابٌ مُّهِينٌ (١٦) لَّن تُغْنِيَ عَنْهُمْ أَمْوَالُهُمْ
وَلَا أَوْلَادُهُم مِّنَ اللَّهِ شَيْئًا أُولَئِكَ أَصْحَابُ النَّارِ هُمْ فِيهَا خَالِدُونَ (١٧) يَوْمَ يَبْعَثُهُمُ
اللَّهُ جَمِيعًا فَيَحْلِفُونَ لَهُ كَمَا يَحْلِفُونَ لَكُمْ وَيَحْسَبُونَ أَنَّهُمْ عَلَى شَيْءٍ أَلَا إِنَّهُمْ هُمُ
الْكَاذِبُونَ (١٨) اسْتَحْوَذَ عَلَيْهِمُ الشَّيْطَانُ فَأَنسَاهُمْ ذِكْرَ اللَّهِ أُولَئِكَ حِزْبُ الشَّيْطَانِ
أَلَا إِنَّ حِزْبَ الشَّيْطَانِ هُمُ الْخَاسِرُونَ (١٩) إِنَّ الَّذِينَ يُحَادُّونَ اللَّهَ وَرَسُولَهُ أُولَئِكَ
فِي الْأَذَلِّينَ (٢٠) كَتَبَ اللَّهُ لَأَغْلِبَنَّ أَنَا وَرُسُلِي إِنَّ اللَّهَ قَوِيٌّ عَزِيزٌ (٢١) لَا تَجِدُ
قَوْمًا يُؤْمِنُونَ بِاللَّهِ وَالْيَوْمِ الْآخِرِ يُوَادُّونَ مَنْ حَادَّ اللَّهَ وَرَسُولَهُ وَلَوْ كَانُوا آبَاءَهُمْ
أَوْ أَبْنَاءَهُمْ أَوْ إِخْوَانَهُمْ أَوْ عَشِيرَتَهُمْ أُولَئِكَ كَتَبَ فِي قُلُوبِهِمُ الْإِيمَانَ وَأَيَّدَهُم بِرُوحٍ
مِّنْهُ وَيُدْخِلُهُمْ جَنَّاتٍ تَجْرِي مِن تَحْتِهَا الْأَنْهَارُ خَالِدِينَ فِيهَا رَضِيَ اللَّهُ عَنْهُمْ
وَرَضُوا عَنْهُ أُولَئِكَ حِزْبُ اللَّهِ أَلَا إِنَّ حِزْبَ اللَّهِ هُمُ الْمُفْلِحُونَ (٢٢

SOURATE AL HASHR
سورة الحشر

سَبَّحَ لِلَّهِ مَا فِي السَّمَاوَاتِ وَمَا فِي الْأَرْضِ وَهُوَ الْعَزِيزُ الْحَكِيمُ (١) هُوَ الَّذِي
أَخْرَجَ الَّذِينَ كَفَرُوا مِنْ أَهْلِ الْكِتَابِ مِن دِيَارِهِمْ لِأَوَّلِ الْحَشْرِ مَا ظَنَنتُمْ أَن
يَخْرُجُوا وَظَنُّوا أَنَّهُم مَّانِعَتُهُمْ حُصُونُهُم مِّنَ اللَّهِ فَأَتَاهُمُ اللَّهُ مِنْ حَيْثُ لَمْ يَحْتَسِبُوا
وَقَذَفَ فِي قُلُوبِهِمُ الرُّعْبَ يُخْرِبُونَ بُيُوتَهُم بِأَيْدِيهِمْ وَأَيْدِي الْمُؤْمِنِينَ فَاعْتَبِرُوا يَا

أُولِي الْأَبْصَارِ (٢) وَلَوْلَا أَن كَتَبَ اللَّهُ عَلَيْهِمُ الْجَلَاءَ لَعَذَّبَهُمْ فِي الدُّنْيَا وَلَهُمْ فِي الْآخِرَةِ عَذَابُ النَّارِ (٣) ذَٰلِكَ بِأَنَّهُمْ شَاقُّوا اللَّهَ وَرَسُولَهُ وَمَن يُشَاقِّ اللَّهَ فَإِنَّ اللَّهَ شَدِيدُ الْعِقَابِ (٤) مَا قَطَعْتُم مِّن لِّينَةٍ أَوْ تَرَكْتُمُوهَا قَائِمَةً عَلَىٰ أُصُولِهَا فَبِإِذْنِ اللَّهِ وَلِيُخْزِيَ الْفَاسِقِينَ (٥) وَمَا أَفَاءَ اللَّهُ عَلَىٰ رَسُولِهِ مِنْهُمْ فَمَا أَوْجَفْتُمْ عَلَيْهِ مِنْ خَيْلٍ وَلَا رِكَابٍ وَلَٰكِنَّ اللَّهَ يُسَلِّطُ رُسُلَهُ عَلَىٰ مَن يَشَاءُ وَاللَّهُ عَلَىٰ كُلِّ شَيْءٍ قَدِيرٌ (٦) مَّا أَفَاءَ اللَّهُ عَلَىٰ رَسُولِهِ مِنْ أَهْلِ الْقُرَىٰ فَلِلَّهِ وَلِلرَّسُولِ وَلِذِي الْقُرْبَىٰ وَالْيَتَامَىٰ وَالْمَسَاكِينِ وَابْنِ السَّبِيلِ كَيْ لَا يَكُونَ دُولَةً بَيْنَ الْأَغْنِيَاءِ مِنكُمْ وَمَا آتَاكُمُ الرَّسُولُ فَخُذُوهُ وَمَا نَهَاكُمْ عَنْهُ فَانتَهُوا وَاتَّقُوا اللَّهَ إِنَّ اللَّهَ شَدِيدُ الْعِقَابِ (٧) لِلْفُقَرَاءِ الْمُهَاجِرِينَ الَّذِينَ أُخْرِجُوا مِن دِيَارِهِمْ وَأَمْوَالِهِمْ يَبْتَغُونَ فَضْلًا مِّنَ اللَّهِ وَرِضْوَانًا وَيَنصُرُونَ اللَّهَ وَرَسُولَهُ أُولَٰئِكَ هُمُ الصَّادِقُونَ (٨) وَالَّذِينَ تَبَوَّءُوا الدَّارَ وَالْإِيمَانَ مِن قَبْلِهِمْ يُحِبُّونَ مَنْ هَاجَرَ إِلَيْهِمْ وَلَا يَجِدُونَ فِي صُدُورِهِمْ حَاجَةً مِّمَّا أُوتُوا وَيُؤْثِرُونَ عَلَىٰ أَنفُسِهِمْ وَلَوْ كَانَ بِهِمْ خَصَاصَةٌ وَمَن يُوقَ شُحَّ نَفْسِهِ فَأُولَٰئِكَ هُمُ الْمُفْلِحُونَ (٩) وَالَّذِينَ جَاءُوا مِن بَعْدِهِمْ يَقُولُونَ رَبَّنَا اغْفِرْ لَنَا وَلِإِخْوَانِنَا الَّذِينَ سَبَقُونَا بِالْإِيمَانِ وَلَا تَجْعَلْ فِي قُلُوبِنَا غِلًّا لِّلَّذِينَ آمَنُوا رَبَّنَا إِنَّكَ رَءُوفٌ رَّحِيمٌ (١٠) أَلَمْ تَرَ إِلَى الَّذِينَ نَافَقُوا يَقُولُونَ لِإِخْوَانِهِمُ الَّذِينَ كَفَرُوا مِنْ أَهْلِ الْكِتَابِ لَئِنْ أُخْرِجْتُمْ لَنَخْرُجَنَّ مَعَكُمْ وَلَا نُطِيعُ فِيكُمْ أَحَدًا أَبَدًا وَإِن قُوتِلْتُمْ لَنَنصُرَنَّكُمْ وَاللَّهُ يَشْهَدُ إِنَّهُمْ لَكَاذِبُونَ (١١) لَئِنْ أُخْرِجُوا لَا يَخْرُجُونَ مَعَهُمْ وَلَئِن قُوتِلُوا لَا يَنصُرُونَهُمْ وَلَئِن نَّصَرُوهُمْ لَيُوَلُّنَّ الْأَدْبَارَ ثُمَّ لَا يُنصَرُونَ (١٢) لَأَنتُمْ أَشَدُّ رَهْبَةً فِي صُدُورِهِم مِّنَ اللَّهِ ذَٰلِكَ بِأَنَّهُمْ قَوْمٌ لَّا يَفْقَهُونَ (١٣) لَا يُقَاتِلُونَكُمْ جَمِيعًا إِلَّا فِي قُرًى مُّحَصَّنَةٍ أَوْ مِن وَرَاءِ جُدُرٍ بَأْسُهُم بَيْنَهُمْ شَدِيدٌ تَحْسَبُهُمْ جَمِيعًا وَقُلُوبُهُمْ شَتَّىٰ ذَٰلِكَ بِأَنَّهُمْ قَوْمٌ لَّا يَعْقِلُونَ (١٤) كَمَثَلِ الَّذِينَ مِن قَبْلِهِمْ قَرِيبًا ذَاقُوا وَبَالَ أَمْرِهِمْ وَلَهُمْ عَذَابٌ أَلِيمٌ (١٥) كَمَثَلِ الشَّيْطَانِ إِذْ قَالَ لِلْإِنسَانِ اكْفُرْ فَلَمَّا كَفَرَ قَالَ إِنِّي بَرِيءٌ مِّنكَ إِنِّي أَخَافُ اللَّهَ رَبَّ الْعَالَمِينَ (١٦) فَكَانَ عَاقِبَتَهُمَا أَنَّهُمَا فِي النَّارِ خَالِدَيْنِ فِيهَا وَذَٰلِكَ جَزَاءُ الظَّالِمِينَ (١٧) يَا أَيُّهَا الَّذِينَ آمَنُوا اتَّقُوا اللَّهَ وَلْتَنظُرْ نَفْسٌ مَّا قَدَّمَتْ لِغَدٍ وَاتَّقُوا اللَّهَ إِنَّ اللَّهَ خَبِيرٌ بِمَا تَعْمَلُونَ (١٨) وَلَا تَكُونُوا كَالَّذِينَ نَسُوا اللَّهَ فَأَنسَاهُمْ أَنفُسَهُمْ أُولَٰئِكَ هُمُ الْفَاسِقُونَ (١٩) لَا يَسْتَوِي أَصْحَابُ النَّارِ وَأَصْحَابُ الْجَنَّةِ أَصْحَابُ الْجَنَّةِ هُمُ الْفَائِزُونَ (٢٠) لَوْ أَنزَلْنَا هَٰذَا الْقُرْآنَ عَلَىٰ جَبَلٍ لَّرَأَيْتَهُ خَاشِعًا مُّتَصَدِّعًا مِّنْ خَشْيَةِ اللَّهِ وَتِلْكَ الْأَمْثَالُ نَضْرِبُهَا لِلنَّاسِ لَعَلَّهُمْ يَتَفَكَّرُونَ (٢١) هُوَ اللَّهُ الَّذِي لَا إِلَٰهَ إِلَّا هُوَ عَالِمُ الْغَيْبِ وَالشَّهَادَةِ هُوَ الرَّحْمَٰنُ الرَّحِيمُ (٢٢) هُوَ اللَّهُ الَّذِي لَا إِلَٰهَ إِلَّا هُوَ الْمَلِكُ الْقُدُّوسُ السَّلَامُ الْمُؤْمِنُ الْمُهَيْمِنُ الْعَزِيزُ الْجَبَّارُ الْمُتَكَبِّرُ سُبْحَانَ اللَّهِ عَمَّا يُشْرِكُونَ (٢٣) هُوَ اللَّهُ الْخَالِقُ

الْبَارِئُ الْمُصَوِّرُ لَهُ الْأَسْمَاءُ الْحُسْنَى يُسَبِّحُ لَهُ مَا فِي السَّمَاوَاتِ وَالْأَرْضِ وَهُوَ
الْعَزِيزُ الْحَكِيمُ (٢٤

SOURATE AL MUMTAHANAH
سورة الممتحنة

يَا أَيُّهَا الَّذِينَ آمَنُوا لَا تَتَّخِذُوا عَدُوِّي وَعَدُوَّكُمْ أَوْلِيَاءَ تُلْقُونَ إِلَيْهِم بِالْمَوَدَّةِ وَقَدْ
كَفَرُوا بِمَا جَاءَكُم مِّنَ الْحَقِّ يُخْرِجُونَ الرَّسُولَ وَإِيَّاكُمْ أَن تُؤْمِنُوا بِاللَّهِ رَبِّكُمْ إِن
كُنتُمْ خَرَجْتُمْ جِهَادًا فِي سَبِيلِي وَابْتِغَاءَ مَرْضَاتِي تُسِرُّونَ إِلَيْهِم بِالْمَوَدَّةِ وَأَنَا أَعْلَمُ
بِمَا أَخْفَيْتُمْ وَمَا أَعْلَنتُمْ وَمَن يَفْعَلْهُ مِنكُمْ فَقَدْ ضَلَّ سَوَاءَ السَّبِيلِ (١) إِن يَثْقَفُوكُمْ
يَكُونُوا لَكُمْ أَعْدَاءً وَيَبْسُطُوا إِلَيْكُمْ أَيْدِيَهُمْ وَأَلْسِنَتَهُم بِالسُّوءِ وَوَدُّوا لَوْ
تَكْفُرُونَ (٢) لَن تَنفَعَكُمْ أَرْحَامُكُمْ وَلَا أَوْلَادُكُمْ يَوْمَ الْقِيَامَةِ يَفْصِلُ بَيْنَكُمْ وَاللَّهُ بِمَا
تَعْمَلُونَ بَصِيرٌ (٣) قَدْ كَانَتْ لَكُمْ أُسْوَةٌ حَسَنَةٌ فِي إِبْرَاهِيمَ وَالَّذِينَ مَعَهُ إِذْ قَالُوا
لِقَوْمِهِمْ إِنَّا بُرَاءُ مِنكُمْ وَمِمَّا تَعْبُدُونَ مِن دُونِ اللَّهِ كَفَرْنَا بِكُمْ وَبَدَا بَيْنَنَا وَبَيْنَكُمُ
الْعَدَاوَةُ وَالْبَغْضَاءُ أَبَدًا حَتَّى تُؤْمِنُوا بِاللَّهِ وَحْدَهُ إِلَّا قَوْلَ إِبْرَاهِيمَ لِأَبِيهِ لَأَسْتَغْفِرَنَّ
لَكَ وَمَا أَمْلِكُ لَكَ مِنَ اللَّهِ مِن شَيْءٍ رَّبَّنَا عَلَيْكَ تَوَكَّلْنَا وَإِلَيْكَ أَنَبْنَا وَإِلَيْكَ
الْمَصِيرُ (٤) رَبَّنَا لَا تَجْعَلْنَا فِتْنَةً لِّلَّذِينَ كَفَرُوا وَاغْفِرْ لَنَا رَبَّنَا إِنَّكَ أَنتَ الْعَزِيزُ
الْحَكِيمُ (٥) لَقَدْ كَانَ لَكُمْ فِيهِمْ أُسْوَةٌ حَسَنَةٌ لِّمَن كَانَ يَرْجُو اللَّهَ وَالْيَوْمَ الْآخِرَ وَمَن
يَتَوَلَّ فَإِنَّ اللَّهَ هُوَ الْغَنِيُّ الْحَمِيدُ (٦) عَسَى اللَّهُ أَن يَجْعَلَ بَيْنَكُمْ وَبَيْنَ الَّذِينَ عَادَيْتُم
مِّنْهُم مَّوَدَّةً وَاللَّهُ قَدِيرٌ وَاللَّهُ غَفُورٌ رَّحِيمٌ (٧) لَا يَنْهَاكُمُ اللَّهُ عَنِ الَّذِينَ لَمْ يُقَاتِلُوكُمْ
فِي الدِّينِ وَلَمْ يُخْرِجُوكُم مِّن دِيَارِكُمْ أَن تَبَرُّوهُمْ وَتُقْسِطُوا إِلَيْهِمْ إِنَّ اللَّهَ يُحِبُّ
الْمُقْسِطِينَ (٨) إِنَّمَا يَنْهَاكُمُ اللَّهُ عَنِ الَّذِينَ قَاتَلُوكُمْ فِي الدِّينِ وَأَخْرَجُوكُم مِّن
دِيَارِكُمْ وَظَاهَرُوا عَلَى إِخْرَاجِكُمْ أَن تَوَلَّوْهُمْ وَمَن يَتَوَلَّهُمْ فَأُولَئِكَ هُمُ
الظَّالِمُونَ (٩) يَا أَيُّهَا الَّذِينَ آمَنُوا إِذَا جَاءَكُمُ الْمُؤْمِنَاتُ مُهَاجِرَاتٍ فَامْتَحِنُوهُنَّ اللَّهُ
أَعْلَمُ بِإِيمَانِهِنَّ فَإِنْ عَلِمْتُمُوهُنَّ مُؤْمِنَاتٍ فَلَا تَرْجِعُوهُنَّ إِلَى الْكُفَّارِ لَا هُنَّ حِلٌّ لَّهُمْ
وَلَا هُمْ يَحِلُّونَ لَهُنَّ وَآتُوهُم مَّا أَنفَقُوا وَلَا جُنَاحَ عَلَيْكُمْ أَن تَنكِحُوهُنَّ إِذَا آتَيْتُمُوهُنَّ
أُجُورَهُنَّ وَلَا تُمْسِكُوا بِعِصَمِ الْكَوَافِرِ وَاسْأَلُوا مَا أَنفَقْتُمْ وَلْيَسْأَلُوا مَا أَنفَقُوا ذَلِكُمْ
حُكْمُ اللَّهِ يَحْكُمُ بَيْنَكُمْ وَاللَّهُ عَلِيمٌ حَكِيمٌ (١٠) وَإِن فَاتَكُمْ شَيْءٌ مِّنْ أَزْوَاجِكُمْ إِلَى
الْكُفَّارِ فَعَاقَبْتُمْ فَآتُوا الَّذِينَ ذَهَبَتْ أَزْوَاجُهُم مِّثْلَ مَا أَنفَقُوا وَاتَّقُوا اللَّهَ الَّذِي أَنتُم بِهِ
مُؤْمِنُونَ (١١) يَا أَيُّهَا النَّبِيُّ إِذَا جَاءَكَ الْمُؤْمِنَاتُ يُبَايِعْنَكَ عَلَى أَن لَّا يُشْرِكْنَ بِاللَّهِ

شَيْئًا وَلَا يَسْرِقْنَ وَلَا يَزْنِينَ وَلَا يَقْتُلْنَ أَوْلَادَهُنَّ وَلَا يَأْتِينَ بِبُهْتَانٍ يَفْتَرِينَهُ بَيْنَ
أَيْدِيهِنَّ وَأَرْجُلِهِنَّ وَلَا يَعْصِينَكَ فِي مَعْرُوف فَبَايِعْهُنَّ وَاسْتَغْفِرْ لَهُنَّ اللَّهَ إِنَّ اللَّهَ
غَفُورٌ رَّحِيمٌ (١٢) يَا أَيُّهَا الَّذِينَ آمَنُوا لَا تَتَوَلَّوْا قَوْمًا غَضِبَ اللَّهُ عَلَيْهِمْ قَدْ يَئِسُوا
مِنَ الْآخِرَةِ كَمَا يَئِسَ الْكُفَّارُ مِنْ أَصْحَابِ الْقُبُورِ (١٣

SOURATE AS SAFF

سورة الصّف

سَبَّحَ لِلَّهِ مَا فِي السَّمَاوَاتِ وَمَا فِي الْأَرْضِ وَهُوَ الْعَزِيزُ الْحَكِيمُ (١) يَا أَيُّهَا الَّذِينَ
آمَنُوا لِمَ تَقُولُونَ مَا لَا تَفْعَلُونَ (٢) كَبُرَ مَقْتًا عِندَ اللَّهِ أَن تَقُولُوا مَا لَا
تَفْعَلُونَ (٣) إِنَّ اللَّهَ يُحِبُّ الَّذِينَ يُقَاتِلُونَ فِي سَبِيلِهِ صَفًّا كَأَنَّهُم بُنْيَانٌ
مَّرْصُوصٌ (٤) وَإِذْ قَالَ مُوسَى لِقَوْمِهِ يَا قَوْمِ لِمَ تُؤْذُونَنِي وَقَد تَّعْلَمُونَ أَنِّي رَسُولُ
اللَّهِ إِلَيْكُمْ فَلَمَّا زَاغُوا أَزَاغَ اللَّهُ قُلُوبَهُمْ وَاللَّهُ لَا يَهْدِي الْقَوْمَ الْفَاسِقِينَ (٥) وَإِذْ قَالَ
عِيسَى ابْنُ مَرْيَمَ يَا بَنِي إِسْرَائِيلَ إِنِّي رَسُولُ اللَّهِ إِلَيْكُم مُّصَدِّقًا لِّمَا بَيْنَ يَدَيَّ مِنَ
التَّوْرَاةِ وَمُبَشِّرًا بِرَسُولٍ يَأْتِي مِن بَعْدِي اسْمُهُ أَحْمَدُ فَلَمَّا جَاءَهُم بِالْبَيِّنَاتِ قَالُوا
هَذَا سِحْرٌ مُّبِينٌ (٦) وَمَنْ أَظْلَمُ مِمَّنِ افْتَرَى عَلَى اللَّهِ الْكَذِبَ وَهُوَ يُدْعَى إِلَى
الْإِسْلَامِ وَاللَّهُ لَا يَهْدِي الْقَوْمَ الظَّالِمِينَ (٧) يُرِيدُونَ لِيُطْفِؤُوا نُورَ اللَّهِ بِأَفْوَاهِهِمْ
وَاللَّهُ مُتِمُّ نُورِهِ وَلَوْ كَرِهَ الْكَافِرُونَ (٨) هُوَ الَّذِي أَرْسَلَ رَسُولَهُ بِالْهُدَى وَدِينِ
الْحَقِّ لِيُظْهِرَهُ عَلَى الدِّينِ كُلِّهِ وَلَوْ كَرِهَ الْمُشْرِكُونَ (٩) يَا أَيُّهَا الَّذِينَ آمَنُوا هَلْ
أَدُلُّكُمْ عَلَى تِجَارَةٍ تُنجِيكُم مِّنْ عَذَابٍ أَلِيمٍ (١٠) تُؤْمِنُونَ بِاللَّهِ وَرَسُولِهِ وَتُجَاهِدُونَ
فِي سَبِيلِ اللَّهِ بِأَمْوَالِكُمْ وَأَنفُسِكُمْ ذَلِكُمْ خَيْرٌ لَّكُمْ إِن كُنتُمْ تَعْلَمُونَ (١١) يَغْفِرْ لَكُمْ
ذُنُوبَكُمْ وَيُدْخِلْكُمْ جَنَّاتٍ تَجْرِي مِن تَحْتِهَا الْأَنْهَارُ وَمَسَاكِنَ طَيِّبَةً فِي جَنَّاتِ عَدْنٍ
ذَلِكَ الْفَوْزُ الْعَظِيمُ (١٢) وَأُخْرَى تُحِبُّونَهَا نَصْرٌ مِّنَ اللَّهِ وَفَتْحٌ قَرِيبٌ وَبَشِّرِ
الْمُؤْمِنِينَ (١٣) يَا أَيُّهَا الَّذِينَ آمَنُوا كُونُوا أَنصَارَ اللَّهِ كَمَا قَالَ عِيسَى ابْنُ مَرْيَمَ
لِلْحَوَارِيِّينَ مَنْ أَنصَارِي إِلَى اللَّهِ قَالَ الْحَوَارِيُّونَ نَحْنُ أَنصَارُ اللَّهِ فَآمَنَت طَّائِفَةٌ
مِّن بَنِي إِسْرَائِيلَ وَكَفَرَت طَّائِفَةٌ فَأَيَّدْنَا الَّذِينَ آمَنُوا عَلَى عَدُوِّهِمْ فَأَصْبَحُوا
ظَاهِرِينَ (١٤

SOURATE AL JUMU'AH

سورة الجمعة

يُسَبِّحُ لِلَّهِ مَا فِي السَّمَاوَاتِ وَمَا فِي الْأَرْضِ الْمَلِكِ الْقُدُّوسِ الْعَزِيزِ الْحَكِيمِ (١) هُوَ الَّذِي بَعَثَ فِي الْأُمِّيِّينَ رَسُولًا مِّنْهُمْ يَتْلُو عَلَيْهِمْ آيَاتِهِ وَيُزَكِّيهِمْ وَيُعَلِّمُهُمُ الْكِتَابَ وَالْحِكْمَةَ وَإِن كَانُوا مِن قَبْلُ لَفِي ضَلَالٍ مُّبِينٍ (٢) وَآخَرِينَ مِنْهُمْ لَمَّا يَلْحَقُوا بِهِمْ وَهُوَ الْعَزِيزُ الْحَكِيمُ (٣) ذَٰلِكَ فَضْلُ اللَّهِ يُؤْتِيهِ مَن يَشَاءُ وَاللَّهُ ذُو الْفَضْلِ الْعَظِيمِ (٤) مَثَلُ الَّذِينَ حُمِّلُوا التَّوْرَاةَ ثُمَّ لَمْ يَحْمِلُوهَا كَمَثَلِ الْحِمَارِ يَحْمِلُ أَسْفَارًا بِئْسَ مَثَلُ الْقَوْمِ الَّذِينَ كَذَّبُوا بِآيَاتِ اللَّهِ وَاللَّهُ لَا يَهْدِي الْقَوْمَ الظَّالِمِينَ (٥) قُلْ يَا أَيُّهَا الَّذِينَ هَادُوا إِن زَعَمْتُمْ أَنَّكُمْ أَوْلِيَاءُ لِلَّهِ مِن دُونِ النَّاسِ فَتَمَنَّوُا الْمَوْتَ إِن كُنتُمْ صَادِقِينَ (٦) وَلَا يَتَمَنَّوْنَهُ أَبَدًا بِمَا قَدَّمَتْ أَيْدِيهِمْ وَاللَّهُ عَلِيمٌ بِالظَّالِمِينَ (٧) قُلْ إِنَّ الْمَوْتَ الَّذِي تَفِرُّونَ مِنْهُ فَإِنَّهُ مُلَاقِيكُمْ ثُمَّ تُرَدُّونَ إِلَىٰ عَالِمِ الْغَيْبِ وَالشَّهَادَةِ فَيُنَبِّئُكُم بِمَا كُنتُمْ تَعْمَلُونَ (٨) يَا أَيُّهَا الَّذِينَ آمَنُوا إِذَا نُودِيَ لِلصَّلَاةِ مِن يَوْمِ الْجُمُعَةِ فَاسْعَوْا إِلَىٰ ذِكْرِ اللَّهِ وَذَرُوا الْبَيْعَ ذَٰلِكُمْ خَيْرٌ لَّكُمْ إِن كُنتُمْ تَعْلَمُونَ (٩) فَإِذَا قُضِيَتِ الصَّلَاةُ فَانتَشِرُوا فِي الْأَرْضِ وَابْتَغُوا مِن فَضْلِ اللَّهِ وَاذْكُرُوا اللَّهَ كَثِيرًا لَّعَلَّكُمْ تُفْلِحُونَ (١٠) وَإِذَا رَأَوْا تِجَارَةً أَوْ لَهْوًا انفَضُّوا إِلَيْهَا وَتَرَكُوكَ قَائِمًا قُلْ مَا عِندَ اللَّهِ خَيْرٌ مِّنَ اللَّهْوِ وَمِنَ التِّجَارَةِ وَاللَّهُ خَيْرُ الرَّازِقِينَ (١١

SOURATE AL MUNAFIQUN

سورة المنافقون

إِذَا جَاءَكَ الْمُنَافِقُونَ قَالُوا نَشْهَدُ إِنَّكَ لَرَسُولُ اللَّهِ وَاللَّهُ يَعْلَمُ إِنَّكَ لَرَسُولُهُ وَاللَّهُ يَشْهَدُ إِنَّ الْمُنَافِقِينَ لَكَاذِبُونَ (١) اتَّخَذُوا أَيْمَانَهُمْ جُنَّةً فَصَدُّوا عَن سَبِيلِ اللَّهِ إِنَّهُمْ سَاءَ مَا كَانُوا يَعْمَلُونَ (٢) ذَٰلِكَ بِأَنَّهُمْ آمَنُوا ثُمَّ كَفَرُوا فَطُبِعَ عَلَىٰ قُلُوبِهِمْ فَهُمْ لَا يَفْقَهُونَ (٣) وَإِذَا رَأَيْتَهُمْ تُعْجِبُكَ أَجْسَامُهُمْ وَإِن يَقُولُوا تَسْمَعْ لِقَوْلِهِمْ كَأَنَّهُمْ خُشُبٌ

مُسَنَّدَةٌ يَحْسَبُونَ كُلَّ صَيْحَةٍ عَلَيْهِمْ هُمُ الْعَدُوُّ فَاحْذَرْهُمْ قَاتَلَهُمُ اللَّهُ أَنَّى
يُؤْفَكُونَ (٤) وَإِذَا قِيلَ لَهُمْ تَعَالَوْا يَسْتَغْفِرْ لَكُمْ رَسُولُ اللَّهِ لَوَّوْا رُؤُوسَهُمْ وَرَأَيْتَهُمْ
يَصُدُّونَ وَهُم مُّسْتَكْبِرُونَ (٥) سَوَاءٌ عَلَيْهِمْ أَسْتَغْفَرْتَ لَهُمْ أَمْ لَمْ تَسْتَغْفِرْ لَهُمْ لَن
يَغْفِرَ اللَّهُ لَهُمْ إِنَّ اللَّهَ لَا يَهْدِي الْقَوْمَ الْفَاسِقِينَ (٦) هُمُ الَّذِينَ يَقُولُونَ لَا تُنفِقُوا عَلَى
مَنْ عِندَ رَسُولِ اللَّهِ حَتَّى يَنفَضُّوا وَلِلَّهِ خَزَائِنُ السَّمَاوَاتِ وَالْأَرْضِ وَلَكِنَّ الْمُنَافِقِينَ
لَا يَفْقَهُونَ (٧) يَقُولُونَ لَئِن رَّجَعْنَا إِلَى الْمَدِينَةِ لَيُخْرِجَنَّ الْأَعَزُّ مِنْهَا الْأَذَلَّ وَلِلَّهِ
الْعِزَّةُ وَلِرَسُولِهِ وَلِلْمُؤْمِنِينَ وَلَكِنَّ الْمُنَافِقِينَ لَا يَعْلَمُونَ (٨) يَا أَيُّهَا الَّذِينَ آمَنُوا لَا
تُلْهِكُمْ أَمْوَالُكُمْ وَلَا أَوْلَادُكُمْ عَن ذِكْرِ اللَّهِ وَمَن يَفْعَلْ ذَلِكَ فَأُولَئِكَ هُمُ
الْخَاسِرُونَ (٩) وَأَنفِقُوا مِن مَّا رَزَقْنَاكُم مِّن قَبْلِ أَن يَأْتِيَ أَحَدَكُمُ الْمَوْتُ فَيَقُولَ
رَبِّ لَوْلَا أَخَّرْتَنِي إِلَى أَجَلٍ قَرِيبٍ فَأَصَّدَّقَ وَأَكُن مِّنَ الصَّالِحِينَ (١٠) وَلَن يُؤَخِّرَ
اللَّهُ نَفْسًا إِذَا جَاءَ أَجَلُهَا وَاللَّهُ خَبِيرٌ بِمَا تَعْمَلُونَ (١١

SOURATE AT TAGHABUN

سورة التغابن

يُسَبِّحُ لِلَّهِ مَا فِي السَّمَاوَاتِ وَمَا فِي الْأَرْضِ لَهُ الْمُلْكُ وَلَهُ الْحَمْدُ وَهُوَ عَلَى كُلِّ
شَيْءٍ قَدِيرٌ (١) هُوَ الَّذِي خَلَقَكُمْ فَمِنكُمْ كَافِرٌ وَمِنكُم مُّؤْمِنٌ وَاللَّهُ بِمَا تَعْمَلُونَ
بَصِيرٌ (٢) خَلَقَ السَّمَاوَاتِ وَالْأَرْضَ بِالْحَقِّ وَصَوَّرَكُمْ فَأَحْسَنَ صُوَرَكُمْ وَإِلَيْهِ
الْمَصِيرُ (٣) يَعْلَمُ مَا فِي السَّمَاوَاتِ وَالْأَرْضِ وَيَعْلَمُ مَا تُسِرُّونَ وَمَا تُعْلِنُونَ وَاللَّهُ
عَلِيمٌ بِذَاتِ الصُّدُورِ (٤) أَلَمْ يَأْتِكُمْ نَبَأُ الَّذِينَ كَفَرُوا مِن قَبْلُ فَذَاقُوا وَبَالَ أَمْرِهِمْ
وَلَهُمْ عَذَابٌ أَلِيمٌ (٥) ذَلِكَ بِأَنَّهُ كَانَت تَّأْتِيهِمْ رُسُلُهُم بِالْبَيِّنَاتِ فَقَالُوا أَبَشَرٌ يَهْدُونَنَا
فَكَفَرُوا وَتَوَلَّوا وَّاسْتَغْنَى اللَّهُ وَاللَّهُ غَنِيٌّ حَمِيدٌ (٦) زَعَمَ الَّذِينَ كَفَرُوا أَن لَّن يُبْعَثُوا
قُلْ بَلَى وَرَبِّي لَتُبْعَثُنَّ ثُمَّ لَتُنَبَّؤُنَّ بِمَا عَمِلْتُمْ وَذَلِكَ عَلَى اللَّهِ يَسِيرٌ (٧) فَآمِنُوا بِاللَّهِ
وَرَسُولِهِ وَالنُّورِ الَّذِي أَنزَلْنَا وَاللَّهُ بِمَا تَعْمَلُونَ خَبِيرٌ (٨) يَوْمَ يَجْمَعُكُمْ لِيَوْمِ الْجَمْعِ
ذَلِكَ يَوْمُ التَّغَابُنِ وَمَن يُؤْمِن بِاللَّهِ وَيَعْمَلْ صَالِحًا يُكَفِّرْ عَنْهُ سَيِّئَاتِهِ وَيُدْخِلْهُ جَنَّاتٍ
تَجْرِي مِن تَحْتِهَا الْأَنْهَارُ خَالِدِينَ فِيهَا أَبَدًا ذَلِكَ الْفَوْزُ الْعَظِيمُ (٩) وَالَّذِينَ كَفَرُوا
وَكَذَّبُوا بِآيَاتِنَا أُولَئِكَ أَصْحَابُ النَّارِ خَالِدِينَ فِيهَا وَبِئْسَ الْمَصِيرُ (١٠) مَا أَصَابَ
مِن مُّصِيبَةٍ إِلَّا بِإِذْنِ اللَّهِ وَمَن يُؤْمِن بِاللَّهِ يَهْدِ قَلْبَهُ وَاللَّهُ بِكُلِّ شَيْءٍ
عَلِيمٌ (١١) وَأَطِيعُوا اللَّهَ وَأَطِيعُوا الرَّسُولَ فَإِن تَوَلَّيْتُمْ فَإِنَّمَا عَلَى رَسُولِنَا الْبَلَاغُ
الْمُبِينُ (١٢) اللَّهُ لَا إِلَهَ إِلَّا هُوَ وَعَلَى اللَّهِ فَلْيَتَوَكَّلِ الْمُؤْمِنُونَ (١٣) يَا أَيُّهَا الَّذِينَ

آمَنُوا إِنَّ مِنْ أَزْوَاجِكُمْ وَأَوْلَادِكُمْ عَدُوًّا لَّكُمْ فَاحْذَرُوهُمْ وَإِن تَعْفُوا وَتَصْفَحُوا
وَتَغْفِرُوا فَإِنَّ اللَّهَ غَفُورٌ رَّحِيمٌ (١٤) إِنَّمَا أَمْوَالُكُمْ وَأَوْلَادُكُمْ فِتْنَةٌ وَاللَّهُ عِندَهُ أَجْرٌ
عَظِيمٌ (١٥) فَاتَّقُوا اللَّهَ مَا اسْتَطَعْتُمْ وَاسْمَعُوا وَأَطِيعُوا وَأَنفِقُوا خَيْرًا لِّأَنفُسِكُمْ وَمَن
يُوقَ شُحَّ نَفْسِهِ فَأُولَٰئِكَ هُمُ الْمُفْلِحُونَ (١٦) إِن تُقْرِضُوا اللَّهَ قَرْضًا حَسَنًا يُضَاعِفْهُ
لَكُمْ وَيَغْفِرْ لَكُمْ وَاللَّهُ شَكُورٌ حَلِيمٌ (١٧) عَالِمُ الْغَيْبِ وَالشَّهَادَةِ الْعَزِيزُ الْحَكِيمُ (١٨

SOURATE AT TALAQ
سورة الطلاق

يَا أَيُّهَا النَّبِيُّ إِذَا طَلَّقْتُمُ النِّسَاءَ فَطَلِّقُوهُنَّ لِعِدَّتِهِنَّ وَأَحْصُوا الْعِدَّةَ وَاتَّقُوا اللَّهَ رَبَّكُمْ لَا
تُخْرِجُوهُنَّ مِن بُيُوتِهِنَّ وَلَا يَخْرُجْنَ إِلَّا أَن يَأْتِينَ بِفَاحِشَةٍ مُّبَيِّنَةٍ وَتِلْكَ حُدُودُ اللَّهِ
وَمَن يَتَعَدَّ حُدُودَ اللَّهِ فَقَدْ ظَلَمَ نَفْسَهُ لَا تَدْرِي لَعَلَّ اللَّهَ يُحْدِثُ بَعْدَ ذَٰلِكَ أَمْرًا (١) فَإِذَا
بَلَغْنَ أَجَلَهُنَّ فَأَمْسِكُوهُنَّ بِمَعْرُوفٍ أَوْ فَارِقُوهُنَّ بِمَعْرُوفٍ وَأَشْهِدُوا ذَوَيْ عَدْلٍ
مِّنكُمْ وَأَقِيمُوا الشَّهَادَةَ لِلَّهِ ذَٰلِكُمْ يُوعَظُ بِهِ مَن كَانَ يُؤْمِنُ بِاللَّهِ وَالْيَوْمِ الْآخِرِ وَمَن
يَتَّقِ اللَّهَ يَجْعَل لَّهُ مَخْرَجًا (٢) وَيَرْزُقْهُ مِنْ حَيْثُ لَا يَحْتَسِبُ وَمَن يَتَوَكَّلْ عَلَى اللَّهِ
فَهُوَ حَسْبُهُ إِنَّ اللَّهَ بَالِغُ أَمْرِهِ قَدْ جَعَلَ اللَّهُ لِكُلِّ شَيْءٍ قَدْرًا (٣) وَاللَّائِي يَئِسْنَ مِنَ
الْمَحِيضِ مِن نِّسَائِكُمْ إِنِ ارْتَبْتُمْ فَعِدَّتُهُنَّ ثَلَاثَةُ أَشْهُرٍ وَاللَّائِي لَمْ يَحِضْنَ وَأُولَاتُ
الْأَحْمَالِ أَجَلُهُنَّ أَن يَضَعْنَ حَمْلَهُنَّ وَمَن يَتَّقِ اللَّهَ يَجْعَل لَّهُ مِنْ أَمْرِهِ
يُسْرًا (٤) ذَٰلِكَ أَمْرُ اللَّهِ أَنزَلَهُ إِلَيْكُمْ وَمَن يَتَّقِ اللَّهَ يُكَفِّرْ عَنْهُ سَيِّئَاتِهِ وَيُعْظِمْ لَهُ
أَجْرًا (٥) أَسْكِنُوهُنَّ مِنْ حَيْثُ سَكَنتُم مِّن وُجْدِكُمْ وَلَا تُضَارُّوهُنَّ لِتُضَيِّقُوا عَلَيْهِنَّ
وَإِن كُنَّ أُولَاتِ حَمْلٍ فَأَنفِقُوا عَلَيْهِنَّ حَتَّىٰ يَضَعْنَ حَمْلَهُنَّ فَإِنْ أَرْضَعْنَ لَكُمْ
فَآتُوهُنَّ أُجُورَهُنَّ وَأْتَمِرُوا بَيْنَكُم بِمَعْرُوفٍ وَإِن تَعَاسَرْتُمْ فَسَتُرْضِعُ لَهُ
أُخْرَىٰ (٦) لِيُنفِقْ ذُو سَعَةٍ مِّن سَعَتِهِ وَمَن قُدِرَ عَلَيْهِ رِزْقُهُ فَلْيُنفِقْ مِمَّا آتَاهُ اللَّهُ لَا
يُكَلِّفُ اللَّهُ نَفْسًا إِلَّا مَا آتَاهَا سَيَجْعَلُ اللَّهُ بَعْدَ عُسْرٍ يُسْرًا (٧) وَكَأَيِّن مِّن قَرْيَةٍ عَتَتْ
عَنْ أَمْرِ رَبِّهَا وَرُسُلِهِ فَحَاسَبْنَاهَا حِسَابًا شَدِيدًا وَعَذَّبْنَاهَا عَذَابًا نُّكْرًا (٨) فَذَاقَتْ
وَبَالَ أَمْرِهَا وَكَانَ عَاقِبَةُ أَمْرِهَا خُسْرًا (٩) أَعَدَّ اللَّهُ لَهُمْ عَذَابًا شَدِيدًا فَاتَّقُوا اللَّهَ يَا
أُولِي الْأَلْبَابِ الَّذِينَ آمَنُوا قَدْ أَنزَلَ اللَّهُ إِلَيْكُمْ ذِكْرًا (١٠) رَّسُولًا يَتْلُو عَلَيْكُمْ آيَاتِ
اللَّهِ مُبَيِّنَاتٍ لِّيُخْرِجَ الَّذِينَ آمَنُوا وَعَمِلُوا الصَّالِحَاتِ مِنَ الظُّلُمَاتِ إِلَى النُّورِ وَمَن
يُؤْمِن بِاللَّهِ وَيَعْمَلْ صَالِحًا يُدْخِلْهُ جَنَّاتٍ تَجْرِي مِن تَحْتِهَا الْأَنْهَارُ خَالِدِينَ فِيهَا أَبَدًا
قَدْ أَحْسَنَ اللَّهُ لَهُ رِزْقًا (١١) اللَّهُ الَّذِي خَلَقَ سَبْعَ سَمَاوَاتٍ وَمِنَ الْأَرْضِ مِثْلَهُنَّ

يَتَنَزَّلُ الْأَمْرُ بَيْنَهُنَّ لِتَعْلَمُوا أَنَّ اللَّهَ عَلَى كُلِّ شَيْءٍ قَدِيرٌ وَأَنَّ اللَّهَ قَدْ أَحَاطَ بِكُلِّ
شَيْءٍ عِلْمًا (١٢

SOURATE AT TAHRIM
سورة التحريم

يَا أَيُّهَا النَّبِيُّ لِمَ تُحَرِّمُ مَا أَحَلَّ اللَّهُ لَكَ تَبْتَغِي مَرْضَاتَ أَزْوَاجِكَ وَاللَّهُ غَفُورٌ
رَّحِيمٌ (١) قَدْ فَرَضَ اللَّهُ لَكُمْ تَحِلَّةَ أَيْمَانِكُمْ وَاللَّهُ مَوْلَاكُمْ وَهُوَ الْعَلِيمُ
الْحَكِيمُ (٢) وَإِذْ أَسَرَّ النَّبِيُّ إِلَى بَعْضِ أَزْوَاجِهِ حَدِيثًا فَلَمَّا نَبَّأَتْ بِهِ وَأَظْهَرَهُ اللَّهُ
عَلَيْهِ عَرَّفَ بَعْضَهُ وَأَعْرَضَ عَن بَعْضٍ فَلَمَّا نَبَّأَهَا بِهِ قَالَتْ مَنْ أَنبَأَكَ هَذَا قَالَ
نَبَّأَنِيَ الْعَلِيمُ الْخَبِيرُ (٣) إِن تَتُوبَا إِلَى اللَّهِ فَقَدْ صَغَتْ قُلُوبُكُمَا وَإِن تَظَاهَرَا عَلَيْهِ
فَإِنَّ اللَّهَ هُوَ مَوْلَاهُ وَجِبْرِيلُ وَصَالِحُ الْمُؤْمِنِينَ وَالْمَلَائِكَةُ بَعْدَ ذَٰلِكَ
ظَهِيرٌ (٤) عَسَى رَبُّهُ إِن طَلَّقَكُنَّ أَن يُبْدِلَهُ أَزْوَاجًا خَيْرًا مِّنكُنَّ مُسْلِمَاتٍ مُّؤْمِنَاتٍ
قَانِتَاتٍ تَائِبَاتٍ عَابِدَاتٍ سَائِحَاتٍ ثَيِّبَاتٍ وَأَبْكَارًا (٥) يَا أَيُّهَا الَّذِينَ آمَنُوا قُوا أَنفُسَكُمْ
وَأَهْلِيكُمْ نَارًا وَقُودُهَا النَّاسُ وَالْحِجَارَةُ عَلَيْهَا مَلَائِكَةٌ غِلَاظٌ شِدَادٌ لَّا يَعْصُونَ اللَّهَ
مَا أَمَرَهُمْ وَيَفْعَلُونَ مَا يُؤْمَرُونَ (٦) يَا أَيُّهَا الَّذِينَ كَفَرُوا لَا تَعْتَذِرُوا الْيَوْمَ إِنَّمَا
تُجْزَوْنَ مَا كُنتُمْ تَعْمَلُونَ (٧) يَا أَيُّهَا الَّذِينَ آمَنُوا تُوبُوا إِلَى اللَّهِ تَوْبَةً نَّصُوحًا عَسَى
رَبُّكُمْ أَن يُكَفِّرَ عَنكُمْ سَيِّئَاتِكُمْ وَيُدْخِلَكُمْ جَنَّاتٍ تَجْرِي مِن. تَحْتِهَا الْأَنْهَارُ يَوْمَ لَا
يُخْزِي اللَّهُ النَّبِيَّ وَالَّذِينَ آمَنُوا مَعَهُ نُورُهُمْ يَسْعَى بَيْنَ أَيْدِيهِمْ وَبِأَيْمَانِهِمْ يَقُولُونَ
رَبَّنَا أَتْمِمْ لَنَا نُورَنَا وَاغْفِرْ لَنَا إِنَّكَ عَلَى كُلِّ شَيْءٍ قَدِيرٌ (٨) يَا أَيُّهَا النَّبِيُّ جَاهِدِ
الْكُفَّارَ وَالْمُنَافِقِينَ وَاغْلُظْ عَلَيْهِمْ وَمَأْوَاهُمْ جَهَنَّمُ وَبِئْسَ الْمَصِيرُ (٩) ضَرَبَ اللَّهُ
مَثَلًا لِّلَّذِينَ كَفَرُوا امْرَأَتَ نُوحٍ وَامْرَأَتَ لُوطٍ كَانَتَا تَحْتَ عَبْدَيْنِ مِنْ عِبَادِنَا صَالِحَيْنِ
فَخَانَتَاهُمَا فَلَمْ يُغْنِيَا عَنْهُمَا مِنَ اللَّهِ شَيْئًا وَقِيلَ ادْخُلَا النَّارَ مَعَ
الدَّاخِلِينَ (١٠) وَضَرَبَ اللَّهُ مَثَلًا لِّلَّذِينَ آمَنُوا امْرَأَتَ فِرْعَوْنَ إِذْ قَالَتْ رَبِّ ابْنِ لِي
عِندَكَ بَيْتًا فِي الْجَنَّةِ وَنَجِّنِي مِن فِرْعَوْنَ وَعَمَلِهِ وَنَجِّنِي مِنَ الْقَوْمِ
الظَّالِمِينَ (١١) وَمَرْيَمَ ابْنَتَ عِمْرَانَ الَّتِي أَحْصَنَتْ فَرْجَهَا فَنَفَخْنَا فِيهِ مِن رُّوحِنَا
وَصَدَّقَتْ بِكَلِمَاتِ رَبِّهَا وَكُتُبِهِ وَكَانَتْ مِنَ الْقَانِتِينَ (١٢

SOURATE AL MULK
سورة الملك

تَبَارَكَ الَّذِي بِيَدِهِ الْمُلْكُ وَهُوَ عَلَى كُلِّ شَيْءٍ قَدِيرٌ (١) الَّذِي خَلَقَ الْمَوْتَ وَالْحَيَاةَ
لِيَبْلُوَكُمْ أَيُّكُمْ أَحْسَنُ عَمَلًا وَهُوَ الْعَزِيزُ الْغَفُورُ (٢) الَّذِي خَلَقَ سَبْعَ سَمَاوَاتٍ طِبَاقًا
مَّا تَرَى فِي خَلْقِ الرَّحْمَنِ مِن تَفَاوُتٍ فَارْجِعِ الْبَصَرَ هَلْ تَرَى مِن فُطُورٍ (٣) ثُمَّ
ارْجِعِ الْبَصَرَ كَرَّتَيْنِ يَنقَلِبْ إِلَيْكَ الْبَصَرُ خَاسِأً وَهُوَ حَسِيرٌ (٤) وَلَقَدْ زَيَّنَّا السَّمَاءَ
الدُّنْيَا بِمَصَابِيحَ وَجَعَلْنَاهَا رُجُومًا لِّلشَّيَاطِينِ وَأَعْتَدْنَا لَهُمْ عَذَابَ
السَّعِيرِ (٥) وَلِلَّذِينَ كَفَرُوا بِرَبِّهِمْ عَذَابُ جَهَنَّمَ وَبِئْسَ الْمَصِيرُ (٦) إِذَا أُلْقُوا فِيهَا
سَمِعُوا لَهَا شَهِيقًا وَهِيَ تَفُورُ (٧) تَكَادُ تَمَيَّزُ مِنَ الْغَيْظِ كُلَّمَا أُلْقِيَ فِيهَا فَوْجٌ سَأَلَهُمْ
خَزَنَتُهَا أَلَمْ يَأْتِكُمْ نَذِيرٌ (٨) قَالُوا بَلَى قَدْ جَاءَنَا نَذِيرٌ فَكَذَّبْنَا وَقُلْنَا مَا نَزَّلَ اللَّهُ مِن
شَيْءٍ إِنْ أَنتُمْ إِلَّا فِي ضَلَالٍ كَبِيرٍ (٩) وَقَالُوا لَوْ كُنَّا نَسْمَعُ أَوْ نَعْقِلُ مَا كُنَّا فِي
أَصْحَابِ السَّعِيرِ (١٠) فَاعْتَرَفُوا بِذَنبِهِمْ فَسُحْقًا لِّأَصْحَابِ السَّعِيرِ (١١) إِنَّ الَّذِينَ
يَخْشَوْنَ رَبَّهُم بِالْغَيْبِ لَهُم مَّغْفِرَةٌ وَأَجْرٌ كَبِيرٌ (١٢) وَأَسِرُّوا قَوْلَكُمْ أَوِ اجْهَرُوا بِهِ
إِنَّهُ عَلِيمٌ بِذَاتِ الصُّدُورِ (١٣) أَلَا يَعْلَمُ مَنْ خَلَقَ وَهُوَ اللَّطِيفُ الْخَبِيرُ (١٤) هُوَ
الَّذِي جَعَلَ لَكُمُ الْأَرْضَ ذَلُولًا فَامْشُوا فِي مَنَاكِبِهَا وَكُلُوا مِن رِّزْقِهِ وَإِلَيْهِ
النُّشُورُ (١٥) أَأَمِنتُم مَّن فِي السَّمَاءِ أَن يَخْسِفَ بِكُمُ الْأَرْضَ فَإِذَا هِيَ
تَمُورُ (١٦) أَمْ أَمِنتُم مَّن فِي السَّمَاءِ أَن يُرْسِلَ عَلَيْكُمْ حَاصِبًا فَسَتَعْلَمُونَ كَيْفَ
نَذِيرِ (١٧) وَلَقَدْ كَذَّبَ الَّذِينَ مِن قَبْلِهِمْ فَكَيْفَ كَانَ نَكِيرِ (١٨) أَوَلَمْ يَرَوْا إِلَى
الطَّيْرِ فَوْقَهُمْ صَافَّاتٍ وَيَقْبِضْنَ مَا يُمْسِكُهُنَّ إِلَّا الرَّحْمَنُ إِنَّهُ بِكُلِّ شَيْءٍ
بَصِيرٌ (١٩) أَمَّنْ هَذَا الَّذِي هُوَ جُندٌ لَّكُمْ يَنصُرُكُم مِّن دُونِ الرَّحْمَنِ إِنِ الْكَافِرُونَ
إِلَّا فِي غُرُورٍ (٢٠) أَمَّنْ هَذَا الَّذِي يَرْزُقُكُمْ إِنْ أَمْسَكَ رِزْقَهُ بَل لَّجُّوا فِي عُتُوٍّ
وَنُفُورٍ (٢١) أَفَمَن يَمْشِي مُكِبًّا عَلَى وَجْهِهِ أَهْدَى أَمَّن يَمْشِي سَوِيًّا عَلَى صِرَاطٍ
مُّسْتَقِيمٍ (٢٢) قُلْ هُوَ الَّذِي أَنشَأَكُمْ وَجَعَلَ لَكُمُ السَّمْعَ وَالْأَبْصَارَ وَالْأَفْئِدَةَ قَلِيلًا مَّا
تَشْكُرُونَ (٢٣) قُلْ هُوَ الَّذِي ذَرَأَكُمْ فِي الْأَرْضِ وَإِلَيْهِ تُحْشَرُونَ (٢٤) وَيَقُولُونَ
مَتَى هَذَا الْوَعْدُ إِن كُنتُمْ صَادِقِينَ (٢٥) قُلْ إِنَّمَا الْعِلْمُ عِندَ اللَّهِ وَإِنَّمَا أَنَا نَذِيرٌ
مُّبِينٌ (٢٦) فَلَمَّا رَأَوْهُ زُلْفَةً سِيئَتْ وُجُوهُ الَّذِينَ كَفَرُوا وَقِيلَ هَذَا الَّذِي كُنتُم بِهِ
تَدَّعُونَ (٢٧) قُلْ أَرَأَيْتُمْ إِنْ أَهْلَكَنِيَ اللَّهُ وَمَن مَّعِيَ أَوْ رَحِمَنَا فَمَن يُجِيرُ الْكَافِرِينَ
مِنْ عَذَابٍ أَلِيمٍ (٢٨) قُلْ هُوَ الرَّحْمَنُ آمَنَّا بِهِ وَعَلَيْهِ تَوَكَّلْنَا فَسَتَعْلَمُونَ مَنْ هُوَ فِي
ضَلَالٍ مُّبِينٍ (٢٩) قُلْ أَرَأَيْتُمْ إِنْ أَصْبَحَ مَاؤُكُمْ غَوْرًا فَمَن يَأْتِيكُم بِمَاءٍ مَّعِينٍ (٣٠

SOURATE AL QALAM

سورة القلم

ن وَالْقَلَمِ وَمَا يَسْطُرُونَ (١) مَا أَنتَ بِنِعْمَةِ رَبِّكَ بِمَجْنُونٍ (٢) وَإِنَّ لَكَ لَأَجْرًا غَيْرَ
مَمْنُونٍ (٣) وَإِنَّكَ لَعَلَى خُلُقٍ عَظِيمٍ (٤) فَسَتُبْصِرُ وَيُبْصِرُونَ (٥) بِأَييِّكُمُ
الْمَفْتُونُ (٦) إِنَّ رَبَّكَ هُوَ أَعْلَمُ بِمَن ضَلَّ عَن سَبِيلِهِ وَهُوَ أَعْلَمُ بِالْمُهْتَدِينَ (٧) فَلَا
تُطِعِ الْمُكَذِّبِينَ (٨) وَدُّوا لَوْ تُدْهِنُ فَيُدْهِنُونَ (٩) وَلَا تُطِعْ كُلَّ حَلَّافٍ
مَّهِينٍ (١٠) هَمَّازٍ مَّشَّاء بِنَمِيمٍ (١١) مَنَّاعٍ لِّلْخَيْرِ مُعْتَدٍ أَثِيمٍ (١٢) عُتُلٍّ بَعْدَ ذَلِكَ
زَنِيمٍ (١٣) أَن كَانَ ذَا مَالٍ وَبَنِينَ (١٤) إِذَا تُتْلَى عَلَيْهِ آيَاتُنَا قَالَ أَسَاطِيرُ
الْأَوَّلِينَ (١٥) سَنَسِمُهُ عَلَى الْخُرْطُومِ (١٦) إِنَّا بَلَوْنَاهُمْ كَمَا بَلَوْنَا أَصْحَابَ الْجَنَّةِ
إِذْ أَقْسَمُوا لَيَصْرِمُنَّهَا مُصْبِحِينَ (١٧) وَلَا يَسْتَثْنُونَ (١٨) فَطَافَ عَلَيْهَا طَائِفٌ
مِّن رَّبِّكَ وَهُمْ نَائِمُونَ (١٩) فَأَصْبَحَتْ كَالصَّرِيمِ (٢٠) فَتَنَادَوا
مُصْبِحِينَ (٢١) أَنِ اغْدُوا عَلَى حَرْثِكُمْ إِن كُنتُمْ صَارِمِينَ (٢٢) فَانطَلَقُوا وَهُمْ
يَتَخَافَتُونَ (٢٣) أَن لَّا يَدْخُلَنَّهَا الْيَوْمَ عَلَيْكُم مِّسْكِينٌ (٢٤) وَغَدَوْا عَلَى حَرْدٍ
قَادِرِينَ (٢٥) فَلَمَّا رَأَوْهَا قَالُوا إِنَّا لَضَالُّونَ (٢٦) بَلْ نَحْنُ مَحْرُومُونَ (٢٧) قَالَ
أَوْسَطُهُمْ أَلَمْ أَقُل لَّكُمْ لَوْلَا تُسَبِّحُونَ (٢٨) قَالُوا سُبْحَانَ رَبِّنَا إِنَّا كُنَّا
ظَالِمِينَ (٢٩) فَأَقْبَلَ بَعْضُهُمْ عَلَى بَعْضٍ يَتَلَاوَمُونَ (٣٠) قَالُوا يَا وَيْلَنَا إِنَّا كُنَّا
طَاغِينَ (٣١) عَسَى رَبُّنَا أَن يُبْدِلَنَا خَيْرًا مِّنْهَا إِنَّا إِلَى رَبِّنَا رَاغِبُونَ (٣٢) كَذَلِكَ
الْعَذَابُ وَلَعَذَابُ الْآخِرَةِ أَكْبَرُ لَوْ كَانُوا يَعْلَمُونَ (٣٣) إِنَّ لِلْمُتَّقِينَ عِندَ رَبِّهِمْ جَنَّاتِ
النَّعِيمِ (٣٤) أَفَنَجْعَلُ الْمُسْلِمِينَ كَالْمُجْرِمِينَ (٣٥) مَا لَكُمْ كَيْفَ تَحْكُمُونَ (٣٦) أَمْ
لَكُمْ كِتَابٌ فِيهِ تَدْرُسُونَ (٣٧) إِنَّ لَكُمْ فِيهِ لَمَا تَخَيَّرُونَ (٣٨) أَمْ لَكُمْ أَيْمَانٌ عَلَيْنَا
بَالِغَةٌ إِلَى يَوْمِ الْقِيَامَةِ إِنَّ لَكُمْ لَمَا تَحْكُمُونَ (٣٩) سَلْهُم أَيُّهُم بِذَلِكَ زَعِيمٌ (٤٠) أَمْ
لَهُمْ شُرَكَاء فَلْيَأْتُوا بِشُرَكَائِهِمْ إِن كَانُوا صَادِقِينَ (٤١) يَوْمَ يُكْشَفُ عَن سَاقٍ
وَيُدْعَوْنَ إِلَى السُّجُودِ فَلَا يَسْتَطِيعُونَ (٤٢) خَاشِعَةً أَبْصَارُهُمْ تَرْهَقُهُمْ ذِلَّةٌ وَقَدْ
كَانُوا يُدْعَوْنَ إِلَى السُّجُودِ وَهُمْ سَالِمُونَ (٤٣) فَذَرْنِي وَمَن يُكَذِّبُ بِهَذَا الْحَدِيثِ
سَنَسْتَدْرِجُهُم مِّنْ حَيْثُ لَا يَعْلَمُونَ (٤٤) وَأُمْلِي لَهُمْ إِنَّ كَيْدِي مَتِينٌ (٤٥) أَمْ
تَسْأَلُهُمْ أَجْرًا فَهُم مِّن مَّغْرَمٍ مُّثْقَلُونَ (٤٦) أَمْ عِندَهُمُ الْغَيْبُ فَهُمْ
يَكْتُبُونَ (٤٧) فَاصْبِرْ لِحُكْمِ رَبِّكَ وَلَا تَكُن كَصَاحِبِ الْحُوتِ إِذْ نَادَى وَهُوَ
مَكْظُومٌ (٤٨) لَوْلَا أَن تَدَارَكَهُ نِعْمَةٌ مِّن رَّبِّهِ لَنُبِذَ بِالْعَرَاءِ وَهُوَ
مَذْمُومٌ (٤٩) فَاجْتَبَاهُ رَبُّهُ فَجَعَلَهُ مِنَ الصَّالِحِينَ (٥٠) وَإِن يَكَادُ الَّذِينَ كَفَرُوا

لَيُزْلِقُونَكَ بِأَبْصَارِهِمْ لَمَّا سَمِعُوا الذِّكْرَ وَيَقُولُونَ إِنَّهُ لَمَجْنُونٌ (٥١) وَمَا هُوَ إِلَّا ذِكْرٌ لِّلْعَالَمِينَ (٥٢

SOURATE AL HAQQ
سورة الحاقّة

الْحَاقَّةُ (١) مَا الْحَاقَّةُ (٢) وَمَا أَدْرَاكَ مَا الْحَاقَّةُ (٣) كَذَّبَتْ ثَمُودُ وَعَادٌ بِالْقَارِعَةِ (٤) فَأَمَّا ثَمُودُ فَأُهْلِكُوا بِالطَّاغِيَةِ (٥) وَأَمَّا عَادٌ فَأُهْلِكُوا بِرِيحٍ صَرْصَرٍ عَاتِيَةٍ (٦) سَخَّرَهَا عَلَيْهِمْ سَبْعَ لَيَالٍ وَثَمَانِيَةَ أَيَّامٍ حُسُومًا فَتَرَى الْقَوْمَ فِيهَا صَرْعَى كَأَنَّهُمْ أَعْجَازُ نَخْلٍ خَاوِيَةٍ (٧) فَهَلْ تَرَى لَهُم مِّن بَاقِيَةٍ (٨) وَجَاء فِرْعَوْنُ وَمَن قَبْلَهُ وَالْمُؤْتَفِكَاتُ بِالْخَاطِئَةِ (٩) فَعَصَوْا رَسُولَ رَبِّهِمْ فَأَخَذَهُمْ أَخْذَةً رَّابِيَةً (١٠) إِنَّا لَمَّا طَغَى الْمَاء حَمَلْنَاكُمْ فِي الْجَارِيَةِ (١١) لِنَجْعَلَهَا لَكُمْ تَذْكِرَةً وَتَعِيَهَا أُذُنٌ وَاعِيَةٌ (١٢) فَإِذَا نُفِخَ فِي الصُّورِ نَفْخَةٌ وَاحِدَةٌ (١٣) وَحُمِلَتِ الْأَرْضُ وَالْجِبَالُ فَدُكَّتَا دَكَّةً وَاحِدَةً (١٤) فَيَوْمَئِذٍ وَقَعَتِ الْوَاقِعَةُ (١٥) وَانشَقَّتِ السَّمَاء فَهِيَ يَوْمَئِذٍ وَاهِيَةٌ (١٦) وَالْمَلَكُ عَلَى أَرْجَائِهَا وَيَحْمِلُ عَرْشَ رَبِّكَ فَوْقَهُمْ يَوْمَئِذٍ ثَمَانِيَةٌ (١٧) يَوْمَئِذٍ تُعْرَضُونَ لَا تَخْفَى مِنكُمْ خَافِيَةٌ (١٨) فَأَمَّا مَنْ أُوتِيَ كِتَابَهُ بِيَمِينِهِ فَيَقُولُ هَاؤُمُ اقْرَؤُوا كِتَابِيهْ (١٩) إِنِّي ظَنَنتُ أَنِّي مُلَاقٍ حِسَابِيهْ (٢٠) فَهُوَ فِي عِيشَةٍ رَّاضِيَةٍ (٢١) فِي جَنَّةٍ عَالِيَةٍ (٢٢) قُطُوفُهَا دَانِيَةٌ (٢٣) كُلُوا وَاشْرَبُوا هَنِيئًا بِمَا أَسْلَفْتُمْ فِي الْأَيَّامِ الْخَالِيَةِ (٢٤) وَأَمَّا مَنْ أُوتِيَ كِتَابَهُ بِشِمَالِهِ فَيَقُولُ يَا لَيْتَنِي لَمْ أُوتَ كِتَابِيهْ (٢٥) وَلَمْ أَدْرِ مَا حِسَابِيهْ (٢٦) يَا لَيْتَهَا كَانَتِ الْقَاضِيَةَ (٢٧) مَا أَغْنَى عَنِّي مَالِيهْ (٢٨) هَلَكَ عَنِّي سُلْطَانِيهْ (٢٩) خُذُوهُ فَغُلُّوهُ (٣٠) ثُمَّ الْجَحِيمَ صَلُّوهُ (٣١) ثُمَّ فِي سِلْسِلَةٍ ذَرْعُهَا سَبْعُونَ ذِرَاعًا فَاسْلُكُوهُ (٣٢) إِنَّهُ كَانَ لَا يُؤْمِنُ بِاللَّهِ الْعَظِيمِ (٣٣) وَلَا يَحُضُّ عَلَى طَعَامِ الْمِسْكِينِ (٣٤) فَلَيْسَ لَهُ الْيَوْمَ هَاهُنَا حَمِيمٌ (٣٥) وَلَا طَعَامٌ إِلَّا مِنْ غِسْلِينٍ (٣٦) لَا يَأْكُلُهُ إِلَّا الْخَاطِؤُونَ (٣٧) فَلَا أُقْسِمُ بِمَا تُبْصِرُونَ (٣٨) وَمَا لَا تُبْصِرُونَ (٣٩) إِنَّهُ لَقَوْلُ رَسُولٍ كَرِيمٍ (٤٠) وَمَا هُوَ بِقَوْلِ شَاعِرٍ قَلِيلًا مَا تُؤْمِنُونَ (٤١) وَلَا بِقَوْلِ كَاهِنٍ قَلِيلًا مَا تَذَكَّرُونَ (٤٢) تَنزِيلٌ مِّن رَّبِّ الْعَالَمِينَ (٤٣) وَلَوْ تَقَوَّلَ عَلَيْنَا بَعْضَ الْأَقَاوِيلِ (٤٤) لَأَخَذْنَا مِنْهُ بِالْيَمِينِ (٤٥) ثُمَّ لَقَطَعْنَا مِنْهُ الْوَتِينَ (٤٦) فَمَا مِنكُم مِّنْ أَحَدٍ عَنْهُ حَاجِزِينَ (٤٧) وَإِنَّهُ لَتَذْكِرَةٌ لِّلْمُتَّقِينَ (٤٨) وَإِنَّا لَنَعْلَمُ أَنَّ مِنكُم مُّكَذِّبِينَ (٤٩) وَإِنَّهُ

لَحَسْرَةٌ عَلَى الْكَافِرِينَ (٥٠) وَإِنَّهُ لَحَقُّ الْيَقِينِ (٥١) فَسَبِّحْ بِاسْمِ رَبِّكَ
الْعَظِيمِ (٥٢

SOURATE AL MA'ARIJ

سورة المعارج

سَأَلَ سَائِلٌ بِعَذَابٍ وَاقِعٍ (١) لِّلْكَافِرِينَ لَيْسَ لَهُ دَافِعٌ (٢) مِّنَ اللَّهِ ذِي
الْمَعَارِجِ (٣) تَعْرُجُ الْمَلَائِكَةُ وَالرُّوحُ إِلَيْهِ فِي يَوْمٍ كَانَ مِقْدَارُهُ خَمْسِينَ أَلْفَ
سَنَةٍ (٤) فَاصْبِرْ صَبْرًا جَمِيلًا (٥) إِنَّهُمْ يَرَوْنَهُ بَعِيدًا (٦) وَنَرَاهُ قَرِيبًا (٧) يَوْمَ
تَكُونُ السَّمَاء كَالْمُهْلِ (٨) وَتَكُونُ الْجِبَالُ كَالْعِهْنِ (٩) وَلَا يَسْأَلُ حَمِيمٌ
حَمِيمًا (١٠) يُبَصَّرُونَهُمْ يَوَدُّ الْمُجْرِمُ لَوْ يَفْتَدِي مِنْ عَذَابِ يَوْمِئِذٍ
بِبَنِيهِ (١١) وَصَاحِبَتِهِ وَأَخِيهِ (١٢) وَفَصِيلَتِهِ الَّتِي تُؤْوِيهِ (١٣) وَمَن فِي الْأَرْضِ
جَمِيعًا ثُمَّ يُنجِيهِ (١٤) كَلَّا إِنَّهَا لَظَى (١٥) نَزَّاعَةً لِّلشَّوَى (١٦) تَدْعُو مَنْ أَدْبَرَ
وَتَوَلَّى (١٧) وَجَمَعَ فَأَوْعَى (١٨) إِنَّ الْإِنسَانَ خُلِقَ هَلُوعًا (١٩) إِذَا مَسَّهُ الشَّرُّ
جَزُوعًا (٢٠) وَإِذَا مَسَّهُ الْخَيْرُ مَنُوعًا (٢١) إِلَّا الْمُصَلِّينَ (٢٢) الَّذِينَ هُمْ عَلَى
صَلَاتِهِمْ دَائِمُونَ (٢٣) وَالَّذِينَ فِي أَمْوَالِهِمْ حَقٌّ مَّعْلُومٌ (٢٤) لِّلسَّائِلِ
وَالْمَحْرُومِ (٢٥) وَالَّذِينَ يُصَدِّقُونَ بِيَوْمِ الدِّينِ (٢٦) وَالَّذِينَ هُم مِّنْ عَذَابِ رَبِّهِم
مُّشْفِقُونَ (٢٧) إِنَّ عَذَابَ رَبِّهِمْ غَيْرُ مَأْمُونٍ (٢٨) وَالَّذِينَ هُمْ لِفُرُوجِهِمْ
حَافِظُونَ (٢٩) إِلَّا عَلَى أَزْوَاجِهِمْ أَوْ مَا مَلَكَتْ أَيْمَانُهُمْ فَإِنَّهُمْ غَيْرُ
مَلُومِينَ (٣٠) فَمَنِ ابْتَغَى وَرَاء ذَلِكَ فَأُولَئِكَ هُمُ الْعَادُونَ (٣١) وَالَّذِينَ هُمْ
لِأَمَانَاتِهِمْ وَعَهْدِهِمْ رَاعُونَ (٣٢) وَالَّذِينَ هُم بِشَهَادَاتِهِمْ قَائِمُونَ (٣٣) وَالَّذِينَ هُمْ
عَلَى صَلَاتِهِمْ يُحَافِظُونَ (٣٤) أُولَئِكَ فِي جَنَّاتٍ مُّكْرَمُونَ (٣٥) فَمَالِ الَّذِينَ
كَفَرُوا قِبَلَكَ مُهْطِعِينَ (٣٦) عَنِ الْيَمِينِ وَعَنِ الشِّمَالِ عِزِينَ (٣٧) أَيَطْمَعُ كُلُّ
امْرِئٍ مِّنْهُمْ أَن يُدْخَلَ جَنَّةَ نَعِيمٍ (٣٨) كَلَّا إِنَّا خَلَقْنَاهُم مِّمَّا يَعْلَمُونَ (٣٩) فَلَا أُقْسِمُ
بِرَبِّ الْمَشَارِقِ وَالْمَغَارِبِ إِنَّا لَقَادِرُونَ (٤٠) عَلَى أَن نُّبَدِّلَ خَيْرًا مِّنْهُمْ وَمَا نَحْنُ
بِمَسْبُوقِينَ (٤١) فَذَرْهُمْ يَخُوضُوا وَيَلْعَبُوا حَتَّى يُلَاقُوا يَوْمَهُمُ الَّذِي
يُوعَدُونَ (٤٢) يَوْمَ يَخْرُجُونَ مِنَ الْأَجْدَاثِ سِرَاعًا كَأَنَّهُمْ إِلَى نُصُبٍ
يُوفِضُونَ (٤٣) خَاشِعَةً أَبْصَارُهُمْ تَرْهَقُهُمْ ذِلَّةٌ ذَلِكَ الْيَوْمُ الَّذِي كَانُوا
يُوعَدُونَ (٤٤

SOURATE NUH

سورة نوح

إِنَّا أَرْسَلْنَا نُوحًا إِلَى قَوْمِهِ أَنْ أَنذِرْ قَوْمَكَ مِن قَبْلِ أَن يَأْتِيَهُمْ عَذَابٌ أَلِيمٌ (١) قَالَ يَا
قَوْمِ إِنِّي لَكُمْ نَذِيرٌ مُّبِينٌ (٢) أَنِ اعْبُدُوا اللَّهَ وَاتَّقُوهُ وَأَطِيعُونِ (٣) يَغْفِرْ لَكُم مِّن
ذُنُوبِكُمْ وَيُؤَخِّرْكُمْ إِلَى أَجَلٍ مُّسَمًّى إِنَّ أَجَلَ اللَّهِ إِذَا جَاءَ لَا يُؤَخَّرُ لَوْ كُنتُمْ
تَعْلَمُونَ (٤) قَالَ رَبِّ إِنِّي دَعَوْتُ قَوْمِي لَيْلًا وَنَهَارًا (٥) فَلَمْ يَزِدْهُمْ دُعَائِي إِلَّا
فِرَارًا (٦) وَإِنِّي كُلَّمَا دَعَوْتُهُمْ لِتَغْفِرَ لَهُمْ جَعَلُوا أَصَابِعَهُمْ فِي آذَانِهِمْ وَاسْتَغْشَوْا
ثِيَابَهُمْ وَأَصَرُّوا وَاسْتَكْبَرُوا اسْتِكْبَارًا (٧) ثُمَّ إِنِّي دَعَوْتُهُمْ جِهَارًا (٨) ثُمَّ إِنِّي
أَعْلَنتُ لَهُمْ وَأَسْرَرْتُ لَهُمْ إِسْرَارًا (٩) فَقُلْتُ اسْتَغْفِرُوا رَبَّكُمْ إِنَّهُ كَانَ
غَفَّارًا (١٠) يُرْسِلِ السَّمَاءَ عَلَيْكُم مِّدْرَارًا (١١) وَيُمْدِدْكُم بِأَمْوَالٍ وَبَنِينَ وَيَجْعَل
لَّكُمْ جَنَّاتٍ وَيَجْعَل لَّكُمْ أَنْهَارًا (١٢) مَّا لَكُمْ لَا تَرْجُونَ لِلَّهِ وَقَارًا (١٣) وَقَدْ خَلَقَكُمْ
أَطْوَارًا (١٤) أَلَمْ تَرَوْا كَيْفَ خَلَقَ اللَّهُ سَبْعَ سَمَاوَاتٍ طِبَاقًا (١٥) وَجَعَلَ الْقَمَرَ
فِيهِنَّ نُورًا وَجَعَلَ الشَّمْسَ سِرَاجًا (١٦) وَاللَّهُ أَنبَتَكُم مِّنَ الْأَرْضِ نَبَاتًا (١٧) ثُمَّ
يُعِيدُكُمْ فِيهَا وَيُخْرِجُكُمْ إِخْرَاجًا (١٨) وَاللَّهُ جَعَلَ لَكُمُ الْأَرْضَ
بِسَاطًا (١٩) لِّتَسْلُكُوا مِنْهَا سُبُلًا فِجَاجًا (٢٠) قَالَ نُوحٌ رَّبِّ إِنَّهُمْ عَصَوْنِي
وَاتَّبَعُوا مَن لَّمْ يَزِدْهُ مَالُهُ وَوَلَدُهُ إِلَّا خَسَارًا (٢١) وَمَكَرُوا مَكْرًا
كُبَّارًا (٢٢) وَقَالُوا لَا تَذَرُنَّ آلِهَتَكُمْ وَلَا تَذَرُنَّ وَدًّا وَلَا سُوَاعًا وَلَا يَغُوثَ وَيَعُوقَ
وَنَسْرًا (٢٣) وَقَدْ أَضَلُّوا كَثِيرًا وَلَا تَزِدِ الظَّالِمِينَ إِلَّا ضَلَالًا (٢٤) مِّمَّا خَطِيئَاتِهِمْ
أُغْرِقُوا فَأُدْخِلُوا نَارًا فَلَمْ يَجِدُوا لَهُم مِّن دُونِ اللَّهِ أَنصَارًا (٢٥) وَقَالَ نُوحٌ رَّبِّ لَا
تَذَرْ عَلَى الْأَرْضِ مِنَ الْكَافِرِينَ دَيَّارًا (٢٦) إِنَّكَ إِن تَذَرْهُمْ يُضِلُّوا عِبَادَكَ وَلَا
يَلِدُوا إِلَّا فَاجِرًا كَفَّارًا (٢٧) رَّبِّ اغْفِرْ لِي وَلِوَالِدَيَّ وَلِمَن دَخَلَ بَيْتِيَ مُؤْمِنًا
وَلِلْمُؤْمِنِينَ وَالْمُؤْمِنَاتِ وَلَا تَزِدِ الظَّالِمِينَ إِلَّا تَبَارًا (٢٨

SOURATE AL JINN

سورة الجن

قُلْ أُوحِيَ إِلَيَّ أَنَّهُ اسْتَمَعَ نَفَرٌ مِّنَ الْجِنِّ فَقَالُوا إِنَّا سَمِعْنَا قُرْآنًا عَجَبًا (١) يَهْدِي
إِلَى الرُّشْدِ فَآمَنَّا بِهِ وَلَن نُّشْرِكَ بِرَبِّنَا أَحَدًا (٢) وَأَنَّهُ تَعَالَى جَدُّ رَبِّنَا مَا اتَّخَذَ
صَاحِبَةً وَلَا وَلَدًا (٣) وَأَنَّهُ كَانَ يَقُولُ سَفِيهُنَا عَلَى اللَّهِ شَطَطًا (٤) وَأَنَّا ظَنَنَّا أَن
لَّن تَقُولَ الْإِنسُ وَالْجِنُّ عَلَى اللَّهِ كَذِبًا (٥) وَأَنَّهُ كَانَ رِجَالٌ مِّنَ الْإِنسِ يَعُوذُونَ
بِرِجَالٍ مِّنَ الْجِنِّ فَزَادُوهُمْ رَهَقًا (٦) وَأَنَّهُمْ ظَنُّوا كَمَا ظَنَنتُمْ أَن لَّن يَبْعَثَ اللَّهُ
أَحَدًا (٧) وَأَنَّا لَمَسْنَا السَّمَاءَ فَوَجَدْنَاهَا مُلِئَتْ حَرَسًا شَدِيدًا وَشُهُبًا (٨) وَأَنَّا كُنَّا
نَقْعُدُ مِنْهَا مَقَاعِدَ لِلسَّمْعِ فَمَن يَسْتَمِعِ الْآنَ يَجِدْ لَهُ شِهَابًا رَّصَدًا (٩) وَأَنَّا لَا نَدْرِي
أَشَرٌّ أُرِيدَ بِمَن فِي الْأَرْضِ أَمْ أَرَادَ بِهِمْ رَبُّهُمْ رَشَدًا (١٠) وَأَنَّا مِنَّا الصَّالِحُونَ
وَمِنَّا دُونَ ذَٰلِكَ كُنَّا طَرَائِقَ قِدَدًا (١١) وَأَنَّا ظَنَنَّا أَن لَّن نُّعْجِزَ اللَّهَ فِي الْأَرْضِ وَلَن
نُّعْجِزَهُ هَرَبًا (١٢) وَأَنَّا لَمَّا سَمِعْنَا الْهُدَىٰ آمَنَّا بِهِ فَمَن يُؤْمِن بِرَبِّهِ فَلَا يَخَافُ بَخْسًا
وَلَا رَهَقًا (١٣) وَأَنَّا مِنَّا الْمُسْلِمُونَ وَمِنَّا الْقَاسِطُونَ فَمَنْ أَسْلَمَ فَأُولَٰئِكَ تَحَرَّوْا
رَشَدًا (١٤) وَأَمَّا الْقَاسِطُونَ فَكَانُوا لِجَهَنَّمَ حَطَبًا (١٥) وَأَلَّوِ اسْتَقَامُوا عَلَى
الطَّرِيقَةِ لَأَسْقَيْنَاهُم مَّاءً غَدَقًا (١٦) لِّنَفْتِنَهُمْ فِيهِ وَمَن يُعْرِضْ عَن ذِكْرِ رَبِّهِ يَسْلُكْهُ
عَذَابًا صَعَدًا (١٧) وَأَنَّ الْمَسَاجِدَ لِلَّهِ فَلَا تَدْعُوا مَعَ اللَّهِ أَحَدًا (١٨) وَأَنَّهُ لَمَّا قَامَ
عَبْدُ اللَّهِ يَدْعُوهُ كَادُوا يَكُونُونَ عَلَيْهِ لِبَدًا (١٩) قُلْ إِنَّمَا أَدْعُو رَبِّي وَلَا أُشْرِكُ بِهِ
أَحَدًا (٢٠) قُلْ إِنِّي لَا أَمْلِكُ لَكُمْ ضَرًّا وَلَا رَشَدًا (٢١) قُلْ إِنِّي لَن يُجِيرَنِي مِنَ اللَّهِ
أَحَدٌ وَلَنْ أَجِدَ مِن دُونِهِ مُلْتَحَدًا (٢٢) إِلَّا بَلَاغًا مِّنَ اللَّهِ وَرِسَالَاتِهِ وَمَن يَعْصِ اللَّهَ
وَرَسُولَهُ فَإِنَّ لَهُ نَارَ جَهَنَّمَ خَالِدِينَ فِيهَا أَبَدًا (٢٣) حَتَّىٰ إِذَا رَأَوْا مَا يُوعَدُونَ
فَسَيَعْلَمُونَ مَنْ أَضْعَفُ نَاصِرًا وَأَقَلُّ عَدَدًا (٢٤) قُلْ إِنْ أَدْرِي أَقَرِيبٌ مَّا تُوعَدُونَ
أَمْ يَجْعَلُ لَهُ رَبِّي أَمَدًا (٢٥) عَالِمُ الْغَيْبِ فَلَا يُظْهِرُ عَلَىٰ غَيْبِهِ أَحَدًا (٢٦) إِلَّا مَنِ
ارْتَضَىٰ مِن رَّسُولٍ فَإِنَّهُ يَسْلُكُ مِن بَيْنِ يَدَيْهِ وَمِنْ خَلْفِهِ رَصَدًا (٢٧) لِّيَعْلَمَ أَن قَدْ
أَبْلَغُوا رِسَالَاتِ رَبِّهِمْ وَأَحَاطَ بِمَا لَدَيْهِمْ وَأَحْصَىٰ كُلَّ شَيْءٍ عَدَدًا (٢٨

SOURATE AL MUZZAMMIL
سورة المزّمّل

يَا أَيُّهَا الْمُزَّمِّلُ (١) قُمِ اللَّيْلَ إِلَّا قَلِيلًا (٢) نِّصْفَهُ أَوِ انقُصْ مِنْهُ قَلِيلًا (٣) أَوْ زِدْ
عَلَيْهِ وَرَتِّلِ الْقُرْآنَ تَرْتِيلًا (٤) إِنَّا سَنُلْقِي عَلَيْكَ قَوْلًا ثَقِيلًا (٥) إِنَّ نَاشِئَةَ اللَّيْلِ هِيَ
أَشَدُّ وَطْئًا وَأَقْوَمُ قِيلًا (٦) إِنَّ لَكَ فِي النَّهَارِ سَبْحًا طَوِيلًا (٧) وَاذْكُرِ اسْمَ رَبِّكَ
وَتَبَتَّلْ إِلَيْهِ تَبْتِيلًا (٨) رَّبُّ الْمَشْرِقِ وَالْمَغْرِبِ لَا إِلَٰهَ إِلَّا هُوَ فَاتَّخِذْهُ

وَكِيلًا (٩) وَاصْبِرْ عَلَى مَا يَقُولُونَ وَاهْجُرْهُمْ هَجْرًا جَمِيلًا (١٠) وَذَرْنِي
وَالْمُكَذِّبِينَ أُولِي النَّعْمَةِ وَمَهِّلْهُمْ قَلِيلًا (١١) إِنَّ لَدَيْنَا أَنكَالًا وَجَحِيمًا (١٢) وَطَعَامًا
ذَا غُصَّةٍ وَعَذَابًا أَلِيمًا (١٣) يَوْمَ تَرْجُفُ الْأَرْضُ وَالْجِبَالُ وَكَانَتِ الْجِبَالُ كَثِيبًا
مَّهِيلًا (١٤) إِنَّا أَرْسَلْنَا إِلَيْكُمْ رَسُولًا شَاهِدًا عَلَيْكُمْ كَمَا أَرْسَلْنَا إِلَى فِرْعَوْنَ
رَسُولًا (١٥) فَعَصَى فِرْعَوْنُ الرَّسُولَ فَأَخَذْنَاهُ أَخْذًا وَبِيلًا (١٦) فَكَيْفَ تَتَّقُونَ إِن
كَفَرْتُمْ يَوْمًا يَجْعَلُ الْوِلْدَانَ شِيبًا (١٧) السَّمَاءُ مُنفَطِرٌ بِهِ كَانَ وَعْدُهُ
مَفْعُولًا (١٨) إِنَّ هَذِهِ تَذْكِرَةٌ فَمَن شَاءَ اتَّخَذَ إِلَى رَبِّهِ سَبِيلًا (١٩) إِنَّ رَبَّكَ يَعْلَمُ
أَنَّكَ تَقُومُ أَدْنَى مِن ثُلُثَيِ اللَّيْلِ وَنِصْفَهُ وَثُلُثَهُ وَطَائِفَةٌ مِّنَ الَّذِينَ مَعَكَ وَاللَّهُ يُقَدِّرُ
اللَّيْلَ وَالنَّهَارَ عَلِمَ أَن لَّن تُحْصُوهُ فَتَابَ عَلَيْكُمْ فَاقْرَؤُوا مَا تَيَسَّرَ مِنَ الْقُرْآنِ عَلِمَ
أَن سَيَكُونُ مِنكُم مَّرْضَى وَآخَرُونَ يَضْرِبُونَ فِي الْأَرْضِ يَبْتَغُونَ مِن فَضْلِ اللَّهِ
وَآخَرُونَ يُقَاتِلُونَ فِي سَبِيلِ اللَّهِ فَاقْرَؤُوا مَا تَيَسَّرَ مِنْهُ وَأَقِيمُوا الصَّلَاةَ وَآتُوا الزَّكَاةَ
وَأَقْرِضُوا اللَّهَ قَرْضًا حَسَنًا وَمَا تُقَدِّمُوا لِأَنفُسِكُم مِّنْ خَيْرٍ تَجِدُوهُ عِندَ اللَّهِ هُوَ خَيْرًا
وَأَعْظَمَ أَجْرًا وَاسْتَغْفِرُوا اللَّهَ إِنَّ اللَّهَ غَفُورٌ رَّحِيمٌ (٢٠

SOURATE AL MUDDATHTHIR
سورة المدّثّر

يَا أَيُّهَا الْمُدَّثِّرُ (١) قُمْ فَأَنذِرْ (٢) وَرَبَّكَ فَكَبِّرْ (٣) وَثِيَابَكَ فَطَهِّرْ (٤) وَالرُّجْزَ
فَاهْجُرْ (٥) وَلَا تَمْنُن تَسْتَكْثِرُ (٦) وَلِرَبِّكَ فَاصْبِرْ (٧) فَإِذَا نُقِرَ فِي
النَّاقُورِ (٨) فَذَلِكَ يَوْمَئِذٍ يَوْمٌ عَسِيرٌ (٩) عَلَى الْكَافِرِينَ غَيْرُ يَسِيرٍ (١٠) ذَرْنِي
وَمَنْ خَلَقْتُ وَحِيدًا (١١) وَجَعَلْتُ لَهُ مَالًا مَّمْدُودًا (١٢) وَبَنِينَ
شُهُودًا (١٣) وَمَهَّدتُّ لَهُ تَمْهِيدًا (١٤) ثُمَّ يَطْمَعُ أَنْ أَزِيدَ (١٥) كَلَّا إِنَّهُ كَانَ
لِآيَاتِنَا عَنِيدًا (١٦) سَأُرْهِقُهُ صَعُودًا (١٧) إِنَّهُ فَكَّرَ وَقَدَّرَ (١٨) فَقُتِلَ كَيْفَ
قَدَّرَ (١٩) ثُمَّ قُتِلَ كَيْفَ قَدَّرَ (٢٠) ثُمَّ نَظَرَ (٢١) ثُمَّ عَبَسَ وَبَسَرَ (٢٢) ثُمَّ أَدْبَرَ
وَاسْتَكْبَرَ (٢٣) فَقَالَ إِنْ هَذَا إِلَّا سِحْرٌ يُؤْثَرُ (٢٤) إِنْ هَذَا إِلَّا قَوْلُ
الْبَشَرِ (٢٥) سَأُصْلِيهِ سَقَرَ (٢٦) وَمَا أَدْرَاكَ مَا سَقَرُ (٢٧) لَا تُبْقِي وَلَا
تَذَرُ (٢٨) لَوَّاحَةٌ لِّلْبَشَرِ (٢٩) عَلَيْهَا تِسْعَةَ عَشَرَ (٣٠) وَمَا جَعَلْنَا أَصْحَابَ النَّارِ
إِلَّا مَلَائِكَةً وَمَا جَعَلْنَا عِدَّتَهُمْ إِلَّا فِتْنَةً لِّلَّذِينَ كَفَرُوا لِيَسْتَيْقِنَ الَّذِينَ أُوتُوا الْكِتَابَ
وَيَزْدَادَ الَّذِينَ آمَنُوا إِيمَانًا وَلَا يَرْتَابَ الَّذِينَ أُوتُوا الْكِتَابَ وَالْمُؤْمِنُونَ وَلِيَقُولَ
الَّذِينَ فِي قُلُوبِهِم مَّرَضٌ وَالْكَافِرُونَ مَاذَا أَرَادَ اللَّهُ بِهَذَا مَثَلًا كَذَلِكَ يُضِلُّ اللَّهُ مَن

يَشَاءُ وَيَهْدِي مَن يَشَاءُ وَمَا يَعْلَمُ جُنُودَ رَبِّكَ إِلَّا هُوَ وَمَا هِيَ إِلَّا ذِكْرَى
لِلْبَشَرِ (٣١) كَلَّا وَالْقَمَرِ (٣٢) وَاللَّيْلِ إِذْ أَدْبَرَ (٣٣) وَالصُّبْحِ إِذَا أَسْفَرَ (٣٤) إِنَّهَا
لَإِحْدَى الْكُبَرِ (٣٥) نَذِيرًا لِّلْبَشَرِ (٣٦) لِمَن شَاءَ مِنكُمْ أَن يَتَقَدَّمَ أَوْ
يَتَأَخَّرَ (٣٧) كُلُّ نَفْسٍ بِمَا كَسَبَتْ رَهِينَةٌ (٣٨) إِلَّا أَصْحَابَ الْيَمِينِ (٣٩) فِي
جَنَّاتٍ يَتَسَاءَلُونَ (٤٠) عَنِ الْمُجْرِمِينَ (٤١) مَا سَلَكَكُمْ فِي سَقَرَ (٤٢) قَالُوا لَمْ
نَكُ مِنَ الْمُصَلِّينَ (٤٣) وَلَمْ نَكُ نُطْعِمُ الْمِسْكِينَ (٤٤) وَكُنَّا نَخُوضُ مَعَ
الْخَائِضِينَ (٤٥) وَكُنَّا نُكَذِّبُ بِيَوْمِ الدِّينِ (٤٦) حَتَّى أَتَانَا الْيَقِينُ (٤٧) فَمَا تَنفَعُهُمْ
شَفَاعَةُ الشَّافِعِينَ (٤٨) فَمَا لَهُمْ عَنِ التَّذْكِرَةِ مُعْرِضِينَ (٤٩) كَأَنَّهُمْ حُمُرٌ
مُّسْتَنفِرَةٌ (٥٠) فَرَّتْ مِن قَسْوَرَةٍ (٥١) بَلْ يُرِيدُ كُلُّ امْرِئٍ مِّنْهُمْ أَن يُؤْتَى صُحُفًا
مُّنَشَّرَةً (٥٢) كَلَّا بَل لَّا يَخَافُونَ الْآخِرَةَ (٥٣) كَلَّا إِنَّهُ تَذْكِرَةٌ (٥٤) فَمَن شَاءَ
ذَكَرَهُ (٥٥) وَمَا يَذْكُرُونَ إِلَّا أَن يَشَاءَ اللَّهُ هُوَ أَهْلُ التَّقْوَى وَأَهْلُ الْمَغْفِرَةِ (٥٦

SOURATE AL QIYAMAH

سورة القيامة

لَا أُقْسِمُ بِيَوْمِ الْقِيَامَةِ (١) وَلَا أُقْسِمُ بِالنَّفْسِ اللَّوَّامَةِ (٢) أَيَحْسَبُ الْإِنسَانُ أَلَّن نَّجْمَعَ
عِظَامَهُ (٣) بَلَى قَادِرِينَ عَلَى أَن نُّسَوِّيَ بَنَانَهُ (٤) بَلْ يُرِيدُ الْإِنسَانُ لِيَفْجُرَ
أَمَامَهُ (٥) يَسْأَلُ أَيَّانَ يَوْمُ الْقِيَامَةِ (٦) فَإِذَا بَرِقَ الْبَصَرُ (٧) وَخَسَفَ
الْقَمَرُ (٨) وَجُمِعَ الشَّمْسُ وَالْقَمَرُ (٩) يَقُولُ الْإِنسَانُ يَوْمَئِذٍ أَيْنَ الْمَفَرُّ (١٠) كَلَّا
لَا وَزَرَ (١١) إِلَى رَبِّكَ يَوْمَئِذٍ الْمُسْتَقَرُّ (١٢) يُنَبَّأُ الْإِنسَانُ يَوْمَئِذٍ بِمَا قَدَّمَ
وَأَخَّرَ (١٣) بَلِ الْإِنسَانُ عَلَى نَفْسِهِ بَصِيرَةٌ (١٤) وَلَوْ أَلْقَى مَعَاذِيرَهُ (١٥) لَا
تُحَرِّكْ بِهِ لِسَانَكَ لِتَعْجَلَ بِهِ (١٦) إِنَّ عَلَيْنَا جَمْعَهُ وَقُرْآنَهُ (١٧) فَإِذَا قَرَأْنَاهُ فَاتَّبِعْ
قُرْآنَهُ (١٨) ثُمَّ إِنَّ عَلَيْنَا بَيَانَهُ (١٩) كَلَّا بَلْ تُحِبُّونَ الْعَاجِلَةَ (٢٠) وَتَذَرُونَ
الْآخِرَةَ (٢١) وُجُوهٌ يَوْمَئِذٍ نَّاضِرَةٌ (٢٢) إِلَى رَبِّهَا نَاظِرَةٌ (٢٣) وَوُجُوهٌ يَوْمَئِذٍ
بَاسِرَةٌ (٢٤) تَظُنُّ أَن يُفْعَلَ بِهَا فَاقِرَةٌ (٢٥) كَلَّا إِذَا بَلَغَتِ التَّرَاقِيَ (٢٦) وَقِيلَ
مَنْ رَاقٍ (٢٧) وَظَنَّ أَنَّهُ الْفِرَاقُ (٢٨) وَالْتَفَّتِ السَّاقُ بِالسَّاقِ (٢٩) إِلَى رَبِّكَ
يَوْمَئِذٍ الْمَسَاقُ (٣٠) فَلَا صَدَّقَ وَلَا صَلَّى (٣١) وَلَكِن كَذَّبَ وَتَوَلَّى (٣٢) ثُمَّ
ذَهَبَ إِلَى أَهْلِهِ يَتَمَطَّى (٣٣) أَوْلَى لَكَ فَأَوْلَى (٣٤) ثُمَّ أَوْلَى لَكَ
فَأَوْلَى (٣٥) أَيَحْسَبُ الْإِنسَانُ أَن يُتْرَكَ سُدًى (٣٦) أَلَمْ يَكُ نُطْفَةً مِّن مَّنِيٍّ

يُمْنَى (٣٧) ثُمَّ كَانَ عَلَقَةً فَخَلَقَ فَسَوَّى (٣٨) فَجَعَلَ مِنْهُ الزَّوْجَيْنِ الذَّكَرَ
وَالْأُنثَى (٣٩) أَلَيْسَ ذَٰلِكَ بِقَادِرٍ عَلَى أَن يُحْيِيَ الْمَوْتَى (٤٠

SOURATE AL INSAN
سورة الإنسان

هَلْ أَتَى عَلَى الْإِنسَانِ حِينٌ مِّنَ الدَّهْرِ لَمْ يَكُن شَيْئًا مَّذْكُورًا (١) إِنَّا خَلَقْنَا الْإِنسَانَ
مِن نُّطْفَةٍ أَمْشَاجٍ نَّبْتَلِيهِ فَجَعَلْنَاهُ سَمِيعًا بَصِيرًا (٢) إِنَّا هَدَيْنَاهُ السَّبِيلَ إِمَّا شَاكِرًا
وَإِمَّا كَفُورًا (٣) إِنَّا أَعْتَدْنَا لِلْكَافِرِينَ سَلَاسِلَا وَأَغْلَالًا وَسَعِيرًا (٤) إِنَّ الْأَبْرَارَ
يَشْرَبُونَ مِن كَأْسٍ كَانَ مِزَاجُهَا كَافُورًا (٥) عَيْنًا يَشْرَبُ بِهَا عِبَادُ اللَّهِ يُفَجِّرُونَهَا
تَفْجِيرًا (٦) يُوفُونَ بِالنَّذْرِ وَيَخَافُونَ يَوْمًا كَانَ شَرُّهُ مُسْتَطِيرًا (٧) وَيُطْعِمُونَ
الطَّعَامَ عَلَى حُبِّهِ مِسْكِينًا وَيَتِيمًا وَأَسِيرًا (٨) إِنَّمَا نُطْعِمُكُمْ لِوَجْهِ اللَّهِ لَا نُرِيدُ مِنكُمْ
جَزَاءً وَلَا شُكُورًا (٩) إِنَّا نَخَافُ مِن رَّبِّنَا يَوْمًا عَبُوسًا قَمْطَرِيرًا (١٠) فَوَقَاهُمُ اللَّهُ
شَرَّ ذَٰلِكَ الْيَوْمِ وَلَقَّاهُمْ نَضْرَةً وَسُرُورًا (١١) وَجَزَاهُم بِمَا صَبَرُوا جَنَّةً
وَحَرِيرًا (١٢) مُّتَّكِئِينَ فِيهَا عَلَى الْأَرَائِكِ لَا يَرَوْنَ فِيهَا شَمْسًا وَلَا
زَمْهَرِيرًا (١٣) وَدَانِيَةً عَلَيْهِمْ ظِلَالُهَا وَذُلِّلَتْ قُطُوفُهَا تَذْلِيلًا (١٤) وَيُطَافُ عَلَيْهِم
بِآنِيَةٍ مِّن فِضَّةٍ وَأَكْوَابٍ كَانَتْ قَوَارِيرَا (١٥) قَوَارِيرَ مِن فِضَّةٍ قَدَّرُوهَا
تَقْدِيرًا (١٦) وَيُسْقَوْنَ فِيهَا كَأْسًا كَانَ مِزَاجُهَا زَنجَبِيلًا (١٧) عَيْنًا فِيهَا تُسَمَّى
سَلْسَبِيلًا (١٨) وَيَطُوفُ عَلَيْهِمْ وِلْدَانٌ مُّخَلَّدُونَ إِذَا رَأَيْتَهُمْ حَسِبْتَهُمْ لُؤْلُؤًا
مَّنثُورًا (١٩) وَإِذَا رَأَيْتَ ثَمَّ رَأَيْتَ نَعِيمًا وَمُلْكًا كَبِيرًا (٢٠) عَالِيَهُمْ ثِيَابُ سُندُسٍ
خُضْرٌ وَإِسْتَبْرَقٌ وَحُلُّوا أَسَاوِرَ مِن فِضَّةٍ وَسَقَاهُمْ رَبُّهُمْ شَرَابًا طَهُورًا (٢١) إِنَّ
هَٰذَا كَانَ لَكُمْ جَزَاءً وَكَانَ سَعْيُكُم مَّشْكُورًا (٢٢) إِنَّا نَحْنُ نَزَّلْنَا عَلَيْكَ الْقُرْآنَ
تَنزِيلًا (٢٣) فَاصْبِرْ لِحُكْمِ رَبِّكَ وَلَا تُطِعْ مِنْهُمْ آثِمًا أَوْ كَفُورًا (٢٤) وَاذْكُرِ اسْمَ
رَبِّكَ بُكْرَةً وَأَصِيلًا (٢٥) وَمِنَ اللَّيْلِ فَاسْجُدْ لَهُ وَسَبِّحْهُ لَيْلًا طَوِيلًا (٢٦) إِنَّ
هَٰؤُلَاءِ يُحِبُّونَ الْعَاجِلَةَ وَيَذَرُونَ وَرَاءَهُمْ يَوْمًا ثَقِيلًا (٢٧) نَّحْنُ خَلَقْنَاهُمْ وَشَدَدْنَا
أَسْرَهُمْ وَإِذَا شِئْنَا بَدَّلْنَا أَمْثَالَهُمْ تَبْدِيلًا (٢٨) إِنَّ هَٰذِهِ تَذْكِرَةٌ فَمَن شَاءَ اتَّخَذَ إِلَىٰ رَبِّهِ
سَبِيلًا (٢٩) وَمَا تَشَاءُونَ إِلَّا أَن يَشَاءَ اللَّهُ إِنَّ اللَّهَ كَانَ عَلِيمًا حَكِيمًا (٣٠) يُدْخِلُ
مَن يَشَاءُ فِي رَحْمَتِهِ وَالظَّالِمِينَ أَعَدَّ لَهُمْ عَذَابًا أَلِيمًا (٣١

SOURATE AL MURSALAT
سورة المرسلات

وَالْمُرْسَلَاتِ عُرْفًا (١) فَالْعَاصِفَاتِ عَصْفًا (٢) وَالنَّاشِرَاتِ نَشْرًا (٣) فَالْفَارِقَاتِ
فَرْقًا (٤) فَالْمُلْقِيَاتِ ذِكْرًا (٥) عُذْرًا أَوْ نُذْرًا (٦) إِنَّمَا تُوعَدُونَ لَوَاقِعٌ (٧) فَإِذَا
النُّجُومُ طُمِسَتْ (٨) وَإِذَا السَّمَاء فُرِجَتْ (٩) وَإِذَا الْجِبَالُ نُسِفَتْ (١٠) وَإِذَا
الرُّسُلُ أُقِّتَتْ (١١) لِأَيِّ يَوْمٍ أُجِّلَتْ (١٢) لِيَوْمِ الْفَصْلِ (١٣) وَمَا أَدْرَاكَ مَا يَوْمُ
الْفَصْلِ (١٤) وَيْلٌ يَوْمَئِذٍ لِّلْمُكَذِّبِينَ (١٥) أَلَمْ نُهْلِكِ الْأَوَّلِينَ (١٦) ثُمَّ نُتْبِعُهُمُ
الْآخِرِينَ (١٧) كَذَلِكَ نَفْعَلُ بِالْمُجْرِمِينَ (١٨) وَيْلٌ يَوْمَئِذٍ لِّلْمُكَذِّبِينَ (١٩) أَلَمْ
نَخْلُقكُّم مِّن مَّاء مَّهِينٍ (٢٠) فَجَعَلْنَاهُ فِي قَرَارٍ مَّكِينٍ (٢١) إِلَى قَدَرٍ
مَّعْلُومٍ (٢٢) فَقَدَرْنَا فَنِعْمَ الْقَادِرُونَ (٢٣) وَيْلٌ يَوْمَئِذٍ لِّلْمُكَذِّبِينَ (٢٤) أَلَمْ نَجْعَلِ
الْأَرْضَ كِفَاتًا (٢٥) أَحْيَاء وَأَمْوَاتًا (٢٦) وَجَعَلْنَا فِيهَا رَوَاسِيَ شَامِخَاتٍ
وَأَسْقَيْنَاكُم مَّاء فُرَاتًا (٢٧) وَيْلٌ يَوْمَئِذٍ لِّلْمُكَذِّبِينَ (٢٨) انطَلِقُوا إِلَى مَا كُنتُم بِهِ
تُكَذِّبُونَ (٢٩) انطَلِقُوا إِلَى ظِلٍّ ذِي ثَلَاثِ شُعَبٍ (٣٠) لَا ظَلِيلٍ وَلَا يُغْنِي مِنَ
اللَّهَبِ (٣١) إِنَّهَا تَرْمِي بِشَرَرٍ كَالْقَصْرِ (٣٢) كَأَنَّهُ جِمَالَتٌ صُفْرٌ (٣٣) وَيْلٌ
يَوْمَئِذٍ لِّلْمُكَذِّبِينَ (٣٤) هَذَا يَوْمُ لَا يَنطِقُونَ (٣٥) وَلَا يُؤْذَنُ لَهُمْ
فَيَعْتَذِرُونَ (٣٦) وَيْلٌ يَوْمَئِذٍ لِّلْمُكَذِّبِينَ (٣٧) هَذَا يَوْمُ الْفَصْلِ جَمَعْنَاكُمْ
وَالْأَوَّلِينَ (٣٨) فَإِن كَانَ لَكُمْ كَيْدٌ فَكِيدُونِ (٣٩) وَيْلٌ يَوْمَئِذٍ لِّلْمُكَذِّبِينَ (٤٠) إِنَّ
الْمُتَّقِينَ فِي ظِلَالٍ وَعُيُونٍ (٤١) وَفَوَاكِهَ مِمَّا يَشْتَهُونَ (٤٢) كُلُوا وَاشْرَبُوا هَنِيئًا
بِمَا كُنتُمْ تَعْمَلُونَ (٤٣) إِنَّا كَذَلِكَ نَجْزِي الْمُحْسِنِينَ (٤٤) وَيْلٌ يَوْمَئِذٍ
لِّلْمُكَذِّبِينَ (٤٥) كُلُوا وَتَمَتَّعُوا قَلِيلًا إِنَّكُم مُّجْرِمُونَ (٤٦) وَيْلٌ يَوْمَئِذٍ
لِّلْمُكَذِّبِينَ (٤٧) وَإِذَا قِيلَ لَهُمُ ارْكَعُوا لَا يَرْكَعُونَ (٤٨) وَيْلٌ يَوْمَئِذٍ
لِّلْمُكَذِّبِينَ (٤٩) فَبِأَيِّ حَدِيثٍ بَعْدَهُ يُؤْمِنُونَ (٥٠

SOURATE AN NABA'
سورة النبإ

عَمَّ يَتَسَاءلُونَ (١) عَنِ النَّبَإِ الْعَظِيمِ (٢) الَّذِي هُمْ فِيهِ مُخْتَلِفُونَ (٣) كَلَّا
سَيَعْلَمُونَ (٤) ثُمَّ كَلَّا سَيَعْلَمُونَ (٥) أَلَمْ نَجْعَلِ الْأَرْضَ مِهَادًا (٦) وَالْجِبَالَ
أَوْتَادًا (٧) وَخَلَقْنَاكُمْ أَزْوَاجًا (٨) وَجَعَلْنَا نَوْمَكُمْ سُبَاتًا (٩) وَجَعَلْنَا اللَّيْلَ

لِبَاسًا (١٠) وَجَعَلْنَا النَّهَارَ مَعَاشًا (١١) وَبَنَيْنَا فَوْقَكُمْ سَبْعًا شِدَادًا (١٢) وَجَعَلْنَا
سِرَاجًا وَهَّاجًا (١٣) وَأَنزَلْنَا مِنَ الْمُعْصِرَاتِ مَاءً ثَجَّاجًا (١٤) لِنُخْرِجَ بِهِ حَبًّا
وَنَبَاتًا (١٥) وَجَنَّاتٍ أَلْفَافًا (١٦) إِنَّ يَوْمَ الْفَصْلِ كَانَ مِيقَاتًا (١٧) يَوْمَ يُنفَخُ فِي
الصُّورِ فَتَأْتُونَ أَفْوَاجًا (١٨) وَفُتِحَتِ السَّمَاءُ فَكَانَتْ أَبْوَابًا (١٩) وَسُيِّرَتِ الْجِبَالُ
فَكَانَتْ سَرَابًا (٢٠) إِنَّ جَهَنَّمَ كَانَتْ مِرْصَادًا (٢١) لِلطَّاغِينَ مَآبًا (٢٢) لَابِثِينَ
فِيهَا أَحْقَابًا (٢٣) لَا يَذُوقُونَ فِيهَا بَرْدًا وَلَا شَرَابًا (٢٤) إِلَّا حَمِيمًا
وَغَسَّاقًا (٢٥) جَزَاءً وِفَاقًا (٢٦) إِنَّهُمْ كَانُوا لَا يَرْجُونَ حِسَابًا (٢٧) وَكَذَّبُوا
بِآيَاتِنَا كِذَّابًا (٢٨) وَكُلَّ شَيْءٍ أَحْصَيْنَاهُ كِتَابًا (٢٩) فَذُوقُوا فَلَن نَّزِيدَكُمْ إِلَّا
عَذَابًا (٣٠) إِنَّ لِلْمُتَّقِينَ مَفَازًا (٣١) حَدَائِقَ وَأَعْنَابًا (٣٢) وَكَوَاعِبَ
أَتْرَابًا (٣٣) وَكَأْسًا دِهَاقًا (٣٤) لَّا يَسْمَعُونَ فِيهَا لَغْوًا وَلَا كِذَّابًا (٣٥) جَزَاءً مِّن
رَّبِّكَ عَطَاءً حِسَابًا (٣٦) رَّبِّ السَّمَاوَاتِ وَالْأَرْضِ وَمَا بَيْنَهُمَا الرَّحْمَنِ لَا يَمْلِكُونَ
مِنْهُ خِطَابًا (٣٧) يَوْمَ يَقُومُ الرُّوحُ وَالْمَلَائِكَةُ صَفًّا لَّا يَتَكَلَّمُونَ إِلَّا مَنْ أَذِنَ لَهُ
الرَّحْمَنُ وَقَالَ صَوَابًا (٣٨) ذَلِكَ الْيَوْمُ الْحَقُّ فَمَن شَاءَ اتَّخَذَ إِلَى رَبِّهِ
مَآبًا (٣٩) إِنَّا أَنذَرْنَاكُمْ عَذَابًا قَرِيبًا يَوْمَ يَنظُرُ الْمَرْءُ مَا قَدَّمَتْ يَدَاهُ وَيَقُولُ الْكَافِرُ
يَا لَيْتَنِي كُنتُ تُرَابًا (٤٠

SOURATE AN NAZI'AT

سورة النازعات

وَالنَّازِعَاتِ غَرْقًا (١) وَالنَّاشِطَاتِ نَشْطًا (٢) وَالسَّابِحَاتِ سَبْحًا (٣) فَالسَّابِقَاتِ
سَبْقًا (٤) فَالْمُدَبِّرَاتِ أَمْرًا (٥) يَوْمَ تَرْجُفُ الرَّاجِفَةُ (٦) تَتْبَعُهَا
الرَّادِفَةُ (٧) قُلُوبٌ يَوْمَئِذٍ وَاجِفَةٌ (٨) أَبْصَارُهَا خَاشِعَةٌ (٩) يَقُولُونَ أَئِنَّا
لَمَرْدُودُونَ فِي الْحَافِرَةِ (١٠) أَئِذَا كُنَّا عِظَامًا نَّخِرَةً (١١) قَالُوا تِلْكَ إِذًا كَرَّةٌ
خَاسِرَةٌ (١٢) فَإِنَّمَا هِيَ زَجْرَةٌ وَاحِدَةٌ (١٣) فَإِذَا هُم بِالسَّاهِرَةِ (١٤) هَلْ أَتَاكَ
حَدِيثُ مُوسَى (١٥) إِذْ نَادَاهُ رَبُّهُ بِالْوَادِ الْمُقَدَّسِ طُوًى (١٦) اذْهَبْ إِلَى فِرْعَوْنَ
إِنَّهُ طَغَى (١٧) فَقُلْ هَل لَّكَ إِلَى أَن تَزَكَّى (١٨) وَأَهْدِيَكَ إِلَى رَبِّكَ
فَتَخْشَى (١٩) فَأَرَاهُ الْآيَةَ الْكُبْرَى (٢٠) فَكَذَّبَ وَعَصَى (٢١) ثُمَّ أَدْبَرَ
يَسْعَى (٢٢) فَحَشَرَ فَنَادَى (٢٣) فَقَالَ أَنَا رَبُّكُمُ الْأَعْلَى (٢٤) فَأَخَذَهُ اللَّهُ نَكَالَ
الْآخِرَةِ وَالْأُولَى (٢٥) إِنَّ فِي ذَلِكَ لَعِبْرَةً لِّمَن يَخْشَى (٢٦) أَأَنتُمْ أَشَدُّ خَلْقًا أَمِ
السَّمَاءُ بَنَاهَا (٢٧) رَفَعَ سَمْكَهَا فَسَوَّاهَا (٢٨) وَأَغْطَشَ لَيْلَهَا وَأَخْرَجَ
ضُحَاهَا (٢٩) وَالْأَرْضَ بَعْدَ ذَلِكَ دَحَاهَا (٣٠) أَخْرَجَ مِنْهَا مَاءَهَا

وَمَرْعَاهَا (٣١) وَالْجِبَالَ أَرْسَاهَا (٣٢) مَتَاعًا لَّكُمْ وَلِأَنْعَامِكُمْ (٣٣) فَإِذَا جَاءَتِ الطَّامَّةُ الْكُبْرَى (٣٤) يَوْمَ يَتَذَكَّرُ الْإِنسَانُ مَا سَعَى (٣٥) وَبُرِّزَتِ الْجَحِيمُ لِمَن يَرَى (٣٦) فَأَمَّا مَن طَغَى (٣٧) وَآثَرَ الْحَيَاةَ الدُّنْيَا (٣٨) فَإِنَّ الْجَحِيمَ هِيَ الْمَأْوَى (٣٩) وَأَمَّا مَنْ خَافَ مَقَامَ رَبِّهِ وَنَهَى النَّفْسَ عَنِ الْهَوَى (٤٠) فَإِنَّ الْجَنَّةَ هِيَ الْمَأْوَى (٤١) يَسْأَلُونَكَ عَنِ السَّاعَةِ أَيَّانَ مُرْسَاهَا (٤٢) فِيمَ أَنتَ مِن ذِكْرَاهَا (٤٣) إِلَى رَبِّكَ مُنتَهَاهَا (٤٤) إِنَّمَا أَنتَ مُنذِرُ مَن يَخْشَاهَا (٤٥) كَأَنَّهُمْ يَوْمَ يَرَوْنَهَا لَمْ يَلْبَثُوا إِلَّا عَشِيَّةً أَوْ ضُحَاهَا (٤٦

SOURATE 'ABASA

سورة عبس

عَبَسَ وَتَوَلَّى (١) أَن جَاءَهُ الْأَعْمَى (٢) وَمَا يُدْرِيكَ لَعَلَّهُ يَزَّكَّى (٣) أَوْ يَذَّكَّرُ فَتَنفَعَهُ الذِّكْرَى (٤) أَمَّا مَنِ اسْتَغْنَى (٥) فَأَنتَ لَهُ تَصَدَّى (٦) وَمَا عَلَيْكَ أَلَّا يَزَّكَّى (٧) وَأَمَّا مَن جَاءَكَ يَسْعَى (٨) وَهُوَ يَخْشَى (٩) فَأَنتَ عَنْهُ تَلَهَّى (١٠) كَلَّا إِنَّهَا تَذْكِرَةٌ (١١) فَمَن شَاءَ ذَكَرَهُ (١٢) فِي صُحُفٍ مُّكَرَّمَةٍ (١٣) مَّرْفُوعَةٍ مُّطَهَّرَةٍ (١٤) بِأَيْدِي سَفَرَةٍ (١٥) كِرَامٍ بَرَرَةٍ (١٦) قُتِلَ الْإِنسَانُ مَا أَكْفَرَهُ (١٧) مِنْ أَيِّ شَيْءٍ خَلَقَهُ (١٨) مِن نُّطْفَةٍ خَلَقَهُ فَقَدَّرَهُ (١٩) ثُمَّ السَّبِيلَ يَسَّرَهُ (٢٠) ثُمَّ أَمَاتَهُ فَأَقْبَرَهُ (٢١) ثُمَّ إِذَا شَاءَ أَنشَرَهُ (٢٢) كَلَّا لَمَّا يَقْضِ مَا أَمَرَهُ (٢٣) فَلْيَنظُرِ الْإِنسَانُ إِلَى طَعَامِهِ (٢٤) أَنَّا صَبَبْنَا الْمَاءَ صَبًّا (٢٥) ثُمَّ شَقَقْنَا الْأَرْضَ شَقًّا (٢٦) فَأَنبَتْنَا فِيهَا حَبًّا (٢٧) وَعِنَبًا وَقَضْبًا (٢٨) وَزَيْتُونًا وَنَخْلًا (٢٩) وَحَدَائِقَ غُلْبًا (٣٠) وَفَاكِهَةً وَأَبًّا (٣١) مَّتَاعًا لَّكُمْ وَلِأَنْعَامِكُمْ (٣٢) فَإِذَا جَاءَتِ الصَّاخَّةُ (٣٣) يَوْمَ يَفِرُّ الْمَرْءُ مِنْ أَخِيهِ (٣٤) وَأُمِّهِ وَأَبِيهِ (٣٥) وَصَاحِبَتِهِ وَبَنِيهِ (٣٦) لِكُلِّ امْرِئٍ مِّنْهُمْ يَوْمَئِذٍ شَأْنٌ يُغْنِيهِ (٣٧) وُجُوهٌ يَوْمَئِذٍ مُّسْفِرَةٌ (٣٨) ضَاحِكَةٌ مُّسْتَبْشِرَةٌ (٣٩) وَوُجُوهٌ يَوْمَئِذٍ عَلَيْهَا غَبَرَةٌ (٤٠) تَرْهَقُهَا قَتَرَةٌ (٤١) أُولَئِكَ هُمُ الْكَفَرَةُ الْفَجَرَةُ (٤٢

SOURATE AT TAKWIR

سورة التكوير

إِذَا الشَّمْسُ كُوِّرَتْ (١) وَإِذَا النُّجُومُ انكَدَرَتْ (٢) وَإِذَا الْجِبَالُ سُيِّرَتْ (٣) وَإِذَا الْعِشَارُ عُطِّلَتْ (٤) وَإِذَا الْوُحُوشُ حُشِرَتْ (٥) وَإِذَا الْبِحَارُ سُجِّرَتْ (٦) وَإِذَا النُّفُوسُ زُوِّجَتْ (٧) وَإِذَا الْمَوْءُودَةُ سُئِلَتْ (٨) بِأَيِّ ذَنبٍ قُتِلَتْ (٩) وَإِذَا الصُّحُفُ

نُشِرَتْ (١٠) وَإِذَا السَّمَاء كُشِطَتْ (١١) وَإِذَا الْجَحِيمُ سُعِّرَتْ (١٢) وَإِذَا الْجَنَّةُ
أُزْلِفَتْ (١٣) عَلِمَتْ نَفْسٌ مَّا أَحْضَرَتْ (١٤) فَلَا أُقْسِمُ بِالْخُنَّسِ (١٥) الْجَوَارِ
الْكُنَّسِ (١٦) وَاللَّيْلِ إِذَا عَسْعَسَ (١٧) وَالصُّبْحِ إِذَا تَنَفَّسَ (١٨) إِنَّهُ لَقَوْلُ رَسُولٍ
كَرِيمٍ (١٩) ذِي قُوَّةٍ عِندَ ذِي الْعَرْشِ مَكِينٍ (٢٠) مُطَاعٍ ثَمَّ أَمِينٍ (٢١) وَمَا
صَاحِبُكُم بِمَجْنُونٍ (٢٢) وَلَقَدْ رَآهُ بِالْأُفُقِ الْمُبِينِ (٢٣) وَمَا هُوَ عَلَى الْغَيْبِ
بِضَنِينٍ (٢٤) وَمَا هُوَ بِقَوْلِ شَيْطَانٍ رَجِيمٍ (٢٥) فَأَيْنَ تَذْهَبُونَ (٢٦) إِنْ هُوَ إِلَّا
ذِكْرٌ لِّلْعَالَمِينَ (٢٧) لِمَن شَاء مِنكُمْ أَن يَسْتَقِيمَ (٢٨) وَمَا تَشَاؤُونَ إِلَّا أَن يَشَاء اللَّهُ
رَبُّ الْعَالَمِينَ (٢٩

SOURATE AL INFITAR
سورة الانفطار

إِذَا السَّمَاء انفَطَرَتْ (١) وَإِذَا الْكَوَاكِبُ انتَثَرَتْ (٢) وَإِذَا الْبِحَارُ فُجِّرَتْ (٣) وَإِذَا
الْقُبُورُ بُعْثِرَتْ (٤) عَلِمَتْ نَفْسٌ مَّا قَدَّمَتْ وَأَخَّرَتْ (٥) يَا أَيُّهَا الْإِنسَانُ مَا غَرَّكَ
بِرَبِّكَ الْكَرِيمِ (٦) الَّذِي خَلَقَكَ فَسَوَّاكَ فَعَدَلَكَ (٧) فِي أَيِّ صُورَةٍ مَّا شَاء
رَكَّبَكَ (٨) كَلَّا بَلْ تُكَذِّبُونَ بِالدِّينِ (٩) وَإِنَّ عَلَيْكُمْ لَحَافِظِينَ (١٠) كِرَامًا
كَاتِبِينَ (١١) يَعْلَمُونَ مَا تَفْعَلُونَ (١٢) إِنَّ الْأَبْرَارَ لَفِي نَعِيمٍ (١٣) وَإِنَّ الْفُجَّارَ
لَفِي جَحِيمٍ (١٤) يَصْلَوْنَهَا يَوْمَ الدِّينِ (١٥) وَمَا هُمْ عَنْهَا بِغَائِبِينَ (١٦) وَمَا
أَدْرَاكَ مَا يَوْمُ الدِّينِ (١٧) ثُمَّ مَا أَدْرَاكَ مَا يَوْمُ الدِّينِ (١٨) يَوْمَ لَا تَمْلِكُ نَفْسٌ
لِّنَفْسٍ شَيْئًا وَالْأَمْرُ يَوْمَئِذٍ لِلَّهِ (١٩

SOURATE AL MUTAFFIFIN
سورة المطـفـفين

وَيْلٌ لِّلْمُطَفِّفِينَ (١) الَّذِينَ إِذَا اكْتَالُواْ عَلَى النَّاسِ يَسْتَوْفُونَ (٢) وَإِذَا كَالُوهُمْ أَو
وَّزَنُوهُمْ يُخْسِرُونَ (٣) أَلَا يَظُنُّ أُولَئِكَ أَنَّهُم مَّبْعُوثُونَ (٤) لِيَوْمٍ عَظِيمٍ (٥) يَوْمَ
يَقُومُ النَّاسُ لِرَبِّ الْعَالَمِينَ (٦) كَلَّا إِنَّ كِتَابَ الفُجَّارِ لَفِي سِجِّينٍ (٧) وَمَا أَدْرَاكَ
مَا سِجِّينٌ (٨) كِتَابٌ مَّرْقُومٌ (٩) وَيْلٌ يَوْمَئِذٍ لِّلْمُكَذِّبِينَ (١٠) الَّذِينَ يُكَذِّبُونَ بِيَوْمِ

الدِّينِ (١١) وَمَا يُكَذِّبُ بِهِ إِلَّا كُلُّ مُعْتَدٍ أَثِيمٍ (١٢) إِذَا تُتْلَى عَلَيْهِ آيَاتُنَا قَالَ
أَسَاطِيرُ الْأَوَّلِينَ (١٣) كَلَّا بَلْ رَانَ عَلَى قُلُوبِهِم مَّا كَانُوا يَكْسِبُونَ (١٤) كَلَّا إِنَّهُمْ
عَن رَّبِّهِمْ يَوْمَئِذٍ لَّمَحْجُوبُونَ (١٥) ثُمَّ إِنَّهُمْ لَصَالُو الْجَحِيمِ (١٦) ثُمَّ يُقَالُ هَذَا الَّذِي
كُنتُم بِهِ تُكَذِّبُونَ (١٧) كَلَّا إِنَّ كِتَابَ الْأَبْرَارِ لَفِي عِلِّيِّينَ (١٨) وَمَا أَدْرَاكَ مَا
عِلِّيُّونَ (١٩) كِتَابٌ مَّرْقُومٌ (٢٠) يَشْهَدُهُ الْمُقَرَّبُونَ (٢١) إِنَّ الْأَبْرَارَ لَفِي
نَعِيمٍ (٢٢) عَلَى الْأَرَائِكِ يَنظُرُونَ (٢٣) تَعْرِفُ فِي وُجُوهِهِمْ نَضْرَةَ
النَّعِيمِ (٢٤) يُسْقَوْنَ مِن رَّحِيقٍ مَّخْتُومٍ (٢٥) خِتَامُهُ مِسْكٌ وَفِي ذَلِكَ فَلْيَتَنَافَسِ
الْمُتَنَافِسُونَ (٢٦) وَمِزَاجُهُ مِن تَسْنِيمٍ (٢٧) عَيْنًا يَشْرَبُ بِهَا الْمُقَرَّبُونَ (٢٨) إِنَّ
الَّذِينَ أَجْرَمُوا كَانُواْ مِنَ الَّذِينَ آمَنُوا يَضْحَكُونَ (٢٩) وَإِذَا مَرُّواْ بِهِمْ
يَتَغَامَزُونَ (٣٠) وَإِذَا انقَلَبُواْ إِلَى أَهْلِهِمُ انقَلَبُواْ فَكِهِينَ (٣١) وَإِذَا رَأَوْهُمْ قَالُوا إِنَّ
هَؤُلَاء لَضَالُّونَ (٣٢) وَمَا أُرْسِلُوا عَلَيْهِمْ حَافِظِينَ (٣٣) فَالْيَوْمَ الَّذِينَ آمَنُواْ مِنَ
الْكُفَّارِ يَضْحَكُونَ (٣٤) عَلَى الْأَرَائِكِ يَنظُرُونَ (٣٥) هَلْ ثُوِّبَ الْكُفَّارُ مَا كَانُوا
يَفْعَلُونَ (٣٦

SOURATE AL INSHIQAQ

سورة الانشقاق

إِذَا السَّمَاء انشَقَّتْ (١) وَأَذِنَتْ لِرَبِّهَا وَحُقَّتْ (٢) وَإِذَا الْأَرْضُ مُدَّتْ (٣) وَأَلْقَتْ
مَا فِيهَا وَتَخَلَّتْ (٤) وَأَذِنَتْ لِرَبِّهَا وَحُقَّتْ (٥) يَا أَيُّهَا الْإِنسَانُ إِنَّكَ كَادِحٌ إِلَى رَبِّكَ
كَدْحًا فَمُلَاقِيهِ (٦) فَأَمَّا مَنْ أُوتِيَ كِتَابَهُ بِيَمِينِهِ (٧) فَسَوْفَ يُحَاسَبُ حِسَابًا
يَسِيرًا (٨) وَيَنقَلِبُ إِلَى أَهْلِهِ مَسْرُورًا (٩) وَأَمَّا مَنْ أُوتِيَ كِتَابَهُ وَرَاء
ظَهْرِهِ (١٠) فَسَوْفَ يَدْعُو ثُبُورًا (١١) وَيَصْلَى سَعِيرًا (١٢) إِنَّهُ كَانَ فِي أَهْلِهِ
مَسْرُورًا (١٣) إِنَّهُ ظَنَّ أَن لَّن يَحُورَ (١٤) بَلَى إِنَّ رَبَّهُ كَانَ بِهِ بَصِيرًا (١٥) فَلَا
أُقْسِمُ بِالشَّفَقِ (١٦) وَاللَّيْلِ وَمَا وَسَقَ (١٧) وَالْقَمَرِ إِذَا اتَّسَقَ (١٨) لَتَرْكَبُنَّ طَبَقًا
عَن طَبَقٍ (١٩) فَمَا لَهُمْ لَا يُؤْمِنُونَ (٢٠) وَإِذَا قُرِئَ عَلَيْهِمُ الْقُرْآنُ لَا
يَسْجُدُونَ* (٢١) بَلِ الَّذِينَ كَفَرُواْ يُكَذِّبُونَ (٢٢) وَاللَّهُ أَعْلَمُ بِمَا
يُوعُونَ (٢٣) فَبَشِّرْهُم بِعَذَابٍ أَلِيمٍ (٢٤) إِلَّا الَّذِينَ آمَنُواْ وَعَمِلُواْ الصَّالِحَاتِ لَهُمْ
أَجْرٌ غَيْرُ مَمْنُونٍ (٢٥

SOURATE AL BURUJ

سورة البروج

وَالسَّمَاءِ ذَاتِ الْبُرُوجِ (١) وَالْيَوْمِ الْمَوْعُودِ (٢) وَشَاهِدٍ وَمَشْهُودٍ (٣) قُتِلَ
أَصْحَابُ الْأُخْدُودِ (٤) النَّارِ ذَاتِ الْوَقُودِ (٥) إِذْ هُمْ عَلَيْهَا قُعُودٌ (٦) وَهُمْ عَلَى مَا
يَفْعَلُونَ بِالْمُؤْمِنِينَ شُهُودٌ (٧) وَمَا نَقَمُوا مِنْهُمْ إِلَّا أَن يُؤْمِنُوا بِاللَّهِ الْعَزِيزِ
الْحَمِيدِ (٨) الَّذِي لَهُ مُلْكُ السَّمَاوَاتِ وَالْأَرْضِ وَاللَّهُ عَلَى كُلِّ شَيْءٍ شَهِيدٌ (٩) إِنَّ
الَّذِينَ فَتَنُوا الْمُؤْمِنِينَ وَالْمُؤْمِنَاتِ ثُمَّ لَمْ يَتُوبُوا فَلَهُمْ عَذَابُ جَهَنَّمَ وَلَهُمْ عَذَابُ
الْحَرِيقِ (١٠) إِنَّ الَّذِينَ آمَنُوا وَعَمِلُوا الصَّالِحَاتِ لَهُمْ جَنَّاتٌ تَجْرِي مِن تَحْتِهَا
الْأَنْهَارُ ذَلِكَ الْفَوْزُ الْكَبِيرُ (١١) إِنَّ بَطْشَ رَبِّكَ لَشَدِيدٌ (١٢) إِنَّهُ هُوَ يُبْدِئُ
وَيُعِيدُ (١٣) وَهُوَ الْغَفُورُ الْوَدُودُ (١٤) ذُو الْعَرْشِ الْمَجِيدُ (١٥) فَعَّالٌ لِّمَا
يُرِيدُ (١٦) هَلْ أَتَاكَ حَدِيثُ الْجُنُودِ (١٧) فِرْعَوْنَ وَثَمُودَ (١٨) بَلِ الَّذِينَ كَفَرُوا
فِي تَكْذِيبٍ (١٩) وَاللَّهُ مِن وَرَائِهِم مُّحِيطٌ (٢٠) بَلْ هُوَ قُرْآنٌ مَّجِيدٌ (٢١) فِي لَوْحٍ
مَّحْفُوظٍ (٢٢

SOURATE AT TARIQ
سورة الطارق

وَالسَّمَاءِ وَالطَّارِقِ (١) وَمَا أَدْرَاكَ مَا الطَّارِقُ (٢) النَّجْمُ الثَّاقِبُ (٣) إِن كُلُّ نَفْسٍ
لَّمَّا عَلَيْهَا حَافِظٌ (٤) فَلْيَنظُرِ الْإِنسَانُ مِمَّ خُلِقَ (٥) خُلِقَ مِن مَّاءٍ دَافِقٍ (٦) يَخْرُجُ
مِن بَيْنِ الصُّلْبِ وَالتَّرَائِبِ (٧) إِنَّهُ عَلَى رَجْعِهِ لَقَادِرٌ (٨) يَوْمَ تُبْلَى
السَّرَائِرُ (٩) فَمَا لَهُ مِن قُوَّةٍ وَلَا نَاصِرٍ (١٠) وَالسَّمَاءِ ذَاتِ
الرَّجْعِ (١١) وَالْأَرْضِ ذَاتِ الصَّدْعِ (١٢) إِنَّهُ لَقَوْلٌ فَصْلٌ (١٣) وَمَا هُوَ
بِالْهَزْلِ (١٤) إِنَّهُمْ يَكِيدُونَ كَيْدًا (١٥) وَأَكِيدُ كَيْدًا (١٦) فَمَهِّلِ الْكَافِرِينَ أَمْهِلْهُمْ
رُوَيْدًا (١٧

SOURATE AL A'LA
سورة الأعلى

سَبِّحِ اسْمَ رَبِّكَ الْأَعْلَى (١) الَّذِي خَلَقَ فَسَوَّى (٢) وَالَّذِي قَدَّرَ فَهَدَى (٣) وَالَّذِي
أَخْرَجَ الْمَرْعَى (٤) فَجَعَلَهُ غُثَاءً أَحْوَى (٥) سَنُقْرِئُكَ فَلَا تَنسَى (٦) إِلَّا مَا شَاءَ

اللَّهُ إِنَّهُ يَعْلَمُ الْجَهْرَ وَمَا يَخْفَى (٧) وَنُيَسِّرُكَ لِلْيُسْرَى (٨) فَذَكِّرْ إِن نَّفَعَتِ
الذِّكْرَى (٩) سَيَذَّكَّرُ مَن يَخْشَى (١٠) وَيَتَجَنَّبُهَا الْأَشْقَى (١١) الَّذِي يَصْلَى النَّارَ
الْكُبْرَى (١٢) ثُمَّ لَا يَمُوتُ فِيهَا وَلَا يَحْيَى (١٣) قَدْ أَفْلَحَ مَن تَزَكَّى (١٤) وَذَكَرَ
اسْمَ رَبِّهِ فَصَلَّى (١٥) بَلْ تُؤْثِرُونَ الْحَيَاةَ الدُّنْيَا (١٦) وَالْآخِرَةُ خَيْرٌ
وَأَبْقَى (١٧) إِنَّ هَذَا لَفِي الصُّحُفِ الْأُولَى (١٨) صُحُفِ إِبْرَاهِيمَ وَمُوسَى (١٩

SOURATE AL GHASHIYAH
سورة الغاشـية

هَلْ أَتَاكَ حَدِيثُ الْغَاشِيَةِ (١) وُجُوهٌ يَوْمَئِذٍ خَاشِعَةٌ (٢) عَامِلَةٌ نَّاصِبَةٌ (٣) تَصْلَى
نَارًا حَامِيَةً (٤) تُسْقَى مِنْ عَيْنٍ آنِيَةٍ (٥) لَّيْسَ لَهُمْ طَعَامٌ إِلَّا مِن ضَرِيعٍ (٦) لَا
يُسْمِنُ وَلَا يُغْنِي مِن جُوعٍ (٧) وُجُوهٌ يَوْمَئِذٍ نَّاعِمَةٌ (٨) لِّسَعْيِهَا رَاضِيَةٌ (٩) فِي
جَنَّةٍ عَالِيَةٍ (١٠) لَّا تَسْمَعُ فِيهَا لَاغِيَةً (١١) فِيهَا عَيْنٌ جَارِيَةٌ (١٢) فِيهَا سُرُرٌ
مَّرْفُوعَةٌ (١٣) وَأَكْوَابٌ مَّوْضُوعَةٌ (١٤) وَنَمَارِقُ مَصْفُوفَةٌ (١٥) وَزَرَابِيُّ
مَبْثُوثَةٌ (١٦) أَفَلَا يَنظُرُونَ إِلَى الْإِبِلِ كَيْفَ خُلِقَتْ (١٧) وَإِلَى السَّمَاءِ كَيْفَ
رُفِعَتْ (١٨) وَإِلَى الْجِبَالِ كَيْفَ نُصِبَتْ (١٩) وَإِلَى الْأَرْضِ كَيْفَ
سُطِحَتْ (٢٠) فَذَكِّرْ إِنَّمَا أَنتَ مُذَكِّرٌ (٢١) لَّسْتَ عَلَيْهِم بِمُصَيْطِرٍ (٢٢) إِلَّا مَن
تَوَلَّى وَكَفَرَ (٢٣) فَيُعَذِّبُهُ اللَّهُ الْعَذَابَ الْأَكْبَرَ (٢٤) إِنَّ إِلَيْنَا إِيَابَهُمْ (٢٥) ثُمَّ إِنَّ
عَلَيْنَا حِسَابَهُمْ (٢٦

SOURATE AL FAJR
سورة الفجر

وَالْفَجْرِ (١) وَلَيَالٍ عَشْرٍ (٢) وَالشَّفْعِ وَالْوَتْرِ (٣) وَاللَّيْلِ إِذَا يَسْرِ (٤) هَلْ فِي
ذَلِكَ قَسَمٌ لِّذِي حِجْرٍ (٥) أَلَمْ تَرَ كَيْفَ فَعَلَ رَبُّكَ بِعَادٍ (٦) إِرَمَ ذَاتِ
الْعِمَادِ (٧) الَّتِي لَمْ يُخْلَقْ مِثْلُهَا فِي الْبِلَادِ (٨) وَثَمُودَ الَّذِينَ جَابُوا الصَّخْرَ
بِالْوَادِ (٩) وَفِرْعَوْنَ ذِي الْأَوْتَادِ (١٠) الَّذِينَ طَغَوْا فِي الْبِلَادِ (١١) فَأَكْثَرُوا فِيهَا
الْفَسَادَ (١٢) فَصَبَّ عَلَيْهِمْ رَبُّكَ سَوْطَ عَذَابٍ (١٣) إِنَّ رَبَّكَ
لَبِالْمِرْصَادِ (١٤) فَأَمَّا الْإِنسَانُ إِذَا مَا ابْتَلَاهُ رَبُّهُ فَأَكْرَمَهُ وَنَعَّمَهُ فَيَقُولُ رَبِّي
أَكْرَمَنِ (١٥) وَأَمَّا إِذَا مَا ابْتَلَاهُ فَقَدَرَ عَلَيْهِ رِزْقَهُ فَيَقُولُ رَبِّي أَهَانَنِ (١٦) كَلَّا بَل

لَّا تُكْرِمُونَ الْيَتِيمَ (١٧) وَلَا تَحَاضُّونَ عَلَى طَعَامِ الْمِسْكِينِ (١٨) وَتَأْكُلُونَ
التُّرَاثَ أَكْلًا لَّمًّا (١٩) وَتُحِبُّونَ الْمَالَ حُبًّا جَمًّا (٢٠) كَلَّا إِذَا دُكَّتِ الْأَرْضُ دَكًّا
دَكًّا (٢١) وَجَاء رَبُّكَ وَالْمَلَكُ صَفًّا صَفًّا (٢٢) وَجِيءَ يَوْمَئِذٍ بِجَهَنَّمَ يَوْمَئِذٍ يَتَذَكَّرُ
الْإِنسَانُ وَأَنَّى لَهُ الذِّكْرَى (٢٣) يَقُولُ يَا لَيْتَنِي قَدَّمْتُ لِحَيَاتِي (٢٤) فَيَوْمَئِذٍ لَّا
يُعَذِّبُ عَذَابَهُ أَحَدٌ (٢٥) وَلَا يُوثِقُ وَثَاقَهُ أَحَدٌ (٢٦) يَا أَيَّتُهَا النَّفْسُ
الْمُطْمَئِنَّةُ (٢٧) ارْجِعِي إِلَى رَبِّكِ رَاضِيَةً مَّرْضِيَّةً (٢٨) فَادْخُلِي فِي
عِبَادِي (٢٩) وَادْخُلِي جَنَّتِي (٣٠

SOURATE AL BALAD

سورة البلد

لَا أُقْسِمُ بِهَذَا الْبَلَدِ (١) وَأَنتَ حِلٌّ بِهَذَا الْبَلَدِ (٢) وَوَالِدٍ وَمَا وَلَدَ (٣) لَقَدْ خَلَقْنَا
الْإِنسَانَ فِي كَبَدٍ (٤) أَيَحْسَبُ أَن لَّن يَقْدِرَ عَلَيْهِ أَحَدٌ (٥) يَقُولُ أَهْلَكْتُ مَالًا
لُّبَدًا (٦) أَيَحْسَبُ أَن لَّمْ يَرَهُ أَحَدٌ (٧) أَلَمْ نَجْعَل لَّهُ عَيْنَيْنِ (٨) وَلِسَانًا
وَشَفَتَيْنِ (٩) وَهَدَيْنَاهُ النَّجْدَيْنِ (١٠) فَلَا اقْتَحَمَ الْعَقَبَةَ (١١) وَمَا أَدْرَاكَ مَا
الْعَقَبَةُ (١٢) فَكُّ رَقَبَةٍ (١٣) أَوْ إِطْعَامٌ فِي يَوْمٍ ذِي مَسْغَبَةٍ (١٤) يَتِيمًا ذَا
مَقْرَبَةٍ (١٥) أَوْ مِسْكِينًا ذَا مَتْرَبَةٍ (١٦) ثُمَّ كَانَ مِنَ الَّذِينَ آمَنُوا وَتَوَاصَوْا بِالصَّبْرِ
وَتَوَاصَوْا بِالْمَرْحَمَةِ (١٧) أُوْلَئِكَ أَصْحَابُ الْمَيْمَنَةِ (١٨) وَالَّذِينَ كَفَرُوا بِآيَاتِنَا هُمْ
أَصْحَابُ الْمَشْأَمَةِ (١٩) عَلَيْهِمْ نَارٌ مُّؤْصَدَةٌ (٢٠

SOURATE ASH SHAMS

سورة الشمس

وَالشَّمْسِ وَضُحَاهَا (١) وَالْقَمَرِ إِذَا تَلَاهَا (٢) وَالنَّهَارِ إِذَا جَلَّاهَا (٣) وَاللَّيْلِ إِذَا
يَغْشَاهَا (٤) وَالسَّمَاءِ وَمَا بَنَاهَا (٥) وَالْأَرْضِ وَمَا طَحَاهَا (٦) وَنَفْسٍ وَمَا
سَوَّاهَا (٧) فَأَلْهَمَهَا فُجُورَهَا وَتَقْوَاهَا (٨) قَدْ أَفْلَحَ مَن زَكَّاهَا (٩) وَقَدْ خَابَ مَن
دَسَّاهَا (١٠) كَذَّبَتْ ثَمُودُ بِطَغْوَاهَا (١١) إِذِ انبَعَثَ أَشْقَاهَا (١٢) فَقَالَ لَهُمْ رَسُولُ
اللهِ نَاقَةَ اللهِ وَسُقْيَاهَا (١٣) فَكَذَّبُوهُ فَعَقَرُوهَا فَدَمْدَمَ عَلَيْهِمْ رَبُّهُم بِذَنبِهِمْ
فَسَوَّاهَا (١٤) وَلَا يَخَافُ عُقْبَاهَا (١٥

SOURATE AL LAYL
سورة الليل

وَاللَّيْلِ إِذَا يَغْشَى (١) وَالنَّهَارِ إِذَا تَجَلَّى (٢) وَمَا خَلَقَ الذَّكَرَ وَالْأُنثَى (٣) إِنَّ
سَعْيَكُمْ لَشَتَّى (٤) فَأَمَّا مَن أَعْطَى وَاتَّقَى (٥) وَصَدَّقَ بِالْحُسْنَى (٦) فَسَنُيَسِّرُهُ
لِلْيُسْرَى (٧) وَأَمَّا مَن بَخِلَ وَاسْتَغْنَى (٨) وَكَذَّبَ بِالْحُسْنَى (٩) فَسَنُيَسِّرُهُ
لِلْعُسْرَى (١٠) وَمَا يُغْنِي عَنْهُ مَالُهُ إِذَا تَرَدَّى (١١) إِنَّ عَلَيْنَا لَلْهُدَى (١٢) وَإِنَّ
لَنَا لَلْآخِرَةَ وَالْأُولَى (١٣) فَأَنذَرْتُكُمْ نَارًا تَلَظَّى (١٤) لَا يَصْلَاهَا إِلَّا
الْأَشْقَى (١٥) الَّذِي كَذَّبَ وَتَوَلَّى (١٦) وَسَيُجَنَّبُهَا الْأَتْقَى (١٧) الَّذِي يُؤْتِي مَالَهُ
يَتَزَكَّى (١٨) وَمَا لِأَحَدٍ عِندَهُ مِن نِّعْمَةٍ تُجْزَى (١٩) إِلَّا ابْتِغَاءَ وَجْهِ رَبِّهِ
الْأَعْلَى (٢٠) وَلَسَوْفَ يَرْضَى (٢١

SOURATE AD DHUHA
سورة الضحى

وَالضُّحَى (١) وَاللَّيْلِ إِذَا سَجَى (٢) مَا وَدَّعَكَ رَبُّكَ وَمَا قَلَى (٣) وَلَلْآخِرَةُ خَيْرٌ
لَّكَ مِنَ الْأُولَى (٤) وَلَسَوْفَ يُعْطِيكَ رَبُّكَ فَتَرْضَى (٥) أَلَمْ يَجِدْكَ يَتِيمًا
فَآوَى (٦) وَوَجَدَكَ ضَالًّا فَهَدَى (٧) وَوَجَدَكَ عَائِلًا فَأَغْنَى (٨) فَأَمَّا الْيَتِيمَ فَلَا
تَقْهَرْ (٩) وَأَمَّا السَّائِلَ فَلَا تَنْهَرْ (١٠) وَأَمَّا بِنِعْمَةِ رَبِّكَ فَحَدِّثْ (١١

SOURATE ASH SHARH
سورة الشرح

أَلَمْ نَشْرَحْ لَكَ صَدْرَكَ (١) وَوَضَعْنَا عَنكَ وِزْرَكَ (٢) الَّذِي أَنقَضَ
ظَهْرَكَ (٣) وَرَفَعْنَا لَكَ ذِكْرَكَ (٤) فَإِنَّ مَعَ الْعُسْرِ يُسْرًا (٥) إِنَّ مَعَ الْعُسْرِ
يُسْرًا (٦) فَإِذَا فَرَغْتَ فَانصَبْ (٧) وَإِلَى رَبِّكَ فَارْغَبْ (٨

SOURATE AT TIN
سورة التين

وَالتِّينِ وَالزَّيْتُونِ (١) وَطُورِ سِينِينَ (٢) وَهَذَا الْبَلَدِ الْأَمِينِ (٣) لَقَدْ خَلَقْنَا الْإِنسَانَ فِي أَحْسَنِ تَقْوِيمٍ (٤) ثُمَّ رَدَدْنَاهُ أَسْفَلَ سَافِلِينَ (٥) إِلَّا الَّذِينَ آمَنُوا وَعَمِلُوا الصَّالِحَاتِ فَلَهُمْ أَجْرٌ غَيْرُ مَمْنُونٍ (٦) فَمَا يُكَذِّبُكَ بَعْدُ بِالدِّينِ (٧) أَلَيْسَ اللَّهُ بِأَحْكَمِ الْحَاكِمِينَ (٨

SOURATE AL ALAQ

سورة العلق

اقْرَأْ بِاسْمِ رَبِّكَ الَّذِي خَلَقَ (١) خَلَقَ الْإِنسَانَ مِنْ عَلَقٍ (٢) اقْرَأْ وَرَبُّكَ الْأَكْرَمُ (٣) الَّذِي عَلَّمَ بِالْقَلَمِ (٤) عَلَّمَ الْإِنسَانَ مَا لَمْ يَعْلَمْ (٥) كَلَّا إِنَّ الْإِنسَانَ لَيَطْغَى (٦) أَن رَّآهُ اسْتَغْنَى (٧) إِنَّ إِلَى رَبِّكَ الرُّجْعَى (٨) أَرَأَيْتَ الَّذِي يَنْهَى (٩) عَبْدًا إِذَا صَلَّى (١٠) أَرَأَيْتَ إِن كَانَ عَلَى الْهُدَى (١١) أَوْ أَمَرَ بِالتَّقْوَى (١٢) أَرَأَيْتَ إِن كَذَّبَ وَتَوَلَّى (١٣) أَلَمْ يَعْلَم بِأَنَّ اللَّهَ يَرَى (١٤) كَلَّا لَئِن لَّمْ يَنتَهِ لَنَسْفَعًا بِالنَّاصِيَةِ (١٥) نَاصِيَةٍ كَاذِبَةٍ خَاطِئَةٍ (١٦) فَلْيَدْعُ نَادِيَه (١٧) سَنَدْعُ الزَّبَانِيَة (١٨) كَلَّا لَا تُطِعْهُ وَاسْجُدْ وَاقْتَرِبْ* (١٩

SOURATE AL QADR

سورة القدر

إِنَّا أَنزَلْنَاهُ فِي لَيْلَةِ الْقَدْرِ (١) وَمَا أَدْرَاكَ مَا لَيْلَةُ الْقَدْرِ (٢) لَيْلَةُ الْقَدْرِ خَيْرٌ مِّنْ أَلْفِ شَهْرٍ (٣) تَنَزَّلُ الْمَلَائِكَةُ وَالرُّوحُ فِيهَا بِإِذْنِ رَبِّهِم مِّن كُلِّ أَمْرٍ (٤) سَلَامٌ هِيَ حَتَّى مَطْلَعِ الْفَجْرِ (٥

SOURATE AL BAYYINAH

سورة البينة

لَمْ يَكُنِ الَّذِينَ كَفَرُوا مِنْ أَهْلِ الْكِتَابِ وَالْمُشْرِكِينَ مُنفَكِّينَ حَتَّى تَأْتِيَهُمُ الْبَيِّنَةُ (١) رَسُولٌ مِّنَ اللَّهِ يَتْلُو صُحُفًا مُّطَهَّرَةً (٢) فِيهَا كُتُبٌ قَيِّمَةٌ (٣) وَمَا تَفَرَّقَ الَّذِينَ أُوتُوا الْكِتَابَ إِلَّا مِن بَعْدِ مَا جَاءَتْهُمُ الْبَيِّنَةُ (٤) وَمَا أُمِرُوا إِلَّا لِيَعْبُدُوا اللَّهَ مُخْلِصِينَ لَهُ الدِّينَ حُنَفَاء وَيُقِيمُوا الصَّلَاةَ وَيُؤْتُوا الزَّكَاةَ وَذَلِكَ دِينُ الْقَيِّمَةِ (٥) إِنَّ الَّذِينَ كَفَرُوا مِنْ أَهْلِ الْكِتَابِ وَالْمُشْرِكِينَ فِي نَارِ جَهَنَّمَ خَالِدِينَ فِيهَا أُوْلَئِكَ هُمْ شَرُّ الْبَرِيَّةِ (٦) إِنَّ الَّذِينَ آمَنُوا وَعَمِلُوا الصَّالِحَاتِ أُوْلَئِكَ هُمْ خَيْرُ

الْبَرِيَّةِ (٧) جَزَاؤُهُمْ عِندَ رَبِّهِمْ جَنَّاتُ عَدْنٍ تَجْرِي مِن تَحْتِهَا الْأَنْهَارُ خَالِدِينَ فِيهَا
أَبَدًا رَّضِيَ اللَّهُ عَنْهُمْ وَرَضُوا عَنْهُ ذَٰلِكَ لِمَنْ خَشِيَ رَبَّهُ (٨

SOURATE AL ZALZALAH
سورة الزلزلة

إِذَا زُلْزِلَتِ الْأَرْضُ زِلْزَالَهَا (١) وَأَخْرَجَتِ الْأَرْضُ أَثْقَالَهَا (٢) وَقَالَ الْإِنسَانُ مَا
لَهَا (٣) يَوْمَئِذٍ تُحَدِّثُ أَخْبَارَهَا (٤) بِأَنَّ رَبَّكَ أَوْحَىٰ لَهَا (٥) يَوْمَئِذٍ يَصْدُرُ النَّاسُ
أَشْتَاتًا لِّيُرَوْا أَعْمَالَهُمْ (٦) فَمَن يَعْمَلْ مِثْقَالَ ذَرَّةٍ خَيْرًا يَرَهُ (٧) وَمَن يَعْمَلْ مِثْقَالَ
ذَرَّةٍ شَرًّا يَرَهُ (٨

SOURATE AL ADIYAT
سورة العاديات

وَالْعَادِيَاتِ ضَبْحًا (١) فَالْمُورِيَاتِ قَدْحًا (٢) فَالْمُغِيرَاتِ صُبْحًا (٣) فَأَثَرْنَ بِهِ
نَقْعًا (٤) فَوَسَطْنَ بِهِ جَمْعًا (٥) إِنَّ الْإِنسَانَ لِرَبِّهِ لَكَنُودٌ (٦) وَإِنَّهُ عَلَىٰ ذَٰلِكَ
لَشَهِيدٌ (٧) وَإِنَّهُ لِحُبِّ الْخَيْرِ لَشَدِيدٌ (٨) أَفَلَا يَعْلَمُ إِذَا بُعْثِرَ مَا فِي
الْقُبُورِ (٩) وَحُصِّلَ مَا فِي الصُّدُورِ (١٠) إِنَّ رَبَّهُم بِهِمْ يَوْمَئِذٍ لَّخَبِيرٌ (١١

SOURATE AL QARI'AH
سورة القارعة

الْقَارِعَةُ (١) مَا الْقَارِعَةُ (٢) وَمَا أَدْرَاكَ مَا الْقَارِعَةُ (٣) يَوْمَ يَكُونُ النَّاسُ
كَالْفَرَاشِ الْمَبْثُوثِ (٤) وَتَكُونُ الْجِبَالُ كَالْعِهْنِ الْمَنفُوشِ (٥) فَأَمَّا مَن ثَقُلَتْ
مَوَازِينُهُ (٦) فَهُوَ فِي عِيشَةٍ رَّاضِيَةٍ (٧) وَأَمَّا مَنْ خَفَّتْ مَوَازِينُهُ (٨) فَأُمُّهُ
هَاوِيَةٌ (٩) وَمَا أَدْرَاكَ مَا هِيَهْ (١٠) نَارٌ حَامِيَةٌ (١١

SOURATE AT TAKATHUR

سورة التكاثر

أَلْهَاكُمُ التَّكَاثُرُ (١) حَتَّى زُرْتُمُ الْمَقَابِرَ (٢) كَلَّا سَوْفَ تَعْلَمُونَ (٣) ثُمَّ كَلَّا سَوْفَ تَعْلَمُونَ (٤) كَلَّا لَوْ تَعْلَمُونَ عِلْمَ الْيَقِينِ (٥) لَتَرَوُنَّ الْجَحِيمَ (٦) ثُمَّ لَتَرَوُنَّهَا عَيْنَ الْيَقِينِ (٧) ثُمَّ لَتُسْأَلُنَّ يَوْمَئِذٍ عَنِ النَّعِيمِ (٨

SOURATE AL ASR
سورة العصر

وَالْعَصْرِ (١) إِنَّ الْإِنسَانَ لَفِي خُسْرٍ (٢) إِلَّا الَّذِينَ آمَنُوا وَعَمِلُوا الصَّالِحَاتِ وَتَوَاصَوْا بِالْحَقِّ وَتَوَاصَوْا بِالصَّبْرِ (٣

SOURATE AL HUMAZAH
سورة الهمزة

وَيْلٌ لِّكُلِّ هُمَزَةٍ لُّمَزَةٍ (١) الَّذِي جَمَعَ مَالًا وَعَدَّدَهُ (٢) يَحْسَبُ أَنَّ مَالَهُ أَخْلَدَهُ (٣) كَلَّا لَيُنبَذَنَّ فِي الْحُطَمَةِ (٤) وَمَا أَدْرَاكَ مَا الْحُطَمَةُ (٥) نَارُ اللَّهِ الْمُوقَدَةُ (٦) الَّتِي تَطَّلِعُ عَلَى الْأَفْئِدَةِ (٧) إِنَّهَا عَلَيْهِم مُّؤْصَدَةٌ (٨) فِي عَمَدٍ مُّمَدَّدَةٍ (٩

SOURATE AL FIL
سورة الفيل

أَلَمْ تَرَ كَيْفَ فَعَلَ رَبُّكَ بِأَصْحَابِ الْفِيلِ (١) أَلَمْ يَجْعَلْ كَيْدَهُمْ فِي تَضْلِيلٍ (٢) وَأَرْسَلَ عَلَيْهِمْ طَيْرًا أَبَابِيلَ (٣) تَرْمِيهِم بِحِجَارَةٍ مِّن سِجِّيلٍ (٤) فَجَعَلَهُمْ كَعَصْفٍ مَّأْكُولٍ (٥

SOURATE QURAYSH
سورة قريش

لِإِيلَافِ قُرَيْشٍ (١) إِيلَافِهِمْ رِحْلَةَ الشِّتَاءِ وَالصَّيْفِ (٢) فَلْيَعْبُدُوا رَبَّ هَذَا
الْبَيْتِ (٣) الَّذِي أَطْعَمَهُم مِّن جُوعٍ وَآمَنَهُم مِّنْ خَوْفٍ (٤

SOURATE AL MA'UN

سورة الماعون

أَرَأَيْتَ الَّذِي يُكَذِّبُ بِالدِّينِ (١) فَذَلِكَ الَّذِي يَدُعُّ الْيَتِيمَ (٢) وَلَا يَحُضُّ عَلَى طَعَامِ
الْمِسْكِينِ (٣) فَوَيْلٌ لِّلْمُصَلِّينَ (٤) الَّذِينَ هُمْ عَن صَلَاتِهِمْ سَاهُونَ (٥) الَّذِينَ هُمْ
يُرَاؤُونَ (٦) وَيَمْنَعُونَ الْمَاعُونَ (٧

SOURATE AL KAWTHAR

سورة الكوثر

إِنَّا أَعْطَيْنَاكَ الْكَوْثَرَ (١) فَصَلِّ لِرَبِّكَ وَانْحَرْ (٢) إِنَّ شَانِئَكَ هُوَ الْأَبْتَرُ (٣

SOURATE AL KAFIRUN

سورة الكافرون

قُلْ يَا أَيُّهَا الْكَافِرُونَ (١) لَا أَعْبُدُ مَا تَعْبُدُونَ (٢) وَلَا أَنتُمْ عَابِدُونَ مَا
أَعْبُدُ (٣) وَلَا أَنَا عَابِدٌ مَّا عَبَدتُّمْ (٤) وَلَا أَنتُمْ عَابِدُونَ مَا أَعْبُدُ (٥) لَكُمْ دِينُكُمْ وَلِيَ
دِينِ (٦

SOURATE AN NASR

سورة النصر

إِذَا جَاءَ نَصْرُ اللَّهِ وَالْفَتْحُ (١) وَرَأَيْتَ النَّاسَ يَدْخُلُونَ فِي دِينِ اللَّهِ
أَفْوَاجًا (٢) فَسَبِّحْ بِحَمْدِ رَبِّكَ وَاسْتَغْفِرْهُ إِنَّهُ كَانَ تَوَّابًا (٣

SOURATE AL MASAD

سورة المسد

تَبَّتْ يَدَا أَبِي لَهَبٍ وَتَبَّ (١) مَا أَغْنَى عَنْهُ مَالُهُ وَمَا كَسَبَ (٢) سَيَصْلَى نَارًا ذَاتَ لَهَبٍ (٣) وَامْرَأَتُهُ حَمَّالَةَ الْحَطَبِ (٤) فِي جِيدِهَا حَبْلٌ مِّن مَّسَدٍ (٥

SOURATE AL IKHLASS
سورة الإخلاص

قُلْ هُوَ اللَّهُ أَحَدٌ (١) اللَّهُ الصَّمَدُ (٢) لَمْ يَلِدْ وَلَمْ يُولَدْ (٣) وَلَمْ يَكُن لَّهُ كُفُوًا أَحَدٌ (٤

SOURATE AL FALAQ
سورة الـفلق

قُلْ أَعُوذُ بِرَبِّ الْفَلَقِ (١) مِن شَرِّ مَا خَلَقَ (٢) وَمِن شَرِّ غَاسِقٍ إِذَا وَقَبَ (٣) وَمِن شَرِّ النَّفَّاثَاتِ فِي الْعُقَدِ (٤) وَمِن شَرِّ حَاسِدٍ إِذَا حَسَدَ (٥

SOURATE AN NAS
سورة الـناس

قُلْ أَعُوذُ بِرَبِّ النَّاسِ (١) مَلِكِ النَّاسِ (٢) إِلَـهِ النَّاسِ (٣) مِن شَرِّ الْوَسْوَاسِ الْخَنَّاسِ (٤) الَّذِي يُوَسْوِسُ فِي صُدُورِ النَّاسِ (٥) مِنَ الْجِنَّةِ وَ النَّاسِ (٦

Printed in Great Britain
by Amazon

27185328R00128